BAEDEKER

A

AUSTRALIEN

»

Australien verlassen war das Schlimmste, was ich jemals getan habe.

«

Barry Gibb

baedeker.com

DAS IST AUSTRALIEN

TOUREN

LEGENDE

Baedeker Wissen
● Textspecial, Infografik & 3D

Baedeker-Sterneziele
★★ Top-Ziele
★ Herausragende Ziele

ZIELE VON A BIS Z

HINTERGRUND

ERLEBEN UND GENIESSEN

PRAKTISCHE INFORMATIONEN

ANHANG

PREISKATEGORIEN

Restaurants
Preiskategorien
für ein Hauptgericht

€€€€	über 35 AUD
€€€	25–35 AUD
€€	15–25 AUD
€	unter 15 AUD

Hotels
Preiskategorien
für ein Doppelzimmer

€€€€	über 400 AUD
€€€	250–400 AUD
€€	120–250 AUD
€	unter 120 AUD

MAGISCHE MOMENTE

ÜBERRASCHENDES

Sonnenaufgang am Uluru: ein Erlebnis, das jegliche Müdigkeit schnell vergessen lässt

D
DAS IST ...

Australien

Die fünf großen Themen
rund um Down Under.
Lassen Sie sich inspirieren!

Im Becken der Wangi Falls im Litchfield National Park kann man wunderbar baden – sofern die Ranger grünes Licht dazu geben. ►

TARTINE CAFÉ
SOUTH32

DAS AUSSIE-FEELING

Wüstenorte mit drei Einwohnern und daneben die Weltstadt Sydney. Heute im Pazifik surfen und morgen im Gebirge Ski fahren. 40 000 Jahre alte Kulturen bestaunen und moderne Popszene erleben. Australien ist so faszinierend, weil es das Land der Gegensätze ist. Aber auch die lockere Art der Aussies und ihr feuchtfröhlicher Lifestyle sind für Touristen geradezu ansteckend.

◄ Historisch und modern – Australiens Kontrasten begegnet man in Städten wie Perth an jeder Straßenecke.

IN Sydney oder Brisbane rennt zwar nicht jeder mit dem Surfboard unterm Arm durch die Stadt und Kängurus sind auch nicht überall im Land zu finden. Bumerangs wirft kaum einer und Didgeridoo können nur die wenigsten spielen. Trotzdem stimmen viele Klischees über die Aussies, besonders, wenn es um deren Lebenseinstellung geht. Workaholics sind selten, Besserwisser kaum zu finden, **Freundlichkeit ist Trumpf**. Man redet über Wellen und nicht über Statistiken. Der Job ist zum Geldverdienen da, aber er bestimmt nicht das gesamte Leben. Die Lockerheit ist das Bewundernswerte an Australiens Einwohnern, trotz so manchen konservativen Gesellen. Aber auch diese genießen die Freiheit, in einem Land zu leben, das auf der »sunny side of life« steht – egal ob sie nun von steifen Briten, fleißigen Deutschen, trinkfesten Iren oder fröhlichen Italienern abstammen.

Mehr als nur Sydney

Sydney alleine, so schön die Stadt auch sein mag, ist nicht Australien. Auch das Outback und die Aborigines, der Sonnenstaat Queensland und seine Surf-Gemeinde sind nur ein Teil davon. Wer aber das Erstbesucherdreieck **Sydney – Uluru (Ayers Rock) – Great Barrier Reef** kennenlernt, bekommt schon einen recht guten Eindruck von der Vielfalt Australiens, vom Lifestyle und auch von der Weite mit drei Zeitzonen und einer Küstenlänge, die je nach Definition sogar dem Erdumfang gleichkommt.
In Darwin herrscht immer eine schwülfeuchte Hitze, während die Tasmanier

Auch im Outback der Flinders Range lässt es sich durchaus gut essen und schlafen.

BAEDEKER DAS IST ...

SIND DA KROKODILE DRIN?

Sieht man ein Schild mit der Aufschrift »OPEN« (in Großbuchstaben), sind die Wasserpools im Litchfield Nationalpark im Norden zum Baden freigegeben. Nur dann haben Ranger kontrolliert, dass keine Krokodile im Wasser sind. Der Aussie aus dem nahen Darwin sieht, dass die Touristen zögerlich sind und ruft: »Come in!« – rein ins Wasser! »Das ›open‹ steht doch nicht für die ›crocs‹ ...« Er lacht über seinen Witz und krault frohgemut zum 50 m hohen Wangi-Wasserfall (▶ S. 189). Wenn nur alles so einfach wäre ...

sehr wohl wissen, wie eine Zentralheizung funktioniert. Australien reicht von den Tropen bis in die Antarktis. Was die Leute eint, ist ihre entspannte Art, sich allesamt als Kumpels (»hey mate!«) anzusprechen, Chips in allen Geschmacksrichtungen und den Aufstrich »Vegemite« zu lieben, zu fragen, wie es einem geht, ohne es aber wirklich wissen zu wollen, und sich als die Grillweltmeister zu fühlen. **Superlative** werden gerne nicht nur für alles Mögliche gewählt, sondern stets als über die Landesgrenzen hinaus für gültig erklärt.

Ungekannte Weiten

Was einen im kleinen Deutschland beheimateten Urlauber aber genauso fasziniert wie dieser unaufgeregt lockere Lifestyle ist die enorme, schier **endlose Weite** des Landes. Mit knapp 7,7 Mio. km² ist es rund 22-mal größer als Deutschland. Die maximale Ausdehnung von Ost nach West erreicht 4500 km – das entspricht in etwa der Luftlinie von Frankfurt zum Nordpol. Andererseits ist die größte Insel der Welt zugleich ihr kleinster Kontinent. Das sechstgrößte Land der Erde ist die Heimat von nur knapp 25 Mio. Menschen – und temporär auch für knapp 10 Mio. Touristen pro Jahr (darunter 218 000 aus Deutschland), die neben Lifestyle und Freiheit in Zeiten von Terrorismus auch die hohe Sicherheit im Land sehr schätzen. Denn das Beste an Australien ist, dass alle Sorgen ganz weit weg liegen, wenn man erst mal am anderen Ende der Welt ist.

Ein Ritt auf haushohen Wellen vor der Großstadt-Skyline von Surfers Paradise – das ist der Australian Way of Life!

KEIN PLATZ BEIM WEISSEN MANN

Seit dem 26. Oktober 2019 darf der Ayers Rock, wie der Uluru früher hieß, nicht mehr bestiegen werden. Damit haben die Aborigines ein großes Stück ihrer religiösen und kulturellen Identität zurückgewonnen. Gleichberechtigt sind sie deshalb aber noch lange nicht. Auch weil Weiße die Kultur der Aborigines oft mehr vermarkten als sie zu respektieren.

Den Aborigines ist der Uluru, der »Schatten spendende Platz«, heilig. ►

GABAL trinkt. Nimmt Wasser aus einem Trichter aus gesammelten Blättern, den er am Auslauf verstopft hatte. Er reicht den Blätter-Trichter weiter. Wortlos, denn aus dem Gespräch ist Schweigen geworden. Ein stundenlanges Schweigen, das so vieles erzählt, weil Gabal mit Blicken die kleinen **Geheimnisse des Waldes** enthüllt: perfekt getarnte Tiere, Blätter, die er zwischen den Fingern zerreibt, die dann ätherische Öle freigeben, und kleine Beeren. Nebenbei trägt er eine Reihe von Kräutern zusammen, die als Medizin verwendet werden. Jeder männliche Aborigine der 20 Stämme im Daintree-Wald im Norden Queenslands hat das Wissen von Gabal. Denn jeder junge Mann muss in seinem Leben **18 Monate lang alleine im Regenwald** überleben. Dann ist er initiiert. Dann ist er ein Mann. Aber draußen hat Gabals Wissen keinen Wert. Denn draußen, das ist im Fall von Gabal die triste Ghetto-Siedlung der Gorge Community nahe Mossman. Dort heißt Gabal C.J. Das steht für Collin John. Draußen, im »zivilisierten« Leben, herrschen Technologie und Effizienz, Automatismen und – **der weiße Mann**. Wobei die Mehrheit der weißen »Bushies«, draußen im Outback, lupenreine Rassisten sind.

Handbemalte Bumerangs als Souvenirs für Touristen

Der Kampf um Respekt

Gut 3000 km südlich feiert Melbourne: Im Melbourne Central Komplex hat das Monumentalwerk des Aborigine-Künstlers **Josh Muir** dauerhaft einen Platz gefunden. Das Wandbild »Kulin Mural«

BAEDEKER DAS IST …

DER HEILIGE BERG IN KLEIN

Eine Kunstgalerie in Alice Springs (▶ S. 151): Djarrtjuntjun ist Aborigine und Künstler. Sein Name bezieht sich auf eine Baumwurzel, seinen Geburtstag kennt er nicht (»vielleicht bin ich so um die 50«). An der Wand hängt ein Dot-Painting-Bild ohne Namen: ein Berg aus Punkten. Es ist offensichtlich der Uluru: »Er ist heilig«, sagt Djarrtjuntjun. »Alles an diesem Berg ist heilig, jede Höhle, jede Spalte, jede Wasserstelle hat eine eigene Bedeutung.« Diese ehrliche, ungespielte Erklärung gibt dem einfachen Bild eine ganz neue Tiefe.

Ein Wandgemälde in Alice Springs zeigt einen Aborigine und einen weißen Mann auf Augenhöhe – in der Realität bleibt dies oft leider nur ein frommer Wunsch.

erzählt die Geschichte der Ureinwohner Victorias und hat eine Mission: Den Betrachter in die gemeinsame Geschichte einbinden und ein Zeichen der Versöhnung senden. Kunst, wie die von Josh Muir, mag eine wohlwollende Wirkung haben. Aber offenbar wird sie erst dann relevant, wenn sie in der Welt des weißen Mannes **medial nutzbar** ist. Aborigine-Kultur wird gerne vermarktet, was aber fehlt, ist oftmals der Respekt vor den Menschen.

Viele Aborigines beziehen Sozialhilfe, viele trinken, viele sehen verwahrlost aus. Aber kann man das jemandem, dem zuvor sein Land genommen und seine Kultur entzogen wurde, zum Vorwurf machen? Jeder Stamm hatte ursprünglich sein Territorium, deren Grenzen exakt in Liedern besungen wurden: Felsformationen, Wasserläufe oder andere signifikante Naturerscheinungen ergaben die sogenannten »lines«. Der rechtmäßige Besitz des **Uluru**, des zweitgrößten Monolithen der Welt, wurde den Aborigines erst 1985 bestätigt. Und die Politik tut sich noch immer schwer, den Ureinwohnern, die heute knapp 3 % der Gesamtbevölkerung ausmachen, mehr Land zurückzugeben. Das hat in vielen Fällen natürlich monetäre Gründe: Da geht es um Schürfrechte und Bodenschätze, also um viel Geld, das die Weißen den Aborigines nicht einfach so überlassen wollen. Zuweilen hat man aber auch das Gefühl, dass es nur ein frommer Wunsch ist, Aborigines so leben zu lassen, wie sie es Jahrhunderte lang gewohnt waren. Zu sehr ist die Verstädterung, ja Verslummung, aber mindestens **Gettoisierung** der Aborigines fortgeschritten – einhergehend mit Entwurzelung und Traditionsverlust. Denn einer wie Gabal passt einfach nicht in die Welt des weißen Mannes.

EINSATZ IM OUTBACK

Das größte Klassenzimmer der Erde? In Zeiten des Internets und globaler Vernetzung ist die School of the Air geradezu logisch. Aber was haben Unfälle, Schlangenbisse und Geburten miteinander gemeinsam? Wenn all dies weit weg von der Zivilisation geschieht, sind in Australien die Fliegenden Ärzte gefragt, der größte Luftrettungsnotdienst der Welt.

Das Einsatzgebiet des RFDS umfasst eine Fläche, die 20-mal so groß ist wie Deutschland.

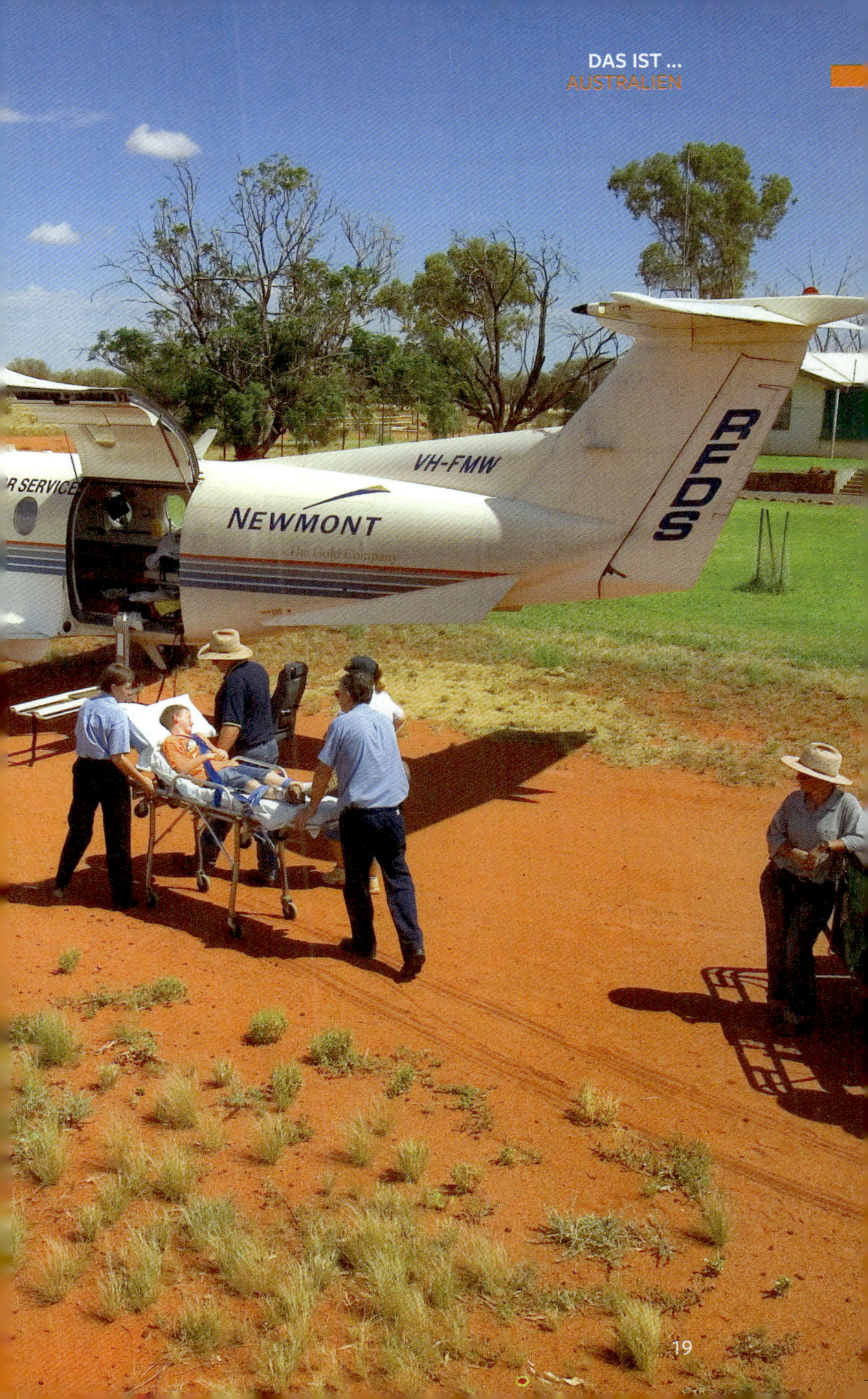
R SERVICE
VH-FMW
NEWMONT
RFDS

AUF einem der Gräber auf dem Friedhof von Coober Pedy steht ein Bierfass mit der Aufschrift »Have a drink on me – Trink einen auf mich!« Coober Pedy liegt zwar irgendwo im Nirgendwo der Wüste, aber trotzdem sind die Fliegenden Ärzte für den Biertrinker nicht zu spät gekommen. Im Regelfall fliegen sie dort gar nicht hin, weil Coober Pedy ein Krankenhaus mit immerhin 24 Betten hat. Der Royal Flying Doctor Service of Australia (RFDS) rückt ausschließlich für kranke Menschen **in die abgelegensten Gebiete** Australiens aus, für die ein Transport ins nächste Krankenhaus zu gefährlich wäre. Sie fliegen ins Never Never, zu Farmen, Aborigines-Siedlungen, Roadhouses, 300, 400 oder mehr Kilometer vom nächsten Ort entfernt. Vielfach werden auch nur per Telefon oder Funkgerät ärztliche Ratschläge erteilt.

Der moderne Samariter

Der Pfarrer John Flynn ritt um 1920 noch mit Pferd und Esel durchs Outback, um Kranken zu helfen. Oft war es für die Patienten aber wegen der langen Anreise schon zu spät. Selbst heutige Allerweltskrankheiten wie eine Blinddarmentzündung endeten häufig tödlich. Doch Flynn nutzte bald die neue Technik und wurde zum **Urvater der Flying Doctors**, die als medizinischer Flugdienst erstmals 1928 mit einer Maschine startete, nachdem die drahtlose Nachrichtenübermittlung geklappt hatte.

Heute kann der RFDS innerhalb von zwei Stunden jede Person in Australien erreichen und versorgen. Rund 1000 Mitarbeiter, 21 Flugbasen, 63 Flugzeuge und **80 000 Flugkilometer pro Tag** machen dies möglich. Mehr als 40 000

In den meisten Fällen fliegen Krankenpfleger zu den Verletzten. Ärzte sind nur im Notfall dabei.

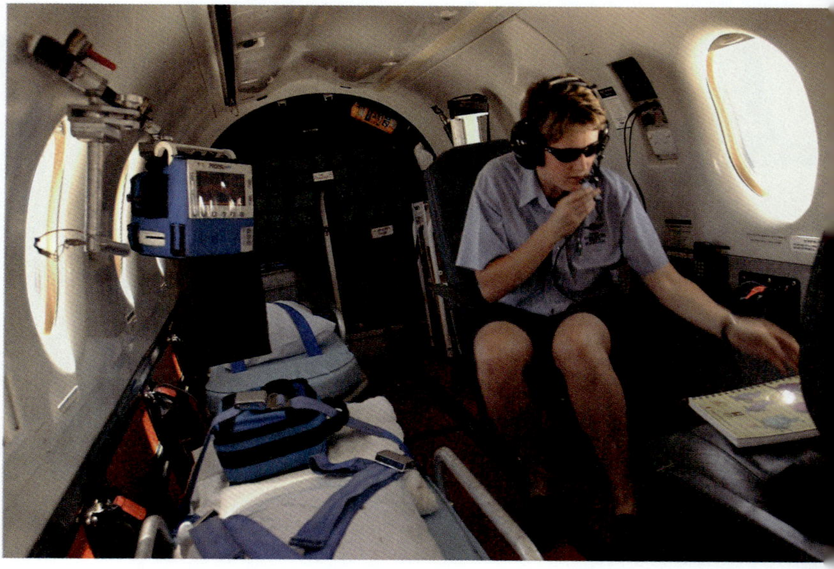

GEBOREN IN CLONCURRY

Acht Sekunden müssen sich die Cowboys auf dem Rücken eines 700-kg-Bullen halten. Sonst gibt's kein Preisgeld beim berühmten Outbackrodeo von Cloncurry. Was nur wenige wissen: Das Outbacknest ist auch der Geburtsort der Fliegenden Ärzte. Als das Pferd Silvius aus Cloncurry den Melbourne Cup gewann, wurde die drahtlose Nachrichtenübermittlung zwischen Melbourne und Cloncurry getestet. Es gelang, woraufhin der Areal Medical Service gegründet wurde, der Vorgänger des Royal Flying Doctor Service. Ein kleines Museum erinnert daran. (▶ S. 273)

Patienten werden jährlich transportiert. Landebahnen sind häufig normale Straßen und Pisten. Durch Hinweisschilder sind Abschnitte für Landungen markiert.

Finanziert werden die Fliegenden Ärzte durch den Staat (50 %), die Länder, Spenden, den Verkauf von Versicherungen und **Behandlungshonorare**. Leute, die nicht durch die australische Krankenversicherung oder durch internationale Versicherungsabkommen versichert sind müssen den RFDS-Einsatz bezahlen. Wie auch ein äußerst hart gesottener Bushie, dem mit der Motorsäge das Bein abgetrennt wurde, der aber nur angab, er habe sich das Bein gebrochen ... Ob er dachte, dass der Einsatz bei Beinbruch günstiger sein würde, ist nicht bekannt.

Das fliegende Klassenzimmer

Doch es sind nicht nur die Ärzte, die zu den Patienten kommen, auch die Schule kommt zu ihren Schülern. Wie zu Nancy, einem sechsjährigen Mädchen mit Pferdeschwanz und guten Noten. Sie lebt auf einer Farm in der sehr dünn besiedelten Gibson Desert. Ihren Lehrer hat sie erst einmal gesehen – zu Beginn des ersten Schuljahres. Seitdem lernt sie zusammen mit landesweit etwa **1000 weiteren Schülern** von sechs bis elf Jahren im größten Klassenzimmer der Welt: der School of the Air, 1951 in Alice Springs gegründet. Werktags gibt es eine Stunde mit dem Lehrer per Funk Unterricht, danach wird mithilfe der Eltern, von Büchern und dem Computer gepaukt. Material dazu und Hausaufgaben werden per E-Mail gesendet. Nancy macht fleißig mit. Sie will schließlich weiterhin gute Noten haben.

Homeschooling in Australien – wenn das Esszimmer zum Klassenraum wird.

NATUR-WUNDER GREAT BARRIER REEF

Das Meer ist blau, Korallen sind bunt? »Falsch!«, sagt Gareth Phillips, Meeresbiologe in Cairns. »Wasser ist farblos und Korallen sind von Natur aus weiß, beigeweiß.« James Cook hat das bereits 1770 bei seiner ersten Australienreise notiert. Doch Gareth sagt auch: »Wären die Korallen aber bunt, wären sie auch ganz gesund ...«

◀ Das Great Barrier Reef in seiner vollen Schönheit, die mehr und mehr in Gefahr gerät.

DIE GUTE Nachricht vorweg: Der letzte australische Sommer war recht kühl und das Riff konnte sich etwas erholen. Gareth Philipps ist mit ein paar Tauchern unterwegs vor **Fitzroy Island**. Sie sehen gesunde, farbenfroh leuchtende Korallen. Aber wie geht das schon nach nur einem kühlen Sommer? Obwohl doch alle Welt von der **Korallenbleiche** spricht, die überall zu sehen ist: in der Karibik am zweitgrößten Riff der Welt, im Indischen Ozean auf den Malediven und Seychellen, im Pazifik, wo behauptet wurde, das Great Barrier Reef sei an fast allen Stellen betroffen. »Stimmt!«, sagt Gareth nun. »Das Riff war und ist sehr stark betroffen. Aber Fitzroy ist eine der Stellen, die sich besonders gut erholt haben.« Gareth holt tief Luft und erklärt: »Korallen leben mit mikroskopisch kleinen Algen in **Symbiose** zusammen. Diese sind es auch, die den Korallen ihre Farbenpracht verleihen.« Wie alle Pflanzen betreiben die Algen Fotosynthese, wobei sie aus Kohlendioxid und Sonnenenergie Nährstoffe herstellen. »Und als brave Untermieter treten sie einen Teil davon an den Hauswirt, die Koralle, ab. Diese revanchiert sich mit Stickstoff und Phosphor, die wiederum von den Algen zum Wachstum benötigt werden.« Ein perfektes Zusammenspiel, das die Riffe stetig wachsen lässt. Doch jetzt kommt das Problem: »Die Wohngemeinschaft reagiert sehr empfindlich auf schwankende Wassertemperaturen. Wenn sich das Meer nur um 1 °C erwärmt, werfen die Korallen ihre Untermieter raus. Ist nur noch die Hälfte der farbgebenden Algen vorhanden, erscheinen die Korallen bereits bleich.« Gareth schaut in die Runde, die verdutzt zurückblickt. Und Gareth merkt noch an: »James Cook schrieb schon 1770 von weißen Korallen. Was nichts anderes bedeutet, als dass wir 1770 die erste dokumentierte Korallenbleiche hatten ...«

Besonders bedroht sind Symbiosen wie die des Clownfischs und der Seeanemone.

Wo der Klimawandel seine Folgen zeigt

Das Great Barrier Reef ist **das größte Riff der Welt**: Rund 2400 km lang, mit weit mehr als 2500 Einzelriffen und 600 Inseln erstreckt es sich auf einer Fläche von 345 000 km². Es ist Lebensraum für 1500 Fisch-, 400 Korallen- und 240 Vogelarten. Zusammen mit 500 unterschiedlichen Seegräsern, 22 Wal- und sechs Wasserschildkrötenarten ist dieses UNESCO-Weltnaturerbe der vielfältigste Lebensraum unseres Planeten. Diesen zu schützen, ist Pflicht!
Australiens Regierung will dem Great Barrier Reef nun mit umgerechnet rund 300 Mio. € helfen. Aber wie hilft man einem Riff, auf dem nicht mal zehn Inseln bewohnt sind und nicht mal weitere zehn ein Urlaubsresort beherbergen? Klare Ziele sind beispielweise die Verbesserung der Wasserqualität oder die Bekämpfung aggressiver Seesterne. »Nur bleibt der **Klimawandel** die größte Bedrohung für das Ökosystem«, stellt Gareth fest. »Denn wenn Wassertemperaturen von 28 °C am südlichen

KLASSE STATT MASSE

Wenn man beim Schnorcheln am Riff mehr Beine, Popos und Schwimmnudeln sieht als Korallen, Fische oder Schildkröten, ist man wohl an eine dieser Massentouren für 100–150 Leute geraten: Fahrt zum Poton am Riff, abgegrenzter, kleiner Schnorchelbereich, Grill an Bord, Heimfahrt und 200 € sind weg. Deshalb unbedingt auch nach der max. Teilnehmerzahl fragen. Nur 25 Personen nimmt z. B. »Sailaway« ab Port Douglas (▶ S. 255) mit. Ist ein bisschen teurer, dafür sieht man aber auch exotische Tiere statt nur den Hotelnachbarn ...

Riff und 32 °C am nördlichen überschritten werden, wird es sehr problematisch und die Korallen werden nicht nur bleich, sondern können sterben.« Im Moment wird an einem UV-Lichtschutz experimentiert, der vielleicht helfen kann. Aufforstungsprogramme laufen auch bereits, doch die sind lediglich für kleine Gebiete wie Fitzroy Island eine Unterstützung. Bleibt als wirksamstes Mittel nur der weltweite Klimaschutz und die Begrenzung der menschengemachten globalen Erwärmung auf deutlich unter 2 °C gegenüber vorindustriellen Werten, wie im **Pariser Klimaabkommen** von 2015 vereinbart. Die USA sind aber aus dem Vertrag ausgestiegen und Canberra diskutiert derzeit, der Entscheidung von Trump zu folgen. Die finanzielle Riffhilfe sieht in diesem Kontext eher wie Ablasshandel als echter Umweltschutz aus.

SHANGHAI IST NÄHER ALS LONDON

Der kleinste Kontinent mit der dünnsten Besiedlung ist in der Weltpolitik das fünfte Rad am Wagen. Außenpolitisch erregen die Regierenden aus Canberra nicht einmal mehr in Großbritannien und Europa Aufmerksamkeit. Australien hat sein wirtschaftliches und soziales Umfeld schließlich längst im asiatisch-pazifischen Raum gefunden.

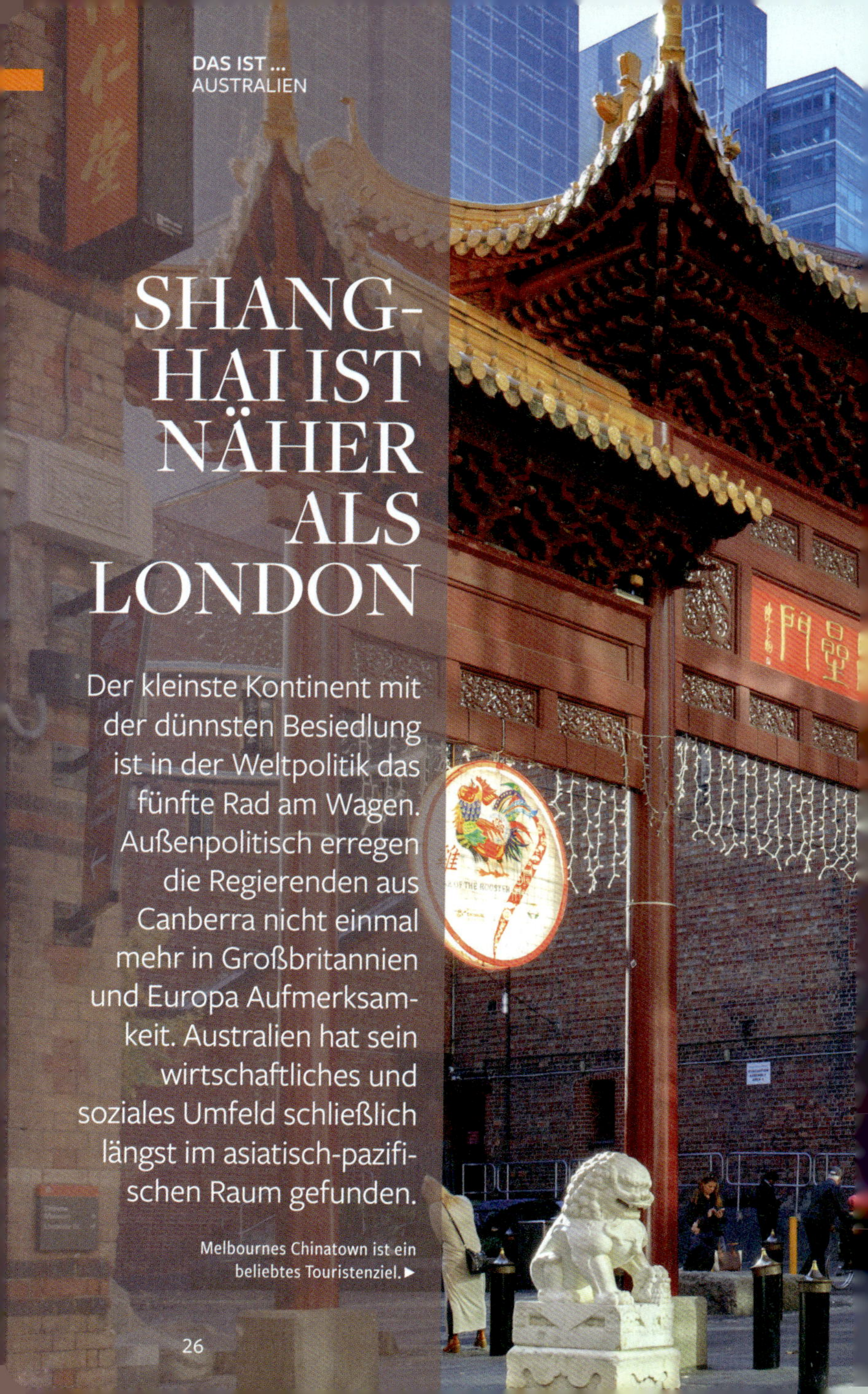

Melbournes Chinatown ist ein beliebtes Touristenziel. ▶

EVACUATION
ASSEMBLY
AREA

MITTENDRIN IN CHINATOWN

Es geht eng zu. Der Duft von Räucherstäbchen liegt in der Luft. Neun von zehn Menschen scheinen Mandarin zu sprechen. An der Apotheke mit den getrockneten Seepferdchen im Schaufenster – zu satten 40 AUD pro Stück – steht ein Schild: »Wir sprechen auch Englisch.« Hier in der Bourke Street hat sogar Hongkongs bestes und mit Michelin-Stern geadeltes Dim-Sum-Lokal »Tim Ho Wan« einen Ableger – in Melbournes Chinatown (▶ S. 398) glaubt man wirklich, irgendwo in China zu sein …

DIE REGIERENDEN aus Canberra … Wer war das nochmal? Wie heißen die? Vorausgesetzt man hängt sich nicht schon an der Frage auf, was Canberra ist (Tipp: Australiens Hauptstadt), sind das Fragen, die man sich als aufgeklärter Europäer nur stellt, wenn es um Zwergstaaten wie Malta oder Exoten wie Mali geht. Nehmen wir den Premierminister: Er ist zwar nicht das Staatsoberhaupt – das ist immer noch Queen Elizabeth II. –, aber doch faktisch der mächtigste Politiker Australiens. Nur wie heißt der nochmal? So oder so ähnlich muss es Bundeskanzlerin Angela Merkel beim G20-Gipfel 2018 in Argentinien ergangen sein: Da hat sie einen Spickzettel über **Scott Morrison** nebst Bild des Premierministers in der Hand. Und auf einem später veröffentlichten Foto ist zu erkennen, wie sich die Kanzlerin offensichtlich gerade noch über ihren Gesprächspartner einliest, während Australiens Regierungschef zu diesem Zeitpunkt bereits neben ihr sitzt. Der »Sydney Morning Herald« spottete daraufhin aber nicht gegen Merkel, sondern zeigte sich verständnisvoll: »Wer ist das?«, stand in großen Lettern zu lesen: »Australier können Angela Merkels Dilemma wahrscheinlich verstehen.« Die meisten Australier wüssten auch nicht mehr über Morrison. Der sei schließlich bereits der sechste australische Premierminister, mit dem es Merkel zu tun habe.

Der Blick nach China …

Xi Jinping, Chinas KP-Chef und seit 2013 Staatspräsident, wäre das wohl

Ein traditionelles chinesisches Neujahr erleben? In Melbourne ist das möglich.

nicht passiert. China sieht in Australien seit Jahren einen wichtigen Wirtschaftspartner. Ein Drittel aller australischen Exportgüter geht ins Reich der Mitte. Umgekehrt kommt knapp ein Viertel aller importierten Waren aus China. In Down Under wird **der wachsende Einfluss Pekings** in Politik, Wirtschaft, Medien und an den Universitäten nicht nur zuversichtlich, sondern auch mit wachsender Sorge beobachtet. Zehntausende von Studenten kommen aus China. Die Chinesen stellen inzwischen die größte Zahl unter den Einwanderern, und zwar nicht nur in Chinatown, sondern auch in so manchem Vorort der großen Ballungszentren wird inzwischen Mandarin gesprochen.

Dass sich Canberra mehr und mehr im **asiatisch-pazifischen Raum** orientiert und nicht mehr so oft Richtung London oder gar Brüssel schaut, liegt natürlich auch an der geografischen Lage. Australien sei asiatisch, bestätigte schon 2013 der damalige Außenminister Bob Carr. »Einer der Gründe, die unser Land für Einwanderer aus Asien attraktiv machen, sind die europäischen Werte, die unsere Gesellschaft und unser politisches System ausmachen, etwa die Redefreiheit, das Mehrparteiensystem oder die Versammlungsfreiheit«, sagte Carr damals in einem Interview.

... und zu den Nachbarn

Die Beziehungen zu den nächsten asiatischen Nachbarn wie Indonesien, Malaysia, den Philippinen, aber auch zu Japan, Indien oder Thailand entwickelten sich langsam, aber stetig. Und sie intensivierten sich, ohne dass es richtungsweisende Erklärungen aus Canberra oder bindende Verträge dazu gegeben hätte. Politologen sprechen sogar davon, dass es australische Außenpolitik im engeren Sinn gar nicht gebe, sondern nur **Wirtschaftsbeziehungen**. Und da ist Shanghai einfach näher als London ...

Nachbarschaftspflege: Australiens Premierminister Scott Morrison (rechts) zu Besuch bei Indonesiens Präsident Joko Widodo (links) in Bogor.

T
TOUREN

Durchdacht, inspirierend, entspannt

Mit unseren Tourenvorschlägen
lernen Sie Australiens beste Seiten kennen.

In den Kimberleys sind Geländewagen und fahrerisches Können gefragt. ►

UNTERWEGS IN AUSTRALIEN

Australien ist ein Kontinent der Gegensätze. Unsere Touren verbinden die schönsten Ecken von Down Under: Wandern Sie mit den Aborigines auf den Spuren ihrer Ahnen, erradeln Sie die Steilküsten und Traumstrände der Great Ocean Road, erleben Sie einen atemberaubend schönen Sonnenaufgang bei einer Ballonfahrt im Outback und besuchen Sie Australiens bekannte Weingüter.

Die unendliche Weite

Australien ist das **Land der riesigen Distanzen**: Deutschland würde fast 22 mal in die Fläche Australiens passen! Von Osten nach Westen sind es 4000 km, von Norden nach Süden 3700 km, wobei zwischen Adelaide und Darwin z. B. nur eine einzige bedeutende Stadt liegt: Alice Springs. In ländlichen Regionen leben die Menschen oft Hunderte von Kilometern vom nächsten Pub, Supermarkt und auch der nächsten Tankstelle entfernt – weshalb man im Outback auch stets volltanken sollte, wenn es geht. Australier klagen gerne über die »Tyrannei der Entfernung«, der auch bei der Reiseplanung Rechnung getragen werden muss.

Viele Pisten

Neben der Weite spielt in Down Under aber auch der Straßenbelag eine Rolle. **Asphaltiert ist nicht einmal die Hälfte des Straßennetzes.** Damit ist auch nur die Hälfte wetterunabhängig befahrbar, bei reglementierten Höchstgeschwindigkeiten von 100 oder 110 km/h; als Durchschnittsgeschwindigkeit sollte man selbst auf diesen Straßen nur mit höchstens 80 km/h rechnen. Auf den meist in sehr gutem Zustand befindlichen Pisten ist verhalteneres Fahren angesagt und man sollte mit einer deutlich niedrigeren Durchschnittsgeschwindigkeit rechnen. Viele Routen im Landesinnern werden zwar regelmäßig planiert, doch bei Regen können diese **»dirt tracks«** zu wahren Schlammbädern werden – oder zu sehr unangenehm zu fahrenden Wellblechpisten. Über den jeweiligen Straßenzustand informieren große Schilder entlang der Overland Tracks. Weitere Tipps zum Fahren im Outback gibt es in den ▶ Praktischen Infos.

Reiseplanung

Fast alle Touristen aus Europa, die auf eigene Faust durch Australien reisen, fahren mit einem **Mietwagen** von A nach B, ob nun mit einem günstigen Kleinwagen, einem komfortablen 4WD-Geländewagen oder einem Wohnmobil mit Küche und Bad. Klären Sie am besten schon vor der Routenplanung, ob Ihr Wagen auch für Pisten zugelassen ist. Oftmals dürfen nämlich gerade Kleinwagen und Wohnmobile

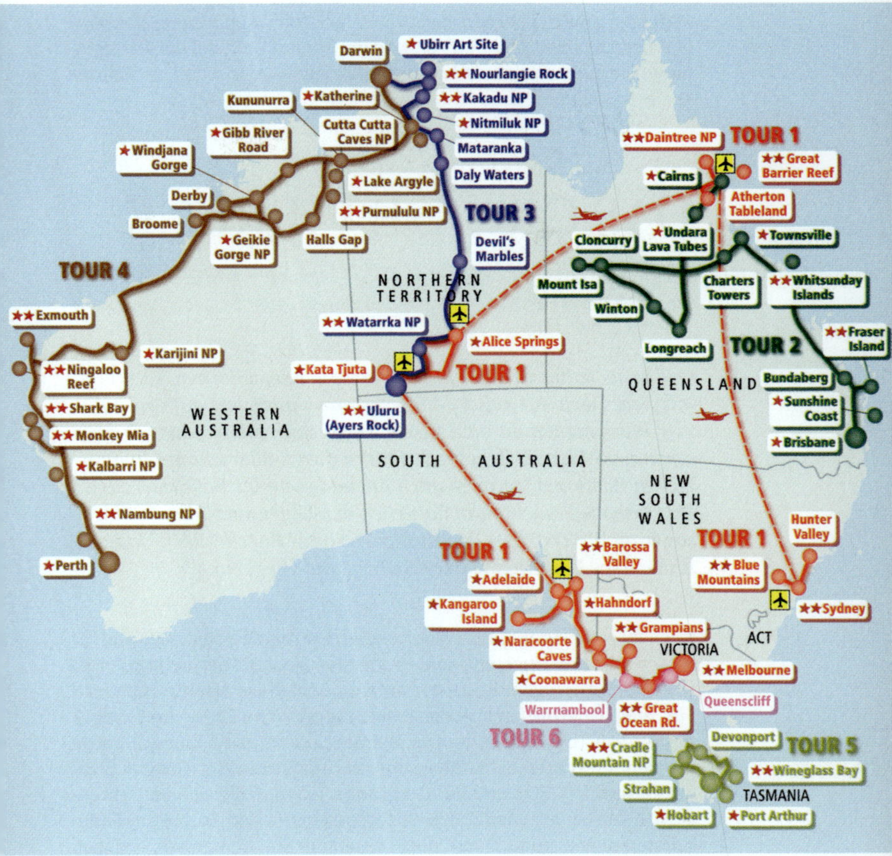

nur auf asphaltiertem Untergrund genutzt werden! Planen Sie stets komfortable Reisezeiten und Puffer ein. Die Touren sollen ja nicht in Stress ausarten. Bei einem zeitlich begrenzten Urlaub sind **Fly & Drive**-Angebote zu empfehlen, bei denen große Distanzen per Flugzeug zurückgelegt werden und an den jeweiligen Flughäfen ein Fahrzeug bereitsteht.

Beachten Sie bei der Routenplanung schließlich auch die australischen Ferienzeiten. In Hotels, Motels und Caravan Parks herrscht besonders während der australischen Sommerferien von Weihnachten bis Ende Januar großer Andrang. In dieser Zeit sollte man unbedingt im Voraus buchen! Ratsam ist dies außerdem über Ostern und

Pfingsten sowie während der Winterferien im August und September. Letzter, aber dennoch genauso wichtiger Punkt bei der Reiseplanung: die landesweit sehr unterschiedlichen klimatischen Verhältnisse (► S. 582).

DAS GROSSE VIERECK

Länge der Tour: 2750 km (ohne Flüge) | **Dauer:** 3–4 Wochen
Start: Melbourne | **Ziel:** Sydney | **Verkehrsmittel:** Flugzeug und Leihwagen (Einwegmiete)

Tour 1

Ganz Australien in einer Urlaubsreise kennenzulernen, ist unmöglich! Doch mit dieser »Viereckstour«, ausgelegt auf drei bis vier Wochen, kommt man Down Under doch schon sehr nahe: Sie sehen im Süden Melbourne, befahren die wunderschöne Great Ocean Road und kommen nach Adelaide und ins Barossa Valley. Im Outback besucht man natürlich den Uluru und Alice Springs sowie an der Ostküste das einmalige Great Barrier Reef. Und als krönenden Abschluss warten Sydney und Umgebung.

Der ideale Start

Nach Ihrer Ankunft in Australien sollten Sie mindestens einen Tag für ❶ ★★ **Melbourne** einplanen – bedenken Sie auch den Jetlag, der so manchem Australien-Besucher anfangs schlaflose Nächte beschert. Für einen Überblick mit Adrenalinkick sorgt »The Edge« im Skydeck des Eureka Tower. Die City Circle Tram und der City Tourist Shuttle bringen Sie kostenlos zu den Sehenswürdigkeiten des Central Business District (CBD) und der Docklands. Gönnen Sie sich im Gassengewirr der Lanes einen Caffè Latte, saugen Sie den Trubel am Federation Square in sich auf und besuchen Sie Chinatown. Danach können Sie noch auf dem Yarra River nach Williamstown schippern. Reizvoll sind auch Abstecher nach St Kilda, wo man in urban-alternativem Flair erst einen Sundowner genießt und dann die hiesigen Zwergpinguine besucht, oder in den Botanischen Garten der Stadt, in dem man herrlich tief durchatmen kann.

Panoramastraße am Südlichen Ozean

Wer für die ❷ ★★ **Great Ocean Road** nur einen Tag eingeplant hat – besser sind zwei – sollte morgens früh aufbrechen. Den passenden Auftakt der 300 km langen Traumstraße zwischen Regenwald und Steilküste bildet die **Surf World in Torquay**, die mit Boards und Bildern die Faszination des Wellenreitens zeigt. Wer's kann: Der nahe Bells Beach gehört zu den schönsten Surfspots Australiens! An der Shipwreck Coast des ★ **Port Campbell National Parks**, wo hunderte

★Alice Springs
Burt Plain
Glen Helen
Mt. Zeil
Mereenie
Namatjira
Hermannsburg
Arumbera
Hugh
Orange Creek
★★Kings Canyon
Red Centre Way
Lake Amadeus
50 mi
100 km
★Kata Tjuta
Yulara
Curtin Springs
Erldunda
★★Uluru (Ayers Rock)
199
208
297
20
Bloomfield
★★Great Barrier Reef
★★Daintree NP
Wonga
Port Douglas
25 mi
50 km
Palm Cove
Hann Tableland NP
Kewarra Beach
Mareeba
Cairns
Gordonvale
69
51
★Atherton Tableland
Wooroonooran NP
Innisfail
Millaa Millaa
Cairns
Uluru/ Ayers Rock
©BAEDEKER
Sydney
Adelaide
★Hunter Valley
Pokolbin
Maitland
Wollombi
Wollemi NP
Yenco NP
Newcastle
★★Blue Mountains
Wyong
Bateau Bay
South Windsor
25 mi
50 km
Blackheath
St. Ives
Palm Beach
Orchard Hills
Campbelltown
★★Sydney
Austinmer
94
51
Port Wakefield
Auburn
Eudunda
Paisley
Golden Heights
Loxton
James Well
Gawler
★★Barossa Valley
★Adelaide
Palmer
Alawoona
Murray Sunset NP
Warooke
★Hahndorf
Edinburgh
Christies Beach
Tailem Bend
Pinnaroo
Ouyen
Piangil
Stenhouse Bay
Myponga
Victor Harbour
Sea Lake
Swan Hill
Kerang
Wyperfeld NP
Hopstoun
Gosse
Ngarkat CP
Big Dessert WP
Lake Hindmarsh
Birchip
★Kangaroo Island
Island Beach
Keith
50 mi
100 km
Kaniva
Nhill
Warracknapeal
Echuca
Wedderburn
Shepparton
Horsham
St. Arnaud
Bendigo
Violet Town
★Naracoorte Caves
Edenhope
★★Grampians
Castlemaine
Merton
Seymour
★Coonawarra
Ararat
Creswick
Beachport
Penola
Gisborne
★★Melbourne
Millicent
Casterton
Dunkeld
Ballarat
Sunbury
Mount Gambier
Hamilton
Heywood
Penshurst
Skipton
Seville
Mortlake
★★Great Ocean Rd.
Endeavour Hills
Geelong
Frankston
Warragul
Port Fairy
Portland
Warrnambool
Torquay
Mornington
Dromana
Lorne
San Remo
45
17
113
221
25
84
60
62
157
146 Entfernungsangaben in mi (1 mi = 1,61 km)

Schiffe an den Riffs zerschellten, schufen Wind und Wellen faszinierende Felsformationen. Weltberühmt sind die ★★ **Twelve Apostles**.

Wandern und Weinproben

In den ❸ ★★ **Grampians** wird gewandert: Ein kurzer Weg führt zu den ★ **MacKenzie Falls**, eine rund einstündige Stichstrecke zu den **Balconies** mit grandioser Aussicht. Im Nationalpark sind außerdem viele Felsmalereien der indigenen Bevölkerung erhalten. Weiter geht's in die für ihre schweren, erdigen Roten bekannte Weinregion ❹ ★ **Coonawarra**. In den ❺ ★ **Naracoorte Caves** locken fantastische Tropfsteingebilde und prähistorische Funde. Für alle, die noch genug Zeit zum (Sonnen-)Baden und Vögelbeobachten haben, empfiehlt sich auf dem Weg gen Adelaide noch ein Abstecher in den **Coorong National Park** mit seinen langen Sandstränden und Lagunen hinter der Nehrungsküste. Schließlich können Sie den **Murray River** auf ganz nostalgische Weise entdecken: an Bord eines Schaufelraddampfers.
Im ❻ ★ **Barossa Valley** sind mehr als 50 teils ausgezeichnete Weingüter zu Hause. Die meisten haben sogenannte »cellar doors«, hinter denen Probierstuben mit Direktverkauf warten. Die grünen Hänge der Umgebung verführen zu einer Extra-Spritztour. Und in ❼ ★ **Hahndorf** kann man Bratwurst mit Sauerkraut essen oder noch mit (derzeit) zwölf Leuten im Dorf deutsch sprechen. Die lutherischen Kirchen und Fachwerkhäuser erinnern daran, dass Hahndorf einst von Deutschen besiedelt wurde.

In der Metropole von SA

In Südaustraliens Hauptstadt ❽ ★ **Adelaide** taucht man im South Australian Museum in die Geschichte der sträflingsfreien Kolonien ein oder bummelt durch die Botanic Gardens, schnabuliert sich durch das Feinschmeckerparadies Central Market mit seinen vielen Ständen und verdaut danach in Ruhe in den Grünanlagen am Torrens River. Wer noch etwas mehr Zeit hat, sollte einen Tagesausflug zu den Pelzrobben und Felskolossen von ❾ ★ **Kangaroo Island** einplanen. Die Fähre ist allerdings sehr teuer.

Am heiligen Berg

Morgens ist Abflug von Adelaide nach **Yulara**, der Servicesiedlung mit Hotels und Flugfeld an Australiens berühmtestem Wahrzeichen, dem ❿ ★★ **Uluru** (Ayers Rock), wie die örtlichen Anangu-Aborigines ihren heiligen Berg nennen und wie das UNESCO-Weltkultur- und -naturerbe inzwischen auch offiziell heißt. Das Besteigen ist seit Ende 2019 untersagt. Viel eindrucksvoller ist auch ein Basewalk mit einem indigenen Führer! Sie sind noch fit? Dann wandern Sie durch das **Valley of the Winds** der 32 km westlich gelegenen ⓫ ★ **Kata Tjuta** (The Olgas), wie die Aborigines die 36 Felskuppen nennen.

Alice Springs

Ein Gefühl endloser Weite vermittelt die rund 450 km lange Autofahrt nach ⓬ ★ **Alice Springs**. Wer sich vorab ein Erlaubnis besorgt und Offroad-Erfahrung hat, kann statt der Asphaltstrecke über Curtain Springs die Schotterpiste Meerenie Loop Road nehmen und vorbei an den tiefroten, zerfurchten Schluchten des 13 ★★ **Kings Canyon** die Hauptstadt des »red centre« ansteuern. In The Alice sind die Fliegenden Ärzte beheimatet: Besuchen Sie ihre Basis ebenso wie die Zentrale der School of the Air.

Nun fliegen Sie nach ★ **Cairns** zu einem zweiten Wunder der Natur: dem 14 ★★ **Great Barrier Reef**. Das größte Korallenriff der Welt ist die einzige natürliche Lebensform, die sogar vom Mond aus zu sehen ist. Tauchen oder schnorcheln Sie im schillernden Blau des glasklaren Wassers – trotz Korallenbleiche ist das immer noch unvergesslich. Abends erleben Sie bei der Tjapukai Night Tour, zu der auch ein Buffet-Dinner gehört, die Kultur der Aborigines hautnah: bei der Segnung eines Didgeridoos, einer mystischen Begegnung mit dem Quinkan-Geist, indigenen Tänzen und einer Zeremonie im Fackelschein.

Faszinierende Unterwasserwelt

Der 15 ★★ **Daintree National Park** birgt die ältesten Regenwälder Australiens – am ★ **Cape Tribulation** reichen sie sogar bis ans Meer. Bei einer Flussfahrt auf dem Daintree River lernen Sie dann eine der beiden Krokodilarten Australiens kennen: die Salties, wie die gefährlichen Leistenkrokodile beinahe verniedlichend genannt werden. Die vulkanischen 16 **Atherton Tablelands** zwischen Cairns und Innisfail sind das Reich tosender Wasserfälle und Ausgangspunkt für Touren zu den ★ **Undara Lava Tubes**, riesigen unterirdischen Gängen, die durch die Lavaströme der Vulkane entstanden.

Regenwald trifft Ozean

Fliegen Sie von Cairns nach Newcastle, dem Tor zum 17 ★ **Hunter Valley** – Australiens ältestem Weinbaugebiet. In der fruchtbaren Ebene wurden bereits 1823 die ersten Reben gepflanzt. Heute sind dort gut 120 Weingüter zu Hause; und viele von ihnen laden zur Verkostung ihrer Tropfen ein. Völlig sorgenfrei genießen können Sie die Degustation bei einer Kutschfahrt. Vorbei an den Badeorten der Central Coast erreichen Sie anschließend die erfrischend kühlen 18 ★★ **Blue Mountains**. Hohe Wasserfälle, duftende Eukalyptuswälder und bizarre Felsformationen wie die **Three Sisters** machen die Blauen Berge zu einem beliebten Wandergebiet. Schön ist die Fahrt mit dem **Scenic Cable Car** (Seilbahn).

Rebhänge und Felsgiganten

Goldgelbe Strände, pulsierende Szeneviertel, trendige Lokale, historische Monumente und futuristische Wolkenkratzer: Für viele ist 19 ★★ **Sydney** eine der schönsten Städte der Welt. Um die Perle an den Ufern des Parramatta River zu besichtigen, sollten Sie mindestens zwei Tage einplanen. Los geht es am Naturhafen **Sydney Harbour**, wo Captain Arthur Phillip 1788 vor Anker ging und die erste Siedlung auf australischem Boden gründete: Heute ist **The Rocks** ein

Eine der schönsten Städte der Welt

angesagtes Ausgehviertel mit Paradeblicken auf Sydneys Wahrzeichen, die **Oper**. Wagemutige spazieren beim Bridge Climb über Sydneys Hafenbrücke, wer es gemütlicher mag, genießt eine Hafenrundfahrt, die am Circular Quay startet. Preiswerter ist ein Törn mit den Sydney Ferries, die überall im Hafengebiet verkehren. Stilvoll shoppen lässt es sich im Queen Victoria Building sowie in den Läden der George, Castlereagh und Pitt St. Und zum Abschluss dieser Tour geht es vielleicht noch für ein Bad oder einen Spaziergang entlang der spektakulären Klippen zum Szenestrand **Bondi Beach**.

IM SUNSHINE STATE

Länge der Tour: 3820 km | **Dauer:** 2–3 Wochen | **Start:** Brisbane
Ziel: Cairns

Tour 2

Queensland, das klingt nach Sonne, Sand, Strand – und natürlich Great Barrier Reef. Doch es gibt auch einiges mehr zu erleben: eine der lockersten Großstädte der Welt (Brisbane), die größte Sandinsel der Erde (Fraser Island), einen der schönsten Strände der Welt (Whitehaven auf den Whitsunday Islands) und ein Abstecher – im australischen Sinn von gut 1000 km – ins raue Outback, wo Mount Isa und Cloncurry besucht werden.

Lebensfrohe Kapitale

Mit rund 2 Mio. Einwohnern ist ❶ ★ **Brisbane** die Hauptstadt und das politische, wirtschaftliche und kulturelle Zentrum von Queensland. Liebevoll nennen die lebensfrohen Bewohner ihre florierende Kapitale »Brissie« – und genießen in den South Bank Parklands das bunte Leben unter freiem Himmel, mit Kunsthandwerkermarkt, Schlemmerlokalen, Riesenrad und einem Strand mitten in der Stadt. Brissie besuchen heißt: Keine Bauwerke abklappern, sondern Atmosphäre genießen. Und natürlich Strände! Etwa südlich an der Gold Coast oder nördlich an der Côte d'Azur der südlichen Hemisphäre: der ❷ ★ **Sunshine Coast**. Ihr schönstes Juwel ist **Noosa**: Flanieren Sie auf der Strandpromenade an schicken Boutiquen, Cafés und Restaurants vorbei und vielleicht paddeln Sie in den Noosa Everglades oder beobachten im **Noosa National Park** Koalas. Kletterfans zieht es dagegen wohl eher in die **Glasshouse Mountains**: Die zehn Felskegel verkörpern laut einer Legende versteinerte Seelen von Aborigines.

Die größte Sandinsel der Welt

Von **Hervey Bay**, von Juli bis November Ausgangshafen für Whale-Watching-Touren, legen das ganze Jahr über Fähren nach ❸ ★★ **Fraser Island** ab. Mit 123 km Länge und 8 km Breite ist sie die größte

Sandinsel der Welt. Umso mehr überrascht die reiche Vegetation mit hohen Palmen, prähistorischen Farnen und riesigen Kauri-Fichten. Vergessen Sie nicht Ihre Badesachen: Mehr als 50 Seen säumen die Dünenkette, darunter der wunderbare **Lake McKenzie**. Das Meer eignet sich leider nicht zum Baden: Es gibt dort zu viele Haie.

Maritimes Leben hautnah

Den südlichen Beginn des ★★ **Great Barrier Reef** markiert ❹ **Bundaberg**, die von Zuckerrohrfeldern umgebene Rum-Hauptstadt. Am Mon Repos Beach, 15 km nordöstlich, können Sie von November bis März mit den Rangern aus nächster Nähe Meeresschildkröten bei der Eiablage beobachten. Auf **Lady Elliot Island** und **Lady Musgrave Island** finden Taucher ideale Bedingungen vor. Nächster Stopp ist **Mackay**, das Tor zu den ❺ ★★ **Whitsunday** Islands. Die 74 Eilande gehören zu den schönsten Zielen des Riffs. Wer gerne segelt, schnorchelt oder taucht, sollte mehrere Tage einplanen. Doch Achtung, es besteht Suchtgefahr – zumindest wenn man auch am Whitehaven Beach war: Es ist ein Traum von Strand! Traumhaft ist auch eine Übernachtung auf dem Riff: im Reefsleep, mit Champagner zum Sunset und Dinner unter Sternen. Unbedingt einen Stopp einplanen sollten Sie im **Cape Hills National Park**, 35 km nordöstlich von Mackay, wo in der Morgendämmerung Kängurus zum Meer hoppeln und trinken, um ihren Salzbedarf zu stillen. Trockenen Fußes lässt sich die imposante Unterwasserwelt des Great Barrier Reef im Reef HQ von ❻ ★ **Townsville** erleben: Durch riesige Becken voller Muränen und Mantarochen, Weißer Haie und farbiger Korallen führt ein Glastunnel.

Im goldenen Outback

Rund 130 km westlich von Townsville wurde 1872 bis 1916 Gold im Wert von mehr als 50 Mio. AUD gefördert: ❼ **Charters Towers** verstand sich damals als »The World«, wie es noch heute zu lesen ist. Immer weiter dringt der **Flinders Highway** ins Outback vor. Die weite, flache Ebene ist die Heimat der Stations: riesiger Rinderfarmen, von denen einige auch Gäste am Farmalltag teilhaben lassen. Im verschlafenen Städtchen ❽ **Cloncurry**, das nur einmal im Jahr im August zum großen Rodeo erwacht, hat 1927 John Flynn den Royal Flying Doctor Service gegründet. Bis heute bilden die Fliegenden Ärzte das Rückgrat der medizinischen Versorgung im Outback. Die Bergbaustadt ❾ **Mount Isa** feiert alljährlich ebenfalls im August sogar das größte Rodeo der südlichen Hemisphäre – ein Spektakel, das die Stadt drei Tage lang in einen Ausnahmezustand versetzt. Wie die Kumpels heute unter Tage arbeiten, vermittelt die **Hard Times Mine** Tour hautnah – jeder darf einmal den Bohrer ansetzen! Und im **Riversleigh Fossils Centre** sieht man Exponate aus 30 Mio. Jahren.

Australiens heimliche Hymne

Wenn die Sterne funkeln und der Mond die Nacht erhellt, erklingt die inoffizielle Hymne des fünften Kontinents: »Waltzing Matilda«. Verfasst wurde sie 1895 von Banjo Paterson auf einer Station ganz in der Nähe von ❿ **Winton**. Auch eine zweite uraustralische Errungenschaft stammt aus Winton: 1920 wurde dort mit Qantas die zweitälteste Fluggesellschaft der Welt gegründet. Den Pionieren des Outback ist in ⓫ **Longreach** die Stockman's Hall of Fame gewidmet.

Vulkanisches Erbe und ein Garten Eden

Vorbei am urzeitlichen Binnenmeer von Hughenden, in dem u. a. ein 14 m hohes Dinosaurierskelett gefunden wurde, geht es durch weites, offenes Buschland zum größten Lavahöhlen-System der Welt: den ⓬ ★ **Undara Lava Tubes**, einem spektakulären Labyrinth aus 60 Kammern und Gängen im Untergrund. Die ⓭ **Atherton Tablelands** wirken mit ihren Wasserfällen, den fruchtbaren Feldern und großen Plantagen nach dem trockenen Outback wie ein Garten Eden. Nach ★ **Kuranda**, wo man mit der Skyrail durch den dichten Regenwald fahren kann, windet sich die Straße hinab nach ⓮ ★ **Cairns**, wo sich auf der Shield Street die Szene trifft. Australienweit berühmt ist auch das Reef Casino mit Bars, 500 einarmigen Banditen und einem guten Dutzend Spieltischen, wo es bis 5 Uhr früh heißt: »Rien ne va plus.«

QUER DURCHS NEVER NEVER

Länge der Tour: 2050 km | **Dauer:** mind. 10 Tage | **Start:** Uluru
Ziel: Darwin

Tour 3

Outback, Bush oder Never Never – alle drei Begriffe meinen das rote, das heiße, das weite, das lebensfeindliche Zentrum Australiens. Am Uluru geht's los, ehe der lange Weg nach Norden über den Stuart Highway ins tropische Grün führt. Die Fahrt führt durch grandiose Wüstenlandschaften, zu Schluchten und kugelrunden Felsen. Die Straße zeigt sich manchmal kilometerlang wie an der Schnur gezogen. Und alle 400 bis 500 km kommt ein Roadhouse mit Diesel, eiskaltem Wasser und Small Talk mit Menschen, die hier draußen leben.

Fulminanter Auftakt im heißen Herz Australiens

In drei bis vier Flugstunden erreichen Sie aus allen größeren australischen Städten das Eingangstor zum fulminanten Auftakt dieser Tour: Yulara am Uluru (Ayers Rock) mit Flugfeld und Unterkünften aller Preisklassen. Für die Aborigines ist der ❶ ★★ **Uluru** ein heiliger Berg, der 348 m hoch das Outback überragt. Beginnen Sie diese Entdeckungsreise am Kulturzentrum des Nationalparks mit einer Einführung in die Natur und Kultur der Region. Dort können Sie auch Touren buchen. Am Folgetag sollten Sie eine Wanderung durch das Valley of the Winds in den nahen Felsdomen der ❷ ★ **Kata Tjuta** einplanen.
Über die Luritja Road und Ernest Giles Road gelangen Sie bequem zum ❸ ★★ **Watarrka National Park** mit dem berühmten ★★ **Kings Canyon**. Der 6 km lange Rim Walk führt entlang der Steilkante der tiefroten Schlucht zum Garden of Eden, einer von Palmen umschatteten Oase.

Spektakuläre Naturschauspiele

Das Städtchen selbst ist eher unscheinbar, nicht aber die Umgebung von ❹ ★ **Alice Springs**: Schlag auf Schlag folgen spektakuläre Naturschauspiele: Simpsons Gap, Standley Chasm, Ellery Creek und Ormiston Gorge. Sie alle liegen an Stichstraßen des Namatjira Drive.

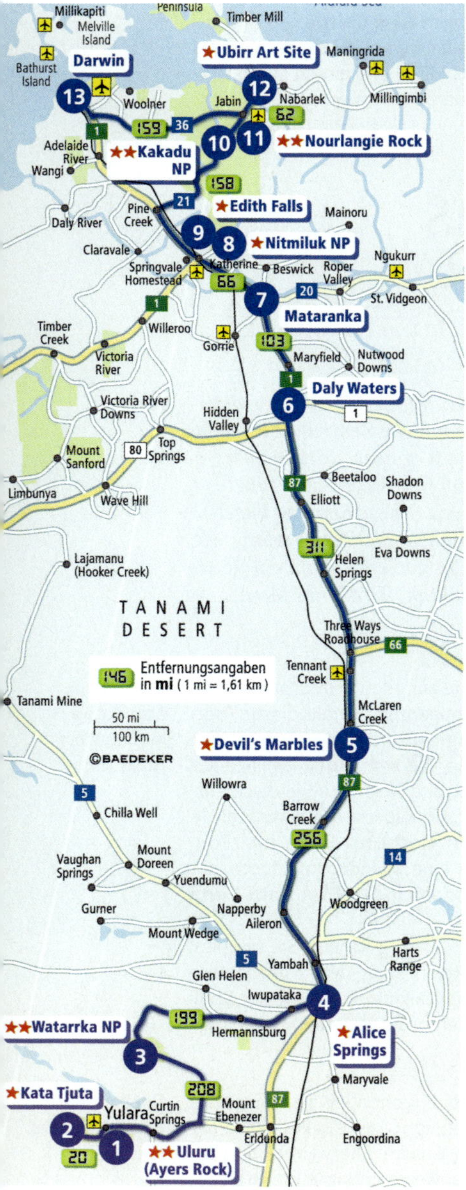

Der **Explorer's Way** (offiziell Stuart Highway), dessen Asphaltband schnurgerade nach Norden weist, folgt der Route des berühmten Entdeckers John McDouall Stuart. Erster Stopp sind die 5 ★ **Devil's Marbles**: Die gigantischen Granitkugeln stellen in den Augen der Ureinwohner die Eier der Regenbogenschlange dar. Den Staub der Straße spülen Sie sich im urigen 6 **Daly Waters Pub** aus der Kehle, der ältesten Kneipe (1893) des Northern Territory. Und richtig frisch für neue Erlebnisse macht Sie ein Bad in den Thermalpools von 7 **Mataranka**.

Von der Ortschaft ★ **Katherine** am Stuart Highway geht es in nordöstlicher Richtung weiter. Die 13 Schluchten des Katherine River im 8 ★ **Nitmiluk National Park** lassen sich am eindrucksvollsten mit dem Kanu oder Kajak erkunden. Zwischen den Schluchten muss allerdings umgetragen werden! Leihboote gibt es am Parkeingang, auch Hubschrauberflüge über die Schlucht werden angeboten. Ebenfalls im Nationalpark liegen die beiden wunderschönen Badepools der oberen und unteren 9 ★ **Edith Falls**. Deshalb: Weder Badesachen noch Picknickkorb vergessen!

In Pine Creek biegen Sie auf den **Kakadu Highway**, der zum größten australischen Schutzgebiet führt: dem 10 ★★ **Kakadu National Park**. Namensgeber waren die lokalen Gagudju-Aborigines, die alle touristischen Angebote im Park betreiben. Sehr attraktiv ist ihr – in der Form eines Krokodils angelegtes – **Hotel Gagudju Crocodile**. Fantastische Felsmalereien schufen die Aborigines jahrtausendelang bei dem ⓫ ★★ **Nourlangie Rock** und bei der ⓬ ★ **Ubirr Art Site**. Die amphibische Landschaft mit vielen Wasser- und Watvögeln, Krokodilen und Wasserbüffeln erleben Sie bei einer **Yellow Water Cruise**. Wie hoch Salties springen können, zeigen eindrucksvoll die »Jumping Crocodiles« vom Adelaide River.

Termiten und Wasserfälle

Nach 28 km folgt die Abzweigung in den ★★ **Litchfield National Park**: Wundern Sie sich über 4 m hohe Termitenhügel und freuen Sie sich auf ein Bad an den ★★ **Wangi Falls** und weiteren sehr hübschen Wasserfälle.

Finale am Meer

Eine gute Stunde später ist man in ⓭ **Darwin** und am Meer. In der Metropole des Top End kann man sich von der Strapazen der heißen Outback-Tour erholen. Keinesfalls verpassen sollte man die einladende Waterfront mit vielen Terrassencafés und -restaurants sowie am Mindil Beach den Sunset Market.

DURCH DEN WILDEN WESTEN

Länge der Tour: 5500 km | **Dauer:** mind. 3 Wochen | **Start:** Darwin
Ziel: Perth

Tour 4

Sand, Busch und Fliegen? Stimmt, das gilt für den größten Teil des Westens. Doch diese Tour führt auch zu einmaligen Sandsteindomen, unglaublich langen Stränden und wilden Delfinen, die in die Shark Bay schwimmen, um gefüttert zu werden. Western Australia ist ein Terrain der Extreme: Nirgendwo sonst im Land sind die Wege weiter, die Pisten staubiger, die Flüsse krokodilreicher. Dort herrscht unverfälschter, rauer Outback-Alltag. Tipp: Die Strecke lässt sich gut mit Tour 3 ab Katherine kombinieren.

Vorsicht, »crocs«!

Von ❶ **Darwin** geht es auf dem Stuart Hwy. nach ❷ ★ **Katherine**, das mit den ★ **Edith** Falls und dem ❸ ★ **Nitmiluk National Park** zwei Attraktionen des Northern Territory in nächster Nähe hat (▶ Tour 3). Einen Abstecher zu den ❹ ★ **Cutta Cutta Caves** führt in den tropfsteinreichen Untergrund. Weiter westwärts führt der mitunter kurvenreiche Victoria Highway durch Farmland. Den Namen erhielt die Straße vom größten (und krokodilreichsten) Flusslauf des Nordterritoriums, dem Victoria River, auf dem man bei Bootstouren auch Salzwasserkrokodile beobachten kann.

Naturerlebnisse der Extraklasse

Östlich von 5 **Kununurra** zweigt eine Stichstraße zum 7 ★ **Lake Argyle** ab. Mit einer Fläche von rund 740 km² ist er der größte Wasserspeicher des Kontinents. Starten Sie zum Rundflug über den Stausee und die als »Bienenkörbe« bezeichneten Steinformationen des 8 ★★ **Purnululu National Parks**: Auch wenn diese zu den Topzielen Australiens gehören, sind sie nur mit pistentauglichen Fahrzeugen zu erreichen; es können aber Touren gebucht werden. In 9 **Halls Gap** starten Flüge zum 145 km weiter südlich liegenden **Wolfe Creek Crater**. Der kreisrunde Krater mit einem Durchmesser von etwa 880 m entstand durch einen Meteoriteneinschlag vor rund 300 000 Jahren. Wieder auf der Straße, geht's weiter zum 10 ★ **Geikie Gorge National Park**, dessen Uferbänke aus fossilen Korallenriffen bestehen. Auf dem »Reef Walk« sieht man zahlreiche Süßwasserkrokodile. Überbleibsel eines Urzeit-Meeres sind auch die zerklüfteten Wände der 11 ★ **Windjana Gorge**, die aber nur während der Trockenzeit zugänglich ist.

Alternative: die Gibb River Road

Westlich von 5 **Kununurra** kann man alternativ die berühmte wie abenteuerliche 6 ★ **Gibb River Road** nehmen, die fast 700 km lang durch die Berge der Kimberleys führt. Sie ist allerdings nur von Mai bis September und dann mit dem Allradwagen zu befahren. Bei 12 **Derby** kommt man wieder auf die Hauptroute.

Wieder am Meer

Dort können Sie einen dickbäuchigen Baobab-Baum bestaunen, der früher als Gefängnis genutzt wurde. In 13 ★ **Broome**, Australiens altem Zentrum der Perlenfischerei, ist Entspannung angesagt – beim Baden, Sonnen und Kamelreiten am 22 km langen Cable Beach und bei einem Filmabend im ältesten Freilichtkino des Kontinents.

Reichtum in Stein

Vorbei am einsamen 80 Mile Beach zeigt die Fahrt nun, worauf Westaustraliens Reichtum basiert: auf Rohstoffen. In **Port Hedland** warten kilometerlange Block Trains auf die Verschiffung der Erze aus Tom Price, einer der größten Eisenerzminen der Welt. Für einen Überblick über das Bergbaugebiet fahren Sie bis zum 1128 m hohen Gipfel des **Jarndunmunha**. Tom Price ist auch ein guter Ausgangspunkt für Ausflüge in den 14 ★ **Karijini National Park** mit seinen vielfarbigen Gesteinsoberflächen, Wasserfällen und Schluchten. Vergessen Sie nicht, in Tom Price Proviant einzukaufen. Badeutensilien brauchen Sie an den Fortescue Falls: eine herrlich erfrischende Badestelle. Und der Fern Pool ist der wohl idyllischste Picknickplatz im Park.

Tierische Begegnungen

Wenn die Korallen von März bis Juni ihre Geschlechtszellen ausstoßen, kommen Walhaie an die Küste vor 15 ★★ **Exmouth**, wo man dann mit den friedlichen Giganten der Meere schnorcheln kann. Die Unterwasserwelt des artenreichen 16 ★★ **Ningaloo** Reef lässt sich von Coral Bay aus auch in einem Glasbodenboot beobachten.

146 Entfernungsangaben in mi (1 mi = 1,61 km)
Timor Sea
INDIAN OCEAN
Joseph Bonaparte Gulf
100 mi
150 km
©BAEDEKER
Darwin
★Nitmiluk NP
★Katherine
Cutta Cutta Caves NP
Kununurra
★Gibb River Road
★Windjana Gorge
Derby
★Broome
★Geikie Gorge NP
★Lake Argyle
★★Purnululu NP
Halls Gap
★★Exmouth
★★Ningaloo Reef
★Karijini NP
★★Shark Bay
★★Monkey Mia
★Kalbarri NP
★★Nambung NP
★Perth
Broome
Port Hedland
Perth
Darwin
Great Northern Highway

Neugierige Delfine und steinerne Wunder

Das ganze Jahr über kommen in 17 ★★ **Monkey Mia** Delfine mehrfach täglich an den Strand, wo sie die Ranger vor den Augen der Urlauber füttern. Mit etwas Glück lassen sich bei Seekajaktouren auch Seekühe, in Australien Dugongs genannt, im warmen Wasser entdecken. Weitere Höhepunkte der UNESCO-Welterbestätte 18 ★★ **Shark Bay** sind der von Muscheln übersäte ★ **Shell Beach** und die Stromatolithen von ★ **Hamelin Pool** – eine der ältesten Lebensformen der Erde, die sich bis in die Zeit vor 3,5 Mrd. Jahren nachweisen lassen. Zu den schönsten Klippen des Kontinents gehören jene im 19 ★ **Kalbarri National Park**; am besten sind sie vom Aussichtspunkt am Hawk's Head zu sehen.

Säulen aus Standstein, Beton und Glas

Bizarr und kahl ragen meterhohe, jahrtausendealte Kalksteinsäulen im 20 ★★ **Nambung National Park** aus dem Wüstensand. Ein faszinierendes Bild und unfassbares Stück Natur, auf das die schnöde Architektur der entlegensten Großstadt der Welt folgt: 21 ★ **Perth**. Das Zentrum lässt sich gut zu Fuß oder mit kostenlosen Bussen erkunden.

DURCH DAS WILDE TASMANIEN

Länge der Tour: 1200 km | **Dauer:** 2–3 Wochen | **Start:** Hobart
Ziel: Hobart

Tour 5

Unter Down Under ist alles anders: Die größte Insel des Fünften Kontinents – fast so groß wie Irland – wird meist unterschätzt. Dabei reicht Tasmaniens Vielfalt von pazifischen Traumstränden bis zu alpinen Bergregionen, von Wildnis im Westen bis Altengland im Osten. Und die Hauptstadt Hobart ist quasi der letzte Bahnhof vor der Antarktis. Dass es dauernd regnet, stimmt nicht immer, aber leider doch sehr oft. Aber bekanntlich gibt es kein schlechtes Wetter, sondern nur schlechte Kleidung.

Kontrastreich und urwüchsig

Schon die Lage ist beneidenswert: Am Fuße des Mount Wellington schmiegt sich Tasmaniens heimelige Hauptstadt 1 ★ **Hobart** an den buchtenreichen Derwent River. Die City säumt die Docks der Sullivans Cove mit altem Sandstein, Glas und Stahl. An manchen Stellen wirkt Hobart fast wie ein Freilichtmuseum. Dem Flusslauf landeinwärts folgend, wird rund 25 km südwestlich von 2 **New Norfolk** ein Weingut mit dem wohl ungewöhnlichsten Kunstmuseum des Kontinents erreicht: Das **Museum of New and Old Art** mit Werken im

Wert von 70 Mio. € wurde auf dem Gelände des hervorragenden Weinguts Moorilla Estate 17 m tief in Millionen Jahre alten Sandstein gebaut. In New Norfolk selbst zweigt die Zufahrt zum ❸ **Mount Field National Park** ab: Pandanus-Wälder am Lake Dobson, alpine Moorlandschaften und rauschende Wasserfälle warten.

Abstecher zur Küste

Durch die vom Bergbau zerwühlte Landschaft von Queenstown erreichen Sie den schönsten Fischerort Tasmaniens, ❹ **Strahan**, in dem Flussfahrten durch den Urwald am Unterlauf des Gordons River beginnen. Bei Rosebery, wo bis heute Zink abgebaut wird, müssen Sie dann in Richtung Williamsford abbiegen, um nach 90 Minuten Gehzeit an den Fuß der **Montezuma Falls** zu gelangen, die mit 104 m Tasmaniens höchster Wasserfall sind.

Auf dem Overland Track

Der rund 80 km nördlich liegende 5 ★★ **Cradle Mountain National Park** ist mit dem berühmten Overland Track und zig markierten kürzeren Wegen ein Eldorado zum Buschwandern. Auf dem Murchison Highway geht die Fahrt weiter Richtung Nordküste. Vorbei an der Industriestadt Burnie und dem Fährhafen 6 **Devonport** geht es zum Badeort 7 **Port Sorell**: Die schönsten Sandstrände befinden sich nördlich des Rubicon River im Narawntapu National Park.

Weinprobe, Traumstrand und Spurensuche

Bei York Town beginnt das 8 ★ **Tamar Valley**, in dem renommierte Weingüter hervorragende Weine anbauen. Zu den mehr als 30 Winzern des Tals, die ihre Kellertür für Verkostungen geöffnet haben, führt die Tamar Valley Wine Route. Im sehr britisch wirkenden 9 **Launceston** fasziniert die Cataract Gorge.
Über die Ostküstenstadt 10 **Bicheno** geht's auf die **Freycinet Peninsula** mit ihrem Nationalpark, den imposanten Granitfelsen und der herrlichen 11 ★★ **Wineglass Bay**. Sie wirkt wie gemalt und ist Tasmaniens schönste Bucht.

Tasmaniens düsteres Erbe

Auf einer Geistertour bei Dunkelheit kann man 12 ★ **Port Arthur** besonders gut entdecken, denn dann wirken die alten Gemäuer so richtig gruselig. Die historische Stätte auf der vom Meer nahezu umschlossenen Tasman Peninsula war von 1830 bis 1877 für 12 500 Häftlinge die »Hölle auf Erden«. Strafgefangene erbauten auch die älteste Brücke Tasmaniens, die seit 1832 im Nostalgiestädtchen 13 ★ **Richmond** den Coal River überspannt, bevor es schließlich zurück nach Hobart geht.

AN DER GREAT OCEAN ROAD

Länge der Tour: 300 km | **Dauer:** 2–3 Tage | **Start:** Warrnambool
Ziel: Queenscliff

Tour 6

Groß, schlank, mit schnittigen Kurven, von Kopf bis Fuß ein Traum: Die Great Ocean Road (B 100) geizt wahrlich nicht mit ihren Reizen. Als sei sie eine Schlange, die sich entlang der Küste bewegt, windet sie sich am Meer und manchmal auch versetzt im Landesinneren. Dramatisch und aufregend wird es vor allem an den Twelve Apostles oder am London Arch. Für diese 300 km lohnt es, ein Cabrio zu mieten, um die legendäre Straße wie in einem Kinofilm im Breitwandformat genießen zu können.

Die Elemente formen die Küste bis heute: Im Jahr 2009 stürzte in der Loch Ard Gorge ein 25 m hoher Felsbogen ein.

Auftakt im Westen

Von Mai bis September lassen sich von einer Aussichtsplattform am Logans Beach Wale beobachten, die nur 200 m vom Strand von 1 **Warrnambool** vorbeiziehen. Den ersten Blick auf die Küste erhaschen Sie bei einem Abstecher zur 2 **Childers Cove**, eine kleine Bucht mit traumhaftem Strand. Ab 3 **Peterborough** am Curdies Inlet folgt die Straße nun dicht der Küste.

Von der Brücke zum Bogen

Jetzt kommen die Naturhighlights Schlag auf Schlag: die Felshöhle **The Grotto** und der 4 ★ **London Arch**, der einst London Bridge hieß – bis 1990 die mächtige Sandsteinformation, die den Bogen mit dem Festland verband, einstürzte und zwei Touristen auf dem Felsrumpf zurückließ. Sie blieben unverletzt und wurden mit einem Hubschrauber gerettet.

Majestätische Steinsäulen

Nach 5 **Port Campbell** folgen zunächst die spektakuläre 6 ★ **Loch Ard Gorge** und 12 km weiter östlich die weltberühmten Felsformationen der 7 ★★ **Twelve Apostles**. Nicht verpassen sollten Sie auch **Gibsons Beach**; zu diesem führen 86 Stufen hinab, die in die 70 m hohe, steile Sandsteinwand geschlagen wurden. Bei 8 **Lavers Hill**

ist die B 100 am weitesten von der Küste entfernt. Ein wunderschöner, 24 km langer Abstecher führt zur ⑨ **Cape Otway Lightstation**: Genießen Sie den herrlichen Blick auf die Küste – und schauen Sie auf der Stichstraße immer wieder nach Koalas. Es gibt sehr viele dort!

Wandern, baden ...

Wer wandern will: Ab ⑩ **Apollo Bay** beginnt der Great Ocean Walk bis hin zu den Twelve Apostles. Und wer ein paar Strandtage einlegen möchte: Apollo Bay wäre ein guter Platz dafür. Oder auch ⑪ **Lorne**. Beide Orte haben sehr schöne, breite Sandstrände. Danach windet sich die Straße weiter an der Küste entlang bis nach ⑫ **Anglesea**, wo Kängurus den Golfplatz bevölkern.

... und surfen

Die Shipwreck Coast geht jetzt in die Surf Coast über. Und schon liegt einem der berühmte Surferstrand ⑬ ★ **Bells Beach** zu Füßen. Wegen seiner Wellen wird er auch gerne hell's beach genannt. In ⑭ **Torquay** sollte man sich unbedingt die Surf World ansehen, eine Hommage an die großen Meister der kleinen Boards. Dann naht bald das Ende der wunderbaren B 100: im hübschen Küstenort ⑯ **Queenscliff**, Victorias ältester Stadt.

INTERKONT VON OST NACH WEST

Länge der Tour: 4350 km | **Dauer:** 4 Tage | **Start:** Sydney
Ziel: Perth

Auf Achse zwischen zwei Meeren: Ein Trip mit dem Indian Pacific in Australien gehört zu den berühmtesten Bahnfahrten der Welt, nicht zuletzt weil sie eine der letzten Transkontinentalrouten dieser Erde ist. Angetrieben von 3300 Pferdestärken, durchquert der Zug zweimal pro Woche den australischen Kontinent von Sydney nach Perth und umgekehrt und verbindet so den Pazifischen mit dem Indischen Ozean. Tour 7

Start in Sydney

Punkt 15 Uhr verlässt der 687 m lange Zug mit seinen silbern glänzenden Waggons **Sydney Central Station**. Man richtet sich ein, macht sich vertraut, freut sich auf die Fahrt und das erste Abendessen.

Breitwandkino durchs Zugfenster

Der schmale Streifen am Horizont scheint endlos lang zu sein. Zunächst seidenfadendünn, wird er von Minute zu Minute dicker und ändert seine Farbe von Dunkelrot in Ockergelb. Die Sonne geht auf. Das Buschwerk wird aufgehellt. Die schwarzen Silhouetten der Bäume gewinnen an Grün. Und der Himmel bekommt langsam sein gewohntes Azurblau. Im Indian Pacific liegen die meisten First-Class-Passagiere um diese Uhrzeit – es ist kurz vor 6 Uhr morgens – noch im weichen Federbett und genießen das Naturschauspiel wie im klimatisierten Breitwandkino. Der Wagensteward serviert Tee oder Kaffee und Shortbread, feine Butterkekse nach britischem Rezept: nach einer geruhsamen Nacht ein angenehmer Auftakt für einen neuen Tag auf Schienen. Nächster Halt ist ★ **Broken Hill**, wo 1883 ein deutschstämmiger Pionier namens Charles Rasp über einen Silberklumpen stolperte und einen entsprechenden Boom auslöste.

Menschen erzählen Geschichten

Eine Amerikanerin hat ihre Kreuzfahrt in Sydney unterbrochen, um einmal mit diesem Indian Pacific fahren zu können. Erst in Perth geht sie wieder an Bord ihres Luxuskreuzfahrtschiffs, das sich auf Weltumrundung befindet. In einer Publikation hat sie gelesen, dass man in diesem Zug auf komische Käuze und eigenwillige Charaktere treffen könne. Nur in der ersten Klasse fand sie nicht, was ihr versprochen

Herzlich willkommen! Der silberglänzende Indian Pacific verbindet zwei Ozeane miteinander. Unterwegs geht es u. a. durch die endlose Weite der Nullarbor Plain.

wurde. Also ließ sich die Dame aus dem erzkonservativen Minnesota vom Zugchef den Durchgang zur dritten Klasse aufsperren und fand erst dort, was der Reporter beschrieb: staubig-schmuddelige Bushies, Cowboys, Minenarbeiter, eben komische Käuze, eigenwillige Charaktere und ein paar Rucksackreisende. Um 15.15 Uhr wird ★ **Adelaide** erreicht.

Immer gerade aus durch die Wüste

Nach Adelaide ist es bald aus mit grünen Landschaften. Ab jetzt sieht man rot: Wüste mit rotbrauner Erde, Geröll, Spinifex und einem nicht zu Ende gehenden Horizont, überspannt von stahlblauem Himmel und vereinzelt weißen Schäfchenwolken. Draußen gibt es nichts – außer Milliarden von Buschfliegen. An Haltestellen mitten in der Wüste steigen Passagiere zu, manchmal auch nur ein einzelner Fahrgast. Wie in **Cook** am dritten Tag. Der Indian Pacific ist für diese Leute die Verbindung zum Rest der großen weiten Welt.
Die Fahrt mit dem Indian Pacific ist eine Fahrt durch Klima- und Zeitzonen. Man bekommt ein gutes Gefühl für diese riesige Strecke durch menschenfeindliches Gelände wie die ★ **Nullarbor Plain**. Dort gibt es tatsächlich keinen einzigen Baum, aber die längste gerade Eisenbahnstrecke der Welt: 478 km lang ohne Biegung oder Kurve.

Perth

»110 macht sie an nicht so heißen Tagen oder abends«, sagt einer der beiden Lokführer über seine Zugmaschine. »In der Regel fahren wir aber um die 70–80 km/h.« Die Crews werden jeweils in Adelaide ausgetauscht, die Nahrungsmittel hauptsächlich dort gebunkert: für 24 Gänge bei acht Mahlzeiten für die Fahrgäste sowie 6945 l Diesel für die Lokomotive. Am vierten Tag ist ★ **Perth** erreicht, pünktlich um 15 Uhr (www.greatsouthernrail.com.au).

Z
ZIELE

Magisch, aufregend, einfach schön

Alle Reiseziele sind alphabetisch geordnet. Sie haben die Freiheit der Reiseplanung.

Ellinjaa Fall in den Atherton Tablelands: Australien bietet viel urwüchsige Natur. ▶

AUSTRALIAN CAPITAL TERRITORY

Kürzel: ACT | **Fläche:** 2358 km² | **Hauptstadt:** Canberra
Einwohner: 415 000 | **Symbolpflanze:** Royal Blue Bell
Symboltier: Helmkakadu

Umgeben von den Bergen Mount Aisle, Red Hill, Mount Pleasant und Black Mountain, liegt das Australian Capital Territory mit der Bundeshauptstadt Canberra auf dem 650 m hohen Plateau der Limestone Plains wie eine »Insel« in der südlichen Ecke von New South Wales.

Die goldene Mitte!

Wenn zwei sich streiten, freut sich der Dritte. Nur gab es den Dritten eigentlich noch gar nicht, als 1901 der australische Staatenbund aus der Taufe gehoben worden war und Sydney und Melbourne erbittert darum kämpften, Hauptstadt des neuen Landes zu werden. Erst 1908 gab es die Kompromisslösung für eine neue Kapitale, die ungefähr gleich weit von beiden Städten entfernt sein sollte: Canberra, ein kleiner Ort, der 1820 gegründet wurde. Den international ausgeschriebenen Stadtplanungswettbewerb gewann der Architekt Walter Burley Griffin aus Chicago. Canberra wurde nach Washington und lange vor Brasilia eine der bekanntesten Reißbretthauptstädte der modernen Welt. Als Kernstück entwarf Griffin ein Dreieck mit dem Parlamentsgebäude an der Spitze.

ACT = Australian Capital Territory (Territorium der australischen Hauptstadt)

AUSTRALIAN CAPITAL TERRITORY

★★ CANBERRA

Höhe: 577 m | **Einwohner:** 415 000

Spötter bezeichnen die australische Kapitale gern als beleuchtete Weide oder Buschhauptstadt. Soll heißen: Ist halt nichts los in Canberra. Und ganz sicher kann die Reißbrettstadt nicht mit den gewachsenen, kosmopolitischen Städten Sydney oder Melbourne mithalten, doch die Architektur und die vielfach eintrittsfreien Museen von Canberra lohnen einen Besuch.

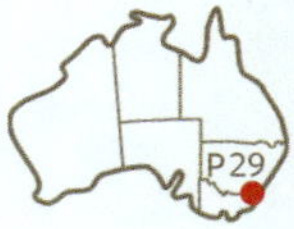

Reißbrett-Stadt

»Kamberra« – Treffpunkt –, nannten die Ngunnawal-Aborigines das Gebiet, in dem 1911 Australiens neue Hauptstadt entstand. Um für diese Platz zu schaffen, wurden die dort lebenden Aborigines kurzerhand und ohne jegliche Skrupel aus ihrer angestammten Heimat vertrieben. Ihr Besitz ist bis heute nicht zurückgegeben worden. Die Zelt-Botschaft der Ureinwohner, die **Aboriginal Tent Embassy** vor dem Old Parliament House, ist als Protest und Forderung zugleich zu sehen, macht sie doch auf Anspruch und Rechte der Aborigines seit 1972 (mit kurzen Unterbrechungen) aufmerksam. Heute wird der Stadt auch ohne Strand und Meer eine hohe Lebensqualität attestiert: Rundum gibt es viel Natur, kaum Staus im weitläufigen Straßennetz und sogar ein leicht erreichbares Skigebiet in den Snowy Mountains.

Canberra, 650 m hoch gelegen, ist von knapp 900 m hohen Bergen umrahmt. Ein Stausee teilt die Stadt in die Bezirke City Hill im Norden, dem Geschäftszentrum, und Capitol Hill im Süden, dem Sitz der Regierung. Nord- und Südstadt werden durch die Commonwealth Avenue und die Kings Avenue miteinander verbunden.

Wohin in Canberra?

Australiens Walk of Fame

Lake Burley Griffin

Den 1963 aus dem Molonglo River aufgestauten, 6,6 km² großen, nach dem Planer der Stadt benannten See säumen entlang der 40 km langen Uferlinie schöne Grünanlagen mit Picknickplätzen. Ein Teilstück des Uferweges bildet der **Australian of the Years Walk**, der an verdiente Australier erinnert, die seit 1961 mit einer Plakette auf diesem Weg geehrt werden. Unter den Ausgezeichneten sind die Ausnahmeschwimmerin Shane Gould (1972), der Schauspieler Paul Hogan (1985) und die Fackelträgerin der Olympischen Spiele in Sydney, Cathy Freeman (1998). Vom **Acton Ferry Terminal** am Nordende der Commonwealth Bridge bzw. vom **Barrine Drive**, wo auch Fahrräder und Boote vermietet werden, verkehren kleine Ausflugsboote.

1 Waters Edge
2 Agostinis

1 Little National Hotel

2 QT
3 Leumeah Lodge

1 King O'Malleys

CANBERRA ERLEBEN

CANBERRA AND REGION VISITOR CENTRE

Regatta Point, Tel. 13 00 55 41 14
www.visitcanberra.com.au

CANBERRA GUIDED TOURS

Halb- und Ganztagestouren (ab 89 AUD) entführen Sie in Canberras Weinregion oder bringen Ihnen die Attraktionen der Hauptstadt näher
Tel. 0408 48 37 70
www.canberraguidedtours.com.au

Mit den drei Kaufhäusern Myer, David Jones und Target und 310 weiteren Geschäften ist das 1989 eröffnete Canberra Centre in der Bunda St. das Shopping-Zentrum der Hauptstadt (www.canberracentre.com.au). So. (im Dez. Sa.–So.) lädt der Old Bus Depot Market von 10–16 Uhr zum Stöbern zwischen 200 Ständen in der einstigen Bushalle (https://obdm.com.au) ein.

1 KING O'MALLEYS

Pub mit Biergarten, Livemusik und guter Atmosphäre. Zum Oktoberfest gibt es Löwenbräu und Franziskaner.
131 City Walk, Tel. 02 62 57 01 11
www.kingomalleys.com.au

1 WATERS EDGE €€€€

Elegantes Schlemmerrestaurant mit Seeblick, in dem die knusprige Ente mit Karottenpüree, blauen Linsen und Nelkensauce serviert wird.
40 Parkes Place, Tel. 02 62 73 50 66
www.watersedgecanberra.com.au/watersedge

2 AGOSTINIS €€€

Der gute Italiener tischt Pizzas mit einem Durchmesser von bis zu 1 m, Calamari fritti, Gamberi al forno oder Tagliata di manzo auf – fast als sei man in Bella Italia.
69 Canberra Av.
Tel. 02 62 95 62 95
https://easthotel.com.au/eat-and-drink/agostinis/

1 LITTLE NATIONAL HOTEL €€

Cooles, smartes und luxuriöses Hotel auf Vier-Sterne-Niveau: 120 Zimmer mit großen Kingsize-Betten und freien Kinofilmen zu einem guten Preis.
21 National Circuit
Tel. 02 61 88 32 00
https://littlenationalhotel.com.au

2 QT €€

Das schicke, moderne Hotel mit 205 Zimmern blickt auf den Capital Hill und Parkplatz.
1 London Circuit
Tel. 02 62 47 62 44
www.qthotelsandresorts.com/canberra

3 LEUMEAH LODGE €€

Familien, die lieber außerhalb der Stadt etwa nahe dem Gold Creek Village logieren möchten, wählen diese nagelneue Lodge mit großzügig bemessenen Familienzimmern.
48 O'Hanion Pl.Nicholis
Tel. 02 61 52 83 88
www.leumeahlodge.com.au

Cooks Fontäne

Regatta Point

Am Regatta Point dokumentiert die 2012 umfangreich ausgebaute **National Capital Exhibition** mit Plänen, Modellen und der Canberra Light & Sound Show den Ausbau der Stadt. Vor dem Ausstellungsgebäude schießt der an James Cook erinnernde **Captain Cook Memorial Jet** 147 m aus dem See.
Folgt man der Uferpromenade, gelangt man zu **Blundells Cottage** von 1860, einem der ältesten Häuser Canberras. Der letzte Bewohner George Blundell lebte dort bis 1933.

National Capital Exhibition: Regatta Point/Barrine Dr. | Mo–Fr. 9–17, Sa.–So. 10–16 Uhr | Eintritt: frei | www.nca.gov.au
Cottage: Gallipoli Beach, Sa. 10–14 Uhr | Eintritt: frei

Gebäude aus der 1840er-Jahren

ANZAC Parade

Die ANZAC Parade, die als breite Allee den See Burley Griffin und das Australian War Memorial verbindet, säumen rechts und links elf Ehrenmale, die an Australiens Einsatz in den Kriegen des 20. Jh.s erinnern. Wo sich die Prachtstraße und die Constitution Avenue schneiden, stehen die ältesten Gebäude Canberras: die **St. John's Church** und das Schulhaus aus den 1840er-Jahren.

Australiens Kriege rund um den Globus

Australian War Memorial

Der wuchtige Bau ist eines der meistbesuchten Museen Australiens und eines der größten Militärmuseen der Welt. 1941 – also mitten im Zweiten Weltkrieg – eingeweiht, erinnert es bis heute an die 102 000 Gefallenen Australiens. Ausstellungsschwerpunkte sind die beiden Weltkriege, der Korea- und der Vietnamkrieg.

Treloar Crescent | tgl. 10–17 Uhr | Eintritt: frei | www.awm.gov.au

Amerikas Hilfe

Australian-American Memorial

Die 73 m hohe Gedenkstätte am Nordende der Kings Avenue wurde 1954 errichtet. Die schlanke Aluminiumsäule, gekrönt von Globus und Adler, erinnert an den Beistand der USA bei der Verteidigung Australiens im Zweiten Weltkrieg.

Ausgehöhlte Baumstämme

★★ National Gallery of Australia

Das **Aboriginal Memorial** zieht alle Blicke auf sich: Die Installation aus mehr als 200 mit verschiedenen Totemzeichen bemalten »hollow logs« (ausgehöhlte Baumstämme) erinnert an die australischen Ureinwohner, die während der 200-jährigen Landnahme durch die Europäer zu Tode kamen. Aber auch sonst gehört der kubische Betonbau der National Gallery of Australia am Südufer des Lake Burley Griffin zu den Hauptsehenswürdigkeiten Canberras. Er ent-

Die 200 hohlen Baumstämme des Aboriginal Memorial in der National Gallery erinnern an Grabmale, wie sie im Arnhem Land aufgestellt wurden.

hält die umfassendste Sammlung australischer Kunst sowie bedeutende internationale Kunstwerke, darunter die begehbare Skulptur **»Skyspace«** von James Turrell. Ein weiterer Schwerpunkt ist die »weiße Kunst« Australiens mit Arbeiten ihrer berühmtesten Vertreter, darunter Tom Roberts, Sidney Nolan, Arthur Boyd, Albert Tucker und Margret Presten.
Daneben zeigt die **National Portrait Gallery** Porträts von 450 Australiern, die das Land geprägt haben.

National Gallery of Australia: King Edwards Terrace | tgl. 10–17 Uhr
Eintritt: frei | http://nga.gov.au

National Portrait Gallery: King Edward Terrace | tgl. 10–17 Uhr
Eintritt frei | www.portrait.gov.au

Symbole der Rechtssprechung

High Court

Das oberste australische Gericht wurde 1980 von Queen Elizabeth II. eingeweiht. Das 40 m hohe und kantige Gebäude aus Glas und Granit entwarf Edwards Madigan Torzillo als architektonisches Sinnbild seiner Funktion: Rund 4000 m² Glas stehen für die Transparenz der Rechtssprechung, der Wasserfall mit Granitbecken symbolisiert die Allgemeingültigkeit der Entscheidungen.

Parkes Place | Mi.–So. 9.45–16 Uhr | Eintritt: frei
www.hcourt.gov.au

Erdbeben hautnah

Questacon

Technik und Wissenschaft werden erlebbar: Besucher spüren ein Erdbeben oder sehen, wie Blitze und Tornados entstehen. 200 interaktive Exponate laden zum Experimentieren ein.

King Edward Terrace | tgl. 9–17 Uhr | Eintritt: 23 AUD
www.questacon.edu.au

Museum mit Botschaft

★ Old Parliament House

Der strahlend weiße neoklassizistische Bau war bis 1988 Zentrum der australischen Politik. Heute erzählt das **Museum of Australian Democracy** deren Geschichte. Vor dem ehemaligen Parlamentsgebäude steht die **Aboriginal Tent Embassy** (Botschaft der Aborigines), seit 1972 ein Symbol für die Ansprüche der Ureinwohner auf Land und Selbstbestimmung.

King George Terrace | tgl. 9–17 Uhr | Eintritt: frei
http://moadoph.gov.au

Der Politik aufs Dach steigen

★ New Parliament

Der Mammutbau (Baedeker Wissen ▶ S. 64), für den 1979 der Grundstein gelegt wurde, stellt den Menschen über die Politik – und das nicht nur im übertragenen, sondern durchaus im Wortsinn: Auf seinem Grasdach können die Bürger rund um die Uhr flanieren. Und sie dürfen den Abgeordneten auch bei ihrer Arbeit im Sitzungssaal zusehen.

Capital Hill | tgl. 9–17 Uhr | Eintritt: frei | kostenlose Führungen, ebenfalls kostenlose Tickets zu Plenarsitzungen (ab 14 Uhr) müssen am gleichen Tag bis 12.30 Uhr vorbestellt werden unter serjeantatarms.reps@aph.gov.au | www.aph.gov.au/visitparliament

Im Dienste ihrer Majestät

Government House

Der **Generalgouverneur**, australisches Staatsoberhaupt und Vertreter der britischen Königin, residiert seit 1927 im 1891 erbauten Government House im Stadtteil Yarralumla (Dunrossil Drive).

Tempel und Parthenon

Botschaftsviertel

Die meisten der rund 80 diplomatischen Vertretungen in Yarralumla sind im Stil der Gastländer gebaut. Architektonisch auffallend sind u. a. die Botschaft Neuguineas mit gemustertem Giebel, die an den Parthenon erinnernde griechische Botschaft mit marmorverkleideten Säulen, die indonesische Botschaft mit Skulpturen balinesischer Götter, die US-Botschaft in einem Kolonialgebäude und die an einen Tempel erinnernde Botschaft Thailands. Ein recht nüchterner und funktionaler Bau beherbergt übrigens die deutsche Botschaft am Empire Circuit.

Die Tatsache, dass die Bürger auf dem Dach des Parlaments spazieren können, soll die Politiker darunter daran erinnern, dass sie in einem »Haus des Volkes« wirken.

EIN BAU DER SUPERLATIVE

Acht Jahre Bauzeit und rund 1,1 Mrd. AUD, 4700 Räume, die größtenteils tief in den Capitol Hill hineingebaut wurden – der Bau des italienisch-US-amerikanischen Architekten Romaldo Giurgola weist verschiedene Superlative auf. Immerhin rangiert der Mensch (und Steuerzahler) im wahrsten Sinne des Wortes über dem Parlament, denn Besucher können auf dem Grasdach rund um die Uhr spazieren gehen.

1 Mosaik
Das an alte Aborigine-Traditionen orientierte Mosaik vor dem Eingang des Parlaments besteht aus mehr als 90 000 Teilen und symbolisiert eine Versammlung.

2 Great Veranda
An der Great Veranda ist das australische Wappen mit den Wappentieren Känguru und Emu zu sehen.

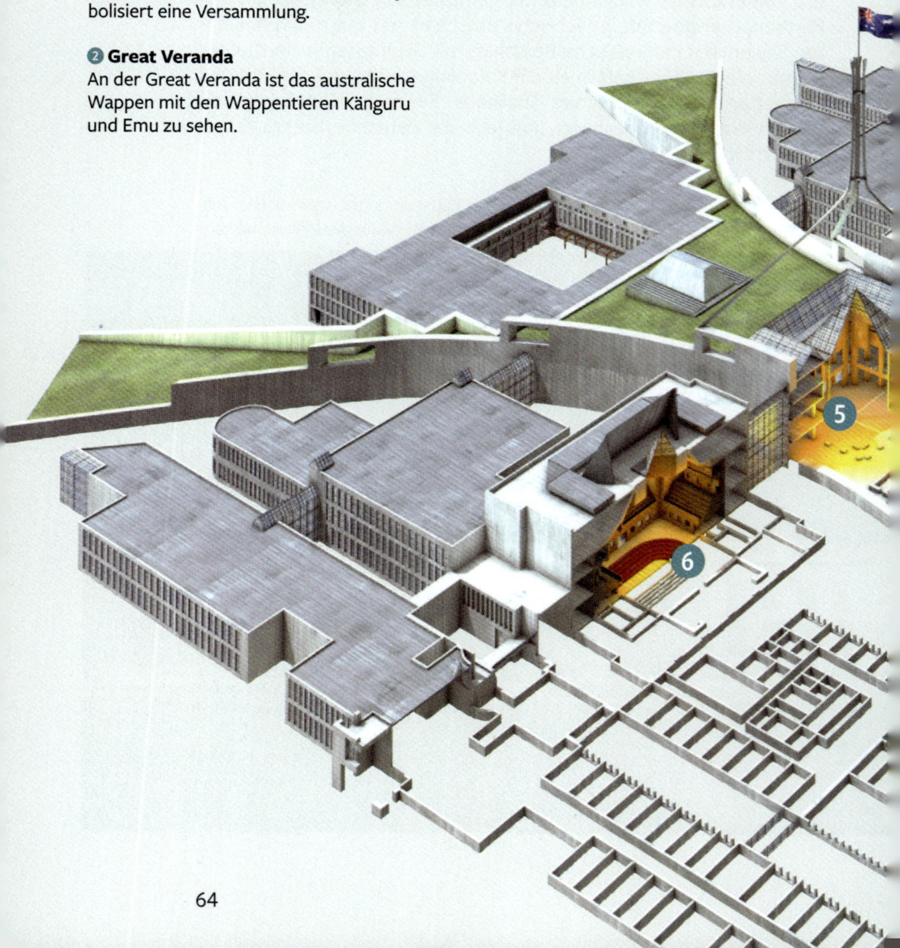

③ Foyer
58 graugrüne Marmorsäulen im Foyer symbolisieren einen Eukalyptuswald, die Intarsien der Wandpaneele stellen die australische Flora dar.

④ Great Hall
Die Great Hall, imposanter Mittelpunkt des Baus und würdiger Schauplatz großer Staatsbankette, schmückt ein riesiger Gobelin nach einem Gemälde des australischen Künstlers Arthur Boyd (1920–1999).

⑤ Members' Hall
Die Members' Hall ist den Mitgliedern des Parlaments vorbehalten. Südlich von ihr befinden sich Tagungsräume und Büros der Minister. Besucher können die Tagungsräume besichtigen und an Sitzungstagen von der Galerie aus Parlamentssitzungen verfolgen.

⑥ House of Representatives
Während der Sitzungsperioden gestatten Galerien im ersten und zweiten Stock werktags ab 14 Uhr Einblicke in die Debatten der 150 Abgeordneten im »House of Representatives Chamber«.

⑦ Senatssaal
Im Westflügel liegt der Saal der 76 Senatoren.

Übrigens: Bei Führungen kann man eine Rarität bestaunen. Unter dickem Glas gut geschützt liegt eine der vier noch erhaltenen Fassungen der Magna Charta, der englischen »Verfassung« von 1297.

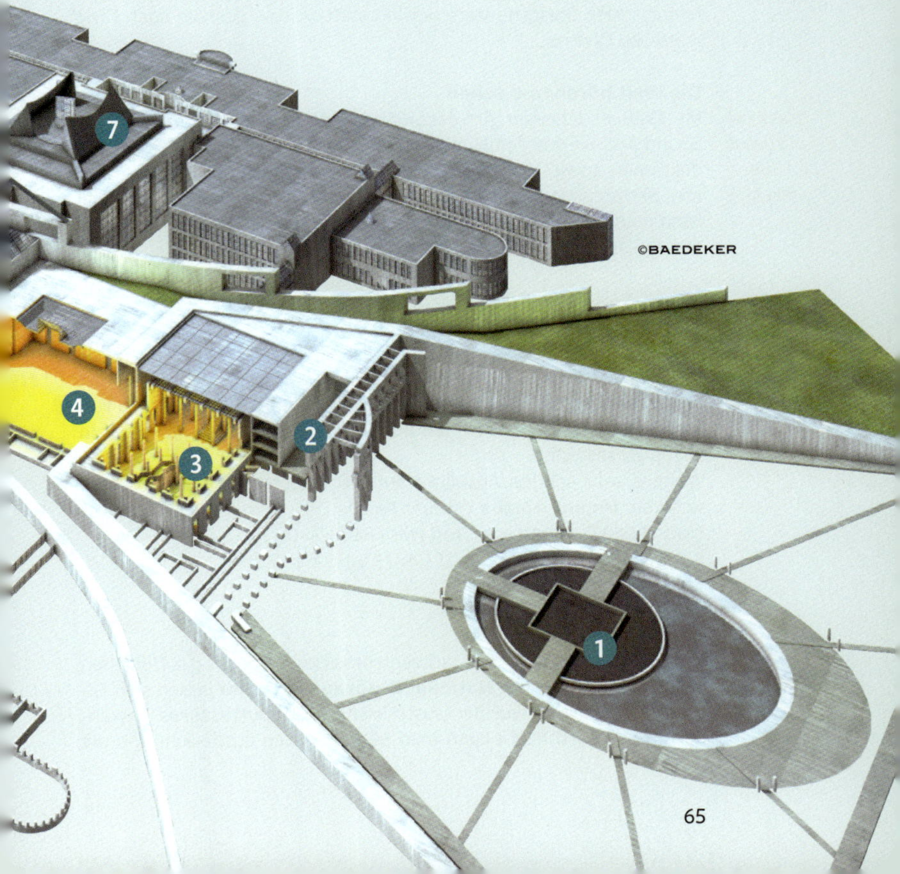

Kreativ und kritisch

★ Nationalmuseum of Australia

Wie ein riesiges Puzzle aus Traumpfaden liegt das Nationalmuseum auf der Acton-Halbinsel am Nordufer des Lake Burley Griffin. Kreativ und kritisch nimmt es seine Besucher mit auf eine Reise rund um den roten Kontinent, zu seinen Völkern, Symbolen und zur 50 000-jährigen Geschichte. Zum Museum gehören ein rotierendes Kino, ein Amphitheater, eine Bibliothek, ein gut bestückter Museumsshop, Cafés und ein Restaurant sowie der Garden of Australian Dreams. Man sollte sich nicht von der etwas verwirrenden Anordnung der für sich faszinierenden Exponate abschrecken lassen.

Lawson Crescent | tgl. 9–17 Uhr | Eintritt: frei | www.nma.gov.au

Haupteinkaufs- und Geschäftsviertel

Civic Centre

Der Central Business District von Canberras breitet sich um den **London Circuit** aus. Die **Sydney & Melbourne Buildings** mit ihren Kolonnaden wurden 1926–1927 erbaut, als sich ringsum noch weite, baumlose Ebenen ausdehnten. Die Hauptstädter, Canberrans genannt, sagen übrigens stets »civic« statt »city«, deshalb auch Civic statt City Centre …

Die Welt hören und sehen

National Film & Sound Archive

Im 1929 errichteten Art-déco-Sandsteinbau des National Film & Sound Archive werden Hunderttausende von Film- und Fernsehproduktionen sowie unzählige Tonaufzeichnungen und Radioprogramme, Skripten und Druckschriften aufbewahrt. Im Ausstellungssaal kann man historische Aufnahmen auch hören und sehen.

McCoy Circuit | Mo.–Fr. 9–17 | Eintritt frei | www.nfsa.gov.au

Rund um Canberra

360-Grad-Rundblick

Telstra Tower

Einheimische und Gäste genießen gleichermaßen das Panorama von den beiden Außenplattformen oder der inneren Aussichtskanzel in knapp 200 m Höhe.

Weitere sehr schöne Ausblicke auf das Hauptstadtgebiet eröffnen sich vom **Mount Ainslie** (Mount Ainslie Dr.), vom **Mount Pleasant** (Morshead Dr.) und vom **Red Hill** (Red Hill Dr.).

Black Mountain Dr. | tgl. 9–22 Uhr | Eintritt: 8 AUD
www.telstratower.com.au

Die Welt im Kleinen

Gold Creek Village

Nur 15 Autominuten vom Stadtzentrum entfernt, lockt das Dörfchen Gold Creek Village: Im **National Dinosaur Museum** lassen sich Giganten der Urzeit wie der australische Muttaburrasaurus bewundern. Beim **Bird Walk** kann man 50 Vogelarten entdecken und die

Welt im Kleinen steht in den **Cockington Green Gardens**: Zum detailgetreu nachgebauten Modelldorf aus Großbritannien haben sich typische Bauten aus Australien und aller Welt gesellt. Durch die Miniaturwelt schnauft eine kleine Dampfeisenbahn.

National Dinosaur Museum: Gold Creek Rd., Nicholls | tgl. 10–17 Uhr
Eintritt: 16 AUD | www.nationaldinosaurmuseum.com.au

Cockington Green Gardens: Gold Creek Road, Nicholls
tgl. 9.30–17 Uhr | Eintritt: 19,50 AUD | www.cockingtongreen.com.au

Blick ins All

Canberra Deep Space Communication Complex

Kühe grasen gemütlich vor den großen Parabolspiegeln und man mag es kaum glauben: Der Deep Space Complex gehört zu den drei leistungsstärksten Weltraumbeobachtungsstationen der Erde und bietet zudem interessante Weltallexponate. Der Star ist ein 3,8 Mrd. Jahre altes Stück Mondgestein.

Discovery Dr., Tidbinbilla | tgl. 9–17 Uhr | Eintritt: frei
www.cdscc.nasa.gov

Berge, Wald und Wasser

Namadgi National Park

Mit 106 000 ha nimmt der waldreiche Namadgi National Park beinahe die Hälfte der Gesamtfläche des Australian Capital Territory ein. Acht Gipfel liegen über 1700 m, die Corin Road führt zur Staumauer **Corin Dam** und am **Yankees Hat** blieben Felsmalereien der Aborigines erhalten.

NEW SOUTH WALES

Kürzel: NSW | **Fläche:** 801 642 km² | **Hauptstadt:** Sydney
Einwohner: 7,5 Mio. | **Symbolpflanze:** Waratah
Symboltiere: Schnabeltier, Kookaburra

»Premier State« nennt sich New South Wales voller Stolz. Er ist der älteste, bevölkerungsreichste, am dichtesten besiedelte und wirtschaftlich stärkste Staat Australiens. Die ältesten Weingüter des Kontinents, fünf UNESCO-Welterbestätten und mit Sydney das Aushängeschild Australiens – und ohne Übertreibung eine der schönsten Städte der Welt mit dem wohl bekanntesten Opernhaus rund um den Erdball – gehören zu NSW.

Im Premier State

Rund 2000 m hohe **Alpenhänge** in den Snowy Mountains wechseln sich ab mit Jahrmillionen altem subtropischem **Regenwald**. Flache, weiße Strände und das blaue Meer treffen auf schroffe Vulkanfelsen oder bizarre Steilklippen. In den Nationalparks trifft man auf eine beeindruckend vielfältige Pflanzen- und Tierwelt. Schmucke **Küstenorte** wie Byron Bay, Coffs Harbour und Kiama liegen am Highway 1, der Hauptverbindung zu den Nachbarstaaten Queensland im Norden und Victoria im Süden. Hier wie dort orientieren sich die Menschen küstennah: Kaum dass sie das hoch aufragende Bergland der **Great Dividing Range** mit den nach Westen abfallenden, fruchtbaren Äckern und Weiden überwunden haben, führen nur noch wenige Straßen ins dünn besiedelte, trockene Innere des Kontinents. Und dann gibt es auch noch die knapp 600 km vor der Küste liegende, verwunschene Insel **Lord Howen**. Doch trotz all dieser (Natur-)Schönheiten bleibt in New South Wales ganz klar ein Ziel, das alle Aufmerksamkeit auf sich zieht: **Sydney**.

Gleich einer herausgeputzten Diva fesselt die Hauptstadt von New South Wales und Austragungsort der Olympischen Sommerspiele 2000 den Besucher mit erlesenen Restaurants, lebhaften Einkaufszentren, einem vielseitigen Kulturangebot, spannender Historie, feinsten Badestränden in Citynähe und so spannenden Erlebnissen wie der Besteigung der Hafenbrücke – dem Sydney Harbour Bridge Climb. Nur wenige Ampelstopps von der Innenstadt entfernt erreicht man die Ausläufer des **Royal National Park**, in deren Eukalyptuswäldern mit etwas Glück noch Koalas zu beobachten sind. Ein Katzensprung ins Hinterland scheint die Fahrt ins grüne **Hunter Valley**, wo Weingüter in ausgedehnten Rebenfeldern kauern. In Richtung Norden bahnt sich der Highway 15 seinen Weg durch die schier endlosen Hochweiden von New England. Und schon 65 km westlich von Sydney, in den **Blue Mountains**, in deren Eukalyptuswäldern Koalas genügend Nahrung finden, herrscht wieder einsame Natur vor.

NEW SOUTH WALES

Entdeckt wurde die Küstenregion von James Cook im Jahr 1770. Ihm verdankt der heutige Bundesstaat auch seinen Namen New South Wales – die Küste erinnerte ihn an Südwales in seiner Heimat Großbritannien. Die aus elf Schiffen bestehende erste Flotte (»First Fleet) landete 1788 in Port Jackson (Sydney) unter Kapitän Arthur Phillip. Unter seinem Kommando stand ein bunt zusammengewürfelter Haufen aus Sträflingen und Marinesoldaten –1300 Mann, die zunächst unter Hungersnot litten und sich erst vier Jahre später selbst versorgen konnten. 1793 kamen die ersten freien Siedler.
Einst umfasste New South Wales den gesamten Osten, bis 1859 wurden jedoch aus dem Territorium eigentständige Kolonien – Tasmanien, South Australia, Victoria und Queensland – ausgegliedert.

ARMIDALE

Höhe: 980 m | **Einwohner:** 20 000

Australien besitzt 19 Weltnatur- und Weltkulturerbestätten. Eine von ihnen liegt in der Nähe des eher unscheinbaren Armidale: Der Oxley Wild Rivers National Park bekam 1987 als Teil der Gondwana-Regenwälder Australiens das begehrte UNESCO-Prädikat.

Im Städtchen selbst dokumentieren geschützte Gründerzeitbauwerke die alte Siedlergeschichte. Es waren Schotten, die sich den fruchtbaren Landstrich, knapp 1000 m hoch auf dem Tafelland von Austra-

ARMIDALE ERLEBEN

VISITOR INFORMATION CENTRE
82 Marsh St., Tel. 02 67 70 38 88
www.armidaletourism.com.au

RAILWAY HOTEL €€€
Gute Steaks, Hühnerschnitzel und Knoblauchbrot: das wohl beste Essen der Stadt und das seit 1879.
222 Rusden St., Tel. 02 67 72 31 09
www.railwayhotelarmidale.com.au

DEER PARK MOTOR INN €€
Die familienfreundliche Unterkunft besitzt auch ein Restaurant und einen Pool. Morgens und abends kommen die Rehe aus dem Busch zur Wildfütterung. Man ist ganz nah dran!
72 Glen Innes Rd
Tel. 02 67 72 99 99
www.deerparkmotorinn.com.au

Sommerfrische

liens größtem Gebirgszug, der **Great Dividing Range**, zu eigen machten. Wer nach Armidale fliegt, landet auf dem höchstgelegenen Flughafen Australiens. Die Höhe von fast 1000 m beschert Armidale angenehme, nicht zu heiße Sommer sowie ab und an eiskalte Winter. Die Stadt wurde 1849 gegründet und ihr Name geht auf eine veränderte Schreibweise von Armadale auf der schottischen Isle of Skye zurück.

Wohin in Armidale und Umgebung?

Blick zurück

Zentrum

Die 35 vom National Trust geschützten Bauwerke aus der Gründerzeit stehen im Mittelpunkt des Interesses und illustrieren eindrucksvoll die alte Siedlergeschichte. Im **Armidale Folk Museum** kann man noch weiter zurückblicken und sich mit mehr als 150 Jahre Kolonisationsgeschichte auseinandersetzen. 1812 wurde die **St. Marys Cathedral**, 1875 die anglikanische **Cathedral of St. Peter** geweiht. Und im **New England Regional Art Museum** kann man Werke australischer Künstler der viktorianischen Ära bewundern.

Folk Museum: Rusden St./Faulkner St. | tgl. 13–16 Uhr | Eintritt: frei
New England Regional Art Museum: 106 Kentucky St. | Di.–So. 10–16 Uhr | Eintritt: frei | www.neram.com.au

Schottische Traditionen

★ Glen Innes

Das Städtchen liegt in der wunderschönen Berglandschaft des New England Tableland, gut 100 km nördlich von Armidale. Es nennt sich

»keltische Hauptstadt von New England« und pflegt mit Stolz seine schottischen Wurzeln. Entsprechend werden auch die historischen **Bauten aus der Pionierzeit** instand gehalten, vor allem auf der zentralen **Grey Street**. Auch das **Cooramah Aboriginal Cultural Centre** lohnt einen Besuch.

Edelsteinsuche

Inverell

Aus dem Erdreich rund um Inverell, knapp 70 km westlich von Glen Innes, werden neben Zinn, Diamanten und dem Mineral Zirkon auch Saphire gefördert. Wer sich eigenhändig auf Edelsteinsuche begeben will, kann sich im **Visitor Information Centre** an der Campbell Street nach öffentlich zugänglichen Minen erkundigen.

Country Music Capital

Tamworth

Am New England Highway ragt als unübersehbares Wahrzeichen die 12 m hohe **Big Golden Guitar** auf. Sie gibt die Richtung der Stadt vor, die sich alljährlich im Januar zum Epizentrum der australischen Country Music mausert. Dann nämlich strömen mehr als 50 000 Be-

Die Big Golden Guitar gibt die Richtung in Tamworth vor. Für Fans der Country-Musik ist die Stadt das »australische Nashville«.

sucher zu dem zehntägigen Festival, in dessen Rahmen seit 1972 die **Country Music Awards of Australia** verliehen werden. Außerdem finden dann in der ganzen Stadt Konzerte statt, viele der zuletzt bis zu rund 2800 Einzelveranstaltungen sind gar kostenlos.
Im **Gallery of Stars Wax Museum** stehen die wächsernen Konterfeis berühmter Interpreten wie Slim Dusty. Einige der Country Stars haben sich an der Ecke Murry/Peel Street mit ihren **Hands of Fame** verewigt. An die Ikonen der Country Music erinnert auch die **Country Music Hall of Fame**.
Country Music Festival: www.tamworthcountrymusic.com.au
Wax Museum: 2 Ringers Rd. | tgl. 9–17 Uhr | Eintritt: 10 AUD
http://biggoldenguitar.com.au/wax-museum
Hall of Fame: 561 Peel St. | tgl. 10–16 Uhr | Eintritt: 6 AUD
http://countrymusichalloffame.com.au

★ Oxley Wild Rivers National Park

Welterbe und Wasserfälle
Schluchten wie der 220 m tiefe Woolomombi Canyon und Wasserfälle, die zu den höchsten des gesamten Kontinents gehören, prägen den 142 km² großen Nationalpark, 18 km südöstlich von Armidale. der seit 1987 Welterbestätte ist. Dort lebt die landesweit größte Population des vom Aussterben bedrohten, rund 60 cm großen Bürstenschwanz-Felskängurus.
www.inverell.com.au

BATEMANS BAY

Höhe: 0 m | **Einwohner:** 11 000

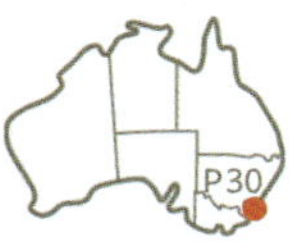

Das Leben am Meer mit weißem Sandstrand vor der Tür ... wer träumt da nicht davon? Nur sind die meisten hübschen Fleckchen an der Küste unbezahlbar geworden. Das gilt so nicht für Batemans Bay. Obgleich nur gut 160 km östlich von Canberra gelegen und deshalb ein beliebtes Kurzurlaubsziel der Hauptstädter, sind bezahlbare Häuser noch zu haben. Viele Rentner und junge Familien haben das erkannt.

Austern satt!

Für Touristen lohnt der Stopp in einem der beliebtesten Urlaubszentren der South Coast vor allem dann, wenn sie Wellen sehen wollen, die sich bis zu 6 m hoch auftürmen, oder auch in die Walfanggeschichte eintauchen möchten. Das Städtchen lebt aber nicht allein vom Tourismus, sondern auch vom Fischfang und seinen Austerfarmen. Benannt wurde die schöne Bucht mit ihren hübschen Stränden von James Cook bereits 1770; als Namensgeber diente wahrscheinlich Nathaniel Bateman, der Kapitän des Schiffes »Northumberland«.

Wohin in Batemans Bay und Umgebung?

Ungetüme des Pazifik

Die Bucht

Ein Tag in Batemans Bay könnte mit einem kleinen Spaziergang entlang der Uferpromenade beginnen, wo man in einem der Cafés sicher einer Frühstück bekommt. Weiter geht es dann über die Batemans Bay Bridge zu den **Stränden nördlich der Stadt**, die zum Schwimmen, Fischen oder Picknicken geeignet sind, so z. B. Surfside, Long Beach und Maloneys Beach. Auch ein Abstecher zum Murramarang National Park (▶ S. 74) ist möglich. Weitere gute Bademöglichkeiten und vor allem der Hotspot für Surfer sind südlich der Stadt zu finden: **Pink Rocks** mit bis zu 6 m hohen Wellen!

Alles Käse

Bega

Knapp 150 km südlich von Batemans Bay liegt Bega, bekannt für seine guten Surfstrände und die hervorragenden Käsesorten von **Bega Cheese**. Wie um 1900 Käse hergestellt wurde, zeigt das Bega Cheese Heritage Centre am Ufer des Bega River.

Bega Cheese: Lagoon St. | tgl. 9–17 Uhr | Eintritt: frei
www.begacheese.com.au

Alles im Fluss

Wadbilliga National Park

Nordöstlich von Bega trifft man auf eines der größten unzerstörten australischen Flusseinzugsgebiete. Die Wasserfälle und die **Schlucht des Tuross**, hohe Eukalyptuswälder und großflächige Heide prägen den Park. Buschwanderungen und Buschcamping sind entlang der Wasserläufe von Brogo und Wadbilliga möglich. Außerdem findet man hier auch einige Plätze zum Schwimmen.

Bei den Walfängern

Eden

Nochmals knapp 50 km südlich, bereits fast an der Grenze zu Victoria, lohnt ein Besuch des ehemaligen, 1818 gegründeten Walfängerstädtchens Eden. Bis 1920 startete man von hier aus noch zur Jagd auf die Meeresriesen. Auch einer der größten je gefangenen Wale wurde in Eden an Land gebracht: Er war rund 30 m lang. Im **Killer Whale Museum** wird an diese Zeiten erinnert. Heutzutage gibt es von Oktober bis November Walbeobachtungstouren, bei denen Buckelwale auf ihrem Weg in die Antarktis gesichtet werden können.

184 Imlay St. | Mo.–Sa. 9.15–15.45, So. ab 11.15 Uhr | Eintritt: 10 AUD
http://killerwhalemuseum.com.au

BATEMANS BAY ERLEBEN

TOURIST INFORMATION CENTER
Princes Hwy./Beach Rd.
Tel. 02 44 72 69 00
www.eurobodalla.com.au

BRIARS €€€
Ob Burger oder der Fang des Tages: Man speist einfach, aber recht gut und zudem sehr ruhig, direkt an einem privaten See. Man sollte etwas Platz lassen für den Nachtisch, einen Schokokuchen mit Beeren und Vanilleeis!
11683 Princes Hwy.
Tel. 02 44 78 92 00
https://lincolndowns.com.au

MARINERS ON THE WATERFRONT €€
Die meisten Zimmer haben einen Balkon mit Flussblick – die »Waterfront« im Namen bezieht sich auf den Clyde River. Gehobenes Motelniveau, Pool, Restaurant.
31 Orient St.
Tel. 02 44 72 62 22
www.marinerswaterfront.com.au

Murramarang National Park

Kleiner Park, große Bäume
Ein Küstenregenwald der Superlative: In dem kleinen, 1973 gegründeten Nationalpark wachsen Eukalyptusbäume, die zu den größten ihrer Art zählen. Nicht weniger fantastisch ist der **Pebbly Beach**. Die Chancen stehen in dem Nationalpark gut, friedlich grasende Kängurus zu erspähen. Zahlreiche Zwergkängurus, aber auch die viel größeren Östlichen Grauen Riesenkängurus bevölkern das Areal.

Ulladulla

Unbeschwerter Ferienspaß
Der hübsche Ferienort am Princess Highway bietet Badespaß für die ganze Familie in Lagunen mit schneeweißen Sandstränden wie dem Mollymook nördlich des Orts. Küstenseen wie Burril Lake und Tabourie Lake begeistern Kanuten, Bawley Point und Kioloa sind **Hotspots der Surfszene**.

★ Jervis Bay

Rekordverdächtig weiß
Der Weg in den Norden führt weiter an sehr schönen und sehr weißen Sandstränden vorbei; dazu zählen nach gut 50 km **Ulladulla** und nach weiteren 60 km **Hyams Beach** in der Jervis Bay. Laut »Guinnessbuch der Rekorde« der »weißeste Sandstrand der Welt«. Möchte man spitzfindig sein, könnte man zunächst anmerken, dass das Adjektiv »weiß« nicht gesteigert werden kann. Doch selbst wenn der Sand des Whitehaven Beach in Queensland – wie die Sandsammlung des Autors nahelegt – noch etwas »weißer« ist, präsentiert sich der zu 99 % aus Quarzsand bestehende Hyams Beach als »blendende« Schönheit.

Wohnen in NSW

Nowra

Rund 20 km landeinwärts erreicht man am Shoalhaven River die Streusiedlung Nowra (32 000 Einw.). Das historische Wohnhaus **Meroogal** von 1885 an der Ecke West und Worrigee Street erzählt von vier Generationen.

Sa. 10.30 – 15.30 Uhr | Eintritt: 8 AUD | http://sydneylivingmuseums.com.au/meroogal

Aussichtsreich

★ Kangaroo Valley

Auf dem Tourist Drive 8 geht es über die Canberra Mountains, wo ein Aussichtspunkt Fernblicke auf die nördliche Shoalhaven-Region eröffnet, ins malerische Kangaroo Valley mit der gleichnamigen Ortschaft im Zentrum. Den Kangaroo River überspannt die älteste Hängebrücke des Bundesstaats: die **Hampton Suspension Bridge**, ein Koloss von 1898 mit festungsähnlichen Doppeltürmen. Von hier kann man bis zum Morton National Park weiterfahren.
Hauptattraktion sind die **Fitzroy Falls**, die 17 km nordwestlich vom Kangaroo Valley über 80 m tief in eine Schlucht stürzen. Im Sommer verwandelt sich der Sturzbach allerdings oft eher in ein Rinnsal – die tolle Aussicht bleibt jedoch das ganze Jahr über.

Hoch hinaus!

Kiama

»Wo die See ein Geräusch macht«, so nannten die australischen Ureinwohner den Ursprung des Städtchens, das im nördlichen Teil der South Coast kurz vor der 200 000-Einwohner-Stadt Wollongong liegt. Hauptattraktion ist bis heute der ins Meer vorspringende Hügel **Blowhole Point** mit dem strahlend weißen Leuchtturm. Das Blowhole ist ein schmaler Spalt im Felsen, durch den die Meeresbrandung hindurchgepresst und bis zu 60 m hochgeschleudert wird. Bei Dunkelheit wird dieses Naturschauspiel beleuchtet.

★★ BLUE MOUNTAINS

Höhe: 600–1100 m | **Einwohner:** 76 000

Wenn es ein Gebiet aus New South Wales schafft, gleich neben Sydney genannt zu werden, dann sind es die Blue Mountains, die seit 2001 auf der UNESCO-Weltnaturerbeliste stehen. Sie sind Sydneys duftende Hausberge mit Wasserfällen und Canyons, Tropfsteinhöhlen und uraltem Regenwald. Größter Anziehungspunkt ist die Gesteinsformation der Three Sisters.

P/O 29/30

Eukalyptus? Ja! Koalas? Nein!

Der bläuliche Dunst, der den Bergen ihren Namen gab, entsteht durch das Harz der Eukalyptusbäume. Es setzt ätherische Öle frei, die sich bei warmen Temperaturen verflüchtigen. Zum großen Teil noch unerschlossen, insgesamt 27 000 ha weit und als Sandsteinplateau auf knapp 1100 m ansteigend, sind die Blue Mountains westlich von Sydney, ein Ausläufer der Great Dividing Range. Das abweisende Massiv bildete für die ersten Siedler lange Zeit ein gefährliches und unüberwindbares Hindernis. 1813 gelang die erste Durchquerung. Damit war der Weg zu den dringend benötigten Weidegründen im Westen des Kontinents bereitet. Die ehemals feudalen Hotels und edlen Sommerhäuser sind Zeugen dafür, dass es in dieser Gegend schon Ende des 19. Jh.s Tourismus gegeben hat. Noch heute faszinieren spektakuläre Felsenbänder, Aussichtskanzeln, Canyons, Höhlen sowie Wasserfälle die Besucher. Und Koalas? Trotz der un-

DIE BLUE MOUNTAINS ERLEBEN

VISITOR INFORMATION CENTRE

Echo Point, Katoomba
Tel. 13 00 65 34 08
www.visitbluemountains.com.au

Kletterer – Experten wie Anfänger – finden in den Blue Mountains beste Bedingungen vor (Infos unter http://climbingadventures.com.au).

DARLEYS €€€€

Die Atmosphäre in dem wunderschönen Haus aus den 1920er-Jahren ist warm und herzlich, die Küche ge-, aber nicht abgehoben. Fünf/sieben Gänge kosten 135/165 AUD.
Lilianfels Ave., Katoomba
Tel. 02 47 80 12 00
www.darleysrestaurant.com.au

SOLITARY €€€€

Aus einem einfachen Kiosk, 1913 gebaut, wurde nach und nach ein Gourmetrestaurant. Romantische Lage, schöner Blick und sehr gutes Essen, ob Barramundi oder Lammschulter.
90 Cliff Dr., Leura
Tel. 02 47 82 11 64
www.solitary.com.au

LILIANFELS BLUE MOUNTAINS RESORT & SPA €€€€

Fünf-Sterne-Hotel in einem gut 100 Jahre alten Haus mit 89 fein ausgestatteten Zimmern, zwei ausgezeichneten Restaurants (▶ oben), beheiztem Pool und schönem Spa.
Lilianfels Av., Katoomba
Tel. 02 47 80 12 00
www.lilianfels.com.au

ALPINE MOTOR INN €€

Das moderne und saubere Motel liegt zentral und ist mit einem Restaurant versehen.
197 Great Western Hwy.
Katoomba, Tel. 02 47 82 20 11
wwww.alpinemotorinn.com.au

zähligen Eukalyptusbäume, deren Blätter ja die Leibspeise der Beutelsäuger sind, wird man vergeblich nach ihnen Ausschau halten. Zu wählerisch ist der Geschmack der putzigen Tiere – keine der 91 in den Blue Mountains gedeihenden Eukalyptusarten sagen den Koalas zu.
Zwischen Mai und November blühen die Wildblumen und geben dem grau-grünen Grundton der Gegend ordentlich Farbe. Es ist empfehlenswert, das beliebte Wochenendziel der Sydneysider unter der Woche zu besuchen; samstags und sonntags sind die touristisch relevanten Ortschaften Katoomba, Leura oder Blackheath häufig überlaufen.

Wohin in den Blue Mountains?

Der Skandalmaler

Glenbrook

Gleich hinter Glenbrook, dem östlichen Tor zu den Blue Mountains mit dem Infozentrum der Nationalparkverwaltung, erwarten Sie am **Martins Lookout** und **Elizabeths Lookout** Panoramablicke über die Urlandschaft!
Der Film »Die Verführung der Sirenen« (1994) mit Sam Neill, Hugh Grant und Tara Fitzgerald machte den australischen Maler Norman Lindsay (1879–1969) auch im deutschsprachigen Raum bekannt. Seine Gemälde wie »Die gekreuzigte Venus« waren in den 1930er-Jahren ein Skandal. Sie entstanden auf dem Landsitz **Springwood** bei Faulconbridge, 20 km nordwestlich von Glenbrook, wo Lindsay lebte. Heute ist das Anwesen als **Norman Lindsay Gallery & Museum** für Besucher geöffnet.

Norman Lindsay Gallery & Museum: tgl. 10–16 Uhr | Eintritt: 17 AUD
www.normanlindsay.com.au

Stürzende Wasser

★ Wentworth Falls

Südlich des kleinen Orts Wentworth Falls stürzen die gleichnamigen Wasserfälle fast 300 m tief ins Jamison-Tal hinab. Vom Aussichtspunkt Wentworth Falls führen vier Wanderpfade – der Over-Cliff Track, der Under-Cliff Track, der Valley of Waters Track und der bereits 1890 in die Felswand gehauene National Pass Track –, zum Fuß der Fälle. Aber alle Wege erfordern gute Kondition!

Blütenpracht in den Bergen

Leura

Das ganze Jahr hindurch begeistert die Blütenpracht der **Everglades Gardens** mit Terrassen, rhododendronbewachsenen Wegen, Grotte und Open-Air-Theater. Alles in Leura steuert aber auf den Höhepunkt im Oktober zu: das Gardens Festival. Ein Höhepunkt im Wortsinn ist der **Gordon Falls Lookout** mit Möglichkeit zu einem kurzen Spaziergang zum überhängenden **Elysian Rock**. Im Landsitz von Herbert Vere

Evatt (1894–1965), dem einstigen australischen Labor-Führer und ersten Präsidenten der UN-Vollversammlung, zeigt das **Leuralla Gardens Toys and Railway Museum** Kinderspielzeug und Modelleisenbahnen von 1900 bis heute. Weiter nach Katoomba führen der Great Western Highway oder der aussichtsreiche, 8 km lange **Cliff Drive**.

Everglades Gardens: 37 Everglades Av. | tgl. 10–17, April–Sept. bis 16 Uhr | Eintritt: 15 AUD | www.nationaltrust.org.au/places/everglades-house-gardens

Gardens Toys and Railway Museum: 36 Olympian Parade tgl. 10–17, April–Sept. bis 16 Uhr | Eintritt: 15 AUD www.toyandrailwaymuseum.com.au

Der böse Vater

★★ Three Sisters und Katoomba

Der am häufigsten fotografierte Panoramablick erwartet Sie am **Echo Point**, wo man das **Jamison Valley** überblickt und auf die 300 m hohen Felsnadeln der Three Sisters schaut. Ihr Vater – so berichtet eine alte Sage – habe sie in Sandsteinsäulen verwandelt, um sie von ihren Liebhabern fernzuhalten. Und so sind Meenhi, Weemala und Gunnedoo heute nach den Twelve Apostles an der Great Ocean Road (▶ S. 387) die berühmteste Felsformation des Landes.

Das nahe Katoomba, das touristische Herz der Blue Mountains mit einigen denkmalgeschützten Art-déco-Bauten, Outdoor-Shops und Eisenbahnanschluss, war im 19. Jh. wie Leura und Wentworth Falls eine Kohlebergbausiedlung. Auch die **Katoomba Scenic Railway**, die 1880 errichtete und 2012 modernisierte Standseilbahn, transportierte einst Kohle. Erst seit 1958 wird sie ausschließlich touristisch genutzt: Alle zehn Minuten meistert sie das Gefälle mit einer Neigung von bis zu 52 °. Komplettiert wird das Erlebnis durch einen Spaziergang über den 380 m langen Plankenweg, vorbei an einem alten Stolleneingang, und durch die Fahrt mit dem **Scenic Skyway**. Rund 270 m über dem Boden einer Schlucht kann es einem in der mit Glasboden ausgestatteten Gondel schon etwas mulmig zumute sein. Die fantastische Aussicht auf die Three Sisters, die Katoomba Falls und den Mt. Solitary lässt Sie das aber schnell vergessen.

Railway und Skyway: tgl. 9–17 Uhr | Tickets: ab 37 AUD www.scenicworld.com.au

Olympische Gefühle

Penrith Whitewater Stadium

Wo Kanuten im Jahr 2000 um olympisches Edelmetall im Slalom kämpften, können sich heute Abenteuerlustige ab zwölf Jahren auf die Wildwasserstrecke des Penrith Whitewater Stadium wagen.

McCarthy's Lane, Cranebrook | Sept.–Juni tgl. 9–17 Uhr Raftings: ab 94 AUD | www.penrithwhitewater.com.au

Am Echo Point ragen die fotogensten Felsen der Blue Mountains in den Himmel: die Three Sisters Meenhi (922 m), Weemala (918 m) und Gunnedoo (906 m).

Landluft schnuppern

Blackheath

Das **Megalong Australian Heritage Centre** lohnt für Ausritte und andere Aktivitäten auf der Viehfarm. Wer bleiben möchte, zeltet oder schläft in der Lodge. Herrliche Ausblicke bieten die Aussichtspunkte **Govetts Leap** und **Evans Lookout**. Weiter westlich folgt der höchste Ort der Blue Mountains, **Mt. Victoria** (1064 m), wo die Straße nach Bell abzweigt: Die dort beginnende, 1841 angelegte Nebenstrecke zurück in den Osten, nach Richmond, ist für viele die landschaftlich schönste Route durch die Blue Mountains.

Megalong Australian Heritage Centre: 993 Megalong Rd., Megalong Valley | Tel. 02 47 87 81 88 | www.megalongcc.com.au

Botanische Sensation

★ Wollemi National Park

Als der Australier David Noble 1994 zu einer Klettertour im heutigen Wollemi National Park aufbrach, ahnte er nicht, dass er mit einer botanischen Sensation heimkehren würde. In einer der vielen schwer zugänglichen Schluchten der nördlichen Blue Mountains stieß er auf Bäume, die er noch nie zuvor gesehen hatte. Sie besaßen farnähnliche Blätter und eine schokoladenbraune Rinde, die über und über mit Blasen bedeckt war. Noble nahm einen Zweig mit, ließ ihn von Botanikern in Sydney untersuchen und erfuhr: Er hatte einen botanischen Dinosaurier entdeckt. Seine **Wollemi Pine** (Wollemi-Kiefer) entpuppte sich als eine bisher nur als Fossil bekannte Gattung der Araukariengewächse. Mittlerweile wurden weltweit drei Standorte mit rund 100 Exemplaren gefunden. Zum Schutz der Wollemi Pine wurden Schutzmaßnahmen für die Wildstandorte aufgelegt. Außerdem begann man ein umfangreiches Vermehrungsprogramm und verteilte die ersten nachgezogenen Wollemi Pines an Botanische Gärten und Parks auf der ganzen Welt.

Rund um die Blue Mountains

Zick-zack ins Hinterland

Lithgow

Wie der Kohlebergbau und die Eisenbahn ab 1870 das Leben im Lithgow Valley veränderten, verrät das Freilichtmuseum **Lithgow State Mine Heritage Park & Railway**. Bis 1910 verband die Zig Zag Railway – damals eine technische Meisterleistung – Sydney mit den Farmen im Hinterland. Da für den Bau von Kurven kein Platz war, ging es im Zick-zack-Wendezugbetrieb den Berg rauf und runter. Seit 1975 fahren die nostalgischen Dampfloks wieder auf einer 7,2 km langen Strecke über drei Sandsteinviadukte und durch zwei Tunnels. Infolge eines Buschfeuers musste der Betrieb eingestellt werden; 2020 soll es weitergehen.

www.zigzagrailway.com.au

Eine bizarre, dramatische Welt aus Tropfsteinen erwartet Sie in den Jenolan Caves.

Dunkler Platz

Jenolan Caves

Von Mt. Victoria sind es 13 km nach Hartley, wo die Jenolan Caves Road abzweigt. Binnomea, »dunkler Platz«, nannten die Aborigines das Höhlensystem im Karst am Rand des **Kanangra Boyd National Park**, 50 km südlich des Great Western Highway. Die prächtig illuminierten Jenolan-Höhlen gehören zu den größten Tropfsteinhöhlen des Kontinents. Obwohl schon 1867 entdeckt, ist ein Teil der Kalksteinhöhlen noch nicht erforscht. Neun Höhlen lassen sich mit Führung besichtigen: auf 3 km gesicherten Wegen – oder kriechend und kletternd beim »underground adventure«. So oder so ist festes Schuhwerk erforderlich!

Jenolan Caves Rd. | tgl. 9–17 Uhr | Eintritt: ab 42 AUD
www.jenolancaves.org.au

Wolle und Wasserfälle

Goulburn

Gut 150 km weiter südlich verrät am Hume Highway ein 15 m hohes Merinoschaf aus Beton, auf was es in Goulburn ankommt: auf Wolle. Goulburn ist bis heute eine Westernstadt mit lang gezogener Hauptstraße, an der sich alles abspielt. Im nahen **Morton National Park** gibt es 100 m tiefe Schluchten, Wasserfälle und zahlreiche Wanderwege.

Westernstädtchen mit Brot

Yass

Auch dieses charmante Westernstädtchen am Yass River lohnt einen kurzen Stopp, wenn man über den Hume Highway weiter westwärts fährt: Ein paar Alternative backen knuspriges Sauerteig- und Vollkornbrot – eine riesige Ausnahme in Australien! Und dazu gibt es selbst gemachten Käse …

Zentrum für Zitrusfrüchte

Riverina

Der weitere Weg nach Westen über den Hume Highway bringt einen in die Riverina. In der »Food Bowle of Australia« wachsen und gediehen vor allem Zitrusfrüchte.

★ BROKEN HILL

Höhe: 315 m | **Einwohner:** 19 000

Man blende Autos und Asphalt, Ampeln und Reklameschilder aus und stelle sich stattdessen Pferde und Staub, Stall und Saloons vor: Fertig ist die Westernstadt, eine wie Broken Hill. Die alte Bergbausiedlung im äußersten Westen von New South Wales verströmt den herben Charme des »accessible outback«, des erreichbaren Hinterlands.

Im Silberrausch

Da stolperte 1883 ein deutschstämmiger Grenzreiter namens Charles Rasp über einen Silberklumpen und schon war alles anders. Zwei Jahre später gründete Rasp die Broken Hill Propriety Company Ltd. 1900 holten 10 000 Bergleute aus 16 Minen 500 000 t Erz aus dem Boden. Das waren pro Mann rund 50 t. Die Zeiten haben sich freilich inzwischen geändert: Heute braucht es gerade einmal 400 Männer, um in der letzten operierenden Mine die erstaunliche Menge von 2,8 Mio. t pro Jahr zu fördern. An der Hauptstraße des Städtchens spielt sich aber nach wie vor das meiste Leben ab. Und mit etwas Fantasie kann man sich gut vorstellen, wie es war, als The Hill die größten Silber-, Blei- und Zinkvorkommen der Welt besaß.

Wohin in Broken Hill und Umgebung?

Zeitreise ins 19. Jahrhundert

★ Historisches Stadtzentrum

Wenn man über die »Silberstraße«, die **Argent Street**, ins Herz von Broken Hill fährt, sieht man die ins National Heritage Register aufgenommenen **Prachtbauten** im viktorianischen Stil: das Courthouse von 1889, die Town Hall und das Post Office mit Uhrenturm, beide von 1891. Fast geschlossen säumen knapp 1 km lang adrette Fassaden aus Backstein oder Holz, manche geschmückt mit gusseisernen

BROKEN HILL ERLEBEN

VISITOR INFORMATION CENTRE
Blende St./Bromide St.
Tel. 08 80 80 35 60
www.brokenhillaustralia.com.au

Am Ortseingang kann man Kamelritte durch die Halbwüste ringsum buchen.

SILVERTON HOTEL €€
Echtes und gutes Kneipenessen in uriger Umgebung: Sandwich und Burger, Fish & Chips und Porterhouse Steak sowie jede Menge eiskalt servierte Biersorten. Wer gar nicht mehr weg will von der Geisterstadt: Es gibt auch Zimmer.
Silverton St., Silverton
Tel. 08 80 88 53 13
http://silvertonhotel.com.au

ROYAL EXCHANGE HOTEL €€
Beste und stilvollste Adresse in Broken Hill: Das sympathische Art-déco-Boutique-Hotel in der Argent Street hat 24 hübsch eingerichtete Zimmer und ein Restaurant.
320 Argent St., Broken Hill
Tel. 08 80 87 23 08
www.royalexchangehotel.com

PJ'S UNDERGROUND €€
Bed & Breakfast mit sechs geschmackvollen »Wohnhöhlen« und Zugang zur Opalmine.
Dugout 72, White Cliffs
Tel. 08 80 91 66 26
www.babs.com.au/pj

Verzierungen und Balkonen, die Straße. Dass aber nicht nur die Bergbaugesellschaft viel Geld hatte, sondern auch die Gewerkschaft eine starke Kraft in Broken Hill war, zeigt die Trades Hall (1904) an der Blende Street.
Angelockt vom intensiven Licht, haben sich seit den 1970er-Jahren auch rund 30 Künstler in Broken Hill niedergelassen. Ihre Werke sind in ungefähr ebenso vielen Galerien zu bewundern. So zeigt die **Regional Art Gallery** in der Argent Street auch sehenswerte Aborigine-Kunst. Broken Hill hat zudem jeweils eine Basis des **Royal Flying Doctors Service** und der School of the Air.
Flying Doctors: Flughafen | Führungen Mo.–Fr. 10–17, Sa. u. So. 11–16 Uhr | Eintritt: 7 AUD | www.flyingdoctor.net

Mad Max was here!
★ Silverton
Die staubige Geisterstadt, in der um 1889 Silber abgebaut wurde, ist heute Kulisse für zahlreiche Kinofilme: »Der lange Weg nach Alice Springs« und »Priscilla – Königin der Wüste«, aber auch Teile von »Mission Impossible 2« und »Spurlos – ein Sturm wird kommen« mit Nicole Kidman wurden dort gedreht. Und natürlich »Mad Max 2«. Es gibt sogar ein kunterbuntes, wild zusammengewürfeltes Museum zu

diesem Kultfilm. Und vor dem Silverton Hotel steht der schwarze Bolide aus »Mad Max 2«, ein VW Käfer, der im Film mit einem V8-Motor für Furore sorgte. Klasse Atmosphäre und nur 24 km nordwestlich von Broken Hill: Die Anfahrt lohnt sich!

Einsam und heiß

Tibooburra

Sie wünschen es noch abgeschiedener? Die ehemalige Goldgräberstadt Tibooburra ist einer der einsamsten und heißesten Orte im Nordwesten von New South Wales. Die Anfahrt hat es freilich in sich: Von Broken Hill geht es rund 330 km nordwärts auf der (gut ausgebauten) Piste des Silver City Highway entlang.

Brutofen im Norden

Sturt National Park

Von dort kann man auch den nur 23 km weiter nördlich gelegenen Sturt National Park besuchen, das abgelegenste und trockenste Naturschutzgebiet von New South Wales – im Sommer steigen die Temperaturen auf über 50 °C. Der Park ist daher ein Ziel, dass besser im Winter (April–Sept.) besucht wird. Im Westen erstrecken sich die roten Sandhügel der **Strzelecki Desert**, im Nordosten erheben sich bis zu 150 m hohe Tafelberge. Im Park leben Rote Riesenkängurus, Emus und Eidechsen. Die Grenze zu Queensland markiert ein Abschnitt des **Dog Fence**. Mit rund 5400 km ist dieser der angeblich längste Zaun der Welt; seit jeher schützt er die Schafweiden in Südosten des Kontinents vor Dingos. Achtung: Die Straßen sind nach Regenfällen oft unpassierbar; es gibt Campingplätze, jedoch kein Trinkwasser.

Mondlandschaft im Outback

★ White Cliffs

Noch so ein Ort, mitten im Niemandsland in sengender Hitze gelegen und nur über eine Piste zu erreichen: White Cliffs, die älteste Opalstadt des Outback, liegt inmitten einer bizarren Mondlandschaft. 50 000 helle Krater übersäen den Boden: Es sind Opalminen. Angefangen hatte alles 1887, als ein Kängurujäger per Zufall den ersten Edelopal entdeckte – sein Pferd war über den Halbedelstein gestolpert. Zunächst versteckte der Mann den Fund in den Satteltaschen, da der Stein im britischen Empire als Unglücksbote galt. Wenig später wurde der Fund doch bekannt und die Nachricht verbreitete sich wie ein Lauffeuer. Schon bald durchwühlte ein Heer von Glücksrittern den felsigen Grund. Am 21. März 1890 erhielt George J. Hooley die erste Schürflizenz. The Blocks war damit Australiens ältestes Opalfeld. Rasch wuchs White Cliffs auf etwa 5000 Einwohner an. Um 1900 rühmte sich die Stadt einer unterirdischen Bar und Bäckerei. Hauptabnehmer für die hochwertigen Kristallopale war das deutsche Kaiserreich, bis der Erste Weltkrieg das Ende des Opalbooms einläutete. Heute sind noch 140 Höhlenwohnungen, sogenannte »dugouts«, das Jahr hindurch bewohnt. Wie's drinnen aussieht, lässt sich bei Jock's Place sehen oder im PJ's Underground B & B (► S. 83) erleben. Ebenfalls im

Untergrund wohnen der deutsche Fotograf Otto Rogge und die Darmstädter Goldschmiedin Barbara Gasch. Seit der Jahrtausendwende haben die Bewohner sogar Strom: Mit Parabolspiegeln erzeugt die Solar Power Station nachhaltige Sonnenenergie in Hülle und Fülle.

Jock's Place: Tel. 08 80 91 67 53 | tgl. 9–17 Uhr | Eintritt: frei
Otto Rogge: tgl. 9–12 u. 14–17 | Eintritt: frei | www.ottophoto.com
Barbara Gasch: Tel. 08 80 91 66 34 | Di.–So. 9–17 | Eintritt: frei

Der Aussie-Ötzi

★ Mungo National Park

Was der Ötzi für die Alpenländer, ist der Mungo Man für Australien: der Urvater der Aborigines. Gefunden wurden seine fossilen Überreste im Gebiet des heutigen Mungo-Nationalparks, rund 360 km südöstlich von Broken Hill: 1969 entdeckte der Geologe Jim Bowler unter einer Sanddüne das Skelett einer Frau, Mungo I, 26 000 Jahre alt. Fünf Jahre später wurde ein noch älteres Skelett entdeckt: der Mungo Man, 40 000 Jahre alt. Der Nationalpark gehört seit 1981 als Teil des Seensystems der **Willandra Lakes** zum UNESCO-Welterbe. Die Halbwüste war bis vor 15 000 Jahren der zweitgrößte der 17 Willandra-Seen. Die Abbruchkanten des Lake Mungo bilden die **Walls of China**, ein 33 km langer Halbkreis aus bizarr geformten Dünen. Man kommt nur über Pisten in den Park und nach Regen sind Zufahrten und Wege selbst mit Allradfahrzeugen unpassierbar. Es gibt zwei Campingplätze und ein paar Betten in einer alten Schafschererstation.

In der ebenso kargen wie imposanten Einöde des Mungo National Park rund um die Walls of China fand man das rund 40 000 Jahre alte Skelett des Mungo Man.

BYRON BAY

Höhe: 3 m | **Einwohner:** 5000

Aussteiger und Künstler, Berufshippies und New-Age-Anhänger fanden den östlichsten Festlandspunkt Australiens für ihren Lifestyle so passend, dass sie sich bis heute in dem Badeort pudelwohl fühlen. Allerdings stand nicht Dichter Lord Byron für das hübsche Fleckchen mit seinem Namen Pate, wie man vielleicht annehmen würde, sondern dessen Großvater John Byron, der im 18. Jahrhundert die Welt umsegelte. Das alternative Flair zieht bis heute viele Rucksackreisende an – und die guten Wellen natürlich auch Surfer aus aller Welt.

Mekka für Sonnenanbeter und Surfer

Pünktlich kurz vor 6 Uhr versammeln sich alle Besucher mit Fotoapparaten, Smartphones und Tablets am Kap, um den frühesten Sonnenaufgang Australiens zu erleben. Hippies, Aussteiger und Künstler machten es in den 1970er-Jahren vor. Durch sie wurde die Landspitze und der Badeort berühmt. Heute teilen sich Familien mit Kindern und wohlhabende Paare den Strand, Jugendliche und Junggebliebene warten auf die perfekte Welle. Surfbretter kann man überall mieten und regelmäßig passieren auch Buckelwale die Bucht. Zu kommerziell? Wem die Byron Bay nicht mehr alternativ genug ist, der zieht einfach weiter nach Nimbin ins Hinterland.

Auf Cape Byron thront der hellste und östlichste Leuchtturm Australiens.

Wohin in Byron Bay und Umgebung?

Östlicher geht's nimmer

Lighthouse

Der 1901 gebaute Leuchtturm ist weithin sichtbar und die Hauptsehenswürdigkeit an der lang gezogenen offenen Bucht. Vorbei am Surfer-Hotspot des **Wategos Beach** führt die Lighthouse Road zum Felsvorsprung **Cape Byron** mit Australiens lichtstärkstem Leuchtfeuer – das Halogenlicht ist noch in 40 km Entfernung zu sehen. An klaren Tagen ist der Ausblick vom Byron Bay Lighthouse schlicht grandios: Man sieht die schroffen Reste des einstigen Vulkans im Nordosten mit den zum UNESCO-Weltnaturerbe erklärten Regenwäldern, die langen, feinsandigen Strände, grüne Zuckerrohrfelder und das dunkelblaue Meer. Ein Weg führt zur Landspitze hinunter, dem **östlichsten Punkt des australischen Festlands**. Von dort sieht man häufig Delfine und – von Juli bis September – auch vorbeiziehende Buckelwale.

Der »Wolkenmacher

Wollumbin National Park

Der Bergring um das Tweed-Tal ist der Rest eines längst erloschenen Schildvulkans, sein Schlot der 1156 m hohe **Mt. Warning** 60 km nördlich von Byron Bay. Heute liegt er im Wollumbin National Park, benannt nach dem Aborigines-Name des Berges, der »Wolkenmacher« bedeutet. Der subtropische Regenwald des Naturschutzgebiets gehört zum UNESCO-Weltnaturerbe. Insbesondere das letzte Drittel des 9 km langen Weges zum Gipfel hat es in sich – doch die Mühen werden belohnt: Bei klarer Sicht reicht der Blick zur Byron Bay und darüber hinaus. Aber auch für alle, die es weniger sportlich mögen, gibt es schöne Wanderpfade.

Bunte Vögel

Border Ranges National Park

Auch die subtropischen Regenwälder dieses Nationalparks gehören zum Welterbe. Und sie haben es in sich: Riesige Würgefeigen mit lianenartigen Luftwurzeln wechseln sich mit Moreton-Bay-Eukalypten und dichten Palmfarnen ab. Hinter diesen verstecken sich die munteren Filander (engl. »pademelons«), die aussehen wie winzige Kängurus. Berühmt sind die Border Ranges, rund 20 km Luftlinie westlich vom Mt. Warning, auch wegen ihres enormen Vogelreichtums: Blauwangenloris, Königssittiche und Kookaburras sieht man häufig, mitunter auch die seltenen Gelbohrkakadus oder rote Pennantsittiche. Für die passende Geräuschkulisse sorgen Dutzende Wasserfälle. Durch den Park führt der 60 km lange **Tweed Range Scenic Drive**, der zwar nicht asphaltiert, für normale Pkws jedoch befahrbar ist. An ihm liegen auch Campingplätze.

Für Wasserratten und Wellenreiter

Yamba

Yamba, gut 150 km südlich von Byron Bay gelegen, gilt als Paradies für Angler und Wasserratten, gibt es doch schöne Strände, vielerlei Wassersportmöglichkeiten und fischreiche Angelplätze am Clarence

BYRON BAY ERLEBEN

VISITOR CENTRE
80 Jonson St., Tel. 02 66 80 85 58
www.visitbyronbay.com

Bob Dylan, Eric Burdon und Grace Jones waren schon zu Gast beim alljährlichen **Byron Bay Bluesfest** zu Ostern (www.bluesfest.com.au).

DISH €€€
Dezidiert saisonale Küche auf gehobenem Niveau.
Jonson/Marvell St.
Tel. 02 66 85 73 20
www.dishbyronbay.com.au

THE BYRON AT BYRON RESORT & SPA €€€
Die tropisch inspirierte Nobeloase am Rand der Stadt hat 92 hell gehaltene Zimmern, einen 25-m-Pool, ein Spa und ein Restaurant.
77 Broken Head Rd.
Tel. 02 66 39 20 00
www.thebyronatbyron.com.au

River, an den nahen Küstenseen und am Ozean. **Angourie Point**, weitere 5 km südlich, gilt unter erfahrenen Surfern als Topspot. Südlich davon beginnt der **Yuraygir National Park**, der sich 60 km entlang der Küste erstreckt. Er schützt Klippen, felsige Landzungen, verlassene Stränden und Flussmündungen sowie landeinwärts Wälder, Heidelandschaften, Sümpfe und Lagunen.

COFFS HARBOUR

Höhe: 21 m | **Einwohner:** 46 000

Auch das gibt es im eher prüden Australien: einen FKK-Strand! Natürlich nur inoffiziell, aber immerhin geduldet, vergnügen sich Adams und Evas gerne am Little Diggers Beach hüllenlos. Aber auch andernorts herrscht munteres Strandleben, gepaart mit mildem Klima und entspannter Atmosphäre.

Kurzum: Coffs, wie das Städtchen am Pacific Highway genannt wird, ist der ideale Zwischenstopp auf halber Strecke zwischen Sydney und Brisbane, um ein paar entspannte Tage am Meer zu verbringen. Wem dies zu eintönig ist, der kann auch Ausflüge ins hügelige Hinterland unternehmen, an das sich der obere Siedlungskern des Orts malerisch schmiegt (während der andere im Zentrum am künstlich angelegten Hafen liegt). Und für Chronisten des Fußballs – und damit ist »unser« Fußball gemeint – gilt es noch einen weltweiten Rekord zu notieren: 2001 kam es in Coffs Harbour zum bislang höchsten Länderspielsieg aller Zeiten: Das Match Australien gegen American Samoa endete 31 : 0.

Tage am Meer

Wohin in Coffs Harbour?

82-m-Rutsche

Big Banana

Eine der größten Bananen weltweit, wenn auch aus Beton, liegt umgeben von echten Bananenplantagen und ist Symbol des bekanntesten Exportguts der Region, aber auch eines Funparks mit 82-m-Rutsche im Wasserpark, Reptiliengehege und einer Eislaufarena. Im zugehörigen Restaurant kann man auch – wie sollte es anders sein? – allerhand Bananenspeisen kosten.

351 Pacific Hwy. | Sept.–April 9–17, Mai–Aug. bis 16.30 Uhr
Eintritt: frei, Attraktionen extra | https://bigbanana.com

Adams und Evas Revier

Strände

Munteres Strandleben herrscht am **Park Beach** nördlich vom Hafen. Am geschützten **Jetty Beach** gleich nebenan kann man selbst bei stärkerer Brandung ins Wasser, während man den Blick zu dem Meer aus Bootsmasten in der Marina schweifen lässt. Einsamkeit und Ruhe bieten die Strandabschnitte weiter im Norden. Man erreicht sie vom Pacific Highway auf Abstechern, so den **Moonee Beach** und den **Emerald Beach**; am **Little Diggers Beach** gibt es auch einen FKK-Strandabschnitt. In südlicher Richtung folgen ebenfalls wunderbare Strände, etwa in **Sawtell** mit einem Meeresschwimmbecken und in **Nambucca Heads**, wo sich auch Surfer wohlfühlen.

Rund um Coffs Harbour

Indien down under

Woolgoolga

Der Küstenort etwa 25 km nördlich von Coffs bietet einen guten Surfstrand und fischreiche Angelspots. Eigentliches Kuriosum ist aber der hiesige **Sikh-Tempel** für die indische Bevölkerung, die einst in den Zuckerrohr- und heute in den Bananenplantagen arbeitet(e). Weitere unberührte Sandstrände und Dünen findet man im 10 km weiter nördlich beginnenden **Yuraygir National Park** (► S. 88).

COFFS HARBOUR ERLEBEN

VISITOR INFORMATION CENTRE
Pacific Hwy./McLean St.
Tel. 02 56 22 89 00
www.coffscoast.com.au

FISHERMAN'S CO-OP €
Fangfrische Meerestiere vom Kutter landen direkt an der heißen Theke und werden dort frisch zubereitet.
69 Marina Dr., Tel. 02 66 52 28 11
https://coffsfishcoop.com.au

AANUKA BEACH RESORT €€
Nette Zimmer, kleine Bungalows oder komfortable Villen direkt am Strand; mit Grillplatz, Waschmaschine, vier Pools, Tennisplatz, Restaurant und Parkplatz.
11 Firman Dr., Tel. 02 66 52 75 55
www.mantrahotels.com/breakfree-aanuka-beach-resort

Blütenmeer in lila

Grafton

Rund 80 km nördlich von Coffs Harbour schmiegt sich Grafton an eine Schleife des Clarence River. Wer den Ort Ende Oktober/Anfang November besucht, darf sich auf wohlriechende Düfte freuen: Ungezählte Jaranda-Bäume verwandeln die einstige Goldgräbersiedlung dann in ein violettes Blütenmeer – ein Naturspektakel, das seit 1935 alljährlich mit dem Jacaranda-Festival gefeiert wird. Gepflanzt wurden die Bäume, die bis zu 200 Jahre alt werden können, ab 1879 von dem Samenhändler H. A. Volkers, der im Auftrag der Stadt die Straßen schmücken sollte.
www.jacarandafestival.org.au

Urzeitliches Grün

Dorrigo

Dorrigo thront auf einem Plateau, dessen schroff abfallende Kante noch von urzeitlich subtropischem und kühlgemäßigtem Regenwald bewachsen ist und zum UNESCO-Weltnaturerbe zählt. Zu erreichen ist die wunderschön gelegene 1200-Einwohner-Gemeinde über den vom Pacific Highway abzweigenden **Waterfall Way**. 4 km südlich des Orts gelangt man zum **Dorrigo National Park**. Über den Gondwana-Regenwald, der einst den hiesigen Küstenabschnitt dicht bedeckte, informiert das **Rainforest Centre** am Parkeingang. Vom Skywalk Lookout, einem 70 m langen, über den Baumwipfeln verlaufenden Holzsteg, genießt man einen herrlichen Blick auf die Wildnis mit immergrünem Eukalyptus, Orchideen, Farnen, Moosen, zahllosen Vögeln und nachtaktiven Säugetieren. Ein knapp 7 km langer, geteerter Weg, der Wonga Walk, führt vorbei an schönen Wasserfällen tief in den Regenwald hinein.

Wenn im Frühjahr die Jacaranda-Bäume blühen, leuchtet das ganze Städtchen Grafton für rund zwei Wochen in kräftigen Violett-Tönen.

Knapp 1,5 km nördlich von Dorrigo stürzen die **Dangar Falls** – besonders spektakulär im regenreichen Sommerhalbjahr – in ein hufeisenförmiges Becken.

Wege durchs Grün

New England National Park

Seinen Namen verdankt der **Gondwana-Regenwald**, den auch der New England National Park schützt, dem gleichnamigen Superkontinent, der im Erdmittelalter in der südlichen Hemisphäre existierte: Einige Pflanzen des Regenwalds konnten dank Fossilienfunden bereits für die Zeit von Jura und Kreide nachgewiesen werden. Mit dem Auto gelangt man in dem Naturschutzgebiet bis hinauf zum 1564 m hohen **Aussichtspunkt**, wo der Blick bei klarem Wetter bis zum Pazifik reicht. Insgesamt 20 km lange Wanderwege führen zu Wasserfällen an steilen Felswänden und hinunter zum Fuß des senkrecht aufsteigenden Tafellandes.

DUBBO

Höhe: 275 m | **Einwohner:** 38 400

Es gibt das alte Gefängnis – Old Dubbo Goal –, ein kleines Observatorium und sogar einen japanischen Garten, doch die größte Touristenattraktion des bedeutenden ländlichen Zentrums im Hinterland von New South Wales ist natürlich: der Western Plains Zoo.

Tor zum Outback

»Tubbo«, die rote Erde, nannten die dort ansässigen Aborigines einst den Platz, auf dem das Tor zum Outback von New South Wales um 1850 im Herzen der Great Western Plains aufgebaut wurde. Die heutige Universitätsstadt hat – abgesehen vom größten Freigehege Australiens – keine besonderen Attraktionen, passt aber gut in den Reiseplan für einen Zwischenstopp auf dem Weg in den Westen, denn auch die Umgebung ist den einen oder anderen Ausflug Wert.

Wohin in Dubbo und Umgebung?

Löwen und Tiger

Western Plains Zoo

Rund 4000 Tiere, 350 Arten, darunter Löwen, Bengalische und Weiße Tiger sowie Tiere aus allen fünf Kontinenten. Das Schöne: Alle Tiere leben in freier Wildbahn. Ein 6 km langer Rundweg zu Fuß, per Fahrrad, im Elektrokarren oder im Wagen führt durch den 1977 eröffneten Tierpark. Wer noch tiefer in den Zoo eintauchen will, kann eines der Übernachtungspakete buchen (► S. 93).

1 Obley Rd. | tgl. 8.30–16 Uhr | Eintritt: 43,20 AUD
https://taronga.org.au/dubbo-zoo

Entdeckt von einem Deutschen

★ Wellington

Das Städtchen Wellington am Zusammenfluss von Macquarie und Bell River, 47 km südöstlich von Dubbo, ist vor allem durch die **Wellington Caves** bekannt. In der Cathedral Cave wachsen Stalagmiten bis zu 15 m hoch der Decke entgegen. Erforscht wurden die Höhlen 1866 von dem Deutschen Johann Ludwig Gerard Krefft (1830–1881), einem der berühmtesten Zoologen und Paläontologen Australiens.

Caves Complex Rd. | tgl. 9–16.30 Uhr | Eintritt: 25 AUD
www.wellingtoncaves.com.au

Obst, aber keine Orangen

Orange

Fährt man von Wellington weiter in Richtung Süden, stößt man auf Orange. Auch wenn dort viel Obst angebaut wird, Orangen gehören nicht dazu – der Name geht vielmehr auf Wilhelm von Oranien zu-

DUBBO ERLEBEN

VISITORS INFORMATION CENTRE
Macquarie St./Newell Hwy.
Tel. 02 68 01 44 50
http://dubbo.com.au

HOG'S €€
Das lecker-saftige Prime Rib Steak, langsam gegart, ist ein zartes Vergnügen. Auf den Tisch kommt es 200, 300 oder 400 g schwer.
193 Macquarie St.
Tel. 18 00 46 47 83
www.hogsbreath.com.au/location/dubbo

ZOOFARI LODGE €€€€
Direkt an der Savanne im Tierpark stehen 15 afrikanische Lodges – der Blick auf Giraffen oder Gazellen ist also garantiert. In kleineren Bungalows oder Zelten können Zoobesucher an einem Billabong (Teich) mitten im Tierparkgelände aber auch eine deutlich günstigere tierische Nacht verbringen.
1 Obley Rd., Tel. 02 68 81 14 00
https://taronga.org.au/dubbo-zoo

rück. Seine Blütezeit erlebte das hübsche Landstädtchen Orange in den 1880er-Jahren, als es sogar ernsthafte Überlegungen gab, es zur Bundeshauptstadt Australiens zu machen. Zumindest zur inoffiziellen Nationalhymne hätte es gepasst, denn ganz in der Nähe kam Andrew Barton Paterson (1864–1941) zur Welt, der »Waltzing Matilda« komponierte. 20 km südlich von Orange werden jährlich rund 17 t Gold dem Erdreich entrissen. Die Candia Gold Mine ist nach Kalgoorlie's Super Pit der zweitgrößte Gold-Tagebau des Kontinents.

Pechschwarze Nächte

Coonabarabran

160 km nördlich von Dubbo ist die Luft im Outback trocken und klar. Dank fehlender Beleuchtung sind die Nächte pechschwarz, weshalb man fast immer am Himmel die Sternenformationen über der Südhalbkugel ausmachen kann.

Wie bizarre Fransen ragen 15 km westlich von Coonabarabran die Felsnadeln und Steindome der **Warrumbungle Mountains** aus der weiten Ebene empor. Die seltsam geformten Felstürme sind Überreste von gewaltigen vulkanischen Aktivitäten vor rund 13 Mio. Jahren.

Dunkelrote Opale

Lightning Ridge

Eine ganze Ecke weiter, rund 400 km nördl. von Dubbo an der Grenze zu Queensland, dreht sich in Lightning Ridge alles um Opale. In der kleinen Stadt im tiefsten Outback werden Opale gefunden, deren Farbtöne von Schwarz bis Dunkelrot changieren und die daher als besonders wertvoll gelten. Die meisten Opalgeschäfte befinden sich

in der Morilla St. Interessierte können eine Opalmine besichtigen und beim Schleifen der Steine zuschauen. Die opalführende Schicht liegt rund 20 m unter der Erde.
Entspannung findet man im 42 °C warmen Thermalwasser der **Artesian Ridge Bore Baths** in der Pandora Street.
Opal Tours: Bald Hill Rd. | tgl. 9–17 Uhr | Eintritt: 20 AUD
http://opalmineadventure.com.au

HAWKESBURY RIVER

Höhe: 0–39 m | **Einwohner:** 63 000

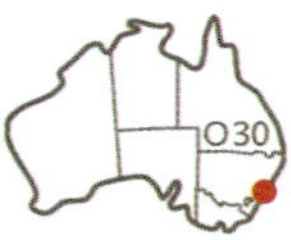

Ganze vier Nationalparks umgeben den Hawkesbury River: der Ku-Ring-Gai-Chase National Park, Brisbane Water National Park, Dharug National Park sowie der Bouddi National Park. Und wo der Fluss ins Meer mündet, hat sich der Hawkesbury River ein großartiges, weit verzweigtes Flusssystem geschaffen – die Broken Bay –, das Wassersportler paradiesische Bedingungen bietet.

Lebensader ins Hinterland

Dazwischen erstrecken sich fruchtbares Farmland, sanfte grüne Hügel und flussnahe Dörfer: eine zu entdeckende, überaus reizvolle Mischung ländlicher Idylle. Die ersten Siedler erschlossen diese bereits ab 1794, um 1810 eroberten sie dann den oberen Flusslauf und gründeten dort die ersten Gemeinden – etwa Windsor, Richmond, Wilberforce und Pitt Town. Das Flussgebiet kann man gut mit dem Auto erkunden, noch schöner ist allerdings eine Bootstour.

Wohin am und rund um den Hawkesbury River?

Leinen los!

Brooklyn

Von Brooklyn, aber auch in Bobbin Head, Berowra Waters und Wisemans Ferry, legen Ausflugsboote ab – und man kann auch Hausboote mieten. Wem eine kurze Bootsfahrt genügt: Wisemans Ferry liegt in einer Flussschleife am Südufer des Hawkesbury River. Von dort kann man seit 1927 rund um die Uhr mit einer Fähre übersetzen.

Von Sträflingen erbaut

Convict Trail und Dharug National Park

Einen wichtigen Beitrag zur Erschließung des ► Hunter Valley leistete die **Great Northern Road**, erbaut von 1826 bis 1836 von Sträflingen: Seit 2010 ist sie Teil der – an die historischen Strafgefan-

DEN HAWKESBURRY RIVER ERLEBEN

VISITOR INFORMATION CENTRE
328 Hawkesbury Valley Way, Richmond, Tel. 02 45 60 46 20
www.hawkesburyaustralia.com.au

THE FIDDLER €€
Seit 1826 eine Adresse für gute australische Kost – ob auf der Veranda oder im urigen Inneren.
Windsor Rd./Commercial Rd., Rouse Hill, Tel. 02 96 29 48 11
www.thefiddler.com.au

Ein gut ausgestattetes Hausboot mit sechs Schlafplätzen kostet ab 300 AUD pro Tag.
www.forsterluxuryhouseboats.com.au

BINGLE TREE RETREAT €€€
Romantischer geht's kaum: ein schönes Holzblockhaus in herrlicher Natur, mit Holzböden und Jacuzzi auf der Terrasse sowie Küche und Gasgrill.
49 McClymonts Rd., Maraylya
Tel. 02 45 73 66 11
www.bingletree.com.au

genenlager in Australien erinnernden – UNESCO-Welterbestätte Australian Convict Sites, zu der elf (von einst Tausenden) Gefangenenlagern der früheren Sträflingskolonie Australien gehören. Der Convict Trail hält die Erinnerung an das Geschehene wach, bei **Wisemans Ferry** erreicht er den Hawkesbury River, bevor er sich weiter nordwärts noch größtenteils im Originalzustand durch menschenleere Wildnis windet.

Ab in den Busch!

Dharug National Park

Die Great Northern Road beschreibt die westliche und nördliche Grenze des Dharug National Park, der sich nordwärts des Hawkesbury River erstreckt. Sandsteinklippen, Wasserfälle und eine reiche Pflanzen- und Tierwelt bestimmen dessen Szenerie. Buschwanderungen, Mountainbiking und Buschcamping sind möglich.

Der Name der Aborigines

Ku-Ring-Gai-Chase National Park

Schon an die nördlichen Vororte von Sydney grenzt seit 1894 einer der schönsten Nationalparks des Bundesstaats an: der Ku-Ring-Gai-Chase National Park, ein von Flüssen zerfurchtes, 154 km² großes Sandsteinplateau. Wegen seiner **großen Biodiversität** wurde der Park 2004 auf die National Heritage List gesetzt. Berühmt sind die **Felsmalereien** der hiesigen Aborigines, zu sehen auf dem rund 1 km langen, einfach zu gehenden **Aboriginal Heritage Walk**. Ihr Stammesname ist auch für den eher ungewöhnlichen Namen verantwortlich. Es gibt mit Cottage Point nur einen bewohnten Ort im Park und nur dort ist Camping erlaubt.

Alles, was da kreucht und fleucht

Gosford

Gerade einmal 50 km trennen Sydney von Gosford, dem Hauptort der **Central Coast**, die sich mit herrlichen Sandstränden, idyllischen Lagunen und reizvollen Landschaften zwischen dem Hawkesbury River und Newcastle erstreckt. Gosford ist die Heimat des **Australian Reptile Park**, des größten Parks seiner Art in Australien, in dem neben Krokodilen, gefährlichen Spinnen, Schlangen, Waranen und Schildkröten auch Beuteltiere und die reiche Vogelwelt des Fünften Kontinents bewundert werden können.

69 Pacific Hwy., Somersby | tgl. 9–17 Uhr | Eintritt: 39 AUD
https://reptilepark.com.au

Sandsteinklippen, Wälder, Wildblumen

Brisbane Water National Park

Dieser bei Wanderern beliebte Park zwischen dem Pacific Highway und Brisbane Water, nur wenige Kilometer südwestlich von Gosford, ist für seine **farbenprächtige Wildblumenblüte** im September und Oktober bekannt. Der Hauptzugang ist Girrakool (westlich von Gosford; von Sydney über den Freeway her kommend, nimmt man die Ausfahrt Calga); die Straße von Kariong-Woy nach Woy-Patonga erschließt den Osten des Parks. An der **Bulgandry Aboriginal Engraving Site** südlich von Kariong gibt es Felsritzungen der Aborigines.

★ HUNTER VALLEY

Höhe: 10–40 m | **Einwohner:** 290 000

N/O30

Ein frischer Hunter Sémillon oder lieber ein gereifter Hunter Shiraz? Im sanft gewellten Hügelland des Hunter Valley haben Weinkenner – und Gourmets – Gelegenheit, bei einer Winzertour die besten Tropfen und kulinarischen Delikatessen im berühmten Tal zu testen. Seit den 1830er-Jahren wird dort Wein kultiviert. Gut 100 Kellereien halten das Niveau hoch.

Wein, Wein, nur du allein ...

Dabei war – wer hätte es gedacht? – der Urvater aller Winzer im Valley ein Schotte. Der aber hatte immerhin in Frankreich seine Weinkenntnisse erworben: Bereits mit 23 Jahren gründete James Busby (1802–1871) im Lower Hunter Valley als Erster sein eigenes Weingut. 1833 brachte er von einer Europareise auch den roten Syrah mit, der als Shiraz zum Synonym für australischen Wein wurde. Das gemäßigte Klima mit vier ausgeprägten Jahreszeiten und relativ gleichmäßig verteilten Niederschlägen tat sein Übriges. Die guten Voraus-

Zu Besuch auf Tyrell's Vine Estate: Die Weingüter im Hunter Valley öffnen Besuchern ihre »cellar doors« und erlauben mitunter einen Blick hinter die Kulissen.

setzungen für den Weinanbau machten das Tal nach dem Barossa Valley zum zweitgrößten Weinanbaugebiet des Kontinents. Bei den Weißweinen dominieren vornehm-feine Sémillons und strohgelbe Chardonnays, bei Rotweinen der tief dunkle Shiraz und der eine oder andere Pinot Noir. Fast alle Kellereien bieten neben Weinproben auch Kellerführungen an, nicht selten verwöhnen sie zudem ihre Gäste mit Gourmetküche im hauseigenen Restaurant.

Wohin im Hunter Valley?

14 Jahre alter Shiraz

★ Lower Hunter Valley

Das Herz des Weinanbaus im Hunter Valley schlägt in und um **Pokolbin** im unteren Abschnitt des Tals: Mit renommierten Kellereien, Gourmetrestaurants, Cafés, Bars und schicken Unterkünften bietet es Weinliebhabern das Rundum-Paket. Preisgekrönt sind die Weine und Kellerführungen der 1895 gegründeten **Tulloch Wines** an der Ecke McDonalds und De Beyers Road. Die Weinprobe bei **Lindemans Ben Ean** an der McDonalds Road findet im 150 Jahre alten, stimmungsvollen Gewölbekeller statt; lohnend ist auch das kleine Weinmuseum. Bei **McGuigan Brothers**, Ecke Broke und McDonalds

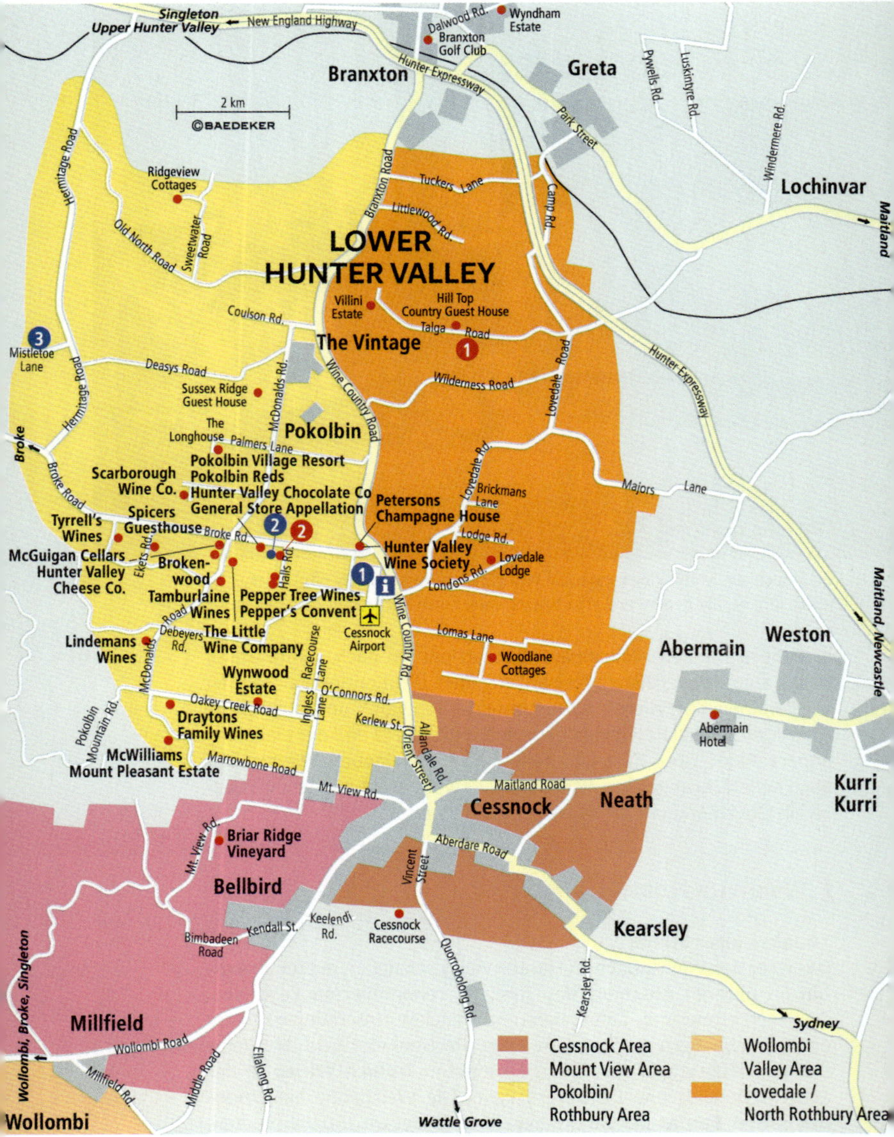

1 Muse
2 Blaxland Inn
3 The Brokenback

1 Tonic Hotel
2 Tower Lodge

HUNTER VALLEY ERLEBEN

VINTAGE HUNTER WINE & VISITORS CENTRE
455 Wine Country Dr., Pokolbin
Tel. 02 49 90 09 00
www.winecountry.com.au

HUNTER VALLEY HORSES
Eine Weinproben-Tour ohne die Frage, wer fährt? Noch dazu mit romantischem Potenzial und Picknick? Dieser Anbieter macht es möglich: Lassen Sie sich mit einer Pferdekutsche durchs untere Hunter Valley chauffieren (tgl. 10.30–16 Uhr, 125 AUD/Pers.)
917 Hermitage Rd., Pokolbin
Tel. 0431 33 73 67
www.huntervalleycarriages.com.au

Das Ende der Traubenlese wird alljährlich im Mai mit den **Hunter Valley Harvest Festival** gefeiert, bei denen die Tropfen der Region verkostet werden. Wer einmal eine Opernaufführung auf einem Weingut erleben möchte, sollte sich im Oktober die **Opera in the Vineyards** (www.operainthevineyards.com.au) auf dem Wyndham Estate ansehen.

❶ MUSE €€€€
Hohe Kochkunst zum einigermaßen erschwinglichen Preis von 110 AUD für vier Gänge. Serviert werden z. B. Wagyu-Tortellini, Lammbrust, Cheddar aus dem Tal und Kokosmousse ...
2450 Broke Rd., Pokolbin
Tel. 02 49 98 67 77
https://musedining.com.au

❷ BLAXLAND INN €€€
Sirloin, Scotch oder Ribeye (am besten mit Rotweinjus) oder doch lieber Lamm, Ente oder Schwertfisch? Was auch immer man wählt: Es ist lecker!
2198 Broke Rd., Pokolbin
Tel. 02 49 98 75 50
http://blaxlandinn.com.au

❸ THE BROKENBACK €€
Tolle Tapas, Steaks, Rippchen und Holzofenpizza – genossen am Kaminfeuer oder auf der Terrasse mit Blick auf die Weingärten. Die edlere Variante ist das Mill Restaurant des Weingutes.
Hermitage Rd./Mistletoe Rd., Pokolbin
Tel. 02 49 98 72 88
http://estatetuscany.com.au

❶ TONIC HOTEL €€€€
Gefühlvoll ausgewählter Minimalismus, eher kühles, klares Design in allen acht Zimmern mit Blick auf einen Weiher.
251 Talga Rd., Lovedal
Tel. 0439 99 98 21
www.tonichotel.com.au

❷ TOWER LODGE €€€€
Die mit Antiquitäten eingerichteten Zimmer sind edel und gemütlich zugleich. In der Oriental Suite hängt sogar ein echter Picasso. Pool, Sauna und schöne Bibliothek.
6 Halls Rd., Pokolbin
Tel. 02 49 98 70 22
www.towerlodge.com.au

Road gibt es nicht nur Weine, sondern zugleich ist hier die **Hunter Valley Cheese Company** ansässig, die erstklassige Käsesorten produziert. Der Shiraz von **Brokenwood** (ebenfalls McDonalds Road) reift 14 Jahre im Eichenfass. Der VAT 1 Semillon von **Tyrrells** in der Broke Road gehört zu den Spitzenweinen Australiens. Preisgekrönt ist auch der Pinot Noir von **Briar Ridge in Cessnock**. Die 1891 gegründete kleine Familienkellerei **Petersons Winery** ist dagegen für ihre Schaumweine bekannt.

Tulloch Wines: Tel. 02 49 98 75 80 | www.tullochwines.com.au
Lindemans Ben Ean: Tel. 02 49 93 37 00 | www.lindemans.com.au
McGuigan Brothers: Tel. 02 49 98 41 11 | www.mcguiganwines.com.au

BAEDEKER MAGISCHE MOMENTE

UP, UP AND AWAY ...

Noch bevor die ersten Sonnenstrahlen zu sehen sind, geben die Brenner Gas. Langsam formt sich die Hülle zum Ballon, richtet sich die Gondel auf. Wenig später geht es los. Pünktlich zum Sonnenaufgang schweben die Passagiere durch die Luft, unter ihnen gleiten die sanften Hügel, Wälder und Weingärten hinweg. Kaum zu glauben, wie viele Grüntöne es gibt! Eine Stunde dauert das unvergessliche Erlebnis, das noch von einem ausgiebigen Champagnerfrühstück am Boden gekrönt wird (Balloon Aloft, Tel. 02 49 90 92 42, www.balloonaloft.com).

Hunter Valley Cheese Company: Tel. 0417 46 37 59
www.huntervalleycheese.com.au
Brokenwood: Tel. 02 49 98 75 59 | www.brokenwood.com.au
Tyrrells: Tel. 1800 04 55 01 | www.tyrrells.com.au
Briar Ridge in Cessnock: Tel. 02 49 90 36 70 | www.briarridge.com.au
Petersons Winery: Tel. 02 49 98 73 79 | www.petersonswines.com.au

Wein und Kohle

Upper Hunter Valley

Um **Denman**, **Muswellbrook** und **Singleton** dominieren ebenfalls größere Weinbaubetriebe. 1860 pflanzte der Deutsche Carl Brecht im oberen Valley die ersten Reben. Bereits in den 1870er-Jahren wurden seine Tropfen auf internationalen Weinmessen ausgezeichnet. Bald folgten weitere Kellereien. Nicht vergessen sollte man aber auch, dass im oberen Hunter Valley jährlich mehr als 88 Mio. t Steinkohle gewonnen werden, die von Kraftwerken am New England Highway zur Stromgewinnung genutzt werden.

Pferdehauptstadt

Scone

Dank seiner renommierten Gestüte gilt Scone als Hauptstadt der Pferdezucht in Australien. Die Pferderennbahn kann sich mit den Anlagen der Metropolen messen und der Poloplatz besitzt olympischen Standard.

★★ LORD HOWE ISLAND

Höhe: 0–875 m | **Einwohner:** 350

Türkisblau schimmert die Lagune, hell leuchten die Strände und wie eine Zipfelmütze ragt der höchste Berg aus dem Pazifischen Ozean: Lord Howe Island, ein Fleckchen australische Südsee und seit 1982 UNESCO-Weltnaturerbe, liegt zwei Flugstunden vor der Küste von New South Wales. Die idyllische Halbmondinsel ist vor etwa 7 Mio. Jahren infolge vulkanischer Aktivitäten entstanden und ist gerade mal ein 11 km langes und 2 km breites Naturidyll, das auf kleinstem Raum eine unglaubliche Vielfalt an Flora und Fauna bietet.

N34

Gut 600 km nordöstlich von Sydney, weit draußen im Meer, ist immer noch nicht Schluss mit Down Under. Neben Lord Howe Island gehören zum Archipel noch die Admiralty Islands, Mutton Bird Islands, die

Türkisblau leuchtet das Wasser rund um Lord Howe Island. Die ruhige, durch ein Korallenriff abgeschlossene Lagune ist ein Paradies für Kanuten.

LORD HOWE ISLAND ERLEBEN

VISITOR CENTRE
Dem Besucherzentrum ist auch ein kleines Museum angeschlossen, das Exponate zur Inselgeschichte zeigt (So.–Fr. 10–13 Uhr).
Tel. 02 65 63 21 14
www.lordhoweisland.info

ANREISE
Man wird von jedem Flug abgeholt und hingebracht und man kann alles zu Fuß machen, trotzdem lohnt es, sich mal in der Unterkunft ein Fahrrad auszuleihen.

Kaum zu glauben, aber wahr: Es gibt auch einen 9-Loch-Golfplatz (www.lordhowegolf.com.au)!

GREENBACK EATERY €€
Lord Howes bestes Fischrestaurant. Das Geheimnis: Jeder Fang vom Kutter »Greenback« wird direkt im Lokal angeliefert und dort verarbeitet.
Tel. 02 65 63 22 08
greenback@fishlordhowe.com.au

CAPELLA LODGE €€€€
Beste Inselunterkunft, alle Suiten mit zimmerhohen Fenstern und Blick auf die Lagune oder Mt. Gower. Im stolzen Preis (ab 750 AUD/Pers.) sind das Frühstück, Sundowner mit Canapés, Dinner, Open Bar, Mountainbikes und der Flughafen-Shuttle inklusive.
Tel. 02 99 18 43 55
www.capellalodge.com.au

Unberührtes Inseljuwel

Ball's Pyramid und diverse Korallenriffe. Weltnaturerbe wurde die Insel als außergewöhnliches Beispiel für unterschiedliche Naturphänomene, von Vulkanen bis zum südlichsten Korallenriff der Welt. Von den knapp 250 Pflanzenarten sind mehr als 100 endemisch. Um die einzigartigen Biotope der Insel zu bewahren, dürfen sich höchstens 400 Besucher gleichzeitig auf der Insel aufhalten. Im übrigen gibt es auch nur genau 400 Gästebetten (von denen eines auch als Selbstversorger nicht unter 200 AUD pro Nacht zu haben ist). Die Anreise ist hingegen recht unkompliziert: Lord Howe wird mehrfach wöchentlich von Sydney und Brisbane angeflogen. Beste Reisezeit ist der australische Sommer mit angenehmen Temperaturen um 25 °C.

Wohin auf und rund um Lord Howe Island?

Das Bild von einem Berg

★ Mount Gower

875 m hoch ist der höchste Berg der Insel (nördlich davon erhebt sicher der immerhin noch 777 m hohe Mt. Lidgbird). Unterhalb der schroffen Hänge bereiten sich Grasland, Regenwald und Palmenhaine aus. Mehr als hundert Vogelarten, darunter auch sehr seltene wie die Wekaralle (engl. »woodhen«) oder die am südlichsten auf der

Welt nistenden Tölpel, finden dort ideale Bedingungen zum Leben und Brüten vor. Der Berg darf nur mit Führer bestiegen werden, die Tagestour dauert acht Stunden.

Südseetraum

★★ Die Strände

Während man im seichten, angenehm warmen Wasser steht, ahnen die Fische bereits, dass es gleich was zu holen gibt. Regelrecht belagert wird man von ihnen, wenn man am **Ned's Beach** das Futter auspackt. Man kann das Südseeidyll aber auch aktiver erleben: Vom Strand gibt's einen Aufstieg zum **Malabar Hill** und **Kirn's Lookout**. Bester Schnorchelplatz ist **Erscott's Hole**. Und Surfer treffen sich am **Blinkie Beach**.
Der Westen besteht aus einer einzigen sichelförmigen Bucht mit seichtem Wasser und langen Sandstränden, abgeschlossen durch ein Korallenriff, das so eine Lagune bildet. Seit 1999 als **Marine Park** geschützt, gilt das Gebiet als faszinierendes Revier für Taucher. Wissenschaftler haben 477 Fischarten, mehr als 300 verschiedene Algen sowie 80 Korallenarten entdeckt – wie viele sichten Sie?

Ganz schön auf Zack!

Balls Pyramid

Segler umrunden gern den höchsten Monolithen der Erde – die Felsnadel Balls Pyramid ragt 23 km südöstlich von Lord Howe Island 552 m steil aus dem Pazifik.

NEWCASTLE

Höhe: 9 m | **Einwohner:** 310 000

O30

Newcastle – das klingt sehr nach dem nordenglischen Namensgeber, nach schwerer Industrie und schwarzer Kohle. Stimmt: Stahl und Kohle prägten auch das australische Newcastle lange Zeit. Doch inzwischen zeigt sich Australiens zweitälteste Stadt mit ihrem großen Hafen als hübscher Ort mit kolonialzeitlicher Bausubstanz, feinsandigen Stränden und einem riesigen Meeresschwimmbecken. Denn: Brandung, Strömungen und viele Haie lassen jeden Sprung ins Meer zu einem Risiko werden.

Der Hafen macht's

Die heute siebtgrößte Stadt Australiens entstand 1804 als Sträflingssiedlung für besonders schwere Fälle. Bald darauf begann der Kohlebergbau im nahen Hunter Valley. Den größten Aufschwung erlebte die Stadt Mitte des 19. Jh.s als Haupthafen des gesamten Tals. 1911 wurde ein Stahlwerk gebaut, das 2000 seinen Betrieb einstellte. Doch blieb und bleibt der Hafen mit derzeit rund 200 Mio. t Umschlag im Jahr die Hauptschlagader – schließlich ist er der größte Kohlehafen der Welt. Rund 85 % des Brennstoffs gehen nach Japan, Korea und Taiwan.

Wohin in Newcastle?

Alt trifft neu

Zentrum

Besonders an der **Wharf Road** findet man schöne Gebäude aus der Kolonialära, die kontrastreich auf gelungene moderne Bauten treffen. Das beste Beispiel ist das **Customs House** von 1876, in dem man heute lecker speisen, aber auch auf einen Kaffee oder ein Bier auf der Terrasse verweilen kann (▶ S. 108). Ein hübsches Ziel für einen ausgedehnten Bummel, gern auch am Abend, sind die restaurierten Kais an der **Queens Wharf** mit ihren Boutiquen und Straßencafés. Spazierwege führen am Ufer des Hunter River entlang. Zum Shoppen steuert man am besten die verkehrsberuhigte **Hunter Street** an. Und auf einer Anhöhe unterhalb der anglikanischen **Christ Church Cathedral** (1902) blickt man über die Stadt.

Schöne Aussichten

Fort Scratchely

Auch vom Fort (1886) auf der Nobby-Halbinsel genießt man einen guten Ausblick über die Stadt. In der Festung ist heute das **Maritime and Military Museum** untergebracht.

1 Nobbys Rd. | Mi.–Mo. 10–16 Uhr | Eintritt: frei
www.newcastle.nsw.gov.au/Fort-Scratchley

Kunst und Kohle

Museen

Am Civic Park befindet sich die von Königin Elisabeth II. 1977 eröffnete **Newcastle Region Art Gallery**, die mehr als 5000 Werke von hauptsächlich aus der Region stammenden Künstlern zeigt. Und wer sich für Kohle interessiert: Das 2011 eröffnete **Newcastle Museum** dokumentiert die Historie vom Kohleabbau.

Newcastle Region Art Gallery: 1 Laman St. | Di.–So. 10–17 Uhr
Eintritt: frei | http://www.nag.org.au

Newcastle Museum: Workshop Way/Honeysuckle Dr. | Di.–So. 10 bis 17 Uhr | Eintritt: frei | www.newcastlemuseum.com.au

Sicher baden

Strände

Das macht einfach Spaß: den mächtigen Wellen vom sicheren Salzwasserpool des **Merewether Bath** zuzuschauen, dem größten Pool der südlichen Hemisphäre! Einen anderen außergewöhnlichen Felsenpool mussten Sträflinge in den 1820er-Jahren als Riesenbadewanne für den Stadtkommandanten James Thomas Morisset aus dem Sandsteinfels herausgeschlagen. Seit 1863 ist das **Bogey Hole** beim King Edward Park ein frei zugänglicher, aber nicht minder imposanter Badeplatz: Immer

wieder brechen sich die Wellen des Ozeans am Felsen, spritzt die Gischt als Naturdusche weit ins Bad. Weitere Strände innerhalb der Stadt (z. B. der **Nobbys Beach** oder der **Horseshoe Beach**), im Süden von Newcastle und besonders der **Stockton Beach** mit seinen mächtigen Dünen im Norden sind ebenfalls gute Adressen für einen Badetag.

Rund um Newcastle

Delfin-Hauptstadt

Port Stephens

Der geschützte Naturhafen, 50 km nördlich von Newcastle, rühmt sich als Dolphin Capital of Australia: In der 20 km weit ins Land reichenden Bucht leben rund 160 Tümmler. Touren starten von Nelsons Bay, dem touristischen Zentrum von Port Stephens; im Juni und Juli starten Schiffe auch zum Whale Watching.

Wo süß auf salzig trifft

Myall Lakes National Park

Etwas weiter nördlich folgt der Myall Lakes National Park. Dünen und traumhafte Sandstrände trennen das Meer von den Küstenseen im Hinterland, die von Kanuten, Freizeitskippern und Hausbootkapitänen geschätzt werden (www.myalllakesgetawayhouseboats.com.au). Bei Bungwahl zweigt eine Stichstraße zum Fischerort **Seals Rock** ab, von dessen Leuchtturm sich ein prachtvoller Blick auf die Nehrungsküste eröffnet.

NEWCASTLE ERLEBEN

VISITOR INFORMATION CENTRE
Workshop Way
Tel. 02 49 74 21 09
www.visitnewcastle.com.au

VERKEHR
Innerhalb der City fahren alle Busse von 7.30 bis 18 Uhr kostenlos. Die Busfahrer geben gerne Auskunft, wie weit man ohne Ticket fahren darf.

Alljährlich im Februar/März steigt mit dem **Surffest** Australiens größter Wettbewerb der Wellenreiter am Merewether Beach.

1 SCRATCHLEYS €€€€
Bestes Seafood wird im Scratchleys mit einem schönen maritimen Ambiente und klasse Hafenblick kombiniert. Auch wenn's kein Schnäppchen ist: Probieren Sie die Seafood Platter! (165 AUD für 2 Pers.).
200 Wharf Rd.,
Tel. 02 49 29 11 11
www.scratchleys.com.au

2 COSTUMS HOUSE €€€
Die herrliche Terrasse des schönen Hauses aus der Kolonialzeit ist der ideale Ort für ein Bier, einen Wein oder Kaffee. Das Restaurant mit mediterraner Küche serviert beispielsweise Linguine und Gamba in einer Weißweinsauce mit Knoblauch, Chili und Petersilie.
1 Bond St.
Tel. 02 49 25 25 85
www.customshouse.net.au

1 RYDGES €€
Das hübsche und preiswerte Haus am Ufer des Hunter River lockt mit modern eingerichteten Zimmern, Pool und Restaurant.
Wharf Rd./Merewether St.
Tel. 02 49 07 50 00
www.rydges.com/accommodation/regional-nsw/newcastle

Welterbe Regenwald

Barrington Tops National Park

Im Landesinneren gehört der Barrington Tops National Park zur Welterbestätte des Gondwana-Regenwalds. Aufgrund der großen Höhenunterschiede sind auf engstem Raum verschiedene Vegetationszonen anzutreffen: vom subtropischen Regenwald bis zu windigen Hochmooren. Wasserfälle wie die **Gloucester Falls** ergießen sich rauschend ins Tal. 43 Säugetier- und mehr als 200 Vogelarten haben dort ihr Refugium gefunden.

Still und tief

Lake Macquarie

Südlich von Newcastle wartet Australiens größter Salzwassersee auf Besucher. Mehrere schöne Strände wie etwa der **Redhead Beach** laden zum Baden ein.

PORT MACQUARIE

Höhe: 5 m | **Einwohner:** 41 500

Kilometerlange Sandstrände sind die Hauptattraktion von »Port«, wie die Einwohner ihre Stadt in der Mitte der nördlich von ▶Sydney gelegenen »Holiday Coast« gern nennen.

Koalas, Regenwald und mehr

Im Oktober 1818 entdeckte John Oxley die Bucht 420 km nördlich der heutigen Hauptstadt von New South Wales, bereits drei Jahre später waren drei Segelschiffe mit 60 Strafgefangenen und 38 Soldaten an Bord unterwegs, um hier eine Sträflingssiedlung zu gründen. 1830 kamen die ersten Siedler und bauten hier **Australiens erstes Zuckerrohr** an. Heute ist das vor Ort meist nur kurz »Port« genannte Städtchen ein quirliges Touristen- und Ferienzentrum, das auch für Naturliebhaber einige Überraschungen bereithält.

Wohin in Port Macquarie und Umgebung?

Einblicke in die Stadtgeschichte

Historisches Stadtzentrum

Die 1824 bis 1828 von Sträflingen erbaute **St. Thomas Church** Ecke Hay/William Street ist eine der ältesten Kirchen Australiens. Einblicke in die Stadtgeschichte gewährt das **Port Macquarie Historical Museum** an der Clarence Street, moderne Malerei der Aborigines ist in der **Port Macquarie Hastings Regional Gallery** zu sehen, die in einem 2009 an der Ecke Clarence und Hay Street eröffneten Gebäude untergebracht wurde: dem **Glasshouse**, das hinter seiner sanft geschwungenen Glasfassade auch die Bühne des Ross Family Studio, ein Café, das Touristenbüro, ein Infocenter für

PORT MACQUARIE ERLEBEN

GREATER PORT MACQUARIE VISITOR CENTRE
30–42 Clarence St.
Tel. 1300 30 31 55
https://portmacquarieinfo.com.au

BILL'S FISHHOUSE €€–€€€
Klassiker wie Fish & Chips oder Lachs mit Rüben werden täglich mit dem ergänzt, was der Fischmarkt hergibt. Aber auch Fleischesser müssen nicht hungrig nach Hause gehen.
2/18–20 Clarence St.
Tel. 02 65 84 72 28
http://billsfishhouse.com.au

HOSPITAL FÜR PLÜSCHIGE PATIENTEN

Müde setzt Cloud eine Pfote vor die andere. Ganz vorsichtig klettert sie an dem Eukalyptus hoch, der inmitten des Geheges steht. Sie wurde aus dem brennenden Busch gerettet, und Pfleger Bill hat sie liebevoll gesund gepflegt – in Australiens erstem Koala-Krankenhaus.

Die mehr als **80 cm großen** Tiere ähneln mit ihrem plüschigen Fell, ihren Knopfaugen und der Stupsnase einem niedlichen Teddy. »Doch sie sind keine Bären«, erzählt Bill. »Sie sind **Beuteltiere**.« Ganz kahl und gerade mal so groß wie eine Erdnuss ist das frisch geborene Koala-Junge. Gleich nach der Geburt schlüpft es in den schützenden Beutel der Mutter. Erst nach sieben Monaten wagt sich das Baby heraus, bleibt aber mindestens noch zehn weitere Monate bei der Mutter. Mit drei Jahren sind Koalas geschlechtsreif. Dann antworten die Weibchen mit katzenähnlichen Rufen auf die Brunftschreie der Männchen und nähern sich dem Freier, sobald der alle Konkurrenten vertrieben hat.

Der ärgste Feind

Koalas können von schlimmen Krankheiten heimgesucht werden, erklärt Bill. Besonders anfällig dafür sind sie in der Fortpflanzungszeit. Am häufigsten treten Durchfall und Blasenschwäche auf, oder es kommt zu Chlamydia-Infektionen, die sogar zum Tod führen können. Der ärgste Feind der Koalas ist jedoch der Mensch. Viele der Tiere werden mit Knochenbrüchen eingeliefert, weil ein Auto sie nachts angefah-

Dösender Koala: Fast könnte man die Beuteltiere für »australische Faultiere« halten.

ren hat. Vor allem im städtischen Südosten Australiens geschehen solche **Unfälle** häufig. Viele Koalas sterben auch bei Buschfeuern. Vor den rasend schnellen Flammen können sie oft nicht rasch genug flüchten.
Aber auch die Tiere in den **Streichelzoos** leiden. Für sie bedeutet es Stress, wenn sie den ganzen Tag von Kindern in den Arm genommen, gestreichelt und dabei fotografiert werden. »Koalas«, sagt Bill, »sind keine Kuscheltierchen, so süß sie auch aussehen mögen.«

Frisst Gift ...

Am nächsten Gehege begrüßt Bill einen Stammgast. »Hallo Fenech! Wie geht's?« Das erblindete alte Koala-Männchen verbringt in dem Hospital einen würdigen Lebensabend. Der Pfleger schiebt Fenech einen Eukalyptuszweig hin. Dankbar knabbert der Koala ihn bis aufs letzte Blatt ab. Rund 500 g Laub fressen die kleinen Beuteltiere jeden Tag. In der übrigen Zeit – das sind **rund 20 Stunden – schlafen sie**. Da die Eukalyptusblätter die Tiere nur mit sehr wenig Energie versorgen, müssen diese die meiste Zeit des Tages ruhen. Das können sie sich auch leisten, denn ein erwachsener Koala hat im Baum keine Feinde und kein anderes Tier macht ihm die **Eukalyptusnahrung** streitig. Von den rund 700 Eukalyptusarten, bei denen es sich allesamt um für den Menschen giftige Pflanzen handelt, kommen für die Kletterbeutler nur ca. 50 Sorten als Nahrung in Frage, alle übrigen muss der Koala verschmähen, will er sich nicht selbst vergiften.

... und trinkt nicht

Der Name »Koala« stammt aus der Sprache der Aborigines und bedeutet »trinkt nicht«. Tatsächlich decken die Koalas ihren Wasserbedarf über die Blätter. Wie viele dieser recht possierlichen Tiere es noch in Down Under gibt, weiß niemand genau – zwischen 40 000 und 80 000, schätzt man. Das ist aber nur ein Bruchteil der ursprünglichen Population. Früher wurden die Tiere noch gejagt. Sie galten als Schädlinge, weil sie die Bäume kahl fraßen; begehrt war zudem ihr weiches, dauerhaftes Fell. An den Rand seiner Existenz brachte den Koala aber auch die rücksichtslose Abholzung der Eukalyptuswälder. Zwar gibt es bereits seit dem Jahr 1927 ein **Koala-Jagdverbot**, aber nach wie vor werden massenhaft Eukalyptusbäume, die Lebensgrundlage der Beuteltiere, gerodet.

Ehrenamtliche Helfer

Bill freut sich über die Gäste des **Koala-Krankenhauses**, denn die kaufen fleißig im Souvenirshop ein. Mit diesen Geldern und Spenden werden die Kosten des Krankenhauses gedeckt. »Die 50 Helfer arbeiten alle ehrenamtlich«, erzählt Bill, »aber für die Medikamente müssen wir viel Geld bezahlen. Oft sind das spezielle Salben oder Pastillen, die wir von weit her anliefern lassen müssen.« Auch der Tierarzt, der täglich nach den kleinen Patienten sieht, berechnet Honorare. Tierfreunde gründeten die Klinik 1973, weil sie das Sterben kranker und verletzter Koalas nicht länger mit ansehen wollten. Über 200 Tiere werden jährlich gesund gepflegt.

Koala Hospital & Study Center Roto House: Macquarie Nature Reserve, Lord Street, Port Macquarie, Tel. 02 65 84 15 22, tgl. 8–16.30 Uhr, Fütterung 8 u. 15 Uhr
www. koalahospital.org.au

Zu Füßen des Leuchtturms am Smokey Cape warten herrliche Strände.

grüne Energien und nachhaltiges Wachstum sowie diverse Kurs- und Kongressräume vereint.

Hastings Historical Museum: Mo.–Sa. 9.30–16.30 Uhr
Eintritt: 5 AUD | www.port-macquarie-historical-museum.org.au
Glasshouse Regional Gallery: Di.–Fr. 10–17, Sa. u. So. bis 16 Uhr
Eintritt: frei | www.glasshouse.org.au/regional-gallery

Das Leben auf dem Ozean

Mid Coast Maritime Museum

In zwei ehemaligen Lotsenhäusern von 1896 zeigt das stimmungsvolle Mid Coast Maritime Museum Schiffsmodelle und nautisches Gerät aus rund 100 Jahren Seefahrtsgeschichte.

Mid Coast Maritime Museum: William Street | tgl. 10–16 Uhr
Eintritt: 5 AUD | www.maritimemuseumcottages.org.au

Seltener Küstenregenwald

Sea Acres National Park

Im Süden der Stadt wartet am Pacific Drive auf Naturfreunde der Sea Acres National Park. Er schützt einen seltenen Streifen mit artenreichem Küstenregenwald, der auf einem 1,3 km langen Plankenweg entdeckt werden kann. Das **Rainforest Centre** zeigt u. a. Multimediaausstellungen über die Birpal-Aborigines.

Weiter südlich dominiert das **Tacking Point Lighthouse** von 1879 einen Landvorsprung mit einem schönen Blick auf den anschließenden Lighthouse Beach.

159 Pacific Dr. | tgl. 9–16.30 Uhr | Eintritt: Boardwalk 8 AUD

Koalas knuddeln

Koala Hospital

Koala-Freunde kommen in Port Macquarie voll auf ihre Kosten. Zum einen im Koala Hospital (Baedeker Wissen ► S. 110) und zum anderen im **Billabong Koala Wildlife Park**, wo neben Koalas auch Kängurus und Wallabys, Krokodile und Emus beobachtet und zum Teil auch gestreichelt und gefüttert werden können.

Billabong Koala Wildlife Park: 61 Billabong Dr. | tgl. 9–17 Uhr
Eintritt: 34 AUD | www.billabongzoo.com.au

Gefangenenschicksale

South West Rocks

Rund 100 km südlich von Coffs entfernt, verspricht South West Rocks spektakuläre Tauchgänge und herrliche Strände zum Baden. Sandtigerhaie, Mantas, Seesterne – die vorgelagerte, 125 m lange **Fish Rock Cave** gilt als wahres Taucherparadies. Nebenan, in Arakoon, steht das 1886 von Strafdeportierten errichtete **Trial Bay Gaol**. 1915–1918 waren in dem imposanten Gefängnis 580 deutsche Auswanderer interniert. Über ihr Schicksal informiert ein Museum. Noch weiter östlich überragt am **Smoky Cape** seit 1770 ein schöner Leuchtturm mit ungewöhnlichem achteckigem Grundriss die wunderbare Küste. Wanderwege erschließen die Strände, Sanddünen und Dünenseen der Umgebung.

Trial Bay Gaol: tgl. 9–16.30 Uhr | Eintritt: 11 AUD

★ SNOWY MOUNTAINS

Höhe: 800–2228 m | **Einwohner:** 9000

Schnee in Australien? Für viele unvorstellbar! Doch die Snowy Mountains haben ihren Namen nicht zu Unrecht. Die Schneeberge gehören zur Great Dividing Range, die mit steilen Canyons, zerklüfteten Gipfeln und kurvigen Straßen ihr alpines Gesicht zeigt: Von Juni bis September verwandelt der Schnee die Bergregion tatsächlich in einen Skizirkus. Und über allem thront Australiens höchster Berg mit einem polnischen Zungenbrechernamen: Der Mt. Kosciuszko bringt es immerhin auf 2228 m Höhe.

Australiens Alpen

Kosciuszko also! Nicht Mt. Cook oder vielleicht Waltzing Mathilda – nein Mt. Kosciuszko heißt der größte Berg Down Under, weil 1840 mit Pawel Edmund Strzelecki ein Pole der Erstbesteiger war und er den Berg nach dem polnischen Freiheitshelden Tadeusz Kosciuszko (1746–1817) benannte. Dieser wurde dann auch gleich Namensgeber des mit 6750 km² größten Nationalparks in New South Wales:

DIE SNOWY MOUNTAINS ERLEBEN

VISITOR INFORMATION CENTRE
Kosciuszko Rd., Jindabyne
Tel. 02 64 50 56 00
http://snowymountains.com.au

In Cooma gibt es einen netten Flohmarkt, der von Februar bis Juni an jedem 3. Sonntag des Monats veranstaltet wird.

BURGER BAR €
Der Name ist Programm. Hier kommen 15 verschiedene Burger und zehn verschiedene hausgemachte Biere auf den Tisch. Ein kleines Extra ist der Blick über den Thredbo River.
Diggings Terrace, Thredbo
Tel. 02 64 57 68 44
thredboburgerbar@gmail.com

CRACKENBACK RESORT & SPA €€€
Die modernen und hübsch eingerichteten Apartments und Chalets bewege sich auf Vier-Sterne-Niveau. Direkt am See, gutes Restaurant.
Alpine Way, Thredbo Valley
Tel. 18 00 02 05 29
www.lakecrackenback.com.au

Der **Kosciuszko National Park**, der einen großen Teil der Snowys ausmacht. Dort entspringen mehrere Flüsse, etwa der Snowy River und der 2652 km lange **Murray River**, Australiens längster Fluss. Sein Oberlauf ist im Sommer ein beliebtes Revier für Wildwasser-Kajakfahrten und Whitewater Rafting. Ohnehin lieben vor allem die Australier den nördlichen Teil der Australischen Alpen, der jährlich 3 Mio. Besucher anlockt!

Wohin in den Snowy Mountains?

28 Flaggen

Cooma

Hauptgeschäftsstraße ist die Sharp St. Kunsthandwerker sind im 1854 erbauten Lord Raglan Inn zu sehen, heute ein Kulturzentrum mit Galerie. Das **Correctional Services Museum** zeigt die Haftbedingungen von einst. Und 28 Flaggen erinnern im 1890 angelegten **Centennial Park** an die am Bau des Snowy Mountains Hydroelectric Schemes beteiligten Nationen .

Kulturzentrum: Lambie St. | Mi.–So. 10.30–15.30 Uhr | Eintritt: frei
www.raglangallerycooma.com
Museum: Vale St., Mo.–Sa. 9–15 Uhr | Eintritt frei |
www.correctiveservices.justice.nsw.gov.au/Pages/CorrectiveServices/related-links/museum/museum.aspx

OBEN: Im Sommer ist die weite alpine Landschaft des Kosciuszko National Park ein Dorado für Wanderer.

UNTEN: Schnee-Eukalypten trotzen den frostigen Temperaturen der Snowy Mountains.

Das Wahnsinnsprojekt

★ Snowy Mountains Hydroelectric Scheme

Das spektakuläre Energie- und Ingenieurprojekt begann 1949, 25 Jahre später war es vollendet. Auch sonst lesen sich die Zahlen ziemlich imposant: Das umgeleitete Wasser des Snowy River wird durch insgesamt 145 km lange Tunnel und 80 km lange Aquädukte geführt, es wird an 16 Dämmen gestaut und treibt sieben Wasserkraftwerke an. 100 000 Leute arbeiteten an seiner Fertigstellung. Und: Zu sehen ist von all dem kaum etwas. Nur 2 % der Konstruktion liegt über der Erdoberfläche. Chefplaner William Hudson wurde für dieses Werk zum Ritter geschlagen. Jährlich werden 4500 Gigawattstunden grüne Energie erzeugt. Das ausgeklügelte Bewässerungssystem verwandelte die einst unfruchtbare **Riverina** in ein ertragreiches Obstanbaugebiet.

Information & Education Centre: Monaro Hwy. (2 km nördl. von Cooma) | Mo.–Fr. 8–17, Sa.–So. bis 16 Uhr | Eintritt: frei
www.snowyhydro.com.au

Geflutet und auferstanden

Jindabyne

Das alte Dörfchen Jindabyne, 64 km südwestlich von Cooma, wurde in den 1960er-Jahren für das Snowy Scheme geflutet. Auf einer Landzunge am Stausee entstand das heutige gleichnamige Ferienstädtchen. Im Sommer starten Pferdetrekkings, Mountainbiketouren und Wildwasserfahrten, im Winter ist der Ort dann fest in der Hand der Wintersportler. Westwärts zweigt die Kosciuszko Road ins **Perisher Valley** ab, dem Zusammenschluss der vier Wintersportorte Blue Cow, Guthega, Smiggin Holes und Perisher Valley. Gemeinsam bilden sie das größte Skigebiet Australiens in 1640 bis 2034 m Höhe, erschlossen von 50 Liften und der futuristischen Ski Tube, einem unterirdischen Zubringer. Langläufer finden mehr als 100 km Loipen vor. Rund 9 km weiter erreicht man auf 1760 m **Charlotte Pass**, das höchstgelegene Dorf Australiens. Auf der heute für den Autoverkehr gesperrten Old Kosciuszo Road kann man von hier zum 9 km entfernten Gipfel wandern.

Im »Guinnessbuch«

Thredbo

Exklusivster und teuerster Wintersportort Australiens am Fuß des Mt. Kosciuszko und südlichster Ort im Nationalpark ist Thredbo. Rund 15 Lifte erschließen das Skigebiet am Mt. Crackenback (1930 m) und Mt. Kosciuszko. Wunderschön ist seit 30 Jahren der Flare Run, die Fackelabfahrt, die mit 702 Skifahrern sogar einmal den Eintrag ins »Guinnessbuch der Rekorde« schaffte.

Ältester Skiclub

Mt. Selwyn

Im mittleren Teil des Nationalparks liegt das 1550 m hoch gelegene Wintersportgebiet Mt. Selwyn. Dort waren auch die ersten Skiläufer Australiens unterwegs: Bergarbeiter aus der Goldmine vom nahen Kiandra. Um sich im Schnee besser fortbewegen zu können, banden sie sich Zaunlatten an die Stiefel. 1859 gab es erste Skirennen, 1878 gründeten sie den Kiandra Snow Shoe Club, den womöglich ältesten Skiclub der Welt! Und das in Australien ... An das einstige Goldgräberdorf, in dem am **New Chum Hill** ein 9 kg schweres Nugget entdeckt wurde, erinnert heute nur noch das alte Court House.

Für Warmbader

Yarrangobilly Caves

Von den rund 60 Yarrangobilly-Höhlen, 30 km nördlich von Kiandra, sind nur vier erschlossen und zugänglich. Eine zusätzliche Attraktion ist ein Pool mit ganzjährig warmem Mineralwasser.

★★ SYDNEY

Höhe: 3 m | **Einwohner:** 5 Mio.

Sydney – das ist ein Name wie ein Ausrufezeichen! Ein multikulturelles Kraftzentrum und für viele Touristen das Tor zu Australien. Regelmäßig landet die älteste Stadt des Kontinents bei Umfragen unter den schönsten, lebenswertesten und sichersten Metropolen der Welt. Sie gibt sich wie ein Topmodel: ein wenig exotisch, ein bisschen romantisch, trendig, charmant und unglaublich schön. Für die Sydneysider selbst steht fest: »Sydney or the bush« – Sydney oder gar nichts.

O30

Boomtown am »schönsten Hafen der Welt«

2000 bescherten die Olympischen Spiele der Stadt ein perfektes Marketing: Fernsehübertragungen trugen die Bilder der Traumstadt rund um den Globus. Dabei schrieb schon Captain Arthur Phillip über eine Liebe auf den ersten Blick, als er 1788 die ersten englischen Sträflingsschiffe in die lang gezogene Hafenbucht dirigierte. »Der schönste Hafen der Welt«, steht in seinem Tagebuch. Aber erst 1842 wurde die Stadt Sydney offiziell gegründet, acht Jahre später zählte die Hafenstadt bereits mehr als 50 000 Einwohner – heute sind es rund hundertmal so viele. In der City stellt die Moderne längst alles in den Schatten, auch die Historie. Dem Fernsehturm zu Füßen treffen Glaspaläste auf viktorianische Bauten, die sich zu ducken scheinen, während die Backstein-Lagerhäuser vom Gründerzeit-Stadtteil The Rocks selbstbewusst wie das futuristisch gestaltete Viertel Darling Harbour wirken. Auch die Manager der nationalen und internationalen Wirtschaft, Banken und Versicherungen thronen in Sydneys Höhen, in kühnen Wolkenkratzern, die Arbeitsplätze für Tausende bieten. Mehr als 500 Unternehmen aus Übersee haben in Sydney Geschäftsstellen.

Doch das ist nur die eine Seite der Medaille: 342 Tage im Jahr scheint – zumindest statistisch – die Sonne. Das verführt zum hedonistischen Lebensstil: Surfen und Segeln, Schlemmen und Sonnenbaden. Es scheint, als kämpfen selbst die Hochhäuser um die besten Plätze an der Sonne – oder um einen Blick auf den Circular Quay, dem kleinsten, aber wichtigsten Teil des 55 km² großen Naturhafens, der insgesamt 86 Buchten zählt.

Und sonst? Sydney hat zwar keine quadratische Form, in seiner maximalen Ausdehnung aber eine Breite und Länge von jeweils etwa 75 km – und wird nicht umsonst auch **Town of Suburbs** genannt: Armeen von Rasenmähern pflügen durch kleine Vorstadtgärten, Poliermittel bringen die Autos vor der Garage auf Hochglanz und ein unwiderstehlicher BBQ-Geruch deutet auf den intensiven Gebrauch von mächtigen Grills hin. In den Vorstädten ist Sydney brav, bürgerlich, vielleicht sogar ein wenig bieder. Ganz anders das Zentrum: Dort leben und arbeiten Leute, die ihren Job selten mehrere Jahre am Stück ausüben, die schon mal kündigen, wenn eine längere Reise an-

»Riesen« unter sich: Wolkenkratzer säumen den Circular Quay, an dem mitunter auch Kreuzfahrtschiffe andocken.

steht. Und wer kein Handy bei sich hat, wird sich die Frage stellen lassen müssen, ob er denn zu Hause wenigstens fließend Wasser hat.

Wohin in Sydneys CBD?

Wo alles begann

★ The Rocks

»CBD« steht für Central Business District. Und dessen Herz schlägt seit jeher am Port Jackson, dessen Hauptarm 19 km ins Land reicht. Im Schatten der Sydney Harbour Bridge ducken sich alte Speicher- und Lagerhäuser der – nach der Landung der »First Fleet 1788 entstandenen – ersten weißen Siedlung The Rocks. Auf den Felsen an der Westseite stellte man damals die ersten Zelte für die Sträflinge auf. Im Laufe des 19. Jh.s wurde die Hafengegend dann für Zolldepots und Lagerhäuser genutzt. Als das Gebiet 1970 Büroneubauten weichen sollte, retteten die **Green-Ban-Proteste** die alte Bausubstanz, deren bewegte Geschichte im **Susannah Place Museum** er-

Sydney Harbour Bridge
Sydney Harbour Tunnel
Campbells Cove
Sydney Opera House
Sydney Cove
THE ROCKS
MILLERS POINT
BALMAIN EAST
Observatory
Museum of Contemporary Art
Circular Quay
Government House
Royal Botanic Gardens
Customs House
AMP-Building
Museum of Sydney
Stock Exchange
Lands Dept. Building
SYDNEY
Darling Harbour
Community Park
Australia Square
Wynyard
Angle Place
Parliament House
Martin Place
MLC Building
The Domain
The Mint
Hyde Park Barracks
Star City, Casino
John St. Square
Casino
PYRMONT
Pyrmont Bay
National Maritime Museum
Wild Life
Sea Life
Harbourside
Pyrmont Bridge
Darling Pk.
Sydney Tower
Strand Arcade
St. James
St. Mary's Cathedral
Miller St.
Harbourside Shopping Centre
Queen Victoria Building
State Theatre
City Centre
Fish Market
Harbourside
Convention Centre
Convention Square
Town Hall
Hyde Park
Phillip Park
WOOLLOOMOOLOO
Exhibition Centre
Central Police
St. Andrews Cathedral
DARLING HARBOUR
Australian Museum
Museum
Wentworth Park
Wentworth
Chinese Garden
ANZAC War Memorial
Greyhound Track
Exhibition Centre
World Square
Powerhouse Museum
China-town
Capitol Theatre
ULTIMO
Haymarket
Market City
Capitol Square
HAYMARKET
Belmore Park
Police Centre
SURRY HILLS
Railway Square
Central Station
Central Station
Broadway

1 Aria
2 Bennelong
3 Quay
4 Catalina
5 Coogee Pavillion
6 Doyles On The Beach
7 Fish Market
8 Marigold
1 The Langham
2 Pullman Quay Grand Sydney Harbour
3 Sofitel
4 Medusa
5 Hyde Park Inn
6 The Russell
7 Radisson Blue
1 Café Del Mar
2 Ivy Pool Club
3 Munich Brauhaus
Monorail
Light Rail
300 m
©BAEDEKER
Sydney Harbour
Fort Denison
Garden Island
Mrs. Macquarie's Chair
Farm Cove
Macquarie Wall
National Herbarium
Art Gallery of NSW
Woolloomooloo Bay
POTTS POINT
Captain Cook Graving Dock
Port Jackson
Clarke Island
Darling Point
Elizabeth Bay
Elizabeth Bay House
Tusculum Villa
ELIZABETH BAY
DARLING POINT
Yarra-nabbe Park
Double Bay
Rushcutters Bay
RUSHCUTTERS BAY
Rushcutters Bay Park
Double Bay Park
Kings Cross
DARLINGHURST
KINGS CROSS
DOUBLE BAY
Bay Park
EDGECLIFF
Edgecliff
Jewish Museum
Trumper Oval
Trumper Park
PADDINGTON
William Street
New South Head Road
Oxford Street

SYDNEY ERLEBEN

VISITOR CENTRE
Argyle St./Playfair St., The Rocks
Tel. 02 82 73 00 00
www.sydneyvisitorcentre.com

INFOS IM INTERNET
www.cityofsydney.nsw.gov.au
http://www.visitsydneyaustralia.com.au

ERMÄSSIGUNGEN
Für einige kostspieligen Attraktionen wie den Taronga Zoo, das Sea Life Sydney Aquarium, das Sydney Tower Eye oder eine Tour durch die Oper gibt es den **Sydney Explorer Pass**. 3/4/5/7 wählbare Attraktionen kosten 85/115/145/191 AUD; online sind oft Rabatte erhältlich. Der Pass ist 30 Tage gültig (https://gocity.com/sydney/en-us). Der **Sydney Museums Pass** berechtigt zum einmaligen Eintritt ins insgesamt zwölf Museen, darunter das Museum of Sydney und die Hyde Park Barracks. Er kostet 24 AUD und ist ein Monat gültig (https://sydneylivingmuseums.com.au/sydney-museums-pass). Für beide Pässe gilt: Man sollte genau rechnen, ob er sich für das eigene Programm auch lohnt!

UNTERWEGS IN SYDNEY
Vom Internationalen **Flughafen Kingford Smith**, 10 km südöstlich der City, fahren alle zehn Minuten Züge des Airport Link in 13 Minuten in die Stadt. Das Taxi (ca. 50 AUD) braucht 20, der Bus der Linie 400 rund 45 Minuten. Für diesen Bus ist – wie für alle öffentlichen Verkehrsmittel und Fähren – eine aufladbare **Opal Card** obligatorisch. Diese gibt es gratis bei vielen Zeitungshändlern und Gemischtwarenläden. Sie muss bei Fahrtantritt an den elektrischen Lesegeräten in Bussen, Stadtbahnen und an Bahnhofseingängen ein- und beim Verlassen wieder ausgebucht werden. Je mehr Einzelfahrten man bucht, desto billiger werden sie. Der Höchstsatz für eine Werktag beträgt 16,10 AUD, für einen Sonntag 2,80 AUD und für die Woche 50 AUD. Auch Hop-on-hop-off-Busse sind gut, aber teuer (55 AUD pro Tag). Fern- und Vorortzüge halten an der Central Railway Station, ebenso wie Überlandbusse gleich davor (Eddy Av.).

www.sydneyairport.com.au (Flughafen)
www.airportlink.com.au (Airport Link)
www.railaustralia.eu/de (Fernbahnen)
www.greyhound.com.au (Überlandbusse)
www.bigbustours.com (»Hop on, hop off«-Busse)
https://transportnsw.info/travel-info/ways-to-get-around/ferry (Fähren)
www.opal.com.au/en/about-opal/opal_for_visitors (Opal Card)

Das größte Kulturspektakel mit Theater, Musik und Tanz ist im Januar das **Sydney Festival**. Im Hyde Park gibt es auch kostenfreie Veranstaltungen (www.sydneyfestival.org.au).

Edelläden finden sich in den altehrwürdigen Konsumpalästen auf der George Street im Queen Victoria Building (► S. 139), Strand Arcade (► S. 139) und in The Galeries (Nr. 500), ein bunter Mix von Mode bis Musik in Einkaufszentren wie Chifley

Plaza (2 Chifley Sq.), entlang der Pitt Street (► S. 139), im World Square Shopping Centre (George/Pitt St.) oder im riesigen Kaufhaus Myer (436 George St.). Der günstigste und älteste Markt (seit 1834) mit rund 100 Ständen und einem Angebot von Hüten aus Känguruleder bis trendigen Sneakers ist Paddy's (9 Hay St.). Größtes Outlet-Zentrum der Stadt sind die Direct Factory Outlets in Homebush (3 Underwood Rd.) mit 80 Shops und reduzierter Markenware von Armani bis Tommy. Die Chinatown hat ihre speziellen Reize, besonders beim Nachtmarkt am Freitag (► S. 140). Authentische Kunst der Aborigines verkauft der Galerienverbund Aboriginal Art Galleries im Queen Victoria Building.

❶ CAFÉ DEL MAR
Machen Sie es sich auf den weiß-blau gestreiften Sofas auf der Terrasse bequem und lauschen Sie dem unnachahmlichen Harbour-Sound, während Sie Ihren Cocktail schlürfen – perfekt!
35 Wheat Rd., Darling Harbour
Tel. 02 92 67 67 00
www.cafedelmar.com.au

❷ IVY POOL CLUB
Am Wochenende steht das Szenepublikum Schlange, wenn die besten DJs auflegen. Aber auch unter der Woche ist's schön, wenn man seine Cocktails genießt und die Füße im Pool baumeln lässt.
330 George St., CBD
Tel. 02 92 40 30 06
www.merivale.com.au/venues/poolclub

❸ MUNICH BRAUHAUS
Oktoberfest an 365 Tagen im Jahr ... Noch Fragen?
Argyle St./Playfair St., The Rocks
Tel. 02 92 47 77 85
www.munichbrauhaus.com

❶ ARIA €€€€
Eines der besten Restaurants der Stadt: Besitzer Matt Moran und sein Chef Joel Bickford bringen feinste Zutaten und innovative Kreationen auf die Teller. Wer in die Oper geht, kann sein Dinner splitten – einen Teil isst man vor der Aufführung, einen Teil danach. Herrliche Ausblicke auf Hafenbrücke und Opernhaus.
1 Macquarie St., Tel. 02 92 40 22 55
www.ariasydney.com.au

❷ BENNELONG €€€€
Gourmet-Kost im Opernhaus mit Peter Gilmore, einem der 50 besten Köche der Welt.
1 Bennelong Point, CBD
Tel. 02 92 40 80 00
www.bennelong.com.au

❸ QUAY €€€€
Ausgefeilte Kochkunst, die ebenfalls die Handschrift von Spitzenkoch Peter Gilmore trägt: sechs Gänge kosten 210 AUD, zehn Gänge 275 AUD.
Overseas Passenger Terminal
Upper Level, The Rocks
Tel. 02 92 51 56 00
www.quay.com.au

❹ CATALINA €€€
Gute Fischküche, köstliches Sushi und Sahimi, frische Austern und eine einzigartige Lage direkt an der Rose Bay. machen das Catalina zum Stammlokal vieler Sydneysider.
Lyne Park/New South Head Rd.
Rose Bay, Tel. 02 93 71 05 55
http://catalinarosebay.com.au

❺ COOGEE PAVILLION €€
Fisch und Seafood kann man hier draußen und direkt am Strand genießen: Am besten sind die »mud crabs«!
169 Dolphin St., Coogee
Tel. 02 92 40 30 00
www.merivale.com.au/coogeepavillion

6 DOYLES ON THE BEACH €€

Die besten Fish & Chips und noch dazu direkt am Sandstrand unter blau-weißen Markisen und Sonnenschirmen gibt es in Watsons Bay.
11 Marine Parade, Watsons Bay
Tel. 02 93 37 20 07
www.doyles.com.au

7 FISH MARKET €–€€€

Frischer bekommt man Fisch und Meeresfrüchte nirgendwo! Schauen Sie sich die Auslagen der zwei Dutzend Stände an, bestellen Sie nach Lust und Laune und essen Sie auf der Terrasse, direkt am Wasser an der Blackwattle Bay. Geöffnet nur 7–16 Uhr.
2 Bank St., Pyrmont
Tel. 02 90 04 11 08
www.sydneyfishmarket.com.au

8 MARIGOLD €€€

Elegantes Lokal mit roten Wänden und Stühlen. Und vor allem mit 100 verschiedenen Dim Sum! Oder ist Ihnen eher nach einem selbst ausgewählten Fisch aus dem Becken?
683 George St., Chinatown
Tel. 02 92 81 33 88
www.marigold.com.au

1 THE LANGHAM €€€€

Das ehemalige Observatory Hotel bietet 98 elegant-konservativ eingerichtete Zimmer, unaufdringlichen Luxus, einen sehr schönen Pool mit Sternenhimmel, Spa, Restaurant und Blick auf die Darling-Harbour-Bucht.
89 Kent St., The Rocks
Tel. 02 92 56 22 22
http://www.langhamhotels.com/en/the-langham/sydney

2 PULLMAN QUAY GRAND SYDNEY HARBOUR €€€€

Premiumlage am Circular Quay mit Blick auf Hafenbrücke, Kreuzfahrtschiffe und das geschäftige Treiben am Kai. Die modernen Fünf-Sterne-Suiten haben – wie alle anderen Spitzenhotels am Circular Quay – ihren Preis: Unter 500 AUD geht selten etwas ...
61 Macquarie St, CBD
Tel. 02 92 56 40 00
www.accorhotels.com

3 SOFITEL €€€

Fünf Sterne zu einem sehr fairen Preis. Für sein Geld bekommt man helle, top-moderne Zimmer in super Lage: Fähre und Tram sind vor der Türe. Nehmen Sie unbedingt ein Eckzimmer, etwa Nr. 2109, und Sie haben den besten Blick auf Darling Harbour und Sydneys Skyline: vom Bett aus, vom Badezimmer, sogar von der Toilette aus! Zimmerhohe Fenster rundum machen's möglich. Und wer am Samstag im Hotel ist, hat auch noch den besten Platz fürs wöchentliche Feuerwerk um 21 Uhr. Pool, Restaurant.
12 Darling Dr., Darling Harbour
Tel. 02 83 88 88 88
www.accorhotels.com/de/hotel-9729-sofitel-sydney-darling-harbour

4 MEDUSA €€€

In dem viktorianischen Stadthaus mit Treppenaufgang und gusseisernen Geländern fühlt man sich nach London versetzt. Die 18 Zimmer sind modern-minimalistisch eingerichtet.
267 Darlinghurst Rd.
Darlinghurst
Tel. 02 93 31 10 00
www.medusa.com.au

5 HYDE PARK INN €€–€€€

Das entspannte Hotel liegt direkt am namensgebenden Park. Die Ein-Zimmer-Apartments sind mit Kochnische, die Deluxe-Varianten mit Balkon und kompletter Küche ausgestattet. Das Preis-Leistungs-Verhältnis überzeugt.
271 Elizabeth St., CBD
Tel. 02 92 64 60 01
http://www.hydeparkinn.com.au/

SYDNEY UMGEBUNG
10 km
©BAEDEKER
Wisemans Ferry
Dharug National Park
Gosford
Kincumber
Tascott
Koolewong
Copabacana
Colo River
Colo
Lower Portland
Maroota
Spencer
Brisbane Water National Park
Bouddi National Park
Woy Woy
Marramarre National Park
Patonga
Broken Bay
Brooklyn
Berowra Creek
Cowan
Tizzana Winery
Cattai National Park
Wilberforce
Cattai
Australiana Pioneer Village
Palm Beach
Aboriginal Engravings
Berowra
Arcadia
Cowan Creek
Ku-Ring-Gai Chase National Park
Avalon
Mona Vale
Scheyville National Park
Windsor
Middle Dural
Amaroo Park Racing Circuit
Golden Ridge Animal Farm
Galston
Bahai Temple
Narrabeen
Sphinx
Waratah Park
Tarrey Hills
Garigal National Park
Kenthurst
Dural
Hornsby
Ku-Ring-Gai Wildflower Garden
Berkshire Park
Vineyard
The Pines
Glenhaven
St. Ives
Narraweena
Dee Why
Schofields
Kellyville
Koala Park
Beecroft
Gordon
Marsden Park
Brookvale
Stony Range
Quaker's Hill
Castle Hill
Chatswood
Manly
Parklea Garden Village
University
North Sydney
Ocean-world
Mt. Druitt
Featherdale Wildlife Park
Blacktown
Epping
Tarango Zoo
Penrith
Toongabbie
Dundas
Ryde
Sydney
Eastern Creek
Parramatta
P. Jackson
Vaucluse House
Homebush Bay
Opera House
Australia's Wonderland
Eastern Creek Racway
Olympic Park
Concord
Paddington
Bondi
Auburn
Leichhardt
Vaucluse
Holroyd
Horsley Park
Prospect Reservoir
Erskine Park
Lidcombe
Burwood
Woolahra
Wetheriil Park
Marrickville
Waverley
Cecil Park
Yagoona
Canterbury
Randwick
Fairfield City Farm
Fairfield
Kingsford Smith Airport
Bankstown
Badgerys Creek
Cabramatta
Rockdale
Maroubra
Liverpool
Milperra
Hurstville
La Perouse
Blue Gum Farm
Blakehurst
Botany Bay
Captain Cook's Landing Place
Bringelly
Sans Souci
Kurnell
Botany Bay National Park
Denham Court
Glenfield
Sutherland
Sylvania
Ingleburn
Tramway Museum
Bate Bay
Australiana Park, Gledswood Vinery
Miranda
Minto
Cronulla
Engadine
Oran Park Racing Circuit
Audley
South Pacific Ocean
Campbell-town
Bundeena
Camden
Art Gallery
Heathcote
Royal National Park
Georges R.
Woronora Reservoir
Wattamolla
Mt. Annan Botanic Gardens & Arboretum
Heathcote National Park
Glen Alpine
Menangle
Waterfall
Goulburn
Wollongong, Nowra
69
36
1
65
83
14
9
2
61
7
3
22
10
29
44
4
6
50
5
89
31
Creek

6 THE RUSSELL €€
Charmant-altmodische Bleibe mit 30 Zimmern, aussichtsreichem Dachgarten und Sydneys ältestem Pub: Das urige Fortune of War gibt's seit 1801.
143 George St., The Rocks
Tel. 02 92 41 35 43
www.therussell.com.au

7 RADISSON BLUE €€
Das Sandsteingebäude erinnert architektonisch an das Flatiron Building von New York und bietet 364 moderne Zimmer. Schöner Pool, Spa und Restaurant.
27 O'Connell St., CBD
Tel. 02 82 14 00 00
www.radissonblu.com/en/plazahotel-sydney

---

zählt wird. Das in einer Seitengasse beheimatete, kleine, aber feine **Rocks Discovery Museum** widmet sich der Geschichte des ganzen Viertels, auch zur Zeit vor der Ankunft der Europäer. Erhalten blieb auch das älteste Haus der Stadt, das 1816 erbaute **Cadman's Cottage** in der George St. 110.
Heute ist The Rocks schick, sauber und saniert, säumen teure Boutiquen und angesagte Lokale das Ufer. In der George St. findet am Wochenende der **Rocks Market** mit Kunsthandwerk statt.

Susannah Place Museum: 58 Gloucester St. | tgl. (obligatorische) Führungen 14, 15, 16 Uhr | Eintritt: 12 AUD
http://sydneylivingmuseums.com.au/susannah-place-museum
Rocks Discovery Museum: Kendall Lane/Argyle St. | tgl. 10–17 Uhr
Eintritt: Spende erbeten
The Rocks Walking Tours: www.rockswalkingtours.com.au

Blick in den Himmel

Observatory Park

Vom Hügel des Observatory Park genießt man einen hübschen Blick über den Hafen. Am höchsten Punkt thront seit 1877 das hübsche Sandsteingebäude des **Sydney Observatory**. Dessen Astronomiemuseum mit allen Apparaturen dürfte eher etwas für passionierte Sternengucker sein. Bei den abendlichen 90-minütigen Sternenbeobachtungen lernt man den Nachthimmel der südlichen Hemisphäre kennen.
Museum tgl. 10–17 Uhr, Sternenbeobachtungen s. Website
Eintritt: Museum frei, Sternenbeobachtungen 27 AUD
www.sydneyobservatory.com.au

Augen auf!

★ Museum of Contemporary Art

Arbeiten der künstlerischen Avantgarde Australiens sind zu sehen: Fotografien und Skulpturen, Installationen und die Kunst der »First Peoples of Australia«. Kunstkritiker Richard Dorment beschreibt das Museum als Australiens Äquivalent zu Tate Modern. Unbedingt hingehen! Nicht nur weil das Dachgarten-Café einen tollen Panoramablick über den Hafen hat.
140 George St. | tgl. 10–17, Mi. bis 21 Uhr | Eintritt: frei
www.mca.com.au

Ein gigantischer Kleiderbügel

★★ Harbour Bridge

Wenn man morgens um 6 Uhr über die Harbour Bridge schlendert, sieht man die ganze Stadt im warmen Morgenlicht. Alles liegt einem zu Füßen: Opernhaus, Meer, selbst die Skyline. Es ist zum Luftanhalten. Aber auch zu jeder anderen Tages- und Nachtzeit ist ein Fußmarsch über die Brücke ein tolles Erlebnis – selbst wenn dann natürlich mehr Verkehr über die vielspurige Fahrbahn rauscht, bleibt die Aussicht ja die gleiche. Der Fußweg auf der Ostseite der Brücke ist von beiden Seiten aus mittels Treppen zu erreichen. Unser Tipp: Wählen Sie die Route vom Nord- zum Südufer, so haben Sie stets die Oper und die City im Blick. Der Zugang auf der Nordseite ist in wenigen Gehminuten vom Fähranleger Milsons Point bzw. der gleichnamigen Sydney-Trains-Station zu erreichen.
Wer das Meisterwerk der Ingenieurskunst noch genauer kennenlernen will, sollte im südöstlichen Brückenpfeiler den **Pylon Lookout** erklimmen und die großartige Aussicht aus der Vogelperspektive genießen. Einige Schautafeln informieren hier außerdem über den Bau der Brücke. Das ultimative Brückenerlebnis ist schließlich der **Bridge Climb**, bei dem man gut gesichert über den Brückenbogen »spaziert«. Am schönsten ist das Abenteuer – und so schließt sich der Kreis – in der Abenddämmerung (rechtzeitig reservieren!).

Mutprobe in luftiger Höhe – beim Bridge Climb »spaziert« man, natürlich gut gesichert, über den gigantischen Kleiderbügel aus Stahl.

DER KLEIDERBÜGEL

BAEDEKER WISSEN

Dort, wo der Hafen am schmalsten ist, verbindet seit 1932 die Sydney Harbour Bridge – ein wahres Meisterwerk der Ingenieurkunst – das Stadtzentrum mit North Sydney. Von den Einheimischen liebevoll »coathanger« (Kleiderbügel) genannt, war die Brücke bis zum Bau der Oper Sydneys Wahrzeichen. Für ihren Bau wurden 52 000 t Stahl verbaut – damit ist die Sydney Harbour Bridge eine der gewichtigsten Bogenbrücken der Welt.

Pylon Lookout: tgl. 10–17 Uhr
Eintritt: 15 AUD | www.pylonlookout.com.au
Bridge Climb: tgl. diverse Führungen, Buchung s. Website, Ticket: je nach Zeit 268–403 AUD | www.bridgeclimb.com

❶ Fundamente
1926 wurden die Sandsteinfundamente 12 m tief am Süd- und Nordufer versenkt. Die Brückenbogen wuchsen über Jahre langsam aufeinander zu.

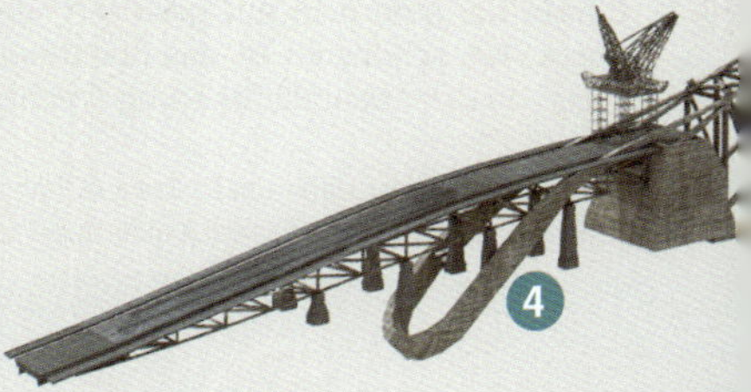

❷ Zugkabel
Die ständig steigende Zuglast der Brückenteile wurde durch 36 m tief im Boden verankerte Stahlkabel gehalten.

❸ Verbindung
Im Juli 1930 wurden innerhalb von zwölf Tagen die Zugkabel allmählich gelockert, bis die Brückenteile exakt aneinanderpassen. Seither hält sich die Brücke praktisch selbst, der Druck wird auf die Fundamente abgeleitet.

❹ Fahrbahn
Im Oktober 1930 fügte man die vorgefertigten Fahrbahnteile 59 m über dem Wasser in die Brückenkonstruktion ein. Der Radweg verläuft auf ihrer Westseite, der Fußweg auf der Ostseite, zwei Bahngleise und die acht Fahrbahnen in der Mitte.

5 Scharniere
Windböen und Temperaturschwankungen sind eine enorme Belastung für die Stabilität der Brücke. An den Fundamenten verankerte Scharniere fangen Schwingungen und Ausdehnungen auf.

6 Museum
Auf drei Etagen wird über den spannenden Bau der Brücke und des Hafentunnels erzählt, der seit 1992 die Brücke entlastet.

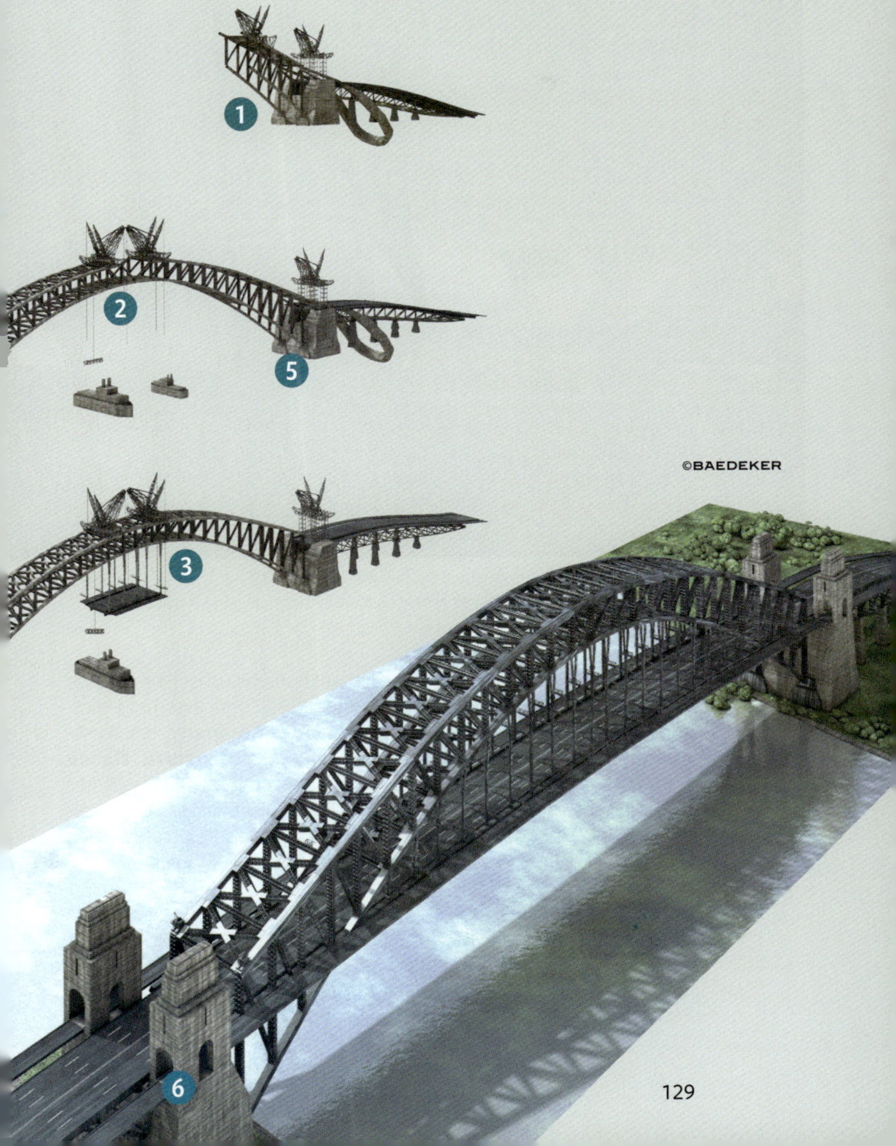

Diese zwei Wahrzeichen machten Sydney weltberühmt: Weiß blähen sich die »Segel« des Opera House, dahinter erhebt sich die zeitlose elegante Harbour Bridge.

Edle Sanierungen

Dawes Point

Westlich der Harbour Bridge wurden auch die historischen Kaianlagen am Dawes Point saniert. Pier 1 hat jetzt ein Hotel, Pier 4 ist Heimstatt der beiden Bühnen der **Sydney Theatre Company**, des **Australian Theatre for Young People** und des **Bangarra Dance Theatre**, das Traditionen der Ureinwohner mit zeitgenössischer Choreografie verbindet. An Pier 6 und 7 liegen schnittige Luxusjachten vor Anker und die 1912 erbaute Wharf 8/9 ließ Rupert Murdoch zur australischen Zentrale seines Medienimperiums umbauen.

Treffpunkt für alle

★ Circular Quay

Wo 1788 die »First Fleet« ankerte, strömen heute Tag für Tag tausende Pendler von den Landungsbrücken zu den Sydney Ferries, sind am Overseas Passenger Terminal Kreuzfahrtriesen für bis zu 4000 Passagiere festgezurrt und knattern Fähren und Wassertaxis über die

Wasserfläche. Am Circular Quay, dem Abschluss der Sydney Cove, geht es rund um die Uhr äußerst betriebsam zu. Es gibt aber auch Plätze zum Innehalten: Entlang der Promenade locken Cafés, Bars und Eisdielen. Und zwischen dem East und West Circular Quay erinnern im Pflaster eingelassene Gedenktafeln mit Zitaten und einer kurzen Vita an berühmte australische und internationale Dichter.
Über die Alfred St., südl. vom Circular Quay, erreicht man das **Justice & Police Museum** in der ehemaligen Wache von 1856, das von berühmt-berüchtigten Ganoven wie Ned Kelly erzählt. Zu einer faszinierenden Zeitreise von der Kultur der Aborigines bis zur heutigen Metropolis lädt das **Museum of Sydney** ein.

Police Museum: 8 Phillip St. | Sa.–So. 10–17 Uhr | Eintritt: 12 AUD
https://sydneylivingmuseums.com.au/justice-police-museum
Sydney Museum: Phillip St./Bridge St. | tgl. 10–17 Uhr
Eintritt: 15 AUD | https://sydneylivingmuseums.com.au

Die Skyline vom Wasser aus

★ Sydney Harbour (Port Jackson)

Kein Sydney-Besuch ist vollständig, ohne eine Hafenrundfahrt unternommen zu haben. Anbieter gibt es rund ein Dutzend, etwa **Captain Cook Cruises**. Die meisten starten vom Circular Quay und bieten auch spezielle Rundfahrten beispielsweise mit Mittag- oder Abendessen an. Eine preiswerte Alternative zu den touristischen Touren sind die öffentlichen Fähren von **Sydney Ferries,** die mit der Opal Card (► S. 122) genutzt werden können. Ein reizvolles Ziel ist z. B. Manly (► S. 147) am North Head des Sydney Harbour; die einfache Fahrt dorthin dauert eine halbe Stunde.

Captain Cook Cruises: Tel. 02 92 06 11 11 | www.captaincook.com.au

Das achte Weltwunder

★★ Opera House

Eines der markantesten Bauwerke der Erde, exzentrisch gebaute Operndiva, die schönsten Segel im Wind – und Sydneysider sprechen sogar ganz unbescheiden vom »achten Weltwunder«: das Sydney Opera House. Es wurde im Juni 2007 in die Liste der UNESCO-Weltkulturerbestätten aufgenommen. Da war der Jubel groß. Doch dann kam im Juli die Enttäuschung: 100 Mio. Menschen hatten weltweit die neuen 7 Weltwunder der Erde gewählt. Doch das Opernhaus konnte sich nicht unter den Top 7 platzieren. Es ist Sydneys bekanntestes und am meisten fotografiertes Bauwerk und zugleich ein Symbol für ganz Australien. Da das 183 m lange und 118 m breite Bauwerk auf den dänischen Architekten Jørn Utzon zurückgeht, sieht übrigens auch Dänemark das Gesamtkunstwerk mit mehr als 1 Mio. Keramikfliesen als Bestandteil seines kulturellen Erbes an.
Wer einen Blick unter die »Segel« der Oper werfen will, schließt sich am besten einer geführten Touren an, die auch auf Deutsch angeboten wird. Eine Reservierung ist ratsam.

SYDNEY OPERA HOUSE

Selten gelang es einem modernen Bauwerk, einen solch internationalen Bekanntheitsgrad zu erreichen: Das verdankt die Oper von Sydney ihrer charakteristischen Form, ihrer fantastischen Lage direkt am Meer und dem kühnen Entwurf des dänischen Architekten Jørn Utzon.

Führungen: 1-stündige Haustour tgl. 9–17 Uhr alle 15–30 Min., auf Deutsch Mo.–Fr. 11 Uhr, 2,5-stündige Backstage-Tour tgl. 7 Uhr, Eintritt: Haus-/ Backstage-Tour 42/175 AUD
www.sydneyoperahouse.com

1 Opera Theatre
Mit 1547 Sitzplätzen gehört das Operntheater zu den größten Bühnen der Welt. Eine Oper oder ein Ballett zu besuchen, ist ein besonderes Erlebnis!

2 Concert Hall
Auch Rock- und Popkonzerte werden im Sydney Opera House aufgeführt.

3 Theaterbühnen
Ausgezeichnete Inszenierungen der Sydney Theatre Company und internationaler Ensembles werden im Drama Theatre mit 544 Sitzen, im Playhouse mit 398 Sitzen und im Studio Theatre mit 364 Sitzen gezeigt.

4 Nördliche Promenade
Auf dieser Promenade genießt man ein herrliches Panorama auf Harbour Bridge und North Sydney.

5 Restaurant Bennelong
Auch edel dinnieren kann man im Opernhaus: Am Herd steht Peter Gilmore, der zu den 50 besten Köchen der Welt zählt (www.bennelong.com.au).

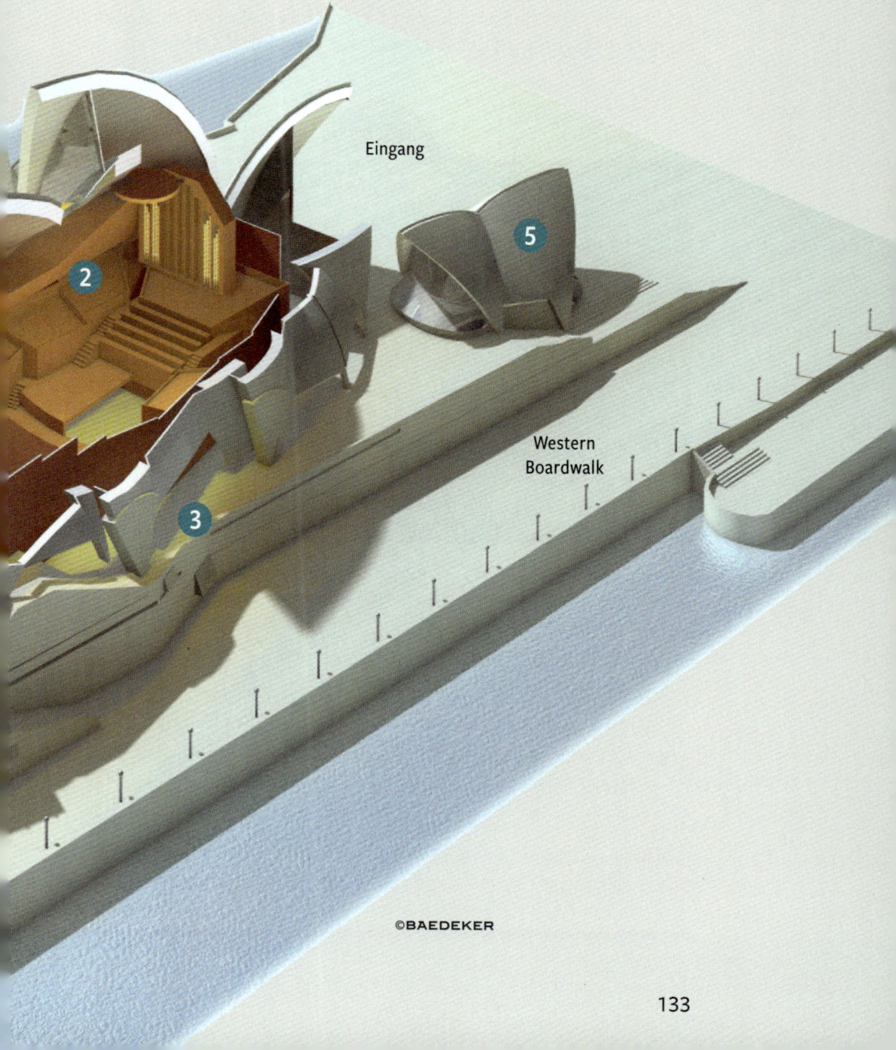

Royal Botanic Gardens

Schauen und zuhören, picknicken und baden
An den Treppen der Oper beginnen die Royal Botanic Gardens, die im Süden in The Domain und Hyde Park übergehen. Sie umschließen die Farm Cove genannte Hafenbucht, wo die erste Farm der Kolonie lag. Magnolien, Baumfarne und Grasbäume, Flaschenputzer, Würgefeigen und unzählige Eukalypten – die Royal Botanic Gardens präsentieren heute die faszinierende australische Flora. Im Park liegen auch das **Government House**, seit 1845 Amtssitz des Gouverneurs von New South Wales, das **Conservatorium of Music** sowie die **Art Gallery** mit Meisterwerken australischer Malerei des 19.–20. Jh.s und eine hervorragende Sammlung mit Werken von Aborigines. An Sonntagnachmittagen wird der Park auch zur **Speakers' Corner** von Syd-

BAEDEKER MAGISCHE MOMENTE

IM AUGE DER STADT

250 m über den Straßenschluchten – das ist überall auf der Welt aufregend! Aber wenn einem im Tower Eye Sydney zu Füßen liegt, kann man sich nicht sattsehen, kommt man aus dem Stauen nicht heraus. Erst von hier oben erfasst man die enormen Ausmaße des weit verzweigten Naturhafens, der eingerahmt wird von der größten Metropole des fünften Kontinents. Wenn dann noch die Sonne glühend rot über der glitzernden Skyline untergeht, wird man dem Zauber Sydneys endgültig erliegen.

ney. Und zum Erfrischen geht man in den **Andrew Boy Charlton Pool** direkt am Meer.

Parkanlage: tgl. 7 Uhr bis Sonnenuntergang | Eintritt: frei
www.rbgsyd.nsw.gov.au
Art Gallery: tgl. 10–17, Mi. bis 21 Uhr | Eintritt: frei
www.artgallery.nsw.gov.au
Andrew Boy Charlton Pool: tgl. 6–20 Uhr | Eintritt: 7 AUD
www.abcpool.org

Erbsen-Kult

Wooloomooloo Finger Wharf

Sie war einst die größte Holzwerft der südlichen Hemisphäre: Heute besteht die 1910 erbaute Wooloomooloo Finger Wharf aus Luxusapartments, schicken Restaurants und einem Kult-Imbisswagen: In **Harry's Café de Wheels** soll es die besten gefüllten Teigtaschen von Sydney geben.

Cowper Wharf Roadway/Dowling St. | tgl. 9–1, Sa. bis 4 Uhr
www.harryscafedewheels.com.au

Die Prachtstraße

Macquarie Street

An Sydneys Boulevard zwischen Opernhaus und Hyde Park sind aus der Frühzeit der Kolonie das **Rum Hospital** und das **Parlamentsgebäude** (heute von New South Wales) erhalten. Letzteres kann an sitzungsfreien Tagen besichtigt werden. Im einstigen **Hospital** wurden 1851 bis 1927 Goldmünzen geprägt. Gegenüber erhebt sich das 13-stöckige **British Medical Association House**, 1930 im Art-déco-Stil erbaut; auch die **State Library of NSW** entstand Anfang des 20. Jh.s, jedoch im italienischen Neorenaissancestil. Zum Bestand gehören die Logbücher von James Cook. Das Fußbodenmosaik im Foyer zeigt die Australienkarte von Abel Tasman aus dem 17. Jahrhundert.

Parlament: www.parliament.nsw.gov.au

Ehrenwerter Fälscher

Hyde Park Barracks

In den ersten Jahren der Kolonie mussten die Sträflinge ihre Unterkünfte selbst bauen. Das gilt auch für die Hyde Park Barracks, die 1819 im georgianischen Stil nach Plänen des Sträflingsarchitekten Francis Greenway (1777–1837) erbaut und 2010 als **Convict Site** in die Liste des UNESCO-Welterbes aufgenommen wurden. Seit 1990 erzählen sie als Museum vom Leben in der frühen Kolonialzeit. Gouverneur Macquarie gefiel der Bau so gut, dass er Greenway die Freiheit schenkte und ihn zum ersten Stadtbaumeister der Kolonie New South Wales ernannte. Das Konterfei Greenways schmückte lange Jahre sogar die australische 10-Dollar-Note. Als publik wurde, dass Greenway einst als Fälscher von Pfundnoten nach Australien deportiert worden war, wurden die Scheine aber eingezogen.

Queens Sq. | tgl. 10–17 Uhr | Eintritt: 12 AUD
https://sydneylivingmuseums.com.au/hyde-park-barracks-museum

Zweckentfremdet

St. James' Anglican Church

Auf der westlichen Seite der Macquarie Street steht die älteste Kirche der Stadt, die georgianische St. James' Anglican Church von 1819, die ursprünglich von Francis Greenway als Gericht entworfen, 1824 aber als Kirche geweiht wurde. Der Kirchturm diente den Schiffen früher als Orientierungspunkt. Ganz in der Nähe, in der St. Marys Road, wurde 1898 im neugotischen Stil aus Sandstein die **St. Mary's Cathedral** erbaut. Als Vorbild diente Notre-Dame de Paris.

Fossilien und Skelette

★ Australian Museum

Südlich der Kathedrale findet man das älteste Museum Australiens – es wurde bereits 40 Jahre nach Ankunft der »First Fleet« 1788 gegründet. Das ist aber nicht der einzige Superlativ: Es zeigt die größte naturgeschichtliche Sammlung des Fünften Kontinents, die Fossilien, Skelette längst ausgestorbener Tiere und wertvolle Mineralien umfasst. Herausragend ist auch die Abteilung zu den Aborigines, die sich mit deren Spiritualität und Geschichte auseinandersetzt, von der Traumzeit bis zur rassistisch motivierten Diskriminierung im 20. Jahrhundert. Bis 2020 ist es wegen einer umfassenden Renovierung geschlossen.

Fürs Mittagspäuschen

Hyde Park

Der Hyde Park ist Sydneys südlichste und zentralste Grünanlage an der Grenze zum CBD und deshalb in der Mittagspause gut besucht. Das wuchtige, 1934 im Art-déco-Stil erbaute ANZAC War Memorial am Südende des Parks erinnert an die Gefallenen des Ersten Weltkriegs.

Über den Dächern Sydneys

★ Sydney Tower

1504 Stufen führen nach oben. Wer nachzählen will, hat nur einmal im Jahr dazu Gelegenheit: bei der Sydney Tower Stair Challenge. Ansonsten sausen die Lifte in 40 Sekunden in die 250 m hoch gelegene, geschlossene Aussichtsetage **Tower Eye**. Bis zur Spitze des höchsten Bauwerks von Sydney sind es dann nochmals 59 m. Man kann auf dieser Etage rundum gehen und genießt nicht nur den besten Ausblick auf die Stadt, sondern bekommt via Monitor, einfach per Touchscreen zu handhaben, auch sehr gute Informationen zu 40 Attraktionen vom Olympic Park bis zur Botany Bay. Nur teilweise zu sehen, weil von Hochhäusern verdeckt, sind allerdings die Harbour Bridge und das Opera House. Der Turm wurde nach sechsjähriger Bauzeit 1981 fertig gestellt. 2239 t Material wurden verbaut. Der Eintritt beinhaltet den Besuch eines 4-D-Kinos, das zu einem virtuellen Flug durch Sydney einlädt. Essen kann man im Drehrestaurant oder einer Café-Bar.

100 Market St. | tgl. 9–21 Uhr | Eintritt: 29 AUD
www.sydneytowereye.com.au

Alt versus neu: Giganten aus Stahl und Glas, allen voran der Sydney Tower, umzingeln im CBD viktorianische Gebäude aus dem 19. Jahrhundert.

SUNDRIES

BAEDEKER ÜBERRASCHENDES

6X UNTERSCHÄTZT

Genau hinsehen, nicht daran vorbeigehen, einfach probieren!

1. ROAD-TRIP DER EXTREME

»1491 km« steht da auf einem Wegweiser Richtung Norden. Die Fahrt von **Alice Springs** nach Darwin durchs heiße Herz Australiens fordert Mensch und Material. Und ist doch unvergesslich! (▶ **S. 151**)

2. PINK!

Pink sind in der Natur nur Flamingos? Falsch! Auf Middle Island liegt der pinke **Lake Hillier**. Ein surreales Bild, deren Ursache wahrscheinlich in der Salzkruste lebende Bakterien sind. (▶ **S. 438**)

3. OASE DER RUHE

In der Millionenmetropole Sydney herrscht Tag und Nacht hektische Betriebsamkeit. Umso verblüffender ist die Ruhe, die Sie hinter den Mauern des **Chinese Garden of Friendship** erwartet. (▶ **S. 140**)

4. TIERISCHER BESUCH

Das kann kein Hotel! Direkt an der Lichtung des Campingplatzes Lakeside Tourist Park in den **Grampians** versammeln sich allabendlich Kängurus zum Grasen und Spielen. Meist stolzieren auch ein paar Emus herum. Alles ganz nah, fast zum Anfassen! (▶ **S. 376**)

5. WEINLAND TASMANIEN

Wenn es um Australiens Top-Weingebiete geht, wird das **Tamar Valley** eher selten genannt. Doch auch im kühlen Klima Tasmaniens reifen feine, überwiegend weiße Tropfen. Probieren Sie selbst! (▶ **S. 359**)

6. GOLFEN EXTREM

Für diesen Golfplatz brauchen Sie einen langen Atem. Er ist der längste der Welt: Über 1365 km führt er weltweit durch zwei Zeitzonen von **Kalgoorlie** (WA) nach **Ceduna** (SA). (▶ **S. 444**)

Tempel der Kinoherrlichkeit

State Theatre

Folgt man der Market Street, passiert man das 1929 eröffnete State Theatre (Nr. 49). In dem auch wegen seiner Inneneinrichtung großartigen Monument der Kinoherrlichkeit finden Schauspiele und Konzerte sowie im Juni das Sydney Film Festival statt.

Steine des Anstoßes

General Post Office

Das gewaltige Postgebäude nimmt einen halben Block zwischen George Street, Martin Place und Pitt Street in Beschlag. Erbaut wurde es in den 1880er-Jahren im Renaissancestil, markanter Blickfang ist seitdem sein 61 m hohe Uhrenturm. Einige Flachreliefs sorgten für handfesten Ärger: So beanstandeten viele Bürger, dass in einer der Szenen ein nicht fachgerecht geschorenes Schaf abgebildet war. Noch schlimmer: In einem anderen Relief schaut die Empfängerin eines Briefes dem Überbringer allzu glücklich verliebt in die Augen – andere Zeiten, andere Sitten! Heutzutage hat sich das Hotel The Westin eingemietet.
Einen kleinen akkustischen Ausflug in die Welt der Vögel gibt's ein paar Schritte weiter in der Passage zwischen George und Pitt Street: Dort hängen Vogelkäfige über der Straße und das Gezwitscher von 50 Vogelarten ist zu hören. All diese Vogelarten waren einmal in Sydney beheimatet. Darauf will der Künstler Martin Thomas Hill mit seiner Installation **Forgotten Songs** hinweisen.

Shop until you drop

★ Queen Victoria Building

Der französische Modeschöpfer Pierre Cardin nannte es das »schönste Einkaufszentrum der Welt«. Doch entscheiden Sie selbst: Der 60 m hohe Kuppelbau mit der Adresse 455 George Street wurde um 1890 im Stil eines byzantinischen Palastes als Markthalle erbaut und gilt als Sydneys feinste Adresse. Auf drei Etagen laden über 200 Boutiquen, Restaurants und Cafés zum ausgiebigen Bummel ein.

Größte Orgel der Südhalbkugel

★ Town Hall

Gegenüber erhebt sich das 1869 vollendete Rathaus von Sydney im prunkvollen viktorianischen Stil. In der **Centennial Hall** mit der größten Orgel der Südhalbkugel finden regelmäßig Konzerte und Versammlungen für bis zu 2500 Gäste statt. Südlich der Town Hall folgt die neugotische **St. Andrew's Cathedral**.

Shoppingzentren der Superlative

Pitt Street

Folgen Sie von der Town Hall der Park Street Richtung Hyde Park, gelangen Sie nach ein paar Schritten endgültig in den siebten Shopping-Himmel. Die Pitt Street wird nach einem Häuserblock zur Fußgängerzone, die beiderseits von riesigen Malls gesäumt wird. Im Stil von 1891 restauriert wurde die **Strand Arcade**, 412 George Street, mit 90 schicken Shops, darunter mehrere Boutiquen bekannter australischer Designer. Im Untergeschoss des Hilton (259 Pitt Street) wurde die imposante Marmorbar des berühmten Adam Hotel aus dem Jahr 1893 wieder aufgebaut. Mit der Strand Arcade verbunden ist schließlich das größte Shopping-Centre der Stadt, Westfield Sydney, das 350 Shops beherbergt.

★ Chinatown

Trubel hier, eine Oase der Ruhe dort

Die ersten Chinesen kamen wohl an Bord der »First Fleet« ins Land, ihnen folgten Zehntausende während des Goldrausches. Zunächst lebten sie im Stadtviertel The Rocks, Anfang des 20. Jh.s zogen sie in die heutige Chinatown, die von der Dixon Street, Hay Street und Liverpool Street begrenzt wird. Ein großartiges Erlebnis ist der Besuch des Night Market, der jeden Freitag ab 16 Uhr an der Dixon Street abgehalten wird: Auf engstem Raum bieten mehr als 100 Stände Kleidung, Kunst und Kulinarisches.

Gartenkünstler aus Guandong, der chinesischen Partnerprovinz von New South Wales, gestalteten 1988 mit Teichen, Wasserfällen und Bonsaibäumchen den sehr schönen **Chinese Garden of**

Fangfrische Köstlichkeiten des Meeres sind an den Ständen des Fischmarkts von Darling Harbour zu haben: Langusten, Hummer, Muscheln und Krebse ...

Friendship, der trotz des Großstadttrubels drum herum meist eine Oase der Ruhe ist. Vom Pavilion of Clear View, auch »Gurr« genannt, genießt man einen herrlichen Ausblick auf den Garten und die Stadt. Imposant ist die jährliche Feier des chinesischen Neujahrs.

Chinese Garden of Friendship: Pier St. | tgl. 9.30–17.30 Uhr
Eintritt: 6 AUD | www.chinesegarden.com.au

Wohin in Sydneys Darling Harbour?

Vom hässlichen Entlein zum stolzen Schwan

★ Das Viertel

Die einst ziemlich verkommenen Industriedocks und Lagerhäuser an der Westseite der Cockle Bay wichen gegen Ende der 1980er-Jahre einem maritimen Einkaufs- und Vergnügungsviertel. Binnen Kurzem entstanden schicke Geschäfte, Kinos, Cafés, Terrassenlokale und auch der Hochhausturm des feinen Hotels Sofitel mit dem besten Ausblick auf Darling Harbour. Beide Seiten des Hafenbeckens verbindet die 1902 erbaute Pyrmont Bridge.

Noch moderner

Barangaroo

Am nördlichen Teil der Darling-Harbour-Bucht entsteht gerade die noch modernere Version des Viertels, wie gehabt mit Hotels und Casino, Restaurants, Cafés und sehr teuren Apartments. Dahinter versteckt sich der Hügel des Observatory Park (► S 126).

Über und unter Wasser

Wild Life & Sea Life Sydney Aquarium

Auch das gibt's in Darling Harbour: 6000 Tiere aus 130 Arten im Wild Life Zoo, darunter ein 5 m langes Krokodil, Kängurus, Koalas, Wombats, Emus und Schlangen. Gleich nebenan folgt das Sea Life Sydney Aquarium, in dessen Becken Haie, Mantas und Rochen ihre Runden ziehen, teils über den Köpfen der Besucher: Im **»Great Barrier Reef«-Ozeanarium** wandern die Besucher trockenen Fußes in Tunneln durch die faszinierende Unterwasserwelt Australiens. In die Welt des Weißen Hais entführt seit Sommer 2010 das **Shark HQ**, wo man junge Haie beim Aufwachsen beobachten und ein Hai-Trekking bestaunen kann.

Wild Life Zoo: 1 Wheat Rd. | tgl. 10–17 Uhr | Eintritt: 35 AUD
www.wildlifesydney.com.au
Sea Life Sydney Aquarium: 5 Wheat Rd. | tgl. 9.30–17 Uhr
Eintritt: 40 AUD | www.sydneyaquarium.com.au

Wie die Segel eines Schiffes

Maritime Museum

Auf der anderen Seite der Bucht und der Pyrmont Bridge gleicht der Bau des Meeresmuseums ein wenig den Segeln eines Schiffes. Der Leuchtturm von 1874 ist noch aktiv. Besichtigt werden können

»Vampire«, der letzte Zerstörer der australischen Marine, oder das U-Boot »Onslow«. Aber auch zu den Kanus der Aborigines, zur Surfkultur des Landes oder zur Immigration nach Australien gibt es Ausstellungsbereiche.
2 Murray St. | tgl. 9.30–17, im Jan. bis 18 Uhr | Eintritt: frei
www.anmm.gov.au

Da gibt's was zu staunen

★ Power House Museum

Eine Mammutschau aus Technik, Kultur, Mode und Design erwartet die Besucher im ehemaligen Umspannwerk von Sydneys stillgelegtem Straßenbahnnetz: Mit 380 000 Exponaten, darunter Dampfmaschinen, Satelliten und Weltraumanzügen, besitzt das Museum die größte Sammlung der Stadt.
500 Harris St. | tgl. 10–17 Uhr | Eintritt: 15 AUD
www.powerhousemuseum.com

Wohin in Sydneys Stadtvierteln?

Nr. 2 nach Tokio

★ Pyrmont

Auf dem zweitgrößten **Fischmarkt** der Welt (nach Tokio) werden jährlich rund 15 000 t Meerestiere versteigert, mehr als 100 Arten Seafood kommen an jedem Werktag ab 5.30 Uhr unter den Hammer – live zu erleben bei den Führungen, die pünktlich um 6.40 Uhr am Doyles Seafood Café starten. Wer später am Tag dann gern tasmanische Felsenaustern schlürfen oder Lachscarpaccio und Thunfisch-Sashimi kosten will, kann sich an den zahlreichen Ständen mit köstlichen Fischplatten und kühlem Wein eindecken und sich zum Lunch einen Picknickplatz unter freiem Himmel suchen.
Nordöstlich davon kann man schließlich am Abend im Kasino der Star City sein Glück versuchen.
Fischmarkt: 2 Bank St. | tgl. 7–16 Uhr | Eintritt: frei
www.sydneyfishmarket.com.au
Kasino: 80 Pyrmont St. | rund um die Uhr geöffnet | Eintritt: frei
www.starcity.com.au

Historie und Trends

Paddington

In Paddington, kurz Paddo genannt, findet man spannende Kunstgalerien, trendige Boutiquen und schicke Szenelokale. Über 250 Stände bilden jeden Samstag von 10 bis 16 Uhr den **Paddington Bazaar** rund um die Paddington Uniting Church. Die imposanten **Victoria Barracks**, 1841 bis 1848 von Sträflingen als Quartier für 800 Mann erbaut, bilden mit fast 12 ha den größten und am besten erhaltenen Komplex spätgeorgianischer Architektur in Australien.
Victoria Barracks: 3 Oxford St. | Do. 10–14 u. 1. So. im Monat 10–15 Uhr | Eintritt: frei

Da steppt der Bär

★ Kings Cross

Um 1920 war die Gegend eine Hochburg der Künstler und Schriftsteller, in den 1950er-Jahren kamen die Beatniks und später die Hippies dazu. Zum Rotlichtviertel abgesunken ist Kings Cross dann vor allem in der Zeit des Vietnamkriegs, als die amerikanischen Truppen scharenweise einfielen. Inzwischen ist es wieder ruhiger geworden, besonders tagsüber gibt man sich recht zurückhaltend. Doch nachts steppt nach wie vor der Bär mit lauter Musik, jede Menge Bier und so manchen leichten Mädchen ... Mittendrin: The **Coca Cola Sign**, die größte Reklamefläche für ein einziges Produkt in der südlichen Hemisphäre. Seit 1974 prangt es ununterbrochen in Rot und Weiß 41 × 13 m groß an der Ecke William Street/ Darlinghurst Road, seit 2016 in der LED-Version. Für Sydneysider ist »the sign« keine Werbung, sondern eine Werbeikone, die es nur in Sydney gibt.

Eleganter Kolonialstil

Potts Point

Einen starken Kontrast zur nächtlichen Szene bilden nördlich davon in Potts Point zwei Stadthäuser im georgianischen Regency-Stil, die für wohlhabende Sydneysider erbaut wurden: das 1832 errichtete **Tusculum**, 3 Manning Street, und vor allem das elegante **Elizabeth Bay House** von 1840. Es birgt neben einem kunstvollen ovalen Treppenhaus mit Kuppel im ersten Stock das landesweit wohl schönste kolonialzeitliche Interieur.

Elizabeth Bay House: 7 Onslow Av. | Fr.–So. 10–16 Uhr
Eintritt: 12 AUD | https://sydneylivingmuseums.com.au/elizabeth-bay-house

Gorillas und Giraffen

Taronga Zoo

In den naturnahen Gehegen auf einer Landzunge am Nordufer von Port Jackson leben 4000 Tiere von 350 Arten, darunter Seehunde und Schneeleoparden, Gorillas und Giraffen, Koalas und Kängurus. Eine der Top-Attraktion des vorbildlich arbeitenden Zoos ist das Nachtgehege der Schnabeltiere. Großartig ist auch die Aussicht auf den Hafen.

1 Bradley's Head Rd. | tgl. 9.30–17 Uhr | Eintritt: 43 AUD
https://taronga.org.au

Skylineblick und Ruhe

★ Sydney Harbour National Park

Der 1975 eröffnete Nationalpark bietet nicht nur herrliche Aussichten auf die Skyline von Sydney, sondern auch unberührte Natur, Küstenheide, Regenwaldbestände, Sandsteinklippen und schöne Strände. Zeugnisse der Geschichte sind Felszeichnungen der Aborigines, Überreste der Hafenverteidigung aus dem 19. Jh. und die Quarantänestation. Fahren Sie auch mit der Fähre zur vorgelagerten Insel Fort Denison und halten Sie Ausschau nach Delfinen.

Welterbe im Hafenbecken

Cockatoo Island

Die größte Insel im Hafen von Sydney erlangte erst als Gefängnis-, dann als Werft- und seit 2010 als Weltkulturerbeinsel Bedeutung. Die Gefängnisanlage wurde ebenso saniert wie die 17 Kräne. Man kann mit dem Kanu rüber paddeln oder die Fähre nehmen, Camping und Glamping machen oder sogar in einem Heritage House übernachten. Und natürlich gibt's auch zwei Lokalitäten für Breakfast, Lunch und Dinner. Alles auf der Insel wird von der Sydney Harbour Federation gemanagt (www.cockatooisland.gov.au).

Nach Melbourne kam Sydney

★ Olympic Park

Die Olympischen Sommerspiele 2000 in Sydneys Stadtteil Homebush Bay, 15 km westlich der City, waren ein Fest für Millionen. Rund 10 000 Athleten aus 200 Nationen nahmen an den zweiten Olympischen Spielen auf dem australischen Kontinent teil (nach Melbourne 1956). Sie wohnten gemeinsam mit etwa 5000 Betreuern und Funktionären im Olympischen Dorf, das nur 1 km von der Hälfte der fast 30 Wettkampfstätten entfernt liegt. Das Dorf ist heute Mittelpunkt des neuen Stadtteils **Newington**. Herzstück ist die futuristische **Olympic Park Station**, Endhaltestelle für Buslinien und die Züge der CityRail. Keine große Ruhmesgeschichte hat das **Australia Stadium**, das offizielle Olympiastadion mit einem Fassungsvermögung von ursprünglich 110 000 Zuschauern, hinter sich. Gigantische 665 Mio. AUD kostete es. Nach den Olympischen Spielen wurde es gleich umgebaut auf ein ovales Spielfeld, wie es für Australian Football und Cricket benötigt wird. Gleichzeitig wurde die Zuschauerkapazität auf 80 000 verringert. Und nun gibt es sogar Überlegungen das ANZ Stadium, so der derzeitige Name, komplett abzureißen und durch ein neues Stadion zu ersetzen (www.sydneyolympicpark.com.au).

RIP seit 1791

Parramatta

Parramatta, 1788 als zweite britische Siedlung gegründet, hieß einst Rose Hill. Der Ort liegt 24 km westlich der City und war sogar als Regierungssitz vorgesehen, wie das **Old Government House** zeigt. Dieses wurde ab 1790 im georgianischen Stil errichtet und gilt damit als Australiens ältestes öffentliches Gebäude; als Teil der Convict Sites gehört es zum UNESCO-Weltkulturerbe. Das originalgetreu restaurierte **Elizabeth Farm House** wurde 1793 erbaut und gilt als das älteste erhaltene Wohnhaus Australiens. Auf dem **St. John's Cemetery** fanden viele der frühen Siedler ihre letzte Ruhestätte – der Grabstein von Edward Dodd, dem als Erstem der Weizenanbau in der Kolonie gelang, stammt vom 28. Januar 1791 und gilt als ältester des Kontinents.

Old Government House: 1 Pitt St. | Di.–So. 10–16 Uhr | Eintritt: 15 AUD
www.nationaltrust.org.au/places/old-government-house
Elizabeth Farm House: 70 Alice St. | Mi.–So. 10–16 Uhr | Eintritt: 12 AUD | https://sydneylivingmuseums.com.au/elizabeth-farm

Homebush Bay Ferry Wharf
200 m
©BAEDEKER
Jamieson Street
Homebush Bay
Hill Road
Holker Street
Archery Centre
Bennelong Road
Mountain X BMX
Haslams Creek
Hill Road
Wentworth Common
Millennium Parklands
Waterbird Refuge
Marjorie Jackson Parkway
Kronos Hill
Ring Walk
Australia Avenue
Haslams Pier
Kevin Coombs Avenue
Sydney Showgrund
Brickpit
Badu Mangroves
Pondage Link
Acer Arena
Grand Parade
Bennelong Road
Showground
The Over-flow
Showground Road
Murray Rose Avenue
Parkview Drive
ANZ Stadium
Olympic
Olympic Park Station
Elliott Ave.
Bicentennial Park
Herb
Edwin Flack Avenue
Dawn Fraser Avenue
Aquatic Centre
SYDNEY OLYMPIC PARK
Uhrig Road
Athletic Centre
Boulevard
Figtree Drive
Australia Centre
Australia Avenue
Carter Street
Shane Gould Avenue
Sarah Durack Avenue
Golf Centre
Lake Belvedere
Warm Up Arena
State Sports Centre
Bressington Park
Birnie Avenue
Park Management Centre
Hockey Centre
Shirley Strickland Avenue
Tennis Centre
Homebush Bay Drive
Underwood Road
Parramatta Road
Mason Park
M 4 Motorway
Explorer Routes und Bus Stops

Sydneys Strände

»Life is a Beach …«

Qual der Wahl

… sagen die Sydneysider. Und abgesehen von Brasiliens Perle Rio de Janeiro ist wohl keine Millionenstadt der Welt mit so vielen schönen Stränden gesegnet: Rund 30 sind schnell vom Zentrum aus zu erreichen. Es gibt kleine und große, einsame und überlaufene, mit oder ohne Brandung, für Hipster und Familien. Die sonnenverwöhnten »boys« und »girls« der Stadt unterscheiden zwischen den Nordstränden, meist weniger besucht und ohne große Infrastruktur, und den Südstränden, die Sport, Action und Komfort mit Umkleidekabinen, Toiletten und Kiosken bieten. Die im Hafenbecken gelegenen Strände werden nicht zum Baden empfohlen.

Schöne Strände, schöne Menschen

★ Bondi Beach & Coogee Beach

Der wohl berühmteste Strand von Sydney (wenn nicht von ganz Australien) liegt dem Pazifik zugewandt, rund 8 km östlich der City. Benannt ist er nach dem Stadtteil Bondi, dem Szenetreffpunkt schlechthin. »Sehen und gesehen werden« lautet hier die Devise. Inline- und Rollerskater gleiten an der Promenade entlang, Surfer zeigen ihre Künste und die Mädchen ihre Formen. Eine Reihe von Restaurants, Geschäften und Backpacker-Hostels wartet auf ihre hippe Kundschaft. Wahrzeichen

Eine der Ikonen unter Australiens Stränden ist der Bondi Beach. Spektakulär liegt an dessen südlichem Ende der in den Felsen gehauene Icebergs Pool.

aber sind die Mitglieder des 1906 gegründeten Rettungsschwimmer-Clubs. Ihre berühmten Badehosen gibt es sogar zu kaufen.
An seinen beiden Enden wird der meist dich bevölkerte Bondi Beach von Felsen abgegrenzt, in die Felsenpools gehauen wurden; im Süden ist es der spektakuläre **Bondi Icebergs Pool**, der bei starker Brandung regelmäßig von den größten Brechern erreicht wird. Dort startet auch der großartige **Bondi to Coogee Clifftop Walk**, der über rund 6 km auf den Klippen entlang zum Coogee Beach führt. Unterwegs verleiten bewachte Strände – darunter der geschützte Tamarama Beach mit seinen flachen Wellen –, Pools und fantastische Aussichten zu zahlreichen Zwischenstopps.

Mal ruhig, mal rau

Manly

Der bekannteste Badeort im Norden heißt Manly – schon die Anfahrt mit der Fähre durch den östlichen Teil des Harbour ist unvergesslich (▶ S. 122). Dort angekommen, hat man die Wahl zwischen dem ruhigen, für Familien geeigneten Hafenstrand und dem auf der anderen Seite der Landzunge gelegenen Pazifikstrand, dessen kräftige Brandung auch bei Surfern beliebt ist.

Go North!

Weitere Strände im Norden

Zu den Alternativen im Norden zählt **Dee Why**: Der südliche Teil des 1 km langen Strandes ist geschützt, der nördliche ein Surfrevier. Am **Palm Beach** täuscht der Name: Dort steht keine einzige Palme. Dafür sind der Sandstrand und die flachen Wellen bestens zum Baden geeignet. Die **Pittwater Bay** hingegen ist das Segelrevier der Großstädter mit einer idyllischen Bucht, flach abfallendem Strand, ruhigem Wasser und von tropischen Hängen mit Palmen umgeben.

Rund um Sydney

Wo Cook landete

Botany Bay National Park

Wo Capitän Cook am 29. April 1770 an Land ging, erstreckt sich heute 16 km südlich von Sydney der Botany Bay National Park auf den beiden Landzungen La Perouse und Pernell. Zum Park gehören die Strände von Congwong Bay, Captain Cooks Landeplatz bei Kurnell mit Picknickplätzen und dem **Discovery Centre**, das über Cooks Forschungsreisen informiert, sowie die Küstenbefestigungen aus der Mitte des 19. Jh.s am Henry Head auf Bare Island. Von Juni bis November kann man vor der Küste **Buckelwale** beobachten.

Australiens ältester

★ Royal National Park

Den bereits 1879 gegründeten und damit ältesten Nationalpark Australiens erreicht man 36 km südlich von Sydney. Prägend sind das heidebedeckte Sandsteinplateau, tiefe Bachtäler mit dichten Wald-

beständen und der Hacking River. Besonders eindrucksvoll ist im Frühjahr die **farbenfrohe Wildblumenblüte**. Im Osten liegen 21 km Strand und eine fast unberührte, zerklüftete Steilküste. Durch den Park führen gut ausgebaute Straßen mit Picknickplätzen und ein dichtes Wegenetz zu schönen Aussichtspunkten.
Den südlichen Abschluss des Royal National Park bildet das Dorf **Otford**, das ein beeindruckendes Stück Küste umgibt. Von einem Aussichtspunkt hoch über den Klippen, ein kleines Stückchen nördlich des Orts, liegt einem die schäumende Brandung der Tasman-See zu Füßen. Kurz davor, am Bald Hill, nutzen Drachenflieger die kräftigen Aufwinde, wie schon um 1900 der Flugforscher Lawrence Hargrave.

Hauch der Pionierzeit

Windsor

Gut eine Stunde braucht man mit dem Auto für die 55 km von Sydney bis Windsor, eine der ältesten Städte Australiens mit vielen gut erhaltenen Gebäuden aus der Pionierzeit. 1794 kamen die ersten Siedler,

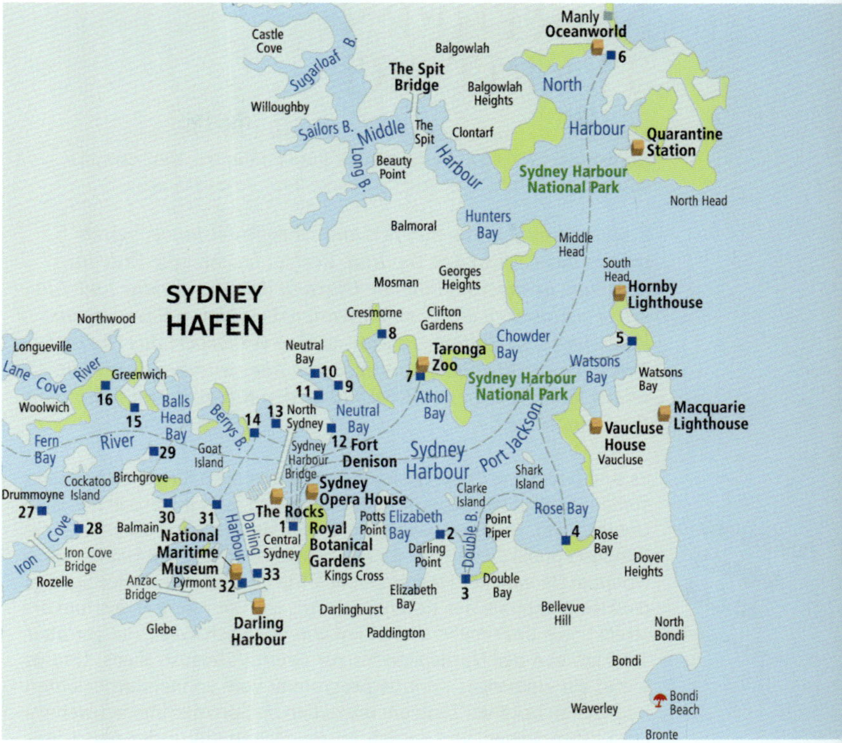

1810 wurde die Stadt zunächst unter dem Namen Green Hills von Gouverneur Macquarie gegründet, der sieben Jahre später Francis Greenway mit dem Bau der Kirche St. Matthew beauftragte. Auch das Gerichtsgebäude wurde 1822 von Greenway entworfen. Im nahen **Australiana Pioneer Village** wird den historischen Häusern Leben eingehaucht, etwa durch den Hufschmied oder Kutscher. Es gibt Musik, »damper« (frisches Brot) und andere Kleinigkeiten. Im Nachbarort **Ebenezer** gehört die gleichnamige Kirche von Anfang des 19. Jh.s zu den ältesten Gotteshäusern des Kontinents.

Australiana Pioneer Village: Rose St., Wilberforce | So. 10–16 Uhr
Eintritt: 5 AUD | www.hawkesburytourism.com.au

NORTHERN TERRITORY

Kürzel: NT | **Hauptstadt:** Darwin | **Fläche:** 1 420 970 km²
Einwohner: 250 000 | **Symboltiere:** Rotes Känguru, Keilschwanzadler | **Symbolpflanze:** Sturt's Desert Rose (rosa Malvenart)

Endlose Spinifexgras-Steppen und schroffe Felslandschaften prägen das Gesicht des Top End. Rostrot leuchtet die Erde im Zentrum, orangerot glüht der Uluru in der Abendsonne und dunkelrot schimmern die Termitenbauten. Das Never Never ist eine landschaftliche Sinfonie in Rot – und so verkörpert das Northern Territory das Idealbild vom einsamen Abenteuerkontinent mit seinen Wasserfällen und Krokodilen, den Kängurus und skurrilen Felsformationen.

Australiens rostrotes Top End

Es sind Bilder wie diese, die häufig stellvertretend für ganz Australien stehen, ähnlich wie bayerische Idyllen gleichgesetzt werden mit ganz Deutschland. In einem Gebiet, das fast viermal so groß ist wie die Bundesrepublik, leben nur 250 000 Einwohner. Gut die Hälfte davon wohnt in Darwin, der Hauptstadt des Top End, während Alice Springs die kleine Kapitale des Roten Zentrums ist. Das Nordterritorium erstreckt sich über mehr als 900 km von Ost nach West und gar über 1600 km von der Nordspitze bis zur Grenze Südaustraliens. Und es bietet ein einmaliges Kontrastprogramm: vom sonnendurchglühten und staubtrockenen Zentrum bis zu den im Sommer überschwemmten Küstenebenen, von der jahrtausendealten Kultur der Aborigines bis zu den Annehmlichkeiten der modernen Zivilisation.

Heimat der Aborigines

Politik, Geschichte, Wirtschaft

Das Northern Territory ist kein Bundesstaat, sondern eine australische Verwaltungseinheit, die seit 1911 von Canberra aus direkt regiert wird, allerdings ähnliche Freiheiten und eine eigene Verwaltung besitzt wie die Bundesstaaten. 1863 hatte man das Gebiet zwischen Western Australia und Queensland als Northern Territory of South Australia in die Obhut der Kolonie Südaustralien gegeben.

Im Red Centre war die »weiße Invasion« weniger stark zu spüren. Heute leben im Northern Territory – und auf Cape York in Queensland – im Verhältnis zur jeweiligen Gesamtbevölkerung die meisten Aborigines. Das Land, das den Aborigines auf Grundlage des **Aboriginal Land Rights Act** 1976 übereignet wurde, darf nur mit einer schriftlichen Erlaubnis (»permit«) des Land Council betreten werden.

Die jahrtausendealte Kultur der australischen Ureinwohner, die Höhlenmalereien und Felsritzungen an heiligen Orten, sowie die drama-

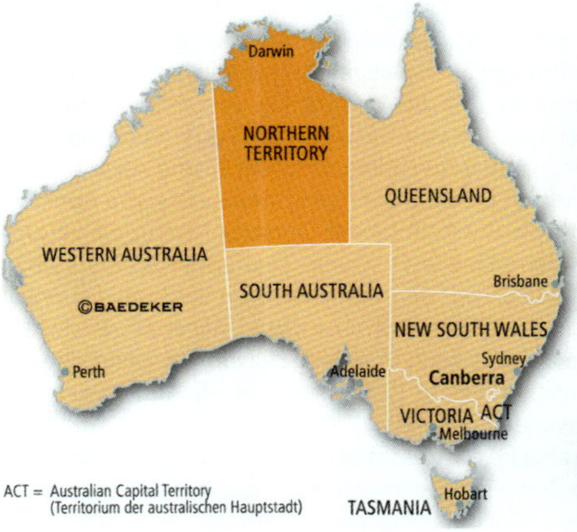

NORTHERN TERRITORY

tisch schöne Landschaft sind heute Triebfedern für den Tourismus, der neben der Rinderzucht und Bodenschätzen die wichtigste Einnahmequelle des Northern Territory ist.

Nass und heiß

Klimaextreme

Klimatisch ist das Land des Roten Kängurus, dem Symboltier der Region, eine der extremsten australischen Gebiete: Während das nördliche Top End jährlich ungefähr zweieinhalbmal so viel Regen abbekommt wie Stuttgart, fallen in den Wüstengebieten rund um Alice Springs weniger als 200 mm. Dafür steigen dort die Temperaturen im Sommer oft weit über 40 °C.

★ ALICE SPRINGS

Höhe: 545 m | **Einwohner:** 25 000

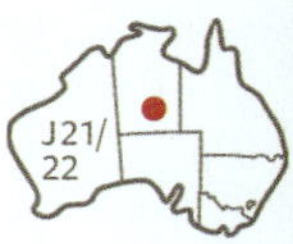

Wenn man von einer rauen Outback-Tour durchgeschüttelt zurückkommt, wirkt Alice wie eine kleine saubere Stadt, die versehentlich ins staubige Nichts gepflanzt wurde. Sie ist die Einzige im Zentrum, die dem Namen Stadt wenigstens annähernd gerecht wird. Alice Springs lebt von der atemberaubenden Natur in der endlosen Weite drum herum. Man könnte sogar meinen, der Mythos vom Outback sei genau dort im roten Zentrum geboren, wo das kleine Alice im großen Nichts zu finden ist.

»A town like Alice«

Mit Nevil Shutes in Australien viel geliebtem Roman hat Alice Springs ein literarisches Vermächtnis bekommen. Der Roman »A town like Alice«, 1950 als Hommage an die wagemutigen Farmer und Pioniere des Outback geschrieben, machte das damals verschlafene Nest im Nirgendwo – knapp 1500 km von Darwin und 1700 km von Adelaide entfernt – mit einem Schlag berühmt. Und der Name Alice kommt auch nicht von ungefähr: Der Bau der Telegrafenleitung von Adelaide nach Darwin war für die Entstehung der Outback-Metropole verantwortlich. Die gefundene Quelle (»spring«) garantierte eine stetige Wasserversorgung und erhielt den Vornamen von der Frau des Präsidenten der australischen Telegraph Company: Alice. Bis Ende der 1920er-Jahre hatte der Ort keine hundert Einwohner. Denn ehe die Eisenbahnstrecke nach Adelaide 1929 gebaut wurde, war Alice lediglich mit Kamelkarawanen erreichbar.
Heute ist die geografische Mitte Australiens dank Flugzeug oder dem transkontinentalen Zug »The Ghan« auch für weniger Abenteuerlustige gut zu erreichen. Der Ausgangspunkt für Fahrten zum ► Uluru (Ayers Rock) oder dem ► Kings Canyon hat sich längst mit Restaurants, Hotels, Spielkasino und Geschäften herausgeputzt: zu eben jener kleinen Stadt, die nicht versehentlich, sondern ganz geplant ins staubige Nichts gepflanzt wurde.

Wohin in Alice Springs?

Blick aufs Ganze

Anzac Hill

Der Blick über Alice bis zur Kette der MacDonnell Ranges ist atemberaubend. Der Hügel mit der großartigen Aussicht heißt Anzac Hill, von wo man auch schnell sieht: Das Stadtzentrum von Alice Springs lässt sich gut zu Fuß erkunden. Es konzentriert sich in und um die Fußgängerzone **Todd Mall**, zwischen Wills und Stuart Terrace. Der nahe Todd River im Osten der Innenstadt ist zwar ein meist ausgetrockneter Fluss, doch bei den seltenen, dann jedoch äußerst heftigen Regenfällen kann er auch zu einem reißenden Strom werden und sogar tagelang die Straßen blockieren.

Ein Hoch auf die Frauen

Historische Gebäude

Im 1928 erbauten Old Court House würdigt eine Ausstellung die Leistung der australischen Pionierfrauen in der **National Pioneer Women's Hall of Fame**. In der **Residency** wohnte 1927 bis 1973 der oberste Regierungsbeamte von Alice Springs. Heute kann man sich in einem Museum über die zivilisationsfeindliche Gegend informieren. Ältestes Gebäude der Stadt ist das 1909 eröffnete Old Stuart Town Goal an der Parsons St., das bis 1939 als Gefängnis diente. Das 1926 gegründete Adelaide House an der Todd Mall war das erste Krankenhaus von Alice Springs. In einer Hütte hinter dem Hospital entwickel-

ALICE SPRINGS ERLEBEN

VISITOR INFORMATION CENTRE
Parsons St. &, Todd Mall
Alice Springs, Tel. 08 89 52 58 00
www.discovercentralaustralia.com

MACDONNELL RANGES NATIONAL PARK
https://nt.gov.au/leisure/parks-reserves/find-a-park-to-visit/tjoritja-west-macdonnell-national-park

STRASSENZUSTAND
https://roadreport.nt.gov.au

PERMITS FÜR ABORIGINES-GEBIETE
27 Stuart Hwy., Alice Springs
Tel. 08 89 51 62 11
E-Mail: permits@clc.org.au
www.clc.org.au/articles/cat/visiting-aboriginal-land

OUTBACK BALLOONING
Mit roten Heißluftballons geht es über die rote Wüste.
Tel. 1800 80 97 90
www.outbackballooning.com.au

Jedes Jahr im Juli findet das Kamelrennen **Lasseters Camel Cup** statt (www.camel cup.com.au). Im Aug. folgt die lustigste Regatta inmitten der Wüste: Mannschaften mit Bootsattrappen wetteifern durch das trockene Flussbett des Todd River (www.henleyontodd.com.au).

Auf dem **Todd Mall Market** verkaufen Händler jeden zweiten Sonntag im Monat von 9 bis 13 Uhr Schmuck und Kunsthandwerk. Es herrscht eine ausgelassene Atmosphäre mit Straßenmusik und Essensständen.

1 RED OCHRE GRILL €€
Holztische ohne Schnickschnack, aber dafür Krokodil-Ribs, Kängurufilet oder einen riesigen Aussie-Burger: So schmeckt das Never Never ...
1 Leichhardt Terrace
Tel. 08 89 50 66 66
www.alicespringsaurora.com.au/red-ochre-grill

2 HANUMAN €€
Auch das gibt's: Asien im Outback! Chefkoch Jimmy Shu aus Sri Lanka zaubert indische wie thailändische Gerichte mit australischen Zutaten auf die Teller, etwa den gegrillten wilden Barramundi mit Passionsfrucht und Ingwer.
82 Barrett Drive
Tel. 08 89 53 71 88
www.hanuman.com.au

3 OUTBACK BAR & BISTRO €
Gehört zur Glen Helen Lodge in den westlichen Macdonnell Ranges und hat eine Terrasse mit Traumblick auf die Berge. Es gibt Kängurusteak, aber auch Huhn oder Rind. Achtung: mittags wird die letzte Bestellung um 14, abends um 20 Uhr aufgenommen.
Glen Helen Lodge, Mereenie Hwy.
Tel. 13 00 26 98 22
www.glenhelenlodge.com.au

1 DESERT PALM RESORT €€
80 gemütliche Ferienhäuschen stehen inmitten eines tropischen Pal-

mengartens mit schönem Pool. Minimart mit Alkoholverkauf, Waschsalon und Restaurant.
74 Barrett Dr.
Tel. 08 89 52 59 77
www.desertpalms.com.au

❷ BOND SPRINGS OUTBACK RETREAT €€

Farmleben mit 3000 Rindern, aber auch Komfort mit Swimmingpool für die Gäste: zu erleben 25 km nördlich von Alice Springs. Gastgeber Ben ist auf der Farm geboren und aufgewachsen.
Bond Springs Station
Tel. 08 89 52 98 88
www.outbackretreat.com.au

❸ ROSS RIVER RESORT €€

Noch weiter draußen, 83 km nordöstlich von Alice, auf dem Gelände einer ehemaligen Goldgräbersiedlung, kann man sich in kleinen Holzcabins einquartieren oder mit dem Wohnmobil einen Stellplatz mit Strom und Wasser finden. Zur Farm gehören ein Pool, ein kleines Spa und ein Restaurant.
7829 Ross Hwy., Hale
Tel. 08 89 56 97 11
www.rossriverresort.com.au

---

ten Pfarrer John Flynn und Freund Alfred Traeger den pedalgetriebenen Radiosender, eine Voraussetzung für den 1929 von Flynn gegründeten Royal Flying Doctor Service.
Women's Hall of Fame: 2 Stuart Terrace | Feb.–Dez. tgl. 10–17 Uhr
Eintritt: 8 AUD | www.pioneerwomen.com.au
Residency: 29 Parsons St. | März–Nov. Mo.–Fr. 10–14 Uhr
Eintritt: frei

★ Aboriginal Art & Cultural Centre

Didgeridoo, Kunst und Touren

Über die Kultur der Arrernte-Aborigines, die in einem Reservat etwa 100 km südlich von Alice Springs leben, informiert dieses Kulturzentrum. In der Kunstgalerie kann man Arbeiten der Ureinwohner kaufen, das Spielen auf einem Didgeridoo lernen oder geführte Ausflüge ins Reservat der Arrernte buchen. Interessant ist auch der Besuch online: 2000 Links entführen zu Kunstwerken der Aboriginal Art.
86 Todd St. | tgl. 10–16 Uhr | Eintritt: frei
http://aboriginalart.com.au

★ Royal Flying Doctor Service

Die fliegenden Ärzte

Wie die medizinische Versorgung im Outback durch die Fliegenden Ärzte funktioniert, erfährt man in der Basis des Royal Flying Doctor Service (▶ S. 18 & 276). Im Kinosaal wird ein Film über die Geschichte und die Arbeit der Ärzte gezeigt. Und in der ehemaligen Funkstation ist ein kleines Museum eingerichtet.
8 Stuart Terrace | Mo.–Sa. 9–17, So. ab 13 Uhr | Eintritt: 12 AUD
www.rfdsalicesprings.com.au

Reptile Centre

Alles, was kreucht und fleucht

Gleich nebenan trifft man auf die gefährlichsten Schlangen der Welt, aber auch auf den so selten zu sehenden, furchteinflößenden Dorn-

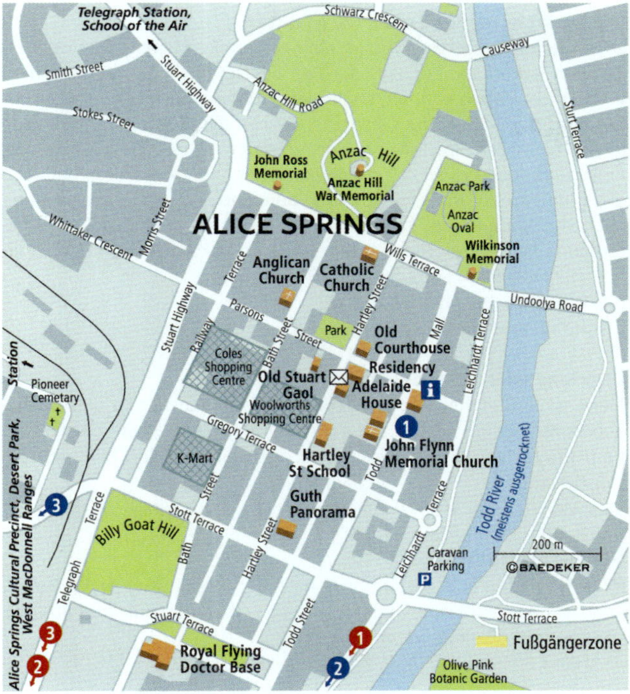

1 Red Ochre Grill
2 Hanuman
3 Outback Bar & Bistro €

1 Desert Palm Resort
2 Bond Springs Outback Retreat
3 Ross River Resort

teufel – doch keine Angst, er verspeist nur Ameisen. Zu den weiteren Bewohnern zählen farbenfrohe Echsen und andere Reptilien.

9 Stuart Terrace | tgl. 9.30–17 Uhr | Eintritt: 18 AUD
www.reptilecentre.com.au

Nettes Sammelsurium

Araluen Cultural Precinct

Westlich des Zentrums hat man eine große Fossilien- und Meteoritensammlung sowie Kunstwerke der Aborigines zusammengetragen, aber auch eine restaurierte und silber glänzende DC 3. Das **Araluen Arts Centre** umfasst vier Galerien und widmet sich schwerpunktmäßig der Kunst aus dem Zentrum Australiens. U. a. sind die eindrucksvollen Landschaftsaquarelle des Arrernte-Künstlers Albert Namatjira zu sehen (► S. 531).

61 Larapinta Dr. | tgl. 10–16 Uhr | Eintritt: frei
www.araluenartscentre.nt.gov.au

Die Entstehung der Erde in 20 Minuten

Desert Park

Die inneraustralischen Wüsten sind erstaunlich lebendig. Eine Vielzahl von Tieren und Pflanzen des Red Centre, die in der wasserarmen Wildnis überleben können, stellt dieser Wüstenpark vor. In 20 Minuten lässt der Film »The Changing Heart« die Entstehung der Erde Revue passieren, im Streichelzoo erfreuen zahme Zwergkängurus, Emus und Koalas nicht nur die kleinen Besucher. Außerdem hat auch die Möglichkeit, in Gehegen, die den natürlichen Lebensräumen nachempfunden sind, zahlreiche Vertreter der australischen Wüstenfauna kennenzulernen. Oder wo sonst bekommt man einmal einen Marmorierten Fettschwanzgecko zu Gesicht?

871 Laparinta Dr. | tgl. 7.30–18 Uhr | Eintritt: 32 AUD
https://alicespringsdesertpark.com.au

Überlebenskünstler der Wüste

Olive Pink Botanic Garden

Mehr als 500 einheimische Pflanzenarten lassen sich in diesem ariden botanischen Garten am Westufer des Todd River entdecken. Vom **Meyer's Hill** hat man zudem auch einen tollen Blick auf die Wüstenstadt.

8 Tancks Rd. | tgl. 8–18 Uhr | Eintritt: frei | www.opbg.com.au

Nur für große Jungs

National Road Transport Hall of Fame

Nähe Flughafen ehrt die »Ruhmeshalle der Mobilität« Trucks, Busse, Road Trains und Eisenbahnzüge wie den Ghan, die auf dem Fünften Kontinent unterwegs waren und sind.

92 Norris Bell Dr. | tgl. 9–17 Uhr | Eintritt: 15 AUD
www.roadtransporthall.com

Rund um Alice Springs

Ursprung der Stadt

Telegraph Station

Die liebevoll restaurierte alte Telegrafenstation, aus der Alice Springs ab 1871 erwuchs, liegt heute 3,5 km nördlich der Stadt am Stuart Highway. In der Nähe befindet sich das (mitunter trockene) Wasserloch, das von den Aborigines »Thereyurre« genannt wird und dem die Stadt ihren Namen verdankt.

Das größte Klassenzimmer der Welt

★ School of the Air

Vormittags kann man mitverfolgen, wie der Schulunterricht über Hunderte von Kilometern im Outback gemacht wird. Dank Satelliteninternet und Webcams sitzen die Schüler dabei im virtuellen Klassenzimmer, das sich über 1,3 Mio. km² erstreckt. Die School of the Air wurde 1951 gegründet und liegt 4 km nördlich von Alice.

80 Head St. | Mo.–Sa. 8.30–16.30, So. ab 13.30 Uhr | Eintritt: 8 AUD
www.assoa.nt.edu.au

★ MacDonnell Ranges

Der wilde Westen

Namatjira Drive

Wenn die Sonne über den MacDonnell Ranges wie ein glutroter Ball versinkt, ist dieser Gebirgszug am schönsten. Östlich und besonders westlich von Alice breiten sich die bis zu 1510 m hohen MacDonnell Ranges aus. 300–900 Mio. Jahre alt, gehören die zerklüfteten Bergketten zu den ältesten Gebirgen der Welt. Entlang des Namatjira Drive (S 2), der rund 46 westlich von Alice Springs vom Larapinta Drive (S 6) abzweigt, folgt eine tiefe Sandsteinschlucht auf die nächste – und eine ist schöner als die andere! Die geteerte und gut befahrbare Route führt quer durch die westlichen MacDonnell-Berge und lässt sich bequem in einer Tagestour ab Alice bewältigen.

Der heilige Ort

★ Simpsons Gap

So schroff, als seien sie aus dem rostroten Fels herausgesägt worden, erheben sich die bizarren Quarzitwände des Simpsons Gap, einer Schlucht im **West MacDonnell National Park** (25 km westlich von Alice Spring abseits des Larapinta Drive). Bis weit in die Trockenzeit hinein ist dort Wasser zu finden. Der Ort ist den Aranda heilig: als Wohnstätte ihrer Vorfahren, der Goanna (Riesenwarane), und als Kreuzung mehrerer Traumzeitpfade. Es gibt Wanderwege unterschiedlicher Schwierigkeitsgrade und Picknickplätze.

80 m hohe Wände

★ Standley Chasm

Chasm heißt Abgrund. Und diesen Abgrund, 30 km weiter westlich und ebenfalls im West MacDonnell National Park gelegen, sollte man um die Mittagszeit aufsuchen: Für genau 20 Minuten scheint die hoch stehende Sonne bis zum Grund zwischen den 80 m hohen Felswänden, die stellenweise eine wenige Meter enge Schlucht bilden und heute wieder im Besitz der Iwupataka sind. Vom Parkplatz führt ein 1,5 km langer Pfad zur Schlucht hinunter. Farnartige Cycathea-Palmen klammern sich an Felsen und im dunklen Schlund hat sogar ein Stück Regenwald überlebt!

Die Eier des Emu

★ Ormiston Gorge

Eine 8 km lange, geteerte Straße führt vom Namatjira Drive in die Ormiston Gorge. Vom Ormiston River geschaffen, von den Aborigines als ein Stück Emu-Traumzeit verehrt: Die Schlucht ist ebenfalls Teil des West MacDonnell National Parks und verfügt über Visitor Centre und Campingplatz – Trinkwasser sollte man allerdings mitbringen! Am Südende der Schlucht erreicht man ein **Wasserloch**, das fast nie austrocknet und in dem man baden kann. Die riesigen Findlinge, die bei Trockenheit aus dem Wasserloch herausragen, sind laut Aborigine-Legende die Eier des Vogels. Der

OBEN: Spektakuläre Farbkontraste – rote Felswände, weiße Baumstämme und grüne Eukalyptusblätter – bietet die Trephina Gorge.

UNTEN: Nur kurz am Tag, dann aber erbarmungslos, berührt die Sonne den Grund von Stanley Chasm.

7 km lange **Ormiston Pound Walk** führt von der Schlucht durch das Naturschutzgebiet. Vom **Ghost Gum Lookout** hat man einen herrlichen Ausblick. Auch hier gilt: Unbedingt genügend Trinkwasser mitnehmen!

Heimat der Schlange

Glen Helen Gorge

Südlich der Ormiston Gorge und schon 135 km westl. von Alice Springs stößt man auf die Glen-Helen-Schlucht mit der gleichnamigen Lodge und Restaurant. Dort kann man 4WD-Touren durch den 386 ha großen Naturpark mit seinen bizarren Felsformationen buchen. Für die Aranda ist der kleine See in der Schlucht die Heimat der Riesenwasserschlange Yurlunggu. Aus seinen Tiefen sollen einst die ersten Schöpferahnen der Traumzeit hervorgegangen sein, die der noch unfertigen Welt ihre heutige Gestalt verliehen.

Ab in den Osten

Corroboree Rock

Jenseits der **Heavitree Gap**, jenes Nadelöhrs im Süden von Alice Springs, durch das sich Eisenbahn, Stuart Highway und das sandige Bett des Todd zwängen, gelangt man auf den **Ross Highway** (S 8), der in die östlichen MacDonnell Ranges führt. Zunächst passiert man zwei für die Arrernte heilige Stätten: nach 10 km die Felsschlucht **Emily Gap** mit gut erhaltenen Felszeichnungen und nach weiteren 8 km **Jessie Gap**. Nach knapp 45 km erreicht man schließlich den Corroboree Rock. Der auffallende Kalkfels ist ebenfalls eine bedeutende Kultstätte der Ureinwohner. Ein kurzer Lehrpfad mit Schautafeln erschließt das Gelände.

Im Tal der Adler

Trephina Gorge

Die eindrucksvolle Trephina-Schlucht ist von hohen Sandsteinwänden umgeben. Entlang des breiten sandigen Flussbetts wachsen hohe Flusseukalypten. Das **John Hayes Rock Hole** dagegen ist schmal und schattig. Wegen der vielen Keilschwanzadler wird das Gebiet unterhalb vom Mount Hayes auch »Valley of the Eagles« genannt. Am Eingang zur Schlucht leben Fledermauskolonien. Die 9 km lange Zufahrt zur Trephina Gorge kann man mit einem normalen Pkw zurücklegen.

Hübsches Geisterstädtchen

Arltunga

Von 1887 bis 1916 wurde in Arltunga nach Gold geschürft. Übrig geblieben sind Minenschächte, verrostete Maschinen und Ruinen von Steinhäusern. Die ehemalige Polizeistation und das Gefängnis wurden sogar restauriert. Im Visitor Centre ist die Ortsgeschichte bestens dokumentiert. Das Geisterstädtchen liegt 110 km nordöstl. von Alice Springs am Ross Highway. Das letzte Stück Piste ist allerdings nicht immer befahrbar.

KONTAKTBÖRSE IM NIRGENDWO

BAEDEKER WISSEN

Untrennbar mit dem Leben im Outback verbunden sind die Pubs – ein Erbe aus dem englischen Mutterland. Nach einer Woche harter Arbeit setzt sich bis heute das Gros der Landbevölkerung in seinen Wagen und fährt – manchmal Hunderte von Kilometern – zur nächsten Pinte, um unter Menschen zu sein und sich den Staub aus der Kehle zu spülen.

Die Saufgelage am Wochenende sind allerdings für Frauen nur bedingt geeignet, denn der tief verwurzelte Chauvinismus der **»Ocker«**, der bierbäuchigen Machos, ist im Outback noch weit verbreitet. Der Kneipenbesuch mit Freunden ist ihnen heilig – ihre Frau darf als »Sheila« daheim am Herd stehen.

Legendäre Pubs

Berühmt ist vor allem der **Daly Waters Pub**, 910 km nördlich von Alice Springs, authentisch sind auch das **Pink Roadhouse** am Oodnadatta Track und das Roadhouse von **Barrow Creek**, 250 km nördlich von Alice Springs, dessen Pub noch eine »Bush Bank« hat: Mit Unterschrift und Datum stecken die Gäste ihre Geldscheine an die Wand hinter der Bar – als Guthaben für die Drinks beim nächsten Besuch. Auch das **Humpty Doo Hotel** rund 45 km südlich von Darwin hat sich seit seiner Eröffnung im Jahr 1970 kaum verändert. Der rustikale Pub von **Grove Hill** 150 km südlich von Darwin wurde von einem Tierarzt aus Darwin originalgetreu restauriert – mit dem einzigen Zugeständnis an unsere Gegenwart, dass es dort jetzt fließend Wasser und Strom gibt. Genau auf halbem Weg zwischen Alice Springs und Adelaide liegt eine weitere Outback-Ikone: das ursprünglich als Servicestation für den »Ghan« errichtete **William Creek Hotel**: Eine Besonderheit hier ist die »Big Berta« – ein riesiger Büstenhalter, in dem Spenden für die »Fliegenden Ärzte« gesammelt werden. Zu den südaustralischen Ikonen

gehören das historische **Prairie-Hotel** in Parachilna und der Pub von **Blinman** mit seinem berühmten »Sieben-Gänge-Menü«: ein Meatpie und ein Sixpack Bier.

Hotel ohne Betten

Viele der berühmten Outback-Pubs tragen bis heute die Bezeichnung »Hotel« und erinnern damit noch an die Zeit, als der Alkoholausschank nur gestattet war, wenn der Wirt auch ein Bett unter seinem Dach bereithielt.

Ein kaltes Vergnügen

Thekengetränk ist das Bier – kalt muss es sein, deshalb stehen auch die Gläser im Kühlschrank. Im urigen **Blue Heeler Hotel** in Kynuna am Highway Matilda in Queensland wurde aber sogar mal Champagner durch das Fenster gereicht – 1891, um streikende Schafscherer zu beruhigen. Übrigens hat jeder Bundesstaat seine eigenen Bierglasgrößen. So fasst ein »schooner« in New South Wales 425 ml, in South Australia nur 285 ml.

Ob im Blue Heeler Hotel in Kynuna oder in jedem anderen australischen Roadhouse – Zeit für einen Plausch hat man immer. Und wenn nicht, dann nimmt man sie sich.

★ ARNHEM LAND

Höhe: 0–558 m | **Einwohner:** 16 000

D/E
21/22

Die Heimat des Didgeridoo ist ein raues, ein ungebändigtes Stück Land, das sich seit Jahrhunderten kaum verändert hat. Nur wenige Pisten führen durch die fast 100 000 km² großen Wildnis von Arnhem Land im äußersten Nordosten des Northern Territory. Aber es gibt auch einen nur 80 km von Darwin entfernt liegenden Außenposten, ebenso weitgehend unerschlossen, aber besser erreichbar: die Tiwi Islands in der Timor See.

Land der Aborigines

Sie haben Tiere und Menschen in einer Art Röntgenstil dargestellt: Die Arnhem-Land-X-Ray-Art wird auf ca. 2000 Jahre vor unserer Zeitrechnung datiert. Die Malereien der Aborigines zeigen akkurat innere Organe, Knochen und sogar Venen und Arterien. Das Arnhem Land ist aber auch die Heimat des berühmtesten australischen Musikinstruments: dem Didgeridoo. Denn dort soll das Schöpfungswesen Ganbulabula aus der Traumzeit das Blasinstrument geschaffen haben.
Das Arnhem Land ist größer als Ungarn, Portugal oder Österreich, obgleich nur etwa 16 000 Einwohner dort leben. 12 000 davon gehören dem Stamm der Yolngu Aborigines an, die die ureigenen Bewohnern der Region sind; seit 1976 gehört ihnen das Land auch wieder. Etwa ein Fünftel von Arnhem Land entfällt auf den ▶ Kakadu National Park. Weiße drangen erst Mitte des 20. Jh.s in die Gegend vor, um entlang der Küste Bauxit abzubauen. Benannt wurde Arnhem Land nach einem holländischen Segelschiff, das 1623 vor der Küste strandete.

Abenteuertrip

Unterwegs im Arnhem Land

Jeder Besucher benötigt unbedingt ein geländegängiges Fahrzeug und eine **Genehmigung (»permit«)**, um ins Arnhem Land reisen zu dürfen. Ein Großteil des Gebiets ist allerdings Individualreisenden gar nicht oder nur eingeschränkt zugänglich. Rechnen Sie mit einer sehr strapaziösen Anfahrt!

Wohin im Arnhem Land?

Ganz schön modern

★ Tiwi Islands

Die beiden Tiwi-Inseln **Bathurst** und **Melville** liegen 80 km nordwestlich von Darwin entfernt. Die dortigen Aborigines sind für ihr Kunsthandwerk bekannt. So bemalen sie Muscheln mit abstrakten Motiven und fertigen Seidenmalereien, Drucke und Holzschnitzereien im traditionellen Tiwi-Stil an. Berühmt sind vor allem ihre bis zu

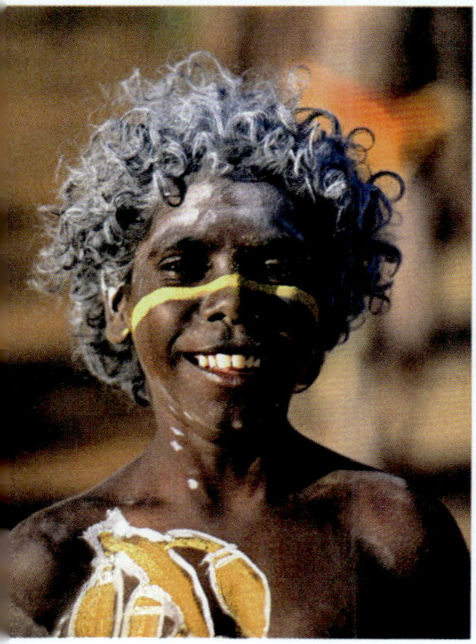

OBEN: Das Arnhem Land steckt voller bunter Zeugnisse der Ureinwohner – etwa am Mount Borradaile. Zu den ältesten Motiven ihrer Kunst zählen Hände.

UNTEN: Aborigine-Junge im Arnhem Land: Die Körperbemalung ist nicht nur Schmuck, sondern symbolisiert z. B. auch gesellschaftlichen Rang und Zugehörigkeit zu einem Stamm.

DAS ARNHEM LAND ERLEBEN

BLACK POINT VISITOR CENTRE
An der Port Essington Bay befindet sich eine Rangerstation mit Besucherzentrum.
www.nretas.nt.gov.au/national-parks-and-reserves/

PERMITS
https://www.nlc.org.au/permits

INFOS IM INTERNET
https://northernterritory.com/de/de/arnhem-land/region-guide

DAVIDSON'S ARNHEMLAND SAFARIS
Seit 1986 im Arnhem Land aktiv und deshalb mit viel Wissen und Erfahrung: Wenn die Guides sagen, man könne baden gehen, dann ist garantiert kein Krokodil in der Nähe ...
http://arnhemland-safaris.com

Im August findet das Garma Festival statt: Das viertägige Fest der Yolngu präsentiert Musik, Tanz, Foren und Geschichten der Aborigines (in Gulkula, 40 km nordwestlich von Nhulunbuy).

WALKABOUT RESTAURANT €€
Ob Snapper oder Barramundi: Der frische Fisch schmeckt mittags und abends gleichermaßen.
12 Westal St., Nhulunbuy
Tel. 08 89 39 20 00
https://walkaboutlodge.com.au

SEVEN SPIRIT BAY €€€€
Diese Eco-Wilderness Lodge mit Pool inmitten unberührter Natur an der Nordküste der Cobourg Peninsula ist nur mit dem Flugzeug ab Darwin zu erreichen (Flugzeit 45 Min.). Gewohnt wird in luxuriösen, lichtdurchfluteten sechseckigen Bungalows. Im Preis sind Vollverpflegung, Safaris und Wäscheservice enthalten.
Seven Spirit Bay
Tel. 1800 68 82 22
https://sevenspiritbay.com.au

6 m hohen, kunstvoll verzierten Pukamani-Totempfähle, die im **Patakijiyali Museum** auf Bathurst und im Museum of the Northern Territory in ▶ Darwin zu sehen sind. Die rund 2500 Bewohner verwalten ihre Inseln seit dem Jahr 1978 selbst. Bis zum 20. Jh. hatten die Tiwi kaum Kontakt mit Festland-Aborigines und entwickelten so eine weitgehend eigenständige Kultur.
Fähre: 3-mal wöchentl. | Fahrtzeit 2,5 Std.
www.sealinknt.com.au/ferry

★ Coburg Peninsula

Entlegenes Paradies
Dugongs, Delfine, sechs Arten von Schildkröten und Krokodile leben auf der und um die Cobourg-Halbinsel, die etwa 200 km nordöstlich von ▶ Darwin ins Meer hinausragt. Sie wirkt auf der Landkarte wie

die Fortsetzung der Tiwi Islands. Auch die Cobourg Peninsula befindet sich im Besitz der Aborigines.
Der rund 2200 km² große **Garig Gunak Barlu National Park** besteht aus weitgehend unzugänglicher Wildnis und wird von tropischem Eukalyptuswald, Regenwald, Sumpfgebieten und Mangrovendickicht geprägt. Im Frühjahr ist der Park Zwischenstation für Jabirustörche, Brolgakraniche und andere Zugvögel. Auch die vorgelagerten Korallenriffe, Dünen und schönen Strände gehören zum Nationalpark. Wegen der viele Krokodile sind sie jedoch nicht zum Baden geeignet. Ohnehin sollte man die entlegene Wildnis nur in Begleitung erfahrener Guides besuchen.

Anreise über Arnhem Highway oder per Flugzeug von Darwin nach Smith Point an der Nordküste | Infos zu Touren unter https://northernterritory.com/de

Die »Hauptstadt«

Nhulunbuy

Die größte Siedlung im Arnhem Land (3800 Einw.) liegt inmitten unberührter Natur. Nhulunbuy ist das Mekka für Angler – selbst die größten Pechvögel, so heißt es, werden hier einen großen Fang machen. Außerhalb der Stadt befinden sich eine Reihe schöner Strände wie Dhamitjinya, Macassan (mit Campingplatz) oder Galaru. Doch auch dort gibt es zahlreiche Krokodile!

DARWIN

Höhe: 0 m | **Einwohner:** 130 000

»Hab' keine Angst vor den Haien! Die werden von den Krokodilen gefressen!« So lautet ein spaßiger, aber wahrer Aussie-Spruch, der vor allem für die Küste Darwins zutrifft. Und die örtliche Tageszeitung »Darwin Sun« zeigt immer wieder mal ein Sechs-Meter-Krokodil mit einem Zwei-Meter-Hai im Maul als Warnung! Ansonsten hat sich die Hauptstadt des Northern Territory als Brückenkopf nach Asien zum einen Städtchen mit ein paar Hochhäusern gemausert, ist aber vom Charakter her tief provinziell geblieben. Stress ist jedenfalls unbekannt.

»Metropole« des Top End

Menschen aus mehr als 50 Nationen leben in der kleinen, aber doch größten Stadt des Northern Territory, darunter auch die Ureinwohner des Larrakia-Stammes. Jahrein, jahraus Temperaturen zwischen 30 und 35 °C, eine zeitweise extrem hohe Luftfeuchtigkeit und sintflutartige Regenfälle während der Regenzeit von November bis April

Das Herz der Selbstverwaltung des Northern Territory ist das 1994 eingeweihte Parlament.

sind die Kennzeichen des tropischen Klimas um Darwin, der einzigen Regionalhauptstadt Australiens, die in den Tropen liegt. Mit durchschnittlich achteinhalb Sonnenstunden am Tag ist sie zugleich die sonnigste und heißeste des Landes.

Australiens abgeschiedenes Tor nach Ostasien

Geschichte

1869 wurde der Ort als Palmerston gegründet. Palmerston ist heute ein Vorort der Stadt, die im Zweiten Weltkrieg (1942) und durch diverse Stürme mehrfach fast total zerstört wurde. Aber die Menschen sind hart im Nehmen am Top End und haben ihre Stadt immer wieder aufgebaut. Als Palmerston 1911 Hauptstadt des Northern Territory wurde, änderte man den Namen zu Ehren des Naturforschers Charles Darwin.

Während der Hafen stets von landesweiter Bedeutung war, kam der Anschluss ans nationale Eisenbahnnetz erst 2004. Seitdem verbindet der Transkontinentalzug **The Ghan** die Stadt mit Alice Springs und dem Süden des Landes. Der Weg zu allen wichtigen Städten Australiens ist sehr weit: Indonesiens Hauptstadt Jakarta liegt beispielsweise näher als Canberra, Bali sowieso. Deshalb gilt die größte Stadt des australischen Nordens für asiatische Länder als Eingangstor nach Australien. Klassische Sehenswürdigkeiten freilich sind rar: Zyklon Tracy ließ 1974 so gut wie nichts stehen.

Wohin in Darwin?

Vier Straßen

Das Zentrum

Die **Esplanade** säumen Hotels, die **Mitchell Street** Cafés, Bars und Kinos. Die **Smith Street** ist mit ihrer Mall der Shopping-Strip ... auf der aber Punkt 18 Uhr die Türen geschlossen werden! Die **Cavenagh Street** schließlich bildete einst Chinatown. Ein Rundgang empfiehlt sich wegen der Hitze und Öffnungszeiten für die späten Nachmittagstunden. An der Ecke Esplanade/Smith Street liegt die Police Station mit dem **Old Courthouse**, einem der ältesten Gebäude Darwins von 1884. Weiter auf der Esplanade Richtung Norden folgt das schneeweiß gestrichene **Government House**, seit 1879 Repräsentanz des Administrator of the Northern Territory, des Vertreters des königlichen Generalgouverneurs für den Commonwealth of Australia. Unübersehbar ist weiter nördlich das moderne **Parliament House**, in dem seit 1994 die Abgeordneten des Northern Territory tagen. Das **Old Admiralty House** in der Knuckey Street wurde 1930 als Stelzenhaus konzipiert und überlebte Tracy ziemlich unbeschädigt.

Parliament House: 1 Esplanade | Führungen Feb.-Nov., Sa. 9 u. 11, Mai-Sept. zusätzl. Mi. 10.30 Uhr, Start im Foyer | Eintritt: frei
parliament.nt.gov.au/about-parliament/tours-of-parliament-house

Im Käfig des Todes

Crocosaurus Cove

Aquarien, Terrarien, 14 Krokodilarten aus aller Welt sowie andere gefährliche Zeitgenossen des Fünften Kontinents sorgen im Crocosaurus Cove für große Augen. Und wer den besonderen Kick sucht, kann – geschützt im Aycrylglaskasten »Cage of Death« und einmalig in Australien – ein Bad inmitten der Krokodile nehmen.

58 Mitchell St. | tgl. 9–19 Uhr | Eintritt: 35 AUD, Cage of Death 170 AUD
www.croccove.com

Ein Hauch von Oslo

Waterfront

Vis-à-vis des alten Werftgeländes Stokes Hill wurde Ende der 1990er-Jahre die attraktive Darwin Waterfront gebaut: mit Hotels und Boutiquen, Cafés und Restaurants, in denen man hübsch unterm freien Himmel sitzen kann. Die Architektur erinnert ein wenig an Oslos Uferpromenande. An der **Waterfront Lagoon** gibt es auch einen künstlich geschaffenen (sicheren) Badestrand mit Liegewiese, Wasserrutsche, Lifeguard und umherlaufenden Ibissen. Im **Indo Pacific Marine Museum** dreht sich alles ums Ökosystem der Korallenriffe. Es lohnt sich, abends hinzugehen: Das Nachtleben im Riff hat es in sich, wie die fluoreszierenden Leuchtkorallen eindrucksvoll demonstrieren. Südlich davon starten an der Jetty die Hafenrundfahrten. Westlich, unterhalb des Government House, befindet sich das **Deckchair Cinema**, Darwins beliebtes Freiluftkino.

Indo Pacific Marine Museum: 29 Stokes Hill Rd. | Di.–So. 10–14 Uhr Eintritt: 27 AUD | Coral Reef by Night (Show u. Dinner) Mi., Fr. u. So. 18.30 Uhr, Ticket 120 AUD/Pers. | www.indopacificmarine.com.au
Deckchair Cinema: 1 Jervois Rd. | April–Nov. tgl. 19.30 Uhr Eintritt: 16 AUD | www.deckchaircinema.com

Perfekt zum Sundowner

Bicentennial Park

Parallel zur Esplanade verläuft der Park, der gern abends zum Sonnenuntergang besucht wird. Eine besondere Attraktion liefert die **Aquascene**: Seit den 1950er-Jahren kommen mit der Flut Tausende von Fischen dorthin, die gefüttert werden können.
Aquascene: 28 Doctor's Gully Rd. | tidenabhängige Fischfütterungszeiten, s. Website) | Eintritt: 15 AUD | www.aquasecene.com.au

Die Flora des Top End

George Brown Botanic Gardens

Der Botanische Garten im Norden der Stadt wurde 1870 von einem deutschen Gärtner angelegt. Mit mehr als 400 Palmenarten in einem Miniaturregenwald, einer Orchideenzucht und Sumpfgelände zählt der 42 ha große Park zu den artenreichsten der Südhalbkugel.
Gilrouth/Gardens St. | tgl. 7–19 Uhr | Eintritt: frei

Tracys Schneise der Verwüstung

Museum and Art Gallery of the Northern Territory

Rund 4 km nördlich der City werden Kunst und Kultur der Arnhem-Land-Aborigines – Schnitzereien, Punktzeichnungen und Rindenmalereien – sowie aus Südostasien und der Südsee präsentiert. Außerdem findet man eine Ausstellung zum Wirbelsturm Tracy, der Darwin 1974 fast gänzlich zerstörte. In einem düsteren Raum hört man das Fauchen des Wirbelsturms in voller Lautstärke.
2 Conacher St. | tgl. 9–17 Uhr | Eintritt: frei

Nicht baden!

Strände

Darwin hat zwar einige schöne Strände. Starke Gezeiten, Salzwasserkrokodile, Haie und in den Sommermonaten hochgiftige Würfelquallen sorgen aber dafür, dass sich so gut wie niemand ins Wasser begibt. Am für seine Sonnenuntergänge berühmten **Mindil Beach** am nordwestlichen Ende der Stadt findet der Sunset Market statt.

Rund um Darwin

Bester Stadtblick

Charles Darwin National Park

Das 48 km² große Feuchtgebiet, 6 km östlich des CBD, bietet Aussichtspunkte und den besten Blick auf die Stadt. Im Zweiten Weltkrieg gehörte das Gelände zur **Verteidigungslinie im Norden Australiens**. Daran erinnern die 1944 erbauten Waffenlager und Teststände.
Tgl. 8–17 Uhr | Eintritt: frei

Museum & Art Gallery of the Northern Territory
East Point Reserve, Fanny Bay Gaol Museum
Airport, Crocodile Farm, Kakadu National Park, Aviation Heritage Centre
Fanny Bay
Mindil Beach
Mindil Beach Resort
Gardens Oval
Darwin Botanical Gardens
Amphi-theatre
Mindil Beach Casino Resort
Palmerston Park Oval
THE GARDENS
Golf Course
Palmerston Park
Golf Course
STUART PARK
Dinah Oval
Dinah Beach
Frances Bay Marina
Frances Bay
LARRAKEYAH
Aquascene
Doctors Gully
Bicentennial Park
Darwin Performing Arts Centre
Leichhardt Memorial
Lameroo Beach
Bicentennial Park
Port Darwin
DARWIN
Chinese Temple
Lyons Cottage
Victoria Hotel
City Bus Terminal
Brown's Mart
STOKES HILL
Old Admiralty House
Bennett Park
Old Town Hall
Cathedral
Indo-Pacific Marine Museum
Anzac Memorial
Parliament House
Old Courthouse
Convention Centre
Overland Telegraph Memorial
Government House
FORT HILL
Darwin Harbour
Old Fort Hill Wharf
Stokes Hill Wharf
Iron Ore Wharf
Fort Hill Wharf
Charles Street
Westralia Street
Mary Street
Geranium Street
Gonzales Rd.
Henry Street
Meigs Cr.
Queen Street
King St.
Gothenburg Cr.
Blake St.
Duke Street
Dinah Beach Road
Melville St.
Gardens Hill Cr.
Mirambeena St.
Ramirez Road
Stuart Highway
Coronation Drive
Margaret St.
Anne St.
Flinders Drive
Tiger Brennan Drive
Frances Bay Drive
Gardens Road
Gilruth Avenue
Maria Liveris Dr.
Chin Quan Rd.
Kahlin Avenue
Smith Street
Beagle St.
Houston St.
Mitchell Street
Barossa Street
Morinda St.
Marella St.
Manoora St.
Dashwood Cr.
Harriet Place
Cashman Street
McMinn Street
Harvey Street
Daly Street
Woods St.
McLachlan St.
Shepherd St.
Lindsay Street
Cavenagh Street
Garramilla Boulevard
Peary St.
Gully Rd.
Packard Street
Larrakeyah Terrace
Doctors Gully Rd.
Mitchell St.
Mc Lachlan St.
Briggs St.
Smith Street
Manton St.
Gardiner St.
McMinn Street
Litchfield St.
Woods St.
Edmunds St.
Cavenagh Street
Shadforth La
Peel St.
Esplanade
Knuckey Street
The Mall
Austin Lane
Bennett St.
West Lane
Herbert Street
H. Chan Avenue
McMinn Street
Mavie Street
Kitchener Dr.
Hughes Avenue
The Hanuman
Darwin Waterfront
Aboriginal Bush Traders
Palms City Resort
Vibe Hotel
Howard Springs Holiday Park
Happy Yess
Nirvana
500 m
©BAEDEKER
Fußgängerzone

DARWIN ERLEBEN

CITY VISITOR INFORMATION CENTRE

Smith/Bennett St.,
Tel. 08 89 80 60 00
www.darwin.nt.gov.au

STADTRUNDFAHRTEN

Open-Air-Busse von **Big Bus** kurven täglich durch die Stadt und halten an zwölf Attraktionen, u. a. an der Waterfront (40 AUD pro Tag, www.bigbustours.com). **Walk Darwin** bietet geführte Spaziergänge durch die Stadt (25 AUD, www.walkdarwin.com.au).

Seit rund 40 Jahren findet im Juli die **Beer Can Regatta** am Mindil Beach statt. Bei dem Bierdosenrennen dürfen nur Wassergefährte an den Start, die aus Bier- oder Softdrinkdosen gebaut wurden. Die Einwohner sind bekannt für ihren hohen Bierkonsum. Dementsprechend viele Dosen fallen da an ...
www.beercanregatta.org.au

Die Haupteinkaufsstraße im Stadtzentrum ist die Smith Street, ein Teil von dieser ist Fußgängerzone. Accessoirs aus Krokodilhaut (von Zucht-Salzwasserkrokodilen) gibt's im **Di Croco** (Smith St. Mall, Shop 4), Kunst der Aborigines im **Paperbark Woman** (24 Cavenagh St.). Schönster Markt ist der **Mindil Beach Sunset Market**: 200 Stände verkaufen Kunstgewerbe und Kleidung, begleitet von Musik, Theater und Imbissbuden, die Delikatessen aus 20 Ländern anbieten; großartig sind die hiesigen schönsten Sonnenuntergänge (Gilruth Av., April–Okt. Do. u. So. 16–21 Uhr). Etwas außerhalb, in der Trower Road 247, verfügt Darwins größtes Einkaufszentrum **Casuarina Square** über 200 Shops (tgl. ab 9, Fr. bis 21, sonst bis 17 Uhr).

1 HAPPY YESS

Kleiner Club mit Liveauftritten von lokalen Bands.
5 Bennett St.
Tel. 04 09 28 59 47
www.happyyess.com

2 NIRVANA

Tolle Atmosphäre, gute Musik und prima Essen.
6 Dashwood Crescent
Tel. 08 89 81 20 25
www.nirvanarestaurantdarwin.com

1 THE HANUMAN €€€

Erste Adresse der Stadt. Fischkreationen und sehr gute Thaiküche, wenngleich ein wenig zu teuer.
93 Mitchell Street
Tel. 08 89 41 35 00
www.hanuman.com.au

2 DARWIN WATERFRONT €–€€€

Ob vom Wok oder Steak, Austern oder Pizza: An der Waterfront reiht sich ein Restaurant ans andere. Fast alle haben eine Terrasse und ganz sicher findet dort jeder das Richtige für sich.
Darwin Waterfront
www.waterfront.nt.gov.au

❸ ABORIGINAL BUSH TRADERS €

Kleine hausgemachte Gerichte von Aborigines für Aborigines in Not – denn ausschließlich ihnen kommt der Gewinn dieses Non-Profit-Lokals zu. Es hat nur morgens und mittags geöffnet.
74 The Esplanade
Tel. 08 89 31 66 50
www.aboriginalbushtraders.com

❶ PALMS CITY RESORT €–€€€

Das Stadtresort hat 39 Villen und 50 Zimmer in einem kleinen Park mit Hafenblick. Schöner Pool und nah zum Zentrum.
64 The Esplanade
Tel. 08 89 82 92 00
www.palmcityresort.com

❷ VIBE HOTEL €€

Modernes Hotel mit 120 schlicht, aber schick eingerichteten Zimmern, Pool und bester Lage an der Waterfront.
7 Kitchener Dr., Tel. 08 89 82 99 98
www.vibehotels.com

❸ HOWARD SPRINGS HOLIDAY PARK €

Der am nächsten zu Darwin gelegene Caravanpark (20 Min.)vermietet auch Bungalows.
170 Whitewood Rd., Howard Springs, Tel. 08 89 83 11 69
www.big4howardsprings.com.au

Croc meets Alligator

Crocodylus Park

Mehr als 1000 australische Salzwasserkrokodile und amerikanische Alligatoren, Wasserschildkröten, Schlangen, Löwen, Leoparden, Tiger und Affen leben in diesem Park, der sich fünf Autominuten östlich vom Flughafen befindet.
815 McMillans Rd. | tgl. 9–17 Uhr | Eintritt: 40 AUD
www.crocodyluspark.com

Ein bisschen von allem

Casuarina Coastal Reserve

Zu dem 15 km nördlich von Darwin gelegenen Naturschutzgebiet an der Küste gehören tropischer Regenwald, Mangrovendickicht und ein schöner Strand. Vor der Küste ragt der **Old Man Rock** auf, eine heilige Stätte der Aborigines. Artilleriestellungen erinnern an den Zweiten Weltkrieg.

Hungrig in die Luft

Adelaide River

Knapp 30 Autominuten südöstlich von Darwin zweigt bei Humpty Doo der Arnhem Highway zum ▶ Kakadu National Park ab. Dort lassen sich im **Jumping Crocodiles** auch springende Salzwasserkrokodile bestaunen – Tierschützer kritisieren allerdings derartige Shows. In freier Wildbahn erlebt man die Riesenreptilien bei einer Bootstour auf dem **Adelaide River**, der eine solch hohe Krokodildichte wie kaum ein anderer Fluss in Australien aufweisen dürfte: Auf lediglich 150 km zählte man gut 1500 der mächtigen Leistenkrokodile.
Jumping Crocodiles: Arnhem Hwy. | Fütterung der Krokodile tgl. 9, 11, 13 u. 15 Uhr | Eintritt: 45 AUD | www.jumpingcrocodile.com.au
Adelaide River Cruises: Tel. 08 89 83 32 24
www.adelaiderivercruises.com.au

HERMANNSBURG

Höhe: 550 m | **Einwohner:** 700

Eine Kirche, viele Aborigines, schlichte weiße Steinhäuser, rote Erde – und Apfelstrudel nach altdeutschem Rezept: Das ist Hermannsburg. Die erste Missionsstation im Top End wurde 1877 von zwei lutherischen Missionaren aus dem deutschen Hermannsburg gegründet. Sie verbreiteten das Evangelium, boten den Aborigines aber auch medizinische Hilfe an. Später übersetzte Carl Strehlow das Neue Testament in die Sprache der Aranda und zeichnete Grammatik und Wortschatz der Aborigines auf.

Deutsch-australische Begegnungen

So unspannend das Dorf auf den ersten Blick erscheinen mag, es erzählt wie kaum ein anderes ein Stück australische Geschichte – und das noch aus deutscher Sicht. Die deutschen Missionare prägten das Dorf, obgleich sie die Ausübung von kulturellen Zeremonien der Aborigines duldeten – anders als in vielen anderen Missionsstationen damals. Zur Blütezeit in den 1880er-Jahren lebten in der Mission fast 700 Ureinwohner. Aber auch die weiße Bevölkerung Hermannsburgs wuchs auf 21 Personen an und machte das Dorf neben Alice Springs zur zweitgrößten europäischen Siedlung in Zentralaustralien. Auch heute sind es (wieder) rund 700 Einwohner, zum größten Teil Aborigines. Seit 1982 sind die Aranda Eigentümer des Dorfes, das 130 km westlich von Alice Springs liegt. Hermannsburg ist sehr überschaubar, um nicht klein zu sagen. Alles ist zu Fuß zu erkunden, das Wohngebiet der Aborigines allerdings darf nicht besucht werden.

HERMANNSBURG ERLEBEN

HISTORIC PRECINCT

Tel. 08 89 56 74 02
www.hermannsburg.com.au

TEA ROOM €

In Strehlows altem Wohnhaus (► S. 173) gibt es Altdeutschen Apfelkuchen oder Scones mit Marmelade. Bewirtet wird täglich, allerdings nur in der Trockenzeit von 9 bis 16 Uhr.

Im 17 km entfernten Palm Valley kann man campen, ein Wohnmobilstellplatz findet sich auch etwas weiter am Finke River am Boggy Hole. Beide Plätze haben einfache Einrichtungen.
Tel. 08 89 56 74 01

Wohin in Hermannsburg?

Kirchlein im Never Never

Hermannsburgs erstes Gotteshaus entstand bereits 1880, wurde aber durch ein Unwetter zerstört. Das heutige Gebäude stammt von 1897 und war mehr als 20 Jahre die einzige Kirche zwischen Süd- und Nordaustralien. Neben dem Kirchlein und dem Schulhaus von 1886 können auch noch einige Wohnhäuser an der Hauptstraße besucht werden. Das Ensemble der historischen Häuser wurde in die **Australian National Heritage List** eingetragen.

Lutherische Kirche

Der berühmte Sohn

Pastor Carl Strehlow (1871–1922) war führender Missionar und lebte 1894 bis 1922 in Hermannsburg, seit 1897 in diesem restaurierten Haus. Berühmtester Künstler und der berühmteste Sohn von Hermannsburg war allerdings **Albert Namatjira** (1902–1959): Er hinterließ rund 2000 Werke, einige sind im Tea Room von Strehlows Haus ausgestellt. Als erster Aborigine, der Aquarelle malte, begründete er zugleich die Hermannsburg School. 1938 stellte er sogar in Melbourne aus, Queen Elizabeth II. ehrte und traf ihn ein Jahr später in Canberra. Wer sich für aktuelle Kunst interessiert: Im **Old Colonists' House** sieht man Künstlern beim Sand Painting zu.

Strehlows' House

Rund um Hermannsburg

Wildromantisch und fast ausgestorben

Eine Herausforderung für den Offroad-Fan ist der Track durch den 460 km² großen Finke Gorge National Park, der 15 km südlich von Hermannsburg beginnt. Für die Fahrt durch das felsenübersäte, meist trockene Flussbett des Finke River braucht man unbedingt einen Geländewagen. Seltene Regenfälle können die Zufahrt aber auch unpassierbar machen. Planen Sie eine drei- bis vierstündige Wanderung durch das wildromantische **Palm Valley** ein, in dem die schlanken, fast ausgestorbenen und bis zu 25 m hohen Red-Cabbage-Palmen wachsen: rund 3000 an der Zahl! In der Schlucht mit bizarren Felsformationen, die Namen wie Kathedrale oder Amphitheater tragen, befinden sich auch heilige Stätten der Aborigines. Zeitweise haben die Wasserstellen im Palm Creek genug Wasser zum Baden.

★ Finke Gorge National Park

Der Riesenkrater

Westlich von Hermannsburg erinnert der Riesenkrater Gosse Bluff an den Einschlag eines Meteoriten vor rund 140 Mio. Jahren. Insgesamt entstanden in der Gegend zwölf unterschiedlich große Krater. Ein Wanderweg mit Informationstafeln verläuft um sie herum. Die Zufahrtswege sind – besonders nach Regenfällen – schwer befahrbar.

Gosse Bluff

INDICATES
DEEPEST
POINT
m
2

★★ KAKADU NATIONAL PARK

Höhe: 0–330 m | **Einwohner:** 1700

Ja, Kakadus gibt es in Australiens größtem Nationalpark auf dem Festland auch. Aber Namensgeber wurden die hübschen weißen Vögel nicht. Den Gagadju, den in diesem Gebiet lebenden Aborigines, verdankt der 20 700 km² großen Park seinen Namen. Schon vor 20 000 bis 30 000 Jahren hinterließen sie erstaunliche Zeugnisse prähistorischer Kultur. Der Park gehört auch deshalb, ebenso aber wegen seiner vielfältigen Tier- und Pflanzenwelt seit 1992 zum UNESCO-Welterbe.

Die vielen Kakadus haben es nicht zum Namensgeber gebracht, wohl aber der bis zu 1,20 m große Storch namens Jabiru: Nach ihm ist die kleine Hauptstadt im großen Park benannt. Dichte Regen- und Eukalyptuswälder, Sumpflandschaften und Mangroven, bis zu 200 m hohe Sandsteinklippen und spektakuläre Wasserfälle kennzeichnen das Landschaftsbild. Kormorane, Kraniche, Kakadus und Jabirus bewohnen eines der wichtigsten Feuchtgebiete der Welt, das in der Regel von November bis Mai überschwemmt ist. Da biegt dann schon mal ein schwimmendes Krokodil falsch in die Einbahnstraße ein … Doch manchmal sind selbst die Verkehrsschilder nicht mehr auszumachen, weil sie komplett geflutet sind.

Krokodile in der Einbahnstraße

Die hiesigen Felsmalereien der Aborigines belegen die frühe Kultur der Ureinwohner, sie gehören zu den schönsten ihrer Art. Die ältesten Zeichnungen sollen 20 000 Jahre und älter sein. Die wenigsten der rund 5000 Kunstwerke sind allerdings zugänglich. Für die Besichtigung des Nationalparks, in der Regel während der Trockenzeit von Mai bis Oktober, sollten Sie mehrere Tage einplanen.

Wohin im Kakadu National Park?

Guter Ausgangspunkt

Jabiru

Das Hauptstädtchen des Parks ist zwar uninteressant, doch als Ausgangpunkt für Touren gut geeignet. 1400 Menschen leben hier, darunter viele Minenarbeiter. Folgerichtig gibt es hier einen Supermarkt, Motels, ein Schwimmbad und ein Krankenhaus. Das **Bowali Visitor Centre**, 2 km südwestlich, widmet sich der grandiosen Natur auch

Die Wasserstandsanzeiger an den Flussübergängen lassen erahnen, wie es im Kakadu National Park während der Regenzeit ausschaut.

DEN KAKADU NATIONAL PARK ERLEBEN

BOWALI VISITOR CENTRE
Kakadu/Arnhem Hwy., Jabiru
Tel. 08 89 38 11 00
https://parksaustralia.gov.au/kakadu

Fantastische Ausflüge, oft unter der Leitung indigener Guides, führen in die Wildnis sowie zu heiligen Stätten der Ureinwohner. Auch schöne Bootstouren sind buchbar. Anbieter sind beispielsweise **Ayal Aboriginal Tours** (www.ayalkakadu.com.au) und **Kakadu Cultural Tours** (www.kakaduculturaltours.com.au/).

In der **Marrawuddi Gallery** im Visitor Centre wird wunderbares Kunsthandwerk der Ureinwohner verkauft.

SPORTS & SOCIAL CLUB €€
Wahrscheinlich das beste Lokal im kleinen Jabiru. Man sitzt herrlich auf der Terrasse zum Jabiru-See und isst genüsslich Krokodilschwanzspieße mit Chilisauce oder einen frisch gegrillten Barramundi.
2 Lakeside Dr., Jabiru
Tel. 08 89 79 23 26
www.jabirusportsandsocialclub.com.au

WILDMAN WILDERNESS LODGE €€€€
Mitten in der unberührten Landschaft am Mary River und rund 100 km westlich des Nationalparks bietet die Lodge luxuriöse Unterkünfte in 15 Safarizelten und zehn Hütten.
Point Stuart Rd., Stuart
Tel. 08 89 78 89 55
www.wildmanwildernesslodge.com.au

GAGUDJU CROCODILE HOTEL €€
Das Krokodil hat einen Kopf, vier Pfoten, einen Schwanz, ist 250 m lang und hat 110 Zimmer. Das Mercure-Mittelklassehotel im Ostteil des Parks verfügt außerdem über ein Restaurant und ein Schwimmbecken, das am Abend – nach herrlichen, aber auch anstrengenden Ausflügen – eine echte Wohltat ist.
1 Flinders St.
Kakadu National Park
Tel: 08 89 79 90 00
www.accorhotels.com/de

aus Sichtweise der Aborigines, informiert über Straßenzustand und geführte Touren. Schauen Sie sich auch den Film über das Leben im Park und die Regenzeit an.
6 km westlich kann man die **Ranger Uranium Mine**, seit 1980 in Betrieb, besichtigen. Für die Aborigines war die Gegend heilig. Es war ein Bestattungsort, den man nicht betreten durfte.
Mine: Kakadu Hwy. | nur Mai–Okt. und nach Anmeldung: Tel. 08 89 24 35 00

Bilder im Röntgenstil

★ Ubirr Art Site

Nach dem Glauben der Aborigines wurden die Wandzeichnungen teilweise von Traumzeitwesen aus der Schöpferzeit gemalt. Eine der beiden zugänglichen Stellen mit Felskunst der Aborigines liegt gut 30 km nördlich von Jabiru am Ubirr Rock. Auf den Bildern im Röntgenstil (X-Ray Style) sind Rückgrat, Rippen sowie innere Organe der Menschen exakt dargestellt. Eine besondere Bedeutung genießt die Regenbogenschlange, eine der mystischen Schöpferfiguren. Ein knapp **2 km langer Rundweg** vom Parkplatz führt zu den Felsmalereien. Unterwegs hat man schöne Ausblicke über den East Alligator River und die Sandsteinfelsen. Lohnend ist auch der abzweigende Pfad hinauf auf den **Frieze Warrior Lookout**, von dem aus man die weiten Schwemmebenen überblickt. Der 6,5 km lange **Rockholes Walk** folgt dem Flussufer. Während der Regenzeit kann die Straße nach Ubirr wegen Überflutung gesperrt sein. Unbedingt Trinkwasser und Mückenschutz einpacken!

Segelschiffe in Stein

★★ Nourlangie Rock

Die schönsten Felsmalereien findet man am Nourlangie Rock, 30 km südlich von Jabiru. Vom Parkplatz führt ein 2 km langer Rundweg zum **Anbangbang Rock Shelter**, einer riesigen schattigen Spalte unter einem Felsüberhang. Die dortigen Bilder im Röntgenstil sind vermutlich bis zu 20 000 Jahre alt. Warum die Farbe noch fast unwirklich kräftig wirkt? 1964 frischte der damals 69-jährige Maler Nayambolmi alle Zeichnungen auf. Empfehlenswert ist auch der 12 km lange **Barrk Walk** um den Nourlangie-Felsen. Wer einen herrlichen Ausblick genießen möchte, sollte den kurzen Aufstieg zum **Nawurlandja Lookout** nicht scheuen. Dort befinden sich ebenfalls exzellente Felsmalereien, in denen u. a. die Ankunft von Segelschiffen aus Europa dargestellt wird.

Auf abenteuerlicher Piste

★ Jim Jim Falls

Nochmals gut 50 km weiter südlich führt eine nur in der Trockenzeit befahrbare 4WD-Piste zu den 200 m hohen Jim Jim Falls. Wirklich spektakulär sind die Wasserfälle allerdings nur kurz nach der Regenzeit, wenn der Jim Jim Creek noch genügend Wasser führt, aber der schwer zu befahrende Track schon wieder geöffnet ist. Besonders die letzten 10 km sind knifflig, da u. a. der 1 m tiefe Jim Jim Creek durchquert werden muss. In ihm leben auch viele Krokodile.

Raus aus den Federn!

★★ Yellow Water

Die morgendliche Rundfahrt auf dem Yellow Water Billabong gehört zu den Höhepunkten im Kakadu-Nationalpark. (Wer vor Sonnenaufgang partout nicht aus den Federn kommt, dem sei gesagt, dass die abendliche Sunset Cruise fast genauso faszinierend ist.) Nehmen Sie ein Fernglas mit, um Reiher, Ibisse, Eisvögel, Jabirustörche, Schlangenhalsvögel und Seeadler zu beobachten. Lauschen Sie dem Gezwitscher

Tausender von Wasservögeln, beobachten Sie Kookaburras, Wallabys und Dingos. Und mit etwas Glück fährt man auch an Salzwasserkrokodilen vorbei, die reglos im Wasser auf Beute lauern. Da sich frühmorgens noch kaum ein Lüftchen regt, spiegelt die Wasseroberfläche alles glasklar wider: Vogelschwärme, Bäume, Wolken und die von der Morgensonne rot gefärbten letzten Nebelschwaden. Die Yellow Waters sind etwa 10 km lang und liegen 60 km südwestlich von Jabiru.

Rund um den Kakadu National Park

Gold und Silber

Pine Creek

An der Abzweigung des Kakadu vom Stuart Highway liegt Pine Creek, lange Zeit einer der Hauptorte der Minenindustrie in Nordaustralien. 1870 entdeckten Arbeiter beim Bau der Overland Telegraph Line am Yam Creek Gold. Nach dem Zweiten Weltkrieg wurden auch Uran, Eisenerz, Silber, Blei und Zink gefördert. Im alten Bahnhof an der **Miller Terrace** lassen sich Stationsgebäude, Wasserbehälter und eine Wiegebrücke bestaunen, im nahen **Miners Park** sind Relikte aus der Goldgräberzeit ausgestellt und vom **Miners Lookout** öffnet sich ein Panoramablick auf den Ort und einen gefluteten Tagebau. Einige Häuser der früheren Chinatown erinnern daran, dass auch viele Chinesen in den Minen arbeiteten.

★ KATHERINE

Höhe: 105 m | **Einwohner:** 9000

»Black fellow – white fellow«, sagt der weiße Ranger: »So einfach kann Sprachregelung sein. Für die Aborigines und für uns.« »Sie sollten lieber nicht in die USA kommen«, antwortet die schwarze Besucherin bei einer Off-Road-Tour. Sie kommt aus Brooklyn und versteht vor lauter amerikanischer social correctness den australischen Busch nicht. Und Katherine liegt mitten im Busch, bietet Höhlen, Schluchten, Wasserfälle und wunderbare Badeplätze. »Aber darin kann man doch nicht schwimmen«, sagt die aus Brooklyn und hätte lieber zuhause bleiben sollen.

Die australische Schriftstellerin und Lehrerin Jeannie Gunn (1870 bis 1961) lebte in Katherine um 1900 als eine der ersten weißen Frauen und beschrieb in ihrem Roman »We of the Never Never« den harten Alltag im Outback. Rund 40 Jahre zuvor, 1861, entdeckte John McDouall Stu-

KATHERINE ERLEBEN

KATHERIN VISITOR INFORMATION CENTRE
Lindsay St./Katherine Terrace
Tel. 08 89 72 26 50
www.visitkatherine.com.au

NITMILUK TOURS
Ob Paddeln oder Flusskreuzfahrt, Helikopter- oder Kulturtour – dieser Tourveranstalter hat sicher das Passende im Programm.
Tel. 1300 14 67 43
www.nitmiluktours.com.au.

SAVANNAH €
Schönes Terrassenlokal mit einfacher, aber guter Küche. Es gibt auch nette Zimmer.
Giles St./Cameron St., Katherine
Tel. 08 89 72 25 11
http:// knottscrossing.com.au

BULLO RIVER STATION €€€€
Das Farmleben in den Gästezimmern ist extrem komfortabel, hat aber auch seinen Preis. Es gibt einen Pool und einen Waschsalon. Man kann sich auch in einer einfachen Hütte oberhalb eines Sees für eine Nacht aussetzen lassen. In der Regenzeit werden keine Gäste aufgenommen.
Victoria Hwy., Timber Creek
Tel. 08 91 68 73 75
https://bulloriver.com.au

MATARANKA HOMESTEAD €
Einfache Bungalows, Motelzimmer und Stellplätze mit Strom und Wasser für Wohnmobile, all das gibt es auf dem Land der ehemaligen Ranch, die 1912 gegründet wurde.
8 Homestead Rd., Mataranka
Tel. 08 89 75 45 44
www.matarankahomestead.com.au

art den River Katherine und benannte ihn nach der Tochter eines Freundes. Und mit der Telegrafenstation und einem Wirtshaus begann 1871 die Entstehung des Orts. Der ständig Wasser führende Fluss zog viele Viehzüchter an, trotz zahlreicher Überschwemmungen. 1926 kam schließlich der Bahnanschluss zum 315 km entfernten Darwin. Katherine am Stuart Hwy. ist heute die viertgrößte Stadt im Northern Territory.

Never Never Country

Wohin in Katherine und Umgebung?

Flugzeug-Veteran

Katherine Museum

Im alten Flughafengebäude wird die Stadtgeschichte erzählt. Dort ist auch eine De Havilland Gypsy Moth aus den 1930er-Jahren zu bewundern: Der Doppeldecker gehörte dem ersten Flying Doctor, Clyde Fenton.

29 Gorge Rd. | Mo.–Fr. 10–16, Sa. 10–13, So. 14–17, in der Regenzeit nur Mo.–Fr. 10–14 Uhr | Eintritt: 5 AUD | www.katherinemuseum.com

Warme Thermalpools

Mataranka

Wer aus Richtung Alice Springs kommt, mag vielleicht rund 80 km vor Katherina eine kleine Pause nach der langen Fahrt einlegen: Die Thermalquellen im **Elsey National Park**, 9 km östlich von Mataranka, laden zu einem erfrischenden Bad ein. Ganz in der Nähe entspringen auch die **Rainbow Springs** mit kristallklarem, 34 °C warmem Thermalwasser. Allerdings ist man selten allein, da eben viele Reisende ihren Weg von Alice Springs nach Darwin gerne dort unterbrechen. Schöne Spazierwege entlang des Waterhouse River und Roper River erschließen den 138 km² großen Elsey-Nationalpark, darunter der 8 km lange Weg zu den **Mataranka Falls**.

Kühle Höhlentouren

Cutta Cutta Caves

In den untereinander verbundenen Tropfsteinhöhlen, 27 km südöstlich von Katherine, kann man meterhohe Stalaktiten und Stalagmiten bewundern, die von seltenen Fledermausarten bewohnt werden. Das Alter der Karstlandschaft wird auf rund 500 Mio. Jahre geschätzt.

Stuart Hwy. | Mai–Okt. 8.30–16.30, Nov. bis 11.30 Uhr
Eintritt: 18 AUD

Reißender Fluss und reizende Schluchten

★ Nitmiluk National Park

Während der meist heftigen Regenzeit von November bis April sind die Straßen mitunter gesperrt. Kein Wunder: Sie sind dann nicht einmal mehr sichtbar. Der sonst so gemächliche **Katherine River** wird zum reißenden Strom, das Wasser steht meterhoch und sogar die

Die imposante Katherine Gorge erkundet man am besten vom Wasser aus.

Schluchten schrumpfen: Bis zu zwölf, in seltenen Fällen bis zu 18 m hoch steigt der Wasserstand. Deshalb fahren dann auch keine Ausflugsdampfer mehr, sondern nur noch Jetboote über die überschwemmten Pisten: Die meisten Schiffe dringen allerdings auch in der Trockenzeit meistens nur in die ersten beiden der insgesamt 13 Schluchten der **Katherine Gorge** vor.

Mutter Natur hat an diesen 25 Mio. Jahre lang gearbeitet: Die imposanten Schluchten im Nationalpark Nitmiluk sind ein Naturerlebnis, das man besonders als Kanufahrer hautnah miterlebt, wenn man zwischen den steilen, rötlich braunen und bis zu 70 m aufragenden Felswänden der Katherine Gorge paddelt, vorbei an grünen Pandanus und weißen Stränden. Zu sehen sind dabei bis zu 7000 Jahre alte **Höhlenzeichnungen der Jawoyn-Aborigines**, reizvolle Wasserfälle und es ergeben sich auch zahlreiche Chancen zur Tierbeobachtung. Das eine oder andere Süßwasserkrokodile lugt aus dem Wasser, Eidechsen huschen umher, auch Felsenkängurus und eine ganze Reihe von Vogelarten – Kormorane, Kakadus, Löffler und Reiher – sind zu sehen. Das Fluss- und Schluchtensystem der Katherine Gorge ist 12 km lang. Eine Distanz, die auch Ungeübte gut bewältigen können. Zwischen den einzelnen Schluchtenabschnitten muss man allerdings das Kanu einige Meter tragen, weil Stromschnellen und Steinbarrieren die Schluchten trennen. Die Alternative zum Kanu: Im Park stehen mehr als 100 km Wanderwege zur Auswahl. Bis zur ersten Schlucht sind es etwa zwei Stunden zu Fuß.

Der 30 km nordöstlich von Katherine gelegene Nitmiluk-Nationalpark gehört seit 1988 zum Gebiet der Jawoyn-Aborigines, ist knapp 3000 km² groß und zählt zu den drei meistbesuchten Parks im Norden. Am Parkeingang befindet sich das moderne **Nitmiluk Visitor Centre** mit Infos über Wege, Touren und die Kultur der Ureinwohner. Ein Besuch des Parks ist nur in der Trockenzeit von Mai bis Oktober sinnvoll.
https://nt.gov.au

Wunderbare Naturpools

★ Edith Falls

Im kleinen Pool der Upper Edith Falls, direkt unter dem herrlichen Wasserfall zu baden, ist ein unvergessliches Vergnügen, bei dem man in der Trockenzeit keine Angst haben muss: Der Naturpool und auch das Becken der Lower Falls sind von Mai bis Oktober krokodilfrei. Beide Plätze gehören zu den hübschesten Badeorten im gesamten Northern Territory. Der Aussichtspunkt über den Kaskaden wird über einen 2 km langen Wanderweg erreicht. Anfahrt: 40 km nördlich von Katherine führt vom Stuart Highway eine kurvige Schotterpiste Richtung Mt. Todd zum Parkplatz mit Kiosk und Toiletten.

Freshies & Salties

Gregory National Park

Der mit 13 000 km² zweitgrößte, jedoch nur wenig besuchte Nationalpark des Northern Territory erstreckt sich 280 km westlich von Katheri-

FRESHIES UND SALTIES

Sie werden bis zu 90 Jahre alt, bis zu 7 m lang und bis zu 1 t schwer: Leistenkrokodile, genannt auch Salzwasserkrokodile. Die Riesenechse ist ein gefürchteter Allesfresser und gleichzeitig ein Hungerkünstler. Das Süßwasser- oder Australienkrokodil hingegen wird für den Menschen nur sehr selten gefährlich und ist deutlich kleiner. Heute sind die Reptilien geschützt, werden aber auch touristisch vermarktet, wie etwa die Jumping Crocodiles in der Nähe von Darwin.

Mit seiner langen, schmalen Schnauze kann das **Süßwasserkrokodil** zwar bis zu 3 m lang werden, doch das »Freshie«, wie die Australier das weniger gefürchtete ihrer Großreptilien nennen, gilt im Allgemeinen als sehr scheu. Angriffe auf Menschen sind äußerst selten. Dennoch sollte man Warnhinweise, besonders an Badestellen, unbedingt beherzigen.

Blitzschnelle Jäger

Anders verhält es sich mit dem »Saltie«, dem **Salzwasserkrokodil**. Es ist die am weitesten verbreitete Krokodilart und kommt überall in den tropischen Regionen Asiens und des Pazifiks vor: im offenen Meer zwischen Nordaustralien und der Südsee, aber auch in Küstengewässern sowie bis zu 100 km landeinwärts in Flüssen und Wasserlöchern. Mit bis zu 7 m Länge ist das Leistenkrokodil nicht nur das heute größte lebende Reptil, sondern auch die aggressivste und am meisten gefürchtete Panzerechse der Welt. Seine Angriffe geschehen ohne Vorwarnung, völlig

Am Land liegend, erscheinen die riesigen Krokodile träge und langsam – ein fataler Irrtum!

überraschend: Fast bewegungslos treibt das »Saltie« auf sein Opfer an der Wasserkante zu. Nur der obere Teil seines Kopfes ragt, wenn überhaupt, aus dem Wasser. Kurz vor seinem Ziel wuchtet es sich mit kraftvoller Bewegung aus dem Wasser, schnappt nach der Beute und zieht sie zur berüchtigten **Todesrolle** ins Wasser. In wilden Pirouetten rotiert das Krokodil mit seiner Beute, bis das unglückliche Opfer ertrinkt oder verblutet. Dabei ist das Leistenkrokodil, das auch vor Kadavern nicht haltmacht, ein wahrer Hungerkünstler. Die Echse ist in der Lage, monatelang ohne Futter auszukommen. Hierzu zehrt sie von Fettreserven in ihrem Schwanz und senkt den Stoffwechsel so sehr, dass ihr Herz nur noch dreimal pro Minute schlägt.

Diese Schilder sollte man in Australien stets ernst nehmen!

Gefährlich und gefährdet

Nach dem Zweiten Weltkrieg wurden Leistenkrokodile an der nordaustralischen Küste gejagt, sodass sie Ende der 1960er-Jahre beinahe ausgestorben wären. Seit 1971 sind sie **unter Schutz** gestellt. Zwar sind tödliche Konfrontationen zwischen Krokodilen und Menschen in Nordaustralien selten, aber Vorsicht: Auch an Land können sich die Riesenreptilien bemerkenswert schnell bewegen und blitzartig angreifen, wenn sie auf Beute aus sind oder einen Eindringling in ihrem Revier vertreiben wollen.

Soziale Tiere

Krokodile verfügen über ein ausgeprägtes Sozialverhalten, das sie von anderen Reptilien abhebt. Vor allem kümmern sie sich fürsorglich um ihren Nachwuchs. Sie bewachen ihre Nester, helfen ihren Jungen, die beim Schlüpfen aus den in der Bruthöhle vergrabenen Eiern ein Quäkkonzert anstimmen, aus dem Nest und tragen sie ins Wasser, indem sie sie ganz vorsichtig mit den Zähnen aufsammeln und in ihrem Riesenrachen Platz nehmen lassen. Bis zu sechs Monate werden die Krokodiljungen dann von den Eltern gegen Feinde verteidigt.

Wirtschaftsfaktor Krokodil

Crocs sind in Australien ein Wirtschaftsfaktor. Auf Farmen werden sie gezüchtet und im Alter von zwei Jahren geschlachtet; dann ist ihre Haut, die zu Koffern, Taschen und Gürteln verarbeitet wird, am wertvollsten. Auch ihr Fleisch wird inzwischen weltweit geschätzt. An frei lebenden Reptilien lässt sich allerdings ebenfalls verdienen: Auf dem **Adelaide River** bei Darwin können Touristen von Booten aus erleben, wie »Salties« aus dem Wasser springen und nach einem Fleischbrocken schnappen, der an einer Angel vor ihre Nase baumelt.

ne größtenteils südlich des Victoria Highway. Der Zugang in den östlichen Parkteil befindet sich beim **Victoria River Roadhouse**, in den westlichen Teil gelangt man bei **Timber Creek**. Weite Teile sind Wildnis, in der man nur mit einem Geländefahrzeug vorankommt. Während der Regenzeit können alle Straßen überflutet sein. Im Park gibt es fünf Campingplätze mit Toiletten, Feuerstellen und Picknickplätzen, Trinkwasser ist allerdings mitzubringen. Weite Flächen sind mit Eukalyptusbäumen bewachsen, eindrucksvoll sind die riesigen Baobabs (Affenbrotbäume). Durch den Ostteil verläuft die **Victoria River Gorge**, die sich auf 800 km Länge im Lauf von Jahrmillionen in den Untergrund gegraben hat. In der Regenzeit ist sie der größte Wasserlauf im Northern Territory.
Der Nationalpark ist das Revier zahlreicher Krokodile: Salties im Victoria River, Freshies in den Billabongs. Also gilt absolutes Badeverbot: »Don't even think about swimming!«, um es mit den Aussies zu sagen. Auf organisierten **Bootstouren**, die vom Victoria River Roadhouse aus angeboten werden, kann man die gefährlichen Tiere hautnah erleben. Eindrucksvoll ist auch die von mächtigen Dolomitblöcken eingefasste **Limestone Gorge** im Süden des Parks.

★ Bullo River Station

Eine Farm fürs Leben und den Film

Noch etwas weiter westlich, rund 450 km westlich von Katherine, liegt kurz vor der Grenze zu Westaustralien und mitten im Buschland die Bullo River Station. 4000 weiß-graue Brahman-Rinder grasen dort unter dem weiten Himmel des endlosen Outback. Wie die Filmfarm »Faraway Downs« im Film »Australia« (2008) wurde auch Bullo River durch eine Frau namens Sara berühmt: Sara Henderson (1936 bis 2005). Nach dem Tod ihres Mannes geriet die Rinderfarm 1985 in finanzielle Schwierigkeiten. Doch Sara konnte sie retten, indem sie »From Strength to Strength« und fünf weitere Bestseller verfasste, in denen sie ihren Kampf um die Farm beschrieb. Heute können Gäste am Farmleben teilhaben: Wer will, kann mit anpacken, ausreiten oder am Lagerfeuer sitzen und Geschichten lauschen. Zäune müssen repariert, Wasserstellen geprüft und Rinder zur Musterung getrieben werden – meist jedoch nicht mehr zu Pferd, sondern per Quad.

Keep River National Park

Vorgeschmack auf WA

Direkt an der Grenze zu Western Australia, nördlich des Victoria Highway, liegt dieser mit 600 km² Fläche relativ kleine und unbekannte Nationalpark. In seiner Vielfalt von Landschaft, Natur und Kultur aber steht er den größeren Parks in keiner Weise nach. Die roten, erodierten Felsen geben einen ersten Vorgeschmack auf die ► Kimberleys im Nachbarstaat. Zur Felsenkunst der Ureinwohner führen mehrere Wanderwege. Der nur 500 m lange **Nganalang-Pfad** erschließt mehr als 2500 Felsritzungen sowie zahlreiche Zeichnungen. Wegen der Krokodilgefahr ist das Baden im gesamten Nationalpark verboten! Es gibt zwei einfache Campingplätze.

★★ KINGS CANYON

Höhe: 170–270 m

Das Bauchkribbeln an so manch unbefestigter Klippe sowie das fassungslose Bestaunen der mächtigen, rot und gelb leuchtenden Felsdome und zerklüfteten Sandsteinwände machen den Kings Canyon zu einem Topspot Down Under. Bis zu 100 m hoch sind die roten Felswände in Australiens tiefster Schlucht. Ein Teil des Canyons ist den Ureinwohnern heilig und wurde mit Felsmalereien geschmückt.

440 Mio. Jahre alt und seit mindestens 20 000 Jahren von den Aborigines bewohnt ist diese – in Anlehnung an die weit verbreitete Regenschirmakazie – Watarrka benannte Gegend. Als erster Europäer kam 1872 Ernest Giles in diese Schlucht, die er nach seinem Freund Fielder King benannte. Heute gehört der spektakuläre Kings Canyon zum Watarrka National Park, der gut 300 km südwestlich von ▶ Alice Springs liegt. Auf geteerter Straße ist die Anfahrt zum Kings Canyon jedoch nur über den Lasseter Highway möglich, der rund 200 km südlich von Alice abzweigt.

Australiens tiefste Schlucht

Die Ausdauer beim Reisen durchs Northern Territorium wird spätestens beim Anblick des wahrlich majestätischen Kings Canyon belohnt.

DEN KINGS CANYON ERLEBEN

Das Kings Canyon Resort (▶ unten) ist alles in einem, auch Infostelle.

Luritja Rd.
Watarrka National Park
Tel. 1800 83 71 68
www.kingscanyonresort.com.au

KINGS CANYON RESORT €–€€€€
Moderne Lodge mit Campingplatz, Caravanpark, Budget- und Komfortzimmer, Restaurant, Swimmingpools, Tennisplatz, Tankstelle, Tourangeboten und sogar Ausgabestelle des Meerenie Loop Permits – das Resort ist für alle Urlauberbedürfnisse gerüstet. Auch ein Gourmet-Dinner unter dem Wüstenmond am Lagerfeuer wird organisiert, allerdings nur montags, mittwochs, freitags und samstags.

KINGS CREEK STATION €–€€€€
Als Alternative bietet sich diese aktive Rinder- und Kamelfarm an: Auch dort, 36 km südöstlich vom Kings Canyon, gibt es vom Wohnmobilstellplatz mit Strom und Wasser für 50 AUD über die einfachen Safari Cabins (200 AUD) bis zum Luxusglamping mit eigenem Plungepool für 1000 AUD eine große Auswahl an Unterkünften. Kamelausritte sind ebenfalls buchbar.
Luritja Rd., Petermann
Tel. 08 89 56 74 74
www.kingscreekstation.com.au

Wohin im Kings Canyon?

★★ Kings Canyon Walk

Ein Wunder der Natur

Die steilen Klippen des Canyons erwecken mitunter den Eindruck, als habe man sie mit einer gigantischen Steinfräse glatt aus dem Massiv herausgeschnitten – ein Wunder der Natur, das auf die Jahrmillionen andauernde Verwitterung zurückzuführen ist. Der 6 km lange **Kings Canyon Walk** führt in knapp drei Stunden nach steilem Aufstieg am oberen Rand des Canyon entlang. Auf dem Weg passiert man große, bienenstockähnliche Sandsteindome, ebenfalls ein Werk der Erosion. Der Canyon endet beim **Garden of Eden** in einem Seitental. Dort plätschert ein kleiner Wasserlauf, der sich immer wieder aufstaut. In der Schlucht sprießt und grünt es. Uralte Palmenfarne, die vor der Austrocknung des Landes überall im Zentrum Australiens wuchsen, haben sich dort erhalten.

★ Kings Creek Walk

Der Blick nach oben

Verstreut liegen mächtige Gesteinsbrocken im flachen, trockenen Flussbett des Kings Creek. Doch bald ragt die Südwand steil und glatt nach oben. Die Nordwand hängt dagegen über, bietet Felsbalkone und ist strukturiert. Durch Verwitterung haben sich auch Sandsteinkuppeln aller Größen gebildet, die wegen ihrer Ähnlichkeit mit verfallenen Häusern und Straßen **Lost City** genannt werden. Der einstündige, 2,5 km lange Kings Creek Walk führt am Talgrund entlang und bietet fantastische Blicke nach oben. Klettereien sollte man aber unterlassen: Der weiche Sandstein ist sehr brüchig.

Rund um den Kings Canyon

★ Meerenie Loop

Großes Pistenabentuer
Die ungeteerte Route stellt die kürzeste Verbindung zwischen dem Kings Canyon und dem mehr als 400 km östlich gelegenen Alice Springs dar. Die nur für Allrad-Fahrzeuge geeignete Piste bietet entlang der Western MacDonnell Ranges einige eindrucksvolle Schluchten. In die andere Richtung führt die Piste über die geteerten Zufahrten Luritja Road und Lasseter Highway zum ▶ Uluru (Ayers Rock) oder zum Stuart Highway.

Permits für die Strecke unter www.clc.org.au/Permits/permits.html

★★ LITCHFIELD NATIONAL PARK

Höhe: 50–385 m

Rund 50 Jahre alt wird eine Termitenkönigin, während ihre Arbeiter nur eine Lebenserwartung von drei Wochen haben. Und 50 Jahre alt sind auch die größten Termitenhügel, die sich mehr als 4 m in die Höhe recken: Litchfield ist aber nicht nur der Park der Termiten, sondern auch der Wasserfälle, das Naherholungsgebiet für Darwin und eine Waldregion, die nach einem Regenguss zu einer einzigen dampfenden Schönheit wird. Bleibt die Frage: Wie kommt eine Kopie der tschechischen Nationalburg Karlstejn in diese Gegend?

Termiten, Wasserfälle und Uran

Man schrieb das Jahr 1864, als der australische Farmer und Goldsucher Frederick Henry Litchfield in der Region nach Gold suchte. Gefunden hat er keines. Einige Jahre später vertrieb man die Aborigines und förderte über 75 Jahre lang, bis Mitte des 20. Jh.s, Zinn, Kupfer und eine Weile auch Uran. 1986 wurde der Nationalpark eingerichtet – und benannt nach jenem Litchfield, der einst nach Gold suchte. Das Land gehört nun wieder den Wagait Aborigines, die das 143 km² große Gebiet des Nationalparks für 99 Jahre an den Staat verpachteten.

Der Park liegt 115 km südlich von Darwin, rund eineinhalb Autostunden benötigt man für die Strecke. In seinem Zentrum ragt das Sandsteinplateau der Tabletop Range heraus, um den sich tropische Regenwaldareale und großflächige, offene Wälder gruppieren. Zudem wurden Woolybutt-Bäume angepflanzt, die feuerresistent sind und Waldbrände eindämmen sollen.

Gut zu wissen!

Unterwegs im Park

Durch den Park führt die **Litchfield Park Road**, die man mit einem normalen Pkw befahren kann und alle wichtigen Attraktionen verbindet; südlich der Tolmer Falls wird allerdings ein Allradfahrzeug benötigt. Die Ranger überprüfen sorgfältig alle **Badeplätze** und geben diese mit einem deutlich sichtbar angebrachten Schild »open« zum Schwimmen frei – oder sperren sie mit »closed«, wenn sich Krokodile in den Wasserstellen befinden. In der Regel kann in der Trockenzeit zwischen Juni und November gebadet werden, in der Regenzeit ab Dezember nicht. Der Park ist aber ganzjährig geöffnet und wird jährlich von rund 1 Mio. Menschen besucht.

Da mag einem schon ein Schauer über den Rücken laufen, wenn man bedenkt, dass die riesigen Termitenhügel mehrere Millionen Insekten beherbergen können.

Wohin im Litchfield National Park?

Gebaut wie Kathedralen

★ Termite Mounds

Die Termitenhügel, auf die man etwa 6 km nach dem Parkeingang bei Batchelor stößt, sind rund 2 m hoch, manche erreichen aber auch eine Höhe von mehr als 4 m. Die spitz zulaufenden Bauten werden Kathedralen genannt und erinnern an merkwürdige Grabsteine. Hunderte von ihnen sind zu sehen – alle akkurat von Norden nach Süden ausgerichtet, sodass nur die schmale Seite der heißen Mittagssonne ausgesetzt ist. Daher kann man die Bauten auch als Kompass benutzen, schließlich sind Termiten geradezu perfekte Architekten. Die Königin legt täglich bis zu 20 000 Eier, aus denen ein Heer aus emsigen Arbeitern und Soldaten schlüpft. Diesen ist ein nur kurzes Leben von ein paar Wochen beschieden, während die Königin bis zu 50 Jahre alt wird. An Löchern in den Termitenbauten erkennt man, dass der Hügel nicht mehr bewohnt wird. Denn die vielbeinigen Baumeister halten ihr Zuhause pausenlos mit Renovierungen in Schuss. Ein nicht mehr aktiver Hügel verfällt – meist infolge eines Ameisenangriffs – im Laufe der Jahre.

Spektakulärer Doppelwasserfall

★★ Florence Falls

Umgeben von dichtem Regenwald donnern aus etwa 20 m zwei Wasserfälle in einen Naturpool. In diesen kann man schwimmen, sofern er von den Rangern freigegeben wurde. Fürs Baden muss man allerdings 160 Stufen nach unten gehen – und nach dem Bad auch wieder schweißtreibend nach oben. Zu einem ausgeschilderten Aussichtspunkt mit bestem Blick auf die Wasserfälle sind es dagegen nur ein paar Meter vom Parkplatz. Schön ist die Wanderung auf dem **Florence Creek Walk** zu den **Buley Rockholes** (3 km, ausgeschildert).

Jacuzzis von Mutter Erde

★ Buley Rockholes

Sanft abfallende Kaskaden formten etwa ein Dutzend Badepools verschiedener Größe und Tiefe. Man kann sich von oben nach unten runtergleiten lassen oder es sich einfach in seinem Wunschpool gut gehen lassen.

Schönstes Naturbecken

★★ Wangi Falls

Sie sind an die 50 m hoch, der Naturpool ist groß und sie sind einfach zugänglich: Die Wangi-Wasserfälle im westlichen Teil des Parks. Man kann bis unter den Wasserfall schwimmen (knapp 100 m). Manchmal zeigen sich an Land blauzungige Echsen und zwischen den Bäumen bauen faustgroße Spinnen ihr Netz. Doch keine Sorge: Beide Arten sind ungefährlich.

Geschützte Plätze

Weitere Wasserfälle

In einigen anderen Naturpools im Park ist das Baden dagegen untersagt, etwa an den **Tolmer Falls**, weil dort geschützte Flughunde le-

DEN LITCHFIELD NATIONAL PARK ERLEBEN

Im Park gibt es kein besetztes Informationszentrum, doch an jedem Spot gute gemachte Informationstafeln und an Wasserstellen stets den Hinweis, ob das Gewässer zum Baden freigegeben ist. Für Notfälle: Tel. 08 89 76 02 82. Allgemeine Infos unter https://nt.gov.au (ins Suchfeld »Litchfield National Park« eingeben).

Um das Sandsteinplateau der Tabletop Range führt der **Buschwalk Tabletop Track**. Er ist allerdings anstrengende 39 km lang und nur trainierten Tourengängern zu empfehlen.

CAFÉ AT WANGI FALLS €
Die einzige Möglichkeit im Park etwas zum Essen und Trinken zu bekommen. Es gibt frische Sandwiches, Burger, Eiscreme, Chips, Süßigkeiten und eiskalte Getränke.
tgl. 10–15 Uhr, Wangi Falls
www.wangifallscafe.com.au

CAMPINGPLÄTZE IM PARK €
Im Park gibt es sechs Camping- und Wohnmobilplätze. Die beiden an den Florence Falls und Wangi Falls sind die besten; hier gibt es Duschen und WCs und an den Wangi Falls sogar einen Grillplatz. Alles ist Self-Service – bezahlt wird nach dem Vertrauensprinzip in einen Holzkasten.

LITCHFIELD TOURIST PARK €
Rund 15 km vom Park entfernt, aber mit Swimmingpool und gutem Service: Wäscherei, Grillplatz und einfache Zimmer.
705 Litchfield Tourist Park
Finnis Valley, Tel. 08 89 76 00 70
www.litchfieldtouristpark.com.au

ben, oder an den **Tjaetaba Falls**, weil sie den Aborigines heilig sind. Die **Surprise Creek Falls** und **Tiaynera Falls** sind nur mit 4WD erreichbar. Schön zum Anschauen sind sie alle …

Rund um den Litchfield National Park

Ehemaliges Minenstädtchen

Batchelor

Man erreicht den Park am besten über den Stuart Highway und den kleinen ehemaligen Minenort Batchelor, der Hotels sowie Caravanparks bietet – und eine mannshohe Kopie der tschechischen Burg Karlstejn, die ein heimwehkranker Böhme in den 1980er-Jahren erbaute.

Größter Ehrenfriedhof

Adelaide River

Nachdem Darwin im Jahr 1942 von einem japanischen Kampfgeschwader ausgebombt worden war, verlegte man das Hauptquar-

BAEDEKER ÜBERRASCHENDES

6X

EINFACH UNBEZAHLBAR

Erlebnisse, die für Geld nicht zu bekommen sind.

1.

ERFRISCHEND

Die Wanderung im Litchfield National Park war toll, aber auch anstrengend. Doch jetzt wartet die Belohnung: Ein Bad an den traumhaft schönen **Wangi Falls** lassen Mühe und Hitze schnell vergessen. (▶ **S. 189**)

2.

LIFE IS A BEACH

»Arbeiten, um zu leben!«, so lautet die Devise der Australier. Wo aber könnte man besser leben als am Strand? Und so zieht es die Sydneysider in jeder freien Minute an **Bondi Beach** & Co. (▶ **S. 146**)

3.

WER SUCHET, DER FINDET

Sie wollen einmal Glücksritter spielen und selbst nach Opalen schürfen? In der **Public Noodling Area** von Australiens Opalhauptstadt **Coober Pedy** haben Sie die Möglichkeit dazu. (▶ **S. 313**)

4.

NUR SCHAUEN!

Kunsthandwerksmärkte erfreuen sich in Australien großer Beliebtheit. Auch ohne den Geldbeutel zu zücken, macht es einfach Spaß über einen zu schlendern, etwa über die farbenfrohen Kuranda Original Rainforest Markets in **Kuranda**. (▶ **S. 226**)

5.

DIE GOLDNEN STERNLEIN

Der Ausflug zum **Uluru** ist kein günstiger Spaß. Eine kostenfreie Zugabe ist dafür der sagenhafte Nachthimmel fernab jeglicher Lichtverschmutzung, der sich hier wie überhaupt im roten Zentrum Australiens bietet. (▶ **S. 198**)

6.

ART FOR FREE

Die **National Gallery** in Canberra enthält eine großartige Sammlung australischer und internationaler Kunst … und ist doch wie alle staatlichen Museen umsonst. (▶ **S. 60**)

tier der australisch-amerikanischen Streitkräfte 120 km weiter südlich nach Adelaide River. Die Toten jener Tage ruhen auf der **Memorial Terrace**, dem größten Ehrenfriedhof Australiens. Im **»Adelaide River Inn«** steht Wasserbüffel Charlie an der Bar, der durch den Film »Crocodile Dundee« zum Weltstar wurde. Ebenso fotogen: der denkmalgeschützte alte Bahnhof; 1976 fuhr der letzte Zug ein.

TENNANT CREEK

Höhe: 327 m | **Einwohner:** 3000

G21/22

Die Monotonie ist erschreckend und faszinierend zugleich: Auf dem Stuart Highway fliegt Kilometer an Kilometer an einem vorbei, bis irgendwann ein Ort auftaucht: einer wie Tennant Creek. Das Straßenschild verrät: Darwin 988 km. Die Bergbaustadt ist letzter größerer Zwischenstopp auf dem 1500 km langen Weg von Alice Springs hoch in den Norden nach Darwin. Noch immer wird in den Minen rund um der Ort Gold gefördert. Da will man doch mal gucken, oder?

Gold!

Seit Jahrtausenden beheimatet die Region neun einheimische Aboriginestämme. Entsprechend zahlreich sind die heiligen Naturdenkmäler, die allerdings den Ureinwohnern vorbehalten sind: Tennant Creek bewahrt so die Traditionen und den Glauben der Aborigines. 1872 wurde 11 km nördlich vom heutigen Ort eine der damals zwölf Telegrafenstationen des Northern Territory errichtet, die bis 1935 im Dienst war. Die Stadt selbst entstand erst, als 1932 Gold gefunden wurde.

Wohin in Tennant Creek und Umgebung?

Bergbau und Buschmedizin

Der Ortskern

Rekonstruierte Bergbauszenen zeigt das **Tuxworth Fullwood Museum**. Über die Kunst und Buschmedizin der Ureinwohner Nordaustraliens informiert das **Nyinkka Nyunyu Art & Culture Centre**.

Tuxworth Fullwood Museum: 1 Schmidt St. | Mai–Sept. Di.–Fr. 14 bis 17 Uhr | Eintritt: frei

Nyinkka Nyunyu Art & Culture Centre: 9 Paterson St. | tgl. 9–16 Uhr Eintritt: frei

TENNANT CREEK ERLEBEN

VISITOR INFORMATION CENTRE
Battery Hill Mining Centre
160 Peko Rd., Tennant Creek
Tel. 1800 50 08 79
www.barklytourism.com.au

Ausgestellte Kunstwerke im Nyinkka Nyunyu Art & Culture Centre (s. o.) können erworben werden.

ANNE'S €€
Zu dem guten Outbackrestaurant gehört auch ein Motel, das über schöne Zimmer verfügt.
1 Paterson St., Tennant Creek
Tel. 08 89 62 26 17
www.bluestonemotorinn.com.au

GOLDFIELDS MOTEL €
Ein weiteres einfaches Motel im Zentrum von Tennant Creek mit gutem Restaurant, Bottle Shop und kostenlosem WLAN (Letzteres ist im Outback nicht selbstverständlich).
113 Paterson St., Tennant Creek
Tel. 08 89 62 20 30

Glück beim Goldwaschen?

Battery Hill Mining Centre

Knapp 2 km östlich der Stadt erfährt man im Battery Hill Mining Centre, mit welchen Maschinen früher edelmetallhaltiges Gestein zerkleinert wurde. Gleich daneben kann man einen Blick in einen modernen Untertage-Goldbergbau werfen. Besuchen Sie auch das dortige Mineralienmuseum und fragen Sie nach dem Schlüssel für die alte Telegrafenstation, an der der Highway direkt vorbeiführt. Oder versuchen Sie sich doch mal beim Goldwaschen!

Mining Centre: 160 Peko Rd. | tgl. 9–17.30 Uhr | Eintritt: 30 AUD, Goldwaschen 5 AUD

Die reichste Goldmine weltweit

Nobles Nob Mine

Folgt man der Peko Road 16 km in östlicher Richtung, kommt man zur Nobles Nob Mine, wo man 1934 auf Gold stieß. Das heute zugängliche Bergwerk war seinerzeit der größte Goldtagebau der Welt und schloss erst 1985.

Kleine Brüder

Devils Pebbles

10 km nordwestlich von Tennant Creek liegen hauptsächlich westlich des Stuart Highway weiträumig verteilt die Devils Pebbles, eine verkleinerte Ausgabe der berühmten Devils Marbles.

Die Eier der Schlange

★ Devils Marbles

Nein, nicht der Leibhaftige hat die auf 18 km² verstreut liegenden, teils gigantischen Teufelsmurmeln verloren. Die in der Abendsonne magisch rot aufleuchtenden Granitfelsen, 110 km südlich von Tennant Creek, entstanden vielmehr durch allmähliche Verwitterung eines riesigen Granitklotzes. Die Aborigines glauben, dass die Steine die Eier der heiligen Regenbogenschlange sind, die vor Urzeiten zusammen mit den Ahnen für die Schöpfung der Welt verantwortlich war und sich dann zum Uluru (Ayers Rock) zusammenrollte.

★ Daly Waters

Die Roadhouse-Legende
Ein Pub, eine Tankstelle und eine lange Geschichte: In den 1930er-Jahren tankte die Qantas ihre Maschinen auf internationalen Routen auf. Um die Passagiere bei Laune zu halten, wurde der Pub eröffnet und mit einer Alkohollizenz versehen. Die Wände und die Decke sind voll mit Memorabilien. Zurückgelassene Büstenhalter zeugen auch von weiblichem Besuch und manch feucht-fröhlicher Party. Rund 400 km nördlich von Tennant Creek lohnt der Schuppen einen Stopp für einen klasse Burger! Und wer ein Bierchen mehr will: Es gibt auch ordentliche Zimmer.
Stuart Hwy. | Tel. 08 89 75 99 27 | www.dalywaterspub.com

★★ ULURU & KATA TJUTA NATIONAL PARK

Höhe: 515–863 m | **Einwohner:** 0

»Mingas« – Ameisen – wurden die Touristen genannt, die den heiligen Berg der Aborigines bestiegen. Von unten gesehen, wirkten die Besucher eben wie winzige Krabbeltiere, wenn sie den mächtigen Ayers Rock hinaufkraxelten. Seit Oktober 2019 ist Schluss damit, der Uluru darf nicht mehr bestiegen werden! Was gerne vergessen wird: Zum Nationalpark gehören neben dem bekanntesten Monolithen der Welt auch die früher Olgas genannten Kata Tjuta, die vielen Köpfe – um genau zu sein: 36 Bergkuppen.

Die jetzt am Uluru lebenden Aborigines nennen sich Anangu, was in der indigenen Sprache Mensch bedeutet. Sie sind Nachfahren zweier rivalisierender Stämme. Die ältesten bekannten Aborigines am Uluru waren die Jangkundjara, die 1917 von nomadisierenden Stämmen des Pitjandjara-Volkes nach Süden verdrängt wurden. Die Weißen

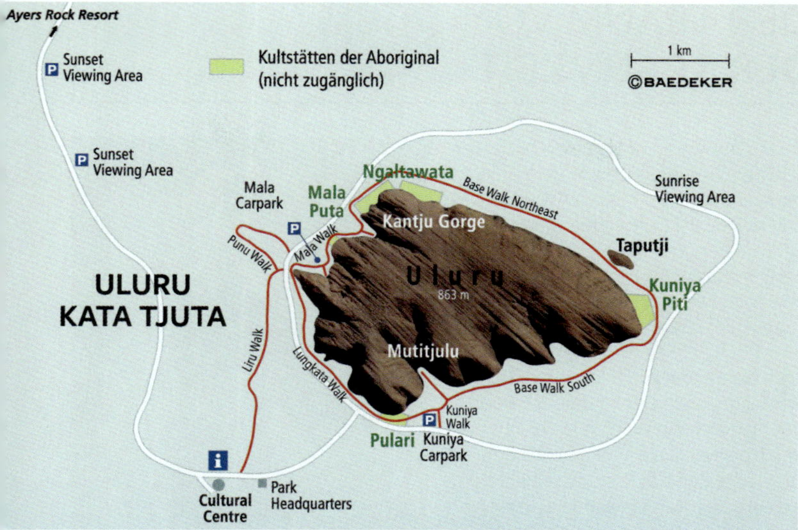

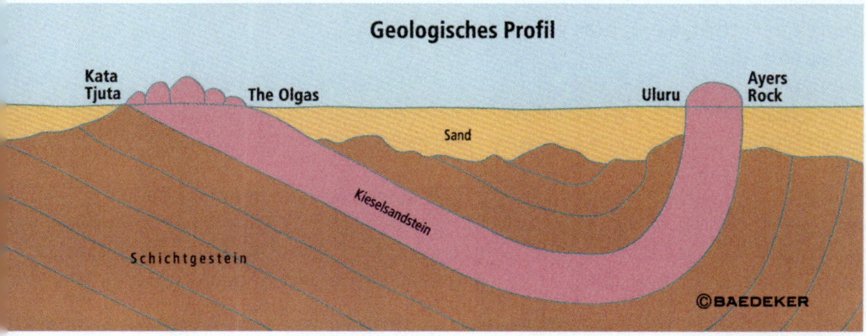

entdeckten den roten Berg erst 1873. Die Forscher William Glosse und Ernest Giles benannten den heutigen Uluru nach Henry Ayers, dem damaligen Premierminister von Südaustralien, zu dessen Territorium des Northern Territory damals noch gehörte. Bis 1948 kam ein Besuch des Ayers Rock einer Expedition gleich, erst dann wurde das Gebiet durch Pisten erschlossen.

Heiliger Berg und Sehnsuchtsziel

Nach langen Rechtsstreitigkeiten erhielten die Anangu 1985 ihren heiligen Berg als rechtmäßiges Eigentum zurück. Zwar mussten sie sich dazu verpflichten, den Nationalpark für 99 Jahre zu touristischen Zwecken an den Staat zu verpachten, laut Pachtvertrag sind sie jedoch an der Verwaltung wie an den Parkeinnahmen beteiligt. Viele Aborigines sind damit nicht einverstanden, denn am Uluru kreuzen

DER TRAUM VON DER TRAUMZEIT

Bruce Chatwin beschrieb die Aborigines in seinem berühmten Buch »Traumpfade« als »ein Volk, das auf leichten Füßen über die Erde schritt; und je weniger sie der Erde wegnahmen, desto weniger mussten sie ihr zurückgeben«. Ein Credo, das auch moderne Zivilisationen beherzigen sollten ...

Nach der Entdeckung des australischen Kontinents und seiner indigenen Bevölkerung durch die Weißen im 18. Jh. verkörperten diese in der westlichen Welt lange Zeit das Fremde schlechthin. Die europäischen Einwanderer beschrieben die Aborigines als primitive Steinzeitmenschen. Sie wurden gejagt und getötet. Und der australische Staat benötigte bis ins Jahr 2008, um sich für all die Gräuel offiziell zu entschuldigen. Ihr Land haben die Aborigines bis heute nicht vollkommen zurückerhalten. Im Englischen gilt der Begriff »Aborigines«, der erstmals in schriftlichen Aufzeichnungen aus dem Jahr 1803 auftaucht, übrigens als abwertend, weshalb sich die Angehörigen der indigenen Bevölkerung nach ihren Stämmen oder als »black fellas« bezeichnen.

Heute klassisches Souvenir, in früher Zeit Jagdwaffe: der Bumerang

Im Einklang mit der Natur

Die australischen Ureinwohner führten als **Jäger und Sammler** in den wüstenähnlichen Gebieten im Landesinneren ein hervorragend an die aride Landschaft und das unwirtliche Klima angepasstes Nomadenleben mit einer auf das Notwendigste beschränkten materiellen Kultur. Und ihre mythologische Schöpfungsgeschichte gab und gibt ihnen bis heute ein Weltbild, in dem der Mensch Teil der ihn umgebenden Natur ist. Es ist das Bild einer ganzheitlichen Welt: Diese auszubeuten, hieße, sich selbst auszubeuten.
Für die Aborigines ist das Leben ein langer **metaphorischer Fluss** (oder Bewusstseinsstrom). Unter dem Begriff **Traumzeit** (»dreamtime«) wird die universelle, raum- und zeitlose Welt verstanden, ein unablässiger Schöpfungsprozess. Sie erklärt, wie alles entstanden ist und begründet die ungeschriebenen Gesetze, nach denen die Aborigines leben. Es gibt innere Legenden der Traumzeit, die nur für diejenigen bestimmt sind, die über das entsprechende rituelle Wissen verfügen. Und es gibt die äußeren Geschichten.

Die wird Ihnen jeder Aborigine-Guide gerne bei einer Tour erzählen. Etwa, wenn er erklärt, was bestimmte Felsen, Flüsse oder andere Naturerscheinungen für die Aborigines bedeuten.

Vom Werden der Erde

Am bekanntesten ist die **Legende von der Regenbogenschlange** als zweigeschlechtlichem Urwesen, das Himmel und Erde in sich vereinte, bevor diese geteilt wurden. Die Regenbogenschlange kroch unter der Erdkruste hervor, wo alle Tiere ruhten, und schlängelte sich durchs Land. Dann rief sie die Frösche aus der Erde und kitzelte ihre Bäuche, die voll Wasser waren. Die Frösche mussten lachen, und das Wasser ergoss sich aus ihren Bäuchen über das ganze Land in die Spurrinnen, die die Regenbogenschlange hinterlassen hatte. Seen und Flüsse entstanden, alle Tiere erwachten.
Die Vorstellungswelt der Aborigines basiert auf dieser lange entschwundenen Traumzeit, in der die tote Erde durch Menschen- oder Tiergestalt beseelt wurde. Alle markanten Naturerscheinungen, wie Wasserstellen, Berge, Schluchten oder Bäume, sind Ausdruck dieser schöpferischen Kräfte.

Von Generation zu Generation

Über Jahrtausende hindurch wurden die Legenden der Traumzeit in Gesängen, Tänzen und mündlich weitergegeben. Heute droht diese Überlieferung einerseits ins Stocken zu geraten, gleichzeitig gibt es aber auch eine wachsende Bewegung, die zu den tradierten Lebensformen zurückkehrt und das Erbe ihrer Ahnen zu bewahren sucht. Denn im Tod sehen die Ureinwohner das Ende allen Seins: Das Paradies ist hier und jetzt. Und damit dieses Paradies nicht verloren geht, muss dessen Ursprünglichkeit bewahrt werden – durch **Zeremonien** und **Besuche heiliger Stätten**. Der Traum von der Traumzeit lebt also weiter.

Die Herausforderung für Aborigines besteht heute wohl auch darin, in einer modernen Welt neue Errungenschaften anzunehmen und dennoch alte Traditionen zu bewahren.

sich die Traumzeit-Pfade, die alle heiligen Orte in ganz Australien miteinander verbinden. Ihnen ist alles an diesem Berg heilig, jede Höhle, jede Spalte, jede Wasserstelle hat eine eigene Bedeutung. Umso mehr sollten Sie sich respektvoll verhalten und das **seit Oktober 2019 gültige Verbot** beachten, den Uluru zu erklimmen!
Seit 1987 ist der Uluru auch Teil des UNESCO-Weltnaturerbes unter dem Überbegriff Uluru and Kata Tjuta National Park. Mit 1260 km² ist dieser ein für australische Verhältnisse eher kleiner Park. Bereits drei Jahre zuvor war die Ferienstadt Yulara mit eigenem Flugplatz entstanden – der Quasi-Monopolcharakter des Resorts tut dem Ganzen allerdings bis heute nicht sehr gut.

★★ Uluru (Ayers Rock)

Dez.–Feb. tgl. 5–21, März 5.30–20.30, April 5.30–20, Mai. u. Aug. 6–19.30, Juni u. Juli 6.30–19.30, Sept. 5.30–19.30, Okt. 5–20, Nov. 5–20.30 Uhr | Eintritt: 25 AUD für 3 Tage
https://parksaustralia.gov.au/uluru/

Eine Sinfonie in Rot

Der Monolith

Es gibt sicherlich nur sehr wenige Plätze auf der Welt, an denen die Frühaufsteher der Sonne den Rücken zukehren. Der Uluru ist so ein Ort, denn alle wollen sehen, wie das Licht der Sonne den Berg zum Glühen bringt. Im roten Herzen, dem geografischen Zentrum des Fünften Kontinents, ragt der Uluru seit Urzeiten 348 m hoch aus einer baumlosen Ebene hervor – schon von Weitem ist der Inselberg zu sehen, wenn man sich auf dem Lasseter Highway nähert. Sein durch den hohen Eisengehalt rostrotes Gestein fasziniert gerade im Licht der auf- und untergehenden Sonne. Das fantastische Farbenspiele lässt sich am besten von den Sunrise und Sunset Viewing Areas verfolgen. Viele wünschen sich dabei eine meditative Stille, um den Beginn eines neuen Tages an einem ganz besonderen Ort zu erleben. Und manche auch, um Kraft und Energie zu tanken – so man an Kraftorte, Energiequellen und Mythen glaubt. Das kann klappen. Aber es kann auch misslingen, nämlich dann, wenn Gruppen zum Sektfrühstück auffahren, Klappstühle aufstellen und Campingplatzatmosphäre verbreiten.
600 Mio. Jahre ist der Berg alt, der durch Erdbewegungen an die Oberfläche gedrückt wurde. Von Weitem erscheint er gänzlich glatt geschmirgelt, beim Näherkommen erkennt man jedoch tiefe Furchen, durch die bei starkem Regen ganze Sturzbäche fließen. Die Aborigines sagen dann, der heilige Berg weine. Mit einer Länge von etwas mehr als 3,5 km und einer Breite von knapp 2 km bringt es das Sandsteinmassiv auf einen Gesamtumfang von gut 9 km. Geologen schätzen, dass seine Felsmasse noch ca. 3 km weit ins Erdreich hineinreicht.

Mystische Bilder

Die Felszeichnungen in zahlreichen Höhlen zeugen von einer sehr langen Besiedlung: Die ersten Zeugnisse reichen mehr als 20 000 Jahre zurück. Sie erzählen den Besuchern die Uluru-Legenden und Traumzeit-Geschichten. Im Laufe der Jahrtausende wurden sie viele Male durch Übermalen erneuert. Felszeichnungen

In der großen Sandwüste

In der weiten, wüstenartigen Sandebene wachsen Spinnifexgras, vereinzelt Akazien und Kasuarien (»desert oaks«). In den geschützten Umgebung

AUSTRALIENS EIN-STEIN

Es ist ein filmreifer Auftritt! Wenn der Vorhang der Nacht fällt, zeichnet sich zunächst der pechschwarze Scherenschnitt des mächtigen Uluru auf den Horizont. Bald leuchtet der heilige Monolith der Aborigines dann in allen erdenklichen Rot-, Ocker- und Orangetönen, manchmal schimmert er gar Violett, davor die gelb-grünen Tupfer des Spinnifexgras. Es ist ein Farbenspiel, das jede Müdigkeit schnell vergessen lässt. Und das so wunderschön ist, dass man es am Abend gleich nochmals genießen will. Diesmal, zur Feier eines unvergesslichen Tages, vielleicht mit einem Gläschen Sparkling in der Hand ...

AUSTRALIENS WÜSTEN

Mindestens 30 % der Erdoberfläche sind natürliche Wüstengebiete. Die meisten Wüsten breiten sich seit Langem aus, bedingt durch den Klimatrend und durch menschliche Eingriffe wie z. B. das Abholzen von Wäldern. Die größte Wüste der Welt ist die Sahara in Nordafrika. Australien ist zu ca. 20 % von Wüste bedeckt, das entspricht einer Fläche von 1560 000 km² – das drittgrößte Wüstengebiet der Erde nach der Sahara und der Antarktis.

▶ **Große Victoria-Wüste**

Die größte Wüste Australiens ist die Große Victoria-Wüste. Sie besteht aus Sandhügeln, Grasebenen, Salzseen und Lehmablagerungen.

Ausdehnung	South Australia und Western Australia
Fläche	424 400 km²
Länge	über 700 km
Niederschlag	150 bis 250 mm pro Jahr

▶ **Die Wüsten Australiens**

- **A Große Victoria-Wüste**
- **B Große Sandwüste**
  Fläche: 360 000 km²
- **C Gibsonwüste**
  Fläche: 310 800 km²
- **D Nullarbor-Wüste**
  Fläche: 200 000 km²
- **E Simpsonwüste**
  Fläche: 176 500 km²
- **F Kleine Sandwüste**
  Fläche: 101 500 km²
- **G Tanamiwüste**
  Fläche: 37 529 km²

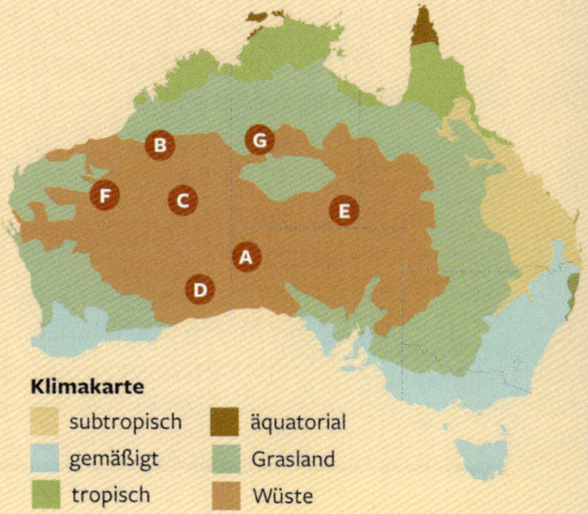

Die Wüsten der Welt

- **Wüstenklima**
- **Savannenklima**
- **Tundrenklima**
- **Eisklima**

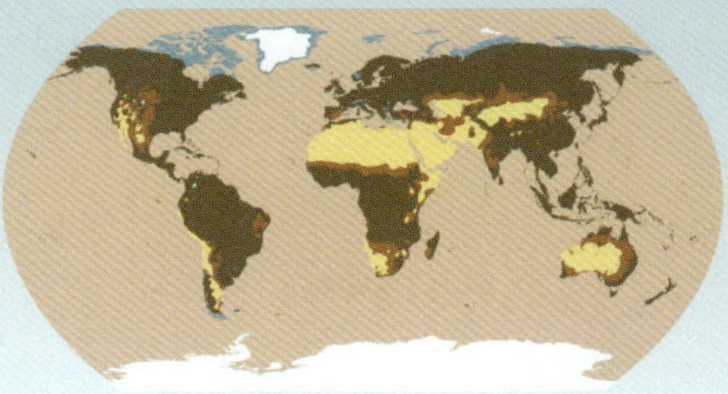

Wüstenarten
Geologen unterscheiden zwischen Kies- oder Geröllwüsten (Serir), Stein- oder Felswüsten (Hammada), Sand- oder Dünenwüsten (Erg), Salzkrustenwüsten (Sebka) und Mergel- oder Lehmwüsten (Takyr).

Salzwüste Salar de Uyuni

Land	Bolivien
Fläche	11 000 km²
Länge/Breite	ca. 110 km / 140 km
Niederschlag (pro Jahr)	150 mm

Die Wüste Gobi
Die Gobi ist geprägt durch ihre riesigen Sanddünen, die bis zu 400 m anwachsen. Aber auch karge Steppen, Gebirgszüge und Salzseen gehören zum Wüstenbild.

Ausdehnung	Zentralasien
Fläche	1 200 000 km²
Länge/Breite	ca. 2000 km / 800 km
Niederschlag (pro Jahr)	30 bis 200 mm

Die Wüste lebt
Augenscheinlich wirkt die Wüste kahl und leer. Doch viele Tier- und Pflanzenarten haben ihren Organismus perfekt an das Wüstenklima angepasst.

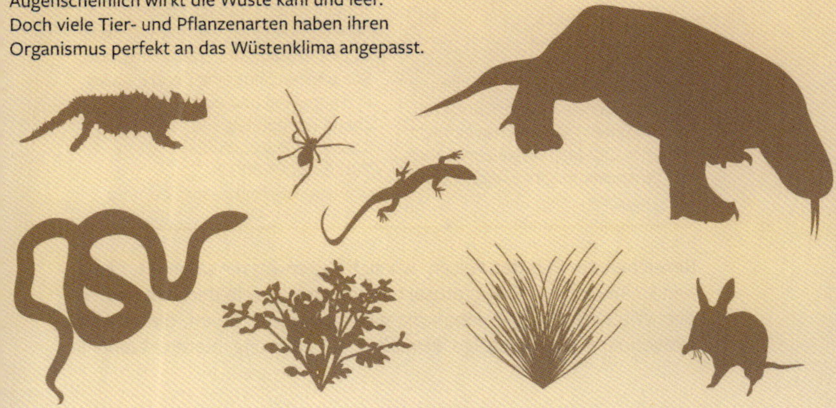

DEN ULURU & KATA TJUTA N. P. ERLEBEN

NATIONAL PARK HEADQUARTER
Lasseter Hwy., Yulara
Tel. 08 89 56 11 28
www.parksaustralia.gov.au/uluru

FLIEGENSCHUTZ
Vor allem Kata Tjuta ist die Heimat von Myriaden von Buschfliegen. Die kleinen Quälgeister stechen zwar nicht, aber nerven unendlich, da sie zielsicher Nassbereiche am Körper ansteuern, etwa Augen, Nasenlöcher, Ohren oder Wunden. Es ist also unbedingt ratsam, sich Fliegennetze zu besorgen, die man über den Kopf stülpt. Nur im Winter sind die Buschfliegen fast komplett verschwunden.

Ob Aboriginal Tour oder Food Experience, ob Kamelausritt oder Harley-Ausfahrt, ob Hubschrauberrundflug oder – ja! – eine Audio-Segwaytour (auch in deutsch): Im Ayers Rock Resort (▶ unten) kann man (fast) alles buchen, zumindest insgesamt 65 unterschiedliche Tourangebote.

Auch das gibt's in der Wüste: Das Shopping Centre im Ayers Rock Resort (▶ unten) kann sich zwar nicht mit einer City-Mall vergleichen, aber Wüstensouvenirs gibt's reichlich ...

SOUNDS OF SILENCE €€€€
Ein Dinner in unvergesslicher Natur: angefangen mit Kanapees und »bubbles« zum Sonnenuntergang, gefolgt von einem Drei-Gang-Schlemmer-Menü vom Busch-Buffet unterm Sternenhimmel mit Erklärungen zu den Sternenbildern. Sehr (bzw. zu) teuer (210 AUD), aber auch schwer zu vergessen, organisiert vom – natürlich! – Ayers Rock Resort.

LONGITUDE 131 €€€€
Nur 3 km trennen den Uluru von dieser Nobelherberge. Die Gäste wohnen in 16 luxuriösen Zelten im Safari-Stil – alle mit direktem Blick auf den Rock –, die sich um das Dune House mit Restaurant und Pool gruppieren.
Yulara Dr., Yulara
Tel. 08 89 57 71 31
https://longitude131.com.au

AYERS ROCK RESORT €–€€€€
Modern gestalteter Komplex mit Unterkünften vom Fünf-Sterne-Resort Sail in the Desert über ein Vier-Sterne-Hotel und Drei-Sterne-Studios bis zur einfachen Outback Lodge und einem Campingplatz mit Caravanpark. Es gibt Restaurants, Swimmingpools, Spa und ein Shopping Centre – alles in einer Hand und deshalb entsprechend hochpreisig.
Lasseter Hwy., Yulara
Tel. 02 82 96 80 10
www.ayersrockresort.com.au

Bereichen am Fuß der Felsen, wo sich Regenwasser sammelt, gedeihen kleinwüchsige Eukalyptusarten. In den Wurzeln der gelb blühenden Witchetta-Büsche leben die gleichnamigen Larven, die den Ureinwohnern eine wichtige eiweißhaltige Nahrung bieten. Wenn in den Sommermonaten gelegentlich Regen fällt, bilden kurze Zeit später Wildblumen bunte Blütenteppiche. Dann sieht man auch die Sturt Desert Rose, die Wappenblume des Nordterritoriums, in ihrer ganzen Pracht. Im Nationalpark sind rote Riesenkängurus, Dingos und mehr als 150 Vogelarten heimisch, die man am besten frühmorgens oder gegen Abend beobachten kann. Im Nationalpark herrscht wüstenhaftes Klima mit einer sehr hohen Verdunstung. Tagsüber kann es sehr heiß werden, während in den Winternächten die Quecksilbersäule manchmal sogar unter den Gefrierpunkt sinkt.

Rund um den Uluru

Wanderungen

Rund 300 000 Touristen pro Jahr besuchen den Uluru, viele unternehmen in dem Terrain eine Wanderung, meist geführt von einem Aborigine. Der **Uluru Base Walk** ist etwa 10 km lang und unbefestigt; rund dreieinhalb Stunden sollte man dafür einkalkulieren. Eine Alternative ist beispielsweise der kürzere **Mala Walk**. Die Aborigine-Guides arbeiten sehr professionell. Den Fremden zeigen sie auf Bushtucker-Touren ihr Territorium. Einige sind sehr ernsthaft, andere – meistens auf den kürzeren Touren – machen eine Show. Da warnt Dean mal lautstark vor Schlangen oder bietet schmunzelnd fingerdicke, 10 cm lange Würmer als Zwischendurch-Snack an: Witchetty Grubs, die Aborigines-Kinder ungefähr so sehr mögen wie weiße Kids Spinat. Auf dass die Kleinen groß und stark werden. Garniert sind diese Führungen mit Fährtenlesen, Jagdtechniken, Lektionen in Bumerang- und Speerwerfen und Survival-Tricks. Etwas Ernüchterung kommt vielleicht auf, wenn man bei einer improvisierten Digeridoo-Vorstellung erfährt, dass man dieses uralte Instrument der Aborigines heutzutage auch problemlos durch ein Stück PVC-Rohr ersetzen kann ...

★ Kata Tjuta

Die schönen Olgas

Die Felskuppeln

Man könnte sagen: Die Olgas sind das Monument Valley Australiens. Gut, die Bergkuppen sind rund und weniger bizarr als im wilden Westen. Aber die 36 Felskuppeln von Kata Tjuta ragen auf einer Fläche von 35 km² als einzige Erhebung weit und breit aus der roten Erde – neben dem 50 km entfernten Uluru natürlich. Eine Distanz, die im Outback einem Katzensprung gleichkommt. Ihr europäischer Entdecker Ernest Giles nannte sie »Olgas« nach Königin Olga von Württemberg. Auch diese kegelförmigen Berge sind für die Ureinwohner ein heiliger Ort und die vielen Bergköpfe haben alle ihre eigenen Geschichten. Zwei der Berge sind beispielsweise Pungalungas, menschenfressende Riesen, die von den Aborigines nach langen Kämpfen besiegt wurden und versteinerten. Und der höchste Berg gilt als Heim einer mythischen Schlange mit langen Zähnen, deren Atem der

»Viele Köpfe« bedeutet »Kata Tjuta« in der Sprache der Anangu – aus der Luft erkennt man besonders gut, warum.

Wind zwischen den Bergen ist. Das Farbenspiel im Sonnenuntergang steht dem am bekannteren Uluru übrigens um nichts nach.
Die Olgas bestehen aus einem Konglomerat von Sand- und Vulkangestein sowie Granit und Gneis. Sie erreichen mit dem Mount Olga eine Höhe von 546 m. Wie der Uluru handelt es sich bei ihnen um den sichtbaren Teil einer Gesteinsschicht, der durch Erdbewegungen an die Oberfläche gedrückt wurde. Auch sie waren einmal ein einziger riesiger Monolith, nur sind sie wesentlich stärker von der Erosion zerfressen als ihr berühmter Nachbar.

Nicht zu unterschätzen

Wanderungen

Der Umfang der Felsformationen beträgt mehr als 20 km – eine Distanz, die unvorsichtige und unerfahrene Wanderer schon ohne Guide meistern wollten und dafür mit dem Leben bezahlten. Wer sich in den Olgas verläuft und noch dazu zu wenig Wasser mit sich führt, kommt in eine sehr gefährliche Situation! Während der Sommerhitze verwandeln Temperaturen von mehr als 40 °C das Gebiet in einen Backofen. Die kürzeren Touren führen meist ins große Tal der Olgas (**Olga Gorge**) mit seinen tiefen Schluchten und kleinen Bächen, die inmitten der riesigen roten Wüste Oasen bilden. Eine etwa zweistündige Rundwanderung führt ins **Walpa Gorge**, das Tal der Winde (**Valley of the Winds**), eine der schönsten und faszinierendsten

Landschaften innerhalb der Olgas: Der Weg windet sich wie eine Schlange durch rot glühende Schluchten und Klippen. Verpassen sollte man auch den **Aussichtspunkt** nicht, den man vom südlichen Parkplatz in einer Stunde zu Fuß erreichen kann und von dem man einen wunderbaren Blick auf die vielen Köpfe der Olgas hat. Von dort zweigt ein auf Stegen angelegter Pfad ab, der zu rotsandigen Dünen führt. Gegen kurze Wanderungen haben die Aborigines nichts einzuwenden. Wer jedoch tiefer eindringen möchte, lebt zum einen gefährlich und zum anderen nicht mit dem Segen der Hausherren, die in Kata Tjuta die Schöpferkraft der Traumzeit gespeichert sehen. Werden Tagestemperaturen von mehr als 36 °C erwartet, wird das Valley of the Winds am Kata Tjuta Lookout geschlossen. Wie bei jeder Wanderung: immer und unbedingt ausreichend Wasser mitnehmen!

Rund um den Uluru & Kata Tjuta National Park

Achtung Verwechslungsgefahr

Mount Conner

Wer vom Lasseter Highway zum Uluru fährt, kommt etwa 120 km östlich des heiligen Bergs am beinahe ebenso imposanten 350 m hohen Mount Connor vorbei, den so mancher Reisende irrtümlich zunächst als Ziel der Reise erachtet. Die Aborigines nennen ihn Atila. Er wurde 1873 erstmals von Europäern entdeckt und nach dem südaustralischen Politiker M. L. Conner benannt. Vom Rastplatz **Mount Conner Lookout** am Highway hat man einen guten Blick auf den Koloss.

Zentrale Versorgung

Yulara

Das Retortenstädtchen mit 1600 Einwohnern, 20 km nördlich des Uluru, wurde 1984 als Servicestation für Besucher des Nationalparks eingerichtet. Das Zentrum von Yulara bildet eine Ferienanlage mit Hotels unterschiedlicher Preisklassen, Caravanpark, Restaurants, Shopping-Centre und Tankstelle, aber auch der **Connellan Airport** mit Verbindungen nach Sydney, Melbourne, Cairns und Alice Springs gehört dazu.

Nur mit Permit

Aboriginal Land

Ob Tjukaruru Road, Gary Junction Road oder Sandy Blight Road: Für die den Uluru umgebenden Pisten benötigt man stets einen Passierschein des Central Land Council (www.clc.org.au/articles/cat/visiting-aboriginal-land).

QUEENSLAND

Kürzel: QLD | **Fläche:** 1 852 642 km² | **Hauptstadt:** Brisbane
Einwohner: 4,7 Mio. | **Symbolpflanze:** Cooktown-Orchidee
Symboltier: Koala

»G'day, mate!« So begrüßt der Skipper der schneeweißen Segeljacht jeden Gast an Bord, egal wer oder was er ist: ob Banklehrling oder Bankdirektor, ob 15-jähriger Teenager oder 70-jährige Oma. Der »Sunshine State« – wie das tropische Queensland genannt wird – gibt sich locker.

»Sunshine State«

»Sunshine State« steht auf allen KFZ-Kennzeichen und »Sunshine State« ist wie ein Lebensmotto: Australien von seiner sonnigsten Seite, Australien als tropisches Paradies, gut für die Erholung nach dem aufregenden Sydney-Besuch oder einem anstrengenden Wüstenaufenthalt. Zu Queensland gehört zwar auch ein riesiges Stück Outback, das sich hinter den urzeitlichen Regenwäldern der Great Dividing Range erstreckt, aber Queenslands Never Never ist ohne große Anziehungspunkte. Die liegen ausschließlich am Meer: Gut ein Viertel der gesamten Küstenlänge, die Australien zu bieten hat, gehört zu Queensland. Das sind 6973 km Strand, von Cape York im Norden bis zur Gold Coast im Süden: ein Rummelplatz für vergnügungssüchtige Einheimische und gut gelaunte Touristen, für Sonnenanbeter und Faulenzer, für Surfer und Segler, Schnorchler und Taucher, Angler und Strandläufer. Das subtropische bis tropische Klima, die landschaftliche Vielfalt und das hervorragende touristische Angebot zeichnen Queensland aus. Wenn da nur nicht die lästigen Stechmücken wären, die im Norden, vor allem rund um Cairns, das gefährliche Dengue-Fieber übertragen können – Insektenschutz sollte dort also fester Bestandteil des Reisegepäcks sein.

Die Arche des Kontinents

Kultur und Natur

An das kulturelle Erbe der Ureinwohner erinnern bei Laura beeindruckende Felszeichnungen, bei Cairns die Aufführungen des Tjapukai Dance Theatre. Mit 450 geschützten Gebieten, darunter 215 Nationalparks und fünf Regionen mit UNESCO-Welterbestatus – Great Barrier Reef, Fraser Island, Wet Tropics, Riverside Fossil Fields und Gondwana Rainforests of Australia –, ist der Sonnenstaat auch die Arche Noah des Kontinents. Seltene Vögel wie der 1,80 m Cassowary leben hier; Palmfarne und andere botanische Raritäten in den Küstenregenwäldern haben seit der Urzeit überlebt. Und das Great Barrier Reef ist sowieso ein Wunder für sich.

In von den Aborigines verwalteten Parks wie dem Tjapukai Aboriginal Cultural Park erhält man Einblicke in die vielfältigen Traditionen der Ureinwohner.

QUEENSLAND

Geschichte Gold und Saphire haben so manchen Glücksritter des 19. Jh.s reich gemacht, Rinder und Schafe sowie Zuckerrohr und Bananen viele Farmer – und der Tourismus des 20. und 21. Jh.s das ganze Land. In dem siedeln Australiens Ureinwohner in Queensland seit mehr als 40 000 Jahren. Die ersten Europäer kamen um das Jahr 1600 über den Golf von Carpentaria im Norden nach Queensland. Am 11. Juni 1770 erlitt **James Cook** vor der Küste bei Cooktown mit seinem Schiff H. M. S. »Endeavour« Schiffbruch. Die erste europäische Siedlung des Bundesstaates war dann die Strafkolonie Redcliffe, die 1824 nördl. von Brisbane angelegt wurde und damals noch zu New South Wales gehörte. Erst 1859 etablierte Queen Victoria Queensland als eigene Kolonie, die seit dem 1. Jan. 1901 Bundesstaat im Australian Commonwealth ist.

ATHERTON TABLELANDS

Höhe: 350–1657 m | **Einwohner:** 16 000

Der Kerl hat einen blauen Hals und messerscharfe Krallen, er ist ein Vogel, kann aber nicht fliegen und kommt nur noch sehr selten vor: Wer diesen Cassowary sehen möchte, macht den Schlenker von der Küste hoch in die Tablelands.

18 000 Mangobäume und 90 Mio. l Milch pro Jahr zeigen zudem an: Rund eine Autostunde westlich von Cairns liegt fruchtbares Land – auch dank der Vulkane, die einst diese Region formten und prägten. Tropische Regenwälder und klare Wasserfälle, nette Dörfchen und nicht zuletzt ein »kühleres« Klima, das das durchschnittlich 600 bis 1000 m hoch liegenden Plateau zur »Sommerfrische« macht, runden das Gesamtbild ab.

Sommerfrische und Agrarhochburg

Wohin in den Atherton Tablelands?

Chinesischer Import

Atherton

Aus einem Holzfällerlager entstand die Hauptstadt des Hochlands, benannt nach John Atherton, der sich dort um 1870 als Farmer niederließ. An das Erbe der einst sehr großen chinesischen Gemeinde erinnert der 1903 hauptsächlich aus Holz erbaute **Hou-Wang-Tempel** und das angeschlossene Museum.

86 Herberton Rd. | tgl. 10–16 Uhr | Eintritt: 10 AUD
www.houwang.org.au

Wein ... aus Mangos!

Mareeba

Wo der Regenwald auf das Outback trifft, liegt Mareeba mit den **Golden Pride Wineries**, einem Weingut inmitten von Australiens

DIE ATHERTON TABLELANDS ERLEBEN

INFORMATION CENTRE
9 Silo Rd., Atherton
Tel. 13 00 36 63 61
www.athertontablelands.com.au

YUNGABURRA HOTEL €€
Ein Hotel ist in Australien, gerade auf dem Land, häufig immer noch eine Wirtschaft, in der deftige Hausmannsküche und Bier auf den Tisch kommen. In diesem Fall ist es schon seit 1910 so!
6 Kehoe Pl., Yungaburra
Tel. 07 40 95 35 15
www.yungaburrahotel.com.au

TINAROO ESCAPE €€€
Zwei schöne Ferienhäuser aus Granit und Holz, direkt am Tinaroosee, komfortabel eingerichtet mit Küche, Kamin und Waschmaschine. Das Frühstück wird morgens geliefert.
17 Eden Dr., Tinaroo
Tel. 04 07 95 83 91
www.atinarooescape.com.au

UNDARA RAILWAY CARRIAGE €€
Schlafen in liebevoll gestalteten alten Eisenbahnwaggons: eine Nacht für Nostalgiker. Besitzer ist die Collins Familie in der sechsten Generation.
4 Savannah Way, Undara Volcanic National Park, Tel. 07 40 97 19 00
www.undara.com.au

größter Mango-Plantage, die rund 18 000 Bäume zählt: Hergestellt werden Mango-Fruchtweine. Die Geschichte des Kaffeeanbaus präsentiert das Australian **Coffee Centre** auf der Skybury Plantation.

Golden Pride Wineries: 227 Bilwon Rd. | tgl. 9–17 Uhr | Eintritt: frei
www.goldendrop.com.au

Coffee Centre: 136 Ivicevic Rd. | Mo.–Fr. 9–16 Uhr | Eintritt: frei
www.skybury.com.au

Riesiger Feigenbaum

Yungaburra

Am Südufer des Tinaroo-Stausees liegt Yungaburra. Nicht ohne Grund nannten die Aborigines den Platz Feigenbaum, so die Überset-

Auf dem Weg in die Unterwelt: Der Undara Volcanic National Park ist wie ein geologisches Fenster zur vulkanischen Vergangenheit von Queensland.

zung, denn mitten im Regenwald behauptet sich ein monströser **Curtain Fig Tree** (Würgefeige), dessen Luftwurzeln aus 18 m Höhe wie Vorhänge von den ausladenden Ästen fallen.

Glückliche Kühe

Malanda

Nur wenige Kilometer südlich liegt Malanda am **Waterfall Circuit**, einer 16 km langen Rundroute vorbei an tosenden Wasserfällen, Flüssen voller Stromschnellen und Regenwäldern. Besonders spektakulär sind die **Millaa Millaa Falls**, die als dichter Wasserschleier über einen farnbewachsenen Steilhang stürzen. Ebenso atemberaubend ist die Aussicht vom Millaa Millaa-Lookout mit 180-Grad-Blick über die Tablelands.

Malandas **Milk Cooperative** liefert jährlich mehr als 90 Mio. l Milch aus und versorgt damit weite Teile des Kontinents. Und die Kühe auf den Weiden des Atherton Tableland wirken tatsächlich glücklich.

Flugunfähiger Riesenvogel

Mount Hypipamee National Park

Im tropischen Dickicht des kleinen Nationalparks, 25 km südlich von Atherton, können Helmkasuare bzw. Cassowary, wie die Australier sie nennen, den Weg kreuzen. Die 1 bis 1,70 m großen, flugunfähigen Vögel mit blauem Hals, Kehllappen und messerscharfen Krallen leben in Australien nur noch im Atherton Tableland und auf der Cape-York-Halbinsel.

Der Größte in Queensland

Mount Bartle Frere

Der Granitberg, der von den Aborigines Chooreechillum genannt wird, liegt im südlichen Teil der Tablelands im Wooroonooran-Nationalpark. Mit 1657 m Höhe ist er der höchste Berg im Bundesstaat. Unweit von ihm erhebt sich auch die Nr. 2 im Land, der Mount Bellenden Ker mit 1593 m.

Rund um die Atherton Tablelands

Die langen Röhren

★ Undara Volcanic National Park

In der Savannenlandschaft rund 300 km südwestlich von Cairns liegt eines der größten Lavahöhlensysteme der Erde verborgen. Sechs der rund 60 Höhlen, die vor etwa 190 000 Jahren entstanden, können besichtigt werden. Als der Undara-Vulkan explodierte, ergoss sich bis zu 1200 °C heiße Lava in ein ausgetrocknetes Flussbett. Während das Magma an der Oberfläche rasch erkaltete, floss es unterirdisch weiter und formte beim Abkühlen bis zu 30 m hohe Röhren – von den Ureinwohnern Undara genannt, also »lange Röhren«. Bis zu 160 km erstreckt sich das Tunnelsystem unter der weiten Savanne mit 160 erloschenen Vulkanen. In der Bakers Cave lebt die größte Fledermauskolonie Nordqueenslands.

★ BRISBANE

Höhe: 27 m | **Einwohner:** 2,2 Mio.

300 Sonnentage im Jahr – das prägt den Lebensstil einer Stadt. Besser zum Surfen gehen, als die Präsentation fertigstellen. Dabei sind die Brisbanians nicht faul. Brissie, wie Australiens drittgrößte Stadt liebevoll genannt wird, ist nur einfach eine der lässigsten Millionenstädte der Welt. Es scheint, als habe man alle sozialen und urbanen Sorgen in irgendwelchen Aktenschränken abgelegt. »Big, bold, beautiful: that's Brisbane – groß, keck, schön, das ist Brisbane!« Sagen zumindest, die die es wissen sollten, die Brisbanians.

Groß, keck, schön!

Nicht einmal die Wolkenkratzer der Millionenstadt, die moderne Architektur, die Stahl- und Spiegelglasbauten wirken so kalt wie in anderen Metropolen. Natürlich, die Sonne geht im Osten auf, und gleich nach Sonnenaufgang spiegelt sich das warme Licht und verströmt in der Hauptstadt von Queensland dieses tropisch-relaxte Down-Under-Gefühl. Das Surfbrett ist wichtig, ein kühles Bier, gefolgt von einem Dinner im trendy Restaurant. Die Arbeit muss gemacht werden und sie wird gemacht, aber Strand und Vergnügen stehen scheinbar latent im Vordergrund: Sogar aus dem 16 ha großen Weltausstellungsgelände der Expo 1988 ist ein Vergnügungs-

In eine lang gezogene Schleife des Brisbane River schmiegt sich der Kangaroo Point – hier lässt sich Brisbanes CBD aus natürlichem Grün heraus betrachten.

und Erholungspark geworden. Die South Bank Parklands liegen mitten im Zentrum und symbolisieren ein lockeres »take it easy, bloke!«. Dort liegt auch der einzige Strand Australiens, der sich mitten im Stadtzentrum befindet. An den Southbanks lassen es sich die Jungs und Mädels am weißen Sandstrand mit Palmen und klarem Wasser einfach gut gehen. Das hat nicht mal Sydney ...
Um jedoch kein einseitiges Bild zu zeichnen: Brisbane ist bekannt für seine Hochschulen, ist nicht nur das politische, sondern auch das Industrie-, Handels- und Finanzzentrum von Queensland. Auch die Bereiche Bio- und Informationstechnologie sowie Telekommunikation sind im Kommen. Schwerindustrie oder produzierendes Gewerbe sind von geringerer Bedeutung. Die Produktionsstätten liegen hauptsächlich an der Flussmündung beim Hafen, von wo vorwiegend Containerware, Zucker und Kohle verschifft werden. Kurzum: Aus dem Lager für aufsässige Sträflinge von 1824 ist eine echte Schönheit geworden.

Wohin in Brisbane?

Großstadtdschungel

★ Botanic Garden

Unter Großstadtdschungel versteht man in Brisbane keine tristen Häuserschluchten, sondern den Botanischen Garten. Beginnen Sie den Stadtrundgang also dort, an der Albert St. Der 1828 eröffnete Park ist 1,8 km² groß und umfasst die gesamte Südspitze der Halbinsel. Turmhohe Moreton-Bay-Feigen, uralte Banyanbäume mit dichten Vorhängen ihrer Luftwurzeln, Bambus, Palmfarne und Mangroven schmücken den ältesten öffentlichen Garten von Queensland. Begrenzt wird er vom Brisbane River, der die Anlage bereits ein Dutzend Mal überschwemmt hat, vom Garden Campus der Queensland University of Technology (QUT) mit dem **QUT Art Museum** für zeitgenössische australische Kunst und dem benachbarten **Old Government House**, der einstigen, hübsch herausgeputzten Residenz des Gouverneurs von Queensland von 1860.

QUT Art Museum: 2 George St. | Di.–Fr. 10–17, Sa.–So. 12–16 Uhr
Eintritt: frei | www.artmuseum.qut.edu.au

Government House: 1 George St. | So.–Fr. 10–16 Uhr | Eintritt: frei
www.ogh.qut.edu.au

Feiner Afternoon Tea

Parliament House

Beim Parkausgang liegt auch das Parlamentsgebäude von Queensland, dessen Dach aus Kupfer von Mount Isa besteht. Es wurde 1868 errichtet und kann besucht werden. Ein stilvolles Erlebnis ist der High Tea im **Strangers' Dining Room**.

Besichtigung: George St./Alice St. | Mo.–Fr. 9–16 jede Std. kostenlose Führungen an sitzungsfreien Tagen, an Sitzungstagen nur 14 Uhr
High Tea: Eintritt: 49 AUD | Termine unter www.parliament.qld.gov.au/explore/visitors/High-Tea

Die Sträflingsvergangenheit

Commissariat Store Museum

Vorbei an den Mansions, eleganten Reihenhäusern aus dem 19. Jh., die heute schicke Boutiquen und Restaurants beherbergen, geht es zum alten Kommissariat. 1829 mit bis zu 1,20 m dicken Mauern von Sträflingen erbaut, erzählt heute als Museum die Geschichte der Strafkolonie.

Museum: 115 William St. | Di.–Fr. 10–16 Uhr | Eintritt: 7 AUD
www.queenslandhistory.org.au

Die Kugel rollt!

Treasury Building

Wo linker Hand die **Victoria Bridge** über den Brisbane River führt, erhebt sich rechter Hand das prächtige Treasury Building im Stil der italienischen Renaissance. Im einstigen Finanzministerium kann man heute im Conrad Treasury Hotel & Casino luxuriös nächtigen oder rund um die Uhr sein Glück versuchen (► S. 217).

Shop 'til you drop

Queen Street Mall

Jenseits der George Street beginnt die Fußgängerzone Queen Street Mall, die sich bis zur Edward Street erstreckt. In einem Kolonialgebäude aus den 1880er-Jahren bietet das große Kaufhaus **Myer Centre** ein ultimatives Shoppingerlebnis. Das **General Post Office**, die Hauptpost von Brisbane, ist ein viktorianisches Juwel von 1871. Dahinter ragt inmitten der gläsernen Bürotürme des CBD die neogotische **St. Stephens Cathedral** von 1874 auf.

Essen	Übernachten	Ausgehen
1 Urban	1 Conrad Treasury	1 Powerhouse
2 Public	2 Brisbane W	2 Limes Rooftop Bar
3 Breakfast Creek	3 Spicers Balfour	3 Alto At Powerhouse
4 Julius	4 Tangalooma Island Resort	

BRISBANE ERLEBEN

VISITOR INFORMATION CENTRE
167 Queen St. Mall, Brisbane
Tel. 07 30 06 62 90
www.visitbrisbane.com.au

VERKEHR
Brisbane Airport liegt 10 km nordöstlich des CBD. In 20 Minuten fährt der Airtrain in die City. Für Touristen gibt es wochentags einen kostenlosen **City Bus Loop**, auf dem Busse alle 10 Minuten verkehren. Brisbane lässt sich aber auch hervorragend mit dem **Fahrrad** erkunden. **Fähren** verkehren auf dem Brisbane River (► S. 218).
www.bne.com.au (Flughafen)
www.airtrain.com.au (Airtrain)
www.brisbane.qld.gov.au/traffic-transport/public-transport/buses/city-centre-free-loops (City Bus Loop und Red Ferry)
www.citycycle.com.au (Fahrradverleih)
www.brisbane.qld.gov.au/traffic-transport/public-transport/city-cat-ferry-services (City Cat Ferry)
https://kookaburrariverqueens.com (»Kookaburra River Queen«)

RIVERLIFE
Eine ungewöhnliche Annäherung an die Stadt bieten Kajaktouren auf dem Brisbane River. Entlang der in den Himmel ragenden Skyline paddelt man auf dem Fluss beinahe lautlos durch das Zentrum. Der Anbieter hat auch noch Aktivitäten mit mehr Nervenkitzel (Klettern und Abseilen) im Programm.
Naval Stores Kangaroo Point Cliffs Drive, Tel. 07 38 91 57 66
https://riverlife.com.au

Die Einkaufsmeile der Stadt ist die Fußgängerzone **Queen Street Mall** mit rund 700 Geschäften. Ein Riesenangebot hat auch das **Direct Factory Outlet** (www.dfo.com.au) auf dem Weg zum Flughafen. Unter den zahlreichen Märkten sticht der **South Bank Lifestyle Market** heraus (South Bank Parklands, Fr.–So. 10–17 Uhr).

1 POWERHOUSE
Vom einstigen Kraftwerk zur heutigen Kulturfabrik: Im Powerhouse gibt es Musik und Tanz, Theater und Comedy – manchmal sogar mit freiem Eintritt.
119 Lamington St, New Farm
Tel. 07 33 58 86 00
https://brisbanepowerhouse.org.

2 LIMES ROOFTOP BAR
Sonnenuntergang mit einem Drink auf der Dachterrasse: Was will man mehr?
142 Constance St., Fortitude Valley, Tel. 07 38 52 90 00
www.limeshotel.com.au

3 ALTO AT POWERHOUSE
Lockere Atmosphäre, gut gefüllte Bar und wenn's spät wird, gibt's auch noch eine leckere Pizza.
119 Lamington St., New Farm
Tel. 07 33 58 86 22
https://brisbanepowerhouse.org/eat-drink/bar-alto

1 URBANE €€€€
»Ich nehme nur die besten Zutaten, die ich bekommen kann«, sagt Kü-

chenchef Andrew Gunn, 30 Jahre jung, in Brissie geboren. Er hat sich regionalen Outback-Produkten verschrieben: Sieben Gänge kosten 155 AUD.
181 Mary St., CBD
Tel. 07 32 29 22 71
www.urbanerestaurant.com

❷ PUBLIC €€€€
Modernes Lokal im Loft-Stil mit internationalen Spezialitäten wie Jamaican Jerk Chicken, peruanischem Schweinebauch oder marokkanischem Lamm.
400 George St., CBD
Tel. 07 32 10 22 88
https://lovepublic.com.au

❸ BREAKFAST CREEK €€€€
Eine Steak-Ikone mit Biergarten am Fluss. 13 verschiedene Steaks zwischen 33 und 47 AUD. Unschlagbar: das Rib Eye on the Bone (44 AUD).
2 Kingsford Smith Dr.
Breakfast Creek
Tel. 07 32 62 59 88
www.breakfastcreekhotel.com

❹ JULIUS €€
Wem nach etwas Abwechslung vom australischen Essen ist, der bekommt bei diesem eleganten Italiener direkt an der Queensland Art Gallery knusprige Pizzas und leckere Nudelgerichte. Schmeckt fast wie bei »mamma«.
77 Grey St, South Brisbane
Tel. 07 38 44 26 55
www.tukkarestaurant.com.au

❶ CONRAD TREASURY €€€€
Stilvollste und konservativste Nobelherberge der Stadt: Im alten Schatzamt residiert ein Fünf-Sterne-Haus mit sechs Restaurants und Casino.
Charlotte St./George St.
Tel. 07 33 06 88 88
www.conradtreasury.com.au

❷ BRISBANE W €€€
Eine trendige Stadt braucht natürlich auch ein trendiges Hotel. Und dieses ist zudem noch ganz neu (2018 gebaut) ... Vom Spa und Pool beste Blicke auf die Southbank.
81 North Quay
Tel. 07 35 56 88 88
www.marriott.de

❸ SPICERS BALFOUR €€
Mitten im trendigen Viertel New Farm liegt dieses schöne Boutiquehotel – mit Spa, Restaurant und Dachterrasse mit Story-Bridge-Blick.
37 Balfour St.
Tel. 13 00 59 75 40
https://spicersretreats.com

❹ TANGALOOMA ISLAND RESORT €€
Wer lieber außerhalb der Stadt nächtigen möchte und vielleicht sogar direkt an einem ruhigen Strand, der ist in diesem Resort, 40 km nördl. von Brisbane, richtig.
Moreton Island, Tel. 13 00 65 22 50
www.tangalooma.com

Alles im Blick
Am King George Square bietet der 92 m hohe Rathausturm einen weiten Blick auf Stadt und Flussschleife des Brisbane River. Die 1920 im neoklassizistischen Stil erbaute City Hall hat im dritten Stock das **Museum of Brisbane** mit einer Sammlung zur Stadtgeschichte als Untermieter. Es werden auch kostenlose Führungen angeboten, in deren Rahmen man den prachtvollen **Rathaussaal** mit seiner 4300 Pfeifen zählenden Orgel besichtigen kann. Ihr ers-

★ City Hall

tes Konzert in Australien gaben die Rolling Stones übrigens genau in jenem Auditorium.

Turm: Führungen tgl. 10.15–16.45 Uhr alle 15. Min. | Eintritt: frei, Voranmeldung am Schalter des Museum of Brisbane
City Hall: Führungen tgl. 10.30, 11.30,13.30 u. 14.30 | Eintritt frei, Voranmeldung am Schalter des Museum of Brisbane
Museum of Brisbane: King George Square, Rathauseingang
Sa.–Do. 10–17, Fr. bis 19 Uhr | Eintritt: frei
www.museumofbrisbane.com.au

Mahlsteine und Muskelkraft

Old Windmill

Im Wickham Park ist die Old Windmill von 1828 erhalten. Anfangs arbeitete die Mühle tatsächlich mit Windkraft, doch bald wurden die Mahlsteine ausschließlich durch die Muskelkraft von Sträflingen in Bewegung gehalten. Gegen Ende des 19. Jh.s erhielt der Mühlenturm eine Aussichtsplattform und heißt seitdem The Observatory.

Bunte Echsenwelt

Roma Street Parkland

Ein kleiner Spaziergang lohnt an der Roma Station vorbei in den hübsch angelegten Park, der von vielen Echsen bewohnt wird, die sich füttern lassen. Es gibt ein offenes Theater für Konzerte und BBQ-Stationen.

Der Strand in der Stadt

★ South Bank Parklands

Am gegenüberliegenden Ufer des Brisbane River entstand auf dem Expo-Gelände von 1988 ein Freizeitzentrum der Superlative mit Hotels, Restaurants, Kinos und Kultureinrichtungen, aber auch kunterbunten Wasserlandschaften zwischen Palmen und tropischen Pflanzen, **Rainforest Walk** und künstlich angelegten Sandstränden wie dem **Streets Beach** am Brisbane River. Der Strand wird zum Sonntagswohnzimmer, die Ufer des Brisbane River zum Pausenraum, in die Straßencafés geht man bei jeder sich bietenden Möglichkeit. Vielleicht funktioniert Brisbanes Wirtschaft auch so gut, weil man sich auch täglich gut erholt in dieser schönen Stadt? Beliebt ist auch der **Markt**, auf dem am Wochenende Händler lokales Kunsthandwerk anbieten. Im 60 m hohen Riesenrad **Wheel of Brisbane** hat man aus den klimatisierten Gondeln einen schönen Panoramablick über die Metropole und den Fluss.
Apropos Fluss: Auf diesem kann man im Zick-Zack-Kurs mit der **City Cat Ferry**, kostenfrei mit der **Red Ferry** oder nostalgisch-romantisch mit dem alten Schaufelraddampfer **»Kookaburra River Queen«** vorankommen und so Brissies glitzernde Skyline aus einer anderen Perspektive bewundern. Eine Anlegestelle befindet sich beispielsweise unterhalb des Riesenrads, ein mögliches Ziel ist New Farm jenseits der Story Bridge (► S. 221).

Riesenrad: South Bank Parklands | So.–Do. 10–22, Fr.–Sa. bis 23 Uhr
Eintritt: 20 AUD | http://thewheelofbrisbane.com.au

So lässt sich auch eine Pause vom Sightseeing verbringen: am Streets Beach in den South Bank Parklands – mitten in der Stadt und mit Blick auf deren Skyline.

Naturgeschichte, Wissenschaft und Kultur vereint

★ Cultural Centre

Besonders sehenswert im Kulturzentrum mit Oper, Theater, Bibliotheken und zahlreichen Restaurants, Bars und einem Kino ist das **Queensland Museum South Bank** mit Café auf der Dachterrasse und Paradeblick auf die Skyline. Zu den Höhepunkten der Sammlung, die die Natur- und Kulturgeschichte Queenslands dokumentiert, gehört das im Bundesstaat gefundene Saurierskelett eines Muttaburrasaurus und das Originalflugzeug des Queenslanders Bert Hinkler, der als Erster die Strecke England–Australien bewältigte. Im ersten Stock des Museums residiert das **Queensland Sciencentre**, in dem nicht nur Kinder die Geheimnisse der Natur interaktiv entdecken können. Ebenfalls einen Besuch wert ist die **Queensland Art Gallery** mit rund 11 000 Werken australischer und internationaler Künstler.

Queensland Museum South Bank: South Bank Parklands
tgl. 9.30–17 Uhr | Eintritt: frei | www.culturalcentresouthbank.com.au
Sciencentre: South Bank Parklands | tgl. 9.40–17 Uhr
Eintritt: 10 AUD | www.sciencentre.qm.qld.gov.au
Queensland Art Gallery: South Bank Parklands | tgl. 10–17 Uhr
Eintritt: frei | www.qag.qld.gov.au

Kunst von 1970 bis heute

Gallery of Modern Art

Am Kurilpa Point, ein paar Meter weiter den Fluss aufwärts, eröffnete im Jahr 2006 in einem lichten Neubau die Gallery of Modern Art (kurz GoMA), das zweitgrößte Kunstmuseum Australiens. Gezeigt wird eine stetig wachsende Sammlung moderner Kunst des Kontinents, aus Asien und dem pazifischen Raum. Hinzu kommen Meisterwerke der Alten Welt.

South Bank Parklands | tgl. 10–17 Uhr | Eintritt: frei
www.qag.qld.gov.au

Kämpferin »Diamantina«

Maritime Museum

Die Promenade am Flussufer endet nahe dem Queensland Maritime Museum, das ein Trockendock von 1871 sowie die Fregatte »Diamantina« zeigt, die während des Zweiten Weltkrieges im Einsatz war.

Museum: South Bank Parklands | tgl. 9.30–16.30 Uhr
Eintritt: 16 AUD | www.maritimemuseum.com.au

Der Brücke aufs Dach gehen

Story Bridge

Brückenfans müssen Down Under neben dem Kleiderbügel von Sydney natürlich auch die Story Bridge besuchen, die den Brisbane River östlich der City, vom Kangaroo Point nach Norden, überspannt und beste Blicke auf die Skyline ermöglicht. Man kann sogar, wie in Sydney, eine Klettertour machen: beim **Story Bridge Adventure Climb**. Eingeklinkt in ein mitlaufendes Stahlseil können Schwindelfreie den 100 m hohen Brückenbogen in einer zweistündigen Klettertour mit Panoramablick überqueren oder sich abseilen.

Story Bridge Adventure Climb: Tickets: ab 119 AUD, »climb and dine« (mit Burger und Pizza) 129 AUD | www.sbac.net.au

Auch Brisbane hat seine Brücken-Ikone: die Story Bridge.

Übers Wasser gehen

New Farm Riverwalk

Ein hübscher Spaziergang bietet sich vom Sydney Street Ferry Terminal in New Farm an. Nur einen Steinwurf von hier entfernt beginnt der New Farm Riverwalk, ein rund 900 m langer Steg, der parallel zum Ufer über dem Wasser verläuft und ein wenig südlich der Story Bridge endet. Unterwegs hat man die Brücke und die Skyline der Stadt stetes im Blick.

Nachtleben und Chinatown

Fortitude Valley

Das Fortitude Valley im Nordosten der Stadt, kurz The Valley genannt, ist Brisbanes Zentrum des Nachtlebens mit Bars, Bistros, Diskotheken und Chinatown: eine bunte Ansammlung von Kräutershops, Massagepraxen, Entenbratereien und Asienmärkten. Wenige Schritte weiter erhebt sich ein Musterbeispiel des Gothic-Revival-Stils des 19. Jh.s: die St. John's Church mit Holzschnitzereien und Buntglasfenstern.

Brisbanes ältestes Haus

Newstead House

Das Newstead House im nördlichen Stadtteil Newstead ist das älteste erhaltene Wohnhaus in Brisbane. Das Anwesen oberhalb des Brisbane River und des Breakfast Creek wurde 1846 für den Schotten Patrick Leslie erbaut und liebevoll mit viktorianischen Antiquitäten eingerichtet. Es ist berühmt für seine Sonntagskonzerte.

Newstead House: Breakfast Creek Rd./Newstead Av. | Fr.–Sa. 10–14, So. bis 16 Uhr | Eintritt: 12 AUD | www.newsteadhouse.com.au

Rund um Brisbane

Delfine und Langusten

★ Moreton Bay

Mehr als 300 Inseln verteilen sich in der Bucht des Brisbane River. Ein schönes Naherholungs-, aber auch Schutzgebiet: wie die Sandinsel Moreton, größtenteils ein Nationalpark mit Sanddünen bis 280 m Höhe! Hinauf geht es schweißtreibend, hinab wird in Bauchlage auf Brettern »gerodelt« oder mit Quads durch den Sand gedriftet. Abends trifft man sich an der Jetty zur Delfinfütterung, morgens tummeln sich Kormorane und Pelikane am Strand. Von Juni bis Oktober kann man in der Bucht auch die bis zu 50 t schweren Buckelwale beim **Whale Watching** erleben. Und die Languste Moreton Bay Bugs lässt Gourmetherzen höher schlagen.

Cooks Irrtum

North und South Stradbroke Island

Perfekt für Familien ist das 38 km lange North Stradbroke Island mit flach abfallenden Sandstränden, Ferienhäusern und dem Blue Lake National Park, der einen tiefen Badesee umgibt. South Stradbroke Island hielt James Cook einst fälschlicherweise für die Festlandküste Australiens.

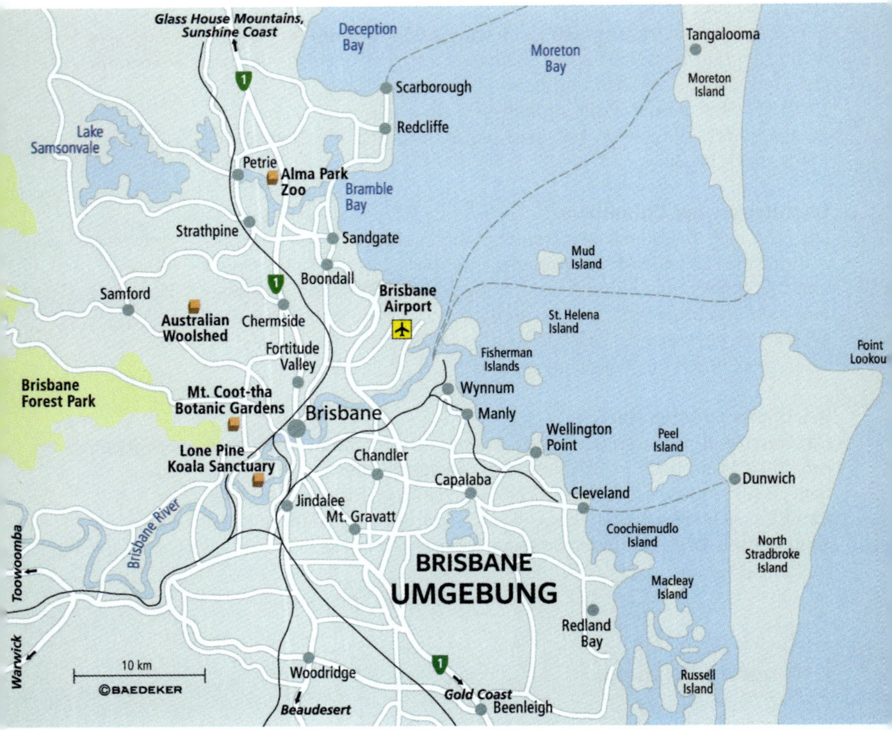

Lone Pine Koala Sanctuary

Auch Promis knuddeln

Die knuffigen Beutelsäuger erobern Herzen im Sturm. Auch Queen Elizabeth II. und Janet Jackson ließen sich schon mit einem Koala auf dem Arm ablichten: Das Lone Pine Koala Sanctuary von 1927 ist nicht nur das älteste, sondern auch das berühmteste Schutzgebiet der Welt für die wuscheligen »Bären«. Aber nicht nur rund 130 Koalas leben dort, sondern auch rund 100 andere australische Tierarten: Kängurus, Wombats, Echidnas, Dingos, Schlangen, Echsen, Schnabeltiere und – auf dem Festland längst ausgestorben – der Tasmanische Teufel. Durch Sichtfenster hat man zudem Einblicke ins Tierkrankenhaus. Das Schutzgebiet liegt 12 km außerhalb von Brisbane und ist bequem mit dem Flussschiff »Mirimar« zu erreichen; dieses legt täglich um 10 Uhr am Cultural Centre Pontoon ab, die Fahrtzeit beträgt 75 Minuten.

Sanctuary: 708 Jesmond Rd., Fig Tree Pocket | tgl. 9–17 Uhr
Eintritt: 35 AUD | www.koala.net

★ Toowoomba

Die Gartenstadt
Stolz verweist die 1859 gegründete Garden City, 128 km westlich von Brisbane, auf ihre prachtvollen 150 Gärten und elf Parks. Ein besonderes Erlebnis ist der jährliche Blütenkarneval Ende September. Wunderschön sind der 1865 angelegte **Queens Park** mit seinen Baumalleen und der State Rose Garden im Newtown Park mit mehr als 1500 Rosenarten. Die **Toowoomba Railway Station** wurde 1874 im Stil der italienischen Neorenaissance erbaut. Sehenswerte historische Bauten säumen auch die Russell Street sowie die Ruthven Street mit dem Rathaus von 1900.
Südlich von Toowoomba beginnt der **Granite Belt**, das bis zu 950 m hohe Plateau der Great Dividing Range. Von September bis November verwandeln sich hier die Apfel- und Pfirsichplantagen in ein Blütenmeer. Und im März gibt's in **Stanthorpe** an der Grenze zu New South Wales ein großes Erntedankfest mit Feuerwerk und Paraden (www.appleandgrape.org).

★ CAIRNS

Höhe: 0 m | **Einwohner:** 140 000

Cääns sagen die Aussies zu Cairns. Und mit dem lang gedehnten Cääns verbindet jeder auf dem fünften Kontinent das Gleiche: junge Leute und Partys, Sonne und Strand, unzählige Motels und Boutiquen, Anbieter für Rifffahrten und Inseltouren. Cairns lebt nicht nur vom Tourismus, Cairns lebt Tourismus! Und zwar auf angenehme Weise, ohne dass einem hinter jeder Theke Dollar-Zeichen statt Augen anschauen. Und alles hat mit einem schlichten Koffer angefangen, damals 1873 …

Hauptstadt des Tropical Far North

Cairns ist vor allem bei Rucksacktouristen aus aller Welt das Hauptreiseziel in Australien. Und das, obgleich Cairns selbst recht unspektakulär ist und keinen eigenen Strand besitzt. Aber Ellis Beach und Palm Cove, Trinity Beach und Yorkeys Knob sind das Kapital von Cairns: Die Strände finden sich nördlich der Stadtgrenzen. Ein weiteres Pfund im Wettstreit um gute Tourismusstatistiken ist das tropische Klima mit Höchsttemperaturen bis 35 °C zwischen November und April, während in den restlichen Monaten das Thermometer kaum unter 25 °C fällt. Die Wasserwerte liegen jahrein jahraus bei 23 bis 28 °C. Aber am wichtigsten: Cääns ist das Tor zum ▶ Great Barrier Reef wie auch zum Regenwald des ▶ Daintree National Park. Der Aufstieg von Cairns begann übrigens mit einem Koffer und der

CAIRNS ERLEBEN

TOURIST INFORMATION CENTRE
Aplin St./The Esplanade
Tel. 07 40 47 91 25
www.cairnstouristinformation.com.au

Tgl. fahren zahlreiche Ausflugsschiffe, Glasboden- und Tauchboote von Cairns zum Great Barrier Reef, zu buchen z. B. unter https://passions.com.au oder www.tusadive.com.

Am Wochenende verkaufen Kunsthandwerker ihre Objekte beim Arts & Crafts Market auf der Esplanade von Cairns und allabendlich findet dort ab 16.30 Uhr der Night Market statt.

❶ THE DOWNUNDER
Musik, Bar, Poolbillard, Snacks – eine typische Aussie-Bar, in der es schon mal laut hergeht.
102 Lake St., Cairns
Tel. 07 40 28 34 48
www.thedownunder.com.au

❶ OCHRE €€€€
Moderne australische Küche kombiniert mit Ungewöhnlichem aus dem Outback: etwa Wallaby-Filet mit Amaranth oder Krokodil mit Garnelen.
1 Marlin Parade, Cairns
Tel. 07 40 51 01 00
www.ochrerestaurant.com.au

❷ CAFE CHINA €€€
Original Pekingente, Dim Sum und chinesische Nudeln können zwischendurch mal für Abwechslung sorgen ...
32 Spence St., Cairns
Tel. 07 40 51 04 23
www.cafechina.com.au

❶ THE REEF HOUSE €€€€
Sehr schönes Boutiqueresort am Meer, nostalgische Terrassenzimmer, manche mit Veranda-Whirlpool, Restaurant am Pool und Spa.
99 Williams Esplanade
Palm Cove, Tel. 07 40 80 26 00
www.reefhouse.com.au

❷ ELLIS BEACH OCEANFRONT BUNGALOWS €€
Die Bungalows direkt am Strand sind zwar relativ einfach eingerichtet, dafür aber stehen nur ein paar Kokosnussbäume zwischen Veranda sowie Sand, Strand und Meer. Budget Cabins in den hinteren Reihen kosten die Hälfte (um 100 AUD). Es gibt einen Pool und ein Restaurant.
Captain Cook Hwy., Ellis Beach
Tel. 07 40 55 35 38
www.ellisbeach.com

Aufschrift »Post Office«, wo die Goldgräber ab 1873 ihre Post abholen konnten. Offiziell gegründet wurde die Stadt 1878 vom damaligen Gouverneur von Queensland, William Wellington Cairns, als Exporthafen für Gold und andere Bodenschätze der Minen westlich der Stadt.

Wohin in Cairns?

Das Wohnzimmer

★ The Esplanade

Spaziergänger und Jogger teilen sich die 3 km lange Esplanade. Bei Ebbe blickt man auf das braun-matschige Watt, in dem Minimangroven wachsen, die letzten Überreste eines großen Mangrovenwalds, in dem Cairns erbaut wurde. Weil die Stadt keinen natürlichen Strand besitzt (und Baden aufgrund von im Meer lauernden Quallen und Haien ohnehin zu gefährlich wäre), wurde am **Fogarty Park** eine von Liegewiesen eingefasste, 4800 m² große Salzwasserlagune angelegt: die **Cairns Esplanade Lagoon**. Dort endet auch die Strandpromenade mit dem **Pier Marketplace**, einem großen Einkaufs- und Entertainment-Komplex. Von der Marlin Marina gleich ums Eck starten die meisten Ausflugsfahrten zum Riff.

Schillerndes Nachtleben

City Place

Das schachbrettartig angelegte Stadtzentrum rund um den City Place bietet Souvenirshops, Modeboutiquen, Kunstgalerien und Geschäfte von Outback-Ausrüstern. Sobald es dunkel wird, läutet das Lichtermeer der Restaurants, Cafés, Bars, Diskotheken und Clubs das Nachtleben ein, das zumindest am Wochenende häufig erst im Morgengrauen endet. Und wer den Nervenkitzel sucht: Auch ein Casino gibt es.

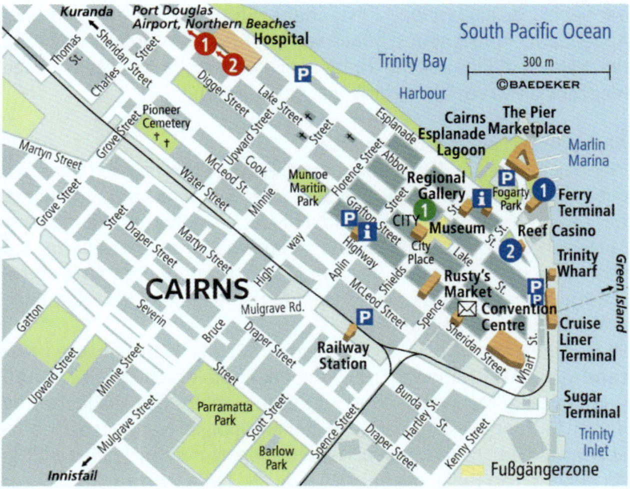

🍴 ❶ Ochre ❷ Cafe China

🏠 ❶ The Reef House ❷ Ellis Beach Oceanfront Bungalows

🍸 ❶ The Downunder

Kunst von hier

Cairns Art Gallery

Wer sich für Nordaustraliens Kunst interessiert, der sollte diese Regionalgalerie in dem denkmalgeschützten Haus mit seinen Pop-Art-Säulen besuchen.

Abbott St./Shields St. | Mo.–Fr. 9–17, Sa. ab 10, So. 10–14 Uhr
Eintritt: frei | www.cairnsartgallery.com.au

Das grüne Wissen

Flecker Botanic Gardens

Im nördlichen Vorort Edge Hill präsentiert seit 1886 der Botanische Garten Flora und Fauna des fünften Kontinents und verrät, wie die Ureinwohner die heimischen Pflanzen nutzten. Ein Erlebnis ist auch die **Starry Night**, die monatliche Kinonacht unter freiem Himmel, ebenfalls an der Collins Avenue.

Botanic Gardens: 4 Collins Av. | Mo.–Fr. 7–17.30, Sa.–So. ab 8.30 Uhr
Eintritt: frei | kostenfreie Führungen Di. und Do. 10 u. 13 Uhr, Treffpunkt am Botanic Gardens Visitor Centre
www.cairnsattractions.com.au

Rund um Cairns

Schöne Strände

★ Palm Cove

Im Norden von Cairns lockt auf 25 km tropisches Vergnügen an palmengesäumten Sandstränden. Schönste Strandperle ist Palm Cove mit seinen Beachbars und Restaurants, Shopping-, Sport- und Spa-Angeboten – und einem schönen weißen Strand. Weitere beaches in der Nähe sind Ellis Beach, Trinity Beach und Yorkeys Knob, wo auch meistens die Kreuzfahrtschiffe vor Anker gehen.

Altmodisch rauf, modern runter

★ Kuranda

Wenn nicht alle, so doch zumindest drei Wege führen nach Kuranda: mit der Eisenbahn, mit der Seilbahn oder mit dem Auto. Ganz egal, für welche Variante man sich entscheidet, es geht stets durch bzw. über dichtes, von der UNESCO als Welterbe geschütztes Grün. Am schönsten ist es natürlich, wenn man sich nicht auf die kurvige Strecke konzentrieren muss. Unser Tipp: Am schönsten ist eine Kombination aus Zug- und Seilbahnfahrt.

Hinauf geht es auf der 34 km langen, 1882 bis 1891 gebauten **Kuranda Scenic Railway.** Die Diesellokomotive schlängelt sich ab Cairns oder Freshwater über 98 Kurven, zahlreiche Viadukte und durch 15 Tunnel – und dabei vorbei an üppiger Natur, tropischem Regenwald und rauschenden Wasserfällen. Nur einmal hält der Zug: An den **Barron Falls**, die über 25 m in die Tiefe stürzen. Zurück zur Küste verkehrt die spektakuläre, 7,5 km lange **Skyrail**, wobei die elf Diamond-Gondeln einen Glasboden haben. Die Seilbahn legt gleich zwei Zwischenstopps ein: an der **Red Peak Station**, wo ein kleiner

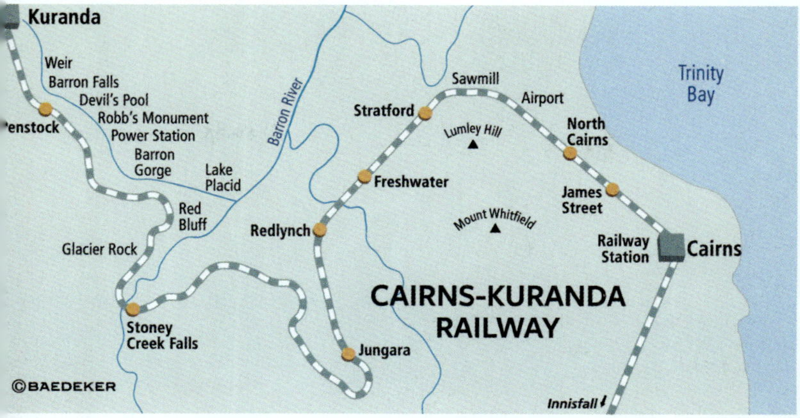

Rundgang durch das tropische Dickicht führt, und an der **Barron Falls Station** mit Naturlehrpfad zu den tosenden Wasserfällen. Neben der Talstation der Seilbahn kann man im Tjapukai Aboriginal Cultural Park vieles über die Kultur der Ureinwohner erfahren. Abends gibt's auch ein Feuerspektakel. Ein Shuttle verbindet die Talstation der Skyrail.

Aber nicht nur allein der Weg ist das Ziel, auch in Kuranda selbst kann man einige nette Stunden verbringen. Mit 1500 Schmetterlingen von 35 unterschiedlichen Arten ist beispielsweise das **Australian Butterfly Sanctuary**, Australiens größte Brutstätte für Falter, mitten im Zentrum von Kuranda einen Abstecher wert. Gleich nebenan lohnt sich auch ein Besuch der **Birdworld** mit allerlei bunten tropischen Vögeln und der **Koala Gardens**, wo die niedlichen Kerle sogar geknuddelt werden dürfen. Hübsch sind auch die farbenfrohen **Kuranda Original Rainforest Markets**, auf denen man Avocado-Eiscreme kosten und allerlei (Hippie-)Kunsthandwerk begutachten kann.

Railway: Kuranda Station | tgl. 8.55–15.30 Uhr | einfache Fahrt: 40 AUD
www.kurandainfo.com/info/kuranda-scenic-railway

Skyrail: 6 Skyrail Dr., Cairns; Kamerunga Rd, Freshwater | tgl. 9 bis 15.45 Uhr | einfache Fahrt: 53 AUD, Diamond-Gondel zzgl. 20 AUD
www.skyrail.com.au

Shuttlebus: ab Skyrail's Smithfield Terminal (Talstation) tgl. 14, 15, 16, 16.45 u. 17.20 Uhr | ab Freshwater Railway Station tgl. 15.30 u. 17 Uhr | Reservierung empfohlen

Cultural Park: 4 Skyrail Dr. | tgl. 9–16.30 u. 19–21.30 Uhr
Eintritt: frei | Führungen ab 35 AUD | www.tjapukai.com.au

Butterfly Sanctuary: 8 Rob Veivers Dr. | tgl. 9.45–16 Uhr
Eintritt: 20 AUD | www.australianbutterflies.com

Der Wooroonooran National Park, in dem u. a. die Wallacha Falls ein wundervolles Regenwaldidyll bilden, gehört zur Wet Tropics World Heritage Area.

Birdworld: Rob Veivers Dr | tgl. 9–16 Uhr | Eintritt: 19 AUD, mit Koala Gardens 33 AUD | www.birdworldkuranda.com
Koala Gardens: Rob Veivers Dr./Kennedy Hwy. | tgl. 9–16 Uhr Eintritt: 19 AUD, mit Bird World 33 AUD | www.koalagardens.com

Süß statt salzig

Crystal Cascades

Rund 20 km westlich von Cairns vereinigen sich mehrere kleine Wasserfälle und bilden einen herrlichen Naturpool mitten im tropischen Regenwald, der besonders im Sommer, wenn Stingers (Quallen) das Baden im Meer verhindern, recht beliebt ist.

Cool down, mate!

Chillagoe-Mungana Caves National Park

Reichhaltige Kupfervorkommen sowie Gold, Silber und Blei bescherten Chillagoe um 1900 eine wahre Blütezeit. Heute wird um das beschauliche Outbackstädtchen, 215 km westlich von Cairns, hochwertiger Marmor abgebaut und in alle Welt exportiert. Der Ausflug in die trockene Steppenlandschaft lohnt sich vor allem wegen der schönen Tropfsteinhöhlen des Chillagoe-Mungana Caves National Park. Die Bauhinia, The Archways und Pompeii Cave können individuell besucht werden. Die Temperatur ist angenehm kühl und liegt recht konstant bei 22 °C.

Auf Höhe der Baumkronen

★ Wooroonooran National Park

Südlich von Cairns erstreckt sich der Wooroonooran National Park mit Rainforest Canopy Walkway, einem Wander- und Hängebrückenpfad vom Boden bis in die Baumkronen des Regenwalds, während der Waldboden auf dem Forest Walk erkundet werden kann. Der gut 320 m lange Elevated Walkway schlängelt sich dann über die Baumwipfel bis zu einem 40 m hohen Aussichtsturm.

Art déco Down Under

★ Innisfail

1918 zerstörte ein Zyklon weite Teile von Innisfail. Der Wiederaufbau des Zuckerrohrstädtchens am Johnstone River erfolgte in einem neuen Baustil: dem Art déco. Heute besitzt die Innenstadt von Innisfail daher die höchste Dichte an Art-déco-Bauten in Australien. Entlang der Edith und Rankin Street drängen sich auf 300 m Fassaden mit spanisch, marokkanisch, italienisch und angelsächsisch inspiriertem Dekor. Der kleine taoistische Tempel in der Owen Street erinnert an die Chinesen, die einst im Norden von Queensland nach Gold schürften. Alljährlich im September feiert die hübsche Kleinstadt, 100 km südlich von Cairns, das mehrtägige Sugar Festival. Zuckerrohr wird auch in dieser Gegend angebaut und verarbeitet.

Besuch vom Kasuar

Mission Beach

Für geruhsame Urlaubstage empfehlen sich die 14 km langen Sandstrände, 40 km südlich von Innisfail. Sattgrüner Regenwald wächst bis zum Sandstrand und flugunfähige Kasuare, die man nicht nur an ihrer stattlichen Größe, sondern auch an ihrem blauen Helm auf dem Kopf gut erkennen kann, sind öfters Strandbesucher. Der Laufvogel ist ein Verwandter des Emu, wird bis 1,60 m groß und 70 kg schwer. Schätzungen zufolge existieren nur noch rund 1000 Exemplare dieser Helmkasuare. Um darauf aufmerksam zu machen, hat man 2018 das Cassowary Festival ins Leben gerufen (Ende Juni).

★ CAPE YORK PENINSULA

Höhe: 0–800 m | **Einwohner:** 18 000

C–E 25/26

Nahezu unberührte Wildnis breitet sich am nördlichsten Festlandspunkt Australiens aus, einer lang gestreckten Halbinsel im Pazifischen Ozean. Mäandernde Flüsse und weite Auen, die McIlwraith Range im Osten mit Anhöhen bis zu 800 m, aber auch Dünengebiete am Meer prägen die Szenerie.

Einsame Wildnis

Der Boden ist allerdings weitgehend unfruchtbar, alle Versuche von Bewirtschaftung scheiterten. Und so kann man sich bis heute (ausschließlich) per Allradfahrzeug in eine der urigsten Gegenden Queenslands begeben. Nur die Developmental Road sowie die Fortsetzung gen Norden, die Telegraph Road, und jene westwärts, die Peninsula Road, erschließen die tropische Nordspitze von Queensland. Die Pisten sind nicht in bestem Zustand und zuweilen überqueren sogar Krokodile, Schlangen und anderes gefährliches Getier die Straßen! Und so sehr der Anblick der traumhaften Tropenstrände auch dazu verleitet: Von einem Bad im Meer ist dringend abzuraten, nicht nur wegen der »Salties«, der alles fressenden Salzwasserkrokodile, sondern auch wegen der gefürchteten, hochgiftigen Würfelquallen!

Wohin auf der Cape York Peninsula?

Auf ungerade Jahre achten

Laura

Ein guter Ausgangspunkt für Entdeckungen auf der Cape York Peninsula ist der knapp 400 km nördlich von Cairns liegende Ort Laura, der in ungeraden Jahren Ende Juni das noch recht authentische Aboriginal Dance and Culture Festival feiert.

Gut erhaltene Felsmalereien

Quinkan Reserve

Die ganze Halbinsel ist ein Rückzugsgebiet der australischen Ureinwohner. Ihre mystischen Felszeichnungen wurden erst in den 1950er-Jahren in den Überhängen und Höhlen der schroffen Felslandschaft entdeckt, die zum Quinkan Reserve südlich von Laura gehören. Für Besucher zugänglich sind die **Aboriginal Rock Art Galleries** von Split Rock, die **Guguyalangi** und die **Giant Horse Gallery** sowie die **Quinkans**, eine besonders gut erhaltene Felsmalerei, die bis zu 16 000 Jahre alte Figuren mit großen, starren Augen zeigt. Die Ureinwohner glauben, dass diese Abbildungen Geister darstellen, die im Felsen wohnen. Eine genaue Deutung ist nicht mehr möglich: Sämtliche Angehörige des Stammes, die einst die Malereien erschufen, wurden während des Goldrausches massakriert oder durch eingeschleppte Krankheiten dahingerafft. Die prähistorische Felskunst wird heute von der **Ang-Gnarra Aboriginal Corporation** geschützt und darf nur bei Führungen mit örtlichen Aborigines besichtigt werden.

www.quinkancc.com.au

Von der Gras- zur Seenlandschaft

★ Rinyirru National Park

Der früher Lakefield genannte, zweitgrößte Queenslands Nationalpark erstreckt sich knapp 30 km nördlich von Laura. Er präsentiert sich als ausgedehntes Gras- und Waldland, das sich mit der Regenzeit

CAPE YORK PENINSULA ERLEBEN

Auf der Halbinsel gibt es kein besetztes Informationszentrum. Allg. Infos: www.capeyorkinfo.org

Die urtümliche Wildnis lässt sich nicht nur auf Jeep-Safaris oder mit dem Boot (beides www.aurukunwetlandcharters.com), sondern auch aus der Luft erleben (www.capeyorkair.com.au).

SOVEREIGN RESORT €€

Wer mehr wünscht oder wieder Lust auf Stadt und vier Sterne hat, wählt dieses Resort mit schönem Pool und Terrassenrestaurant.
Charlotte St./Green St., Cooktown
Tel. 07 40 43 05 00
www.sovereignresort.com.au

BRAMWELL STATION €

Australiens nördlichste Rinderfarm, 240 km südlich von Cape York, bietet Reisenden Speisen und Getränke (auch alkoholische), Unterkünfte, Stell- und Zeltplätze sowie Benzin und Diesel. Es ist die letzte Tankstelle vor dem Kap!
Telegraph Rd., Tel. 07 40 60 33 00
www.bramwellstationcapeyork.com.au

MERLUNA STATION €

Ebenfalls eine große aktive Rinderfarm mit 27 hübsch gemachten Unterkünften in einfachen Holzhütten und einem großen Campingplatz für Zelte und Wohnmobile. Zum Essen gibt es Gerichte wie Corned Beef, Ochsenschwanzeintopf u. ä. Bier oder Wein muss man selbst mitbringen.
Peninsula Rd.
Tel. 07 40 60 32 09
www.merlunastation.com.au

in eine amphibische Landschaft aus Seen und Sümpfen verwandelt. Eukalypten, Paperbarks (Myrtenheiden) und Papierrindenbäume säumen die Flüsse um die **Princess Charlotte Bay**. Diese sind der Lebensraum vieler Krokodile, nicht minder artenreich sind Wasservögel und auch Fische vertreten. Rinyirru ist der einzige Nationalpark der Halbinsel, in dem geangelt werden darf. Er kann nur mit Allradfahrzeugen besucht werden und ist in der Regenzeit von Dezember bis April geschlossen; Bushcamping ist möglich.

Rund um die Cape York Peninsiula

Die Stadt des Kapitäns

★ Cooktown

Als 1872 am Palmer River Gold gefunden wurde, verwandelte sich Cooktown in eine Boomtown mit mehr als 100 Pubs, 40 Bordellen und zwei Kirchen für die damals 30 000 Einwohner. Aber schon 1900 waren die Goldvorkommen erschöpft und Cooktown geriet in Vergessenheit. Heute erinnert (fast) alles an James Cook, der dort seine »Endeavour« reparieren ließ, nachdem er aufs Great Barrier Reef aufgelaufen

Guides wie der Stammesälteste der Nugal Warra, Willie Gordon von Guurrbi Tours, führen Besucher zu den Felsenmalereien rund um Cooktown.

war. Ein Museum zeigt u. a. den originalen Anker und eine Kanone der »Endeavour«, außerdem erinnern eine Statue und das Cook Monument an den Entdecker. Vom 192 m hohen **Grassy Hill** suchte der Kapitän nach einer sicheren Schiffspassage durch das Riff. Der Leuchtturm wurde 1885 von England nach Cooktown verschifft.

In der **Cherry Tree Bay** sieht man mit Glück Meeresschildkröten und Seekühe (Dugongs). Die riesigen Granitblöcke, 30 km südlich, gehören zum Welterbe der Menschheit, den **Wet Tropics of Queensland**. Die Schwarzfärbung der Felsen, denen die Aborigines magnetische und magische Kräfte zuschreiben, wird durch Flechten hervorgerufen. Höchste Erhebung ist der 475 m hohe Black Mountain. Daher auch der Name **Black Mountain National Park**; die Aborigines sagen Kalkajaka.

Museum: Furneaux St./Helen St. | tgl. 9.30–16 Uhr | Eintritt: 10 AUD

Von Dienstag bis Freitag

Torres Strait Islands

Die rund zwei Flugstunden von Cairns entfernt liegende Inselgruppe zwischen der Nordspitze der Halbinsel und Papua Guinea besteht aus 274 kleinen Eilanden, von denen nur 19 bewohnt sind. Trotz Flugplatz auf **Horn Island**, das im Zweiten Weltkrieg eine zentrale Rolle bei der

australischen Landesverteidigung spielte, haben die indigenen Insulaner ihren traditionellen Lebensstil im Alltag weitgehend bewahrt. Man lebt von der Fischerei, Perlmutt, Aquakulturen und in bescheidenem Umfang auch vom Tourismus. Wichtigste Insel ist **Thursday Island** mit Fähranbindung ans Festland. Der Name der Insel stammt vom Kapitän der »Bounty«, **William Bligh**, der die Torresstraße vom 2. (Dienstag) bis 5. Juni 1789 (Freitag) durchfuhr und einigen Inseln entsprechende Tagesnamen gab. Interessant ist das **Gab Titui Cultural Centre**, in dem das kulturelle Erbe der Inseln vorgestellt wird. Künstler bieten zudem verschiedene Workshops an. Alle zwei Jahre ist Thursday Island auch Schauplatz des Torres Strait Cultural Festival.
Auf vielen Inseln des Archipels gibt es Strände und Sandbänke, auf denen die Meeresschildkröten ihre Eier ablegen. Die Gewässer beeindrucken Taucher und Schnorchler mit Muschelwiesen sowie einer enormen Vielfalt an Fischen und Schiffswracks aus dem Zweiten Weltkrieg.

Cultural Centre: Victoria Parade/Blackall St. | Thursday Island
Mo.–Fr. 9–16.30, Sa. 10–15 Uhr | Eintritt: frei | www.gabtitui.com.au

★★ DAINTREE NATIONAL PARK

Höhe: 0–1375 m | **Einwohner:** 200

Mit dichtem Dschungelgrün bewachsene Berge treffen auf nahezu unberührte Sandstrände mit vorgelagerten Korallengärten: Diese Naturkonstellation gibt es nur im ältesten Regenwald Australiens. Aber: Der Begriff Regenwald ist genau genommen unpräzise. Schließlich gehört der Daintree zu den artenreichsten Regionen der Erde.

Regenwald, Sandstrände, Berge

Im Daintree National Park unterscheiden Wissenschaftler 13 Regenwaldtypen! Eine weitere Zahl verblüfft vielleicht noch mehr: Über 3000 Pflanzenarten haben Wissenschaftler in »Australiens größtem Gewächshaus« gezählt, darunter Fächerpalmen, Farne, Mangroven und Baumriesen, die kerzengerade dem Sonnenlicht entgegenstreben. Die tierische Artenvielfalt macht sich durch Vogelgesang, Froschgequake und Insektengebrumm bemerkbar.
Der archaische Daintree National Park ist seit 1988 UNESCO-Weltnaturerbe. Zu diesem gehört auch das Cape Tribulation. Dessen Name – »Kap der Leiden« – geht auf James Cook zurück, der auf

seiner ersten Südseereise (1768–1771) im Jahr 1770 mit seiner »Endeavour« vor der Küste auf ein Riff auflief und erst nach langwierigen Reparaturarbeiten seine Reise fortsetzen konnte. Wald und Park tragen hingegen den Namen des australischen Geologen Richard Daintree (1832–1878).

Wohin im Daintree National Park und Umgebung?

★★ Regenwald

140 Millionen Jahre alt
Nur rund 100 km trennen Cairns vom 7080 km² großen, kaum erschlossenen Daintree National Park, der einen der ältesten Regenwälder der Erde schützt. Im 140 Mio. Jahre alten Dickicht mit ural-

BAEDEKER MAGISCHE MOMENTE

»REGENSTAUB«

Regen, natürlich Regen! Der Name Regenwald kommt ja nicht von ungefähr. Doch dieser Regen wirkt wie Regenstaub, feiner noch als Niesel, als seien die Tropfen durch ein unsichtbares Sieb gepresst worden. Das Dach des Waldes ist dicht, mehr als 50 m hoch. Jede Pflanze kämpft um Licht und Wasser. Jeder Regentropfen trifft unzählige Male auf Bäume, Blätter, Äste, Tiere, wird kleiner, verstäubt sich, ehe er sich, ganz unten angelangt, fein und weich über Kopf und Körper legt wie ein Film.

DEN DAINTREE NATIONAL PARK ERLEBEN

DISCOVERY CENTRE
Cape Tribulation Rd./Tulip Oak Rd.
Cow Bay, Tel. 07 40 98 91 71
www.daintree-rec.com.au

CAPE TRIBULATION WILDERNESS CRUISES
Bootstouren und Wanderungen durch den Daintree-Park
Tel. 0457 73 10 00
www.capetribcruises.com

SAILAWAY REEF AND ISLAND TOURS
Ökologisch ausgerichtet und mit kleinen Besuchergruppen geht's auch ab Port Douglas zum Great Barrier Reef.
Tel. 07 40 99 42 00
http://sailawayportdouglas.com

Im Park selbst gibt es keine Lokale, nicht einmal einen Kiosk. Der einzige Campingplatz des Schutzgebiets liegt am Noah Beach; er bleibt in der Regenzeit geschlossen. Der Platz oder Stellplatz muss zuvor gebucht werden: www.qld.gov.au/camping.

SILKY OAKS LODGE €€€€
40 edel gestaltete Baumhauszimmer mit viel dunklem Holz, ein offenes, aber feines Restaurant auf Stelzen und ein gutes Spa – auch im Regenwald muss man nicht auf Luxus verzichten!
1 Finlayvale Rd., Mossman
Tel. 07 40 98 16 66
www.silkyoakslodge.com.au

CAPE TRIB BEACH HOUSE €–€€€
Einfacher Schlafplatz für 30–40 AUD oder doch ein geräumiger, rustikaler Holzbungalow am Strand? Sie haben die Wahl! Salzwasserpool und Restaurant stehen allen Gästen offen.
152 Rykers Rd.
Cape Tribulation
Tel. 07 40 98 00 30
www.capetribbeach.com.au

ten Baumriesen, Würgefeigen, Lianen, Baumfarnen und Mangroven leben auf nur 0,01 % der australischen Landfläche 65 % der australischen Fledermaus- und Schmetterlingsarten, 30 % aller Vogelarten und 25% aller Frösche. 70 Tier- und 700 Pflanzenarten sind endemisch, kommen also nur in diesem Park vor. Diese biologische Vielfalt ist weltweit einmalig. Der Daintree, Heimat der Kuku-Yalanji-Aborigines, gehört als Teil des 500 km langen Küstenschutzgebiets der **Wet Tropics of Queensland** zwischen Townsville und Cooktown zum UNESCO-Welterbe. Höchste Erhebung ist der 1375 m hohe Thornton Peak. Eine Tageswanderung führt auf den 770 m hohen **Mount Sorrow**. Touristisches Zentrum ist das kleine Dörfchen **Daintree** am Daintree River, in dem die einzige Seilfähre im tropischen Australien Fußgänger und Fahrzeuge von 6 Uhr früh bis Mitternacht ans andere Ufer übersetzt. Vom Nordufer führt die Straße vorbei am Alexandra Range Lookout hinab zur Cow Bay, wo

Im Daintree National Park trifft der Regenwald unmittelbar auf den Pazifik – und mittendrin bahnt sich der Daintree River seinen mäandernden Weg ins Meer.

Ein Abenteuer für alle Sinne: Etwas abseits der Küste führt der Marrdja Boardwalk durch das grüne Dickicht des Regenwalds ... nur anfassen sollte man nicht alles!

das Daintree Discovery Centre einlädt, den Regenwald auf einem Holzplankenweg von einem 23 m hohen Turm in den Baumwipfeln zu erkunden.

Idyllisches Dorf

★ Cape Tribulation

Bis heute ist Cape Tribulation ein idyllisches Dorf, dessen knapp 150 Einwohner es geschafft haben, dass (noch) kein Hotelblock ihren attraktiven **Myall Beach** säumt. Gute Zugänge zum Strand bzw. zum Kap sind zwei ausgeschilderte Pfade, der Kulki Boardwalk und der Dubuji Boardwalk.

Riesige Zuckerrohrfelder

Mossman

Südlich des Parks breiten sich rund um Mossman riesige Zuckerrohrfelder aus. Die Mossman Central Mill gewinnt schon seit 1894 Rohrzucker vor Ort. 6 km westlich liegt die **Mossman Gorge**, ebenfalls Heimat der Kuku-Yalanji-Aborigines. Zwei Rundwege erschließen die Schönheiten der Schlucht, in der man auch ein erfrischendes Bad nehmen kann.

Vier Meilen Sand

Port Douglas

Und so nahe ist schon die Zivilisation: In nur wenigen Jahren hat der Tourismus das ehemalige Fischerdorf Port Douglas, rund 60 km

nördlich von Cairns, in einen hübschen Badeort verwandelt. Im Zentrum drängen sich Boutiquen, Straßencafés und Restaurants. Vom Jachthafen starten Ausflugsfahrten zum Great Barrier Reef. Von Palmen gesäumt, lädt der herrliche Sandstrand **Four Mile Beach** zu Spaziergängen oder Parasailing ein. Und in vier künstlichen Biotopen können im **Rainforest Wildlife Habitat** Koalas, Kängurus, Krokodile und seltene Vögel beobachtet werden.
Wildlife Habitat: 10 Port Douglas Rd. | tgl. 8–17 Uhr
Eintritt: 36 AUD | www.rainforesthabitat.com.au

★★ FRASER ISLAND

Höhe: 0–244 m | **Einwohner:** 400

»Wo gibt's den meisten Sand auf der Erde?« Ranger Scott grinst in die Runde. »In der Sahara natürlich!«, lautet die prompte Antwort eines Gastes. »Verkehrt getippt! Aber keine Bange: Alle geben darauf die falsche Antwort.« Laut Scott ist es Fraser Island. Sicher ist: Fraser, am südlichen Ende des Great Barrier Reef gelegen, ist zumindest die größte Sandinsel der Welt. Eine wunderschöne noch dazu und mit einem Strand, wo Autos fahren und Flugzeuge landen.

Sand!

Tatsächlich sind nur 10 % der Oberfläche der Sahara mit Sand bedeckt. Fraser Island besteht dagegen massiv aus den feinen Körnern: Auch der Grund unter dem Meeresspiegel setzt sich nur aus Sand zusammen, Millionen Tonnen von Sand! Stolz brüstet man sich deshalb, den meisten Sand auf einem Haufen vorweisen zu können. Beweisen lässt sich das natürlich nicht und wir wissen: Australier neigen gerne zu Übertreibungen. Eines ist aber sicher: Die UNESCO machte Fraser 1992 zum Weltnaturerbe: als »riesenhaftes Naturphänomen«, entstanden über Jahrtausende, geschaffen von Meer und Wind – ein Prozess, der bis heute anhält. Als der Meeresspiegel in der letzten Eiszeit sank, ragten die bis dahin unter Wasser aufgebauten Sandbänke als Dünen aus dem Meer. Fraser Island war geboren. Ihren Namen bekam die Sandinsel erst 1836: Als das Schiff von James Fraser auf ein Riff gelaufen war, retteten sich der Kapitän und seine Frau Eliza an Land in die Arme der Butschulla-Aborigines, die die Insel schon lange zuvor K'ghari – Paradies – nannten. Dieses ist derzeit 123 km lang und setzt sich unter Wasser 45 km fort. Die Breite beträgt bis zu 22 km.
Bewachsen ist Fraser Island größtenteils vom **einzigen Regenwald der Erde**, der auf Sand gedeiht. Es gibt 200 m hohe Dünen, bizarre

Sandsteinklippen, Süßwasserbinnenseen und den mehr als 100 km langen Eastern Beach. Ein dichter Mangrovengürtel schützt die Westküste. Wälder aus uralten Kauri-Kiefern bedecken die ältesten Dünen, unterbrochen von weiten Heideflächen, auf denen im Frühling Tausende Wildblumen blühen. Scheue **Brumbies** grasen in der Ferne Wildpferde, die auf ein Gestüt zurückgehen, in dem bis Ende des 19. Jh.s Arbeitspferde für das Militär und die Forstwirtschaft gezüchtet wurden. Letztere hat das Gesicht der Insel bis heute geprägt. Nur noch vereinzelt ragen meterdicke, bis zu 60 m hohe Satinay-Bäume aus dem Blätterdach. Die einheimischen Baumgiganten, leicht an ihrer rostbraunen Rinde zu erkennen, wurden ab 1836 für den Bau von Schiffen im großen Stil abgeholzt.

Wohin auf Fraser Island?

Naturlehrpfad auf Planken

Pile Valley

Die letzten Bestände der Satinay-Bäume stehen heute im Pile Valley. Ein Naturlehrpfad auf Holzplanken zeigt die Schönheit und Gefährdung des subtropischen Regenwalds. Baumfarne und Orchideen begleiten den Wanderweg am Wanggoolba Creek.

Schönster Pool der Welt

★ Dünen und Seen

Von Nordost nach Südwest durchzieht eine bis zu 250 m hohe Dünenkette die Insel, auf der rund 40 Süßwasserseen liegen. Um den Ruf des größten Sees streiten sich **Lake Birrabeen** und **Lake Boomanjin**. Als »schönster Swimmingpool der Welt« (erneut ein unbestätigter Scott-Superlativ) gilt jedoch der türkisblaue und handwarme **Lake McKenzie** mit schneeweißem Strand. Um den glasklaren, gut 1 km langen und knapp 1 km breiten See vor Verschmutzung zu schützen, wird gebeten, ausnahmsweise keine Sonnencreme aufzutragen. Ein T-Shirt und Hut tun's auch!
Eine weitere Schönheit ist der **Lake Wabby**, knapp 30 °C warm, an der 1 km langen Hamrherstone Dune gelegen. Das Dünen-Monster wandert jährlich rund 3 m und funktioniert dabei wie ein Schwamm: Der größte Teil des Regenwassers bleibt erhalten. Es bilden sich Seen und Quellen, u. a. auch **Eli Creek**, 20 km weiter nördlich. Dort sprudeln täglich 4,5 Mio. l kühles Nass aus der Erde, was in etwa dem durchschnittlichen Trinkwasserbedarf Sydneys entspricht. Vom **Stonetool Sandblow Lookout** zeigt sich, was der gelbe Sand schon verschlungen hat. Schwarz und verdorrt ragen Stämme und Wurzeln aus der Düne: Skulpturen im Sand.

Der Strand als Piste

★★ 75 Mile Beach

Die Tachometernadel steht auf 80, Wind streicht durchs Haar. Die Fahrt über den Eastern Beach ist ein Vergnügen, ist doch die Natur-

OBEN: Die Ostküste von Fraser Island ist ein einziger, langer Traumstrand!

UNTEN: Selbst die Pisten auf Fraser Island sind aus Sand gebaut. Da wird eine Fahrt mit dem Geländewagen zur äußerst holprigen Angelegenheit.

FRASER ISLAND ERLEBEN

VISITOR INFORMATION CENTRE
227 Maryborough Rd., Hervey Bay
Tel. 1800 81 17 28
www.visitfrasercoast.com

Wer auf der Insel und dem 75 Mile Beach Auto fahren möchte, benötigt zwingend einen Allradjeep, den man auf dem Festland (Fähre ab Hervey Bay) oder auch auf der Insel mieten kann; es wird eine hohe Kaution fällig, die verfällt, wenn man durch Salzwasser fährt. Mehrtägige, vor allem bei Backpackern beliebte Selbstfahrertouren bieten beispielsweise **Dropbear Adventures** (www.dropbearadventures.com.au) an, übernachtet wird meistens in Zelten. Organisierte Touren in Jeep-Bussen haben zahlreiche Veranstalter im Programm, so z. B. **Discovery Fraser Island** (www.discoveryfraser.com). Rundflüge über Fraser, inklusive Start und Landung am 75 Mile Beach, führt beispielsweise **Air Fraser Island** (www.airfraserisland.com.au) durch.

MC KENZIE'S ON 75 €€
Gutes Lokal am Eastern Beach mit einem durchaus üblichen Menü: Steaks und Pasta, Pizza und Burger ...
Eurong Beach Resort
Tel. 07 41 94 94 94
www.eurong.com.au

KINGFISHER BAY RESORT €€€
Vier-Sterne-Öko-Dorf mit inzwischen mehr als 150 Zimmern, die über Holzstege zu erreichen sind. Drei Restaurants, Pools, Spa. Wer guten Hotelservice wünscht, wählt dieses Resort.
Tel. 07 41 20 33 33
www.kingfisherbay.com

BEACH HOUSES €€€
Selbstversorger treffen mit den Beach Houses die bessere Wahl: sehr schöne Holzhäuser mit Veranda und Küche am mittleren Teil des Eastern Beacht, direkt am Meer. Pool, Jacuzzi, BBQ-Plätze.
Tel. 07 41 27 92 05
www.fraserislandbeachhouses.com.au

piste so glatt wie ein Babypopo. Jede Flut glättet den Sand und jede Ebbe beschert 100%igen Fahrspaß. Die wichtigste Straße der Insel ist tatsächlich der 75 Mile Beach entlang der Ostküste. Dieser breite, helle Sandstrand dient als Inselautobahn ohne Markierungen, aber auch als Landepiste für kleine Propellermaschinen. Für Absperrungen bei Starts oder Landungen sorgt niemand. »Die Jeep-Fahrer sehen und hören das doch. Der Pilot muss auch schauen. Und Platz ist leicht für beide«, erklärt Scottie so trocken wie logisch.
Nördlich des Eli Creek leuchten die **Coloured Sands** in Beige bis Ocker: Ein Viertel der 72 Sandfarben der Insel sind dort zu sehen. 1935 strandete bei schwerem Sturm die schottische Jacht **»Maheno«** am Eastern Beach. Das rostige Wrack ist bis heute am Strand zu sehen. Weitere 50 Schiffswracks in Inselnähe sind beliebte Ziele für

Taucher. Baden sollte man am Eastern Beach allerdings nicht: Es gibt zu viele Haie dort! In der Mitte des Strands liegt das **Happy Valley** mit Unterkünften, Tankstelle und Shop.

Rund um Fraser Island

Die Riesen in der Bucht

Hervey Bay

Der hübsch-beschauliche Küstenort ist mit seinem Fährhafen River Heads der Ausgangspunkt für Touren nach Fraser Island. Zwischen August und November kommen Buckelwale (»humpback whales«) auf ihrer Rückreise in die Antarktis in der Hervey Bay vorbei. Eine Waltour lohnt sich!

Whale-Watching-Touren: Aug.–Nov. tgl. 8.30 u. 13.30 Uhr | 105 AUD
www.tasmanventure.com.au

Die berühmte Nanny

Maryborough

Im Juli wird alljährlich beim Mary Poppins Festival an Pamela L. Travers erinnert, die 1899 in Maryborough geboren wurde und die Geschichte der berühmtesten Nanny erfand. Von der großen Zeit der Zuckerfabrikanten zeugen einige **Gebäude der Kolonialzeit**.

Von August bis November kann man in der Hervey Bay mit etwas Glück Buckelwale aus allernächster Nähe bewundern.

Australiens Rum-Metropole

Bundaberg

Das Festlandstädtchen nordöstlich von Fraser ist die Rumhauptstadt des Kontinents. Mehr als 35 % des australischen Zuckerrohrs kommt aus der Gegend. Wie seit 1888 aus Zuckerrohr Rum gewonnen wird, zeigt die **Bundaberg Rum Distillery**. Die Zuckerlager am Hafen fassen mehr als 500 000 t. Aus der Gründerzeit, der zweiten Hälfte des 19. Jh.s, stammen an der Bourbong St. das Post Office, das School of Arts Building und das Grand Hotel.

Bert Hinkler, der 1892 in Bundaberg geboren wurde, flog 1928 als Erster in seinem selbst gebauten Flieger »Ibis« allein von England nach Australien. Sein Wohnhaus **Mon Repos** in Southampton wurde 1982 Stein für Stein zerlegt und in Bundaberg wieder aufgebaut. An Hinkler und andere Flugpioniere erinnert die **Hinkler Hall of Aviation**.

Besucher schätzen Bundaberg auch als Sprungbrett zu den südlichen Inseln des ▶ Great Barrier Reef.

Rum Distillery: Hill St. | Mo.–Fr. 10–17, Sa.–So. bis 16 Uhr
Eintritt: 19 AUD | www.bundabergrum.com.au
Hall of Aviation: Mount Perry Rd./Young St. | tgl. 9–15 Uhr
Eintritt: 18 AUD | http:// hinklerhallofaviation.com

Schildkröten auf der Spur

★ Mon Repos Beach

Etwa 14 km nordöstlich von Bundaberg liegt der kleine Ort Mon Repos, wo man von November bis Februar allabendlich beobachten kann, wie Schildkröten-Mamas ihre Eier im Strand vergraben und nach getaner, schwerer Arbeit wieder ins Meer verschwinden.

★ GOLD COAST

Höhe: 0–560 m | **Einwohner:** 500 000

L/M 31

Goldküste! Surfers Paradise! Was für tolle Namen für einen knapp 80 km langen Sandstrand und eine Kleinstadt, die gar nicht mal die perfekten Wellen zu bieten hat! Marken-Nerds finden das Versace-Hotel klasse, obwohl es so opulent ist und sich seine Schönheit – nun ja – auch über seinen Preis definiert. Die Gold Coast ist ein merkwürdiger Mix aus Florida, Seniorensitz und Highschool-Sause, die aber auch herrliche, unberührte Sandstrände und wundervolle Sonnenuntergänge zu bieten hat.

Von einer Ansammlung versprengter Dörfer entwickelte sich die Gold Coast zur einer durchgehend bebauten Ferienregion im Sunshine State. Hochhäuser dominieren das Bild, sehr kostspielige Frei-

DIE GOLD COAST ERLEBEN

VISITOR INFORMATION
20 Terminal Dr., Gold Coast Airport, Ankunftshalle Inland, Coolangatta
Tel. 07 55 36 47 09
www.destinationgoldcoast.com

Im Oktober befindet sich die ganze Gold Coast im Ausnahmezustand, wenn das Langstreckenrennen **Gold Coast 600** der V8-Supercar-Serie in Surfers Paradise ausgetragen wird (https://goldcoast600.com.au).

HURRICANE'S GRILL €€€
Ultramodernes Gebäude am Strand mit offener Terrasse im ersten Stock. Auf den Tisch kommen Steaks, Burger und Seafood.
14 The Esplanade
Surfers Paradise, Tel. 07 55 03 55 00
www.hurricanesgrillandbar.com.au

VERSACE €€€
Überbordende Geschmacksverirrung oder halt einfach nur Versace: Über Geschmack lässt sich bekanntlich nicht streiten. Unstrittig ist zwar auch der Fünf-Sterne-Luxus mit Pool und Restaurant, gleichwohl sind die Preise zuletzt etwas gefallen. Vielleicht mangels Erfolg?
94 Seaworld Dr.
Surfers Paradise
Tel. 07 55 09 80 00
http://www.palazzoversace.com.au

O'REILLY'S RAINFOREST RETREAT €€
Das einstige Guest House ist inzwischen eine recht groß gewordene Öko-Lodge mit Tree Top Walk, Wasserfall und komfortablen Zimmern. Sehr schön sind die teureren Mountain Villas auf Stelzen.
Lamington National Park Rd.
Lamington National Park
Tel. 07 55 44 06 44
https://oreillys.com.au

zeitparks laden zum Familienspaß und die Meereswellen geben ihr Bestes fürs Image. Der Küstenstreifen – eingebettet zwischen Pazifik und Great Dividing Range – bietet Golf und Glücksspiel, horrende Immobilienpreise, teure Shopping Centre und einige wenige Kulturangebote.

Wellen fürs Image

Wohin an der Gold Coast?

Shop until you drop

Southport

Im ältesten Hafen von Queensland, der als Zentrum der Holzverarbeitung bereits 1898 einen Bahnanschluss nach Brisbane erhielt, versprechen das **Australia Fair Shopping Centre**, mit etwa 230 Läden eines der größten Einkaufszentren des Landes, und die 70 Designer-Boutiquen der **Marina Mirage** ein ultimatives Shopping-Vergnügen.

DIE PERFEKTE WELLE

In seinen Anfängen war das Wellenreiten eine Mutprobe der männlichen Bevölkerung Ozeaniens, heute suchen Sportlerinnen und Sportler in mehr als 80 Ländern die perfekte Welle. Ideale Bedingungen finden sie in Australien fast überall: an kilometerlangen Sandstränden von Darwin bis Melbourne und von Brisbane bis Perth.

▶ **Die Kunst des Wellenreitens**

A *Auf das Meer hinauspaddeln und auf eine Welle warten*

B *Umdrehen und paddeln. Die Welle im Auge behalten*

C *Hat die Welle das Surfboard erreicht, Rails (Kanten) greifen und Körper hochdrücken*

▶ **Ausrüstung eines Surfers**

Leash
Leine, die am Surfbrett befestigt und um die Fußfessel gebunden wird, damit das Board nicht verloren geht

Wachs
Das Surfboard wird mit Wachs eingerieben. Es sorgt für optimale Bodenhaftung.

Sonnencreme
Zum Schutz vor starker Sonnenstrahlung (in Australien ein Muss)

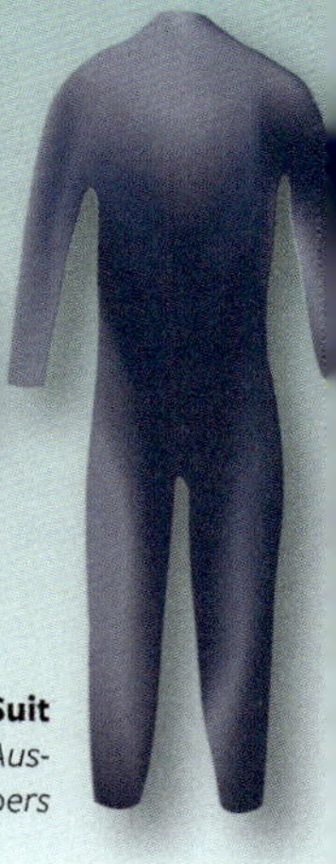

Wet Suit
Schützt vor Auskühlung des Körpers

Australia's Top 10 – die besten Surfstrände in Down Under

1. Surfer's Paradise (Gold Coast)
2. North Narrabeen (Sydney)
3. Bells Beach (Melbourne)
4. Kirra Beach (Gold Coast)
5. Byron Bay (Brisbane)
6. Bondi Beach (Sydney)
7. Manly Beach (Sydney)
8. Yallingup (Perth)
9. Eaglehawk Neck (Tasmanien)
10. Secret Harbour (Perth)

Surfboardarten

Zu Beginn wurden die Surfboards noch aus Holz gefertigt. Heute werden vorwiegend Materialien wie Glasfaser und Styropor verwendet. Die Boards wiegen keine 1000 g und können bis zu 3 m lang sein.

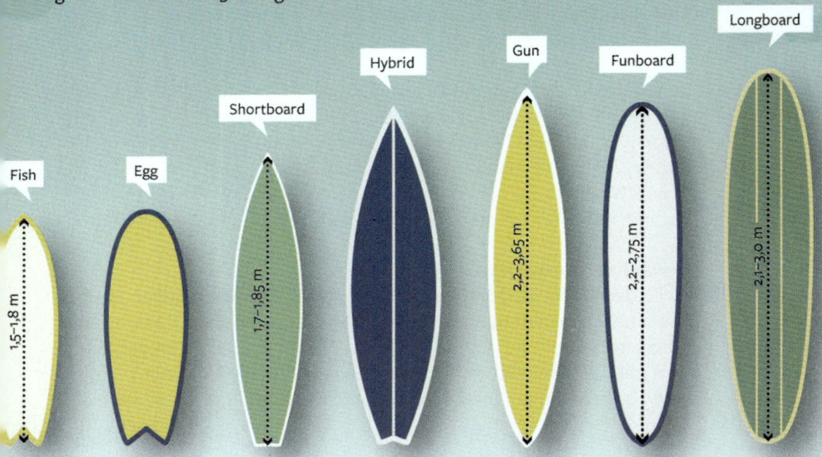

Exklusiv, schrill und sexy

★ Surfers Paradise

Wahrzeichen am Surfers Paradise Boulevard ist der Turm **Q 1**, mit 323 m das höchste Wohngebäude der Südhalbkugel – schließlich steht Q 1 für Queensland no. 1. Im 77. und 78. Stock gibt es Aussichtsplattformen mit tollen Ausblicken auf die Goldküste. Wer einen Adrenalin-Kick braucht, der klettert auf die Spitze des Turms. Unten, an der Strandpromenade mit Apartmenttürmen, Hotels und Beach-Bungalows, reihen sich die Cafés, Fast-Food-Restaurants und Souvenir-Shops aneinander. In Einkaufszentren wie der **Cavill Mall** drängen sich Gucci & Co. Für verrenkte Hälse bei den männlichen Touristen sorgen die **Meter Maids**: Braun gebrannt, mit goldenem Bikini und weißem Akubra-Hut patrouillieren die Damen auf Inlineskates auf den Straßen der Stadt und füttern die Parkuhren der Besucher, damit diese keine Strafzettel bekommen. Bezahlten früher Geschäftsleute den Service, so erwirtschaften die Meter Maids heute als bekanntes Markenzeichen mit ihrem Merchandising – Kalender, Cups & Co. – hohe Umsätze. Das Nachtleben in den Bars, Kinos, Kasinos und Karaoke-Pubs endet häufig erst im Morgengrauen.

Tower: 9 Hamilton Av. | So.–Do. 7.30–21, Fr.–Sa. bis 22 Uhr
Eintritt: 25 AUD, Climb 75 AUD | https://q1.com.au

Ein teurer Spaß

Freizeitparks

Rund um Surfers Paradise gibt es mehrere Freizeitparks nach US-amerikanischem Vorbild. **Sea World**, der größte kommerzielle Meerespark, zeigt dressierte Seelöwen und Delfine – und ist deswegen nicht unumstritten. In **Dreamworld** kann sich der Nachwuchs auf eine Weltreise begeben und sich in der Whitewater World austoben. Mannshohe Wellen und die längste Wasserrutsche des Sonnenstaates warten im Wasserpark **Wet 'n' Wild**. Und auf dem riesigen Showgelände der **Movie World** dreht sich natürlich alles um Kinoklassiker.

Sea World: Main Beach | tgl. 9.30– 17 Uhr | Eintritt: 85 AUD
https://seaworld.com.au
Dreamworld: Dreamworld Parkway, Coomera | tgl. 10–17 Uhr
Eintritt: 85 AUD | www.dreamworld.com.au
Wet 'n' Wild: Pacific Motorway, Oxenford | tgl. 10–17 Uhr
Eintritt: 79 AUD | www.wetnwild.com.au
Movie World: Pacific Motorway, Oxenford | tgl. 9.30–17 Uhr
Eintritt: 95 AUD | www.movieworld.com.au

Erwachsen geworden

Broadbeach

Einst der kleine Bruder von Surfers Paradise, lockt südlich davon Broadbeach inzwischen mit ähnlichen Angeboten: Bars, Casinos und Konzerte, Hotels, Restaurants und das Pacific Fair, ein Einkaufszentrum mit 400 Geschäften, geben ihr Bestes, um die Urlauber um den einen oder anderen Dollar zu erleichtern. Natürlich gehören auch die

Man muss es mögen! Direkt am Strand erheben sich die Wolkenkratzer von Surfers Paradise. Der Q 1 mit Aussichtsplattform im 77. und 78. Stock übertrumpft sie alle.

braun gebrannten Surfer auf den Boards zur Szenerie, viele ziehen aber die Brecher vor **Burleigh Heads** vor.

Farbenfroh und frech

Currumbin

Farbenprächtige Regenbogen-Loris (»rainbow lorikeets«) sind die gefiederten Attraktion im **Currumbin Wildlife Sanctuary**: Die putzmunteren Papageien lassen sich sogar füttern.
Gegenüber vom Wildgehege feiert die **Surf World** die Geschichte des Surfens und des Strandlebens mit mehr als 1000 Surfbrettern, Fotos, Postern und vielen anderen Erinnerungsstücken.
Sanctuary: 28 Tomewin St. | tgl. 8–17 Uhr | Eintritt: 50 AUD
https://currumbinsanctuary.com.au
Surf World: 35 Tomewin St. | Mo.–Sa. 10–16.45, So. bis 13 Uhr
Eintritt: 10 AUD | http://surfworldgoldcoast.com

Life's a beach!

Coolangatta

Praktisch zusammengewachsen mit dem Nachbarn **Tweed Heads** ist Coolangatta einer dieser typischen Orte an der Goldküste, in denen das Motto »life's a beach!« gilt. Neben dem Leuchtturm auf dem Felsvorsprung **Point Danger** erhebt sich ein Denkmal für James Cook. Der Name Point Danger stammt von ihm, weil er von einer Gefahr von Ureinwohnern in dieser Gegend ausging. Beliebter Spot für Surfer ist **Kirra Point**.

Wohin im Hinterland der Gold Coast?

Schwarzwälder Kirsch im Regenwald

Mount Tamborine

Vom Sattel des 560 m hohen Bergkamms, 20 km westlich von Surfers Paradise, eröffnet sich ein weiter Blick auf die sich stetig wandelnde Skyline der Gold Coast. Der 1,5 km lange **Rainforest Skywalk** führt bis in die Wipfel des Gehölzes, vorbei an Wasserfällen und vielen farbenfrohen Schmetterlingen – Highlight im doppelten Wortsinn ist eine 40 m lange, freitragende Stahlkonstruktion, von der man aus 30 m Höhe auf den Regenwald blickt. Nach diesem Ausflug hat man sich im **German Cake House** eine Schwarzwälder Kirschtorte verdient.

Skywalk: 333 Geissmann Dr., Tamborine | tgl. 9.30–17 Uhr
Eintritt: 20 AUD | www.rainforestskywalk.com.au

Der Urwald lebt

★ Lamington National Park

Um die 500 Wasserfälle tosen im sattgrünen Hinterland der Gold Coast. Der Lamington National Park, etwa eine Autostunde westlich der Küste, schützt subtropischen Regenwald. In diesem hüpfen zwar keine Hobbits, Elben oder Zwerge umher, dafür zwitschern rote Sittiche, flattern Gelbohrkakadus durch die Luft, mampfen putzige Koalas Eukalyptusblätter und verstecken sich scheue Zwergkängurus hinter riesigen Farnen. Eine der größten Glühwürmchen-Kolonien Australiens gibt dem Ganzen noch einen romantisch leuchtenden Anstrich. Der sich allerdings schnell verflüchtigen kann, wenn es geregnet hat. Denn nach den häufigen und oft starken Niederschlägen haben Wanderer auch mit Hunderten von Blutegeln zu kämpfen. Aufpassen muss man auf Stinging Trees, die an ihren sehr großen runden, fast tellerartigen Blättern erkennbar sind. Schon eine leichte Berührung ist für Menschen sehr schmerzhaft. Den kleinen Baumfröschchen freilich, die gemütlich auf den Stinging-Tree-Blättern Platz nehmen, macht das Blattgift nichts aus. Ferner sollte man stets auf Schlangen achten: Immerhin leben im Park 14 unterschiedliche Arten, darunter eine Pythonspezies, die bis zu 4 m lang werden kann. In der Regel gibt sich diese jedoch mit Vögeln, Beuteltieren oder Echsen zufrieden.

Der Lamington National Park zählt seit 1994 zum Weltnaturerbe, ist mehr als 200 km² groß und damit der größte subtropische Urwald Australiens. Er teilt sich in zwei Sektionen mit mehr als 160 km markierten Wanderwegen auf: Binna Burra und die **Green Mountains**, in denen der Python Rock Way in nur einer Stunde schon herrliche Einblicke gewährt. Zu sehen sind etwa die **Morans Falls**, **Castle Crag** und **Lost World** sowie der Übergang vom geschlossenen Regen- zum offenen Eukalyptuswald. Beim **Tree Top Walk** blickt man ins Obergeschoss des Regenwalds. Und Leitern führen zur Aussichtskanzel in einem Feigenbaum in 30 m Höhe. Da wird der Urwald der Urzeit lebendig!

★★ GREAT BARRIER REEF

Höhe: 0 m | **Einwohner:** 2000

B–K
26–31

Auf dem Meeresgrund sitzen Riesenmuscheln, die bei Gefahr ihre Schalen zu einem gewellten Gebiss schließen. Haie schießen durchs Wasser, Delfine vollführen Luftsprünge und eine Schildkröte treibt scheinbar träumerisch durch ihre türkisfarbene Heimat. Das Leben am größten Riff der Welt ist nicht nur unfassbar, sondern auch unfassbar schön – zumindest wenn man den richtigen Ausflug erwischt hat. Zehn Millionen Touristen im Jahr wollen schließlich verwaltet sein.

Wunderwelt unter Wasser

Das Fundament des Riffs wird auf ein Alter von 20 Mio. Jahren geschätzt. Im Lauf der Zeit verschmolzen die vielen kleinen Riffe zum heutigen Giganten. Teile des Riffs gehörten früher sogar zum Festland. Sie wurden überflutet und die meisten der heute zum Riff gehörenden 600 Inseln sind nichts anderes als die Spitzen versunkener Berge. Auf der vom Festland abgewandten Seite, dem Outer Reef, fällt das Riff teilweise bis zu 2000 m Tiefe steil zum Meeresboden ab. Zu bewundern ist das alles auf 345 000 km² bei einer Rifflänge von 2400 km. Damit erstreckt sich das Great Barrier Reef über eine Fläche, die fast dem Staatsgebiet Deutschlands entspricht. Es beginnt im Norden vor Papua-Neuguinea auf dem 10. Breitengrad und endet im Süden mit Lady Elliot Island auf dem 24. Breitengrad.
Auch in Zukunft wird das Riff Aussehen und Ausdehnung verändern, da es sich um einen lebenden Organismus handelt, der aufgrund verschiedener Einflüsse einem ständigen Wandel unterliegt. Jährlich wächst das Riff um bis zu 10 cm. In Zeiten globaler Klimaveränderungen ist aber auch das größte lebende Ökosystem der Welt massiv bedroht. Vor allem trifft dies auf die Korallen zu, deren Farbenpracht vielerorts der Korallenbleiche gewichen ist (▶ S. 24). Weiße Korallen hat jedoch schon James Cook konstatiert, als er 1770 mit dem Great Barrier Reef auf schmerzhafte Weise Bekanntschaft machte: Seine »Endeavour« lief am Riff auf Grund.

Ein Fest der Farben

Unterwasserfauna

Sechs der insgesamt sieben weltweit vorkommenden Arten von Meeresschildkröten leben am Great Barrier Reef. Auch Wale, Delfine, Haie und Seekühe, insgesamt 1500 Fisch-, 400 Korallen- und 10 000 Schwammarten haben dort ihr Zuhause. Schwärme blau-gelber Füsiliere schießen im Zickzack umher, farbenfrohe Pfauen-Zackenbarsche, Regenbogen-Makrelen und Papageienfische gleiten vorüber. Königliche Engel- und Clownfische, bunt schillernde Kaiserfische und silbrig schimmernde Barrakudas, farbig gestreifte Anemonen- und dicke Napoleonfische mit bis zu 1 m Größe ziehen durchs warme Wasser. Manchmal winden sich Seeschlangen dem Sonnenlicht entgegen. Doch es gibt auch noch Riffbewohner, denen man besser gar nicht oder zumindest mit großem Abstand begegnet: giftige Rotfeuerfische, Steinfische und die gefürchteten Würfelquallen mit meterlangen Tentakeln, deren Berührung für den Menschen tödlich enden kann.

Unterwegs am Great Barrier Reef

Tourismus

Gut 2,5 Mrd. € spült der Tourismus an der Küstenlinie entlang des Riffs pro Jahr ins Land, knapp 10 Mio. Touristen besuchen das Riff Jahr für Jahr und mehr als 800 Anbieter mit fast doppelt so vielen Booten, Hubschraubern und Kleinflugzeugen bieten Ausflüge an. Das Angebot reicht von Tagestouren bis hin zu mehrwöchigen Segeltörns. Cairns, von wo der Riffsaum nur 30 km entfernt ist, und Mission Beach im Norden, Townsville und Airlie Beach in der Mitte sowie Rockhampton und Bundaberg im Süden – hier dauert eine Fahrt zum Riff schon einmal zwei Stunden – sind die wichtigsten Ausgangsorte für Schiffsausflüge. Meiden sollte man die großen Katamarane, die 400 oder mehr Passagiere aufnehmen. Stattdessen gilt die Faustregel: Je wenige Teilnehmer, desto besser. Auch Glasbodenboot-Fahrten sind meist höchst unspektakulär. Die folgenden Seiten beschreiben die wichtigsten Inseln am Riff von Nord nach Süd, einige Touranbieter werden auf ► S. 255 aufgeführt.

Wohin am nördlichen Great Barrier Reef?

Auf zu den Haien

Lizard Island

James Cook entdeckte einst Warane auf der Insel – und schon hatte sie ihren Namen. Heute wird die Insel als Nationalpark geschützt, sie hat ein Luxusresort, 24 blitzsaubere Strände und Wanderwege. Lizard ist aber vor allem Startpunkt für Ausflüge in die Northern Reefs und zu weltberühmten Tauchplätzen wie dem **Cod Hole**, wo auch große Teppichhaie schwimmen. Auch das **Osprey Reef** ist eine Top-Adresse für Haibeobachtungen. Die **Clam Gardens** sind Heimat 150 Jahre alter und bis zu 1 m großer Riesenmuscheln. Von Juni bis August kann man entlang des **Ribbon Reef** auf Zwergwale treffen. Und von November bis Dezember ist die Insel fest in der Hand der Hochseeangler, die beim **Lizard Island Black Marlin Classic** nach dem größten Schwarzen Marlin fischen. Nur von Cairns per Flugzeug oder Helikopter erreichbar. Flugzeit: eine Stunde (www.lizardisland.com.au).

Nur unter Wasser – mit Schnorchel oder Sauerstoffflasche – offenbart sich die ganze Schönheit des Great Barrier Reef.

DAS GREAT BARRIER REEF ERLEBEN

Auf den Inseln gibt es kein besetztes Informationszentrum. Allgemeine Infos bekommt man unter www.greatbarrierreef.org.

Wer sich intensiver mit dem Ökosystem Great Barrier Reef auseinandersetzen möchte, dem seien die abendl. Vorträge von Reef Teach in Cairns ans Herz gelegt (www.reefteach.com.au).

ANREISE

Lizard Island: Die Insel ist nur von Cairns per Flugzeug oder Helikopter zu erreichen, die Flugzeit beträgt eine Stunde (www.lizardisland.com.au).
Green Island: Ausgangspunkt ist Cairns, von wo Fähren mehrfach täglich in 45 Minuten zur Insel übersetzen (www.greenisland.com.au).
Fitzroy Island: Ausgangspunkt ist Cairns, die dreimal täglich verkehrenden Fähren benötigen 45 Minuten (www.fitzroyisland.com).
Dunk Island: Ausgangspunkt ist Mission Beach, Wassertaxis fahren dreimal täglich, die Fahrtzeit beträgt 40 Minuten (www.dunk-island.com).
Bedarra Island: Ausgangspunkt ist Mission Beach, Wassertaxis fahren dreimal täglich, die Fahrtzeit beträgt 50 Minuten (www.bedarra.com.au).
Hinchinbrook Island: Ausgangspunkt ist Lucinda, die Insel ist nur per Wassertaxi zu erreichen, die Fahrtzeit beträgt 30 Minuten (www.visithinchinbrook.com.au).
Orpheus Island: Die Insel ist nur von Cairns oder Townsville und ausschließlich per Helikopter zu erreichen, die Flugzeit beträgt eine Stunde (www.orpheus.com.au).
Magnetic Island: Ausgangspunkt ist Townsville, Fähren setzen mehrmals täglich in 40 Minuten zur Insel über (https://magneticislandferries.com.au).
Hayman Island: Ausgangspunkt ist Airlie Beach, es gibt nur private Boots- oder Flugtransfers, die Fahrtzeit beträgt eine Stunde (http://hayman.com.au).
South Molle Island: Ausgangspunkt ist Airlie Beach, täglich verkehrende Ausflugsboote sind rund 20 Minuten zur Insel unterwegs.
Daydream Island: Ausgangspunkt ist Airlie Beach, Ausflugsboote sind täglich unterwegs, die Fahrtzeit beträgt 30 Minuten (www.daydreamisland.com).
Whitsunday Island: Ausgangspunkt ist Airlie Beach, Ausflugsboote verkehren täglich, die Fahrtzeit beträgt 90 Minuten (www.tourismwhitsundays.com.au).
Hamilton Island: Ausgangspunkt ist Airlie Beach, Fähren verkehren mehrmals täglich, die Fahrtzeit beträgt eine Stunde. Linienflüge gibt es ab Sydney, Melbourne, Brisbane und Cairns (www.hamiltonisland.com.au).
Long Island: Wassertaxis ab Shute Harbour fahren viermal täglich und sind 10 Minuten unterwegs (www.tourismwhitsundays.com.au/long-island).
Brampton Island: Fähren ab Dunk Island verkehren dreimal täglich, die Fahrtzeit beträgt 10 Minuten (https://greatbarrierreef.com.au/brampton-island).
Great Keppel Island: Ausgangspunkt ist Rosslyn, die einmal pro Tag verkehrende Fähre ist 30 Minuten unterwegs (https://greatkeppelislandhideaway.com.au).
Heron Island: Ausgangspunkt ist Gladstone, die fünfmal in der Woche verkehrende Fähre ist zwei Stunden unterwegs (https://heronisland.com).

Lady Musgrave Island: Täglich verkehrende Ausflugsboote ab Bundaberg benötigen 90 Minuten zur Insel (www.bundabergregion.org/lady-musgrave-island).
Lady Elliot Island: Flüge gehen täglich ab Bundaberg (www.ladyelliot.com.au).

Taucher sollten sich vor Ort nach den aktuell besten Revieren erkundigen. Empfehlenswert sind u. a. die Anbieter **Passions of Paradise** (https://passions.com.au), **TUSA Dive** (www.tusadive.com) oder **Whitsunday Dive Adventures** (http://whitsundaydivecentre.com). Auch von Aborigines werden Rifftouren begleitet, so z. B. von **Dreamtime Dive & Snorkel** (https://dreamtimedive.com). Ökologisch ausgerichtet und mit kleinen Besuchergruppen geht's mit **Sailaway** ab Port Douglas zum Riff (http://sailawayportdouglas.com). Mit alten Schonern von **Whitsunday Sailing Adventures** (https://whitsundayssailingadventures.com.au) kann man durch die Whitsundays segeln. Fantastisch ist eine zweieinhalbstündige Wasserflugzeugtour von **Air Whitsunday** (www.airwhitsunday.com.au) ab Airlie Beach zum Whitehaven Beach mit Wasserlandung am vielleicht schönsten Strand der Welt sowie Sekt und Käse; jeder der nur vier Passagiere hat einen Fensterplatz. Oder man bucht einen der Hubschrauberflüge, die meistens 30 bis 60 Minuten dauern und meistens in Cairns starten, z. B. bei **GBR Helicopters** (www.gbrhelicopters.com.au).

Erst bewundern Sie das Riff aus der Luft, dann landen Sie direkt am traumhaft schönen Whitehaven Beach – eine Tour mit Air Whitsunday ist unvergesslich.

In der Regel isst man – mangels Alternativen – in seinem Resort. Ausnahme ist nur die Inselstadt Hamilton. Dort empfehlenswert:

MARINERS €€€€
Es gibt lokalen Fisch, lokale Krabben und lokale Austern. Teuer, aber gut, direkt an der Marina gelegen.
www.hamiltonisland.com.au/restaurants/mariners

BEDERRA €€€€
Die Luxusresort-Insel mit zehn edlen Villen (ohne Fernseher!) gehört zu den Family Islands und beherbergt eines der ruhigsten und schönsten Resorts Australiens. »All inclusive« darf man hier getrost wörtlich nehmen, selbst Champagner ist im Preis enthalten. Erreichbar ab Mission Beach.
www.bedarra.com.au

DAYDREAM ISLAND €€€€
Das moderne wie elegante Resort mag mit 277 Zimmer vielleicht etwas zu groß für die kleine Insel geraten sein. Erreichbar ab Airlie Beach.
www.daydreamisland.com

GREEN ISLAND RESORT €€€€
Das Luxusresort hat etwas überteuerte, aber sehr großzügig geschnittene Zimmer mit Balkon oder Terrasse. Spa, Pool; erreichbar ab Cairns.
www.greenislandresort.com

HAGGERSTONE ISLAND €€€€
600 km nördlich von Cairns liegt diese private Robinsoninsel. Die fünf komfortablen Strandhütten sind klassisch mit Reetdach versehen. All inclusive, sehr schöner Strand, tägliche Ausflüge mit einem Guide, erreichbar nur per Charterflugzeug ab Cairns.
www.haggerstoneilsnad.com.au

HAMILTON ISLAND €€€€
Die komfortabel, modern und minimalistisch eingerichteten Palm Bungalows sind die hübschesten Unterkünfte auf der Insel. Erreichbar per Boot ab Airlie Beach.
www.hamiltonisland.com.au/accommodation/palm-bungalows

HAYMAN ISLAND €€€€
Hier verwirklichte der australische Flugpionier Reginald Ansett 1947 seinen Traum von Hotel. Heute hat es 166 Luxuszimmer und -villen. Am beliebtesten ist der Pool Wing mit Blick auf das berühmte Schwimmbecken, das zum Teil ins Meer hinausragt. Fünf Restaurants, Spa, ein Tennis- und ein Basketballplatz u. v. m. lassen in dem bis 2019 komplett renovierten Resort kaum Wünsche offen. Erreichbar nur per Charterboot oder -flugzeug ab Airlie Beach.
http://hayman.com.au

LADY ELLIOT ISLAND ECO RESORT €€€€
417 Solarpaneele, kein Plastik, Kompostierung, Salzwasser für den Pool und alle 43 Zimmer im Eco-Style – das Resort setzt ökologische Standards. Doch ob nun in Beachfront Suite oder im Glamping Tent, ein Schnäppchen ist ein Urlaub auf Lady Elliot Island sicher nicht. Erreichbar nur per Flugzeug ab Bundaberg.
www.ladyelliot.com.au

LIZARD ISLAND €€€€
Sündhaft teures Luxusresort (ab 2000 AUD) mit grünem Anstrich (keine Plastikflaschen und Strohhalme): 40 Suiten und Villen, manche mit Privatpool, auf höchstem Niveau, erstklassiges Restaurant, Spa. Erreichbar nur per Charterflugzeug ab Cairns.
www.lizardisland.com.au

REEFSLEEP €€€€
Camping auf dem Wasser: Als bequemer Schlafplatz dienen Swags

(Schlafsack mit Matratze) für jeweils zwei Personen im Freien mit Aussicht auf den Sternenhimmel. Nach der Abreise der Tagesbesucher gegen 15.30 Uhr gehört die Plattform am Hardy Reef den Übernachtgästen alleine – bis 11 Uhr am nächsten Tag. Transfers, Mahlzeiten, nicht-alkoholische Getränke sind im Preis enthalten. Abfahrt ab Airlie Beach.
www.cruisewhitsundays.com/great-barrier-reef-experiences/reefsleep

PALM BAY RESORT €€€
Herrliche Beachfront-Holzvillen mit Veranda und Hängematte auf Long Island. Vielleicht die inseltypischste Unterkunft im Archipel und gerade noch erschwinglich. Erreichbar ab Shute Harbour.
www.palmbayresort.com.au

FITZROY ISLAND RESORT €€
Das Vier-Sterne-Resort liegt auf einer wunderschönen Insel, die komfortablen Zimmer sind trotzdem erschwinglich. Großer Pool und Campingplatz, erreichbar ab Cairns.
www.fitzroyisland.com

GREAT KEPPEL ISLAND HIDEAWAY €€
Einfache Cabanas, nett eingerichtet, angenehme Barfuß-Atmosphäre, erreichbar ab Rossylin.
https://greatkeppelisland hideaway.com.au

MAGNETIC ISLAND SUNSETS RESORT €€
Zweistöckiges Hotel mit einfachen Selbstversorgerapartments, 200 m von der Horseshore Bay entfernt. Erreichbar ab Townsville.
www.magneticsunsets.com.au

Unterwasserspaziergang

Green Island

Die Aborigines nannten die Insel Jiiguuru, James Cook benannte sie zu Ehren seines Astronomen Charles Green. Die Nähe zu Cairns – das nur 27 km von der hübschen Koralleninsel entfernt liegt – macht das Eiland zu einem beliebten Ziel für Tagestouristen, die an weißen Stränden baden. Man kann kostenfrei das **älteste Unterwasser-Observatorium der Welt** besuchen, das 1954 am Ende der Jetty in einer Tauchkammer aus dem Ersten Weltkrieg entstand. Krokodile, Riesenschildkröten und die bunten Fische des Great Barrier Reef präsentiert das **Marineland Melanesia** im Norden der Insel (www.marinelandgreenisland.com). Eindrucksvoll ist auch ein Unterwasserspaziergang auf dem Meeresboden: Sie haben dabei ganz entspannt einen Tauchhelm, der Sie mit Atemluft versorgt, auf dem Kopf (https://seawalker.com.au).

Stippvisite im Reich der Schildkröte

★ Fitzroy Island

Rundgeschliffene Granitfelsen und türkisfarbiges Meer, weißer Sand und das Riff unmittelbar vor der Insel bestimmen die Szenerie von Fitzroy Island. Schildkröten sieht man häufig und die Korallen haben sich auch schon wieder ganz gut erholt. Nahezu die ganze Insel steht unter Naturschutz. Der schönste Strand ist der **Nudey Beach**.

Unterwegs mit Aborigines

Frankland Islands

Die fünf unbewohnten, nur in einem Tagesausflug ab Cairns zu besuchenden Inseln gehören den Mandingalby Yindinji und Gungandji, mit

EIN WUNDER DER NATUR

Das Great Barrier Reef hält gleich mehrere Rekorde: Es ist das größte, das berühmteste und das älteste Riff der Erde. Nach der letzten Eiszeit bildeten sich in den seichten Gewässern des Kontinentalsockels von Queensland viele kleine Riffe, die im Lauf der Zeit zum weltgrößten Korallenriff verschmolzen.

❶ Eiszeit
Während der letzten Eiszeit senkte sich der Meeresspiegel, an den Küstensäumen entstanden flache, bewaldete Hügel, und im seichten Meereswasser bildeten sich erste Korallen.

❷ Nach der Eiszeit
Durch das Abschmelzen großer Eismassen nach dem Ende der Eiszeit stieg der Meeresspiegel weltweit an. Die jungen Küstenhügel vor Queensland wurden wieder überflutet.

❸ Die Küste wandert
Auch in den flachen Wassern der veränderten, durch den höheren Meeresspiegel wieder landeinwärts gewanderten Küste siedelten sich nun neue Korallen an.

❹ Innenriff
Es konnten sich also über weite Strecken zwei parallele Riffsysteme entwickeln. Das Innenriff (»Inner Reef«) – man spricht auch vom Küsten- oder Saumriff – verläuft parallel zur aktuellen Küstenlinie.

❺ Riffkanal
Zwischen Küste und Innenriff verläuft ein Riffkanal mit tieferem Wasser.

❻ Barriereriff
Das Barriereriff oder »Outer Reef« liegt teilweise weit vor der Küste am Rand des Kontinentalsockels, der zum offenen Pazifik hin bis in 2000 m Tiefe zum Meeresboden abfällt.

❼ Steinkorallen
»Baumeister« eines Korallenriffes sind Steinkorallen. Die nur millimetergroßen Einzeltiere bestehen nur aus einer Tentakelkrone, heißen Polypen und leben in Gemeinschaft mit blaugrünen Algen. Im Frühling schlüpfen die Polypenlarven, nisten sich auf dem Riff nahe der Wasseroberfläche ein, bilden ihr Skelett aus und schließen sich mit ihren Artgenossen zu einer Kolonie zusammen. Nach einiger Zeit sterben sie ab, ihre Kalkröhren werden zu Sand zermahlen. Die Algen »verbacken« den Sand zu einer weiteren Riffschicht, auf der sich im nächsten Jahr neue Jungpolypen ansammeln können.

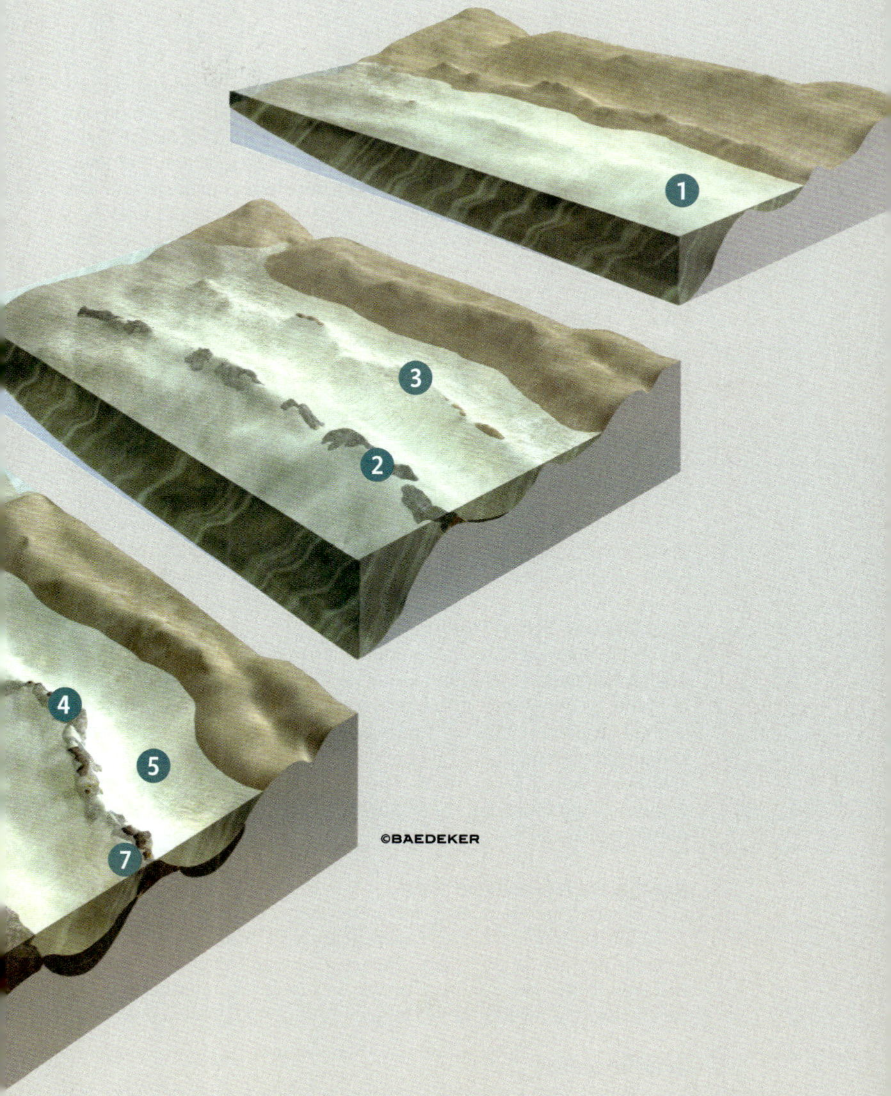
1
3
2
4
5
7
©BAEDEKER

denen man Touren unternehmen kann. Das Riff kann direkt vom Strand aus erkundet werden.
www.franklandislands.com.au

Die Vater-Insel

Dunk Island

Auch die 16 sog. **Familieninseln** sind Teil des Riffs, darunter die Vater-Insel, heute Dunk Island genannt. Der beliebteste Strand, einer von insgesamt fünf Badebuchten, heißt **Brammo Beach**, ist 1 km lang und wie gemalt: goldgelb und gesäumt mit mächtigen Kokospalmen. Per Kanu kann man in ein paar Minuten bis **Purtaboi Island** paddeln und wie einst Cook eine der 14 Kinder-Inseln entdecken. Wer sie alle erspähen will, wandert durch den tropischen Regenwald in 90 Minuten auf den 271 m hohen Mount Kootaloo und sieht sie aus der Vogelperspektive. Beim Wandern erspäht man vielleicht auch ein Exemplar des seltenen blauen Ulysses-Schmetterlings. Eine Campingmöglichkeit besteht.

Die Mutter-Insel

★ Bedarra Island

Urwaldinselchen mit Traumresort und allen Möglichkeiten: Wer ein kleines Motorboot für eine Inseltour von der Mutter-Insel Bedarra zu den Kinder-Inseln **Toolghar** und **Coomboo** wünscht, findet neben Karte, Handtüchern, Schnorchel und Maske auch einen reichhaltig bestückten Picknick-Korb im 8 PS starken Dingi, das auch ohne Führerschein und Vorkenntnisse leicht zu steuern ist. Eine Stunde dauert die Überfahrt: Ein Eiland ohne Menschen, dafür mit viel Sonne, Sand, Strand, Palmen und jeder Menge Tagträumen sind der Lohn.

Seekühe und Schildkröten

★ Hinchinbrook Island

Der mit 393 km² größte Insel-Nationalpark der Welt bietet Natur pur. Reiher, Kakadus, Fasane und Wampoo-Tauben leben im dichten Regenwald, in den Küstengewässern leben Seekühe und Riesenschildkröten, die nachmittags am **Turtle Beach** an Land gehen. Delfine und spektakuläre Sonnenuntergänge lassen sich am **Orchid Beach**, dem schönsten der elf Sandstrände, beobachten. Mitten durch das unbewohnte Eiland führt der 32 km lange Thorsborne Trail. Es gibt sieben Campingplätze.

Kantige Felsen, weicher Sand

Orpheus Island

Eukalyptuswälder und Grasland bedecken die Granitinsel, die seit 1979 ein Nationalpark mit **Marine Research Station** an der Little Pioneer Bay ist. An der Küste wechseln kantige Felsen mit sandigen Buchten. Gäste des sündhaft teuren Luxusresorts müssen sich hier für mindestens zwei Übernachtungen (3000 AUD) einquartieren.

Schiffsfriedhof

Magnetic Island

Gerade mal 8 km trennen Townsville von Magnetic Island. Ihren Namen erhielt sie von James Cook, der glaubte, dass Metalle auf der

Insel seinen Schiffskompass beeinflusst hätten. Zum Baden laden 23 Strände ein – die **Picnic Bay**, die **Alma Bay** und die **Horseshoe Bay** sind während der Quallensaison von November bis Mai sogar mit Netzen geschützt. Zu den besten Tauchspots gehören die neun Wracks vor der Insel. Auch Ausritte an der Horseshoe Bay sind möglich. Zwei Drittel der Insel stehen unter dem Schutz eines Nationalparks, der von insgesamt 24 km Wanderwegen erschlossen wird; er ist die Heimat der größten Koala-Population in Queensland. Romantisches Highlight: der Sonnenuntergang am West Point.

★★ Whitsunday Islands

Der berühmte Pool

Hayman Island

Nur acht der 74 Inseln des Whitsunday-Archipels sind bewohnt, die anderen unberührte Refugien oder mit einem Resort bebaut. Letzteres gilt für Hayman Island, die nördlichste der Whitsundays; berühmt ist der dortige Pool, der direkt am goldgelben Strand liegt. Bei Ebbe kann man zur nahen **Langford Island** hinüberlaufen, ansonsten nimmt man das Kanu oder Surfbrett.

Insel der Segler

Hook Island

Fast wie Fjorde schneiden sich die beiden Meeresarme **Nara Inlet** und **Macona Inlet** in die 53 km² große Insel, deren Hügel auf bis zu 450 m Höhe ansteigen. Sie ist bei Seglern beliebt, die hier gerne den Anker werfen; Fähren gibt es hingegen keine.

Einsam und geschützt

South Molle Island

Die mit 4 km Länge und 2 km Breite größte Insel der Molle Islands ist durch einen Nationalpark weitgehend geschützt, in dem es schöne einsame Strände zu entdecken gibt. Über einen kurzen Wanderweg geht's hinauf zum **Mount Jeffreys** (194 m) mit Panoramablick über das Inselmeer.

Kleines Inseljuwel

Daydream Island

Nur 5 km trennen das Festland von Daydream Island, die früher West Molle Island genannt wurde. Auf der nur 1000 × 500 m großen Insel gibt es drei sehr schöne Sandstrände mit vorgelagerten Korallenstöcken.

Traumstrand am »weißen Hafen«

Whitsunday Island

Die Whitsundays sind die Gipfel eines Unterwassergebirges – Fluchtpunkt für Inselfantasien, Segelabenteuer und Sprungbrett für Ausflüge ins Herz des Great Barrier Reef. Ihren Namen verdankt die Inselgruppe James Cook, der sie am 3. Juni 1770, einem Pfingstsonntag (Whitsunday) entdeckte. Ganz und gar ursprünglich präsentiert sich die Hauptinsel, die auf gut 280 km² vereint, was die Inselgruppe be-

Die Welt ringsum vergessen: Beim Sonnenbad am Whitehaven Beach sollte das ein Leichtes sein.

rühmt gemacht hat: Traumstrände, Top-Tauchplätze, herrliche Wanderwege und eine einzigartige Flora und Fauna. Wahrzeichen der Insel ist ein 8 km langer, gleißend heller Streifen: Der schneeweiße Sand mit einem Quarzgehalt von 99,7 % macht den **Whitehaven Beach** zu einem der schönsten Strände der Welt.

Die Stadt im Archipel

Hamilton Island

Die größte bewohnte Insel des Archipels – immerhin knapp 1400 Menschen leben hier – besitzt als einzige einen Flughafen für Linien- und Charterflüge. Trotzdem ist die Insel autofrei. Die Unterkünfte konzentrieren sich am **Catseye Beach**, den Hafen säumen Bars,

BAEDEKER MAGISCHE MOMENTE

DIE ENTDECKUNG DER FARBE BLAU

Zahlen sind abstrakt, der Blick vom Wasserflugzeug auf das enorme Great Barrier Reef ist es nicht. Erst aus der Luft wird dessen scheinbar endlose Weite greifbar – allein das lässt ehrfürchtiges Staunen zurück. Doch wenn der Sechssitzer seine Runden über die Whitsunday Islands und über den Whitehaven Beach dreht, dann bleibt einem fast die Luft weg. 99 Blautöne im Meer und 99,7 % Quarzgehalt im Sand strahlen einem da entgegen. Und im Hill Inlet vermischen sich Blau und Weiss in allen erdenklichen, wundervollen Schlieren. Als ob der Pilot Gedanken lesen kann: Er dreht nochmal eine Runde!

Boutiquen und Geschäfte. Jachtclub, Marina auf Hamilton und 18-Loch-Golfplatz auf der Nachbarinsel **Dent Island** komplettieren die Infrastruktur. Weitgehend unerschlossen ist der Süden: Markierte Wanderwege führen hinauf zu schönen Aussichtspunkten.

Nomen est omen

Long Island

Ein enger Kanal trennt die 9 km lange und 400 m schmale Insel vom Festland. Der größte Teil ist Nationalpark, die Westküste säumen idyllische Sandbuchten, während die Oststrände von dunklen Steinen übersät sind. Es gibt zwei Resorts.

Ein Revier für »Strandläufer«

Brampton Island

Die südlichste der Whitsunday-Inseln ist ein Nationalpark mit zwölf Stränden, von denen sieben auf Wanderwegen durch ursprüngliche Melaleuca-Wälder erreicht werden. Ein weiterer Spaziergang führt bei Ebbe zur Nachbarinsel Carlisle Island. Ein neues Resort soll in den nächsten Jahren entstehen.

Wohin am südlichen Great Barrier Reef?

Insel-Hopping auf Australisch

Great Keppel Island

Auf Great Keppel Island warten 17 helle Sandstrände auf Wasserratten. Erste Bewohner waren Woppaburra-Aborigines, die die Ressourcen des Riffs und der Tidenzone geschickt nutzten. Der erste weiße Siedler setzte Mitte des 19. Jh.s auf Weidewirtschaft, die jedoch nicht profitabel war. Seit der Eröffnung der ersten Ferienanlage 1967 hat der Tourismus das Zepter übernommen. Von der Hauptinsel der Keppel-Gruppe lassen sich gut die Nachbarinseln entdecken: **Halfway Island**, **Humpy Island** und **Middle Island**.

Die Naturinsel

★ Heron Island

Das ganz Jahr über ist Heron Island Heimat Tausender Vögel – die dort nistenden Reiher gaben der Insel ihren Namen. Von Oktober bis März legen Meeresschildkröten am Strand ihre Eier ab, ab Dezember schlüpfen die Jungen und meistern die ersten riskanten Meter ihres Lebens ins Wasser. Und zwischen Juni und Oktober ziehen dicht an der Küste Buckelwale vorbei.

Wie auf den Malediven

★ Lady Musgrave Island

Bei Tauchern und Schnorchlern sehr beliebt ist die unbewohnte, nur 300 m² große Nationalparkinsel, 100 km nördlich von Bundaberg. Fast rund, innen grün mit Yucca-Palmen bewachsen, außenherum weißer Sand – ein bisschen wie auf den Malediven, nur ohne Resort. Menschliche Besucher dürfen nicht über Nacht bleiben, dieses Privileg ist den unzähligen Seeschwalben, Sturmtaucher und Meeresschildkröten vorbehalten.

Alles öko

Lady Elliot Island

Die 42 ha große Koralleninsel, deren 1873 erbauter Leuchtturm noch immer sein Licht übers Meer wirft, ist ein Paradies für Taucher, die vom Strand aus Wracks und Korallengärten entdecken können. Von November bis März legen Meeresschildkröten ihre Eier im Sand ab, ab Dezember schlüpfen die Kleinen. Lady Elliot markiert das Südende des Great Barrier Reefs und wurde 1816 nach dem Schiff des Entdeckers benannt. Das Resort gilt seit Jahren als Vorbild in puncto Nachhaltigkeit, wenn man vom Flug mal absieht.

LONGREACH

Höhe: 191 m | **Einwohner:** 3000

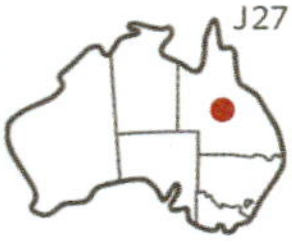

Wer hätte das gedacht: Mitten im Outback wurde ein kleines Stück Luftfahrtgeschichte geschrieben! Vom kleinen Flugplatz Longreach startete die drittälteste (nach KLM und Avianca) und immer noch unter dem gleichen Namen fliegende Fluggesellschaft der Welt ihren Flugbetrieb, die am 16. November 1920 gegründete Queensland and Northern Territory Air Services – kurz und so auch weltweit bekannt: die Qantas.

Outback-Herz von QLD

Lange Zeit war Longreach nicht mehr als ein Lagerplatz für Viehhirten am Thomson River. Ab 1892 brachte der Bahnanschluss den Aufstieg zum prosperierenden Zentrum der Rindfleisch- und Wollindustrie. Riesige »stations«, Farmen, auf denen Rinder und Schafe gezüchtet werden, umgeben bis heute die größte Stadt in Zentral-Queensland, die übrigens exakt auf dem südlichen Wendekreis liegt. Und manche Farmen – so die Carisbrooke Station – laden Gäste auch ein, bei ihnen zu übernachten und den rauen Arbeitstag im Outback zu erleben.

Wohin in Longreach?

Die Outback-Show

Stockman's Hall of Fame

Die Ruhmeshalle für den australischen Cowboy, die Stockman's Hall of Fame im Outback Heritage Centre, erzählt von den Entdeckern Australiens, der Goldära, der Woll- und Viehindustrie sowie der Kommunikation im Busch. Zweimal am Tag wird bei der **Stockman's Show** der Alltag der Aussie-Cowboys wieder lebendig.

Landsborough Hwy., Longreach | tgl. 9–17 Uhr | Eintritt: 32 AUD
www.outbackheritage.com.au

Dieser Veteran der Lüfte hat sein letztes Zuhause im Qantas Founders Museum gefunden.

Jumbojet im Nirgendwo

Qantas Founders-Museum

Am 7. Februar 1921 hob um 10.30 Uhr eine Avro 504 zum ersten Qantas-Flug ab und erreichte wenig später das 172 km entfernte Winton. Der Hangar, in dem ab 1920 die ersten sechs Flugzeuge gebaut wurden, gehört heute zum Qantas Museum, in dem auch ein Catalina-Flugboot besichtigt werden kann.

Sir Hudson Fysh Dr. | April–Okt. tgl. 9–17, Nov.–März nur bis 16 Uhr
Eintritt: 28 AUD | www.qfom.com.au

Rund um Longreach

Der 30-t-Saurier

Winton

Qantas wurde in Winton gegründet und der kleine Outback-Ort war auch das erste Flugziel der Airline. Richtig berühmt wurde er allerdings als Heimat von Australiens heimlicher Nationalhymne: »Waltzing Matilda«, geschrieben von Banjo Paterson 1895. Heute präsentiert das **Waltzing Matilda Centre** das Erbe der ersten Pioniere. Und seit 1999 hat Winton das **größte Dinosaurierskelett Australiens**: Elliott von der Gattung der Sauropoden wiegt rund 30 t und ist so hoch wie ein zweistöckiges Gebäude. Die beiden nachgebauten und trotzdem furchteinflößenden Saurier namens Matilda (Diamantinasaurus matildae) und Banjo (Australovenator wintonensis) sind die weiteren Stars des Museums **Age of Dinosaurs**.

Matilda Centre: 50 Elderslie St. | tgl. 9–17 Uhr | Eintritt: 25 AUD
www.matildacentre.com.au
Age of Dinosaurs: 1 Dinosaur Dr. | 24 km südöstl. von Winton
April–Okt. tgl. 8.30–17 Uhr, Nov.–März So. geschl. | Eintritt: 55 AUD
http://australianageofdinosaurs.com

Wetten, dass ...

Birdsville

In Australien kennt jeder das einsame Outback-Kaff, 12 km vor der Grenze nach South Australia und satte 730 km südwestl. von Longreach. Dort beginnt zum einen der **Birdsville Track**, eine der schwierigsten Offroad-Routen durch das rote Herz des Landes. Und zum anderen finden am ersten Wochenende im September die spektakulären **Birdsville Picnic Races** statt. Zu diesem Pferderennen fallen Tausende Aussies ein, um drei Tage lang zu wetten, zu fiebern und zu trinken: Im legendären **Birdsville Hotel** von 1884 spülen sie sich genüsslich den Staub aus den Kehlen.

Rote, mächtige Sanddünen

★ Munga-Thirri National Park

Nur noch knapp 80 km weiter westlich beginnt der riesige, mehr als 10 000 km² große und das Bundesland übergreifende Simpson Desert National Park, der seit 2011 Munga-Thirri heißt, was so viel bedeutet wie »Land der großen Sandhügel«. Flirrende Hitze und Staub, der durch alle Ritzen des Allradwagens dringt – und nur mit diesem kann man in den Park fahren –, begleiten den Weg in die jüngste

LONGREACH ERLEBEN

VISITOR INFORMATION CENTRE

4 Eagle St., Longreach
Tel. 07 46 58 41 50
www.longreach.qld.gov.au

MC GINESS' €

Avro Rib Fillet, 707 Beef Burger, In-Flight-Sandwiches mit zwei bis fünf Füllungen oder am Sonntag in guter alter britischer Tradition der Sunday Roast: Alles ist lecker und bleibt unterhalb der 15-AUD-Grenze. Nur Frühstück und Mittagessen.
1 Hudson Fysh Dr., Longreach
Tel. 07 46 58 37 37
https://qfom.com.au/about/mcginness-restaurant

CARISBROOKE STATION €

Auf der großen Farm mitten im Outback zeigen die Besitzer Anne und Charles ihren Gästen den rauen Arbeitsalltag, unternehmen aber auch Touren mit ihnen. Die Unterkünfte (ohne Verpflegung) sind einfach, die Wohnmobilstellplätze haben weder Strom noch Wasser.
Cork Mail Rd.
85 km südwestl. von Winton
Tel. 07 46 57 00 84
www.carisbrooketours.com.au

Sanddünenwüste der Erde: Unzählige mächtige, rostrote Sanddünen, endlose Salzseen, silbrig schimmerndes Spinifex-Gras und Mulga-Büsche bedecken jenseits von Birdsville das scheinbare Nichts gen Westen. Die Wüste, fast halb so groß wie Deutschland, ist das letzte Rückzugsgebiet für bedrohte Tierarten wie die urzeitlichen Dornteufelchen, die drachenähnlichen Kragenechsen oder die Mulgaras, kleine, fleischfressende Beuteltiere. In der sommerlichen Hitze und in der Regenzeit wird die Zufahrt zum größten Nationalpark Queenslands gesperrt. Wer übernachten möchte, muss eine Campingerlaubnis erwerben. Soll es weiter in den südaustralischen Teil gehen, wird der 105 AUD teure Desert Parks Pass benötigt. Achtung: Für den Notfall ist ein Satellitentelefon ratsam, herkömmliche Handys haben in der Wüste keinen Empfang!
Camping und Pass: www.environment.sa.gov.au

MACKAY

Höhe: 11 m | **Einwohner:** 86 000

So sweat! Zuckerhauptstadt genannt zu werden, hat schon was, wenngleich es in diesem Fall im Wortsinn gemeint ist: Mackay ist von Zuckerrohrplantagen umgeben und feiert deshalb auch alljährlich das zehntägige Sugartime Festival.

Doch Zucker im übertragenen Sinn ist auch das Städtchen mit seiner hübschen viktorianischen Architektur und seiner wunderbaren Lage am Pazifik, wo einige Inseln wie Brampton direkt vor der Haustüre liegen. Auch das südlichen Ende des Great Barrier Reefs ist nicht mehr weit. Von der indonesischen Insel Java kamen Mitte des 19. Jh.s die ersten Zuckerrohrpflanzen nach Mackay. Heute verarbeiten fünf Mühlen das Zuckerrohr der umliegenden Plantagen und sorgen für Wohlstand und Wachstum am Pioneer River. Insgesamt besitzen 6000 Betriebe in Queensland Zuckerrohrfelder.

Alles auf Zucker!

Wohin in und rund um Mackay?

Viktorianische Architektur

Das Zentrum

Von der Blüte des Zuckerrohranbaus um 1900 herum zeugen in Mackay liebevoll **restaurierte viktorianische Gebäude** wie das alte Rathaus, das Gericht und das Polizeigebäude. In 90 Minuten führt der markierte **Heritage Trail** zu 22 sehenswerten Bauten der Stadt. Kunst und Kultur der Region zeigt das **Artspace**, Flora die **Botanic**

MACKAY ERLEBEN

VISITOR INFORMATION CENTRE
320 Nebo Rd., Mackay
Tel. 07 48 37 12 28
www.mackayregion.com

AUSTRAL €€
Zehn verschiedene Steak Cuts sprechen für sich. Gut und günstig ist auch die Fisherman's Plate mit vier Fischsorten. Australische Sportkneipe mit Billardtisch, großen Fernsehern für Sportübertragungen und Öffnungszeiten von 10 bis 5 Uhr morgens.
Victoria St./Peel St., Mackay
Tel. 07 49 51 32 88
www.theaustralhotel.com.au

BROKEN RIVER MOUNTAIN RESORT €€
Wunderbare Berglage – ideal, wenn man der Hitze an der Küste entfliehen möchte. Recht einfache Zimmer mit Küche und Kamin in einer schönen Lodge mit Restaurant. Vom Grillplatz am Fluss kann man auch die seltenen Schnabeltiere beobachten.
Eungella Rd., Eungella
Tel. 07 49 58 40 00
www.brokenrivermr.com.au

Gardens am Ufer der Eulamere Lagoon. Und am **Pine Islet Lighthouse** von 1885, einem der letzten mit Kerosin arbeitenden Leuchttürme, entstand das gemütliche Hafendorf **Marina Village** rund um einen Jachthafen mit 479 Liegeplätzen, der auch Jachten im XXL-Format einen Platz bieten kann. Wer ins Wasser springen möchte: Der **Harbour Beach** liegt gleich nebenan.

Artspace: 41 Gordon St. | Di.–Fr. 10–17, Sa.–So. bis 15 Uhr
Eintritt: frei | www.artspacemackay.com.au
Botanic Gardens: 9 Lagoon St. | tgl. 5–21 Uhr | Eintritt: 25 AUD
www.mackayregionalbotanicgardens.com.au

Go north!

Die Strände

Die besten Strände liegen allerdings etwas weiter im Norden von Mackay: Zwischen dem breiten und 6 km lange **Blacks Beach** und dem nördlichsten der Mackay-Strände, dem **Shoal Point Beach**, liegen eine Handvoll schöner, sauberer und meist wenig besuchter Strände.

Süße Einblicke

Farleigh Sugar Mill

In der Farleigh Sugar Mill, 10 km nordwestlich, kann man während der Erntezeit im Dezember und Januar bei Führungen erleben, wie das Zuckerrohr verarbeitet wird.

nur nach Voranmeldung unter Tel. 07 49 59 83 60 oder
reeforest@matilda.net.au

Kängurus am Strand

Cape Hills National Park

Der Küstenpark am 300 m hohen Cape Hillsborough, 54 km nordöstlich von Mackay, ist für seine Kängurus berühmt. Für ein außergewöhnliches Naturerlebnis begeben Sie sich am frühen Morgen in den Park. Am Strand können Sie dann mit etwas Glück ein seltenes Schauspiel erleben: Kängurus, die ins Wasser hoppeln und einige Schlucke trinken. Die Tiere decken so ihren Salzbedarf. Wie die Ureinwohner einst die heimischen Pflanzen nutzten, zeigt der 1,5 km lange **Yuibera Plant Trail**. Schöne Ausblicke auf die Küste bieten sich von der **Beachcomber Cove** und vom **Andrews Point**. Bei Ebbe lässt sich auch **Wedge Island** erreichen.

Das Haus der Diva

Marian

Das **Melba House** in Marian erinnert mit Fotos, Büchern und Möbeln in dem rund 130 Jahre alten Anwesen an die australische Operndiva Nellie Melba. Dort verbrachte sie ihre ersten Ehejahre. Marian liegt 35 km westlich von Mackay und ist ein mögliches Zwischenziel auf halbem Weg zum Eungella-Nationalpark.

Eungella Rd. | tgl. 9–15 Uhr | Eintritt: frei

Die Brut im Magen

Eungella National Park

Durch die Zuckerrohrplantagen des Pioneer Valley und vorbei am Naturschwimmbecken der **Finch Hatton Gorge** wird nach 80 km das Land der Wolken erreicht: Eungella und sein tropischer Regenwald, der durch die isolierte Lage 30 000 Jahre lang seltsame Kreaturen wie den Eungella Frog hervorbringen konnte. Er brütet seine Eier im Magen aus – und spuckt die Kaulquappen aus dem Schlund, wenn es soweit ist.

Tor zu den Whitsundays

Airlie Beach

Zusammen mit Shute Harbour ist Airlie Beach – 135 km nördlich von Mackay – das Tor zu den Whitsunday Inseln. Täglich starten Dutzende Tauch- und Schnorchelausflüge zum Great Barrier Reef. Abends trifft man sich in Diskotheken und Kneipen an der Airlie Beach Rd.

MOUNT ISA

Höhe: 356 m | **Einwohner:** 25 000

H 24

Rodeo! Das beste, das Größte, das spektakulärste! Wer das erleben will, muss weit hinein ins Outback nach Mount Isa. Dorthin, wo Männer bereits als Cowboys oder Minenarbeiter auf die Welt kommen und Frauen Heim und Haus hüten – ja, hier draußen ticken die Uhren noch anders.

Großes Fest, staubiger Alltag

»The Isa« liegt knapp 1000 km von der Pazifikküste entfernt und ist umgeben von endlosen Weiten und riesigen Rinderfarmen. Wer im August in Down Under ist, sollte aber – trotz der Entfernung – das legendärste Rodeo (▶ Baedeker Wissen S. 274) der Südhalbkugel nicht verpassen! Einmal im Jahr verwandelt sich die Stadt dann in eine riesige Festbühne. Die Mineralvorkommen der Region prägen hingegen den tristen Alltag. Erst 1923 wurden die reichhaltigen Lagerstätten im felsigen Untergrund entdeckt: Kupfer-, Silber-, Blei- und Zinkerze. Heute beheimatet »The Isa« den größten Silber- und Bleiproduzenten der Welt und in Australiens größter Mine werden mehr als 35 000 t Erz abgebaut – täglich! Ein Fünftel der Einwohner arbeitet unter Tage, Hochöfen bestimmen das Stadtbild.

Wohin in Mount Isa und Umgebung?

Outback at Isa

Mount Isa

Zum Angebot der Touristeninformation (▶ S. 278) gehören die **Hard Times Mine Tour**, eine Führung durch ein 1,2 km langes, unterirdische Stollenlabyrinth, in dem es dröhnt, rattert und dampft, sowie das faszinierende **Riversleigh Fossil Centre** mit Zeugnissen der Frühgeschichte, die vier Autostunden weiter nördlich freigelegt wurden. Die **Isa Experience Gallery** zeigt Filme und Exponate zur Stadtgeschichte, der **Outback Park** stellt Flora und Fauna der Region vor. Einblicke in die Kultur der Aborigines vermittelt der **Kalkadoon Tribal Council**. Gegenüber bietet der **City Lookout** ein 360-Grad-Panorama auf die Bergbaustadt. Wie die Kumpel in den 1940er-Jahren in Zelthäusern mit Baumwollwänden und Wellblechdach lebten, vermittelt das **National Trust Tent House**. Über die Arbeit der Fliegenden Ärzte informiert das **Royal Flying Doctor Visitor Centre**. Und den schulpflichtigen Nachwuchs auf den Outback-Farmen unterrichtet seit 1960 die **School of the Air**: Lauschen Sie doch mal einer Schulstunde per Funk und Internet.

Hard Times Mine Tour: Termine tgl., Reservierung unter Tel. 07 47 49 15 55 | Eintritt: 85 AUD
Isa Experience Gallery: George St. | tgl. 8.30–17 Uhr | Eintritt: 20 AUD
Outback Park: Buchanan Park | tgl. 8.30–17 Uhr | Eintritt: 15 AUD
Kalkadoon Tribal Council: Marian St. | Mo.–Fr. 9–17 Uhr Eintritt: frei
National Trust Tent House: Forth Av. | April–Sept. tgl. 10–14 Uhr Eintritt: frei, Spende erbeten
Royal Flying Doctor Visitor Centre: Barkly Hwy. | Mo.–Fr. 9.30 bis 16.30 Uhr | Eintritt: Spende erbeten
School of the Air: Abel Smith Parade | Mo.–Fr. 9–10 Uhr Eintritt: Spende erbeten

Ganz schon heiß

In Cloncurry behauptet man immer noch stolz, dass mit 53,1 °C hier die höchste jemals in Australien gemessene Temperatur erreicht wurde. Zur Messung stand damals allerdings nur ein improvisiertes Thermometer zur Verfügung, weshalb dem Rekord die offizielle Anerkennung verweigert wird. Unerträglich heiß wird es mit Temperaturen knapp unter der 50-°C-Grenze auch ohne die Bestmarke. Cloncurry

Kupfer und Gold machten »The Curry«, rund 120 km östlich von Mount Isa, um 1900 zum größten Kupferproduzenten des Empire. Die großen Minen um Cloncurry arbeiteten bis 1924, dann wurde die Produktion eingeschränkt, da Mount Isa ergiebigere Lagerstätten hatte. Die **Ernest Henry Mine**, 40 km nördlich der Stadt, kann aber besichtigt werden. Wer sich für die Gesteine und Mineralien der Region interessiert, sollte dem **Mary Kathleen Memorial Park & Museum** einen Besuch abstatten, das neben der riesigen Gesteinsschau auch die Geschichte der Mary-Kathleen-Uranmine dokumentiert. Diese war von 1850 bis 1982 in Betrieb, ist heute aber völlig zerstört.

1928 gründete John Flynn (1880–1951) den **Royal Flying Doctor Service**, der noch heute die Menschen im entlegenen Outback medizinisch versorgt. Schon im gleichen Jahr starteten von Cloncurry die ersten fliegenden Ärzte und eröffneten für die medizinische Betreuung der Australier eine neue Dimension (▶ Baedeker Wissen S. 276).

Riesige Rinderfarmen erstrecken sich rund um Mount Isa. Da liegt es nahe, dass in der Stadt das größte Rodeo der südlichen Hemisphäre veranstaltet wird.

ZUR SACHE, MATE!

Das größte Rodeo der südlichen Hemisphäre ist der Höhepunkt des zweiwöchigen Rodeofestivals von Mount Isa, das die Berghauptstadt im Outback von Queensland feiert – ein Spektakel nicht nur für Männer, die als »Stockmen« die Arena betreten, sondern auch für »Jillaroos«, wie die australischen Cowgirls heißen.

Veranstaltet wird das Mount-Isa-Rodeo seit 1959 von den drei örtlichen Rotaryclubs, die inzwischen über 2,5 Mio. AUD an wohltätige Organisationen, Kulturvereine und Sportclubs gespendet haben. Am Anfang des ausgelassenen Treibens steht die Krönung der Rodeo Queen auf dem Mayoress Ball. Beim **Rodeo Mardi Gras** am Freitag zieht eine bunte Karawane aus fröhlich geschmückten Karnevalswagen durch die gesperrte Innenstadt, die sich nach der Parade in ein riesiges Volksfest verwandelt: mit Achterbahn, Zuckerwatte, Tanz, Tand und Tausenden trinkfester »Sheilas« – Frauen jeden Alters – mit ihren Mates. Um Geld, Punkte und das blanke Überleben geht es dann im **Buchanan Park**, wo die Rodeowettbewerbe ausgetragen werden (www.isarodeo.com.au).

Sechs harte Wettbewerbe

Bis zu 30000 Zuschauer verfolgen lautstark klatschend und lachend, wie sich die einzelnen Kandidaten in den sechs Standardwettbewerben bewähren, die

Zwei gegen einen – beim Team Roping muss der Bulle so schnell wie möglich gefangen werden.

Acht Sekunden können lang sein, vor allem auf dem Rücken eines bockigen Pferdes.

gemäß den Richtlinien der 1944 gegründeten **Australian Professional Rodeo Association (APRA)** ausgetragen werden. In ausgewaschenen Jeans, Blundstone-Boots, kariertem Hemd und verstaubtem, breitkrempigem Akubra-Hut betreten die besten Stockmen des Kontinents, die in Australien auch »Drover« genannt werden, die Arena, um mit ihren Cowboykollegen aus aller Welt drei Tage lang um Punkte für das Finale zu kämpfen – und um mehr als 200000 AUD Preisgeld.
Auch »Jillaroos« sind darunter – junge Frauen, die wie der Teufel auf den halbwilden »Brumbies« reiten und wie ihre männlichen Kollegen in kürzester Zeit in den roten Staub fallen.
Acht Sekunden lang müssen sich die Männer, sechs Sekunden lang die Frauen mal mit, mal ohne Sattel bei den **»Rough tock«-Disziplinen** – Saddle Bronc Riding, Bareback Bronc Riding, Bull Riding – auf den unbändigen Broncos (den ungezähmten Pferden) und Bullen halten. Damit die Pferde auch richtig »bocken«und nicht galoppieren, wird ihnen ein Seil eng um die Lenden geschnürt. Zwei Schiedsrichter bewerten den Auftritt und verleihen pro Disziplin bis zu 25 Punkte – das Tier wird nach Kraft und Bockverhalten beurteilt, der Reiter nach Stil und Balance. Bei den **Zeitwettbewerben** – Rope and Tie, Steer Wrestling und Team Roping – wird gegen die Uhr ein Stier gefangen, gefesselt oder niedergerungen. Wer dabei Fehler macht, erhält Zeitstrafen.
Einen hohen Stellenwert im australischen Rodeo hat auch die alte Cowboykunst des **Breakway Roping**, bei der von den Jillaroos ein Kalb mit einem Lasso eingefangen, zur Seite geworfen und an den Füßen gefesselt werden muss.
Wichtigste Frauendisziplin ist allerdings das **Barrel Racing** – ein Zeitrennen um drei 205-Liter-Fässer, die im Kleeblattmuster umrundet werden müssen. Wer die Fässer berührt, erhält eine Zeitstrafe, wer ein falsches Muster reitet, wird disqualifiziert. Eine Lichtschranke misst die Zeit – gute Reiterinnen schaffen den Parcours in 15 Sekunden.

National-Pro-Tour-Serie

Auch wer es nicht nach Mount Isa schafft, hat gute Chancen, ein Rodeo zu erleben, von denen landesweit mehr als 90 pro Jahr stattfinden. Als zweites Topereignis von Queensland gilt das **Warwick Rodeo** im Oktober. Aber auch Städte wie Mackay, Dalby und Roman in Queensland, Wangaratta, Corryong und Rokewood in Victoria sowie Junee und Tamworth in New South Wales sind gute Adressen für einen Rodeobesuch. Die 15 besten Kandidaten jedes Rodeos der National-Pro-Tour-Serie küren Ende November beim **National Finals Rodeo** ihren Meister (www.prorodeo.asn.au).

DIE FLIEGENDEN ÄRZTE

Reverend John Flynn (1880–1951), ein presbyterianischer Priester, wollte sich nicht mit der völlig unzureichenden medizinischen Versorgung der australischen Pioniere abfinden. Am 15. Mai 1928 eröffnete er den Australian Inland Mission Aerial Medical Service, der später in Royal Flying Doctor Service (RFDS) umbenannt wurde. Seitdem lautet das Motto: »The furthest corner. The finest care«.

▶ **Die Flugzeuge des Royal Flying Doctor Service**
Das erste Flugzeug der fliegenden Ärzte startete am 15. Mai 1928. Die De Havilland DH50 "Victory" konnte außer dem Piloten 4 Passagiere mitnehmen.

◎ Reichweite
◢ Geschwindigkeit

De Havilland D.H.50
Einsatzbeginn: 1928
◎ 612 km ◢ 120 km/h

DH83 Fox Moth
Einsatzbeginn: 1934
◎ 574 km ◢ 180 km/h

Cessna C208
Einsatzbeginn: 1985
◎ 1797 km ◢ 344 km/h

Pilatus PC-12
Einsatzbeginn: 1991
◎ 4025 km ◢ 519 km/h

▶ **Sie haben viel zu tun**
Die heutige Flotte absolviert pro Jahr über 82 500 Flugstunden in 73 000 Flügen. In Australien haben prozentual mehr Menschen Kontakt mit dem RFDS als in Deutschland mit der ADAC-Luftrettung.

Australien
Der RFDS hat Kontakt mit **vier** von 2000 Einwohnern.

Deutschland
Der ADAC hat Kontakt mit **einem** von 2000 Einwohnern.

Die Stationen
Fast 80 % des gesamten Kontinents werden angeflogen. 44 Air Bases sind über das Land verteilt.

DHA-3 Drover
Einsatzbeginn: 1949
1450 km 253 km/h

Daten über Flüge
Die 77 Flugzeuge fliegen zusammen mehr als 74 700 km pro Tag , das entspricht für jedes Flugzeug knapp fähr der Strecke Berlin–München hin und zurück.

Zurückgelegte jährliche Strecke
der letzten 10 Jahre in Kilometern

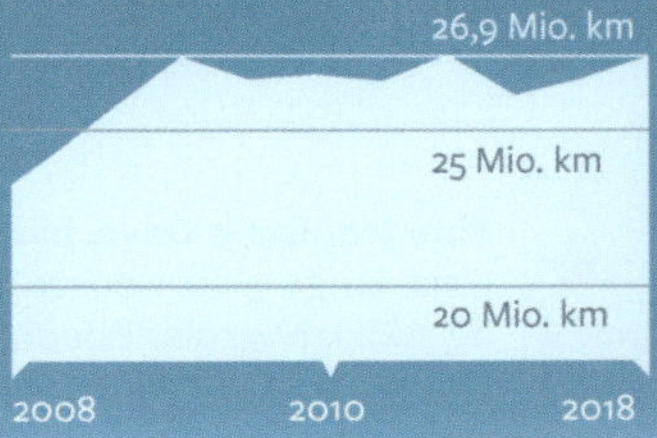

©BAEDEKER

Hawker 800XP
Einsatzbeginn: 2009
4893 km 824 km/h

Ausstattung der Hawker 800XP
Die fliegenden Ärzte begleiteten pro Jahr mehr als 38 000 Patienten in ihren Maschinen.

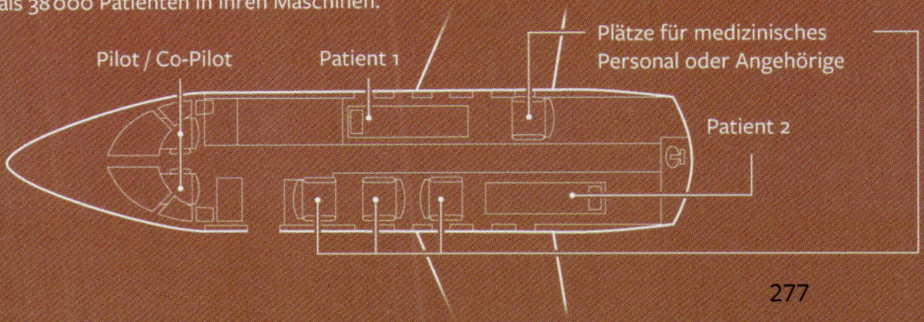

MOUNT ISA ERLEBEN

VISITOR INFORMATION CENTRE
19 Marian St., Mount Isa
Tel. 04 75 11 12 22
www.mountisa.qld.gov.au

RED EARTH HOTEL €€
Das Vier-Sterne-Hotel ist das beste Haus am Platz. 30 Zimmer, darunter – man höre und staune – sogar eine Präsidentensuite! Auch ein gutes Thai-Restaurant ist angeschlossen.
Rodeo Dr./West St., Mount Isa
Tel. 07 47 49 88 88
http://redearthhotel.com.au

RODEO BAR & GRILL €€
Der Monster Burger verdient seinen Namen, der Burramundi kommt klassisch mit Tartarsoße auf den Tisch. Ein typisches Aussie-Lokal eben: etwas schrill und trotzdem gemütlich. Es gibt auch brauchbare Zimmer.
13 Miles St., Mount Isa
Tel. 07 47 49 88 88
http://isahotel.com.au

★ Boodjamulla National Park

Eine tropische Oase, indigene Kunst und viele Fossilien
Nach langer Fahrt durch das Outback erscheint der abgeschiedene, 122 km² große Boodjamulla National Park im Nordwesten von Queensland wie eine tropische Oase. Livistonia-Palmen säumen spektakuläre Sandsteinschluchten wie die bis zu 60 m hohe **Lawn Hill Gorge**, die der gleichnamige, ganzjährig Wasser führende Fluss geschaffen hat. Schön ist eine Paddeltour mit dem Kanu, das man vor Ort mieten kann. Nicht weniger reizvoll ist eine Erkundung des Lebensraums für Süßwasserkrokodile, Kookaburras und weitere 130 Vogelarten zu Fuß: Den 4 km langen Wanderweg **Island Stack** macht man am besten in den Morgenstunden. Bei der 2 km langen, leichten **Cascades Tour** und dem 4 km langen, mittelschweren **Indarri Falls Trail** gehört Badezeug in den Rucksack. Zu einem Überhang mit 30 000 Jahre alten Felsmalereien der Ureinwohner führt der 4,5 km lange Rundweg **Wild Dog Dreaming**.
Der Lawn Hill National Park, so der alte Name des Boodjamulla, ist zugleich eine paläontologische Schatzkammer. Im Süden des Areals wurden 1976 riesige **Dinosaurier-Fußabdrücke** und **Fossilien** von mehr als 100 Tierarten entdeckt: Zeugnisse aus der Zeit vor 25 bis 50 Mio. Jahren, als sich Australien vom Urkontinent Gondwana ablöste. Seit 1994 bildet das Gebiet von Riversleigh mit den ▶ **Naracoorte Caves** von Südaustralien, in denen ebenfalls Fossilien gefunden wurden, das UNESCO-Welterbe **Australian Fossil Mammal Site**. Noch immer legen Archäologen bei Ausgrabungen neue Fossilien frei. Im und am Nationalpark ist nur Camping möglich.

Mit dem Kanu geht es durch die üppig grün gesäumte Lawn Hill Gorge.

Rollende Wolken

Noch weiter nördlich, fast schon an der Küste, liegt Burketown, die selbsternannte Barramundi-Hauptstadt der Welt. Deshalb aber muss man den langen Weg sicher nicht auf sich nehmen. Hobbymeteorologen und überhaupt alle, die sich für Wetterphänomene interessieren, kommen an Burketown – vor allem im September und Oktober – allerdings kaum vorbei: Dann bildet sich jeden Morgen ein einzigartiges Naturschauspiel, die **Morning Glory**. Dabei handelt es sich um eine scheinbar rollende Wolke von bis zu 1000 km Länge in nur 1 bis 2 km Höhe.

Burketown

ROCKHAMPTON

Höhe: 11 m | **Einwohner:** 65 000

Ob beim »welcome« oder beim »farewell«, ob beim »Willkommen«- oder »Auf Wiedersehen«-Schild am Ortsrand: Ein mächtiges Bullendenkmal gehört dazu in Rockhampton, das – wen wundert's – seinen Wohlstand der Rinderzucht zu verdanken hat. Ganz nebenbei überquert man im Beef Capital of Australia den südlichen Wendekreis des Steinbocks und somit auch die Grenze zwischen Tropen und Subtropen. Nördl. der Stadt, also noch in den Tropen, liegen einige herrliche Sandstrände.

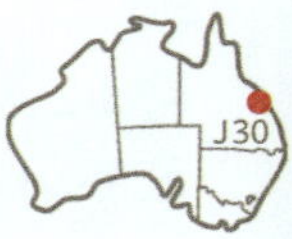

Beef meets Reef

Wo sonst, wenn nicht in Rockhampton, kann man beste Steaks bekommen? 3 Mio. Rinder zählt man, das sind gut 46-mal mehr als die Stadt Einwohner hat. Trotzdem ist Rockhampton keine staubige Westernsiedlung, sondern zeigt gepflegt seine Gründerzeitbauten. Capricorn Coast heißt der Küstenabschnitt im Norden der Stadt, benannt nach dem südlichen Wendekreis, der im Englischen »Tropic of Capricorn« (Wendekreis des Steinbocks) heißt. Von dort kommt man auch gut zum Great Barrier Reef sowie zu beliebten Ferieninseln wie Great Keppel Island.

Wohin in Rockhampton?

Geschichtsträchtiges Pflaster

Quay Street

Parallel zum Fitzroy River führt ein **Heritage Trail** entlang der Quay Street zu einem Dutzend denkmalgeschützter Gebäude wie dem 1889 errichteten Criterion Hotel. Im neoklassizistischen Customs House (1898) präsentiert die Ausstellung **»The Spirit of Rockhampton«** die reiche Geschichte der Rinderhauptstadt Australiens.

»Come and share our culture« – erfahren Sie im Dreamtime Cultural Centre viel Wissenswertes über die australischen Ureinwohner und ihren Lebensraum.

Mit Didgeridoo und Bumerang

Dreamtime Cultural Centre

Im 12 ha großen indigenen Kulturzentrum, einem der größten des Kontinents, erhält man Einblicke in die Kultur der Aborigines und Torres-Strait-Insulaner. Während der 90-minütigen Führung werden auch Didgeridoos und Bumerangs vorgeführt. Das DCC liegt am Nordrand der Stadt.

Bruce Hwy. | Mo.–Fr. 9–15.30 Uhr | Eintritt: 15,50 AUD
www.dreamtimecentre.com.au

Rund um Rockhampton

Sonne, Sand, Meer

Capricorn Coast

Herrliche Sandstrände bietet die Capricorn-Küste, die sich nördlich von Rockhampton über rund 100 km erstreckt. Besonders reizvoll ist **Yeppoon**, das auch dank vieler Unterkünfte bestens auf Urlauber vorbereitet ist. In **Rosslyn Bay** legen die Fähren nach Great Keppel Island ab. Und vom **Mount Archer Lookout** auf 604 m Höhe hat man den besten Blick auf Rockhampton und in die Umgebung.

Flatterhaft

Capricorn Caves

Rund 25 km nördlich von Rockhampton liegen die Capricorn Caves. Die eindrucksvollen Tropfsteinhöhlen sind die Heimat seltener Fledermäuse. Und es gibt auch eine Kletterwand.

30 Olsen Caves Rd., The Caves | tgl. 9–16 Uhr | Touren: ab 15 AUD
www.capricorncaves.com.au

Zum Ersten, zum Zweiten, zum …

Gracemere

An jedem zweiten und vierten Montag des Monats stehen in Gracemere, wenige Kilometer westlich von Rockhampton, ab 12 Uhr Viehauktionen auf dem Programm. Ein unterhaltsames Spektakel!

Verblasster Glanz

Mount Morgan

Ein 2 km breiter und bis 300 m tiefer, zum Teil mit Wasser gefüllter Krater erinnert am Mount Morgan an die Blütezeit des Bergbaus um 1900, als südwestlich von Rockhampton Gold, Silber und Kupfer im Tagebau gewonnen wurden. Rund zwei Stunden dauert die geführte Tour durch die alte Goldmine, die einst die größte der Welt war. Im Ort ist der alte Bahnhof von 1898 ein schönes Western-Bild wert.

Goldmine: 45 East St. | Führungen nach Voranmeldung
Eintritt: 28 AUD | www.tmctours.com.au

Frühe Airbrush-Kunst

Blackdown Tableland National Park

Der Blackdown Tableland National Park liegt rund 140 km westlich von Rockhampton in der Nähe des Capricorn Highway. Er präsentiert sich schroff mit bis zu 350 m hohen Sandsteinklippen, aber auch mit

ROCKHAMPTON ERLEBEN

CUSTOMER SERVICE CENTRE
232 Bolsover St., Rockhampton
Tel. 07 49 32 90 00
www.rockhamptonregion.qld.gov.au

Wann hat man schon die Gelegenheit, einen Saphir dort zu erwerben, wo er herkommt? Probieren Sie es in **Rubyvale** (https://rubyvalegem gallery.com): Vielleicht ist ein schönes Schmuckstück mit Saphir für Sie dabei. Doch behalten Sie die Reisekasse im Blick: Es gibt nur wenige Stücke unter 1000 AUD.

THE LIONLEIGH €€€
Man wählt sein Wunschsteak, z. B. Sirloin, und die Größe von 200 bis 450 g. Immer jedoch wird das Fleisch über dem offenen Feuer zubereitet!
1 Wandal Rd., Rockhampton
Tel. 07 49 22 34 29
http://thelionleigh.com.au

CRITERION HOTEL €
1889 erbaut, hat das Criterion heute 24 Zimmer, von denen die Heritage Suites am authentischsten eingerichtet sind – und trotzdem kosten sie nur 20 AUD mehr als die Standardzimmer. Mitten in der Stadt, gutes Restaurant.
150 Quay St., Rockhampton
Tel. 07 49 22 12 25
https://thecriterion.com.au

BAYVIEW TOWER €
Wunderbarer Blick von den Balkonen über den breiten Strand und das Meer bis zu den Keppel Islands. Einfache, aber gemütliche Zimmer, kleiner Pool.
4 Adelaide St., Yeppoon
Tel. 07 49 39 45 00
http://bayviewtower.com.au

dichtem Eukalyptuswald, Farnen, seltenen Livistonia-Palmen und Orchideen. Zu sehen sind zudem einige Felszeichnungen bzw. eine frühe Form von Airbrush: Die Künstler hielten ihre Hände an den Felsen und bliesen rote Farbe darauf. 120 Vogelarten zählen Ornithologen, darunter die purpurrot-grün-blauen Gebirgsloris. In die Einsamkeit des Nationalparks zurückgezogen haben sich die bedrohten Kurznagel-Kängurus. Ausblicke über Klippen und Täler bieten sich am **Horseshoe Lookout**. Reisende ohne Allradfahrzeug sollten die Anfahrt über die ungeteerte Straße nur zwischen Mai und Dezember wagen.

Saphire, wie sonst nirgendwo

Emerald

Rote Rubine, blaue und grüne Saphire sowie braune, ockerfarbene und weiße Zirkone werden in den Edelsteinminen zwischen Emerald, Rubyvale und Sapphire gefunden. Gegenwärtig kommt etwa ein Drittel aller Saphire der Welt aus dieser Gegend, die sich gut 250 km westlich von Rockhampton erstreckt.

★ SUNSHINE COAST

Höhe: 0–18 m | **Einwohner:** 295 000

Wer in Australien Noosa Heads sagt, schnalzt mit der Zunge und manche Einheimische meinen sogar: »Noosa ist unser St. Tropez.« Zum Glück nicht! Sonst wären die Restaurantpreise ja noch höher. Aber Flair färbt bekanntlich ab und so gilt die Sunshine Coast nördlich von Brisbane als der eher feine Küstenabschnitt, während die ▶ Gold Coast im Süden die klar trubeligere Gegend ist. Freuen Sie sich auf ruhigen Lifestyle, gepaart mit etwas Noblesse, und schöne weiße Sandstrände mit smaragdgrünem Meer.

Der Blick von oben zeigt: Nicht nur Noosa Heads blieb – im Gegensatz zur Gold Coast – von groben Bausünden verschont. Das macht den 150 km langen Küstenstreifen besonders bei Europäern beliebt. Die weltoffene Einstellung getreu dem Motto »Leben und leben lassen« zieht auch viele Schwule und Lesben an, die Glass House Mountains locken Naturliebhaber an. Ganz ohne Rummel geht es dann aber doch nicht, wie beispielsweise der Top Shots Fun Park in Maroochydore belegt. In manchen (Urlaubs-)Gemeinden wie Caloundra, Mooloolaba, Coolum oder eben Maroochydore weiß man wohl, das »beach« und »sun« unbedingt mit »fun« aufgerüstet werden müssen. Glücklicherweise geht das auch mit Otter, Seelöwe, Robbe, Hai und allem, was so in den Meeren der Welt umherschwimmt und krabbelt – so kann man sich im Sea Life Mooloolaba sogar als Robbentrainer versuchen oder mit Haien tauchen. Oder mit allen möglichen Landtieren, die im Australia Zoo Groß und Klein entzücken.

Lifestyle und Ferienspaß für alle

Wohin an der Sunshine Coast?

Schick und schnittig

★ Noosa Heads

Mick Jagger, Nicole Kidman oder der australische Ex-Tennisstar Patrick Rafter haben sich schon im australischen Saint-Tropez erholt. Hotels mit tropischen Gärten und weitläufigen Pools, manchmal sogar mit einem schnittigen Boot am Steg, schicke Designerboutiquen, edle Lokale und angesagte Cafés, wie in der Hastings Street, locken auch den einen oder anderen Promi an. Hoch im Kurs stehen Segeln, Surfen, Beach-Safaris, Golf, aber auch Kamelreiten, Fahrradtouren und Wandern. Ein absolutes Muss ist die 90-minütige **Noosa Ferry Cruise** zwischen Tewantin, Noosaville und Noosa Heads. Einen weiten Blick über die Küstenlandschaft mit den Stränden des Pazifik und den Wasserstraßen des Noosa River bietet der Laguna Lookout im **Noosa National Park**.

Noosa Ferry Cruise: ab Sofitel Noosa Heads 5-mal tgl. 10–18 Uhr einfache Strecke 17,50 AUD, Fahrt kann unterbrochen werden www.noosaferry.com

Sand und Mangroven

Great Sandy National Park

Bis zu 60 m hohe, goldgelb leuchtende Sandsteinklippen säumen nördlich von Noosa Heads den 50 km langen Sandstrand. Im Norden des Parks, am **Rainbow Beach**, kann man auch nach ▶ **Fraser Island** übersetzen. Im Süden dagegen ein ganz anderes Gesicht: In den **Noosa Everglades** säumen dichte Mangrovenwälder die Flussläufe und schlanke Eukalyptusbäume spiegeln sich im Wasser von **Lake Coorooiba** und **Lake Cootharaba**.

Fähre Rainbow Beach–Hook Point (Fraser Island): tgl. 6–17.15 Uhr regelmäßig | 75 AUD einfach | https://mantarayfraserislandbarge.com.au

Nach dem großen Regen am Laguna Lookout im Noosa National Park.

Australiens Unterwasserwelt

Mooloolaba

Nicht nur Kinder werden das tropische Ozeanarium **Sea Life Sunshine Coast** lieben. Eine seiner größten – oder besser – »längsten« Attraktionen ist der Unterwassertunnel, in dem man durch dicke Glaswände Rochen, Rifffische und mehrere Hai-Arten beobachten kann. Auch ist es möglich, mit Seehunden zu schwimmen und mit Haien zu tauchen. Mooloolaba selbst hat sich in den letzten Jahrzehnten von einem bescheidenen Fischerdorf in einen der quirligsten Urlaubsorte Queenslands mit langem, goldfarbenem Stadtstrand entwickelt.

Parkyn Pde. | tgl. 9–15, Ferien bis 17 Uhr | Eintritt: 40 AUD | www.sealifesunshinecoast.com.au

Nostalgischer Rummel

Palmview

Etwas abseits der Küste liegt der unscheinbare Ort, der allerdings eine australische Institution beheimatet: 30 Fahrgeschäfte aus Aust-

BAEDEKER ÜBERRASCHENDES

6X TYPISCH

Dafür fährt man nach Australien.

1.
PUB FOOD
Eine Straße im Nirgendwo des Outbacks: »Kangaroo, Camel, Emu – all on your plate – 3 km« verkündet das Schild am Straßenrand bei **Parachilna**. Herrliches Pub Food, einfach, deftig, schnörkellos. (▶ **S. 321**)

2.
TIERISCH!
Wer nach Australien fährt, will Kängurus und Koalas sehen, Emus, Wale und Haie ... Und natürlich auch die Damen und Herren im Frack, die Zwergpinguine von **Phillip Island**. (▶ **S. 412**)

3.
GAR NICHT WÜST
Die **Nullarbor Plain** ist mehr als nur Sand, Busch und Fliegen. Viele finden und suchen dort das, was es in Europa so nicht gibt: eine scheinbar endlose Weite, wie sie nur eine Wüste bieten kann. (▶ **S. 448**)

4.
WER SUCHET, DER FINDET
Public Noodling Area heißt der Platz im Outback-Städtchen **Coober Pedy**, an dem man einfach mal probieren kann, wie das so geht mit dem Opalschürfen. Also Schlapphut auf, Sieb in die Hand und die Erde heftig schütteln und sieben! (▶ **S. 313**)

5.
GRENZENLOSE FREIHEIT
Dieser Roadtrip ist unvergesslich: Ob Sie nun Tausende Kilometer der Küste folgen oder »nur« den 240 der **Great Ocean Road** – wenn Sie abends vor Ihrem Wohnmobil sitzen, spüren Sie grenzenlose Freiheit. (▶ **S. 382**)

6.
SURFIN' AUSTRALIA
Surfen lernen in einem Tag? Geht nicht! Aber daran schnuppern, wie es ist, eine Welle zu reiten, ist allemal möglich. Surfschulen gibt es nicht nur in **Noosa** wie Sand am Meer. (▶ **S. 283**)

DIE SUNSHINECOAST ERLEBEN

VISITOR INFORMATION CENTRE
61 Hastings St., Noosa Heads
Tel. 07 54 30 50 00
www.visitsunshinecoast.com.au

Die Noosa Everglades, die weitverzweigten Wasserstraßen des Noosa River, kann man bestens im Mietkanu entdecken, z. B. von **Lake Escapades** (www.lakeescapades.com.au).

RICKYS RIVER BAR & RESTAURANT €€€
Hier isst man mit tollem Blick über die Bucht, besonders wenn man auf der hübschen Veranda sitzt. Es gibt Krebse und Krabben, Austern und Jakobsmuscheln und natürlich Fisch.
2 Quamby Pl., Noosa Heads
Tel. 07 54 47 24 55
www.rickys.com.au

NOOSA VALLEY MANOR €€€
Wer Sich nach einem kuscheligen B & B sehnt, der quartiert sich im Noosa Valley ein: Alle fünf Zimmer sind individuell, aber stets vornehm und auf gehobenem Vier-Sterne-Niveau gestaltet.
115 Wust Rd., Doonan
Tel. 07 54 71 00 88
https://noosavalleymanor.com.au

SOFITEL €€
Schneeweißes modernes Fünf-Sterne-Hotel zum fairen Preis: großer Pool, gutes Restaurant.
14 Hastings St., Noosa Heads
Tel. 07 54 49 48 88
https://sofitel.accorhotels.com

ralien – vom 1927 in Betrieb genommenen Oldtimer-Karussell über ein Riesenrad von 1960 bis zu Redback Rollercoaster, der sich im und gegen den Uhrzeigersinn bei der Fahrt über die Achterbahnstrecke dreht – unterhält der beliebte Vergnügungspark **Aussie World**. Spaßig ist auch die Zeitreise in Professor Bogglesworth's Illusionarium.
73 Frizzo Rd. | tgl. 10–15 Uhr | Eintritt: 38 AUD
www.aussieworld.com.au

Cruisen am Strand

Bribie Island

Die 34 km lange und bis zu 8 km breite Sandinsel ist über eine Brücke mit dem Festland verbunden. Der unbewohnte und bewaldete Norden steht als Nationalpark unter Schutz. Im Park leben Kängurus, Wallabys, Emus, Dingos sowie zahlreiche Reptilien und Schlangen. Ansonsten unterscheidet man zwischen der ruhigen »passage side« zur Küste und der eher stürmischen »surf side« zum offenen Meer, wo sich auch häufig Delfine blicken lassen. Es gibt mehrere Picknick- und Campingplätze, die mit Allradfahrzeugen oder per Boot zu erreichen sind. An einigen Stellen ist es sogar erlaubt, am Strand zu fahren.

Kuppeln aus Felsen und Gestein

Glass House Mountains

Natürlich sind die Hügel im Hinterland der Bribie-Insel nicht aus Glas. Aus einer Ebene mit Zuckerrohrfeldern und weitflächigen Ananasplantagen erheben sich die schroffen, bis zu 555 m hohen Berge. Ihren Namen verdanken sie ihrem Aussehen, das an Schmelzöfen von Glaswerkstätten erinnert. Das meinte zumindest 1770 James Cook und gab ihnen diesen geheimnisvollen Namen. Für die ansässigen Kabi-Aborigines verkörpert dagegen jeder der zwölf Felsen eine Figur ihrer mystischen Traumzeit. Damals, so erzählen die Kabi-Aborigines, waren die 25 Mio. Jahre alten Felsen eine Familie, die sich vor vielen Tausend Jahren zerstritt. Ihr steinernes Antlitz zeugt noch heute davon: Tibrogargan (363 m) blickt weit hinaus aufs Meer, Coonowrin (377 m) lässt seinen Kopf hängen und Mutter Beerwah (555 m) ist noch immer schwer von der Schwangerschaft, denn es dauert lange, einen neuen Berg zu gebären. Die Formgebung der fragilen Riesen vulkanischen Ursprungs ist freilich der Erosion zu verdanken, was man von diversen Aussichtspunkten bestens sehen kann. Das Gebiet hat Nationalpark-Status, trotzdem gibt es auch Möglichkeiten zum Klettern und Abseilen.

Ein tierischer Spaß

Australia Zoo

Zugegeben, vor allem in Ferienzeiten mag der Trubel in einer der größten Touristenattraktionen von Queensland manchem zu viel sein. Dafür sind es die tierischen Bewohner dieses Zoos nahe Beerwah gewohnt, dass ihnen die menschlichen Besucher auf die Pelle rücken. So kann man sogar Kängurus und Koalas füttern. Berühmt ist der Park, das Vermächtnis des australischen Abenteurers und Tierfilmers Steve Irwin (1962–2006), auch wegen seines Crocoseums.

1638 Steve Irwin Way | tgl. 9–17 Uhr | Eintritt: 59 AUD
www.australiazoo.com.au

★ TOWNSVILLE

Höhe: 0–286 m | **Einwohner:** 190 000

Wenn irgendwo Gold entdeckt wird, ist die Entwicklung selten aufzuhalten: Es werden Häuser gebaut, eine Schule, eine Kirche, später auch ein Gefängnis. So war es auch mit Townsville, als im Hinterland 1867 Gold gefunden wurde.

Aus dem Nichts kamen 1148 Frauen und 1527 Männer, so eine Zählung nur wenig später. Heute ist die größte Stadt der australischen Tropen Ausgangspunkt für Boottrips zum Great Barrier Reef und Tagestouren zu den alten Goldgräberstädten im Outback. Ansonsten aber ist in Townsville Gold längst gleichbedeutend mit vergangenen Zeiten. Das Townsville des 21. Jh.s hat einen gut funktionierenden Hafen, von dem Erze aus Mount Isa und Cloncurry sowie Rindfleisch und Wolle der Western Plains verschifft werden. Man setzt aber auch auf Bildung – etwa mit der James Cook University, Laboratorien und weiteren Forschungseinrichtungen – und verfügt über das größte lebende Korallenaquarium der Welt.

Stadt im Wandel

Wohin in Townsville?

Im Reich der Fußgänger

Flinders Street Mall

Haupteinkaufsmeile ist die Fußgängerzone Flinders Street Mall. Sogar am Sonntag herrscht noch Betrieb: Dann wird auf dem **Cotters Market** Kunst und Trödel angeboten. Weitere schöne Geschäfte finden sich in der 500 m entfernten, parallel verlaufenden **Gregory Street**.

Das Mega-Aquarium

★ Reef HQ

Begleitet von sphärischer Musik schreitet man in einem Tunnel durch den rund 750 000 l großen Meerwassertank, in dem Ebbe und Flut simuliert werden können. Muränen und Mantarochen, Haie und Riesenschwärme bunter Rifffische zeigen sich ganz nah. Mehr als 400

TOWNSVILLE ERLEBEN

VISITOR INFORMATION CENTRE

1 Flinders St., Tel. 07 47 21 36 60
www.townsvillenorthqueensland.com.au

Täglich fahren Ausflugsschiffe, Glasboden- und Tauchboote von Townsville ans Great Barrier Reef. Eine ganz besondere Tour führt zum 1911 gesunkenen, 109 m langen und rund 20 m tief liegenden **Wrack der »Yongala«** (www.liveaboard.com).

THE PIER €€

Köstliche Fische und Meeresfrüchte sowie Blick auf die Marina und Castle Hill dahinter. Probieren Sie die Crab and Barramundi Canneloni.
2 Sir Leslie Thiess Dr.
Tel. 07 47 21 25 67, https://pierrestaurantandbar.com.au

CLASSIQUE €€

Das sehr stilvoll-nostalgische B & B residiert in einem originalen Queenslander-Haus von 1890.
495 Sturt St., Tel. 04 07 69 97 48
www.classiquebnb.com.au

Blick ins größte Korallenriff-Aquarium der Welt: Was schwimmt denn da?

verschiedene Arten leben in dem 40 m langen und 7 m tiefen Becken. Die sensiblen Korallen benötigen, wie draußen am Riff, ein exaktes Gleichgewicht aus Salz, Temperatur, Sonneneinstrahlung und Nährstoffen. Im **Hot Tropics Tank** lassen sich Steinfische, Seeschlangen und Skorpione beobachten. In der **Light Zone** erfährt man, wie die Meeresbewohner ihre Farben zum Überleben nutzen. Für die Kleinen bietet das Streichelbecken die Möglichkeit, Seesterne und Muscheln zu berühren. Und verletzte Meeresschildkröten werden im **Turtle Hospital** gesund gepflegt. Wer gern mal einen Blick aufs Great Barrier Reef werfen möchte, die Überfahrt mit dem Boot aber scheut, sollte sich das HQ nicht entgehen lassen.

2 Flinders St. | tgl. 9.30–17 Uhr | Eintritt: 28 AUD | www.reefhq.com.au

»Bounty« und »Pandora«

Museum of Tropical Queensland

Die »Meuterei auf der Bounty« (1962) mit Marlon Brando alias Christian Fletcher ist ein Hollywood-Klassiker. In diesem Museum wird die Geschichte, die der Film erzählt, wieder lebendig. Zu sehen ist der Nachbau der **»Pandora«**: Das Schiff war 1790 aufgebrochen, um die Meuterer der berühmten »Bounty« in der Südsee aufzuspüren und sie vor ein britisches Gericht zu stellen. 14 Meuterer wurden auf Tahiti gefangen genommen, doch auf dem Rückweg sank die Fregatte am Great Barrier Reef. Dabei starben neben den angeketteten Gefangenen auch 31 Mitglieder der Crew.

70 Flinders St. | tgl. 9.30–17 Uhr | Eintritt: 15 AUD
www.mtq.qm.qld.gov.au

Kunsthandwerk, Tand und Street Food

The Strand

Tagsüber ist die Grünanlage mit Blick aufs Meer und Magnetic Island fest in der Hand der Jogger und Familien, die am 2,5 km langen Sandstrand oder im kostenlosen Water Park entspannen. Am ersten Freitag im Monat verwandelt sich The Strand in einen quirligen und farbenfrohen Nachtmarkt.

Bester Blick

Castle Hill

Eine kurvige Straße führt auf den 286 m hohen Castle Hill mit zwei Aussichtsplattformen. Genießen Sie den Fernblick über die Stadt und den mäandernden Ross Creek bis nach Magnetic Island und zählen Sie die vielfältigen Blautöne des Great Barrier Reef.

Rund um Townsville

Halt mal das Krokodil

Billabong Sanctuary

Koalas, Kängurus, Kasuare, Krokodile, Wombats und Dingos zwischen alten Eukalyptusbäumen, üppigem Regenwald und tropischem Sumpfland: So präsentiert sich das 15 km südlich liegende Billabong-Schutzgebiet. Ohne Extrakosten: Koalas, Wombats und Baby-Krokodile darf man sogar mal in die Hand nehmen, Schildkröten und Kasuare füttern.
Bruce Hwy./Muntalunga Dr. | tgl. 8–17 Uhr | Eintritt: 37 AUD
www.billabongsanctuary.com.au

Aus Gold mach Geld

Charters Towers

Lebendiges Zeugnis aus Queenslands goldener Zeit ist die alte Goldgräberstadt Charters Tower, 135 km südwestlich von Townsville. 1872 bis 1916 wurde dort reichlich Gold gefördert. Ort und Gebäude zeugen bis heute vom Reichtum der Stadt, deren Bevölkerung in Hochzeiten 30 000 Einwohner besaß (heute leben noch 8000 Menschen hier). Der **Ghosts of Gold Heritage Trail** führt zu den wichtigsten Sehenswürdigkeiten, wie der 1888 erbauten Stock Exchange Arcade, wo während des Goldrausches Geld gemacht wurde. In die Vergangenheit entführen auch das **Zara Clark Museum** und das 1895 an der Ecke High/Hodgkinson Street erbaute **Ay Ot Look-out House**, in dem die Hausherrin Tee mit Scones auf der Terrasse serviert. Vom 420 m hohen **Towers Hill Lookout** hat man einen guten Fernblick über Stadt und Ebene.
In dieser liegt 5 km weiter die 1872 erbaute, letzte funktionierende Gesteinsmühle Australiens, in der noch bis 1972 Gold gewonnen wurde.
Zara Clark Museum: 36 Mosman St. | tgl. 10–14 Uhr | Eintritt: 5 AUD
www.visitcharterstowers.com.au/zara-clark-museum

SOUTH AUSTRALIA

Kürzel: SA | **Fläche:** 983 480 km² | **Hauptstadt:** Adelaide
Einwohner: 1,7 Mio. | **Symboltier:** Wombat | **Symbolpflanze:** Sturt's Desert Pea

Beim Griff in die Weinregale mit Tropfen vom fünften Kontinent wird man bei jeder zweiten Flasche auf südaustralische Erzeugnisse treffen. Deshalb wird Südaustralien oft mit fruchtbaren Böden gleichgesetzt und nicht mit Wüsten und Outback. Tatsächlich nimmt dieses Duo aber rund 80 % der knapp 1 Mio. km² großen Fläche von South Australia ein – und auf der lebt nicht einmal 1 % der Bevölkerung des südlichen Bundesstaats!

Wüste, Wein und weiter Himmel

Reinstes Outback-Abenteuer versprechen die hitzeflirrenden Steinwüsten im Nordwesten des Bundesstaats. Auf die Wüstenebenen mit teils unter dem Meeresspiegel liegenden Salzseen folgen steile Küstenklippen im Süden und fruchtbares Land, auf dem Obst und Gemüse gedeihen und Rinder und Schafe grasen. Doch es gibt auch Gebiete, die reich an Bodenschätzen sind, darunter Opale, Gold und Silber. Der Murray River schlängelt sich über 640 km durchs Land und die Hauptstadt Adelaide gibt sich gerne mit ihrem Kulturangebot einen feinen Anstrich. Mehr als drei Viertel der Südaustralier leben in und rund um die Metropole. Neben der Millionenstadt gibt es keine weiteren Großstädte – allenfalls Städtchen: Whyalla und Mount Gambier sind mit rund 20 000 Einwohnern noch die größeren.

ACT = Australian Capital Territory (Territorium der australischen Hauptstadt)

SOUTH AUSTRALIA

Ein Novum in South Australia sind die Quarantäne-Stationen an den Grenzen: Jedes Auto wird angehalten und kontrolliert sowie alles Obst und Gemüse – entschieden, aber freundlich – konfisziert, um den Staat obstfliegenfrei zu halten. Die Einwohner Südaustraliens legen wert darauf, dass ihr Staat nicht durch Sträflinge, sondern als einzige Region Australiens durch freie Siedler erschlossen wurde.

★ ADELAIDE

Höhe: 43 m | **Einwohner:** 1,3 Mio.

Adelaide mischt die geschäftige Betriebsamkeit Melbournes mit einem entspannten kulturellen Angebot, das sich mit Sydney messen will. Das moderne Festival Centre erinnert mit seinem Zeltdach nicht nur zufällig ein wenig an Sydneys Opernhaus. Stolz trägt die Hauptstadt Südaustraliens auch den Beinamen Festival City. Sie hat zwar nur einen kleinen Stadtkern, zählt aber trotzdem mehr als 1 Mio. Einwohner. Benannt ist sie übrigens nach der in Thüringen geborenen britischen Königin Adelaide.

Die kleine Großstadt

Dass Adelaides rechtwinklig angelegte Innenstadt so überschaubar ist, verdankt sie Colonel William Light. Vier Jahre hatte er bis 1836 an seinem Entwurf mit breiten Boulevards und großzügigen Parkanlagen gearbeitet. Der Parkring umschließt das alte Stadtzentrum, das im 21. Jh. der Finanz- und Geschäftsdistrikt ist. Der Park selbst ist bis zu 600 m breit und bietet heute Sportplätze, Spazier- und Fahrradwege, Grillanlagen sowie weitere Freizeiteinrichtungen. Das Zentrum selbst ist klein. Größe erlangt die Stadt durch etwa 250 Orte, die zum städtischen Bereich gezählt werden. Angesichts dieser Konstellation ist Adelaides Innenstadt gut zu Fuß zu erkunden. Der Besucher kann aber auch die Straßenbahn zwischen North und South Terrace sowie den Rundkurs des City-Loop-Bus kostenfrei nutzen.

Wohin in Adelaide?

Zu Recht stolz

Montefiore Hill

Das schönste Panorama – und zudem eine wunderbare Möglichkeit, einen ersten Eindruck von der Stadt zu gewinnen – bietet der Montefiore Hill nördlich des Zentrums. Gekrönt wird der Hügel von einer Statue des Stadtgründers **William Light**, der stolz auf sein architektonisches Werk zu blicken scheint.

Ein bisschen Sydney

★ Festival Centre

Es ist schneeweiß und hat einen Hauch der Sydney Opera, umfasst – wie Sydney – mehrere Theater mit bis zu 2000 Plätzen und ist Schauplatz des landesweit bekannten **Festival of Arts** mit Oper, Ballett und Ausstellungen. Das Festival Centre, dessen Plaza der Stuttgarter Bildhauer Otto Herbert Hajek gestaltete, ist das kulturelle Zentrum der Stadt. Auch Rock- und Jazzevents werden dort veranstaltet.

King-William St. | Karten Mo.–Fr. 9–18 Uhr oder unter www.adelaidefestivalcentre.com.au

Die Prachtstraße

★ North Terrace

Im alten viktorianischen **Stadtbahnhof**, im westlichen Teil der Prachtstraße, versucht man sein Glück im prunkvollen **Casino**. Gegenüber erhebt sich die **Holy Trinity Church**, die älteste anglikanische Kirche Südaustraliens von 1838. Ab 1855 tagte das südaustralische Parlament im **Old Parliament House**, heute das State History Centre. Weil das Geld für das benachbarte heutige **Parliament House** immer wieder knapp wurde, zogen sich die Bauarbeiten über 60 Jahre bis 1939 hin. Gegenüber erinnert das **South African War Memorial** an die gefallenen Soldaten Südaustraliens während des Burenkriegs (1899–1902) in Südafrika. Im angrenzenden **Government House** residiert der Gouverneur Südaustraliens.
Eine einzigartige Ausstellung von Werkzeugen, Waffen und Kunst der australischen Ureinwohner und zur Natur des fünften Kontinents zeigt das **South Australian Museum**. Nebenan findet man in der Art Gallery of South Australia eine der wichtigsten Kunstgalerien des Landes mit 45 000 Werken der australischen Kunst. Hinzu kommen Exponate aus Europa und dem asiatischen Raum. Östlich erstreckt sich der Campus der **University von Adelaide**. Ganz gegen die damaligen Gepflogenheiten waren dort bereits kurz nach der Gründung 1874 auch Frauen zugelassen. Schmuckstück der klassizistischen Regency-Ära ist das **Ayers House**, die ehemalige Residenz von Henry Ayers. Ein Museum erinnert an den Politiker, der 1857–1897 insgesamt siebenmal Premier Südaustraliens war. Nach ihm wurde der Ayers Rock, heute Uluru, benannt.

Parliament House: Besuchergalerie Mo.–Fr. 14–16 Uhr, Führungen an sitzungsfreien Tagen um 10 u. 14 Uhr | Eintritt: frei www.parliament.sa.gov.au
Australian Museum: tgl. 10–17 Uhr | Eintritt: frei www.samuseum.sa.gov.au
Art Gallery: tgl. 10–17 Uhr | Eintritt: frei www.artgallery.sa.gov.au
Ayers House: Di.–So. 10–16 Uhr | Eintritt: 10 AUD www.ayershousemuseum.org.au

Adelaides Architektur beeindruckt – z. B. am Victoria Square, wo viktorianische Bauwerke auf moderne Wolkenkratzer treffen.

★ Botanic Gardens

Größtes Gewächshaus des Südens

Einen hübschen Kontrast zum modernen Bicentennial Conservatory bildet das viktorianische Palmenhaus von 1875 des bereits 1855 angelegten Botanischen Gartens. Es ist das größte Gewächshaus der Südhalbkugel. Der Park erstreckt sich nördlich der North Terrace, zwischen Frome Road und Hackney Road.

Botanic Gardens: Rundle Park | Mo.–Fr. 7.15–Sonnenuntergang, Sa.–So. ab 9 Uhr | Eintritt: frei | www.botanicgardens.sa.gov.au

Adelaide Zoo

Zwei Panda-Stars

Nordwärts schließt sich an den Botanischen Garten der Adelaide Zoo an, der vor allem die Tierwelt Australiens präsentiert. Stars unter den 2500 Tieren aus 250 Arten sind aber die beiden Großpandas Wang-Wang und Funi.

Adelaide Zoo: Frome Rd. | tgl. 9.30–17 Uhr | Eintritt: 51 AUD
www.adelaidezoo.com.au

Rundle Mall

Kurze Fußgängerzone

In der 1976 als erste Fußgängerzone des Kontinents eröffneten Rundle Mall drängen sich auf knapp 500 m mehr als 700 Geschäfte und 15 Passagen – die schönste ist die nostalgische Adelaide Arcade von 1885.

Town Hall

Die rote Laterne

Südlich davon, in der King William Street, steht die Town Hall. Adelaides Rathaus wurde 1863 nach Plänen von William Wright im Stil der italienischen Renaissance mit einem 44 m hohen Uhrturm erbaut. Gegenüber fällt der Blick auf das General Post Office. Früher signalisierte dort tagsüber eine Flagge und nachts eine rote Laterne die Ankunft von Post aus England. Im Grün des weiten **Victoria Square** grüßt eine Statue seiner Namensgeberin, Königin Victoria, neben einer hübschen Brunnenanlage.

Migration Museum and Artlab

Südaustralische Zeitreise

Wer sich für die Geschichte des Einwandererstaats Südaustralien von den Anfängen bis heute interessiert, ist in diesem Museum richtig. Im benachbarten **Artlab** werden historische Exponate restauriert.

82 Kintore Av. | tgl. 10–17 Uhr | Eintritt: frei
https://migration.history.sa.gov.au

Central Market

Süße Frösche

Seit 1869 werden an den rund 80 Ständen des Central Market frisches Obst und Gemüse, Käse, Fleisch und Fisch angeboten. In der Markthalle gibt es auch den berühmten Frog Cake, den die Bäckerei Balfours 1922 erfand: ein Miniküchlein (Petit Four) aus Creme und Biskuitteig, überzogen mit grünem Zuckerguss – und natürlich in der

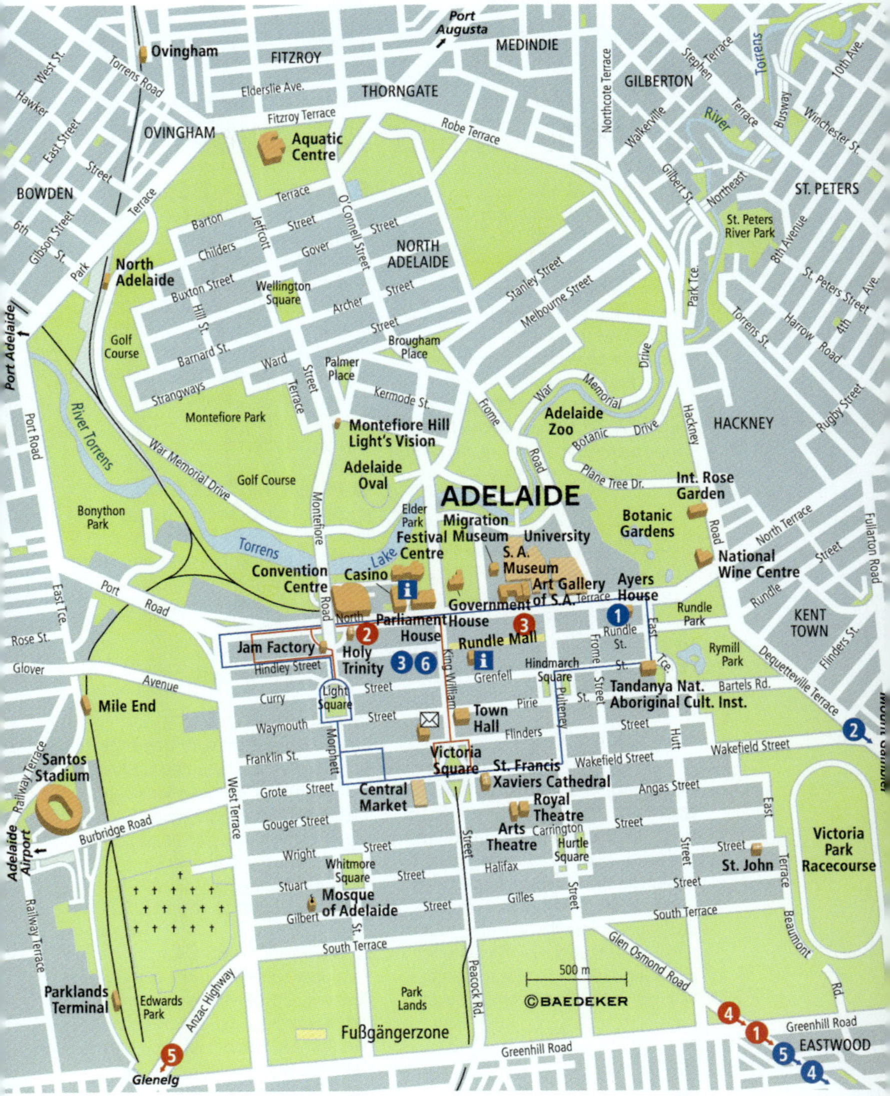

Restaurants

1. Ayers House
2. Magill Estate
3. Peel Street
4. The Summit
5. German Arms
6. The Original Pancake Kitchen

Hotels

1. The Stirling
2. Oaks Embassy
3. Richmond
4. Oak Tree Cottages
5. Beach Hostel

City Loop (kostenlos)
City Tram (kostenlos)

ADELAIDE ERLEBEN

VISITOR INFORMATION CENTRE
James Pl./Rundle Mall, Adelaide
Tel. 13 00 58 81 40
www.cityofadelaide.com.au

Adelaide stellt seinen Besuchern Kostenlose Citybikes zur Verfügung (www.bikesa.asn.au/adelaidefree bikes). Eisenbahnfans besteigen den alten Dampfzug nach Port Augusta, die nostalgische **Pichi-Richi-Bahn** (www.pichirichirailway.org.au).

Topevents sind das **Adelaide Fringe** mit buntem Kulturprogramm Ende Februar (www.adelaidefringe.com.au) und das spektakuläre **Adelaide Festival of Arts**, das im März zu Konzerten, Oper, Kabarett und Film einlädt (www.adelaidefestival.com.au).

Haupteinkaufsstraße ist die **Rundle Mall** (► S. 296), Beliebtheit erfreut sich auch **Marion Shoppingtown** in der Sturt Road. Am Sonntag lockt der **Adelaide Sunday Market** im alten Gebäude der Adelaide Market Company an der East Terrace mit Trödel und Straßenkunst. Galerien und schicke Boutiquen finden Sie auch entlang der **Jetty Road** von Glenelg.

❶ AYERS HOUSE €€€€
Das elegante Restaurant präsentiert seine Gourmetküche in den Räumen eines 160 Jahre alten Anwesens.
288 North Terrace, Adelaide
Tel. 08 82 23 12 34
www.ayershouse.com

❷ MAGILL ESTATE €€€€
Penfolds Tropfen gehören zu Australiens Spitzenweinen und das Restaurant des Weinguts am Stadtrand von Adelaide wurde zum besten von South Australia erkoren. Ein 90-minütiges bis dreistündiges Verkostungsmenü kostet 100 bis 190 AUD, mit passendem Wein 110 bis 350 AUD.
78 Penfold Rd., Magill
Tel. 08 83 01 55 51
www.magillestate.com

❸ PEEL STREET €€€
Im Zentrum von Adelaides Ausgehmeile im West End wartet das Peel Street, ein cooler Mix aus Café, Bistro und Weinbar, mit einer modernen australisch-asiatischen Küche auf.
9 Peel St, Adelaide
Tel. 08 82 31 88 87
www.peelst.com.au/

❹ THE SUMMIT €€
Das Restaurant mit dem Überblick auf 710 m Höhe: Kommen Sie zum Dinner am Freitag- oder Samstagabend mit Sunset Platters und Wein. Die restlichen Tage gibt es nur Lunch.
1 Mount Lofty Summit Rd.
Crafers, Tel. 08 83 39 26 00
www.mountloftysummit.com

❺ GERMAN ARMS €€
Riesenportionen mit Schweinebraten, Kassler und Bratwürsten, natürlich mit Sauerkraut, und 24 Sorten Bier, darunter Münchner Hofbräu. Und das Riesenschnitzel wiegt 600 g ... Das Wirtshaus wurde 1839 gegründet und hat Kamin, Terrasse und viele asiatische Gäste, für die Hahndorf wie eine Art Themenpark ist.

69 Main St., Hahndorf
Tel. 08 83 88 70 13
www.germanarmshotel.com.au

❻ THE ORIGINAL PANCAKE KITCHEN €
Rund um die Uhr gibt es leckere Pfannkuchen in allen Variationen und ein paar andere Kleinigkeiten. Perfekt für den (sehr) späten Hunger.
13 Gilbert Pl., Adelaide
Tel. 08 82 11 79 12
http://theoriginalpancakekitchen.com.au

❶ THE STIRLING €€€
Luxuriös, ein bisschen schrill und auf dem Land in den Adelaide Hills gelegen. Es gibt nur fünf Zimmer, teilweise mit eigenem Kamin.
52 Mount Baker Rd., Stirling
Tel. 08 83 39 23 45
www.stirlinghotel.com.au

❷ OAKS EMBASSY €€
Modern und stylish, vier Sterne, Pool, Spa, ein gutes Restaurant und eine Toplage – hier gibt es viel Unterkunft für einen fairen Preis.
96 North Terrace, Adelaide
Tel. 08 81 24 99 00, www.oakshotels.com/en/oaks-embassy

❸ RICHMOND €€
Ein gutes Preis-Leistungs-Verhältnis hat auch dieses moderne und zentral gelegene Vier-Sterne-Haus mit originellem Restaurant.
128 Rundle Mall, Adelaide
Tel. 08 82 15 44 44
www.hotelrichmond.com.au

❹ OAK TREE COTTAGES €€
Die sechs nagelneuen Bungalows mitten in Hahndorf sind hübsch eingerichtet. Für Selbstversorger praktisch: Jedes hat eine Küche.
47 Main St., Hahndorf
Tel. 08 70 70 00 73
www.oaktreecottages.com.au

❺ BEACH HOSTEL €
»Beach, bed, bar«: Das Motto sagt fast alles. Nicht aber, dass die einfachen Unterkünfte mit Gemeinschaftsbad in einer wunderbaren Häuserzeile von 1879 untergebracht sind – nur einen Block vom Strand entfernt.
1 Moseley St., Glenelg
Tel. 08 83 76 00 07
www.glenelgbeachhostel.com.au

Form eines quakenden Froschs. Heutzutage schmeckt er auch in Weiß oder grellem Pink – und leuchtend rot zu Weihnachten.
44 Gouger St. | Di. 7–17.30, Mi.–Do. 9–17.30, Fr. 7–21, Sa. 7–15 Uhr
http://adelaidecentralmarket.com.au

Rund um Adelaide

Mit der Tram zum Meer

★ Glenelg

Den am nächsten zur City gelegenen Sandstrand besitzt der Vorort Glenelg am vor St. Vincent Gulf. Man kann mit der Tram direkt bis Glenelg ans Meer fahren. Vor Glenelg landete die erste Gruppe freier Siedler. Im **Old Gum Tree** an der Mac Farlane Street wurde 1836 die Unabhängigkeit Südaustraliens proklamiert. Der erste Pier (Jetty) kam 23 Jahre später und war stattliche 381 m lang! Der Jetzige von 1969 hat »nur« noch 215 m.

Alles im Blick! Rettungsschwimmer bewachen den Strand von Glenelg, an dem wie in ganz Australien gilt: »Swim between the Flags« – zwischen den Flaggen schwimmen!

★ Fleurieu Peninsula

Superfeine Strände

Dank herrlicher Bade und Surfstrände ist die Halbinsel 50 km südlich von Adelaide ein beliebtes Urlaubsziel. Kurz nach Glenelg wartet **Christies Beach** auf Schnorchler. Das **Whitton Buff Reef** grenzt an den Strand an. Die roten Sandsteinklippen von **South Port Beach** machen ihn zum meist fotografierten Strand an der Küste. Am **Moana Beach** sind Surfanfänger gut aufgehoben und der Caravan Park hat direkten Strandzugang. Es folgt der 3 km lange **Maslin Beach**, der als erster australischer Strand mit FKK-Bereich ausgewiesen wurde. Eine Sensation im sonst doch prüden Australien. Gen Süden folgt der **Aldinga Beach**, wo man in den Rock Pools auch bei Ebbe baden kann. Freitagabends gibt's im Sommer Party mit Musik, Essensständen und verlängerten Öffnungszeiten der Läden. Am **Sealicks Beach** nutzen Wind- und Kitesurfer die starke Brise. Die besten Chancen zur Walbeobachtung hat man von Juni bis Oktober auf Höhe von **Victor Harbour**. Wahrzeichen des Seebads ist die Horse Drawn Tram: eine zweistöckige Pferdestraßenbahn.

Wo die Welt noch in Ordnung ist … und der Wein

★ Adelaide Hills

Im Hinterland ist's dann vorbei mit Großstadt: Nur wenige Kilometer östlich von dieser beginnt die liebliche Hügellandschaft der Adelaide Hills. Man kann auch sagen, es beginnt die »countryside«: alles sehr konservativ, betulich und beschaulich, altmodisch und auf jeden Fall brav. Man hat den Eindruck: Da ist die Welt noch in Ordnung. Vor den Bauernhöfen weisen handgeschriebene Tafeln auf frische landwirtschaftliche Produkte hin: Eier von freilaufenden Hühnern, Kartoffeln aus neuer Ernte, saftige Äpfel … Pferde spielen wild in ihren Koppeln, Schafe und Kühe grasen träge auf sattgrünen Weiden. Und die Menschen tragen Kleidung nach Art des berühmten britischen »bad taste«: Es fällt ihnen nicht auf. Man bleibt ja weitgehend unter sich. Lebt sein Leben. So wie es immer war. Vorbei an Weinbergen und ihren Dörfern führt der **Classic Country Drive**. Seit den 1990er-Jahren werden hier erstklassige Weine gekeltert, vor allem Chardonnay, Sauvignon blanc und Pinot noir. Rund 50 Weingüter haben offene Türen für Gäste und bieten Weinproben an.

Zwölf sprechen noch deutsch

★ Hahndorf

Ende 1838 ließen sich 188 ostpreußische Lutheraner in den Adelaide Hills nieder. Zum Dank an Kapitän Hahn, der sie mit der »Zebra« sicher von Hamburg nach Australien gebracht hatte, nannten sie ihre Siedlung Hahndorf. An der Main Street, der Hauptstraße des Bilderbuchdörfchens (1800 Einw.), das seit 1988 unter Denkmalschutz steht, spielt sich das ganze Dorfleben ab. Und dort ist auch Haus für Haus aufgereiht: Siedler-Cottages aus gelben Sandsteinblöcken, kleine Läden und Cafés, die Schwarzwälder Kirschtorte und Apfelstrudel anbieten. Im **German Village Shop** mit Bayerischer-Volksmusik-Beschallung werden Kuckucksuhren und Trachten an asiatische Touristen verkauft. »Deutsch spricht nur noch meine Mutter«, sagt der Verkäufer – und (derzeit) noch weitere elf Hahndorfer, meist mit Aussie-Akzent. Heimwehkranke finden eine altdeutsche Metzgerei und bayerische Gemütlichkeit im **German Arms Hotel** von 1839. Zu Weihnachten gibt's einen Christkindlesmarkt. Mitte des 19. Jh.s entstanden die **Old Mill**, die **Michaeliskirche** und das **Hahndorf Inn**. Bekannt wurde Hahndorf durch den Hamburger Maler Hans Heysen (1877–1968), der ab 1883 in Australien lebte. Seine Werke zeigt die **Hahndorf Academy**, der ein **German Migration Museum** angeschlossen ist. Auch im ehemaligen Wohnhaus und Atelier **The Cedars** kann man einige seiner Gemälde anschauen.

Hahndorf Academy u. German Migration Museum: 68 Main St.
tgl. 10–17 Uhr | Eintritt: frei | www.hahndorfacademy.org.au
The Cedars: 1 Heysen Rd. | Di.–So. 10–16.30 Uhr | Eintritt: 15 AUD
www.hansheysen.com.au

Koalas knuddeln

Cleland Wildlife Park

Zwischen Hahndorf und Adelaide tummeln sich auf halber Höhe Kängurus, Emus und Wombats, aber auch Schmetterlinge und Krokodile. Wer schon immer mal einen Koala streicheln wollte – dort ist es möglich. Vom nahen **Mount Lofty** mit stattlichen 710 m Höhe hat man einen prima Blick auf die Skyline von Adelaide und die Adelaide Hills.

Wildpark: 365 Mount Lofty Summit Rd., Crafers | tgl. 9.30–17 Uhr
Eintritt: 26 AUD | www.clelandwildlifepark.sa.gov.au

400 Oldtimer

Birdwood

In dem kleinen Örtchen nördlich von Hahndorf dokumentiert das **National Motor Museum** mit einer 400 Exponate umfassenden Oldtimer-, Laster- und Motorrad-Sammlung die Geschichte der Mobilität. Höhepunkte des Veranstaltungskalenders ist das Veteranenrennen **Bay to Birdwood Car Rally** über 70 km im Sept.

Museum: 1 Shannon St. | tgl. 10–17 Uhr | Eintritt: 15 AUD
https://motor.history.sa.gov.au

Die Tierwelt des Südens

Belair National Park

Das 1891 gegründete Belair-Naturschutzgebiet, Südaustraliens ältester Nationalpark, bietet südlich des Cleland Wildlife Park Kängurus, Emus, Kookaburras, Lorikeets und Rosella-Plattschweifsittichen ein naturbelassenes Zuhause. Auf dem Gelände befindet sich das **Old Government House**, das bis 1880 Sommerresidenz des Gouverneurs von South Australia war.

Adelaides Tor zur Welt

Port Adelaide

Am Hafen 14 km nördlich der City zeugen Bauten des 19. Jh.s vom einstigen Wohlstand. In die ehemaligen Lagerhäuser der **Fisherman's Wharf** sind kleine Restaurants und Boutiquen eingezogen. Das historische feuerrote **Lighthouse** von 1869 weist den Weg zum South Australian Maritime Museum.

Museum: 119 Lipson St. | tgl. 10–17 Uhr | Eintritt: 15 AUD
https://maritime.history.sa.gov.au

Im Kupferdreieck

Yorke Peninsula

Auf der stiefelförmigen Halbinsel westlich von Adelaide zeugen zahlreiche Relikte von der Kupferära um 1900. Besonders im Dreieck zwischen Kadina, Moonta und Wallaroo entdeckte man reiche Kupfervorkommen. An der Südspitze laden die weißsandigen Strände **Dolphin, Shell und Brown Beach** zum Baden ein. Surfer treffen sich in der Pondalowie Bay. Am Ethel Beach rostet das Wrack des 1904 gestrandeten Frachters »Ethel«. Den **Innes National Park** prägen Heidevegetation, Salzseen, Steilküsten und Sanddünen.

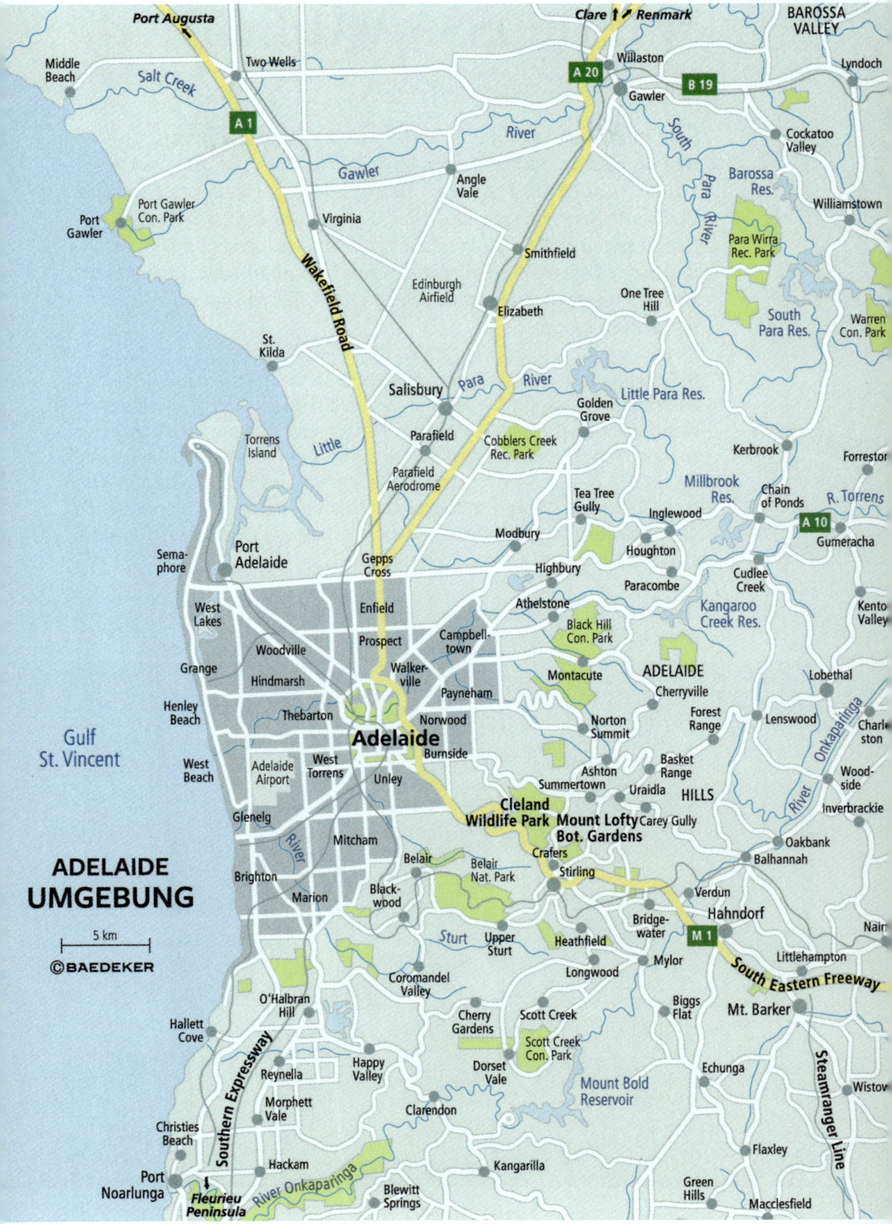
ADELAIDE
UMGEBUNG
5 km
©BAEDEKER
Port Augusta
Clare
Renmark
BAROSSA
VALLEY
Middle
Beach
Salt Creek
Two Wells
A 1
A 20
Willaston
B 19
Gawler
Lyndoch
River
Gawler
South
Para
River
Cockatoo
Valley
Barossa
Res.
Angle
Vale
Williamstown
Port
Gawler
Port Gawler
Con. Park
Virginia
Para Wirra
Rec. Park
Smithfield
Wakefield Road
Edinburgh
Airfield
Elizabeth
One Tree
Hill
South
Para Res.
Warren
Con. Park
St.
Kilda
Salisbury
Para
River
Golden
Grove
Little Para Res.
Torrens
Island
Little
Parafield
Cobblers Creek
Rec. Park
Kerbrook
Parafield
Aerodrome
Millbrook
Res.
Chain
of Ponds
R. Torrens
Tea Tree
Gully
Inglewood
A 10
Gumeracha
Modbury
Sema-
phore
Port
Adelaide
Gepps
Cross
Houghton
Highbury
Paracombe
Cudlee
Creek
West
Lakes
Enfield
Athelstone
Kangaroo
Creek Res.
Black Hill
Con. Park
Prospect
Campbell-
town
Woodville
Grange
Walker-
ville
Montacute
ADELAIDE
Lobethal
Hindmarsh
Payneham
Cherryville
Henley
Beach
Thebarton
Norwood
Norton
Summit
Forest
Range
Lenswood
Onkaparinga
Gulf
St. Vincent
Adelaide
Burnside
West
Beach
Adelaide
Airport
West
Torrens
Unley
Ashton
Basket
Range
Summertown
Uraidla
HILLS
River
Cleland
Wildlife Park
Mount Lofty
Bot. Gardens
Carey Gully
Inverbrackie
Glenelg
River
Mitcham
Oakbank
Crafers
Balhannah
Belair
Belair
Nat. Park
Stirling
Brighton
Black-
wood
Verdun
Marion
Bridge-
water
Hahndorf
Sturt
Upper
Sturt
Heathfield
M 1
Littlehampton
Mylor
Longwood
South Eastern Freeway
Coromandel
Valley
O'Halbran
Hill
Biggs
Flat
Mt. Barker
Cherry
Gardens
Scott Creek
Hallett
Cove
Scott Creek
Con. Park
Southern Expressway
Happy
Valley
Reynella
Dorset
Vale
Echunga
Mount Bold
Reservoir
Steamranger Line
Morphett
Vale
Clarendon
Christies
Beach
Flaxley
Hackam
Kangarilla
Port
Noarlunga
Fleurieu
Peninsula
River Onkaparinga
Blewitt
Springs
Green
Hills
Macclesfield

★ BAROSSA VALLEY

Höhe: 250–350 m | **Einwohner:** 21 000

Sagt man Barossa Valley, denkt man an Wein: an herrlich tiefrote Shiraz, Merlots oder Grenaches. Doch das Barossa Valley ist auch ein Fleckchen Deutschland am anderen Ende der Welt: mit Bratwürsten und Bier, Schwarzbrot und Schinken, Fachwerk und uriger Gemütlichkeit. Die historischen Dörfer mit ihren Feinschmeckerrestaurants sind aber auch dann einen Umweg wert, wenn man auf deutsche Folklore Down Under verzichten kann.

Australiens Weinbaugebiet Nr. 1

400 Weingüter produzieren auf 13 000 ha Rebfläche rund 50 % der australischen Weine. Kellereien wie Wolf Blass oder Penfolds sind weltberühmt. Deutschstämmige Winzer wie Johann Grampp oder Joseph Seppelt waren die Pioniere, die den Weinanbau Mitte des 19. Jh.s in die Gegend brachten. Sie kamen ab 1842 im Gefolge von rund 570 preußischen Lutheranern, denen die neue Kolonie South Australia Religionsfreiheit versprochen hatte – eine Zusage, an die sich die Verwaltung immer hielt.

Ein »Tal für Genießer«: Im Barossa Valley gedeihen Spitzenweine, die sich vor keiner internationalen Konkurrenz verstecken müssen.

»
Ich bin mir sicher, dass hier bald florierende Weingüter stehen werden, Obstfelder erblühen und riesige Maisfelder das Land überziehen.
«

Jene Prophezeiung des Geologen **Johann Menge** aus dem Jahr 1840 sollte sich bewahrheiten. Auf einst ödem Buschland 50 km östlich von Adelaide gedeiht heute Syrah und Pinot Noir, von den deutschen Religionsflüchtlingen Hermitage und Red Burgundy genannt. Viele Gemeinden führten lange Zeit deutsche Ortsnamen, Hoffnungsthal oder Langmeil beispielsweise, doch sind diese nach dem Zweiten Weltkrieg weitgehend verschwunden. Neben den traumhaften Roten werden inzwischen auch Weißweine gekeltert, Riesling, Chardonnay oder Semillon sind gern kultivierte Rebsorten. Auf den meisten Weingütern kann man die feinen Tropfen nicht nur probieren, sondern sich auch kulinarisch verwöhnen lassen oder das Haupt in ländlich-gemütlichen Fremdenzimmern betten.

Wohin im Barossa Valley?

Das Tal im Überblick

Mengler Hill Lookout

Die beste Aussicht über das weite Tal hat man vom Mengler Hill Lookout, den man von **Angaston** über einen ausgeschilderten Scenic Drive erreicht.

Straße in den siebten Weinhimmel

★ Seppeltsfield Road

Die wichtigste Straße im Valley – zumindest wenn man Weinkenner danach fragt – ist die ortsübergreifende Seppeltsfield Road: Rund 20 Kellereien haben sich dort angesiedelt, u. a. **Rolf Binder**, **David Franz**, **Sieber** und natürlich der Namensgeber **Seppeltsfield**, der inzwischen allerdings vom Großkonzern Foster's aufgekauft wurde. Gründer war 1851 der Schlesier Joseph Seppelt. Man findet auch die **Gnadenfrei St. Michael's Lutheran Church** auf der etwa 8 km langen Straße.

www.rolfbinder.com | www.david-franz.com
www.sieber-wines.com | www.seppeltsfield.com.au

Tradition verpflichtet

★ Nuriootpa, Tanunda und Angaston

Größter Weinproduzent im Barossa Valley ist die erst 1966 vom gebürtigen Ostdeutschen **Wolf Blass** gegründete Weinkellerei in Nuriootpa. Markenzeichen seiner vielfach prämierten Weine ist der Bilyara. Seit 1844 schreibt die **Penfolds Winery** australische Weingeschichte, ebenfalls in Nuriootpa. 1951 wurde der erste Grange Hermitage aus Shiraz-Trauben erzeugt – heute einer der bekanntesten Weine des Kontinents.

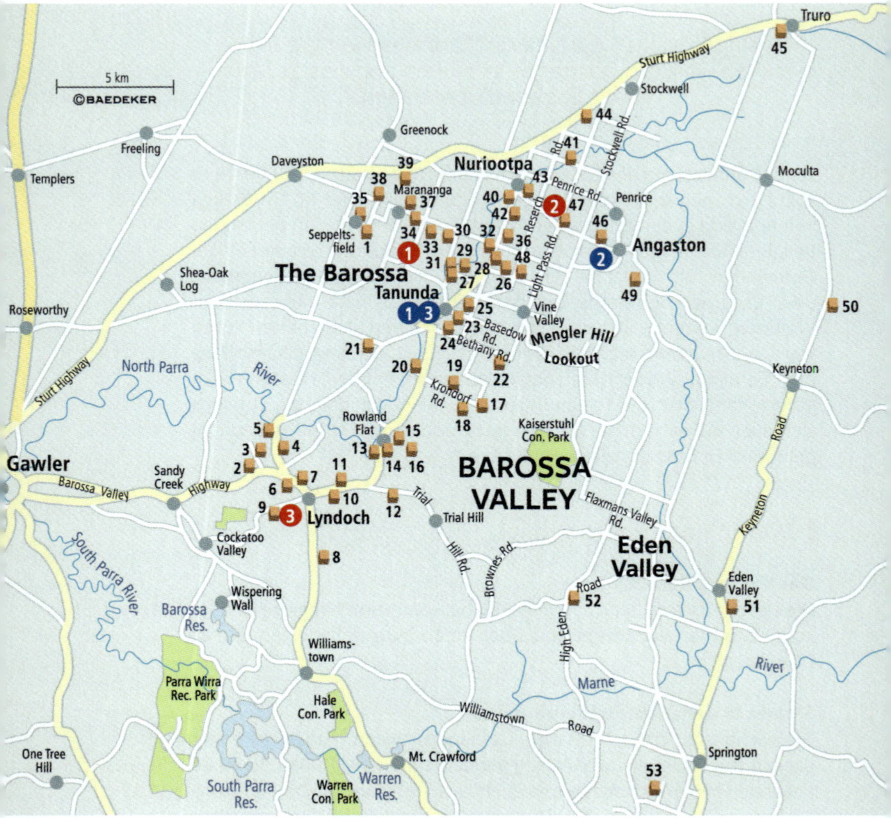

Restaurants

1. 1918
2. Wanera
3. Tanunda Hotel

Übernachten

1. Stonewell Cottages
2. Old Garage
3. Country Cottages

Weingüter

1 Barossa Valley Estate
2 Shild Estate Wines
3 Tait Wines
4 Charles Cimicky Wines
5 Yaldara Wines Chateau Yaldara
6 Burge Family Winemakers
7 Kies Family Wines
8 Twin Valley Estate
9 Dutschke Wines
10 Hemera Estate Wines
11 Kellermeister Wines
12 Barossa Settlers
13 Jenke Vineyards
14 Miranda Wines Rovalley Cellars
15 Pernod Ricard Winemakers
16 Liebichwein
17 Grant Burge Wines
18 Charles Melton Wines
19 Rockford
20 St. Hallett
21 Glaetzer Wines
22 Bethany Wines
23 Chateau Tanunda
24 Turkey Flat Vineyards
25 Illaparra Winery
26 Lindsay Wine Estate
27 Michael Hall Wines
28 Barossa Trading & Bottling Company
29 Peter Lehmann Wines
30 Rolf Binder Wines
31 Langmeil Winery
32 Chateau Dorrien
33 Whistler Wines
34 Heritage Wines
35 Seppelt
36 Hamilton's Ewell Vineyards
37 Greenock Creek Wines
38 MJ Corbett Vignerons
39 Shanahans Wines
40 Penfolds
41 The Willows
42 Kaesler Wines
43 Elderton Wines
44 Wolf Blass Wines
45 Craneford Wine Company
46 Saltram Winery
47 RedHeads Wines
48 Earthling Wines
49 Yalumba
50 Henschke
51 Eden Valley Wines
52 Mount Adam
53 Karl Seppelt's Grand Cru Winery

DAS BAROSSA VALLEY ERLEBEN

VISITOR INFORMATION CENTRE
66 Murray St., Tanunda
Tel. 13 00 85 29 82
www.barossa.com

BAROSSA VALLEY BALLOONING
Eine Ballonfahrt mit Sektfrühstück im Rebenland gefällig? Ist mit 300 AUD vielleicht kein günstiger, dafür aber ein unvergessliches Vergnügen.
Tel. 08 85 62 86 88, www.barossa valleyballooning.com.au

Auf dem **Angaston Sunday Market** bekommt man lokales Kunsthandwerk, aber auch Second-Hand-Waren wie Schmuck, Mode, Bücher, CD (jeden 2. So. im Monat).

Zum Ende der Weinlese feiert man seit 1947 in allen ungeraden Jahren im April das **Barossa Vintage Festival** mit Folkloreumzügen, Blasmusik und deutschem Essen (www.barossa vintagefestival.com.au).

❶ 1918 €€€€
Seit mehr als 100 Jahren wird überwiegend und meisterlich über offenem Feuer gegrillt, ob Angus Steak oder Lamp Rumb.
94 Murray St., Tanunda
Tel. 08 85 63 04 05
www.1918.com.au

❷ WANERA €€€
Zurückhaltend elegante Weinbar mit Restaurant, in dem z. B. gegrilltes Kängurufilet mit Cuminhummus und Rotweinsauce auf den Tisch kommt.
65 Murray St., Angaston
Tel. 08 85 64 32 75
www.wanerawinebar.com.au

❸ TANUNDA HOTEL €€
In einem wunderbaren Gründerzeithaus oder im Innenhof wird traditionelle Pubkost in uriger Atmosphäre serviert. Klasse sind die Fish 'n' Chips!
51 Murray St., Tanunda
Tel. 08 85 63 20 30
http://www.tanundahotel.com.au

❶ STONEWELL COTTAGES €€€€
Direkt am Seeufer und umgeben von Reben liegen vier stilvolle Cottages mit allem Komfort, die Ruhe und Entspannung inmitten der Natur bieten.
373 Stonewell Rd., Tanunda
Tel. 04 17 84 89 77
www.stonewellcottages.com.au

❷ OLD GARAGE €€€
Die Zimmer sind bunt-schrill im Rock-'n'-Roll-Stil der Fifties eingerichtet sowie mit Küche und Whirlpool-Badewanne ausgestattet.
4 Saleyards Rd., Nuriootpa
Tel. 04 07 20 30 16, www.barossa oldgaragebnb.com.au

❸ COUNTRY COTTAGES €€
Gemütliche Häuschen mit Küche und Whirlpool. Die Zutaten zum Frühstück werden morgens geliefert. Mindestaufenthalt drei Nächte.
55 Gylbert St., Lyndoch
Tel. 08 85 24 44 26, www.barossa countrycottages.com

Preisgekrönt sind auch die Weine von **Peter Lehmann** an der Para Road in Tanunda. Probieren Sie seinen Shiraz mit den Aromen reifer dunkler Beeren und milder Schokolade. Ältestes »Schloss« Australiens ist das 1890 erbaute **Château Tanunda** in der Basedow Road; um 1900 war es sogar das größte Weingut auf dem Kontinent. Ein Showroom zeigt die Entstehung der Weine. Ebenfalls in Tanunda beheimatet ist das **Barossa Wine & Visitor Centre**, in dem man alles Wissenswerte über den Weinbau im Tal erfährt.
Das älteste in Familienbesitz befindliche Weingut (seit 1849) und zudem das einzige mit einer eigenen Küferei ist **Yalumba** in der Eden Valley Road in Angaston. Eigene 90-l-Eichenfässer, Octaves genannt, geben dem aus mindestens 80 Jahre alten Weinstöcken gewonnenen Spitzen-Shiraz »The Octavius« seinen Namen.

Wolf Blass: 97 Sturt Hwy., Nuriootpa | Tel. 08 85 68 73 11
Mo.–Fr. 10–16.30 Uhr | www.wolfblass.com
Penfolds Winery: 30 Tanunda Rd., Nuriootpa | Tel. 08 85 68 84 08
tgl. 9–17 Uhr | www.penfolds.com
Peter Lehmann: Para Rd., Tanunda | Tel. 08 85 65 95 55 | Mo.–Fr 9.30–17, Sa. u. So. 10.30–16.30 Uhr | www.peterlehmannwines.com
Château Tanunda: 9 Basedow Rd., Tanunda | Tel. 08 85 63 38 88
tgl. 10–17 Uhr | www.chateautanunda.com
Barossa Wine & Visitor Centre: 66 Murray St., Tanunda
Mo.–Fr. 9–17, Sa. 9–16, So. 10–16 Uhr | Eintritt: frei
www.barossa.com/members/barossa-visitor-information-centre
Yalumba: 40 Eden Valley Rd., Angaston | Tel. 08 85 61 32 00
tgl. 10–17 Uhr | www.yalumba.com

Rund ums Barossa Valley

Begehrter »Hill of Grace«

Eden Valley

Bis zu 500 m hoch liegt mit dem Eden Valley eine Weißweinregion im südlichen Hinterland des Barossa Valley. Das kühlere Klima bringt seit 1847 hervorragende Weiße, aber auch einige fantastische Rote hervor. Bekanntester Weinkeller ist **Henschke Cellars**: Der »Hill of Grace« gehört zu den begehrtesten Rotweinen der Welt! Die schlesische Region Gnadenberg stand Pate und geht auf die Lutheran Church zurück, die über dem Weinberg thront.

1428 Keyneton Road, Keyneton | tgl. 9–16.30 Uhr
Tel. 08 85 64 82 23 | www.henschke.com.au

Heimat des australischen Rieslings

★ Clare Valley

Während das Barossa Valley den australischen Rotwein international bekannt machte, gilt das weiter nördlich gelegene Clare Valley als Heimat des australischen Rieslings. Entlang des **Riesling-Trails** laden rund 40 Weingüter zur Probe an der Kellertür. Clare ist der

Hauptort des 35 km langen Tals, in dem jährlich knapp 22 000 t Trauben geerntet werden. Die ersten Reben pflanzten Jesuiten 1851 – und noch heute bewirtschaften Jesuiten das Weingut **Sevenhill**. Weitere bekannte Weingüter im Clare Valley sind Jaeschkes Hill River Clare Estate, Kilikanoon Wines und Knappstein Winerey. Das **Clare Museum** neben der St. Michael's Church in Clare erzählt die Geschichte des Tals. Eine Straße zweigt zu den Skilly Hills ab, die Maler, Poeten und Literaten gleichermaßen begeisterten.

Sevenhill: 111C College Rd., Sevenhill | Tel. 08 88 43 59 00
tgl. 10–17 Uhr | www.sevenhill.com.au
Jaeschkes Hill River Clare Estate: 406 Quarry Rd., Clare
Tel. 08 88 43 41 00 | tgl. 10–16 Uhr
www.hillriverclareestate.com.au
Kilikanoon Wines: Penna Lane, Penwortham | Tel. 08 88 43 42 06
tgl. 11–17 Uhr | https://kilikanoon.com.au
Knappstein Winerey: 2 Pioneer Ave., Clare Valley
Tel. 08 88 41 21 00 | tgl. 11–16 Uhr | www.knappstein.com.au
Clare Museum: O'Connell Sq./Arthur's Row, Ennis | Okt.–Mai
Di -Sa. 9.30–13 u. 14–17.30 Uhr, Juni–Sept. auch Mo.
Eintritt: frei | www.clarelibrary.ie/eolas/claremuseum

BAEDEKER MAGISCHE MOMENTE

WAS FÜR EIN KÖRPER!

Die letzten Sonnenstrahlen des Tages sind der Schwärze der Nacht gewichen, eine kühle Brise kitzelt Ihre Nasenspitze, während Sie auf der Terrasse sitzen. Zeit für einen Rotwein. Nicht irgendeinen, sondern einen Shiraz von Rolf Binder, Jahrgang 2012. Die Flasche kostet das stolze Sümmchen von 200 AUD, doch das ist vergessen, sobald sich der erste Tropfen langsam am Gaumen bewegt: Der Geschmack von Beeren, Pflaumen, Nougat kommt einem in den Sinn. Und dass sich die Franzosen und Italiener schon mächtig strecken müssen gegen so einen vollen Körper. Nur das wunderbare Plopp beim Entkorken fehlte. Australien setzt auf Drehverschlüsse. Schade!

★ COOBER PEDY

Höhe: 215 m | **Einwohner:** 2000

Eine Polizeistation, eine Bank, eine Post und überall Auswürfe, die wie Maulwurfshügel aussehen. Der Name Coober Pedy heißt aus der Aborigines-Sprache übersetzt »Loch des weißen Mannes in der Erde«. Wegen der Hitze leben die Menschen sogar in unterirdischen Wohnhöhlen, allerdings mit einer Ausstattung wie oben: mit Wohn- und Schlafzimmern, Küche und Bad. Die Umgebung von Coober Pedy diente derweil als perfekte Kulisse für »Mad Max«. Aber auch im realen Leben scheint der Opalminenort im Outback eigene Gesetze zu haben ...

Wild, wild West im tiefen Süden

Ein Empfang in diesem Nest kann »bombig« sein: ein dumpfer Knall um 3 Uhr nachts. Autotüren knallen zu, aufgebrachte Stimmen sind zu hören, aber nichts ist zu sehen, abgesehen von einem Polizeifahrzeug, das schon bessere Tage erlebt hat. Was war passiert? Ein Bewohner von Coober Pedy, so stand es am nächsten Tag in der Zeitung, wurde von der Polizei wegen zu schnellen Fahrens gestoppt. Der Strafzettel brachte den Bergarbeiter jedoch so in Rage, dass er nachts zwei Dynamitstangen in die Auspuffrohre des Polizeiwagens stopfte und diesen hochgehen ließ. »Hot sausages«, heiße Würstchen, nennen die Männer ihre Dynamitstangen, mit denen sie zum Abbau von Opalen Löcher in Stein und Erde sprengen und die es lange Zeit ganz einfach im Supermarkt zu kaufen gab.

Leben unter Tage

Opalhauptstadt der Welt

Coober Pedy ist Australiens wilder Westen – um in diesem Never Never einen Ort zu gründen, musste man einst einen sehr guten Grund haben. Und dieser wurde gleich zigfach gefunden: Opale. Auf der Suche nach Wasser entdeckte der 14-jährige Willie Hutchinson 1915 den ersten Opal, dieses seltene, in den Regenbogenfarben schimmernde Mineral. Schon kurz darauf kamen die ersten Bergleute. Heute produziert das Opalfeld von Coober Pedy rund 90 % aller Opale weltweit. Die Rechte liegen überwiegend in der Hand von großen Minengesellschaften. Tag für Tag buddeln 1500 »digger« aus rund 50 Nationen – skurrile Gesellen, Glücksritter und Lebenskünstler – in dieser Mondlandschaft, in der sich die Maschinen in das weiche Gestein fressen und es nach oben ausspucken. Diese Erdbewegungen lassen die unzähligen, kegelförmigen Erdhügel dieses so seltsamen Orts entstehen. Die Leute leben und schlafen sogar in vielen Fällen unter Tage: Viele Wohnungen sind dug outs, in die Felsen gesprengte Grotten, die eingerichtet sind wie übliche Wohnungen. Nur unter der Erde kann man der Hitze entrinnen. Selbst die Kirchen sind in der Opalhauptstadt der Welt in den Untergrund gegangen. Und der Golfplatz heißt bezeichnenderweise brown. Sattes Grün hat hier keine Chance.

Wohin in Coober Pedy?

Surreale Szenerie

Big Winch Lookout

Einen sehr guten Blick über diesen kuriosen Ort mitten in der Wüste hat man von der Italian Club Road. Irgendwie glaubt man gar nicht, was man da so sieht: Es ist braun, staubig, öde, aber doch so faszinierend! Eine surreale Szenerie ...

Gottesdienst mit Teepause

★ Catacomb Church

Eine der drei Kirchen in Coober Pedy entstand 1977 aus einem alten »dug out«. Die Anglikanische Kirche benannte sie nach den Katakomben von Rom. Die Innenraum- und Altarausstattung ist sehr einfach, die Räumlichkeit als solche jedoch beeindruckend. Sonntags um 9.30 Uhr findet ein Gottesdienst statt – mit einer Teepause zwischendrin. Es gibt noch eine katholische Kirche (von 1967), eine serbisch-

COOBER PEDY ERLEBEN

DISTRICT COUNCIL VISITOR CENTRE

Hutchison St./St. Nicholas St.
Tel. 08 86 72 46 00
www.cooberpedy.sa.gov.au

An der Paxton Road gibt es einen öffentlichen Swimmingpool zum Abkühlen.

DUGOUT CAFÉ €€

Typisches Pubessen: gut, günstig, große Portionen. Aber eben im Untergrund in einmaliger Atmosphäre.
335 Trow St., Tel. 08 86 72 55 45
www.truelocal.com.au/business/underground-restaurant/coober-pedy

DESERT CAVE HOTEL €€

Wer in Coober Pedy über Nacht bleibt, sollte sich hier einquartieren: Das 1988 eröffnete Desert Cave Hotel ist das erste, inzwischen aber nicht mehr einzige Untergrundhotel der Minenstadt mit Restaurant und Café unter Tage. 19 der 50 Zimmer werden als »dug out« angeboten: Die Wände bestehen aus nicht verputztem blanken Stein, nicht ein einziger Lichtstrahl dringt von außen ins Zimmer und die Luft riecht leicht modrig. Sogar Roomservice gibt es fürs unterirdische »Dug Out Dinner« im Fred-Feuerstein-Stil. Der Rest ist wie überall: Es gibt Fernseher, Telefon, Minibar, Haarföhn und was sonst so zu einem Hotelzimmer gehört.
1 Hutchison St.
Tel. 08 86 72 56 88
www.desertcave.com.au

orthodoxe (1993) und die Revival Fellowship Church von 1989; alle sind im Untergrund verborgen.
746 Catacomb Rd. | 24 Std. geöffnet | Eintritt: frei
http://catacombchurch.com.au

Mit Pickel und Schaufel

★ Weitere Plätze unter Tage

Privatwohnungen im Erdreich können bis zu 400 m^2 groß sein! Während im Sommer die Temperaturen um Coober Pedy auf 50 °C steigen, gibt es im Winter oft Frost. In den »dug outs« bleibt die Temperatur dagegen konstant bei 23 bis 25 °C. Die bekanntesten Untergrundwohnungen sind die von **Crocodile Harry** – »Mad Max 3« wurde darin gedreht – und **Faye's Underground Home**. Es wurde in zehnjähriger mühsamer Arbeit von drei Frauen nur mit Pickel und Schaufel ausgehoben.
Natürlich gibt es auch Bars, Cafés, Restaurants und sogar einen Buchladen (Post Office Hill Rd.) unter Tage, selbstredend sind zudem einige Opal- und Souvenirgeschäfte in »dug outs« untergebracht; mehrere finden sich in der Hutchison Street. In der noch aktiven **Tom's Working Opal Mine** sehen Besucher, wie und mit welchen Maschinen im 21. Jh. Opale gewonnen werden. Und die **Umoona Opal Mine** unterhält ein Museum, in dem ein 20-minütiger Film der Geschichte des Opalabbaus nachgeht. Zum Programm gehört hier auch der Besuch einer Schleiferei und einer unterirdischen Wohnung.

So ein Hotel findet man nicht alle Tage. In Coober Pedy wohnt man meistens im Untergrund.

Crocodile Harry: 17 Mile Rd. | tgl. 9–12 u. 14–18 Uhr | Eintritt: 5 AUD
Fay's Home: 2 Old Water Tank Rd. | Mo.–Sa. 8–17 Uhr
Eintritt: 5 AUD
Tom's Mine: 1993 Stuart Hwy. | Führungen März–Aug. tgl.
10, 14 u. 16 Uhr, Sept.–Feb. So. geschl. | Eintritt: ab 15 AUD
www.tomsworkingopalmine.com
Umoona Mine: 14 Hutchison St. | tgl. 8–18 Uhr | Eintritt: 12 AUD
www.umoonaopalmine.com.au

Selber buddeln

Public Noodling Area

Der perfekte Platz, an dem man kostenfrei sein Glück versuchen oder einfach mal probieren kann, wie das so geht mit dem Opalschürfen. Man kann Siebe ausleihen und loslegen. Doch Achtung: Auf einem abgesteckten Claim muss man zuvor den Minenarbeiter um Erlaubnis fragen! Und wenn's nicht geklappt hat: Der »dug out« liegt praktischerweise in der Jewellers Shop Rd. ...

Rund um Coober Pedy

Das längste Bauwerk der Welt

Dog Fence

15 km nordöstlich von Coober Pedy verläuft der Dog Fence, der Dingozaun, der verhindert, dass sich die Dingos des Nordens an den Schafen des Südens bedienen. Der Maschendrahtzaun ist bis zu 1,80 m hoch und mit 5412 km der längste ununterbrochene Zaun – und somit auch das längste Bauwerk der Erde.

Funkelnde Gesteinsschichten

★ Kanku-Breakaway Conservation Park

Salz und Pfeffer werden zwei Hügel in diesem kuriosen und zugleich grandiosen Landstrich 23 km nördlich von Coober Pedy genannt: Sie gleichen sich in der Form, der eine Hügel ist jedoch hell, der andere dunkel. Auch andere bunte Gesteinsschichten sind sichtbar – und wenn diese in der untergehenden Sonne zu funkeln beginnen, wähnt man sich im größten Juweliersladen der Welt. Abends patrouillieren Falken über diese wunderbare Unendlichkeit und es herrscht eine atemberaubende Stille. Nur sollte man bitte die Hügel nicht besteigen: Es sind heilige Stätten der Aborigines!

Offroad-Ritt

Marla

Fast 250 km nordwestlich von Coober Pedy gelangt man auf dem Stuart Highway nach Marla, dem Endpunkt einer der beliebtesten und einfachsten Offroad-Strecken des fünften Kontinents: Der **Oodnadatta Track** beginnt in **Marree**, rund 400 km südöstlich von Coober Pedy, tangiert Australiens größten Salzsee, den **Lake Eyre** (► unten), und führt an der **Anna Creek Station**, mit 24 000 km² eine der größten Rinderfarmen der Welt, in einem weiten Bogen nach Oodnadatta und Marla. In **Oodnadatta** trifft man auf das **Pink Roadhouse**: Es ist Werkstatt, Tankstelle, General Store, Waschcenter und Caravanpark in einem. Der Track wird relativ gut gewartet. Dennoch untersagen die meisten Mietwagenfirmen den Trip mit konventionellen Autos.

★ Lake Eyre

Mal der größte See, immer der tiefste Punkt
Meistens ist der Lake Eyre ein lupenreiner weißer Salzsee, doch 2010 sorgten starke Regenfälle dafür, dass aus der salzigen Einöde der größte See Australiens wurde. Ein Ereignis, das in den letzten 160 Jahren nur dreimal eintrat. Mit 17 m unter dem Meeresspiegel markiert der See die tiefste Stelle des Kontinents. Auch während der Trockenzeit, wenn die Salzschicht fast 50 cm dick ist, bleiben gewöhnlich kleine Seen im Becken des Lake Eyre zurück.
1964 stellte der Brite **Donald Campbell** auf dem Salzsee in seinem Turbinen-Fahrzeug »Bluebird« mit 649 km/h einen neuen Geschwindigkeitsweltrekord auf (der allerdings bald darauf gebrochen wurde). Am Südufer des Sees fand bis vor Kurzem der **Curdimurka Outback Ball** statt: mitten in der staubigen Einöde an der Old Ghan Train Station von Curdimurka. Tausende Aussis kamen in Smoking und Abendkleid zur größten Open-Air-Party des Kontinents eingeflogen oder herangefahren. Wer weiß, vielleicht lebt diese tolle Tradition wieder einmal auf?

★ EYRE PENINSULA

Höhe: 0–113 m | **Einwohner:** 55 000

Gänsehaut pur gibt's auf der Eyre Peninsula: Tauchen mit Weißen Haien – der ultimative Kick! Aber die Halbinsel kann's auch ruhiger, romantischer und trotzdem nicht weniger spannend: Mehr als Hundert Glattwale kommen jedes Jahr ab Juni zur Paarung. Dort gebären sie ihre Kälber, bevor sie in die antarktischen Gewässer zurückkehren.

Klippen, Buchten, marines Leben

Mit kleinen Buchten und versteckten Stränden, hübschen Felsküsten und hohen Dünen bietet die nach dem Entdecker Edward John Eyre benannte Halbinsel am Indischen Ozean auch das restliche Jahr eine wundervolle Landschaft für abwechslungsreiche Touren. Es gibt Weideland und Weinanbau, Austernfarmen und Nationalparks, den kuriosen Pildappa Rock und historische Städtchen. Kurzum: Die richtige Gegend für Australien-Kenner, die mal was Neues ausprobieren wollen.

DIE EYRE PENINSULA ERLEBEN

VISITOR INFORMATION CENTRE
41 Flinders Terrace, Port Augusta
Tel. 08 86 41 91 94
www.eyrepeninsula.com

Der längste Golfplatz der Welt geht über 18 Loch und 1365 km! Der **Nullarbor Links** führt weltweit als Einziger durch zwei Zeitzonen und verläuft von Ceduna nach Kalgoorlie (WA). Statt Golfcart nutzt man das Auto (www.nullarborlinks.com).

ADVENTURE BAY CHARTERS
Bootstouren in die Baird Bay, Schwimmen mit Seelöwen, Tauchen mit Weißen Haien – der Veranstalter ist Profi für marine Abenteuer.
Tel. 08 86 82 29 79, www.adventurebaycharters.com.au

TRIPLE BAY CHARTERS
Chartertörns bietet das Team von Triple Bay Charters an.
Tel. 08 86 82 41 19, www.triplebaycharters.net.au

Der **Undercover Flea Market** in der Jervois Street von Port Augusta (jeden 3. So. im Monat) bietet Second-Hand-Kleidung, Kunsthandwerk, Schmuck und ein paar Fressbuden.

FISH CAFE €€
Frischer kann der Fisch nicht sein: Er kommt vom Kutter direkt in die Küche und von dort auf die Teller. Es gibt Hai, Tunfisch, Garnelen, Seeohren u. v. m.
20 Proper Bay Rd., Port Lincoln
Tel. 08 86 82 21 66
http://freshfishplace.com.au/fish-cafe-port-lincoln

BAY 10 WATERFRONT €€€
Schöne Villa direkt am Meer, elegant eingerichtet. Mit Wohnzimmer, Küche und Waschmaschine.
24 Lincoln Hwy., Port Lincoln
Tel. 08 86 82 10 10
http://bay10accommodation.com.au/room/luxury-waterfront-villa

Wohin auf der Eyre Peninsula?

Herz des eisernen Dreiecks

Port Augusta

Die Stadt an der Spitze des Spencer-Golfs bildet zusammen mit Port Pirie und Whyalla das eiserne Dreieck der Halbinsel: das Industrierevier Südaustraliens. Einen verblüffenden Kontrast hierzu bietet der **Heritage Walk** zu 38 historischen Bauten, meist aus dem 19. Jh., darunter die Town Hall, das Court House und die St. Augustine's Church mit schönen Glasmalereien. Im **Homestead Park Pioneer Museum** wird die Gründerzeit des 19. Jh.s zu neuem Leben erweckt. Und wer sich für die Arbeit der Fliegenden Ärzte interessiert, kann

sich die Basis des Royal Flying Doctor Service am Flughafen anschauen. Auch die School of the Air hat in Port Augusta eine Dependance.
Homestead Park Pioneer Museum: Elsie St. | tgl. 9–17 Uhr
Eintritt: 5 AUD

Chamäleons der Meere

Whyalla

Einmal im Jahr, von Mai bis August, tauchen zu Zehntausenden Riesensepien (Giant Cuttlefish) vor Whyalla auf, bevorzugt am **Stony Point** und **Black Point**. Man kann sie sogar schnorchelnd sehen. Ansonsten verweisen große Stahlwerke am Tiefseehafen Whyalla auf die Bedeutung der Schwerindustrie in der Region. Über den Schiffsbau am Spencer Gulf erzählt das **Maritime Museum**, wo auch die Veteranen »Whyalla« von 1941 und »Valkyrie« von 1950 zu bewundern sind. Den Alltag auf einer Schaffarm um 1920 kann man dagegen im **Mount Laura Homestead** erleben. Whyalla nimmt für sich in Anspruch, mehr als 300 Sonnentage pro Jahr zu verzeichnen.
Maritime Museum: Lincoln Hwy. | tgl. 10–16 Uhr | Eintritt: 12 AUD
Mount Laura Homestead: Ekblom St. | Mo.–Fr. 10–15, So. 13–16 Uhr
Eintritt: 5 AUD

Den Hai vor Augen

★ Port Lincoln

Australiens größte Fischfangflotte ist in Port Lincoln beheimatet. Bis heute ist die Fischzucht die Haupteinnahmequelle der 15 000-Einwohner-Stadt, die 1839 an der Südspitze der Eyre-Halbinsel entstand. Unvergesslich ist eine Bootstour in die **Baird Bay**, wo man zwischen Seelöwen und Delfinen schwimmen kann. Wer den absoluten Kick sucht, lässt sich im sicheren Käfig zwischen Weißen Haien absenken. Hochseeangler haben eine große Auswahl an Chartertörns mit erfahrenen Skippern im Programm (Adressen ► Die Eyre Peninsula erleben).
Bootstour, Hai-Käfig: ► S. 315

Dorado für Austern-Liebhaber

Coffin Bay

Knapp zwei Dutzend Austernfarmen produzieren in der Coffin Bay jährlich mehr als 12 Mio. Austern. Den Coffin Bay National Park, 50 km weiter westlich gelegen, prägen Heideflächen, Wanderdünen, einsame Sandstrände und bizarre Klippen.

Der Wave Rock Südaustraliens

Port Kenny

60 km südöstlich von Port Kenny formen seit Jahrtausenden Wind und Wasser die bizarr-pittoresken Granitformationen von **Murphy's Haystacks**. Namensgeber für die steinernen Heugarben war der Ire Denis Murphy, dem das Land ringsum gehörte. Die fantastisch geformte, zum Meer offene **Woolshed Cave** von Talia lohnt ebenso einen Stop wie das Naturschutzgebiet **Point Labatt**, in dem eine der

Zweifelsohne eines der größten Abenteuer, dem man sich in Australien stellen kann: ein Tauchgang in einem Stahlkäfig, Auge in Auge mit einem Weißen Hai!

größten Seelöwenkolonien des Landes lebt.
Im Landesinneren gelangt man nach etwa 80 km westwärts nach Wudinna, wo der **Pildappa Rock** – ähnlich wie der Wave Rock in Westaustralien – die Form einer Welle angenommen hat.

Last Exit
Wer in den Westen nach Perth reisen will, sollte sich in Ceduna noch mit genügend Vorräten eindecken: Die nächste Ortschaft, Norseman, liegt ein Stückchen entfernt – 1234 km, um genau zu sein! Was auf der Karte aussieht wie kleine Siedlungen, sind nur Tank- und Wasserstationen mitten in der Wüste. Gourmets schätzen die Austern der **Denial Bay** und **Streaky Bay**, Surfer lieben die mächtigen Wellen, die an die goldgelben Sandstreifen von **Spoggies Beach** und **Cactus Beach** branden. Ceduna

Ein einmaliges Naturschauspiel
Im fernen Westen Südaustraliens und der Eyre Peninsula bekommt man im **Far West Coast Marine Park** von den Aussichtsplattformen auf den 60 m hohen Klippen die beste Sicht, wenn sich die Wale zwischen Juni und Oktober paaren. ★ Bunda Cliffs

Rund um die Eyre Peninsula

Hoch hinaus

Mount Remarkable National Park

Rund 70 km südöstlich von Port Augusta lohnt der 959 m hohe Mount Remarkable mit seinen wilden Schluchten wie der **Alligator Gorge** einen Abstecher. Im Nationalpark sieht man auch rote Riesen- und Gelbfuß-Felsenkängurus. Einfache Campingplätze stehen zur Verfügung.

★★ FLINDERS RANGES NATIONAL PARK

Höhe: 400–1170 m | **Einwohner:** 2000

Auf die Pirsch muss man in den Flinders Ranges eigentlich gar nicht gehen. Denn die Kängurus hüpfen fröhlich durch den Campground am Wilpena Pound. Der Wombat riecht schnell, dass beim Gemüseputzen etwas unter den Campingtisch gefallen ist und der Rosakakadu pickt schon auch mal auf dem Tisch herum. Aber natürlich würde man sehr viel verpassen, wenn man nur auf dem Campingplatz bliebe: Allem voran dieses wunderbar leuchtende Rot von einer der ältesten Landschaften der Welt, die gleichzeitig der längste Gebirgszug des Kontinents ist.

Wenn einer der großen Flinders-Farmer seine Schafe zählen muss, nimmt er in der Regel den Hubschrauber oder die Cessna. Aus der Luft offenbart sich der rote »entblößte Knochen der Erde«, wie Landschaftsmaler Hans Heysen (▶ Hahndorf) den Landstrich einst nannte, in seiner ganzen Größe. 430 km sind die Flinders Ranges lang und – noch beeindruckender – an die 650 Mio. Jahre alt! Im Frühjahr erlebt der Nationalpark eine wahre Farborgie, wenn Wildblumenteppiche mit rotem Granit und schwarzem Basalt um die Wette leuchten. Ihren Namen erhielt die Bergregion vom englischen Seefahrer Matthew Flinders, auf dessen Vorschlag der fünfte Kontinent seit 1817 offiziell Australien heißt. Der Nationalpark gehört wieder den Adnyamathanha-Aborigines, die das Land aber an den Staat zurück verpachtet haben. Höchster Gipfel ist St. Mary Peak mit 1170 m.

Schaufenster der Erdgeschichte

Durch die Flinders Ranges zieht sich der **Heysen Trail**, der 1500 km lange Fernwanderweg vom Nationalpark bis Cape Jervis am Indischen Ozean. Wer Südaustraliens größtes Gebirge auf eigene Faust und motorisiert entdecken will, sollte einen Geländewagen mieten: Die schönsten Routen liegen allesamt abseits der geteerten oder gut planierten Straßen. Im Sommer kann es zwar bis zu 50 °C heiß werden, doch dafür ist man dann auch fast alleine mit einem sehr bedeutenden Stück Erdgeschichte.

Wohin in den Flinders Ranges?

Einmal volltanken, bitte!

Hawker

Das Landstädtchen Hawker mit Eisenbahnanschluss, Hotels und Campingplätzen, Geschäften und Tankstellen ist der letzte große

Eine Landschaft wie aus einem Science-Fiction-Film erwartet Besucher des Wilpena Pound im Herzen der Flinders Ranges.

DIE FLINDERS RANGES ERLEBEN

VISITORS CENTRE
Wilpena Pound Resort
Tel. 08 86 48 00 48
https://southaustralia.com/places-to-go/flinders-ranges-and-outback

WILPENA POUND RESORT
Machen Sie eine leichte Yura-Udnyu-Wanderung mit einem der ansässigen Aborigines. »Yura Udnyu« (dt.: unsere Kultur – deine Kultur) heißt die Tour, bei der der Guide die Natur aus der Sicht der Ureinwohner näher bringt.
Tel. 1800 80 58 02
www.wilpenapound.com.au

PRAIRIE HOTEL €€€
Ein Lunch in Parachilna – hier leben offiziell drei gemeldete Einwohner – muss sein: Kängurufilet, Emumignon und Kamelwürste – alles auf einem Teller. Das Werbeschild an der Straße macht garantiert jeden neugierig ...
Tel. 18 00 33 14 73
www.prairiehotel.com.au

WOOLSHED RESTAURANT €€€
Der Laden gehört zur Rawnsley Park Station am Rand des Nationalparks und bietet deftiges Outback-Essen, allerdings in einem etwas nüchternen Ambiente. Interessant ist die Rawnsley Lamb Tasting Platter, auf der es Sechserlei vom Lamm gibt. Es gibt auch Luxusbungalows zu mieten.
Tel. 08 86 48 01 26
www.rawnsleypark.com.au

WILPENA POUND RESORT €€€
Aborigines verwalten das einzige Resort mit schattigem Campground und Stellplätzen mit Strom und Wasser im Nationalpark. Zuvor haben sie bei der Hotelgruppe Accor ein Training durchlaufen. Es gibt einen Pool, ein Restaurant, einen Supermarkt, Leih-Mountainbikes und eine Tankstelle. Etwas überteuert, aber trotzdem ein sehr schöner Platz!
Tel. 08 86 48 00 04
www.wilpenapound.com.au

ALMERTA STATION €€
Farmstay außerhalb des Nationalparks, südlich von Hawker. Man nächtigt in den alten Schafscherer-häusern, die in einfache Touristenunterkünfte mit Küche und Veranda umgewandelt wurden.
Tel. 08 86 58 90 76
www.almertastation.com.au

Service-Stützpunkt, ehe es ins Zentrum der Flinders Ranges geht. Auf die hat man vom Aussichtspunkt **Camel Hump** aus einen prächtigen Blick.

★★ Wilpena Pound

Amphitheater der Natur
Der 17 km lange und 8 km breite Felskessel im Herzen der Flinders Ranges gehört zu den Highlights des fünften Kontinents: ein riesiges Amphitheater der Natur mit mehreren Hundert Meter hohen, jäh abstürzenden Felswänden. In der Abendsonne scheinen sie zu

brennen, so intensiv rot leuchten sie dann. Die Aborigines verliehen dem Areal den Namen gewölbte Hand und verehrten es als heiligen Ort.
Aus der Luft erinnert der Wilpena Pound an einen Meteoritenkrater. Tatsächlich entstand er jedoch bei den Auffaltungen der Flinders Ranges. Am Wilpena Pound Resort beginnen zahlreiche ausgeschilderte **Wanderrouten** in unterschiedlicher Länge zu Zielen wie Hills Homestead, Wangarra Lookout, Arkaroo Rock oder Malloga Falls. Egal welchen Weg man geht, es hüpfen immer Kängurus umher, stolzieren Emus herum und schnattern Hunderte von Vögel.

Die höchste Erhebung

★ St. Mary Peak

Mit 1170 m der höchste Berg der Flinders: Der Aufstieg ist anstrengend, aber lohnend, sollte aber nicht ohne Guide unternommen werden. Nirgends (außer vom Flugzeug) sieht man den Wilpena Pound besser! Sicherlich trifft man auf den Grastree, aus dem die Adnyamathanha-Aborigines Tee gemacht haben (aus der Blüte), aber auch Speere (aus dem Stiel), Körbe (aus dem Stroh) und Brennholz (vom Rest).

Zeitreise zu Fossilien

★ Brachina Gorge

Ein Muss ist der Archeological Trail in die Brachina Gorge, die vielleicht schönsten Schlucht der Flinders. Es ist eine Zeitreise durch 650 Mio. Jahre und hinein in die Welt uralter Fossilien. Diese zu finden, ist allerdings sehr schwer. Fossilienjäger sollten daher besser einen Guide buchen. Wer einfach eine wunderschöne 4WD-Tour unternehmen will, kann dies auch auf eigene Faust tun. Am Ende des Tals erreicht man **Parachilna**, das schon öfter als Drehort für Filme diente. Kate Winslet war hier! Dahinter öffnet sich die scheinbar endlos weite Ebene in Richtung Lake Torrens.

Anno 1880

★ Blinman

Rund 65 km nördlich von Wilpena Pound faszinieren die Ruinen des alten Minenstädtchens. Touren führen zurück in die 1880er-Jahre, der Blütezeit, als Kupfer abgebaut wurde. Und »Ab in den Untergrund« heißt es bei der **Minentour von Heritage Blinmanmine** – sehen, riechen und spüren Sie, wie hart das Leben der Bergarbeiter einst war. In der nahen **Chambers Gorge** sind Petroglyphen der Aborigines zu sehen. Danach schmeckt das Bier im **North Blinman Hotel**, der einzigen Kneipe weit und breit, umso besser.
Heritage Blinmanmine: Tel. 08 86 48 47 82
www.heritageblinmanmine.com.au

Der schroffe Norden

★ Arkaroola Wilderness Sanctuary

Die nördliche Verlängerung der Flinders bilden die Gammon Ranges. Da die Erosion hier weniger stark zugange war, wirken sie schroffer und kantiger. Das Arkaroola Wilderness Sanctuary ist ein privates Na-

turschutzgebiet mit 160 Vogelarten und dient als Heimat für das scheue Gelbfuß- bzw. Ringelschwanz-Felskänguru. Der nächtliche Himmel ermöglicht eine fantastische Sicht aufs Firmament. Es gibt praktisch keine Lichtquellen, die den Blick auf die Sterne stören könnten.

Rund um die Flinders Ranges

Das legendäre Binnenmeer

Lake Torrens

Die 250 km lange Salzpfanne westlich des Hauptkamms ist ein letzter Überrest des legendären Binnenmeeres im Herzen Australiens. Sämtliche Pisten zum See führen über Privatland und man benötigt eine Genehmigung des Grundeigentümers. Ein Caravan Park ist vorhanden.

203 Karat für die Queen

Andamooka

In diesem Opaldorf am nördlichen Westufer des Lake Torrens wurde 1969 der bisher größte Opal der Welt gefunden: die 6,8 kg schwere »Wüstenflamme von Andamooka«. Weltberühmt wurde auch der geschliffene, 203 Karat schwere »Andamooka Opal«. Die Regierung hatte den Opal in den Farben Rot, Blau und Grün zusammen mit Brillanten in eine Halskette setzen lassen und der englischen Queen Elizabeth II. bei ihrem ersten Besuch in Südaustralien 1954 geschenkt.

★ KANGAROO ISLAND

Höhe: 0–299 m | **Einwohnerzahl:** 4500

Der Name ist Programm: Doch nicht nur Heerscharen der sonst so seltenen Derby-Wallabys (Tamar-Wallabys) sind auf Australiens drittgrößter Insel zu erspähen, auch Koalas, Pinguine und Seelöwen sind in diesem natürlichen Zoo ohne Zäune zu Hause. Wind und Wasser haben bizarre Felsformationen hinterlassen und einsame Strände laden zum Baden ein, sofern die Wassertemperatur von höchstens 18 °C nicht abschreckt. Bei Sommertemperaturen von 28–30 °C ist der Sprung ins Meer aber vielleicht ganz erfrischend.

Auch Seelöwen sind auf der »Känguru-Insel« zu Hause. In der Seal Bay können Sie – in Begleitung eines Rangers – besucht werden.

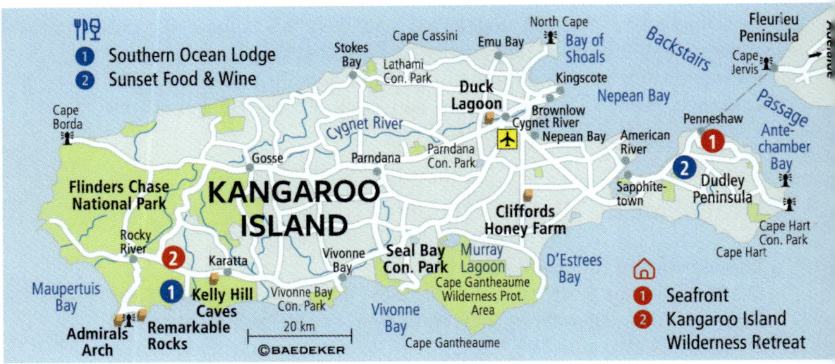

Zoo ohne Zäune

Wir schreiben das Jahr 1802. Kapitän Matthew Flinders entdeckt die Insel. Als seine halb verhungerte Crew an Land geht, werden sie von Kängurus umringt. Die Mannschaft erschießt 31 der Tiere, kommt wieder zu Kräften – und gibt der Insel den heutigen Namen: Kangaroo Island. Nach der Entdeckung blieb die Insel zunächst Wal- und Seehundfängern überlassen. Erst 1836 gründeten die Passagiere der »Duke of York Kingscote« die erste Siedlung der Insel und Südaustraliens überhaupt. Doch der Mangel an Trinkwasser zwang die meisten, die 155 km lange und 55 km breite Insel bald wieder zu verlassen. Durch die isolierte Lage und die dünne Besiedlung konnte sich auf Kangaroo Island so eine einzigartige Tier- und Pflanzenwelt erhalten, die nie durch Dingos, Kaninchen oder Füchse bedroht war. Auf der Insel sind das kleine, graubraune Derby- bzw. Tamar-Wallaby, Schnabeltiere, Echidnas, Emus, Opossums, sechs Fledermausarten, Zwergpinguine, Robben und Seelöwen heimisch. Im Moorgebiet der Murray Lagoon nisten zudem zahlreiche Sumpfvögel. Und die in den 1920er-Jahren ausgesetzten Koalas fanden derart ideale Lebensbedingungen vor, dass ihr Bestand inzwischen durch den Einsatz von Verhütungsmitteln begrenzt werden musste. Rund ein Drittel der gesamten Inselfläche steht unter Naturschutz. Felsgravuren belegen, dass auf der vor 10 000 Jahren durch einen Meeresspiegelanstieg vom Festland abgetrennten Insel einst Aborigines lebten.

Wohin auf Kangaroo Island?

Pelikane, ...

Kingscote

Ein 1836 gepflanzter Maulbeerbaum am Reeves Point mitten in Kingscote, das First Post Office und das **Hope Cottage Pioneer Museum** erinnern an die Anfänge der Besiedlung der Insel. Hauptbesucherattraktionen sind jedoch die täglich um 17 Uhr stattfindende Fütterung der Pelikane an der Kingscote Wharf und die Beobach-

KANGAROO ISLAND ERLEBEN

VISITOR INFORMATION CENTRE
1 Howard Dr., Penneshaw
Tel. 08 85 53 11 85
www.tourkangarooisland.com.au

ANREISE
Flugzeuge von **Regional Express** (www.regionalexpress.com.au) starten in Adelaide und kosten 320 AUD aufwärts. Die Autofähre ab Cape Jervis ist deutlich teurer, wenn man mit Auto und zwei Personen bucht.

KANGAROO ISLAND OUTDOOR ACTION
Lust auf ein kleines Abenteuer? Dann Sie sind bei diesem Anbieter richtig. Wir wäre es z. B. mit Sandboarding? Stehend oder sitzend surft man auf einem Brett die Dünen hinunter.
Tel. 08 85 59 42 96
www.kioutdooraction.com.au

1 SOUTHERN OCEAN LODGE €€€€
Exzellente südaustralische Küche mit täglich wechselndem Menü und Traumblick. Es gibt auch 21 Luxussuites mit ebenfalls allerbester Aussicht.
Hanson Bay (westl. Teil der Südküste), Tel. 08 85 59 73 47
www.southernoceanlodge.com.au

2 SUNSET FOOD & WINE €€€
Für alle, die es ein wenig günstiger haben wollen, aber immer noch ein Spitzenniveau erwarten: Chef Jack Ingram kochte früher für die Southern Ocean Lodge.
4564 Hog Bay Rd., Penneshaw
Tel. 08 85 53 13 78
www.sunsetfoodandwine.com

1 SEAFRONT €€
Man wählt sein Domizil aus 16 Zimmern und zwölf Villen auf Vier-Sterne-Niveau. Pool, Sauna, Tennis und Hog Bay Swimming Beach.
49 North Terrace, Penneshaw
Tel. 08 85 53 10 28
www.seafront.com.au

2 KANGAROO ISLAND WILDERNESS RETREAT €€
Natur pur, hoher Komfort: Die Unterkunft am Eingang zum Flinders Chase National Park versteckt sich im Buschland. Gutes Restaurant.
8125 South Coast Rd.
Flinders Chase, Tel. 08 85 59 72 00
www.kiwr.com

tungstour zu den Zwergpinguinen, die bei Dämmerung von der Beutejagd kommen und zu ihren Nestern watscheln.

... Pinguine, ...
Auch am Fährhafen zum Festland sind Pinguinkolonien heimisch. Täglich starten in der Abenddämmerung vom **Penneshaw Penguin Centre** geführte Touren zum Hog Bay Beach. Unweit der Fähranlegestelle, beim **Penneshaw Caravan Park**, lassen sich die kleinen Frackträger ebenfalls recht gut bestaunen. ★ Penneshaw

HÜPFEN, CHILLEN, BOXEN

Kängurus sind in Australien in manchen Teilen so etwas wie eine Landplage. Für Touristen, die ja auch wegen Australiens Wappentieren den fünften Kontinent besuchen, ist das schwer verständlich, zumal sie tagsüber nicht so viele zu Gesicht bekommen. Außer der Besucher sieht sie überfahren und liegen gelassen an den endlos langen Highways im Outback, manchmal sogar als mächtiges Verkehrshindernis mitten auf der Fahrbahn. Dieses hässliche Bild korrigiert man am besten auf Kangaroo Island.

Viele Australien-Reisende sehen tatsächlich mehr tote Kängurus als lebendige. Die meisten Unfälle passieren nachts. Urplötzlich springen die Tiere über die Fahrbahn oder Piste und der Fahrer hat meistens nicht mehr die Möglichkeit auszuweichen oder zu bremsen. Es sind schreckliche Unfälle – auch mit schwerwiegenden Verletzungen für die Fahrzeuginsassen, wenn das Tier durch die Windschutzscheibe fliegt. Wer einmal einen solchen Känguru-Unfall gesehen hat, weiß, warum viele Australier an ihrem Auto einen Bullenfänger montiert haben.

In freier Wildbahn

Wer Kängurus – und auch Koalas! – in ihrer natürlichen Umgebung erleben möchte, sollte deshalb mit der Fähre unbedingt nach **Kangaroo Island** übersetzen. Es lohnt sich! Denn die nachtaktiven und sonst so scheuen, sprunghaften Gesellen haben auf ihrer Insel keine Angst vor dem Menschen. Sie kennen ihn nicht als Feind. Das Füttern durch die Besucher machte so manchen der »roos«, wie die Australier sagen, sogar so dreist, dass sie frech in Taschen und Rucksäcken nach Essbarem stöbern, wenn man seine Habseligkeiten mal einen Moment unbeaufsichtigt lässt. Damit die Touristen ungestört ihre mitgebrachten Lunchpakete genießen können, wurden sogar eingezäunte Picknickplätze errichtet. Dort sitzt sozusagen der Mensch im Stall – und nicht umgekehrt. Denn die Beuteltiere schauen mit großen Augen, was die Zweibeiner hinter dem Maschendraht so alles tun und verzehren.

Streitthema Känguru

Kängurus sind Down Under ein Streitthema zwischen Naturschützern und Jägern. Die meisten Farmer sehen in den

Wer ein wenig Glück hat, sieht auch einmal ein »joey« im Beutel seiner Mutter.

Im Straßenverkehr sind Kängurus für sich wie für Auto- und Motorradfahrer eine große Gefahr.

Pflanzenfressern einen Schädling, der ihren Schafen und Rindern das Gras wegfrisst. Während die Naturschützer warnen, dass **die staatliche Abschussquote** von 1,5 Mio. Kängurus pro Jahr, eines Tages zur Ausrottung der Beuteltiere führen könnte. Auch ein Unfall mit einem Känguru ist – anders als etwa mit Rindern – nicht meldepflichtig.

Sichere Kinderstube

Derzeit hüpfen rund 30 000 Kängurus mit Größen zwischen 35 cm und fast 2 m auf Kangaroo Island umher. In ganz Australien wird der Känguru-Bestand auf rund 45 Mio. Tiere geschätzt. Insgesamt gibt es 83 verschiedene Arten. Aufpassen muss man nur vor einer Mutter, die ein Junges (»joey«) hat: Sie kann mit ihren krallenbesetzten und muskulösen Hinterfüßen kräftig treten. Vor der Verteidigung wird das Junge allerdings durch einen mächtigen Tritt auf den Boden gewarnt, woraufhin das »joey« flugs in den sicheren Beutel der Mutter flüchtet. Entgegen weit verbreiteter Meinung schauen dabei aber meistens nur die Pfoten und nicht der Kopf heraus.

Spitzensportler

Wer einmal gesehen hat, mit welcher Leichtigkeit ein Gartenzaun von einem Känguru übersprungen wird, wundert sich nicht über solche Werte: Hüpfend erreichen sie Geschwindigkeiten **bis zu 50 km/h**, wobei ein einzelner Sprung 9 m weit sein kann. Bei langsamer Gangart benutzen die »roos« aber auch die Vorderpfoten. Überhaupt mögen sie es auch gemütlich: Kängurus hüpfen nicht nur, sie chillen abends auch auf weiten Wiesen. Wenn es aber ums Revier oder ein Weibchen geht, werden sie zum »Boxkämpfer«. Dabei sind die Kämpfe eher eine Rangelei: Die Tiere schupsen und umklammern sich und kratzen allenfalls ein wenig. In Gefahr und gegen einen artfremden Gegner nutzen sie ihre starken Hinterbeine. Deren scharfen Krallen können dem Angreifer ernsthafte Verletzungen zufügen.

… und Seelöwen

★ Seal Bay Conservation Park

Australiens zweitgrößte Seelöwenkolonie ist an der Südküste der Insel im Seal Bay Conservation Park zu Hause. Man darf sie nur in kleinen Gruppen in Begleitung eines Rangers besuchen. An warmen Tagen dösen dort Hunderte von Seelöwen; die Tiere sind an Menschen gewöhnt und lassen Besucher bis auf wenige Meter heran. Man kann die Seelöwen und Buckelwale auch von Aussichtsplattformen auf den Sanddünen beobachten.

Park: Seal Bay Visitor Centre | tgl. 9–16.15, im Sommer bis 19 Uhr
Eintritt: ab 35 AUD

Strände

★ Vivonne Bay

Entlang der Küste der Insel findet man herrliche Sandstrände zum Surfen und Baden. Der schönste findet sich an der bei Wellenreitern beliebten Südküste an der Vivonne Bay; dahinter erstreckt sich die zauberhafte Dünenlandschaft der Little Sahara.

Bizarre Felsen

★ Flinders Chase National Park

Fast den gesamten Westen der Insel nimmt der 740 km² große Flinders Chase National Park ein. Dort findet man herrliche Eukalyptuswälder und üppige Buschvegetation, zahlreiche Kängurus, Koalas, Emus und Schnabeltiere. Am **Admirals Arch** spaziert man auf Holzstegen durch den Höhlenbogen mit Tropfsteinen und Blick auf die

Wirklich »bemerkenswert«: Wind und Wasser haben mit den Remarkable Rocks im Flinders Chase National Park bizarre Gesteinsformationen geschaffen.

offene See, wo sich Pelzrobben tummeln. Unweit östlich davon erheben sich die von Wind, Wetter und Erosion bizarr geformten **Remarkable Rocks**, mächtige Granitblöcke, die bei Sonnenschein orange leuchten. Noch weiter östlich folgen die **Kelly Hill Caves**, ausgedehnte Tropfsteinhöhlen, die man teilweise besichtigen kann.

MURRAY BRIDGE

Höhe: 11 m | **Einwohner:** 20 000

Unter den längsten Flüssen der Welt verfehlt Australiens längster schiffbarer Strom mit 2570 km Länge knapp die Top 30. Umso wichtiger ist der Murray River als Lebensader für den gesamten Südosten des Kontinents. Murray Bridge verdankt seinen Namen der ersten Brücke, die den Fluss seit 1879 überspannt. Die Stadt nennt sich selbst »Krone des Murray River«, bietet außer dem schönen und regen Flussleben allerdings reichlich wenig.

Erschlossen wurde der Murray River, der südlich des Mount Kosciuszko in den Snowy Mountains (NSW) als Rinnsal entspringt, erst Ende des 19. Jh.s, als man den mäandernden Strom zur künstlichen Bewässerung von Weinfeldern und Zitrusplantagen in Mildura (VIC) aufstaute. Das kam auch der Landwirtschaft um Murray Bridge zu Gute. 1979 wurde die Swanport Bridge, etwa 5 km flussabwärts, fertiggestellt. Seitdem übernimmt sie den kompletten Durchgangsverkehr.

Entlastung für die alte Brücke

Wohin in Murray River und Umgebung?

Rauf aufs Wasser!
Betagte Schaufelraddampfer wie die schöne **»River Queen«** legen in Murray Bridge ab. Oder man mietet sich ein Kanu, Kajak oder gar ein Hausboot. Das Flussleben auf dem Murray River in Murray Bridge ist bunt und vielfältig.

Das Flussleben

Das weiße Rhinozeros
Australiens größte Giraffenherde, die Löwen, ein weißes Rhinozeros und die kleinen Tasmanischen Teufel werden am meisten bestaunt. Insgesamt sind in dem Zoo 20 km westlich von Murray Bridge rund 500 freilaufende Tiere aus 50 Arten zu sehen.
Old Princes Hwy. | tgl. 9.30–17.00 Uhr | Eintritt: 36 AUD
www.monartozoo.com.au

Monarto Zoological Park

MURRAY BRIDGE ERLEBEN

VISITOR INFORMATION CENTRE
3 South Terrace
Tel. 08 85 39 11 42
www.murrayriver.com.au/murray-bridge

MURRAY BRIDGE HOTEL €€€
Eine Institution in der Stadt seit 1914, aber mit moderner Innenaustattung und Einrichtung. Es gibt gehobenes Pubessen und – für alle, die nicht auf dem Wasser schlafen möchten – auch ein paar angenehme Zimmer.
20 Sixth St., Murray Bridge
Tel. 08 85 32 20 24
www.murraybridgehotel.com.au

OZ HOUSEBOATS €€€€
15 Hausboote stehen zur Wahl, alle mit Küche, Bad, WC und sogar einem Whirlpool auf dem Sonnendeck.
Long Island Marina
Murray Bridge, Tel. 08 83 65 77 76
www.ozhouseboats.com.au

50 000 Rosen

Renmark Schon 1887 wurde ein Bewässerungssystem im Riverland des Murray angelegt. Heute werden riesige Zitrusplantagen, Obstgärten und Rebflächen künstlich beregnet. Auch in Renmark kann man gemütliche Bootsfahrten auf dem Murray River – z. B. mit der hübschen **»River Lady«** – oder Kanutouren in die Wetlands machen.

Urlaub wie die Aussies

Meningie Von Murray Bridge sind es knapp 80 km zum **Lake Albert**, wo man unter Aussies ein paar typische freie Tage verbringen kann, am besten im Caravan Park direkt am Wasser. Trotz der Nähe zum Meer ist der wunderschöne, 25 km lange, 14 km breite, aber nur bis zu 1,5 m tiefe Lake Albert ein Süßwassersee.

★ NARACOORTE

Höhe: 57 m | **Einwohner:** 6000

Naracoorte? – Nie gehört? Soll ein Weltnaturerbe sein? Ist es tatsächlich! Und »wer die von der UNESCO geadelten Höhlen einmal bestaunt hat, stellt die Eingangsfrage auch nicht mehr«, sagt Bürgermeisterin Erika Vickery.

Großes Wasserloch nannten die Meintangk-Aborigines die ländliche Kleinstadt Naracoorte, die hauptsächlich von der Rinder und Schafzucht lebt, aber auch vom Tourismus durch die berühmten Karsthöhlen im Naracoorte National Park. Das Städtchen selbst hat wenig zu bieten, die Umgebung umso mehr: Ein Vulkan, siebenmal salzhaltigeres Wasser als im Indischen Ozean und eine der weltweit größten Pelikan-Populationen machen das Städtchen nahe der Grenze zu Victoria zu einem guten Ausgangspunkt, den auch Weinliebhaber zu schätzen wissen. Immerhin rund 35 Weingüter bieten rund um Coonawarra beste Tropfen an.

Viel los im Umland

Wohin in Naracoorte?

Alles zu Schaf und Wolle

Sheep's Back Museum

Wissenswertes zum Thema Wolle und Schafzucht erfährt man in einer 1870 erbauten Mühle.

36 Mac Donald St. | Mo.–Fr. 9–17, Sa.–So. 10–16 Uhr | Eintritt: 7 AUD
www.nationaltrust.org.au/places/the-sheeps-back-museum

Großes Badevergnügen

Swimming Lake

Eines der größten Schwimmbecken Australiens: Das Oval mit etwa 100 x 50 m in einem Park mit künstlichem Sandstrand angelegt. Horden von hübschen, kreischenden Aras bevölkern das Areal.

Moore St. | Dez.–März tgl. 24 Std. geöffnet | Eintritt: frei

Rund um Naracoorte

Steinalt

★ Naracoorte Caves National Park

Seit 1994 gehören die 26 Karsthöhlen 12 km südlich von Naracoorte zum Weltnaturerbe der UNESCO. Das **Wonambi Fossil Centre** und die **Wet Cave** kann man auf einem Rundkurs allein erkunden, während die 12 m hohe **Cathedral Cave**, die **Bat Cave** – hier flattert und lebt eine der größten Fledermauskolonien Australiens –, die **Blanche Cave**, **Fox Cave**, **Alexandra Cave** und **Victoria Fossil Cave** nur im Rahmen von Führungen zu besichtigen sind. Zum Welterbe ernannt wurde die Stätte, weil man in den 26 Höhlen an rund 100 Orten Fossilien gefunden hat, die vor rund 200 Mio. Jahren und nochmals vor rund 20 Mio. Jahren von Korallen und anderem Meeresgetier gebildet wurden. Im August 1969 machten Höhlenforscher in der Victoria Cave den letzten sensationellen Fund: Abertausende von 18 000 bis 170 000 Jahre alten Skeletten prähistorischer Säuge- und Beuteltiere, Vögel und Reptilien bedecken den Höhlengrund. Darunter auch Knochen von Riesenkängurus, die den Kontinent vor rund 100 000 Jahren bevölkerten. Aber nicht nur die einzigartigen Funde, sondern

auch die ungewöhnlichen Tropfsteinbildungen versprechen den Besuchern ganz besondere Erlebnisse.
Caves: Hynam Caves Rd. | tgl. 9–17 | 6 Führungen 9.30–15.30 Uhr
Eintritt: ab 10 AUD | www.naracoortecaves.sa.gov.au

Australien im Glas

★ Coonawarra

Weitere 8 km südlich sorgt beim Dörfchen Coonawarra die Terra Rossa, eine dünne Schicht aus leuchtend roter, eisenhaltiger Erde auf weichem Kalkstein- und Sanduntergrund, für Furore im Glas. Die ersten Reben wurden 1890 gepflanzt. Heute keltern auf 16 km Länge und 3 km Breite 35 Winzer aus Shiraz-, Merlot-, Cabernet-Sauvignon- und Pinot-Noir-Trauben rote Tropfen von ausgezeichneter Qualität. Die hochkarätigen Weine werden in Barriques aus französischer Eiche ausgebaut. Dank ihrem ausladenden Körper bleiben sie aber typische Aussies. Zu den Top-Weingütern im Tal gehören **Balnaves, Hollick, Koonara** und **Redman**.
Balnaves: 15517 Riddoch Hwy.,Coonawarra | Tel. 08 87 37 29 46
Mo.–Fr. 9–16.30, Sa. u. So. ab 11.30 Uhr | www.balnaves.com.au
Hollick: 11 Racecourse Rd., Penola | Tel. 08 87 37 23 18
Mo.–Fr. 9–17, Sa. u. So. ab 10 Uhr | www.hollick.com
Koonara: 44 Church St., Penola | Tel. 08 87 37 32 22
Mo.–Do. 10–17, Fr. u. Sa. 10–18, So. 10–16 Uhr | www.koonara.com
Redman: 14830 Riddoch Hwy., Coonawarra | Tel. 08 87 36 33 31
Mo.–Fr. 9–17, Sa. u. So. 11–16 Uhr | www.redman.com.au

Ein See wie ein Saphir

Mount Gambier

Schon vor mehr als 5000 Jahren erloschen, doch sein Blue Lake schimmert im Sommer immer noch wie ein Saphir: Der Vulkan Mount Gambier liegt etwa 65 km südlich von Coonawarra. Zwischen November und März wechselt der 97 m tiefe blaue See seine Farbe von trübem Grau zu leuchtendem Kobaltblau. Die steigenden Wassertemperaturen sorgen dafür, dass sich die Kalkpartikel im Seewasser zusammenziehen, die alles sichtbare Licht außer Blau absorbieren. Wenn sich das Wasser abkühlt, lösen sich die Partikel wieder. Um den Krater führt ein 5 km langer Scenic Drive, den man auch gut mit dem Fahrrad bewältigen kann.
Am Fuße des Vulkans erstreckt sich das gleichnamige Städtchen, in dem mittendrin ein Loch klafft: Die 50 m tiefen **Cave Gardens** sind eine von mehreren Dolinen in der Umgebung.

Eindrucksvolle Stalaktiten

Tantanoola Caves

35 km nordwestlich von Mount Gambier folgt für alle Hobby-Speläologen eine weitere spektakuläre Höhle mit eindrucksvollen Stalaktiten: die Tatanoola Caves.
Princes Hwy. | Sept.–April tgl. 10–15 Uhr, Mai–Aug. nur Sa.–Mo.
Eintritt: 14 AUD | www.mountgambierpoint.com.au

OBEN: Bis vor rund 45 000 Jahren gingen Beutellöwen in Australien auf die Jagd. In den Naracoorte Caves steht ein Skelett, effektvoll in Szene gesetzt.

UNTEN: Der Coorong National Park ist das perfekte Ziel für alle, die ausgiebige Strandspaziergänge lieben.

Der 770-m-Pier

Beachport

Die ehemals bedeutende Walfangstation ist heute ein beliebter Ferienort, jeweils rund 100 km von Naracoorte bzw. Mount Gambier entfernt. Die Jetty ist mit 770 m eine der längsten Holzpiers Australiens, an der man Fisch direkt vom Kutter kaufen kann. Sehr schöne Ausblicke aufs Meer bietet der **Bowman Scenic Drive**. Der **Pool of Siloam** ist siebenmal salziger als der Pazifik und versprüht ein wenig Totes-Meer-Flair. Auf der vorgelagerten **Penguin Island** nisten Zwergpinguine.

Koala-Alarm

★ Robe

Long Beach ist wahrlich ein ewig langer Strand, auf dem man sogar Auto fahren darf. Dazu kommen dies Beaches Fox's, Hoopers, Town und Karatta sowie die West Beaches, an denen das Schwimmen im

NARACOORTE ERLEBEN

VISITOR INFOMATION CENTRE

MacDonnell St./Cameron St.
Tel. 08 87 62 13 99
www.naracoortelucindale.com

Im **Minijumbuk** in der Smith St. gibt's alles aus Wolle – in sehr guter Qualität und zu Fabrikpreisen (www.minijumbuk.com.au).

Es ist schon ein Erlebnis, wenn das Vieh am Wimmera Highway lautstark seine Besitzer wechselt: Beim **Regional Livestock Exchange** werden pro Jahr 100 000 Rinder und 400 000 Schafe verkauft (Di., ab 9 Uhr).

BILLY MAC'S €€

Eine wilde Mischung steht auf der Karte: von Pad Thai bis Knoblauch-Prawns, von Fish'n' Chips bis Kürbis-Fettuccini und natürlich Schnitzel und die bis zu 40 AUD teuren Steaks. Dann bekommt man allerdings auch ein 600 g Black Angus Rump.
73 Ormerod St., Naracoorte
Tel. 08 87 62 24 00
www.naracoortehotel.com.au

NARACOORTE COTTAGES €€

Die sechs hübschen Häuschen im britischen Stil werden als B & B betrieben. Zur Begrüßung gibt's eine Flasche Coonawarra-Wein.
192 Smith St., Naracoorte
Tel. 04 08 81 06 45
www.naracoortecottages.com.au

SEA VU €

Wunderbar, oberhalb der Klippen gelegener Caravan Park mit 23 Bungalows sowie Stellplätzen mit Strom und Wasser für Wohnmobile. Treppen führen direkt runter zum Strand.
1 Squires Dr., Robe
Tel. 08 87 68 22 73
www.seavucaravanpark.com.au

Meer aufgrund der Brandung und der Strömungen allerdings gefährlich ist. Hinter den tollen Stränden versteckt sich ein Städtchen mit 84 historischen Bauten aus dem 19. Jh., darunter das 1863 erbaute **Old Customs House** oder der rot-weiße Obelisk, der 1855 am **Cape Dombay** errichtet wurde. Robe liegt etwa 50 km nordwestlich von Beachport.

Knapp 40 km weiter nordwestlich folgt der 35 m hohe Leuchtturm von **Cape Jaffa**. Auf der Zufahrtsstraße herrscht für gewöhnlich Koala-Alarm. Wer dort keine Koalas in freier Wildbahn sieht, sollte vielleicht an seinem Karma arbeiten. The **Big Lobster**, ein riesiger Fiberglas-Hummer in Kingston, 22 km weiter Richtung Adelaide gelegen, weist auf den reichen Fang von Schalentieren an dieser Küste hin. Parallel zu ihr verläuft der 130 km lange **Coorong National Park**, der Feuchtgebiete, Dünen, Lagunen und unzählige Wasserwege schützt. Das Gebiet beheimatet außerdem eine der weltweit größten Pelikan-Populationen. Es gibt 4WD-Tracks und einfache Campingplätze.

TASMANIA

Kürzel: TAS | **Fläche:** 68 401 km² | **Hauptstadt:** Hobart
Einwohner: 525 000 | **Symboltier:** Tasmanischer Teufel
Symbolpflanze: Blauer Eukalyptus

Down Under ganz anders: Britischer, regenreicher, nebliger und viel kleiner als das Festland ist Tasmanien. Alpine Bergregionen, unberührte Wildnis, dichte Urwälder, in denen Tasmanische Teufel wuseln, zerklüftete Felsküsten und pazifische Traumstrände hat die größte Insel des fünften Kontinents zu bieten. Sie soll sogar mit der reinsten Luft und dem saubersten Wasser der Welt aufwarten und ist die Heimat der berühmten Granny-Smith-Äpfel. Und Tasmaniens Hauptstadt Hobart gilt als letzter Bahnhof vor der Antarktis.

Very british!

»Bei uns ist das eben so … « Diesen Satz sollte man sich merken, wenn wieder mal etwas Merkwürdiges passiert in »this other England«. Man hat den Eindruck, die Leute sind britischer als die Briten. Der Satz gilt fürs Wetter und den Sonntagsbraten, für Tratsch und die Bedienung im Tante-Emma-Laden. Die Tasmanier sind zum Großteil britischer Abstammung, haben einen australischen Pass, fühlen sich aber durch und durch als Tasmanier. Wer sie kennen lernen will, geht abends in die Kneipen. In den Pubs oder in großen Menschentrauben davor genießen Jung und Alt mit einem Glas Bier in der Hand zwanglos den Feierabend. Und im Nu ist man im Gespräch. Allerdings sollte ein Thema vermieden werden: die Aborigines. Grausame Treibjagden wurden auf die Ureinwohner gemacht und keiner der rund 5000 tasmanischen Aborigines konnte überleben. Die freundlichen Tasmanier von heute stellen sich dieser Tatsache jedoch nur ungern. Aber man kann sicher sein: Im Inneren schämen sie sich ihrer Vorfahren.

Insel oder nicht Insel, das ist hier die Frage

Geschichte

Die Entdeckung Tasmaniens durch die Europäer begann mit einem Irrtum. Der niederländische Seefahrer Abel Tasman hatte das Eiland erstmals 1642 betreten. Van Diemen's Land nannte er es – zu Ehren des damaligen Gouverneurs der Kolonie Holländisch-Ostindien. Tasman glaubte, auf den äußersten Südzipfel des Festlands gestoßen zu sein. Erst die Seefahrer Matthew Flinders und George Bass entdeckten gut 150 Jahre später die 250 km breite Bass Strait. Was man damals freilich noch nicht wusste: Noch vor rund 13 000 Jahren war – bei niedrigerem Meeresspiegel – Tasmanien tatsächlich noch mit dem Festland verbunden. Das später zu kolonialer Zeit als Vorhölle berüchtigte Sträflingslager betört heute als grüne Inselidylle, auf der man hauptsächlich von Holzindustrie, Schafzucht und Tourismus lebt.

TASMANIA

★★ CRADLE MOUNTAIN-LAKE ST. CLAIR NATIONAL PARK

Höhe: 250–1617 m | **Einwohner:** 1000

Cradle Mountain bedeutet Wiegenberg – tatsächlich erinnert die Gegend irgendwie auch an die Schöpfungsgeschichte. Zusammen mit dem Lake St. Clair könnte man die Region zwar mit unseren Alpen vergleichen, nur eben Down Under und vor allem wilder, harsch und dennoch lieblich. Eine raue alpine Gebirgslandschaft mit unzähligen Seen, Mooren und gleichzeitig ein grandioser Nationalpark, der zum Weltnaturerbe Tasmanische Wildnis gehört.

Alpine Wildnis

Die 1982 eingerichtete **Tasmanian Wilderness World Heritage Area** umfasst mit 13 800 km² – und damit knapp 20 % der Fläche Tasmaniens – das größte Schutzgebiet in Australien. Es schließt insgesamt sechs Nationalparks ein: neben Cradle Mountain-Lake St. Clair auch den Franklin Gordon Wild Rivers National Park, Southwest National Park, Walls of Jerusalem National Park, Mole Creek Karst Nati-

onal Park sowie der Hartz Mountains National Park. Damit ist das Gebiet, das zu den am besten erhaltenen Wildnisregionen der Welt zählt, eine der flächenmäßig größten Naturerbestätten der Erde. Man findet zwischen kühl-gemäßigtem Regenwald und hohen, teilweise schneebedeckten Gipfeln beinahe jede Vegetationsform, so auch endlose, mystisch anmutende Moore und lieblich-romantische Heideflächen. Das alpine Landschaftsbild entstand im Wesentlichen am Ende der letzten Eiszeit, deren Gletscher schroffe Bergspitzen, Täler und Moränenseen hinterlassen haben.
Entsprechend alpin ist auch das Klima: Dicke Regenwolken hängen oft über der ganzen Region. Tasmanien macht es Urlaubswilligen nicht so einfach, das gilt besonders für den Cradle Mountain-Lake St. Clair Nationalpark: Selbst im Hochsommer gibt es keine Schönwettergarantie. Mit Regen muss immer gerechnet werden und die Temperaturen steigen selten höher als 25 °C. Statt Flip-Flops sind also Wanderschuhe gefragt und statt Badekleidung wird eher Funktionswäsche benötigt, wenn man – am besten auf Schusters Rappen – die einmalige Wildnis Tasmaniens erkundet.

Der Southwest National Park bildet den kaum zugänglichen, rauen südlichen Abschluss der Tasmanian Wilderness World Heritage Area.

Wohin im Cradle Mountain-Lake St. Clair National Park und Umgebung?

Der Berg im Wasser
Im Lake Dove spiegelt sich der 1545 m hohe, spitz zulaufende Cradle Mountain im dunklen Wasser des Sees. Dort beginnt auch **Tasmaniens längster Trekking-Pfad**. Er führt über rund 80 km durchs Gebirge bis zum Lake St. Clair. Der etwa zweistündige **Lake Dove Walk** ist dagegen ein aussichtsreicher Rundweg um den eiskalten gleichnamigen See, vorbei an moosüberwachsenen Urwaldriesen.
Eine überwältigende Aussicht belohnt den **Aufstieg zum Cradle Mountain** – rund 12 km lang, via Marion Lookout, zurück via Crater Peak Lookout. Der **Waters meet Nature Walk** führt bei Cynthia Bay nahe am Ufer des Lake St. Clair entlang bis zum Zusammenfluss von Hugel River und Cuvier River.

★★ Cradle Valley

Steil aufragende Berge
Steil aufragende Berge, die wie Mauern die Seenlandschaft im zentralen Hochplateau umrahmen, prägen das Landschaftsbild im östlich angrenzenden Walls of Jerusalem National Park, der ebenfalls zur Tasmanian Wilderness World Heritage Area gehört. Der West Wall und der Mount Jerusalem erreichen knapp 1500 m. Im Park kann gecampt werden.

★ Walls of Jerusalem National Park

Höchster Gipfel Tasmaniens
Zu den Highlights der Region gehört auch die zackige Bergspitze des **Frenchmans Cap**, die wie abgehobelt wirkenden Hochebenen des **Mount-La-Perouse-Massivs** und die schroffen Höhenzüge der **Denison Range** und **Western Arthur Range**. Sie sind Teil des Zentralplateaus der Insel, das rund 20 Gipfel mit Höhen über 1300 m umfasst. Auch die höchste Erhebung Tasmaniens, der 1617 m hohe **Mount Ossa**, und die **Hartz Mountains** sind hier zu finden.

★ Central Plateau Conservation Area

Undurchdringlicher Urwald
Der Highway A 10 ist die einzige Verbindungsstraße durch die Wildnis: Eine »long and winding road«, die den Cradle Mountain-Lake St. Clair vom Franklin Gordon Wild Rivers National Park trennt. Besonders dessen südlicher Teil gehört zu den vielleicht letzten, kaum erforschten Gebieten des Planeten. Man erreicht Teile praktisch nur vom kleinen Hafenort Strahan an der Westküste. Einzige Verkehrsmittel in dem undurchdringlichen Urwald sind Boote, Helikopter oder Wasserflugzeuge, die weit vordringen können und schließlich spektakulär auf dem fast schwarzen Wasser des Gordon River landen – umgeben von 500 bis 800 Jahre alten Bäumen. Es gibt nur eine Straße, die B 61, die zu einem der größten Wasserkraftwerke der Insel führt. Dahinter schließt sich ein unzugängliches, riesiges Gebiet an,

★ Franklin Gordon Wild Rivers National Park

Eine alpine Landschaft, wie man sie in Australien vielleicht nicht erwartet hätte: Der Cradle Mountain-Lake St. Clair National Park hält so manch überraschendes Outdoor-Abenteuer bereit.

DEN CRADLE MOUNTAIN-LAKE ST. CLAIR NATIONAL PARK ERLEBEN

VISITOR CENTRE
Cradle Mountain Rd., an der Einfahrt zum Nationalpark
Tel. 03 64 92 11 33
www.discovertasmania.com.au

KING RIVER RAFTING
Nur erfahrene Wildwasserkanuten wagen sich in die tosenden Fluten des oberen Franklin River. Im unteren Teil sind auch gemütliche Touren machbar.
Tel. 0409 66 42 68
www.kingriverrafting.com.au

Aufgrund der Abgeschiedenheit isst man stets in seiner Unterkunft.

CRADLE MOUNTAIN LODGE €€€
Gewohnt wird in einfachen, aber gemütlichen Cabins, die im Buschland verstreut sind, gegessen im ausgezeichneten Restaurant und Spa mit Blick auf den immergrünen Märchenwald. Am Eingang des Nationalparks gelegen.
4038 Cradle Mountain Rd.
Cradle Mountain
Tel. 03 64 92 21 00, www.cradlemountainlodge.com.au

LEMONTHYME LODGE €€€
Hier übernachtet man in sehr schönen und rustikalen Blockhäusern. Besonders originell sind die Stelzenhäuser mitten im Wald und das komplett aus Holz erbaute Restaurant.
770 Dolcoath Rd., Moina
Tel. 03 64 92 11 12
www.lemonthyme.com.au

das nur von zwei Einwohnern bewohnt wird: unverwüstliche Gestalten, die ihren Lebensunterhalt durch eine Zinnmine bestreiten.

Zu Wasser oder in der Luft

Strahan

Von Strahan, dem schönsten Fischerort Tasmaniens, am nördlichen Ende des riesigen Naturhafens Macquarie Harbour, fahren Ausflugsschiffe in den Unterlauf des Gordon River. Die Fahrt führt durch Urwälder mit 2000 Jahre alten Baumriesen.
www.gordonrivercruises.com.au | www.strahanhelicopters.com.au

Gold, Silber, Kupfer

Queenstown

Mit 5200 Einwohnern ist Queenstown, 40 km nordöstlich von Strahan, die größte Siedlung im Westen Tasmaniens. 1856 entdeckte man Gold und über Nacht wurde Queenstown zur Boomtown. Der Bergbau hinterließ allerdings wenig schöne Spuren: Die für die Kupferverhüttung benötigten Holzmengen führten zum Kahlschlag der Bergwälder, Erosion verhinderte ein Nachwachsen des Waldes. Etliche Bauten künden noch von Queenstowns glanzvoller Epoche, so das 1901 fertiggestellte **Empire Hotel** oder das **Imperial Hotel** von

1898, in dem das **Eric Thomas Galley Museum** untergebracht ist, das die Entwicklung der Region fotografisch dokumentiert.
Das nördlich von Queenstown gelegene **Zeehan** wurde durch Silbervorkommen ab 1882 reich. Die Lagerstätten waren jedoch schon 1908 erschöpft. An die guten Zeiten erinnert das Gaiety Theatre von 1898 mit 1000 Plätzen, in dem einst selbst Enrico Caruso Arien schmetterte. Prächtig ist auch das ehemalige Grand Hotel von 1898.

Eric Thomas Galley Museum: 1 Driffield St. | Mo.–Fr. 9.30–18, Sa. u. So. ab 12.30 Uhr | Eintritt: 4 AUD

★ Southwest National Park

Riesig und abgelegen

Dieser größte und zugleich abgelegenste Nationalpark Tasmaniens bildet den südlichen Abschluss der Tasmanian Wilderness World Heritage Area. Kahle Quarzit- und Schieferberge sowie dicht bewaldete Täler, durchsetzt von Grasebenen, bestimmen das Landschaftsbild. Ganz im Süden erstrecken sich einsame wie großartige Küstenlandschaften. Man erreicht das Gebiet über die nach Strathgordon führende Gordon River Road. Davon zweigt 30 km westlich von Maydena eine Piste nach Süden ab, die zum Ostufer des Lake Peddar führt. Im Sommer gibt es Wildniscamps.

DEVONPORT

Höhe: 12 m | **Einwohner:** 23 000

Wer mit dem Auto nach Tasmanien anreist, legt in Devonport an, dem drittgrößten Städtchen Tasmaniens. Die Fähre »Spirit of Tasmania« ist für die regelmäßige Verbindung zum Festland, sogar direkt nach Sydney und Melbourne, zuständig. Die zwölfstündige Überfahrt vom Festland ist rau und bei so manchen der Magen auch danach noch ein wenig flau.

Das Tor zum Festland

Wieder festen Boden unter den Füßen, will man daher vielleicht nicht gleich weiterfahren, auch wenn man – wir wollen ehrlich sein – in Devonport nicht allzu viel verpassen würde. Alternativ quartiert man sich in einem hübschen Hotelchen am Meer ein. In diesem Fall lohnt der Besuch des Tiagarra Aboriginal Culture Centre and Museum. Die Tasmanier haben gegenüber den Aborigines ja einiges aufzuarbeiten. Ansonsten merkt man vielerorts, dass es einst vor allem die randvoll mit Kohle beladenen Lastschiffe waren, die Devonport Bedeutung gaben.

Wohin in Devonport?

Spaziergang zu Felszeichnungen

Tiagarra Aboriginal Culture Centre

Das Schicksal der im 19. Jh. in Tasmanien ausgerotteten Ureinwohner erzählt das Tiagarra Aboriginal Culture Centre mit angeschlossenem Museum in eindringlicher Weise. Ein Rundweg führt von hier entlang der Küste zu Felszeichnungen der Aborigines.

Mersey Bluff | Mo.–Sa. 9–17 Uhr | Eintritt: 12 AUD
https://tiagarra.weebly.com

Von Kompass bis Kutter

Bass Strait Maritime Museum

Der Seefahrt widmet sich dieses Museum, das in der einstigen Lotsenstation und Hafenmeisterei eingerichtet ist. Etwas nass wird man bei der zweistündigen Kuttertour, die das Museum anbietet.

Gloucester Av. | tgl. 10–17 Uhr | Eintritt: 10 AUD
www.bassstraitmaritimecentre.com.au

Einziger Tassie-Premier

Home Hill

Das Kolonialhaus Home Hill von 1916 gehörte einst Joseph Lyons, der 1923 bis 1928 Ministerpräsident von Tasmanien und 1932 bis 1939 von Australien war – übrigens der einzige Tasmanier in dieser Position. Nach seinem Tod wurde seine Witwe Enid 1943 als erste Frau in das Parlament von Canberra gewählt. Sie hatte zwölf Kinder.

77 Middle Road | Führung Mi.–So. jeweils 14 Uhr | Eintritt: 15 AUD
www.nationaltrust.org.au/places/home-hill

Rund um Devonport

Die Welt der Murals

Sheffield

Wildwest-Atmosphäre in Tasmanien: In Sheffield, 32 km südlich, quietschen Blechschilder im Wind, das Wirtshaus hat Flügeltüren wie ein Saloon und die Holzwände sind mit Motiven aus der Gründerzeit bemalt. Doch statt vom Wind umhergetriebene Spinifex-Ballen überraschen Palmenalleen und als Helden treten an Stelle von John Wayne die Jugendlichen des Ortes auf. Sie sind die Schöpfer der naiven Kunstwerke, der Murals. Rund 30 Wandmalereien statt Sprayer-Wildwuchs an den Außenfassaden der Häuser lassen Rückschlüsse auf die politischen Korrektheit in der Stadt zu. Die Holy Street führt in die Nachbarortschaft Paradise und der Bottle Shop, in dem man sich mit Bier, Wein und Spirituosen versorgt, ist nach außen nicht gekennzeichnet.

Einblicke in vergangene Zeiten

Deloraines

Von den Anfängen Deloraines, 50 km südöstlich von Devonport, zeugen die **Bowerbank Mill** von 1853, die 1871 zur Dampfmühle umgebaut wurde, und die neogotische **St. Marks Anglican Church**

DEVONPORT ERLEBEN

VISITOR CENTRE
145 Rooke St.
Tel. 03 64 24 44 66
www.discovertasmania.com.au

DRIFT €€€
Seafood, Steaks und eine gute Käse-Auswahl.
41 Bluff Rd., Tel. 03 64 24 46 95
www.driftdevonport.com

EDGEWATER €€
Das Minihotel ähnelte einem modernen Motel mit Meerblick. Die Budgetzimmer gehen nach hinten raus, sind um knapp die Hälfte kleiner und kosten unter 100 AUD.
4 Thomas St.
Tel. 03 64 27 84 41
www.edgewaterhotel.com.au

von 1859. Ein beliebtes Ausflugsziel sind 27 km weiter südlich die **Liffey Falls**.

Tasmaniens Tierwelt

Trowunna Wildlife Park

15 km westlich von Deloraine markiert ein riesiger Tasmanischer Teufel den Eingang zum sehenswerten Trowunna Wildlife Park, der nicht nur Wombats, Quolls, Koalas und Kängurus in ihrer natürlichen Umgebung präsentiert, sondern auch verletzte Tiere gesund pflegt.
1892 Mole Creek Rd. | tgl. 9–17 Uhr | Eintritt: 26 AUD
http://trowunna.com.au

Naturwunder unter der Erde

★ Mole Creek Karst National Park

Der Mole Creek Karst National Park rund 35 km westlich von Deloraine gehört zur Tasmanian Wilderness World Heritage Area und schützt seit 1996 das größte und meistbesuchte Höhlensystem Tasmaniens mit mehr als 300 bekannten Tropfsteinhöhlen, unterirdischen Flüssen und Karstschluchten. Zwei dieser Höhlen sind für Besucher geöffnet: In der **Marakoopa Cave** leuchtet die größte Glühwürmchen-Kolonie des Kontinents, die **King Salomon Cave** birgt gewaltige Stalagmiten und Stalaktiten.
330 Mayberry Rd. | tgl. 10–16 Uhr | Eintritt: 20 AUD

Georgianisch-viktorianisches Erbe

Westbury

16 km östlich von Deloraine lohnt das bis heute georgianisch geprägte Westbury. Hübsch ist das 1841 als Kaufmannsladen errichtete **White House** mit Möbeln und Spielzeug des 18. Jahrhunderts. Und in **Pearns Steam World** kann man viktorianische Dampfmaschinen bewundern.

Pearns Steam World: 65 Meander Valley Rd. | tgl. Juli–Sept. 10–15, Okt.–Juni 9–16 Uhr | Eintritt: 10 AUD | http://steamworld.com.au

Berühmte Käse-Insel

King Island

Als letzter Rest der einstigen Landbrücke nach Victoria liegt vor der Nordwestspitze Tasmaniens Australiens berühmte Käse-Insel. Sie ist ab Devonport per Flugzeug erreichbar. Auf dem abgeschiedenen Eiland, einst die Heimat von Pelzrobben und See-Elefanten und bis heute Nistplatz von Albatrossen, Seeadlern und Sturmtauchern, leben rund 1500 Menschen. Einige von ihnen arbeiten in der alten Käserei, wo Australiens feinster Käse nach alten Rezepten und nur mit ausgewählter Milch hergestellt wird. Das **Lavinia Nature Reserve** schützt die Küstenvegetation, schöne Sandstrände findet man im Norden und Osten.

Ehemalige Robbenfängersiedlung

Flinders Island

Die größte Insel der **Furneaux Group** kann man von Devonport per Flugzeug oder Schiff nach Whitemark ansteuern. Die Furneaux-Inseln in der Bass Strait, nördlich der Ostspitze Tasmaniens, gehören ebenfalls zu jener Landbrücke, die einst Tasmanien mit dem australischen Festland verband. Auf den Inseln gab es schon früh Niederlassungen von Robbenfängern. Heute leben 1300 Menschen auf Flinders Island. Herrliche Wanderwege führen durch den **Strzelecki National Park** an der Südwestspitze der Insel.

★★ FREYCINET PENINSULA

Höhe: 0–614 m | **Einwohner:** 500

Wer ein Bild davon sieht, sagt: Ich muss da hin. Am liebsten jetzt, sofort! Es sieht aus, als ob ein Künstler eine perfekte Bucht gemalt und dabei vielleicht das Paradies vor Augen gehabt hätte: Die Wineglass Bay, kelchförmig geschwungen wie ein bauchiges Rotweinglas, nur mit dem Unterschied, das darin dunkelblaues Pazifikwasser schwappt, das zum Rand hin immer heller wird, bis zu einem unwirklich wirkenden türkisfarbigen Schimmer, um schließlich von einem weißen Sandsaum zur grünen Vegetation hin kontrastreich abgegrenzt zu werden.

Der Finger im Meer

Farbenstark und anmutig gibt sich die Freycinet Peninsula aber auch ansonsten: ein wahrlich fantastisches Naturtheater aus Fels und Meer mit tintenblauem Wasser und rotglühenden Granitmassiven. Den Namen bekam die Halbinsel, die wie ein Finger ins Meer hineinragt, von dem französischen Seefahrer Louis de Freycinet, der 1802/1803 Tasmanien erkundete. Walfang sowie der Zinn- und Kohlebergbau markierten die Anfänge. Weitläufige Austernfarmen in der

Weißer Strand, türkisfarbenes Meer – so präsentiert sich die Küste im Freycinet National Park.

Great Oyster Bay dominieren heute das Geschäft, zu dem natürlich auch der Tourismus seinen Beitrag leistet.

Wohin auf der Freycinet Peninsula?

Bilderbuch-Bucht

★★ Freycinet National Park

Der Nationalpark ist die Heimat der perfekt geformten **Wineglass Bay**. Den besten Blick auf die Bucht mit schneeweißem Sandstrand gewährt der Aussichtpunkt auf dem 422 m hohen **Mount Amos** am 12 km langen **Wineglass Bay Track**, dem imposantesten, aber auch recht beschwerlichen und schweißtreibenden Wanderweg im Park. An den Rastplätzen tummeln sich oft Wallaby.

Weitere Highlights sind die drei roten Granitfelsen **The Hazards**, die von Granitfelsen umrahmten Buchten der **Honeymoon Bay** und **Sleepy Bay** sowie der Mount Freycinet (614 m). Und die **Friendly Beaches** stehen der Wineglass Bay nur um wenig nach; dort kann man angeln, schwimmen (wenn man abgehärtet ist), surfen und sogar auf dem strahlend weißen Sand campen.

Der Freycinet National Park wurde schon 1916 gegründet und ist zusammen mit dem Mount Field National Park im Zentrum der Insel der älteste Nationalpark in Tasmanien. **Coles** (350 Einw.) ist das Eingangstor für den Park und bietet Supermarkt, Tankstelle, Unterkünfte und Caravan Park. Weltweit bekannt wurde Coles als erste Gemeinde der Welt, die ein Plastiktütenverbot aussprach (2003).

Der schwankende Granitblock

Bicheno

38 km nördlich von Coles liegt dieses 600-Einwohner-Nest, das 1803 als Walfangstation gegründet wurde und heute ein Zentrum der Langustenfischerei ist. Touristen kommen allerdings wegen des **Rocking Rock**, eines 80 t schweren Granitblocks, den die Wucht der Wellen zum Schwanken bringt.

7 km nördlich des Ortes präsentiert die **East Coast Natureworld** Tasmanische Teufel, Wallabys, Kängurus und Pelikane. Ein beliebter Spaziergang führt bei Ebbe zum nahen **Diamond Island Nature Reserve** mit seiner großen Pelikankolonie. Der nahezu unberührte **Douglas-Apsley National Park**, 15 km nördlich von Bicheno, ist ein großer Eukalyptus-Hartlaubwald mit Wasserfällen und Felsschluchten, Heideflächen und der Badestelle Apsley Gorge.

East Coast Natureworld: 18356 Tasman Hwy. | tgl. 9–17 Uhr
Eintritt: 28 AUD | www.natureworld.com.au

Der wärmste Fleck Tasmaniens

★ St. Helens

Ganze Schiffsladungen kleiner Haie von 1 m Länge werden fast täglich im Hafen von St. Helens, knapp 90 km nördlich von Bicheno an der Georges Bay gelegen, angelandet. Die Fischer freuen sich, ein paar Touristen schauen erstaunt und pikiert, genießen das Haifilet am Abend aber dennoch. St. Helens ist bekannt für seine gleichsam nahen wie mächtigen Peron-Dünen und als Ausgangspunkt für die **Bay of Fires**. Dort kommen zu den Blauschattierungen des Meeres, dem Schneeweiß des Sandes noch rostrote Farbtupfer und -streifen in den rund geschliffenen Steinen. Der Eisengehalt ist dafür verantwortlich. Nur leider ist das Wasser auch im wärmeren Norden von Tasmanien meist zu kalt, um Baden zu gehen. Und wenn doch: Vor den Haien braucht man keine Angst zu haben. Die Kleinen greifen erstens keine Menschen an und zweitens ist ihr Revier weit draußen. Die starke Brandung lässt aber die wenigen kälteunempfindlichen Schwimmer nur wenige Meter ins Wasser und spült sie postwendend wieder an Land. Das gilt sogar für **The Gardens**, vielleicht die schönste »Sackgasse« der Welt, am wärmsten Fleck in Tasmanien: 2250 Sonnenstunden, etwa fünf bis sechs täglich, werden pro Jahr gezählt.

Tannine fürs Leder

Swansea

Die bereits 1825 an der Great Oyster Bay gegründete Siedlung war früher eine bedeutende Walfangstation. Wassersportler schwärmen vom herrlichen **Nine Mile Beach**. Aus den Pioniertagen der Region erzählt die **Swansea Bark Mill Tavern & Bakery**. In der Mühle wurde 1885 bis 1960 die Rinde der Black Wattle, der Schwarzholz-Akazie, für den Export in alle Welt zermahlen. Aus der Borke gewann man Tannine für die Ledergerbung.

Swansea Bark Mill Tavern & Bakery: 96 Tasman Hwy. | tgl. 10–16 Uhr
Eintritt: 10 AUD | https://barkmilltavern.com.au/museum

DIE FREYCINET PENINSULA ERLEBEN

In Coles Bay, am Eingang zum Park, befindet sich das nicht besetzte Informationszentrum des Nationalparks. Allgemeine Infos erhält man unter www.discovertasmania.com.au.

BARK MILL TAVERN €€

Die Holzfußböden stammen noch aus den 1880er-Jahren. Das Brot und die knusprige Pizza kommen frisch aus dem Holzofen.
96 Tasman Hwy., Swansea
Tel. 03 62 57 80 94, https://barkmilltavern.com.au/tavern

FREYCINET LODGE €€€

Moderne, sehr schön gestaltete Lodge in Traumlage mit ausgezeichnetem Restaurant.
Freycinet National Park
Coles Bay, Tel. 03 62 56 72 22
www.freycinetlodge.com.au

Des Steinmetz' Freiheit

Ross

Gut 100 km westlich von Swansea, in den welligen Midlands gelegen, besitzt Ross neben dunkelgrünen Wiesen und vornehmen Bauernhäuschen etliche historische Bauten. Berühmt ist die von Sträflingen 1836 erbaute **Macquarie Bridge**. Für seine Steinmetzarbeiten bekam der Sträfling Daniel Herbert die Freiheit zurück.

★ HOBART

Höhe: 0–54 m | **Einwohner:** 225 000

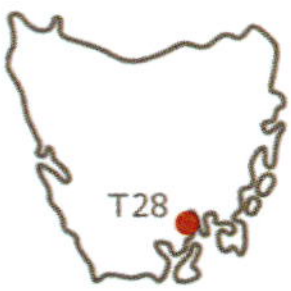

Nordeuropäisch, beschaulich, klein: Trotz nachts angestrahlter Tasman-Bridge, die Großstadtflair zu vermitteln scheint, ist Tasmaniens Hauptstadt Hobart eine Stadt mit Kleinstadtcharakter und schmucken Kolonialbauten. Glamour beschert immer noch der berühmteste Sohn der Stadt: der Herr der sieben Meere, Errol Flynn.

Australiens südlichste Hauptstadt

Im Hafen, einem der schönsten Naturhäfen der Welt, schaukeln statt protziger Jachten einfache Kutter und alte Kabinenboote, bei denen die Planken noch knarren und die Farbe zuweilen absplittert. In der Stadt selbst tragen fast 100 historische Gebäude zum Charme bei, der gleichwohl durch einige Bausünden aus den 1970er- und 1980er- ein wenig getrübt ist. Colonel David Collins hätte sich sicher nicht träumen lassen, dass jener Flecken, den er 1804 nach dem damaligen Kolonialminister Lord Hobart benannte, einmal die südlichste Hauptstadt Australiens werden würde. Walfang, Schiffsbau und der Export von Holz und Merinowolle verhalfen Hobart zu Wohlstand. Dieser schlug sich in prächtigen Sandsteinbauten nieder, die man mithilfe von Häftlingen errichten ließ. 1973 eröffnete in Hobart das erste Kasino Australiens.

Wohin in Hobart?

Fisch vom Kutter

★ Harbour

Am Hafen von Hobart legen beim **Constitution Dock** die Ausflugsschiffe für Fahrten auf dem **Derwent River** ab. Nördlich des **Victoria Dock**, wo die Fischrestaurants direkt vom Kutter beliefert werden, hat man die alten Lagerhäuser an der **Hunter Street** sorgsam restauriert. Dort sind auch die **Tasmania School of the Arts** und die **Plimsoll Gallery** für zeitgenössische Kunst untergebracht. Von der

OBEN: Wasser auf der einen und das bergige Hinterland auf der anderen Seite bestimmen das Stadtbild von Hobart.

UNTEN: Rund 80 km von Hobart entfernt erstreckt sich das Naturparadies des Mount Field National Park mit den in üppigem Grün eingebetteten Horseshoe Falls.

HOBART ERLEBEN

TRAVEL AND INFORMATION CENTRE
20 Davey St.
Tel. 03 62 38 42 22
www.hobarttravelcentre.com.au

Collins Street, Liverpool Street, Murray Street und die Fußgängerzone der **Elizabeth Mall** mit der Cat & Fiddle Arcade sind die wichtigsten Shoppingadressen. Sehr schön ist der bunte Markt samstagvormittags am **Salamanca Place**: mit Antiquitäten und Büchern, Kitsch und Kunst.

Alljährlich Ende Dezember drängen sich die Zuschauer auf der Tasman Bridge, wenn die Sieger des **Sydney Hobart Yacht Race** erwartet werden. Die 6390 Seemeilen lange Strecke gilt als eine der härtesten Hochseeregatten der Welt.

1 HOPE & ANCHOR TAVERN
Bei »Hoffnung und Anker« ist stets die größte Menschentraube Bier trinkender Leute vor einem Pub in Hobart anzutreffen. 1807 gegründet und stets jung geblieben. 40 Biersorten, gutes Kneipenessen, very british – und zwar ohne Sperrstunde um 23 Uhr.
65 Macquarie St.
Tel. 03 62 36 99 82
www.hopeandanchorpub.com

1 MURES UPPER DECK €€€
Fangfrischer Fisch direkt am Hafen. Gilt als eines der besten Seafood-Restaurants der Insel. Wer es günstiger wünscht, geht ins Lower Deck.
Victoria Dock, Upper Deck
Tel. 03 62 31 19 99
www.mures.com.au

2 TEMPLO €€€
So unauffällig und klein das Restaurant, so großartig das italienische Essen. Das Templo hat pro Tag nur drei Hauptgerichte zur Auswahl und 20 Plätze zur Verfügung. Dennoch (oder gerade deswegen) gehört es zu den besten Adressen von Hobart.
98 Patrick St.
Tel. 03 62 34 76 59
https://templo.com.au/

1 THE HENRY JONES ART HOTEL €€€
Galeriehotel in einer alter Fabrik: Es verbindet Übernachtungskomfort und gute Küche mit Kunst, Antiquitäten und Design. Die mächtigen Deckenbalken beeindrucken!
25 Hunter Street
Tel. 03 62 10 77 00
https://thehenryjones.com

2 BRUNSWICK €
Junges, cooles, zentral gelegenes Budgethotel.
67 Liverpool St.
Tel. 03 62 34 49 81
http://brunswickhotelhobart.com.au

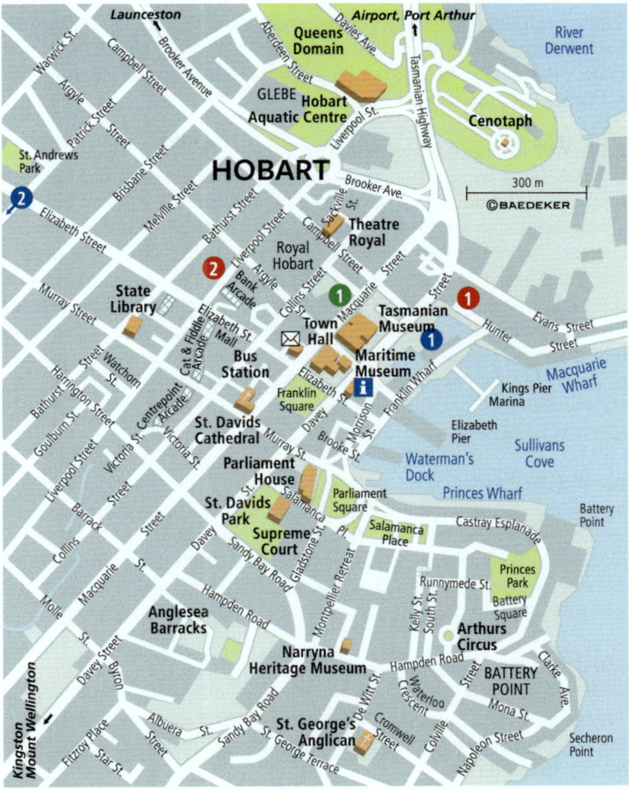

Restaurants:
1 Mures Upper Deck
2 Templo

Hotels:
1 The Henry Jones Art Hotel
2 Brunswick

Bar:
1 Hope & Anchor Tavern

großen Zeit des Walfangs, von Robbenfängern und Schiffsbau erzählt das **Maritime Museum of Tasmania.**

Tasmania School of the Arts u. Plimsoll Gallery: 1 Hunter St.
Mi.–Mo. 12–17 Uhr | Eintritt: frei | www.utas.edu.au/creative-arts/events/plimsoll-gallery

Maritime Museum of Tasmania: 16 Argyle St. | tgl. 9–17 Uhr
Eintritt: 10 AUD | www.maritimetas.org

Urban und geschichtsträchtig

Der Parliament Square mit dem klassizistischen **Parliament House**, 1840 als Zollhaus entworfen, und die ehemaligen Lagerhäuser am Salamanca Place

Salamanca Place liegen direkt nebeneinander. Sträflinge hatten die Sandsteinbauten in den 1830er-Jahren errichtet. Heute bummelt man vorbei an Cafés, Boutiquen, Ateliers und Galerien. Kurzum: der schönste Platz der Stadt!

Früher Walfänger, heute Hipster

Batterie Point

Schmale Gässchen und winzige Arbeiterkaten präsentiert das liebevoll renovierte Altstadtviertel Battery Point. Benannt ist es nach den Geschützstellungen am St. Davids Park, die früher die Hafeneinfahrt sicherten. Das Viertel der kleinen Leute, in dem einst Fischer, Matrosen und Walfänger zu Hause waren, ist längst begehrte Wohnadresse. Das schönste Ensemble aus fast 150 Jahre alten Häuschen steht am **Arthur Circus**. Paradebeispiel georgianischer Architektur ist das 1836 errichtete **Narryna House** mit herrlichem Garten und Museum. Es widmet sich mit Möbeln, Porzellan und Kinderspielzeug der Pionierzeit.

Narryna House: 103 Hampden Rd. | Di.–Sa. 10–16.30 Uhr
Eintritt: 10 AUD

Die Prachtstraße

★ Macquairie Street

An der von georgianischen Bauten gesäumten Macquarie Street liegen die **David's Cathedral** von 1868 und die **Town Hall**, 1864 im Neorenaissancestil von Henry Hunter entworfen. Uralte Platanen spenden dazwischen am **Franklin Square** Schatten, den eine Bronzestatue von John Franklin ziert, 1837–1843 Gouverneur von Tasmanien.

Die Kultur der Aborigenes

★ Tasmanian Museum & Art Gallery

In der Museum & Art Gallery wartet eine spannende Sammlung zu Tasmaniens Natur und zur Kultur seiner Ureinwohner auf Besucher. Die angeschlossene Kunstgalerie zeigt Werke australischer Künstler bis zur Moderne.

Museum & Art Gallery: 40 Macquarie St. | tgl. 10–16 Uhr
Eintritt: frei | www.tmag.tas.gov.au

Australiens ältestes Theater …

Theatre Royal

… steht weder in Sydney noch in Melbourne, sondern im »kleinen« Hobart. Das Theater wurde bereits ab 1834 erbaut, drei Jahre später fanden die ersten Aufführungen statt.

Campbell St. 29 | Führungen Mo., Mi. u. Fr. 11 Uhr | Eintritt: 15 AUD
www.theatreroyal.com.au

Gelungener Kunstmix

Museum of Old an New Art

Im nördlich gelegenen Stadtteil Berriedale findet man das größte private Museum des Kontinents, das Museum of Old an New Art mit knapp 2000 Exponaten: ein Labyrinth der Kunst.

Museum: 655 Main Rd. | Mi.–Mo. 10–18 Uhr | Eintritt: 28 AUD
https://mona.net.au

Rund um Hobart

Alles im Blick

Südlich der Innenstadt windet sich die kurvenreiche Nelson Road hinauf zum 340 m hohen Mount Nelson, der einen Panoramablick auf Hobart, den Hafen und die Mündung des River Derwent bietet. Mount Nelson

Weiter weg – höher hinaus

Bei klarem Wetter genießt man vom Gipfel des 1270 m hohen Mount Wellington einen überwältigenden Blick auf Hobart. Im Sommer hüllt sich der Berg allerdings häufig ab den Mittagsstunden in Wolken. Es kann kühl werden – eine Jacke ist sicher nicht überflüssig! Hinauf geht es über eine 21 km lange Serpentinenstraße in südwestlicher Richtung. ★ Mount Wellington

Australiens älteste Brauerei

Auf der Fahrt zum Mount Wellington passiert man die Cascade Brewery. 1824 gegründet, ist sie die älteste noch aktive Brauerei Australiens. Von der Braukunst kann man sich bei einer geführten Tour überzeugen, bei der man das süffige Bier auch probieren darf. Cascade Brewery

131 Cascade Rd. | tgl. 10–17 Uhr, Besuch nur mit Führung
Eintritt: frei | www.cascadebreweryco.com.au

Arbeitslager und Gefängnis

In der Nähe steht die ehemalige Cascade Female Factory, heute ein Teil des Welterbes Australian Convict Sites. Von 1828 bis 1856 waren darin Frauen interniert. Auch später diente die Anlage noch als Gefängnis. Cascade Female Factory

16 Degraves St. | tgl. 9.30–16 Uhr | Eintritt: 8 AUD
https://femalefactory.org.au

Blighs Äpfel

Zentrum der Obstregion, 40 km südwestlich von Hobart, ist Huonville. Die erste Apfelplantage im Huon Valley wurde bereits 1841 angelegt. Die Setzlinge hatte »Bounty«-Kapitän William Bligh als Gouverneur von New South Wales nach Tasmanien geschickt. Schon bald exportierte man Früchte nach Neuseeland und Indien, später auch nach Europa. Am schönsten präsentiert sich das Tal während der Apfelblüte Ende Oktober/Anfang November. Huonville

Über den Wipfeln

Im Tahune Forest, einem gut 110 km südwestlich von Hobart gelegenen Regenwaldgebiet, lernt man den Wald aus einer anderen Perspektive kennen: Auf dem 600 m langen **Tahune Air Walk** spaziert man oberhalb der Baumwipfel in 25 bis 45 m Höhe. In dem Schutzgebiet kann auch übernachtet werden. Tahune Forest Reserve

Tahune Air Walk: Arve Rd., Geeveston | Okt.–März 9–17, April–Sept. 10–16 Uhr | Eintritt: 31 AUD | https://tahuneadventures.com.au

Buschcamping und Picknick

Hartz Mountains National Park

Ein beliebtes Wochenendziel ist der Hartz Mountains National Park mit seinen Bergseen und Hochmooren, gut 20 km westlich von Geeveston. Der Nationalpark mit Buschcamping, Picknickplätzen und Wanderwegen ist Bestandteil der Tasmanian Wilderness World Heritage Area. Einen herrlichen Ausblick gewährt der **Waratah Lookout**. Zum Welterbe gehört auch der westlich anschließende, aber weitgehend unerschlossene Southwest National Park (▶ S. 343).

Kalt und warm

Hastings

Das einstige Holzfällerdorf am Ende des Huon Highway, 65 km südlich von Geeveston, ist für seine Thermalquellen und die westlich gelegenen Karsthöhlen mit ihren schönen Tropfsteinbildungen bekannt. In der **Newdegate Cave**, der größten Schauhöhle des Fünften Kontinents, werden täglich Führungen veranstaltet – dabei müssen 240 Stufen gemeistert werden! Und vergessen Sie nicht Ihre Badesachen: Zum Ausflugsgebiet gehört ein von Wald und Farnen umgebener **Naturpool**, den eine 28 °C warme Thermalquelle speist. Der kurze Hot Springs Track führt zum Zusammenfluss zweier Bäche. Halten Sie Ihre Hand hinein: Der eine ist warm, der andere kalt.

Newdegate Cave: Feb.–April u. Okt.–Dez. tgl. 10–16, Mai–Sept. ab 10.30 Uhr | Eintritt: 24 AUD

Die Doppelinsel

Bruny Islands

Vom Küstenort Kettering, rund 40 km südlich von Hobart, pendeln mehrmals täglich Fähren nach North Bruny Island. Der schmale Nehrungsstreifen **The Neck** verbindet die lang gezogene Insel mit South Bruny Island. Das Innere der dünn besiedelten Doppelinsel ist von nahezu unberührtem Regenwald bedeckt. Die Küste prägen bis zu 300 m hohe Klippen aus Sandstein und Dolerit, zu deren Füßen sich australische Pelzrobben auf glatten Felsen sonnen. Auf der Insel gibt es einfache Cottages und Campingplätze.

www.brunycruises.com.au

Autofrei schön

Maria Island

Seit 1972 schützt der **Maria Island National Park** Farne, Kalkklippen, Fossilien und fantastische Sandsteinformationen wie die **Painted Cliffs**. Eine der bezauberndsten Landengen Australiens trennt die Riedle von der Oyster Bay. Autos, Hektik oder Stress sind Fehlanzeige. Auf Wanderwegen und Mountainbikepisten erkunden Freizeitsportler den Park, mit Fernstecher gehen die Hobbyornithologen auf die Pirsch nach Graugänsen und anderem Federvieh und mit Maske und Schnorchel beäugen die Unterwasserfans die Gegend.

1825 bis 1832 war **Darlington** auf der Insel die zweite Sträflingskolonie in Tasmanien. Überreste des Lagers, darunter das Kommissariat, sind zu sehen. Geschäfte gibt es nicht, die Verpflegung muss selbst vom Festland mitgebracht werden. An der Rangerstation können Fahrräder ausgeliehen werden. Die Fähre Richtung Darlington legt 85 km nordöstlich von Hobart in Louisville ab.

Bilderbuchstädtchen

★ Richmond

Wahrzeichen von Richmond ist die 1825 von Sträflingen erbaute Steinbrücke über den Coal River. Die **Bridge Street** säumen mehrere historische Gebäude wie das Old Post Office von 1826, das Old Bakehouse von 1830 mit seinen alten Backöfen, das Bridge Inn von 1834 und das Richmond Arms Hotel von 1888 mit seinen schmiedeeisernen Verzierungen. Für Besucher geöffnet ist das **Richmond Goal** von 1825, das als Zwischenlager für den Gefangenentransport ins berüchtigte Port Arthur diente. Schon bald nach der Landung der ersten Siedler erhielt Richmond 1859 die **St. John's Church**, eines der ältesten Gotteshäuser Australiens. Rund 25 km nordöstlich von Hobart scheint die Zeit stillzustehen.

Richmond Goal: 37 Bathhurst St. | tgl. 9–17 Uhr | Eintritt: 10 AUD
www.richmondgoal.com.au

Gut erhaltene Kolonialbauten

New Norfolk

Das 1807 gegründete Städtchen liegt rund 35 km nordwestlich von Hobart im reizvollen Tal des Derwent River und beeindruckt mit gut erhaltenen, denkmalgeschützten Kolonialbauten. Erste Siedler waren Rückkehrer aus einer aufgegebenen Niederlassung auf Norfolk Island. Die **St. Matthew's Anglican Church**, die älteste Kirche Tasmaniens, wurde 1823 an der Bathurst Street errichtet. An der Montagu Street gefallen das 1835 erbaute viktorianische **Old Colony Inn**, wo herzhafte Gerichte serviert werden, und das 20 Jahre ältere **Bush Inn Hotel**, wo seit 1855 Bier gezapft wird.

Herrlicher Regenwald

Mount Field National Park

Weitere 35 km nordwestlich von New Norfolk erwartet den Besucher mit dem Mount Field National Park einer der ältesten australischen Nationalparks. Herrliche Regenwaldbestände, alpine Moorlandschaften und rauschende Wasserfälle locken. Eine leichte Wanderung führt um den romantischen **Lake Dobson** herum. Im Park gibt's Campingmöglichkeiten und Cottages.

Schottisches Erbe

Bothwell

Mehr als 50 hübsche Gebäude aus dem 19. Jh. verleihen dem ländlichen Bothwell, 75 km nordwestlich von Hobart, reichlich Flair. Schottische Einwanderer errichteten am Clyde River 1822 den wohl ersten Golfplatz Australiens. Interessantes über die weiße Kugel erfährt man im **Australasian Golf Museum** im ehemaligen Schulhaus von 1887.

1 Market Pl. | tgl. 10–16 Uhr | Eintritt: 8 AUD
www.ausgolfmuseum.com

LAUNCESTON

Höhe: 10 m | **Einwohner:** 105 000

Ein altes rotes Postamt mit rundem Turm, ein paar hübsche Kolonialbauten und der Hafen am Tamar River: Viel mehr hat Launceston, die zweitgrößte Stadt Tasmaniens, zwar nicht zu bieten. Doch drumherum locken die sattgrünen Reben des Tamar Valley.

Basis im Norden

Im Jahr 1804 stellten die ersten Siedler ihre Zelte auf. Landwirtschaft, Mühlen und Brauereien sorgten für wachsenden Wohlstand. Bereits um 1820 entstanden am Flusshafen Kaianlagen sowie Lagerhäuser und schnell wurde Launceston zur wichtigsten Stadt Nordtasmaniens. Für Urlauber interessant ist sie aber vor allem wegen der reizvolle Zielen in der Umgebung: Auf der Tasmanian Wine Route etwa können ausgezeichnete Lagen und bestens bestückte Keller besucht werden.

Wohin in Launceston?

Briefe und Regenschirme

Das Zentrum

Historische Bauten, mitunter im georgianischen Stil errichtet, findet man noch in der **St. John Street**, so beispielsweise das schöne rote Postamt mit seinem Rundturm, und in der Parallelstraße, der **George Street**. Am Civic Square steht die **Town Hall**, das 1864 errichtete klassizistische Rathaus. Östlich vom Rathaus gelangt man zum niedlichen **Old Umbrella Shop**. Der hübsche Bau war Ende des 19. Jh.s ein Schirmgeschäft; heute gehört er dem National Trust, der hier ein Schirmmuseum und einen Souvenirshop betreibt. Das Einkaufsleben konzentriert sich auf zwei Fußgängerzonen: die **Brisbane Street Mall** und die bogenförmig verlaufende **Quadrant Mall**.

Old Umbrella Shop: 60 George St. | Mo.–Fr. 9–17, Sa. bis 12 Uhr
Eintritt: frei | www.nationaltrust.org.au

Seilbahn überm Pool

Cataract Gorge

Zehn Gehminuten westlich des Zentrums erstreckt sich die malerische Cataract Gorge. Senkrecht flankieren die Felsen des South Esk River die Schlucht, durch die zwei Wanderwege führen. Sie beginnen am **Kings Basin**, erreichen das **First Basin** mit (kostenlosem) Swimmingpool, Restaurant und Seilbahn, die über das erste Becken schwebt, und enden an den spektakulären Aussichtspunkten **Cataract** und **Eagle Eye**.

Queen Victoria Museum & Art Gallery

Inveresk

Die ehemaligen Eisenbahnwerkstätten im Stadtteil Inveresk wurden in den 1990er-Jahren zu einem spannenden Kulturzentrum umgebaut. Auf

dem Areal befindet sich u. a. der Museumstrakt des Queen Victoria Museum & Art Gallery mit Sammlungen zur Stadt- und Regionalgeschichte.
Inveresk: 2 Invermay Rd. | tgl. 10–17 Uhr | Eintritt: frei

Rund um Launceston

Weine aus kühlem Klima

★ Tamar Valley

Nördlich von Launceston säumen Rebhänge beide Ufer des Tamar River: Im Valley werden 75 % aller tasmanischen Weine produziert. Im kühlen Klima gedeihen Rebsorten wie Pinot Noir, Chardonnay und Riesling besonders gut. Große Kellereien sind in der Minderheit. Zu den Winzern führt die **Tamar Valley Wine Route**. Einen Stopp mit Verkostung lohnen das etwas abgelegene Gut Holm Oak, Tamar Ridge mit seinen trockenen Riesling-Weinen und Marktführer Pipers Brook.
www.winetasmania.com.au/wine-route

Historische Herrenhäuser

Youngtown

Südlich von Launceston haben drei staatliche georgianische Herrenhäuser ihre Türen für Besucher geöffnet: Britton Jones, der als Strafgefangener in die Kolonie kam und später einer ihrer erfolgreichsten Geschäftsmänner wurde, erbaute 1838 das **Franklin House** in

LAUNCESTON ERLEBEN

VISITOR INFORMATION CENTRE
68 Cameron St., Launceston
Tel. 18 00 65 18 27
www.discovertasmania.com.au

An der Ecke Brisbane St./Tamar St. verkauft das **Design Centre of Tasmania** hochwertige Handwerkskunst (www.designcentre.com.au).

STILLWATER €€€€
Schickes Restaurant mit bester Fisch- und Fleischküche, von Wallaby bis Snapper.
2 Bridge Rd., Launceston
Tel. 03 63 31 41 53
www.stillwater.net.au

ASHTON GATE €€
Die Besitzer der denkmalgeschützten viktorianischen Villa von 1880 verbinden herzliche Gastfreundschaft mit komfortabler Nostalgie: Die geräumigen Zimmer sind im Stil jener Tage eingerichtet. In der Lounge knistert an kühlen Tagen der Kamin.
32 High St., Launceston
Tel. 03 63 31 61 80
www.cottagesofthecolony.com.au/ashtongate.html

BAEDEKER MAGISCHE MOMENTE

DUFTE!

Es ist ein atemberaubendes Meer aus lila Blüten. Wogenden Wellen gleich stehen die Lavendelpflanzen in Reih und Glied. Und erst der betörende Duft! Wer zwischen Dezember und Februar die Bridestowe Estate Lavender Farm 20 km westlich von Scottsdale besucht, darf sich auf ein Fest für (fast) alle Sinne freuen. Das wohlduftende Öl der Farm wird heute in aller Herren Länder exportiert. Besucher können dieses oder auch Seifen im Visitor Centre kaufen oder sich einer der im Sommer angebotenen Führungen über die scheinbar endlosen Felder anschließen. (Sommer tgl. 9–17, Winter tgl. 10–16 Uhr, zur Blütezeit Eintritt 10 AUD, www. bridestowelavender.com.au).

Youngtown, 8 km südlich von Launceston. Einem Vorort von Kolkata (Kalkutta) verdankt das **Entally House** seinen Namen, das 1819 für Thomas Reibey erbaut wurde. Er soll zu Lebzeiten die größte Bibliothek der Kolonie besessen haben. Reibeys Mutter war als Pferdediebin mit 13 Jahren nach New South Wales verbannt worden und dort später zu einer erfolgreichen Unternehmerin aufgestiegen. Und 1838 entstand für den wohlhabenden Händler James Cox eines der schönsten Landhäuser Australiens: **Clarendon House**, eine imposante Villa inmitten eines 7 ha großen, herrlichen Landschaftsparks am Ufer des South Esk River. Die beiden letztgenannten Häuser liegen im Umkreis von gut 10 km von Youngtown.

Franklin House: 413 Hobart Rd., Youngtown | April–Sept. Mo.–Sa. 9–16, So. 12–16, Okt.–März Mo.–Sa. 9–17, So. 12–16 Uhr | Eintritt: 10 AUD
Entally House: Bass Hwy., Hadspen | tgl. 10–16 Uhr | Eintritt: 8 AUD
Clarendon House: 234 Clarendon Station Rd., Nile | Di.–Sa. 10–16 Uhr
Eintritt: 20 AUD

Das »Aspen Tasmaniens«

Ben Lomond National Park

Wer sich im australischen Winter nach Tasmanien verirrt, mag vielleicht im Northern Tasmanian Alpine Club das Skidorf besuchen. Es liegt an den Hängen des 1572 m hohen Legges Tor, des zweithöchsten Gipfels von Tasmanien. Im Sommerhalbjahr gehört die Gegend dann den Wanderern, die eine alpine Landschaft bewundern können, durch die Wallabys und Wombats streifen.

Dem Teufel auf der Spur

Mount William National Park

Über das eher unscheinbare Städtchen Scottsdale geht's bis an die Nordostspitze der Insel: Eukalyptuswälder ziehen sich über die Hänge des 216 m hohen Mount William. Man sieht in jedem Fall Kängurus und mit sehr viel Glück auch Tasmanische Teufel. Es gibt Campingplätze.

★ PORT ARTHUR

Höhe: 0–192 m | **Einwohner:** 300

Nirgendwo sonst als in Port Arthur wird dem Besucher in Australien eindrücklicher bewusst, dass der fünfte Kontinent zunächst nichts anderes als eine Strafkolonie war. Folgerichtig gehört die historische Häftlingssiedlung seit 2010 zum Weltkulturerbe der UNESCO.

Die Hölle Tasmaniens

Das Erbe gilt es zu bewahren – auch deswegen ist Port Arthur heute die einzige Stadt des Kontinents, die ein sattes Eintrittsgeld erhebt. Auf rund 40 ha stehen mehr als 30 Gebäude der kolonialen Sträflingssiedlung. 1831 bis 1853 durchliefen mehr als 12 500 Häftlinge die berühmt-berüchtigte Hölle Tasmaniens, die größte Sträflingskolonie in Australien. Die Gefangenen mussten knüppelharte Zwangsarbeit leisten: Jeder Siebte überlebte die Entbehrungen nicht. Manchmal waren die Gründe für die Haft nichtig: Der Diebstahl eines Brots genügte, um deportiert zu werden. Häufig handelte es sich auch um Wiederholungstäter, die sogar vom australischen Festland verbannt wurden. Und nicht selten kamen Schwerverbrecher quasi automatisch nach Port Arthur. Nach dem Ende der Deportationen baute

PORT ARTHUR ERLEBEN

VISITOR CENTRE
Arthur Hwy.
Tel. 18 00 65 91 01
https://portarthur.org.au

FELONS BISTRO €€
Seafood und einfache australische Gerichte serviert das Bistro, das im Visitor Centre mitten in der Siedlung untergebracht ist (▶ oben).

PORT ARTHUR MOTOR INN €
Drei-Sterne-Hotel direkt neben der Welterbestätte – einfach, aber sauber und mit Restaurant.
29 Safety Cove Rd.
Tel. 03 62 50 21 01
www.portarthur-inn.com.au

man die Gefängnisstadt zur Nervenheilanstalt um, die 1877 allerdings aus Kostengründen geschlossen werden. 1897 brannte ein Buschfeuer einen Gutteil der Gebäude nieder. 1996 ereignete sich auf dem Gelände der schlimmste Amoklauf in Australiens Geschichte: 35 Todesopfer, an die eine Gedenkstätte erinnert, waren zu beklagen.

Wohin In Port Arthur?

★ Die Sträflingssiedlung

Schaurige Erfahrung
Der wehrhafte Gefängnisbau, der 500 Häftlinge aufnehmen konnte, auch der Komplex des Isolationsgefängnisses, die Administration, Kirche, Krankenhaus und Aufseherheime vermitteln einen nachhaltigen Eindruck vom Gefängnisleben anno 1830. Den Besuchern laufen wahrhaftig kalte Schauer über den Rücken, wenn sie durch die kahlen Mauerreste der Gefängnistrakte laufen und der Sturm dazu sein gruseliges Lied pfeift – Horror, Historie und die Schönheit der Umgebung gehen eine eigenartige Symbiose ein.
Am **Visitor Centre** erhält jeder Besucher eine Informationskarte (auch auf Deutsch) mit guten Erklärungen zu jedem Gebäude; diese kann auch online auf der Website der Stätte heruntergeladen werden. Zudem werden diverse Touren angeboten: Im Eintrittspreis enthalten ist eine Hafenrundfahrt und ein 25-minütiger Spaziergang. Eine extra Gebühr werden für die abendliche Ghost Tour und die Fahrt zur Insel der Toten erhoben, wo 1100 Sträflinge beerdigt sind. Besonders unter die Haut geht die ebenfalls kostenpflichtige Point Puer Boys' Prison Tour, die das Schicksal von einigen der 3000 Jungen beschreibt, die im 19. Jh. im Port-Arthur-Knabengefängnis eingesperrt waren.
tgl. 9 Uhr–Einbruch der Dunkelheit, Gebäude tgl. 10–17 Uhr
Eintritt: ab 40 AUD | https://portarthur.org.au

Rund um Port Arthur

Von Naturgewalten erschaffen

★ Tasman Peninsula und Forestier Peninsula

Die stürmische See hat an der Ostküste der beiden durch eine schmale Landzunge verbundenen Halbinseln atemberaubende Felsen und Klippen geformt. Berühmt sind das **Tessellated Pavement**, ein von den Gezeiten geschaffenes Pflastermosaik, die bizarren Felsbildungen des 63 m hohen Felsbogens **Tasman Arch** und die 63 m tiefe Schlucht **Devils Kitchen**. Aus dem Blowhole schießt die Gischt bei starker Brandung meterhoch empor. Die nur 400 m breite Landenge **Eaglehawk Neck** wurde zu den Zeiten, als Port Arthur Gefängnis war, mit Soldaten und Bluthunden scharf bewacht. Sie bot die einzige Chance, über Land zu fliehen.

Im **Tasmanian Devil Conservation Park** dreht sich alles um den Tasmanischen Teufel. Das ca. 70 cm lange, fleischfressende und nachaktive Beuteltier war bis ins 14. Jh. auch auf dem australischen Festland heimisch. Bis heute ist es vom Aussterben bedroht, zuletzt wegen einer bislang unheilbaren, krebsartigen Erkrankung. In dem Wildschutzareal auf der Tasman Peninsula wird nicht nur erforscht, was man dagegen tun kann. Außerdem werden die kleinen Teufel in Shows präsentiert.

Tasmanian Devil Conservation Park: 5990 Arthur Hwy., Taranna
tgl. 10–17 Uhr | Eintritt: 35 AUD | www.tasmaniandevilpark.com

Nachdem Siedler den Tasmanischen Teufel schon beinahe ausgerottet hatten, wurde er 1941 unter Schutz gestellt.

AM ANFANG WAREN EISENKETTEN

Sträflinge waren die ersten Siedler des australischen Kontinents. Einige wenige gelangten schon bald auf freien Fuß und machten sogar große Karrieren. Auf die meisten Deportierten aber wartete harte Zwangsarbeit – und erst, wenn sie diese überlebten, die Freiheit.

Der Ausgucker hoch droben im Krähennest sah das Land als Erster. Auf diesen Augenblick hatte nicht nur er seit mehr als drei Monaten gewartet. Damals hatten sie unter den Augen der sensationslüsternen Bevölkerung der kleinen englischen Hafenstadt Plymouth dieses Schiff betreten. Schwere Eisenketten an Händen und Füßen trugen sie, was sie als Diebe und Betrüger, als Räuber und Totschläger auswies. Es war eine Gemeinschaft, die 1798 der zweite Gouverneur John Hunter so beschrieb: »Nie ist ein verdorbenerer, verlassenerer und gottloserer Haufen Menschen als hier irgendwo auf der Welt zusammengebracht worden ... Ordnung und Moral ist das Letzte, was sie im Sinn haben.« Das puritanische England **König Georgs IV.** sollte ein sauberes Königreich sein, mit Missetätern machte man deshalb nicht viel Federlesen. Die Unglücklichsten verurteilte man gleich zum Tode. Wer Gnade fand, kam mit der Deportation zur Zwangsarbeit in einer der Kolonien des Britischen Empire davon, denn auch weitab der Heimat brauchte man Menschen englischen Blutes. Da bot es sich an, die »convicts« (Sträflinge) als billige Arbeits-

Das »Modellgefängnis« Port Arthur war ganz besonders gefürchtet.

In Port Arthur wird das historische Erbe des 19. Jh.s bewahrt und gepflegt.

kräfte einzusetzen. Einige der Deportierten aber sollten im fernen Australien eine zweite Chance bekommen. So z. B. der begabte Künstler **Francis Howard Greenway**, der wegen Wechselbetrugs verurteilt worden war: 1814 hatte er als »convict« den australischen Kontinent betreten, doch es dauerte nur wenige Monate, bis er die Regierenden von Sydney mit glänzenden Entwürfen für repräsentative Neubauten auf sich aufmerksam machte. Zwei Jahre nach seiner Ankunft avancierte er zum Stadtarchitekten, entwarf und baute ein Gebäude nach dem anderen. **Sträflingsarchitektur** nennt man heute noch diese Bauten. Für Leute wie Francis Greenway dauerten die Unannehmlichkeiten des Sträflingslebens in Australien nicht lange, durch Fleiß und Ehrgeiz machten sie ihre Taten in England rasch vergessen.

Harte Haftbedingungen

Doch nur wenige der rund 160 000 Deportierten hatten das Glück und Talent eines Greenway. Für sie endete die Reise zunächst in den Sträflingslagern des australischen Festlands oder in Port Arthur auf Tasmanien. An Ketten geschmiedet, mussten sie schwerste körperliche Arbeit verrichten. **Port Arthur** galt als Modellgefängnis. Ließen sich die Gefangenen eine Verfehlung zuschulden kommen, wurden sie nicht – wie üblich – bis zur Bewusstlosigkeit ausgepeitscht, sondern in Isolierzellen gesperrt. Wann immer sie diese verlassen konnten, mussten sie eine undurchsichtige Kapuze tragen. Das Ergebnis solcher »Humanität«: Viele verfielen dem Wahnsinn. Das Gefängnis von Port Arthur gehört heute zu den elf **Australian Convicts Sites**, die die UNESCO als Weltkulturerbe anerkannt hat.
Auch wenn den meisten Zwangsarbeitern mit dem Urteil die formelle Chance der Bewährung gegeben worden war, erlebten viele von ihnen den Tag ihrer Entlassung nicht. Sie starben an Entkräftung durch die Strapazen und an den ungewohnten klimatischen Bedingungen. Zahlreiche Fluchtversuche endeten durch auf Menschen abgerichtete Bluthunde oder durch die Gewehrkugeln der Wachmannschaften.

Sträflingstransporte bis 1848

»Emancipists« durften sich diejenigen nennen, die es tatsächlich schafften, sich zu bewähren. Fortan konnten sie sich innerhalb der Kolonie als freie Bürger bewegen, eine Farm bewirtschaften oder sich als Handwerker niederlassen. Erst 1848 stellte die Regierung von New South Wales endlich die Sträflingstransporte aus dem Mutterland ein, andere Kolonien folgten. Westaustralien hingegen war noch zwei weitere Jahrzehnte lang auf die billigen Arbeitskräfte angewiesen.

Hartes Schürfen

Coal Mines Historic Site

Im Nordwesten der Tasman Halbinsel kann man die älteste Mine der Insel besichtigen, heute geschützt als Coal Mines Historic Site und seit 2010 Teil des Welterbes Australian Convict Sites. Wiederholungstäter aus Port Arthur mussten hier nach Kohle schürfen.

1 Mine Rd., Gwandalan | tgl. 9–17 Uhr | Eintritt: frei

STANLEY

Höhe: 0–152 m | **Einwohner:** 500

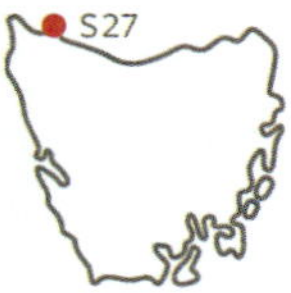

Goldsucher und Walfänger: Das klingt nach Abenteuer und Wildnis. Und einen Teil dieser Gründerzeitstimmung hat dieser Miniort an der Nordwestspitze Tasmaniens bis ins 21. Jahrhundert gerettet. Stanley schmiegt sich an die Küste einer weit in die Bass Strait hinausragenden Halbinsel.

Wertvolle Wolle

Irgendwie unvorstellbar: Firma gründen, Land roden, Schafe züchten und mit Merinowolle Geld machen. Ab 1826 hatte die Van Diemen's Land Company einen Stützpunkt in Stanley und nichts anderes im Sinn, als die britische Textilindustrie mit bester Wolle zu beliefern. Denn zu Gold und Walfang gesellte sich bald die ebenfalls lukrative Schafszucht. Heute haben in der Umgebung jedoch längst die 2020er-Jahre Einzug gehalten: Man nehme nur die 110 m lange Rutsche, in der man mit hoher Geschwindigkeit über den urigen Dismal Swamp gleiten kann.

Wohin in Stanley?

Schöne Gründerzeitgebäude

Harbour

Während der Zeit des Goldbooms erlangte Stanley als Hafen Bedeutung. Um die alten Schiffsanlegeplätze, an denen einst Walfänger und Segelschiffe festmachten, gruppieren sich einige historische Bauten wie die alten Getreidespeicher und das ehemalige Zollhaus. 1849 wurde das mächtige **Store House** der Londoner **Van Diemen's Land Company** fertiggestellt. Ihr Chef wohnte 6 km außerhalb im repräsentativen Highfield House. Das georgianische **Union Hotel** an der Church Street 19 mit alten Kellergewölben und engen Stiegen entstand 1847.

Der geköpfte Vulkan

The Nut

Wahrzeichen Stanleys ist The Nut, ein 152 m hoher, massiger Vulkanpfropf. Das weichere Material ist längst durch die Erosion abge-

STANLEY ERLEBEN

VISITOR INFORMATION CENTRE
Das Besucherzentrum verleiht auch Fahrräder für Touren durch die Stadt und die Umgebung.
45 Main Rd.
Tel. 13 00 13 82 29
http://stanley.com.au

TARKINE FRESH OYSTERS €€
Wer Austern mag, fährt nach Smithton an die Duck Bay, 25 km südwestlich von Stanley. Hier werden die Austern frisch geerntet (Mo.–Fr. 10–17 Uhr).
25 West Esplanade, Smithton
Tel. 03 64 52 22 62
www.tarkinefreshoysters.com.au

STANLEY HOTEL €
Das Stanley Hotel wurde vom tasmanischen Hotelverband sechs Jahre in Folge als »best pub style accommodation« der Insel ausgezeichnet. Sichern Sie sich in dem Haus aus den 1840er-Jahren ein Zimmer mit Meerblick.
9 Church St., Stanley
Tel. 18 00 22 23 97
www.stanleytasmania.com.au

tragen. In 30 Minuten ist man per pedes oben – mit dem Sessellift geht es freilich etwas schneller.

Rund um Stanley

Knochen, Gräten, Muscheln

Rund 30 km östlich von Stanley erreicht man den Rocky Cape National Park, eine zerklüftete Küstenlandschaft mit Riffs und Inselchen. Eingerichtet wurde er, um Felshöhlen zu erhalten, die den australischen Ureinwohnern über Jahrtausende Schutz boten. Ganze Berge von Knochen, Gräten, Muscheln u. Ä. belegen, wo die Aborigines in früheren Zeiten gelebt haben.

Rocky Cape National Park

Interessanter Mischmasch

Im Dismal Swamp, einer 600 ha großen Karstsenke knapp 75 km westlich von Stanley, verbinden sich spannungsreich Natur und Kultur: Inmitten von Blackwood-Bäumen, Farnen und gurgelndem Untergrund sind Skulpturen, Bilder und Installationen von Aborigine-Künstlern zu sehen. Für ein wenig Nervenkitzel sorgen eine 110 m lange Rutsche und ein Labyrinth.

Dismal Swamp

VICTORIA

Kürzel: VIC | **Hauptstadt:** Melbourne | **Fläche:** 227 420 km²
Einwohner: 6,4 Mio. | **Symboltier:** Honigfresser
Symbolpflanze: Heide

Mit den Victorians ist es ein wenig wie mit den New Yorkern: Die anderen sehen sie gerne als hochnäsig an. Und jetzt haben sie in Melbourne auch noch »The Education State« ausgerufen: Victorias Regierung verspricht ein »world class education system« und stellt dafür 8,5 Mrd. AUD zur Verfügung, damit »jeder Schüler, in jedem Klassenzimmer, in jeder Schule, in allen Gemeinden«, dieses System für sich in Anspruch nehmen kann. Und touristisch gesehen? Hat Victoria eigentlich alles! Lassen Sie sich überraschen!

Wirtschaft, Bildung, Kunst

Knapp ein Viertel aller Aussies lebt im kleinsten Bundesstaat des Festlands, der nicht einmal 3 % der gesamten Fläche Australiens ausmacht. Auf diesem für australische Maßstäbe engem Raum kann man jedoch die ganze Vielfalt des Kontinents erleben: Outback im Norden, Felsküsten und Surfstrände im Süden, Weinland und schneebedeckte Berge im Landesinneren, historische Goldrauschstädtchen und die moderne Kapitale Melbourne, die in Umfragen zu den lebenswertesten Städten der Welt gezählt wurde. Mit ihren Museen, ihrer Architektur und ihren vielen Festivals ist sie die unangefochtene Kulturhauptstadt im Südosten Australiens. Kurzum: In Victoria sind Natur und Kultur, historisches Erbe und zukunftsweisende Avantgarde keine Tagesreisen, sondern oft nur wenige Kilometer voneinander entfernt.

VICTORIA

Aber auch Victorias wirtschaftliche Wachstumsraten beeindrucken, sei es in der verarbeitenden Industrie (Melbourne und Geelong) oder bei der Gewinnung von fossilen Energieträgern. Zudem gilt Melbourne als Hauptstadt der Biotech- und Lebensmittelindustrie. Vielseitige Landwirtschaft mit Schafzucht, Mast- und Milchvieh, Obstkultivierung, Getreideanbau und Wein runden das wirtschaftliche Bild ab. Victoria wird nicht umsonst auch »The Garden State« genannt, da im gemäßigten bis mediterranen Klima des Südens alles grünt und blüht. Seit 2010 ist in Victoria der Besuch sämtlicher Nationalparks kostenlos.

Freie Siedler und Goldsucher

Geschichte

Nach der Gründung der Kolonie New South Wales 1788 bestand Australien aus zwei Teilen: New South Wales im Osten und New Holland im Westen. 1803 sah sich die Regierung in London zu einem Schachzug genötigt: Französische Fregatten waren Tasmanien und der Südküste des Kontinents gefährlich nahe gekommen. So ordnete das Kolonialministerium eine »kontrollierte Landnahme« durch freie Siedler an – mit Erfolg, die Franzosen blieben fern. 1834 ließen sich die ersten weißen Siedler an der Westküste des heutigen Victoria in Portland nieder, 1835 gründete John Batman Melbourne. Als »Port Phillip Bay District« erhielt das Gebiet rund um Melbourne kurz darauf von New South Wales eine eigene Verwaltung zugestanden, 1851 folgte die Gründung der nach Königin Victoria (1819–1901) benannten Kolonie, die binnen zehn Jahren mit 540 000 Einwohnern zur größten australischen Kolonie aufstieg. Auslöser für die Masseneinwanderung von Europäern und Chinesen waren 1851 Goldfunde bei ▶ Ballarat und ▶ Bendigo: Der Goldrausch hier ähnelte jenem in den USA. Der Goldrausch machte ▶ Melbourne zum Finanzzentrum für Australien und Neuseeland und – nach dem Beitritt zum Australischen Bund – von 1901 bis 1927 zur Interimshauptstadt der Föderation.

★ BALLARAT

Höhe: 435 m | **Einwohner:** 105 000

Nahe Ballarat wurde 1869 der größte Goldnugget gefunden: Der Welcome Stranger fand mit 70 kg den Weg in die Geschichtsbücher. Und weil's so schön ist, stellen mehr als hundert Statisten in historischen Kostümen in der rekonstruierten Goldgräbersiedlung Sovereign Hill den Goldgräberalltag Mitte des 19. Jahrhunderts nach. Klasse!

Erinnert an die alten Zeiten: die Goldgräbersiedlung Sovereign Hill

Alles dreht sich ums Gold

Schafzüchter bauten um 1838 ihre Hütten und waren die ersten weißen Siedler. Der Goldrausch zog nach 1850 massenweise Europäer und Chinesen an. In wenigen Jahren strömten mehr als 20 000 Menschen in die Region. Ihre Lebensumstände waren erbärmlich, die Lage chaotisch. Doch kein Rausch ohne Kater: So kam es 1854 zur Eureka Stockade. Bei dem Aufstand gegen die Obrigkeit ließen 25 Goldsucher und fünf Polizisten ihr Leben. Doch 1858 wurde am Bakery Hill in 58 m Tiefe der 63 kg schwere Welcome Nugget entdeckt, 1869 der 70-kg-Welcome-Stranger. Da waren bereits 70 000 Einwohner in der Stadt. Und bis 1917 wurden mehr als 17 Mio. Unzen Gold gefördert. Heute ist das ehemalige Abenteuerland für Glücksritter aus aller Welt die größte Inlandsstadt des Bundesstaats, ein »balla arat« eben – ein Rastplatz –, wie die Koorie-Aborigines schon seit Urzeiten sagen.

Wohin in Ballarat?

Zeitreise ins Jahr 1850

★ Sovereign Hill

Mehr als 100 Statisten in historischen Kostümen stellen am alten Standort der Goldgräbersiedlung den Alltag um 1850 nach. Juwelier

und Blechschmied, Töpfer, Bäcker und Kerzenzieher arbeiten in ihren Werkstätten. Traditionelle Hotels und kleine Geschäfte, die Souvenirs verkaufen, säumen die staubige Hauptstraße. Auch eine Fahrt mit der Postkutsche ist möglich. Neben dem Chinesenlager, wo die Glücksritter aus dem fernen Osten nächtigten, liegen die Schürfgebiete. Probieren Sie selbst, wie die »digger« einst das Gold mit einer Pfanne aus dem Wasser wuschen.
Im Eintrittspreis eingeschlossen ist der Besuch des **Gold Museums**. Eine Extragebühr kosten die Teilnahme an der **Goldmine Tour** unter Tage und das allabendliche Sound-and-Light-Spektakel **»Blood on the Southern Cross«** anschauen, das die Geschichte der Eureka Stockade erzählt.
39 Magpie St. | tgl. 10–17 Uhr | Eintritt: 57 AUD
www.sovereignhill.com.au

Initialzündung für die australische Demokratie

Eureka Centre

Am Morgen des 3. Dezember 1854 wurden rund 200 aufständische Goldsucher, die sich hinter einer improvisierten Barrikade (»stockade«) verschanzt hatten, vom Angriff der Regierungstruppen überrascht. Nach 20 Minuten war die Rebellion niedergeschlagen – und ein Nationalmythos begründet: Der Aufstand gilt als Initialzündung für die australische Demokratie.
102 Stawell St. South | tgl. 10–17 Uhr | Eintritt: 6 AUD

Flagge des Aufstands

Art Gallery

Die Art Gallery of Ballarat besitzt Werke der Heidelberger Schule von Eugene von Geurard, Nicholas Chevalier und Tom Roberts. Eine Galerie ist der Eureka-Flagge, der Flagge des Aufstands, gewidmet.
40 Lydiard St. North | tgl. 10–17, kostenlose Führung um 14 Uhr
Eintritt: frei | www.artgalleryofballarat.com.au

Olympische Ruderstätte

Lake Wendouree

Auf dem künstlichen Lake Wendouree, 1956 die olympische Ruderstätte, schwimmen heute schwarze Schwäne. Um das Haus des Dichters Adam Lindsay Gordon (1833–1870) wurden 1858 die 40 ha großen **Botanical Gardens** angelegt, die für ihre Begonien- und Azaleenpracht berühmt sind.
Lake Wendouree | tgl. Okt.–April 7.30–21, Mai–Sept. bis 18 Uhr
Eintritt: 15 AUD | https://ballaratbotanicalgardens.com.au

Crocs, Koalas, Pinguine

Wildlife Park

Im Wildlife Park dürfen Koalas gestreichelt werden. Gänsehaut garantiert die Krokodilfütterung. Und alle finden die zwölf Zwergpinguine einfach niedlich.
250 Fussell St. | tgl. 9–17 Uhr | Eintritt: 35 AUD
https://wildlifepark.com.au

Rund um Ballarat

Badehaus von 1895

Hepburn Springs

42 Mineralquellen wurden 1836 bei Hepburn Springs, 25 km nordöstlich von Ballarat, gefunden. Schon 1870 kurte dort die Melbourner Prominenz. Das viktorianische Badehaus von 1895 im tief eingeschnittenen Spring Creek ist heute ein öffentlicher Wellnesstempel mit Thermalbecken und Hydrotherapie-Zentrum.

www.hepburnbathhouse.com

Am goldenen G

Goldfields Touring Route

Die 144 km lange Touristenroute in Form eines Nuggets, markiert mit einem goldenen G, präsentiert die wichtigsten Orte des Goldrausches vor gut 170 Jahren. Von Ballarat aus geht es über Daylesford, nahe Hepburn Springs, nach ▶ Bendigo, Maryborough und durch sanft gewelltes Weinland mit renommierten Kellereien zurück nach Ballarat.

85 m in die Tiefe

Bendigo

Vom Glanz der Goldgräberzeit zeugt auch Bendigo mit einem der am besten erhaltenen Ensembles viktorianischer Bauten auf dem fünften Kontinent. Wahrzeichen des Zentrums ist der **Alexandra Fountain**: Der Brunnen besteht aus 20 t Granit. Seepferdchen und Nymphen bildet den Auftakt zum Prachtboulevard **Pall Mall** mit viktorianischen Gebäuden wie dem Post Office von 1887 und den Gerichtsgebäuden von 1896. Die **Art Gallery** zeigt Gemälde australischer Künstler von der Kolonialzeit bis zur Gegenwart. Im **Discovery Science & Technology Centre** können Kinder an 120 interaktiven Exponaten spielerisch die Grundgesetze der Physik entdecken. Und die 1909 bis 1954 betriebene **Central Deborah Gold Mine** ist heute ein Bergbaumuseum. Mit Helm und Taschenlampe kann man in einen 85 m tiefen Schacht steigen und sich auf die Suche nach einer Goldader begeben. Alternativ geht's ebenerdig auf Minentour – inklusive der Möglichkeit, Gold zu waschen. Ein herrlicher Blick auf Bendigo bietet sich vom Förderturm **Poppet Head**. An die chinesischen »digger« erinnern schließlich der Tempel **Joss House** sowie der 1892 gefertigte **Old Loong** als ältester und der 100 m lange **Sun Long** als längster chinesischer Drache der Südhalbkugel.

Art Gallery: 42 View St. | tgl. 10–17 Uhr | Eintritt: frei
Discovery Science & Technology Centre: 7 Railway Pl. | tgl. 10–16 Uhr
Eintritt: 16 AUD | https://discovery.asn.au
Central Deborah Gold Mine: 76 Violet St. | tgl. 9.30–16.30 Uhr
Eintritt: 6,50 AUD | www.central-deborah.com
Joss House: Finn St./Emu Point | tgl. 11–15 Uhr | Eintritt: 6,50 AUD
www.bendigojosshouse.com

Seit fast 100 Jahren verrichtet der kleine Schaufelraddampfer »Pride of Murray« auf dem Murray River unverdrossen seinen Dienst.

Gemütlich auf dem Murray

Echuca

Bereits an der Grenze zu New South Wales liegt am Murray River dieses 13 000-Einwohner-Städtchen. Um 1870 sorgten mehr als 240 Schaufelraddampfer für den Transport von Weizen und Wolle: Echuca war damals der wichtigste Binnenhafen des fünften Kontinents. Die Eisenbahn bereitete dem Aufschwung ein jähes Ende, 1920 war der Hafen bankrott. Seit 1975 steht das Hafenviertel mit seinen restaurierten Kaianlagen unter Denkmalschutz. Holztreppen führen hinunter zu den historischen Schaufelraddampfern wie der **»Adelaide«** (1866), **»Canberra«** (1912) und **»Pride of Murray«** (1924). Im **National Holden Museum** warten dagegen mehr als 40 Oldtimer auf Bewunderer, darunter Klassiker wie The Station Sedan aus den frühen 1960er-Jahren.

Schauffelraddampferfahrten:
www.murrayriverpaddlesteamers.com.au
Holden Museum: 7 Warren St. | tgl. 9–17 Uhr | Eintritt: 10 AUD
www.holdenmuseum.com.au

BALLARAT ERLEBEN

VISITOR INFORMATION CENTRE
225 Sturt St. (im Rathaus Ballarat)
Tel. 1800 44 66 33
www.visitballarat.com.au

In Australiens **ältester Töpferei** von 1858, 7 km nördlich von Bendigo, werden die Töpferwaren noch in historischen Öfen gebrannt. Man kann den Töpfern bei der Arbeit zuschauen und natürlich Keramik kaufen.
www.bendigopottery.com.au

Mit der historischen **Talking Tram** geht es von der Deborah Gold Mine zum Chinesischen Tempel von Bendigo.
www.bendigotramways.com

BROWN GRAIN €€
Mitten im Zentrum erwartet Sie hier authentische Thai-Küche mit Gans, Fisch, Tofu und Currys von mild bis scharf.
212 Sturt St., Ballarat
Tel. 03 53 40 05 17
http://browngrain.com.au

SOVEREIGN HILL HOTEL €€
Mitten in der Kulisse von Sovereign Hill nächtigt man ganz nostalgisch im Stil der Goldgräberzeit, allerdings in modern ausgestatteten Zimmern.
39 Magpie St., Ballarat
Tel. 03 53 33 11 59
www.sovereignhill.com.au/sovereign-hill-hotel

GEELONG

Höhe: 0–20 m | **Einwohner:** 195 000

R27

Pulsierende Hafenstadt – das bedeutet für Urlauber meist nichts Gutes, sondern Industrie und Handel. Das trifft auch im Falle von Geelong zu. Für die zweitgrößte Stadt Victorias sprechen aber die gute Erreichbarkeit – am nördlich liegenden Avalon Airport kommen viele (Billig-)Flieger an – und die Waterfront, an der man schon mal einen schönen Abend verbringen und sich auf das freuen kann, was im Südwesten noch kommt.

Very busy!

Jillong nannten die Aborigines die weite Port Phillip Bucht und gaben damit der Stadt ihren Namen. 1838 kamen die ersten weißen Siedler, doch erst als in Ballarat Gold gefunden wurde, begann der Aufstieg zum wichtigsten Hafen für Goldexporte. Als die Goldquellen versiegten, wurde Wolle zum wichtigsten Wirtschaftsfaktor. Heutzutage sorgen Hafen, Aluminiumwerk und Raffinerie für den Wohlstand der Stadt.

Wohin in Geelong?

Funkelnde Uferpromenade

Waterfront

Zur Jahrtausendwende wurden die alten Kais an der Corio Bay attraktiv umgestaltet. An das maritime Erbe erinnern Containerskulpturen auf dem Vorplatz des Customs House von 1838. Aus alten Pollern schuf Jan Mitchell farbenfrohe Figuren, die von Badenixen, Matrosen und Rettungsschwimmern um 1900 erzählen.

Eckbau mit Turm

Post Office

Das Postamt von 1889 ist eines der wenigen repräsentativen Bauten: ein schöner Eckbau mit mächtigem Turm.

Erbe der Automobilindustrie

Museum of Motoring and Industry

Geelong hat eine lange Tradition im Autobau. Als Ford aber seine Produktionsstätte 2016 nach 91 Jahren und mehr als 6 Mio. gefertigten Fahrzeugen schloss, war auch das Ford Discovery Centre am Ende. Das Museum of Motoring and Industry übernahm aber glücklicherweise weitgehend die Bestände.

Museum: Brougham St./Gheringhap St. | Mi.–Mo. 10–17 Uhr
Eintritt: 15 AUD | http://www.gmom.com.au

Rund um Geelong

Afrika in Victoria

Werribee

Auf halbem Weg zwischen Geelong und Melbourne bietet der **Open Range Zoo** eine aufregende Safari mit frei laufenden Nashörnern,

GEELONG ERLEBEN

VISITOR INFORMATION CENTRE
Princess Hwy., Geelong
Tel. 1800 75 56 11
www.visitgeelongbellarine.com.au

BREWHOUSE €€€
200 Sorten Bier, mehr als 400 Sorten Spirituosen und zum Essen gibt's auch was: eine wilde Mischung aus mexikanischer, indonesischer, australischer und italienischer Küche.
2 Gellibrand St., Geelong
Tel. 03 52 58 17 17
www.queenscliffbrewhouse.com.au

MANSION HOTEL & SPA €€€€
Ein Schloss, als wäre man in England: 1875 mit Flügelgebäuden erbaut, von Baumriesen umrahmt und mit viel Komfort: Pool, Spa, Restaurant.
K Rd., Werribee
Tel. 03 97 31 40 00
www.lancemore.com.au

Zebras und Giraffen inmitten einer afrikanisch anmutenden Savanne. Der nahe **Victoria State Garden** entfaltet seine duftende Pracht in den Monaten November bis Mai, wenn 4500 Rosen ihre Knospen öffnen.

Open Range Zoo: Princess Hwy. | tgl. 9–17 Uhr | Eintritt: 37 AUD
www.zoo.org.au

Auflugsziel mit Großstadtblick

Bellarine Peninsula

Diverse Wassersportmöglichkeiten machen die Region zu einem beliebten Ausflugsziel für den Großraum Melbourne. An der Spitze der schmalen Halbinsel, die die Port Phillip Bay von der Bass Strait trennt, liegt **Queenscliff**; hier kann man sich das **Fort** von 1880 und den Leuchtturm anschauen oder in den **Rock Pools** ein erfrischendes Bad nehmen. Das hiesige Meeresleben lässt sich im **Marine Discovery Centre** entdecken, historische Schiffe im **Maritime Museum**.

Die Autofähre nach Sorrento auf die Mornington Peninsula (► S. 410), auf der Ostseite der Phillip Bay, bietet eine beträchtliche Zeitersparnis, wenn man etwa von der Great Ocean Road direkt Richtung Phillip Island weiterfahren möchte.

Marine Discovery Centre: 24 Bellarine Hwy. | Mo.–Fr. 11–15 Uhr
Eintritt: 8 AUD | www.mdca.org.au/centres/queenscliff
Maritime Museum: 2 Wharf St. | 11–16 Uhr | Eintritt: 8 AUD
www.queenscliffemaritimemuseum.com.au
Fähre: www.searoad.com.au

★★ GRAMPIANS NATIONAL PARK (GARIWERD)

Höhe: 400–1168 m | **Einwohner:** 500

Q26

Da sitzt man auf seinem Campingstuhl, hat ein kühles Bierchen in der Hand und schaut Kino. Herrlich! Es läuft ein Gourmetfilm, Familienfilm, Boxfilm, alles in einem, denn die einen schnabulieren ihr Abendessen, die Mutter kümmert sich um ihr Baby und zwei Rabauken schupsen und balgen sich. Der Film läuft auf der Lichtung, direkt vor dem Wohnmobil. Das Schönste: Dieser Film ist Realität. Die Hauptdarsteller sind Dutzende von Kängurus, die allabendlich kommen. In Nebenrollen zu sehen sind Emus, Hasen, Enten und Kakadus.

Victorias grünes Paradies

Gewiss, die Silhouette der über 1100 m hohen Grampians, jenes Gebirges rund 250 km westlich von Melbourne, ist auch aus der Ferne betrachtet durchaus imposant. Viel schöner ist es jedoch, sich in die grüne, gleichwohl gut erschlossene Wildnis mit ihren unzähligen Wanderwegen zu begeben. Es gibt nicht viele Orte in Australien, an denen sich wilde Kängurus besser beobachten lassen. Bis auf wenige Meter lassen die Beuteltiere Menschen in ihre Nähe. Sie beobachten ihr Gegenüber zwar genau, lassen sich aber nicht sonderlich stören. Der Nachwuchs springt fröhlich aus dem Beutel der Mutter und wieder rein, andere »roos« grasen, spielen oder kippeln sich. Wer 10 km wandert, sieht mit großer Sicherheit mindestens 20 Kängurus – aber keine Menschenseele, trotz des vielen Tourismus. Um einen Koala zu erspähen, braucht man schon etwas mehr Glück. Sie wurden in den 1980er-Jahren zwar angesiedelt, doch schon in der dritten Generation war ihr Bestand wieder massiv geschrumpft: Der dortige Eukalyptus war nicht nach ihrem Geschmack.

Die Grampians liegen seit Urzeiten auf Routen verschiedener indigener Stämme. 1991 haben sie auch – wie etwa der Uluru – wieder ihren traditionellen Aborigine-Namen zurückerhalten: Gariwerd. Im Alltag und auf Karten oder Broschüren blieb es in den meisten Fällen

Warum in die Ferne schweifen? Weil die Ausblicke im Grampians National Park einfach großartig sind.

DEN GRAMPIANS NATIONAL PARK ERLEBEN

VISITOR INFORMATION CENTRE

115 Grampians Rd., Halls Gap
Tel. 18 00 06 55 99
www.visitgrampians.com.au

GRAMPIANS HORSE RIDING ADVENTURES

Die Grampians auf dem Pferd erleben? Warum nicht! Einen geführten vierstündigen Ausritt gibt es für 150 AUD.
Tel. 03 53 83 92 55
www.grampianshorseriding.com.au

KOOKABURRA €€

Klassiker auf der Karte seit 30 Jahren sind Hirschsteak, Kängurufilet und Entenbrust.
125 Grampians Rd., Halls Gap
Tel. 03 53 56 42 22
www.kookaburrahotel.com.au

MARWOOD VILLAS €€€

Die romantischen Villen im toskanischen Stil stehen in einem gepflegten Park, der auch von Kängurus besucht wird. Zum Verwöhnprogramm gehören King-Size-Betten, Whirl-Badewanne, Küche, Veranda, offener Kamin und eine Flasche Wein zur Begrüßung. Unter der Woche 50 AUD günstiger!
31 Mt. Zero Rd., Halls Gap
Tel. 04 38 68 85 00
www.marwood.net.au

LAKESIDE TOURIST PARK €

Unterhalb des Lake Bellfield und direkt an einer Lichtung, die allabendlich von Kängurus zum Grasen aufgesucht wird – buchen Sie dort ihren Stellplatz und Sie werden ihn nie vergessen! Ankömmlinge werden von einem Schwarm Kakadus begrüßt! Auch die tollen Glamping-Zelte sind empfehlenswert! Der Pool (für alle) wird ganzjährig mit Holz beheizt. Unbedingt reservieren!
23 Tymna Dr., Halls Gap
Tel. 03 53 56 42 81
www.hallsgaplakeside.com

jedoch bei Grampians. Dieser Name geht auf Thomas Mitchell zurück, der das Gebirge 1836 für die Weißen entdeckte. Da ihn das Bergmassiv an seine schottische Heimat erinnerte, nannte er es Grampians. Entstanden sind die Berge vor mehr als 400 Mio. Jahren durch gewaltige Erdbeben. Nach Osten fallen die parallelen Gebirgswände aus rotem Sandstein steil in die Ebene, gen Westen neigen sie sich sanft zu Weiden und Feldern hinab.

Wohin im Grampians National Park?

Hauptstadt der Grampians

Halls Gap

Ausgangspunkt für Ausflüge und Rundfahrten ist das 300 Einwohner zählende Nest Halls Gap am Osthang der Grampians. Der einzige

Platz im Park mit Supermärkten und Tankstellen ist zugleich Heimat des **Brambuk National Park & Cultural Centre**. Das Kulturzentrum der Aborigines macht die Geschichte und Kultur der örtlichen Aborigines erlebbar. U. a. gibt es gut aufbereitete Schautafeln zu den sechs Jahreszeiten der Aborigines. Übrigens: »Brambuk« bedeutet Kakadu.

tgl. 9–17 Uhr | Eintritt: frei | www.brambuk.com.au

Wanderparadies rund um Australiens Grand Canyon

★★ Wonderland Range

Von der Mount Victory Road, die Halls Gap in Richtung Westen verlässt, kommt man schnell zum Wonderland Carpark. Dort steht Wandern im Wunderland auf dem Programm: Ein gutes Dutzend hervorragend präparierter und wunderschöne Wege stehen zur Wahl. Highlight und höchster Punkt der 430 Mio. Jahre alten Wonderland Range ist **The Pinnacle**. Zwei bis zweieinhalb Stunden benötigt man für den 5,5 km langen, großartigen Weg zu dem bizarr geformten Felsen, von dem man auf 720 m einen sensationellen Rundblick genießt. Deutlich kürzer, aber schwieriger zu meistern ist der Weg zum **Grand Canyon**: Die Gesteinsfarben, die unterschiedlichen Formen und Texturen sind einzigartig. Wind und Wasser waren die Künstler dieser spektakulären Felsskulpturen. Eine gemütliche Stunde braucht man zum dritten potenziellen Ziel, den schönen **Turret Falls**.

Blick auf die Wonderland Range

★ Boroka Lookout

Nach wenigen Kilometern zweigt von der Mount Victory Road die Mount Difficult Road ab, die am Boroka Lookout auf 800 m endet. Weit schweift der Blick über den Lake Bellfield und zur Wonderland Range.

Graue Felsnasen, grünes Tal

★ Reed Lookout

Wieder zurück und weiter auf der Mount Victory Road, erreicht man kurz darauf den Parkplatz am Reed Lookout, von dem ein 700 m langer Fußweg zu einer atemberaubenden Kulisse führt: Dramatisch dominieren die grauen Felsnasen der **Balconies** den Panoramablick über den Nationalpark. Auch das sattgrüne Victoria Valley, Lake Wartook und die Mount Difficult Range sind gut zu sehen.

Baden verboten! Leider ...

★ MacKenzie Falls

Nächster Stopp auf der Mount Victory Road sind die MacKenzie-Wasserfälle. 260 Stufen führen hinunter an den von den Fällen geformten Pool, in dem Baden allerdings verboten ist. Den besten Blick hat man von der Aussichtsplattform östlich der Wasserfälle. Deren Besuch ist dennoch das ganze Jahr hindurch ein Erlebnis. Sie werden vom Wartook Lake Reservoir gespeist, das die Trinkwasserversorgung im Norden der Grampians sichert.

Zeit für ein Picknick

Zumsteins

Trotz der vielen Haltepunkte ist man jetzt erst 10 km westlich von Halls Gap. Zeit für ein Picknick in wunderschöner Umgebung: Manchmal kommen Kängurus und Wallabys und betteln, wenn der Picknicktisch reich gedeckt ist. So herzerweichend ihr Drängen auch ist, man sollte die Tiere auf keinen Fall füttern. Von dort gibt es zwei Wanderwege zu den MacKenzie Falls, die jeweils etwa drei Stunden Zeit erfordern.

Wie in Schottland

Mount William

Südlich von Halls Gap zweigt, kurz nach dem Lake Bellfield ostwärts, ein Wanderweg zum Mount William ab. Nach 45 Minuten erreicht man den Gipfel, mit 1168 m den höchsten Punkt der Grampians. Leider ist er mit Antennen der australischen Flugsicherung etwas verunstaltet – der 360-Grad-Blick ist jedoch umwerfend.

BAEDEKER MAGISCHE MOMENTE

TIERISCHES ABENDMAHL

Es sind Dutzende – und es kommen immer mehr dazu. Selbst nach drei Wochen Australien und gefühlt Hunderten von erspähten Kängurus bieten die idyllischen Lichtungen im Grampians National Park Augenblicke, die für immer im Kopf bleiben. Rechtzeitig zur Dämmerung hoppeln die Kängurus zum Abendessen auf die weitläufige Wiese und futtern. Später ruhen sie sich aus, spielen oder balgen sich. Das Gute: Man ist ganz nah dran – bis auf 10 m!

Viele Hände

Aboriginal Culture

Mehr als 4000 Felszeichnungen schmücken Höhlen und Überhänge im Park, einige davon sind um die 5000 Jahre alt. Die wichtigsten Fundorte sind im Norden des Parks die »Hände der jungen Menschen« (**Gulgurn Manja**) sowie die »Weißen Menschen« (**Ngamadjidji**). Im Süden sind die »Roten Zeichnungen« (**Billimina**) und die »Hände« (**Manja**) sehenswert. Etwas außerhalb der östl. Parkgrenzen findet sich noch die **Bunjil-Höhle**, in der ein Erschaffer und Tiere zu erkennen sind. All die Felszeichnungen wurden vom Stamm der Jardwadjali ausgeführt.

Rund um den Grampians National Park

Wolle-Hauptstadt

Hamilton

Als selbsternannte »Wool Capital of the World« ist Hamilton die wichtigste Stadt im Western District Victorias. Alljährlich im August trifft sich die Branche zur Messe Sheepvention. Das ganze Jahr hindurch grasen Hunderttausende Schafe auf den saftigen Weiden, die die drittgrößte Vulkanebene des Kontinents bedecken.

Wein statt Gold

Great Western

Wer Wein liebt, sollte in Great Western, 15 km südöstlich von Stawell, bei einer Führung in den Keller von **Seppelt** hinabsteigen: 1,7 Mio. Flaschen lagern in den 3 km langen, unterirdischen Gewölben, die vor allem Sekt, der zum Großteil noch per Hand gerüttelt wird, enthalten, aber auch Shiraz, Pinot Noir und Sauvignon Blanc. Baumeister des Weinkellers waren Goldgräber: Sie hatten gehofft, mit den Stollen auf eine Goldader zu treffen.

36 Cemetery Road | Tel. 03 53 61 22 39 | Führungen tgl. 11–15 Uhr
Eintritt: 15 Uhr | www.seppelt.com.au

Rekord in 11,7 Sekunden

Stawell

Im Goldgräberstädtchen Stawell, 24 km nordöstlich von Halls Gap, wird inzwischen wieder Gold abgebaut und alljährlich zu Ostern das berühmteste Kurzstreckenrennen des Kontinents ausgetragen: **Stawell Gift** – 1878 als Benefizveranstaltung für die Goldgräber entstanden. Heute winkt dem Läufer, der die 120-m-Gras-Sprintstrecke im Central Park als Schnellster absolviert, ein stolzes Preisgeld von 40 000 AUD. Der Rekord liegt bei 11,7 Sek. für die 120 m. Erinnerungsstücke an das Laufevent sind in der **Gift Hall of Fame** ausgestellt.

Hall of Fame: Lower Main St. | Di.–Sa. 10–16 Uhr | Eintritt: 5 AUD

Trauben und Bier

Mildura

Zitronen, Orangen, Trauben – rund um Mildura erstreckt sich äußerst fruchtbares Land. Schon 1887 hatte man mithilfe des Murray

River ein bestens funktionierendes Bewässerungssystem geschaffen. Auf dem Murray schippern täglich der 1912 erbaute Schaufelraddampfer **»Melbourne« und zwei weitere Oldtimer**. Landesweit beliebt ist das in Mildura gebraute Bier.
www.paddlesteamers.com.au

★★ GREAT OCEAN ROAD

Höhe: 0–100 m | **Einwohner:** 60 000

R26/27

Amerika hat seinen Highway 1, Australien die Great Ocean Road: Mythos und Legende zugleich. Nur die zwölf Apostel an der Strecke, die waren einmal – wenn überhaupt. Heute jedenfalls sind es nur noch acht Apostel. Doch einen weltweit so bekannten Namen ändert man nicht einfach so. Zumal die Twelve Apostles geologisch gesehen sowieso nur eine Zeiterscheinung sind. Es ist absehbar, wann auch die letzten der bis zu 60 m hohen Felsen der Macht des Meeres nachgeben müssen.

Der Weg ist das Ziel

Colin Hay, Sänger der australischen Kultband Men at Work und Texter des ebenso kultigen Songs »Down Under« – der neben »Waltzing Mathilda« als heimliche australische Nationalhymne gilt –, soll in den späten 1970er-Jahren an der Great Ocean Road die Idee zum Namen seiner Band gehabt haben: Sie kam ihn in den Sinn, als er an einer Baustelle vorbeifuhr, auf der neun Bauarbeiter herumsaßen und nur einer arbeitete – »Men at Work« eben, Männer bei der Arbeit. Dabei gilt die 243 km lange Panoramastraße von Torquay im Osten nach Portfairy im Westen für viele Australier als Symbol für den Sieg über eine unerbittliche Natur. Dort stemmt sich der Kontinent gegen die wilde Macht des Meeres und der Gezeiten. 1919 begannen 3000 Arbeiter die Straße zu bauen. Es waren 3000 heimgekehrte Soldaten nach Beendigung des Ersten Weltkriegs. Der Bau war zuallererst also eine Arbeitsbeschaffungsmaßnahme und erst als Zweites die Erschließung einer Region, die bis dahin nur per Schiff erreichbar war. Gearbeitet wurde hauptsächlich mit Pickel und Schaufel. 13 Jahre später war sie fertig. 7,5 Mio. Menschen besuchen die State Road B 100 heute pro Jahr: eine Traumstraße entlang Steilklippen aus Sandstein und durch grünes hügeliges Hinterland mit uralten Regenwäldern. An der Great Ocean Road gilt: Der Weg ist das Ziel!

Zählen Sie mal nach! Derzeit müssten die Twelve Apostles noch aus acht Steinsäulen bestehen – sofern nicht wieder eine der harschen Brandung zum Opfer fiel.

Wohin an der Great Ocean Road?

Wallfahrtsort der Surfer

Torquay

Torquay ist das Tor zur Great Ocean Road. Und alles dort dreht sich ums Surfen. Australiens Surflegende Jason Polakow wurde in Torquay 1971 geboren und das Herz der australischen Surf-Industrie schlägt genau dort: Gut die Hälfte der Stadt besteht aus Niederlassungen und Shops der Branche. Die Grundlagen und Geschichte des Wellenreitens erzählt das **Surf World Museum** an der Surf City Plaza.

77 Beach Rd. | tgl. 9–17 Uhr | Eintritt: 12 AUD | www.surfworld.com.au

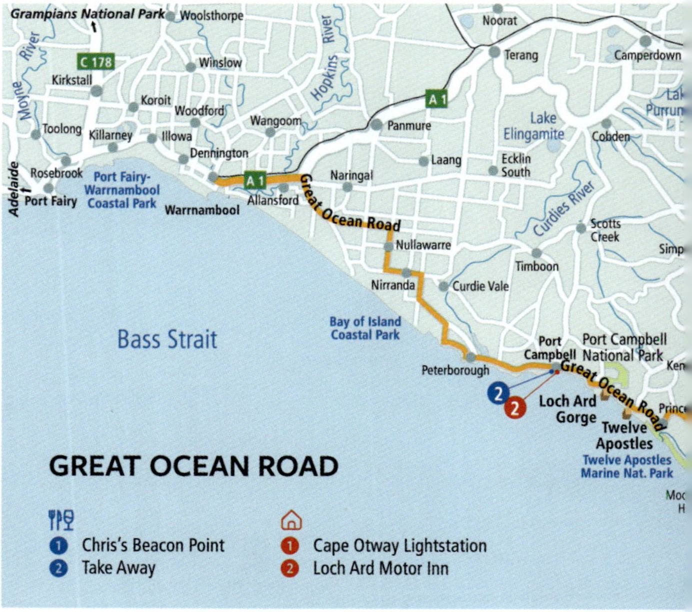

Oder Hell's Beach?

★ Bells Beach

Auch am Bells Beach, ein paar Kilometer weiter, schaukeln die kühnen Wellenreiter weit vor der Brandung auf ihren Brettern im 16 °C kalten Wasser des Südlichen Ozeans und warten auf die perfekte Welle. Dann tanzen sie mit Tempo und Geschick, mit und ohne Segel, über die meterhohe Dünung. Die Bucht ist ein Wallfahrtsort für Surfer. Dort trafen sich Keanu Reeves und Patrick Swayze im Film »Gefährliche Brandung« zum surfenden Showdown. Dort tragen alljährlich zu Ostern die besten Wellenreiter der Welt ihre Meisterschaften aus, was dem Strand in der Szene den Beinamen Hell's Beach einbrachte. The Rip Curl Pro ist eine der schwierigsten Surfwettbewerbe der Welt.
Im nahen **Angelsea** müssen sich die Golfer auf hüpfende Hindernisse einstellen: Der Golfplatz ist die Heimat einer großen Gruppe Kängurus ... Ansonsten kann man hier am langen, goldfarbenen Sandstrand ausgedehnte Spaziergänge unternehmen.

Unbeschwert, aber kühl ...

Lorne

Nach **Aireys Inlet** mit seinem wunderschönen Leuchtturm folgt, inzwischen 46 km südwestlich von Torquay, der schon 1879 erbaute Pier von Lorne. In dem Badeort flaniert man auf der **Mountjoy Para-**

de mit trendigen Boutiquen und Cafés. Unbeschwertes – aber kühles! – Badevergnügen verspricht der kilometerlange Sandstrand an der **Louttit Bay**: Sein Südende ist familienfreundlich, das Nordende begeistert Surfer. Die Baugeschichte der Great Ocean Road dokumentiert das **Heritage Centre**. Zeitgenössische Kunst zeigt die **QDOS Contemporary Art Gallery**. Und einen Abstecher lohnen die 10 km entfernten und 30 m hohen **Erskine Falls**, zu denen eine sehr steile, kurvige Straße führt.

Heritage Centre: 15 Mountjoy Parade | tgl. 9–17 Uhr | Eintritt: frei
www.greatoceanroadstory.com.au
QDOS Contemporary Art Gallery: 35 Allenvale Rd. | tgl. Jan. 8.30–18, Feb.–Dez. 9–17 Uhr | Eintritt: frei | www.qdosarts.com

Ab jetzt geht's auch zu Fuß

An die erste unterseeische Telegrafenleitung, die 1859 von Apollo Bay aus nach Tasmanien verlegt wurde, erinnert das **Old Cable Station Museum**. Spektakuläre Ausblicke bieten sich 1,5 km außerhalb vom **Marriner's Lookout** auf Strand und Städtchen. Abenteuerlustige mit guter Ausdauer können die Great Ocean Road von hier ab auch zu Fuß entdecken: Der Great Ocean Walk führt über etwas mehr als 100 km von Apollo bis zu den Zwölf Apo- Apollo Bay

DIE GREAT OCEAN ROAD ERLEBEN

VISITOR INFORMATION CENTRE
100 Great Ocean Rd., Apollo Bay
Tel. 03 52 37 65 29
www.visitgreatoceanroad.org.au

RIDE WITH US
Man kann die Great Ocean Road nicht nur im Auto oder wandernd erkunden, sondern auch mit dem Fahrrad meistern. Dieser Anbieter hilft Ihnen dabei.
Tel. 0438 40 77 77
www.ridewithus.com.au

APOLLO BAY AVIATION
Ein kurzes, aber umso spektakuläreres Erlebnis ist ein Hubschrauberrundflug über die zerklüftete Küste. Kostenpunkt: ab 60 AUD für zehn Minuten.
Tel. 03 52 37 76 00
www.apollobayaviation.com.au

❶ CHRIS'S BEACON POINT €€€
Das Restaurant vereint eine Toplage über der Great Ocean Road und eine leckere griechische Küche. Wegen der vielen Griechen im Bundesstaat gehören Tavernen zu Victoria wie Steakhäuser. Auch Chris ist gebürtiger Grieche aus Saloniki.
280 Skenes Creek Rd., Apollo Bay
Tel. 03 52 37 64 11
www.chriss.com.au/restaurant

❷ TAKE AWAY €
Was sich zunächst wüst anhört, ist ein SB-Restaurant mit den besten Fish'n'Chips weit und breit. Alles wird frisch auf Bestellung gemacht und in Papier serviert, wie es sich eben für traditionelle Fish'n'Chips gehört.
16 Lord St., Port Campbell
Tel. 03 38 00 13 30

❶ CAPE OTWAY LIGHTSTATION €€€
Wer im ehemaligen Haus des Leuchtturmwärters wohnen möchte: Die Lodge ist für Selbstversorger komplett ausgestattet und hat einen herrlichen Blick aufs Meer.
Cape Otway, Tel. 03 52 37 92 40
www.lightstation.com

❷ LOCH ARD MOTOR INN €
Das sehr schöne Motel ist nur 100 m vom Strand entfernt, blickt auf die Steilküste und bietet moderne, großzügig geschnittene Zimmer mit Terrasse. In wenigen Minuten ist man mit dem Auto an den Topspots der Great Ocean Road.
18 Lord St., Port Campbell
Tel. 03 55 98 63 28
www.lochardmotorinn.com.au

steln. »Ngootjoo, Ngootjoon«, sagen die Aborigine, also: Alles ist gut, alles ist gesund!

Old Cable Station Museum: 6250 Great Ocean Rd. | Sa.–So. 14–17 Uhr
Eintritt: 5 AUD

Oben, wo die Geister toben

Great Otway National Park

Hinter Apollo Bay verlässt die Straße die Küste und schlängelt sich durch den Great Otway National Park. Wer den ältesten Leuchtturm des Kontinents sehen möchte, nimmt 30 km hinter Apollo, die Stichstraße in den Süden zum sturmumtosten Cape Otway, das vielen Schiffen zum Verhängnis wurde. Sein strahlend weißer Leuchtturm wies den Schiffen 1848–1994 den Weg auf See. Entlang der Stichstraße hat man gute Chancen, einen Koala zu sehen. Wieder auf der B 100 führen nach Lavers Hill die Holzstege des **Fly Tree Top Walk** in 25 m Höhe durch die Wipfel des Regenwalds. Einen besonderen Blick liefert der 40 m hohe Aussichtsturm. Noch aufregender ist es, per Seilrutsche über die Baumwipfel zu sausen.

Cape Otway Lightstation: Cape Otway | tgl. 9–17 Uhr
Eintritt: 18,50 AUD | www.lightstation.com
Fly Tree Top Walk: 360 Phillips Track, Weeaproinah | tgl. 9–17 Uhr
Eintritt: ab 25 AUD | www.otwayfly.com

Von unten noch mächtiger

★ Port Campbell National Park

Erst in Princetown erreicht die Straße wieder die Küste, die dann bis Port Fairy zu Recht auch als Shipwreck Coast bezeichnet wird. Im Campbell-Nationalpark folgt jetzt ein Höhepunkt nach dem anderen. Alle sind sehr gut beschildert, verfügen über einen Parkplatz und Spazierwege bis zu Aussichtsterrassen oberhalb der Küste. An den **Gibson Steps**, im 19. Jh. von einem Hugh Gibson in den Fels gehauen, kann man sogar über Treppen bis hinunter an den Strand kommen. Ein Spaziergang ist wunderschön und die Steilwände sehen aus der Froschperspektive noch mächtiger aus. Am Sand und an den Wänden sieht man die enorme Tidentätigkeit: Das Badeverbote sollte man tunlichst beherzigen, da Brandung und Strömungen lebensgefährlich sind!

Australiens ikonische Felsnadeln: vom Saulus zum Paulus

★★ Twelve Apostles

Eigentlich hätte die großartige Felsformation, »der« Höhepunkt der Great Ocean Road, diesen Marketing-Gag überhaupt nicht nötig gehabt: Bis in die 1950er-Jahre hieß sie noch »Sow and Piglets«, also »Sau und Ferkel«, bis sich – wohl aus ästhetischen Gründen – der Name »The Twelve Apostles« einbürgerte. Dabei waren es damals bereits nur neun Felstürme, wie es überhaupt wohl niemals zwölf davon gab. Seit dem Einsturz eines der Türme im Juli 2005 sind es nunmehr noch acht – bis auch diese sich irgendwann den Kräften der Erosion beugen müssen. So lange aber sind die Twelve Apostles eines der meistbesuchten Wahrzeichen Australiens.

Stetig schlägt die Brandung der stürmischen Bass Strait an diesem Küstenabschnitt Grotten, Schluchten und bizarre Bögen in den weichen Kalkstein, erschafft und zerstört. Bis zu 65 m ragen die ockerfarbenen Apostel-Kalksteinsäulen in den Himmel, spektakuläre Felsnadeln, deren Gestein bis zu 20 Mio. Jahre alt ist und die im Lauf der letzten 6000 Jahre aus der zerklüfteten Küste herausgewaschen wurden. Die Formgebung der Klippen im Port Campbell National Park ändert sich permanent. Kleine Felsbrocken brechen ständig ab und jährlich weicht die Steilküste um etwa 2 cm zurück. Ein eigenes **Visitor Centre** informiert über die gewaltigen Felsen, ihre Entstehung und ihr Verschwinden.

Wie zwei Schiffe im Meer

★ Loch Ard Gorge

Die härtesten Gesteine bilden zunächst Halbinseln, von denen später nur noch Steinbrücken die Verbindung zum Festland aufrechterhalten. Bis 2009 ragte vor der Loch Ard Gorge der **Island Archway** aus dem Wasser, doch dann stürzte die Verbindung ein und nur die beiden Felstürme des einstigen Bogens blieben stehen. Deshalb sieht

BAEDEKER MAGISCHE MOMENTE

SALZ AUF DER HAUT, WIND IM HAAR

Wie kann das nur sein? Wie schaffen es Wind und Wellen, so unerbittlich am scheinbar harten Felsen zu nagen, dass diese wundervoll zerklüftete Küste entstehen konnte? Erleben Sie die Antwort hautnah, schauen Sie nicht »nur« von oben auf bizarr geformte Felsen, sondern folgen Sie den Treppen und Pfaden, die zu himmlisch schönen Buchten (wie etwa der Loch Ard Gorge) hinabführen. Spazieren Sie über den Sand, fühlen Sie den Wind und bewundern Sie die Naturgewalt des Ozeans, dessen mächtige Brandung haushohe Gischt erzeugt.

Loch Ard Gorge von einigen Positionen an Land aus, als ob zwei mächtige Schiffe parallel zueinander anlanden wollen. Die Schlucht wurde nach dem Klipper »Loch Ard« benannt, der 1878 auf Grund lief – wie insgesamt rund 200 andere Schiffe auch: deshalb der Name Shipwreck Coast. Auch an dieser Stelle kann man über Treppen zum Strand gelangen.

Das kleine Versorgungszentrum

Im kleinen Port Campbell gibt es Restaurants und Cafés mit Blick aufs Meer sowie Geschäfte, Galerien und Übernachtungs- sowie Campingmöglichkeiten.

Port Campbell

Spektakuläre Rettung

Schon 1990 stürzte die Verbindung des London Arch mit dem Festland ohne Vorwarnung ins Meer. Als sie zerbrach, waren gerade Urlauber auf der London-Brücke – wie durch ein Wunder blieben alle Brückenspaziergänger unverletzt. Sie konnten sich auf die massiven Brückenpfeiler retten, mussten dort allerdings einige Stunden wellenumtost ausharren, bis sie ein Hubschrauber in Sicherheit brachte.

London Arch

Unspektakuläres Finale

Streng genommen ist bei Peterborough die Great Ocean Road beendet, denn ab jetzt ist die B 100 nur noch eine unspektakuläre Inlandsstraße ohne Meerblick.

Peterborough

Wale beobachten

Erst bei Warrnambool, 55 km später, ist wieder Meer in Sicht. Der Abstecher in die kleine Hafenstadt lohnt sich vor allem zwischen Mai und September, wenn sich der hiesige Küstenabschnitt zur Kinderstube der Südkaper verwandelt. Wer will, kann bei einer Walbeobachtungstour oder auf der Plattform am **Logan's Beach** die auch als Südliche Glattwale bezeichneten Meeresriesen beobachten. Wie der Hafen zur Zeit der großen Segler aussah, zeigen einige restaurierte Gebäude und Kutter am Leuchturm von 1859. Im Museum Flagstaff Hill sind einige kleine Nachbauten der 200 an der Shipwreck Coast verunglückten Schiffe zu bestaunen.

Flagstaff Hill: Merri St. | tgl. 9–17 Uhr | Eintritt: 28 AUD
www.flagstaffhill.com

Warrnambool

Schlafender Vulkan

Dieses sehr schöne Schutzgebiet für Koalas, Kängurus, Wallabies, Emus, Echidnas und vielen Vogelarten liegt in einem inaktiven Vulkan. Der letzte Ausbruch datiert 30 000 Jahre zurück. Auf dem 3,2 × 2,4 km großen Gelände kann man mit seinem Auto einen Rundkurs fahren.

Tower Hill

Ende – oder Anfang …

Port Fairy

Die ehemalige Wal- und Robbenfangstation markiert das offizielle Ende der Great Ocean Road – oder den Anfang, wenn man vom Westen aus startet. Ein paar historische Bauten, der Aussichtspunkt Battery Hill und auf **Griffiths Island** das Lighthouse, das vom Festland über eine Brücke zu Fuß erreicht werden kann – mehr hat der 3000-Einwohner-Ort nicht zu bieten.

Rund um die Great Ocean Road

Vulkane und Salzseen

Lakes and Craters Region

Zentrum der Region im Hinterland von Apollo Bay, knapp 100 km nach Norden, ist der **Lake Corangamite**, der größte natürliche See in Victoria, der den vierfachen Salzgehalt des Meeres aufweist: Er ist fast ausgetrocknet. Doch es gibt auch Möglichkeiten zum Kanufahren, etwa auf dem kleinen **Lake Elizabeth** bei Forrest, 35 km nördliche von Apollo, in dem große abgestorbene Baumstümpfe für eine gespenstische Atmosphäre sorgen.

Alte Tram, alte Schiffe, alte Autos

Portland

Die älteste europäische Siedlung Victorias besitzt mehr als 200 historische Gebäude. Die Schönsten erkundet man auf dem **Historic Buildings Walk**. Mit der **Cable Tram** kann man zum **Maritime Discovery Centre** mit einem der ältesten Seenotrettungsboote der Welt fahren. Gezeigt wird auch ein 14 m großes Skelett eines Wals. 30 Oldtimer und historische Motorräder gibt's dagegen im **Powerhouse Motor & Car Museum** zu bestaunen.

Maritime Discovery Centre: Lee Breakwater Rd. | tgl. 9–17 Uhr
Eintritt: frei

Powerhouse Motor & Car Museum: Glenelg St./Percy St.
tgl. 10–16 Uhr | Eintritt: 8 AUD

Pelzrobben und steinerne Zeugen

Cape Nelson State Park

11 km weiter südlich erstreckt sich der Cape Nelson State Park mit einem 1880 errichteten Leuchtturm, der strahlend weiß über der zerklüfteten Küste thront. Auf der westlich Seite der Bucht leben bei den Klippen von **Cape Bridgewater** rund 650 australische Pelzrobben. Nur wenige Schritte davon entfernt ragen im **Petrified Forest** versteinerte Baumstümpfe in den Himmel: die letzten Reste eines einstmals dichten Waldes mit Moonah-Bäumen.

Farbenfrohe Sittiche

Mount Richmond National Park

Im Frühling blühen 450 verschiedene Wildblumen im Park. Auf den 229 m hohen Gipfel des erloschenen Vulkans Mount Richmond führt eine schöne Ausblicke gewährende Panoramastraße hinauf (29 km nordwestl. von Portland). Im Buschland leben Kängurus, Koalas und farbenprächtige Plattschweifsittiche. Am Meer breiten sich im **Discovery Bay Coastal Park** über mehr als 50 km hellgelbe Sanddünen aus.

Seltene Höhlenkorallen

Lower Glenelg National Park

Gut 50 km nordwestlich von Portland säumt der Lower Glenelg National Park den Unterlauf des Glenelg River. Besonders schön: seine 15 km lange Sandsteinschlucht mit bis zu 50 m hohen Felswänden. Die 20 m unter der Erde liegende und 150 m lange Karsthöhle **Princess Margaret Rose Cave** besitzt seltene Höhlenkorallen.

Princess Margaret Rose Cave: 5–7 Führungen tgl. 10–16.30 Uhr
Eintritt: 22 AUD |www.princessmargaretrosecave.com

Australiens jüngstes Welterbe

★ Budj Bim National Heritage Landscape

Rund 50 km nordöstlich von Portland liegt das jüngste australische UNESCO-Weltkulturerbe. Es wurde 2019 aufgenommen und ist das erste Welterbe, das sich ausschließlich mit der Kultur der Aborigines befasst. Die 6600 Jahre alte Aquakultur mit ihren Teichen und Reusen zum Fischfang rund um die Siedlung Budj Bim ist eines der ältesten menschlich angelegten Wassersysteme der Welt. Einige der Kanäle sind mehrere Hundert Meter lang und wurden aus dem basalen Lavagrund ausgehoben. Entlang der verzweigten Wassersysteme errichteten die Aborigines vom Stamm der Gunditjmara runde Häuser aus Basaltstein.

★ LAKES ENTRANCE

Höhe: 2 m | **Einwohner:** 4000

Der Ninety Mile Beach – 145 km Strand mit goldgelbem Sand – ist für Europäer, die in kleineren Maßstäben denken, ein Wow-Erlebnis. Aber auch so ein Traum geht irgendwo zu Ende. Und dieses Irgendwo ist eine Fußgängerbrücke, die nach Lakes Entrance führt: an der Nahtstelle zwischen der verwunschen schönen Seenlandschaft der Gippsland Lakes und dem wilden, grandiosen Ozean mit seinem Endlosstrand. Salzig oder süß? Ja, sogar Sonne oder Schnee? Der Besucher hat dort die Qual der Wahl.

Q/R28

Als in der letzten Eiszeit die Landbrücke zwischen Victoria und Tasmanien in den Fluten versank, hinterließ sie ein System untereinander verbundener Flüsse und Seen, das nur bei Lakes Entrance Zugang

Dreiklang aus Meer, Sand und Seen

zum offenen Ozean hat: Ende des 19. Jh.s durchstieß man den schmalen Dünenstreifen zwischen den Gippsland Lakes und dem Meer und schuf auf diese Weise eine künstliche Einfahrt in die längste Seenkette Australiens, die sich hinter den Dünen des Ninety Mile Beach versteckt. Die Hauptseen Lake King, Lake Victoria und Lake Wellington werden von mehreren Flüssen aus dem Hinterland gespeist. Und noch weiter drin im Hinterland breiten sich die Victorian Alps aus und bieten Schneespaß und -sport.

Wohin in Lakes Entrance und Umgebung?

Seen und Meer

Esplanade

An der Esplanade bieten Ausflugsschiffe Delfin- und Walbeobachtungsfahrten an. Dort liegt auch die größte Fischereiflotte Victorias vertäut. Und wenige Schritte weiter findet sich jene Fußgängerbrücke, die hinüber zum Ninety Mile Beach führt. Den schönsten Blick auf die Binnenseen hat man von Jemmy's Point an der westlichen Zufahrt des Princes Highway.

145 Kilometer!

Ninety Mile Beach

Es ist einer der längsten ununterbrochenen Strände der Welt, auch einer der unberührtesten und naturbelassensten. An den meisten Stellen sieht man kein Ende, sondern lediglich die salzige Gischt in weiter Ferne. Er besteht zum Großteil aus Sanddünen, die die zahlreichen Seen im Hinterland vom offenen Meer trennen. Forscher haben am Ninety Mile Beach 860 Spezies gezählt. Gleichwohl sieht man oft nur seine eigenen Fußspuren am Strand – und keine weitere Menschenseele. Doch Vorsicht, unter der herrlichen Brandung sorgen sehr starke Strömungen für Gefahr! Übrigens: Länger auf der Erde sind nur die Praia do Cassino (254 km) im Süden Brasiliens und der Strand von Padre Island vor der Küste von Texas (210 km).

Wer kann, der kann

Metung

Am Nordufer des Lake King, wo in früherer Zeiten der Stamm der Gunai-Aborigines lebte, entspannen sich heute in Metung gut betuchte Gäste beim Golfen, in Restaurants und natürlich auf ihren schönen Jachten.

Giebel und Türmchen

Bairnsdale

Durch den Ort mäandert gemächlich der Mitchell River, auf dem einst Dampfschiffe die Waren von den Gippsland Lakes heraufbrachten. Dieser Vergangenheit widmet sich das **Historical Museum**. Giebel, Türmchen und Steinmetzarbeiten schmücken das 1893 in der Nicholson Street erbaute **Court House**. Und die Wandmalereien der katholischen **St. Mary's Church** in der Main Street schuf Francesco Floreani während der Weltwirtschaftskrise in den 1930er-Jahren. Einblicke in die Kultur der Gunai-Aborigines gewährt der **Krowathunkooloong Keeping Place**.

Historical Museum: MacArthur St. | Mi.–So. 13–16 Uhr
Eintritt: 5 AUD

Krowathunkooloong Keeping Place: Dalmahoy St. | Mo.–Fr. 9–17 Uhr
Eintritt: 5 AUD

Die Koala-Insel

★ Raymond Island

In nur gut einer Minute setzt eine kostenlose Personenfähre von Paynesville nach Raymond Island über, wo man mit Sicherheit Koalas sehen kann: Direkt am Anleger beginnt ein beschilderter Koala-Track, der rund 30 Minute in Anspruch nimmt – oder auch länger, wenn man sich von den niedlichen Pelzträgern nicht trennen kann.

Schluchten, Höhlen, Wasserfälle

Orbost

Angesichts von sieben Nationalparks, die sich in seiner Umgebung erstrecken, ist das kleine Orbost, 60 km östlich von Lakes Entrance, ein guter Ausgangspunkt, die Küsten- und Berglandschaften

Ausblick vom Jemmy's Point: Nur ein schmaler Küstenstreifen trennt die Gippsland Lakes vom offenen Meer.

LAKES ENTRANCE ERLEBEN

VISITOR INFORMATION CENTRE

2 Marine Parade, Lakes Entrance
Tel. 18 00 63 70 60
www.visiteastgippsland.com.au

Im Februar swingt der Badeort Paynesville beim großen **Musikfestival** (www.paynesvillemusicfestival.com.au).

FERRYMAN'S €€€

Auf einer angedockten, ehemaligen und jetzt umgebauten Raymond-Island-Fähre gibt es alles, was mit Seafood zu tun hat: Klasse sind die Thai Style Chilli Crab Cakes.
The Esplanade, Middle Boat Harbour, Lakes Entrance
Tel. 03 51 55 30 00
www.ferrymans.com.au

THE MOORINGS €€€

Schöne Anlage direkt am See, zumindest wenn man eines der modernen Zimmer 14–32 bucht. Zwei Pools, Tennis, eigene Marina. Einfachere Zimmer ohne Seeblick gibt's ab 165 AUD.
44 Metung Rd., Metung
Tel. 03 51 56 27 50
www.themoorings.com.au

von East Gippsland zu entdecken. Allein rund 300 Karsthöhlen hat man bisher entdeckt, zu besichtigen sind u. a. die **Fairy Cave** mit schönen Tropfsteinformationen sowie die **Royal Cave** mit unterirdischen Karstseen. Rund 120 km östlich von Orbost schließt sich der **Croajingolong National Park**, einer von zwölf australischen Biosphärenreservaten, fast unmittelbar an die Grenze zu New South Wales an. Vor der Küste kann man Robben, Wale und Delfine sichten. Die **Little River Gorge** ist mit 500 m die tiefste Schlucht Victorias und die nahen **Little River Falls** stürzen sich in Stufen 600 m tief zu Tal. Im **Mallacoota-Inlet** werden Wilderness-Bootstouren angeboten. Reviere für Kanu- und Kajaktouren sind die unteren Läufe von Betka River, Genoa River und Wallagaraugh River. Geschützte Badestrände findet man am **Betka Beach**. Es gibt drei Campingplätze.

Exklusive Wintersportorte

Alpine National Park

Die 308 km lange **Great Alpine Road** von Bairnsdale nach Wangaratta im Norden windet sich aussichtsreich vom Meer in die Berge. Sie ist Australiens höchstgelegene ganzjährig befahrbare Bergstrecke. **Omeo**, 120 km nördlich von Bairnsdale, war vor gut 150 Jahren die wildeste Goldgräbersiedlung in Victoria: 1851 bis 1858 galt sogar das Faustrecht, bis die Entsendung eines Polizeipostens das Treiben beendete. 111 km weiter zweigt bei Bright die Straße zu den Skigebieten **Mount Beauty** und **Falls Creek** ab, exklusive Wintersportorte in den Victorian Alps mit meist schweren und steilen Pisten, besonders am 1750 m hoch gelegenen Mount Hotham. Mit dem **Mount Bogong** und dem **Mount Feathertop** erreichen die Victorian Alps sogar Höhen von knapp 2000 m. Mehr als 400 markierte Wanderwege durchziehen die Berge im Alpine National Park, der mit 6460 km² zu den größten Nationalparks Australiens zählt.

Aussicht aus 1722 Metern

Mount Buffalo National Park

Bright markiert zwar das nördlich Ende des Alpine National Parks, nicht jedoch das Ende der Victorian Alps. Auch der Mount Buffalo National Park – im Winter ebenfalls ein gutes Skigebiet – gehört zu Victorias Alpen. Im Sommer begeistern neben Wanderwegen auch Kletterfelsen. Schönster Aussichtspunkt ist der 1722 m hohe Mount Buffalo.

★★ MELBOURNE

Höhe: 31 m | **Einwohner:** 4,7 Mio.

Eine Stadt muss Kosmopolitin sein, wenn in ihr Menschen aus mehr als 140 Nationen zu Hause sind. Melbourne bietet viktorianische Prachtbauten und moderne Architektur. Sie ist Schlemmerhochburg, Kunsthauptstadt und Sportkapitale. In internationalen Vergleichen buhlt Melbourne regelmäßig mit Sydney und Wien um den Titel der lebenswertesten Stadt der Erde. Und sechs Jahre in Folge, von 2011 bis 2017, hatte es im bedeutenden Ranking der britischen Zeitschrift »The Economist« auch die Nase vorne.

Q/R27

Der Melting Pot

Marvellous Melbourne nennt sich stolz die Stadt, die ein wichtiges internationales Finanzzentrum ist und gleichzeitig einen unbestritten hohen Freizeitwert hat. »Our city buzzes with activity«, sagt Bürgermeisterin Sally Capp und spielt damit auf den wirklich proppenvollen Eventkalender an. Die Hauptstadt Victorias war und ist eine Boomtown: Es begann bereits 17 Jahre nach der Stadtgründung durch John Batman, der 1835 von den Kulin-Aborigines gegen Werkzeug, Mehl und Kleidung 2500 km² Land eingetauscht hatte. Der Goldrausch brachte Briten, aber auch ungezählte Amerikaner und Chinesen in die Stadt. Später folgten die Italiener mit Australiens erster Espressomaschine im Gepäck und begründeten Kaffeekult und -obsession der Melburnians. Nachfahren iberischer Einwanderer feiern

an der Esplanada España mit Tapas und Tango und auch die Griechen haben ihr eigens Viertel. Derweil hält das Hofbräuhaus mit Kassler und Kraut deutsches Brauchtum hoch. Und ein bunter Torbogen an der Little Bourke Street führt nach Chinatown, mittlerweile das wohl wichtigste Migrantenviertel im Melting Pot Melbourne.
31 Bezirke und 270 Stadtteile bilden die mit 8830 km^2 riesige Metropolregion (das eigentliche Stadtgebiet umfasst 1705 km^2). Zum Vergleich: In Berlin leben auf der Hälfte der Fläche fast genauso viele Menschen wie in Melbourne. Platz genug also, für rund 130 Galerien und Museen, ca. 6000 Restaurants, ausgedehnte Grünflächen und sogar eine Kolonie von Zwergpinguinen, die am Pier von St. Kilda ihr Zuhause hat.

Wohin im Central Business District?

Das Herz der Stadt

★ Federation Square

Die Innenstadt liegt nördlich des Yarra River. Ihr Zentrum ist zweifelsohne der Federation Square, gepflastert mit Steinen der Kimberleys und bebaut mit einem kühnen Kulturkomplex, dessen Dreiecke aus Zink, Glas und Sandstein auf der Fassade ein spektakuläres Puzzle bilden. Um die 2000 Kulturveranstaltungen finden jährlich darin statt. Im Inneren findet man das **Ian Potter Centre NGV Victoria** mit einer spannenden Sammlung australischer Kunst von den Aborigines bis zur Pop Art, das **Australian Centre for the Moving Image** mit Ausstellungen, Vorträgen, Workshops und Filmen zur Kinogeschichte, den **No Vacancy Project Space** als Showroom für neue Talente, die Studios des Multikulti-Senders SBS, mehrere Geschäfte sowie diverse Restaurants, Cafés und Bars. Die terrassierte Plaza ist auch quirliger Treffpunkt und Bühne von Straßenkünstlern. Zeitgleich mit dem Fed-Square entstand 2002 der **Park Birrarung Marr** mit dem Glockenspiel Federation Bells.

Ian Potter Centre NGV Victoria: tgl. 10–17 Uhr | Eintritt: frei
www.ngv.vic.gov.au
Australian Centre for the Moving Image: tgl. 10–17 Uhr | Eintritt: frei
www.acmi.net.au

Urbane Kunst im öffentlichen Raum

Hosier Lane

Berühmt wurde Melbourne in den letzten Jahren für seine urbane Street Art, die nicht nur Ausdruck einer lebhaften Subkultur ist, sondern auch politische Themen aufgreift, teils mit einer Brise bissigem Humor. Über die ganze Stadt verteilt finden sich vor allem verblüffende, einem steten Wandel unterworfene Graffiti-Wandgemälde, aber auch Kunstinstallationen. Bekannt sind vor allem die Hosier Lane, die nur einen Steinwurf vom Fed Square entfernt ist, und die hufeisenförmig um sie verlaufende **Rutledge Lane**. Unter https://walkingmaps.com.au finden sich Stadtspaziergänge zu diesem Thema.

Man sieht sich! Auf den Federation Square kommen die Melbourner zum Feiern, Demonstrieren und Public Viewing bei Events wie den Australian Open.

Nord-Süd-Achse

Swanston Street

An der Ecke Flinders/Swanston Street spiegelt sich der neugotische Kirchenbau der **St. Paul's Cathedral** in den Glasfassaden des Central Business District (CBD). Die Swanston Street ist die wichtigste Nord-Süd-Achse der City. Vom Balkon der **Town Hall**, die lange Zeit zugleich den größten Konzertsaal der Stadt beherbergte, grüßten 1964 die Beatles ihre Fans. Hübsch ist das im Art-déco-Stil der 1930er-Jahre errichtete **Manchester Unity Building** an der Ecke zur Collins Street. Die Grünfläche vor der neoklassizistischen Fassade der 1854 erbauten State Library of Victoria mit ihrer imposanten Kuppel, ist ein beliebter Treffpunkt der Studenten.

Viktorianische Backstein-Pracht

City Baths

Weiter nördlich folgen an der Ecke Victoria Street die Melbourne City Baths, die 1860 eröffnet wurden, um die Melburnians davon abzuhalten, sich weiter im verdreckten Yarra River zu waschen. So wollte man das immer wieder ausbrechende Typhusfieber eindämmen. Heute verbirgt sich hinter der verspielten viktorianischen Backsteinfassade ein moderner Badetempel mit Fitnessstudio, Squash-Court, Wellnessangeboten und Massagen. Wenige Meter weiter entwarf 1991 der japanische Stararchitekt Kisho Kurokawa rund um den historischen Shot Tower den bis heute futuristisch anmutenden Shop-

pingkomplex **Melbourne Central** mit 300 Geschäften und unterirdischem Bahnanschluss.
www.melbourne.vic.gov.au/community/sports-recreation/melbourne-city-baths/Pages/melbourne-city-baths.aspx

Der Turm auf Nr. 525

Collins Street

Als eleganteste Straße der City gilt die Collins Street mit den edlen Boutiquen europäischer Designer wie Gucci oder Hermès sowie dem Nobelhotel **The Westin**. Victorias älteste kulturelle Institution ist das 1839 auf Nr. 188 gegründete **Athenaeum**, das heute neben dem Athenaeum Theatre, dem Comedy Club und einer Bibliothek auch das beliebte Café d'Orsay beherbergt. Auf Nr. 525 stehen die 253 m hohen **Rialto Towers**. Einst konnte man von der Aussichtsplattform einen herrlichen Blick über die Stadt genießen, jetzt logiert dort das Gourmetrestaurant Vue de Monde.

Einwandererland Nr. 1

★ Chinatown

Es geht eng zu. Der Duft von Räucherstäbchen liegt in der Luft. Haisuppe wird angepriesen. Chinesische Schriftzeichen an jeder Türe

Über dem Royal Exhibition Building wurde zum ersten Mal überhaupt die australische Flagge gehisst, tagte doch hier 1901 das erste Parlament.

und Mandarin aus fast jedem Mund: In Melbournes Chinatown glaubt man wirklich, irgendwo in China zu sein. Wie andere chinesische Viertel geht sie auf die ersten Einwanderer aus dem Reich der Mitte zurück, die vor mehr als 150 Jahren vom Goldrausch angelockt wurden. Das Zentrum der Chinatown ist die **Little Bourke Street**. An ihre Geschichte und Kultur erinnert das **Chinese Museum**. Wer zum nördlichen Ende der Russell Street weitergeht, gelangt zum **Old Melbourne Goal**, in dem 1842 bis 1929 insgesamt 133 Straftäter gehängt wurden.

Chinese Museum: 22 Cohen Pl. | tgl. 10–16 Uhr | Eintritt: 11 AUD
https://chinesemuseum.com.au

Old Melbourne Goal: 377 Russell St. | tgl. 9.30–17 Uhr
Eintritt: 28 AUD | www.oldmelbournegaol.com.au

Drittgrößte griechische Stadt

Greek Precinct

In unmittelbarer Nachbarschaft zur Chinatown liegt das griechische Viertel um die Londsdale und Russell Street. Dort und in Richmond lebt nach Athen und Saloniki die drittgrößte griechische Gemeinde der Welt. Neben Tavernen trifft man in der Corrs Lane aber auch auf die extravagante Berlin Bar.

Gut Ding will Weile haben

Parliament House

1855 wurde mit dem Bau des größten öffentlichen Gebäudes Victorias aus dem 19. Jh. begonnen, doch erst auf dem Höhepunkt des Goldrausches um 1880 erhielt das von Regierungsarchitekt Charles Pasley entworfene Parliament of Victoria seinen Portikus und die klassische Kolonade. Wenige Schritte die Straße hinauf, birgt das Old Treasury Building von 1858 heute das Standesamt: Paare lassen sich gerne auf den Stufen fotografieren.

Erstes Weltkulturerbe Australiens

★ Royal Exhibition Building

Am nördlichen Ende der Spring Street leuchtet wie ein indischer Palast ein monumentaler heller Bau im Grün der Carlton Gardens: Das für die Weltausstellung 1861 errichtete Royal Exhibition Building wurde 2004 zum ersten Weltkulturerbe in Australien ernannt. 1901 bis 1927 traf sich unter der nach Vorbild des Florentiner Doms errichteten, 60 m hohen Kuppel auch das Parlament von Victoria. Da Melbourne zu dieser Zeit auch australische Hauptstadt war, tagten im eigentlichen Parlamentsgebäude von Victoria damals die Bundesparlamentarier.

Australiens Schaufenster

★ Melbourne Museum

Um zu verstehen, warum fast 90 nach seinem Tod ausgerechnet ein Pferd eines der beliebtesten Exponate des riesigen Museumskomplexes ist, muss man wohl Melburnian oder Aussie, zumindest aber Pferdenarr sein: Dabei handelt es sich natürlich nicht um irgendeinen

Gaul, sondern um **Phar Lap**, das beste Rennpferd aller Zeiten, das in den 1930er-Jahren von Sieg zu Sieg eilte. Und dieses begrüßt, in einer Glasvitrine geschützt, die Besucher höchstpersönlich – ausgestopft und mit präpariertem Fell. Das ist freilich noch lange nicht alles. Mit 16 Mio. Exponaten ist das Melbourne Museum, das sich mit der Geschichte und Umwelt Australiens auseinandersetzt, der größte Museumskomplex der Südhalbkugel. Unter seinem futuristischen Dach vereint es sogar einen überdachten Regenwald oder die erstaunliche Insektensammlung Bugs alive. Und im Erdgeschoss ist ein knapp 19 m lange Skelett eines Blauwals zu bewundern, dazu kommen ein Imax-Theater und eine sehenswerte Sammlung zur Stadtgeschichte.
Sehenswert ist auch die von den Ureinwohnern selbst gestaltete **Bunjilaka**-Ausstellung: Jumbunna bedeutet in der Sprache der Koorie-Aborigines Geschichten erzählen – und genau das ist deren Intention. Die Ureinwohner wollen Aspekte ihrer Vergangenheit zum Ausdruck bringen, die bislang verdrängt oder beschönigt wurden: die gewaltsame Trennung von Familien, Zwangsadoptionen oder das eingesperrte Leben auf den Missionen.

Museum: 11 Nicholson St. | tgl. 10–17 Uhr | Eintritt: 14 AUD
https://museumsvictoria.com.au/melbournemuseum

Eindrucksvolle Aborigine-Installation

Scar – a stolen vision

Sie sind 5 bis 6 m hoch und zeigen in sehr persönlicher Form erlittene Verletzungen, die man den Ureinwohnern einst zufügte: 30 an Totempfähle erinnernde Skulpturen. Die Installation »Scar – a stolen vision« im Enterprize Park zwischen Flinders Street und dem Ufer des Yarra, erarbeiteten mehrere Aborigine-Künstler.

Wie ging das mit der Landnahme?

★ Immigration Museum

Wie unterschiedlich die wochenlange Überfahrt zum fünften Kontinent für die Immigranten ausfallen konnte, können Besucher hautnah selbst erleben, indem sie sich in die nachgebauten engen Kojen eines Dreimasters zwängen oder durch den Salon eines Luxusliners wandeln. Und auch sonst präsentiert das Immigration Museum sehr eindrücklich und fesselnd die Schicksale der Einwanderer aus aller Welt, die seit dem 19. Jh. nach Melbourne kamen: Erzählt wird, wie Land in Besitz genommen wurde und wie die Einwanderer mit den Führern der Aborigines Verträge schlossen. Holzstiche von 1863 zeigen, wie die ersten Einwanderer ihre Habseligkeiten an der Queen's Wharf in Melbourne ausluden. Aber auch die Flüchtlingsströme nach dem Zweiten Weltkrieg aus Europa und Asien sind mit Fotos und Zeitdokumenten spannend festgehalten.

400 Flinders St. | tgl. 10–17 Uhr | Eintritt: 15 AUD
https://museumsvictoria.com.au/immigrationmuseum

Restaurants

1. Attica
2. Vue de Monde
3. Berth
4. Charcoal Lane
5. Flower Drum
6. Pellegrini's Espresso Bar
7. The Horn
8. Tim Ho Wan

Unterkunft

1. The Westin
2. Lindrum
3. The Cullen
4. The Prince
5. The Jazz Corner

Bars

1. Siglo
2. Section 8

MELBOURNE ERLEBEN

VISITOR HUB
90 Swanston St. (im Rathaus)
Tel. 03 96 58 96 58
www.visitmelbourne.com

UNTERWEGS IN MELBOURNE
Der **Flughafen von Melbourne** liegt 20 km nordwestlich der Stadt, **Shuttles** bringen die Gäste in 30 Minuten in die City (einfache Strecke 19,75 AUD). Das Taxi braucht mindestens genauso lang, kostet aber stolze 80 AUD. In der Stadt nutzt man die nostalgische und kostenlose City Circle Tram, die weinrote **Linie 35**, mit der täglich 10 bis 18 Uhr fast alle Sehenswürdigkeiten der Innenstadt und der Docklands zu erreichen sind. Das Tramsystem ist das größte außerhalb Europas und das viertgrößte der Welt. Die Schienen erstrecken sich über 244 km und bedienen 1813 Haltestellen, die von 450 Straßenbahnen angefahren werden. Der kostenlose **Melbourne City Tourist Shuttle** fährt als »Hop on, hop off«-Bus täglich von 10 bis 16 Uhr 15 Sehenswürdigkeiten der City an. Außerdem lässt sich Melbourne auch mit den Leihfahrrädern von **Rentabike** entdecken. Fernbahnhof und -busbahnhof ist die **Southern Cross Station**. Vom Anleger 4 an der Southbank Promenade verkehren Ausflugsboote auf dem Yarra River.
www.melbourneairport.com.au (Flughafen)
www.skybus.com.au (Skybus)
https://southerncrossstation.com.au (Fernbahnen/-busse)
www.melbcruises.com.au (Ausflugsboote)
www.rentabike.net.au (Rentabike)

Das ganze Jahr hindurch ist der Veranstaltungskalender der »City of Events« prall gefüllt. Höhepunkte sind das **Moomba Waterfest** (März), das **Melbourne Food & Wine Festival** (März), das **Melbourne International Comedy Festival** (April), das **Melbourne International Film Festival** (Juli) und das **Melbourne International Arts Festival** (Okt.). Neben Kunst, Kultur und multinationalen Festivals locken vor allem sportliche Großereignisse wie die **Australian Open Tennis Championships** (Jan.). Sechs Wochen lang galoppieren die weltbesten Vollblüter beim Spring Racing Carnival um Pokale und Preisgelder (Okt.). Sportlicher und gesellschaftlicher Höhepunkt des Spektakels ist der Kampf um den **Melbourne Cup** – das 1861 erstmals ausgetragene Pferderennen hält jeweils Anfang November den ganzen Kontinent in Atem.

Haupteinkaufsstraßen sind die **Bourke Street Mall**, die **Swanston Street** und die **Collins Street**, als eleganteste Passage gilt die **Royal Arcade**. Designerlabels führen die Boutiquen an der **Toorak Road** und **Chapel Street**. Wunderschön ist der nostalgische **Queen Victoria Market** von 1878, wo es u. a. auch Akubra-Hüte und günstige Klamotten gibt (https://qvm.com.au). Australische Marken und Outback-Mode findet man im Shoppingcenter **Melbourne Central** (www.melbournecentral.com.au). Hochwertiges Kunsthandwerk der Ureinwohner verkauft die **Aboriginal Gallery of**

Dreamings (www.aboriginalgalleryofdreamings.com).

Nachtschwärmer zieht es in die Szenetreffs der **Brunswick Street** und **Smith Street** sowie nach **Chinatown**, **Fitzroy** und in die **Docklands**. Wer wo auftritt, erfährt man im kostenfreien Monatsmagazin **»Where«** oder unter www.onlymelbourne.com.au.

1 SIGLO
Auf der Terrasse der Bar kann man sich feine Cocktails und Snacks schmecken lassen und aufs Parlament schauen. Dress Code: smart casual!
2/161 Spring St., CBD
Tel. 03 96 54 66 31
http://siglobar.com.au

2 SECTION 8
Ganz schön heiß und doch cool: Der Partyclub pflegt seine lockere Aussie-Atmosphäre ... und verlangt generell keinen Eintritt.
27 Tattersalls Lane, Chinatown
Tel. 04 30 29 15 88
www.section8.com.au

1 ATTICA €€€€
Australiens einziges Restaurant, das es in den letzten Jahren unter die Top 50 der weltweit besten Restaurants gebracht hat – um genauer zu sein bis auf Platz 20 in der aussagekräftigen »San Pellegrino List« . Man ist jung und gibt sich ein wenig arrogant, schließlich weiß man, was man macht und kann. Das Neun-Gänge-Menü kostet 295 AUD, die passende Weinbegleitung nochmals 185 AUD. Dafür bekommt man z. B. Emu-Leber, Krokodil-Rippchen, Känguru, Lamm und, und, und ...
74 Glen Eira Rd., St. Kilda
Tel. 03 95 30 01 11
www.attica.com.au

2 VUE DE MONDE €€€€
So grandios wie das Stadtpanorama, das man im 55. Stock der Rialto Towers genießt, ist auch die Haute Cuisine auf den Tellern. Das Chef Tasting Menü von Justin James umfasst 16 Häppchen zum Preis von 310 AUD.
525 Collins St, CBD
Tel. 03 96 91 38 88
www.vuedemonde.com.au

3 BERTH €€€
Königskrabben aus Queensland, Lachs aus Tasmanien oder Känguru aus Victoria: und das alles mit schönem Blick aufs Wasser.
45 New Quay Promenade, Docklands, Tel. 03 96 70 01 99
http://berth.com.au

4 CHARCOAL LANE €€€
Das Sozialprojekt und Szenelokal mit Känguru vom Grill und Wallaby im Schinkenmantel gehört dem Victorian Aboriginal Health Service.
136 Gertrude St., Fitzroy
Tel. 03 94 18 34 00
www.charcoallane.com.au

5 FLOWER DRUM €€€
Es ist nicht einfach, einen Tisch zu bekommen, aber die kantonesischen Köstlichkeiten und die Peking-Ente sind die Mühen wert.
17 Market Lane, CBD
Tel. 03 96 62 36 55
https://flowerdrum.melbourne

6 PELLEGRINI'S ESPRESSO BAR €€
Ein Melbourner Klassiker! Das »italienische Diner« hat keine feste Speisekarte, serviert wird aber stets italienische Hausmannskost. Der mitunter raue Service gehört zum Erlebnis dazu.
66 Bourke St., Tel. 03 96 62 18 85

7 THE HORN €€
Melbournes Restaurantszene ist kosmopolitisch, wie z. B. auch das The

Horn mit seiner äthiopischen Küche belegt. Aromen und Flair sind sehr authentisch afrikanisch.
20 Johnston St., Collingwood
Tel. 03 94 17 46 70
http://thehorncafe.com.au

8 TIM HO WAN €

Das Mutterhaus in Hongkong ist das wohl günstigste Restaurant der Welt, das mit einem Michelin-Stern ausgezeichnet wurde. Der Ableger in Melbourne ist fast so gut – und das reicht entspannt aus, um behaupten zu können: Bessere Dim Sum als bei THW bekommt man nirgendwo in Australien. Wie in Hongkong sind keine Reservierungen möglich, weshalb man sich meistens für ein paar Minuten in eine Warteschlange einreihen muss.
206 Bourke St.
Tel. 03 96 63 96 91
www.206bourkestreet.com/store/tim-ho-wan

1 THE WESTIN €€€€

262 elegante Zimmer und Suiten, Terrassen mit weitläufigem Stadtblick, Restaurant, Spa mit Pool und Whirlpool und vor allem die feinste Lage zwischen den führenden Boutiquen der Stadt: Ob Federation Square oder Chinatown – fast alles im CBD ist zu Fuß zu erreichen.
205 Collins St., CBD
Tel. 03 96 35 22 22
www.marriott.com

2 LINDRUM €€€

Angenehmes Boutique-Hotel by Sofitel mit rund 60 Zimmern in dunklen Erdtönen. Offener Kamin in der Lobby, Restaurant.
26 Flinders St., CBD
Tel. 03 96 68 11 11
www.hotellindrum.com.au

3 THE CULLEN €€€

Schrille Kunst hängt an den Wänden, die Zimmer sind komfortabel und modern. Und wer sich in die Werke des 1965 in Sydney geborenen Künstlers Adam Cullen verliebt hat, kann sie auch gleich kaufen.
164 Commercial Rd., Prahran
Tel. 03 90 98 15 55
www.artserieshotels.com.au/cullen

4 THE PRINCE €€€

Das Designerhotel geht fast schon als Luxusherberge durch. 40 minimalistisch eingerichtete Zimmer mit Bädern von Philippe Starck, Restaurant mit Blick auf die Bay.
2 Acland St., St. Kilda
Tel. 03 95 36 11 11
https://theprince.com.au

5 THE JAZZ CORNER €€

Plattencover und Fotos von Jazzlegenden an den Wänden des modernen CBD-Boutiquehotels sorgen für einen stets leichten Swing im Ohr.
352 William St., CBD
Tel. 03 94 54 90 00
www.jazzcornerhotel.com

Melbourne Aquarium

Tauchen mit Haien

Mit Mördermuscheln, Seedrachen und farbenprächtigen Korallen erschließt das Aquarium die Tiefen des Südlichen Ozeans. Wagemutige können beim **Shark Dive** mit Haien tauchen, andere mit dem Glasbodenboot die Unterwasserwelt des Oceanariums erkunden.
Flinders St./King St. | Mo.–Fr. 10–17.30, Sa.–So. 9–18 Uhr
Eintritt: ab 34 AUD | www.melbourneaquarium.com.au

Wohin in Melbournes Southbank?

Einer der schönsten Parks der Welt ...

★★ Royal Botanic Gardens

... erstreckt sich südlich des Yarra-Ufers: Der Königliche Botanische Garten präsentiert zwischen ausgedehnten Rasenflächen **Minibiotope aus aller Welt**. Ein Highlight ist der mit einer Rauchzeremonie, dem traditionellen Begrüßungsritual der indigenen australischen Bevölkerung, beginnende Aboriginal Heritage Walk. Viele der mehr als 52 000 Pflanzenarten im Park waren für die Aborigines Teil ihres Alltags. Die zerstoßenen Blätter des Coranderk-Baums linderten Muskelkater. Aus dem Holz der Stringbark schnitzten die Aborigines Bumerangs, den Saft der Neuguinea-Araukarie (Hoop Pine) konnten sie als einen natürlichen Klebstoff verwenden und zur Verhütung kauten die Frauen unreife Früchte. Schräg gegenüber, am anderen Ufer des Yarra, grüßt die **Rod Laver Arena**, in der alljährlich im Januar die Australian Open ausgetragen werden. Das Tennisstadion fasst knapp 15 000 Zuschauer. Auch Konzerte finden darin statt.

Royal Botanic Gardens: Birdwood Av. | tgl. 7.30–Sonnenuntergang
Eintritt: frei | www.rbg.vic.gov.au
Rod Laver Arena: www.rodlaverarena.com.au

Den Toten gewidmet

Shrine of Remembrance

Zwischen dem Botanischem Garten und der St. Kilda Road wurde zu Ehren der 114 000 australischen Gefallenen des Ersten Weltkriegs und nach dem Vorbild des Mausoleums von Halikarnassos der Shrine of Remembrance errichtet. Die Bauzeit betrug sieben Jahre, die feierliche Einweihung erfolgte am Remembrance Day (11. Nov.) des Jahres 1934. Alljährlich fällt an diesem Tag genau um 11 Uhr das Sonnenlicht durch den Lichtschacht im Dach direkt auf einen in der Mitte des Bodens eingelassenen Gedenkstein und erhellt das eingravierte Wort »Love«.

Birdwood Av. | tgl. 10–17 Uhr | Eintritt: frei | www.shrine.org.au

Tizian, Rembrandt & Co.

★ National Gallery of Victoria

Kunst und Kultur konzentrieren sich am Arts Precinct. Die National Gallery of Victoria besteht aus zwei Komplexen: dem Ian Potter Centre – NGV Australia am Federation Square (► S. 396) – und der **NGV International**, einem Granitbau an der St. Kilda Road. Seit der Eröffnung 1968 erhöhte sich der Sammlungsbestand auf mehr als 70 000 Exponate. Die NGV International gehört damit zu den bedeutendsten Kunstmuseen der Südhalbkugel. Gezeigt werden Werke europäischer Meister, darunter Tizian, Rembrandt, Monet, van Dyck und Turner.

180 St. Kilda Rd. und Federation Sq. | tgl. 10–17 Uhr
Eintritt: frei | www.ngv.vic.gov.au

Mit 163 m hoher Stahlspitze

Arts Centre

Der Konzertsaal **Hamer Hall**, Heimat des Melbourne Symphony Orchestra, und das **Theatres Building** mit dem State Theatre, dem Playhouse und dem George Fairfax Studio bilden zusammen das Victorian Arts Centre. Markantes Wahrzeichen des Kulturkomplexes ist eine 163 m hohe Stahlspitze, die nachts durch Glasfaserröhren beleuchtet wird.

100 St. Kilda Rd. | Öffnungszeiten und Eintritt je nach Veranstaltung
Tickets unter Tel. 13 00 18 21 83 oder tickets@artscentremelbourne.com.au | www.artscentremelbourne.com.au

Zeitgenössisch und innovativ

Australian Centre for Contemporary Art

Wie ein rostiger Riesentanker präsentiert das Australian Centre for Contemporary Art ungewöhnliche zeitgenössische Kunst, innovative visuelle Werke, experimentelle Installationen und Kunstprojekte, die sich mit sozialen oder kulturellen Fragen auseinandersetzen.

111 Sturt St. | nur bei Ausstellungen Di.–So. 10–17, Mi. bis 21 Uhr
Eintritt: frei | http://acca.melbourne

Blick auf den CBD

Southbank-Promenade

Die Southbank-Promenade mit der riesigen Dervish-Skulptur, die der in Melbourne geborene Bildhauer Clement Meadmore (1929–2005) gefertigt hat, säumen Einkaufspassagen, Hotels, Restaurants, Cafés und der **Crown Casino & Entertainment Complex**, dessen Spielbank für eine kurze Zeit die größte der Welt war. Der beste Blick auf Southbank bietet sich von der **Rainbow Bridge**, einer geschwungenen Fußgängerbrücke, hinüber zum CBD.

Nervenkitzel im 88. Stockwerk

★ Eureka Tower

368 Stufen, 92 Stockwerke, 52 000 m² Glasfenster und in 40 Sekunden geht es im Expresslift hinauf in den 88. Stock: Himmelstürmender Star der Hochhauskulisse am Südufer ist der 2001 bis 2006 erbaute Eureka Tower, mit 297 m der höchste Wolkenkratzer Melbournes – und eines der höchsten Wohngebäude der Welt. Entworfen wurde der 460 Mio. AUD teure Turm vom Architektenbüro Fender Katsalidis, das in Melbourne bereits mit dem Ian Potter Museum, dem Republic Tower und dem New Quay Precinct der Docklands seine Handschrift hinterlassen hat. Griechisch ist auch der Name: »Eureka« – ich hab's gefunden! Das sagten früher die »digger«, wenn sie auf Gold gestoßen sind. Im doppelten Wortsinn »atemberaubend« ist die Aussicht aus **The Edge**. Der Glaskubus wird 3 m weit aus dem Gebäude herausgefahren, die milchigen Glasscheiben werden auf Knopfdruck durchsichtig – wohlgemerkt auch im Boden, und zwar im 88. Stockwerk auf 285 m Höhe! Doch keine Sorge: Der Boden ist nur 4,5 cm dick, kann aber 10 t halten. The Edge gehört zur Aussichtsplattform **Eureka Skydeck**, die rundum begehbar ist. Übri-

gens: Nur ► Surfers Paradise hat mit dem Q 1 Tower ein höheres Gebäude in Australien.
7 Riverside Quay | tgl. 10–22 Uhr | Eintritt: 25 AUD (online 23 AUD), The Edge zzgl. 12 AUD | www.eurekaskydeck.com.au

17 mal die Welt umrundet

Weiter westlich ist die historische Dreimastbark »Polly Woodside« zu sehen. Stolze 17-mal hat der 1885 vom Stapel gelaufene Segler die Welt umrundet. Die zugehörige **Polly Woodside Gallery** erzählt in sechs Themenbereichen die Geschichte der Seefahrt. Und im Kino lässt ein Breitbandfilm das Geschehen an Bord während einer Überfahrt packend mitverfolgen.

»Polly Woodside«

Polly Woodside Gallery: 21 South Wharf Promenade
Sa.–So. 10–16 Uhr | Eintritt: 16 AUD | www.nationaltrust.org.au/places/polly-woodside

Sie haben Höhenangst? Dann dürfte der Glaswürfel The Edge im Eureka Tower eine kleine Mutprobe sein ...

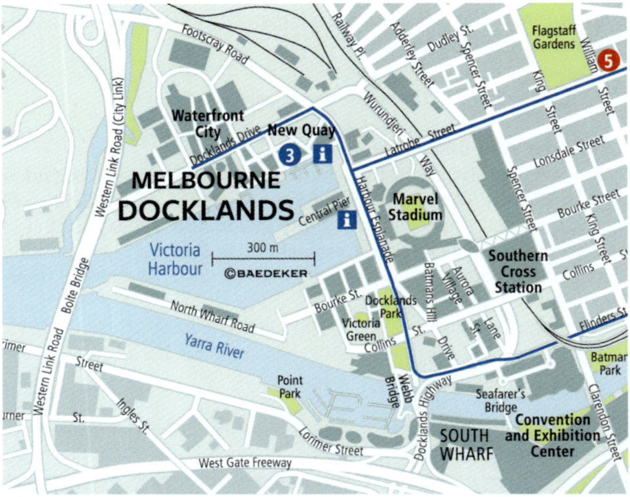

3 Berth

5 The Jazz Corner

— kostenlose City Circle Tram

★ Docklands

Melbournes Megaprojekt
Investitionen in Höhe von 17,5 Mrd. AUD, Wohnraum für 30 000 Menschen und 70 000 neue Jobs: Das sind die nüchternen Zahlen hinter dem Megaprojekt Docklands, das bis 2025 abgeschlossen sein soll. In den alten Hafenanlagen, westl. der City, entsteht das neue Stadtviertel mit Jachthafen, Apartmenthäusern, Boutiquen, Hotels und Restaurants. Mit zwei Dutzend Lokalen, Cafés und Bars hat sich die **New Quay Promenade** bereits jetzt als beliebter Treff für Nachtschwärmer etabliert. Ebenfalls schon fertig ist das 53 000 Plätze bietende **Etihad Stadium** für Football und Großevents. Die Webb Bridge führt hinüber zum **Victoria Harbour**, auf dessen Harbour Plaza eine Kuh im kahlen Baum hängt – das Kunstwerk von John Kelly schmückte zuvor die Champs-Elysées in Paris.

Wohin in Melbournes äußeren Vierteln?

★ Fitzroy

Nerds und Hippies
Auf nur gut 1,5 km vereint die Brunswick Street, eine der angesagtesten Szeneadressen der Stadt östlich des CBD, nahezu alle Küchen dieser Welt: Hinter Fassaden in Himmelblau, Knallorange, Sonnengelb, Lila und Schwarz sitzt die Cybergeneration mit den letzten der Fahnenträger von Flower Power bei Caffè Latte, Mojito oder schlicht

einem V. B.: Victoria Bitter, dem herben Bier des Bundesstaats. Die Grenze zu Collingwood markiert die **Smith Street** mit Bio-Lebensmittelgeschäften, gut sortierten Buchläden und Boutiquen. Beim **Rose Street Market** präsentieren am Wochenende ab 11 Uhr Melbournes Kreative ihre neuesten Kreationen.
Rose Street Market: www.rosestmarket.com.au

Melbournes Beachlife

★ St. Kilda

Bekanntestes Symbol von St. Kilda ist ein lachendes Mondgesicht, durch dessen Mund seit 1912 Ausflügler in den **Luna Park** strömen, einen herrlich altmodischen, kleinen Vergnügungspark. Die viktorianischen Villen des Strandbads an der **Port Phillip Bay** geben dem breiten Sandstrand ein geradezu herrschaftliches Flair, während junge Leute mit guter Laune am Strand chillen oder die Fahrrad- und Spazierwege schweißtreibend nutzen. An der Esplanade liegen die orientalisch anmutenden St. Kilda Sea Baths. Und am Sonntag verwandelt sie sich zum Kunsthandwerkermarkt: von 10–17 Uhr beim **Sunday Market** mit New-Age-Utensilien, Schmuck und Klamotten. Die Straßenbahnen 12, 16 und 96 fahren von der City nach St. Kilda. Ebenfalls sehr beliebt ist Brighton Beach südlich von St. Kilda.

Tierische Frackträger am edwardianischen Kiosk

St. Kilda Pier

In unmittelbarer Nachbarschaft der St. Kilda Sea Baths führt der St. Kilda Pier aufs Meer, wo er nach rund 500 m am exzentrisch anmutenden edwardianischen **St. Kilda Pier Kiosk** endet. Wer es nicht nach ▸ Phillip Island schafft, sollte kurz vor Sonnenuntergang hierher spazieren. Hinter dem Kiosk kehren dann die watschelnden Mitglieder einer kleinen Zwergpinguinkolonie zu ihren Bruthöhlen zurück. Freiwillige von **Earthcare St. Kilda** begleiten das Naturschauspiel, das sich jeden Abend mitten in Australiens zweitgrößter Stadt abspielt.
http://stkildapenguins.com.au

Nostalgisch-maritimer Charme

Williamstown

Das Herz schlägt am **Nelson Place**, in dessen historische Gebäude Restaurants, Cafés, Pubs und Souvenirshops eingezogen sind. Unterdessen zeigt die **Customs Wharf Gallery** Gemälde, Glaskunst, Schmuck und Keramik von mehr als 200 Künstlern: Der nostalgisch-maritime Charme von Willy ist in! Nach dem Sightseeing geht's zum Baden an den herrlichen **Williamstown Beach** an der Südseite der Halbinsel oder zum Greenwich Reserve für einen Traumblick auf Melbournes Skyline. Markt ist jeden dritten Sonntag von 10 bis 16 und am Strand jeden Dienstag von 9 bis 15 Uhr. Per Fähre kann man zurück nach Melbourne. Oder man nimmt den Zug ins noch weiter westlich gelegene **Altona**, um deutschen Wurzeln nachzuspüren.
Gallery: 126 Nelson Pl. | tgl. 11–17 Uhr | Eintritt: frei

Rund um Melbourne

Das Tal der Künste

Heidelberg

Die Heimat der Wurundjeri-Aborigines, gute 30 Autominuten vom CBD Melbournes entfernt, wurde ab 1891 zur Keimzelle der Heidelberger Schule. Den Spuren der Künstler folgt der 40 km lange **Heidelberg School Artists' Trail**, der in Heidelberg beginnt. 57 Schilder weisen auf Reproduktionen berühmter Werke der Malschule hin und informieren über den jeweiligen Künstler und sein Motiv.

Ein Tempel der Kunst

Bulleen

Westlich von Heidelberg macht in einem weitläufigen Park am Ufer des Yarra River der Kunstkomplex **Heide Museum of Modern Art** auf sich aufmerksam. Er gehört zu Australiens bedeutendsten privaten Museum für moderne Kunst. Keimzelle des 1981 eröffneten Areals ist das viktorianische Wohnhaus von John und Sunday Reed, zu deren Freunden Künstler wie Albert Tucker, Sidney Nolan und John Perceval zählten. Sie arbeiteten auf dem Anwesen und schufen den Grundstock der Kunstsammlung.

7 Tempelstowe Rd., Bulleen | Di.–So. 10–17 Uhr | Eintritt: 20 AUD
www.heide.com.au

Australiens hölzerne Riesen

Dandenong Ranges

Rund eine halbe Stunde südöstlich von Bulleen wachsen im Mittelgebirge Dandenong Ranges die höchsten Eukalypten Australiens: Königseukalypten bzw. Mountain Ashes genannt. Der mit 83 m höchste Baum Victorias steht in der Nähe von Marysville. Vom höchsten Gipfel, dem Mount Dandenong mit 633 m, bietet sich ein schöner Blick auf Melbourne.

Melbournes Naherholungsziel

Mornington Peninsula

Etwa 50 km südlich des CBD erreicht man am Ostufer der Port Phillip Bay ein beliebtes Naherholungsziel der Melburnians: die Mornington-Halbinsel. Fast am Mund der Bucht wurde im heutigen Badeort **Sorrento** 1803 die erste offizielle europäische Siedlung in Victoria gegründet. Zum Baden empfehlen sich die Front Beaches zum offenen Meer. Und wer schon immer mal mit Delfinen, Robben oder Seeschildkröten schwimmen und schnorcheln wollte: Dort geht es! Die Sandbuchten, Felsklippen und alten Befestigungsmauern von Point Nepean werden geschützt vom **Mornington Peninsula National Park**. Mit der Fähre kann man bequem nach Queenscliff (► S. 376) auf die Westseite der Bucht übersetzen.

Rund 25 km östlich von Sorrento hat sich mit den **Peninsula Hot Springs** ein riesiges Wellnesscentre etabliert. Aus 637 m Tiefe sprudelt heilendes, 38 bis 43 °C warmes Thermalwasser in mehrere Pools. Vom höchstgelegenen Badebecken öffnet sich ein tolles Panorama auf die Bass Strait.

MELBOURNE
UMGEBUNG
Port Phillip Bay
Melbourne
Seymour
Woodstock
Yan Yean Res.
Kinglake National Park
Mickleham
Wollert
Yan Yean
Mernda
St Andrews
The Gap
Sunbury
Emu Creek
Deep Cr.
Hume Fwy
Merri Creek
Toolern Vale
Toolern Creek
Calder Freeway
Woodlands Hist. Park
Greenvale Res.
Hurstbridge
Panton Hill
Diggers Rest
Organ Pipe Nat. Park
Melbourne Airport
M 31
Epping
Kangaroo Ground
Melton
Melton Res.
M 79
M 8
Tullamarine
Northern Ring Rd.
Western Freeway
Exford
St Albans
Western Ring Rd.
Coburg
Freeway
Rosanna
Heidelberg
Yarra River
Wonga Park
Eastern Freeway
Richmond
Maroondah Highway
Truganina
West Gate Freeway
Albert Park
Toorak
Box Hill
Dandenong Ranges NP
Werribee River
St Kilda
Hobsons Bay
M 1
Burwood
Burwood Highway
Emerald
Williamstown
Altona Bay
Monash Freeway
Werribee
Brighton
Princes Highway
Manor
Point Cook
Lysterfield Lake Park
Princes Freeway
Nepean
Churchill Nat. Park
Geelong, Great Ocean Road
Werribee South
Sandringham
Dandenong
Beacon Point
Edithvale
Highway
Mornington Pen. Freeway
South Gipsland Highway
Carrum
Cranbourne
Point Richards
Portarlington
Seaford
M 420
Point George
Bellarine
Indented Head
Frankston
Lakes Entrance
BELLARINE PENINSULA
Drysdale
St Leonards
Mt Eliza
Edwards Point Faun Reserve
Steam Railway
Mornington
Cannons Creak
Marcus Hill
Swan Bay
Balcombe Bay
Moorooduc Highway
Warneet
SWAN ISLAND
Moorooduc
QUAIL ISLAND
Queenscliff
MUD ISLAND
Mt Martha
B 110
Tyabb
Scrub Pt
Old Tyabb
Pt Lonsdale
The Rip
Portsea
Dromana Bay
Hastings
Point Nepeau National Park
Dromana
MORNINGTON
Fairhaven
Sorrento
FRENCH ISLAND
Capel Sound
Rosebud
Rye
Red Hill
Balnarring
Arthurs Seat State Park
Merricks
Stony Point
Tankerton
PENINSULA
Balnarring Beach
Mornington Peninsula National Park
Pt Leo
Sandy Pt
Tortoise Head
Shoreham
Western Port
Cowes
Rhyll
10 km
©BAEDEKER
Cape Schanck
Flinders
Ventnor
PHILLIP ISLAND
West Head
Cat Bay
Cairns Bay
Point Grant
Bass Street

Am südlichsten Punkt der Halbinsel, am **Cape Schanck**, erhebt sich strahlend weiß das Cape Schanck Lighthouse. Vom 1859 erbauten Leuchtturm, der sein Licht in 100 m Höhe übers Meer sendet, öffnen sich herrliche Ausblicke. Im Hinterland der Halbinsel locken 18 Golfplätze und die Weinkellereien von rund 160 Winzern.

Schwimmen mit Delfinen: https://polperro.com.au

Peninsula Hot Springs: 140 Springs Lane, Fingal 3939 | Badehaus tgl. 7–22 Uhr, Spa 8–21 Uhr | www.peninsulahotsprings.com

★ PHILLIP ISLAND

Höhe: 0–109 m | **Einwohner:** 7000

Sie sehen aus, als seien sie mit Frack und weißem Hemd bekleidet. Abend für Abend watscheln sie zu ihren Jungen. Manchmal bleiben sie stehen und schauen die Besucher etwas verwundert an, um sich aber gleich wieder aufzumachen zum Nest, das sie tollpatschig, aber in traumwandlerischer Sicherheit finden. Und hat sich doch mal einer verlaufen und muss gar die Straße überqueren, wird diese abgesperrt und der kleine Pinguin läuft durch ein Spalier von großen Menschen. Die Pinguinparade muss man einfach gesehen haben!

Tierische Stars

Surfer nennen das Meer vor Phillip Island »magic lands«, gehören doch die Wellen zu den besten Australiens. Die allermeisten der rund 3,5 Mio. Besucher, die jährlich auf der kleinen und beschaulich-ruhigen Insel eintreffen, kommen allerdings wegen der Pinguine und ihrem allabendlichen Auftritt. Aber auch andere tierische Stars – Robben, zahlreiche Vögel unterschiedlicher Arten und Koalas in einem kleinen Schutzgebiet – locken auf das nach Arthur Phillip, dem ersten Gouverneur von New South Wales, benannte Eiland. Auf die schöne Naturinsel führt eine 650 m lange Brücke, die San Remo mit dem Inseldorf Newhaven verbindet.

Wohin auf Phillip Island?

Ganz nah an den Koalas

Cowes

Die Inselhauptstadt Cowes ist mit den meisten Pensionen und Restaurants, Cafés, Supermarkt und Campingplatz zugleich das touristi-

Schroff präsentiert sich das Cape Wollamai, der südlichste Punkt von Phillip Island.

sche Zentrum. Von der Nordküste geht's kerzengerade nach Süden zum 4,5-km-Rundkurs von Phillip Island, auf dem seit 1928 Motorradrennen ausgetragen werden. Nordöstlich davon liegt das **Koala Conservation Centre**. Auf Phillip Island lassen sich Koalas nur mit Glück in freier Natur entdecken, im Conservation Centre führt dagegen auf Holzwegen auf 3 m hohen Stelzen kein Weg an den wuscheligen Gesellen vorbei: Nur wenige Meter von den Besuchern entfernt, hocken

BAEDEKER MAGISCHE MOMENTE

PSCHT!

Sanft säuselt die Brandung, die Nacht hat sich über Phillip Island gelegt. Fernab der Zuschauertribünen kauert sich eine kleine Besuchergruppe an den Rand der Dünen. Der Guide gibt per Headset das Signal, nun heißt es mucksmäuschenstill sein! Nochmals das bereitgestellte Nachtsichtgerät justieren, und dann kommen sie auch schon. Erst einer, dann ein zweiter, plötzlich zehn, zwölf auf einen Schlag. Zielstrebig watscheln die Zwergpinguine zu ihren Nestern, während Sie wenige Meter von ihnen entfernt ehrfurchtsvoll im Sand sitzen. Näher als bei der Ultimate Adventure Tour, rechtzeitig zu buchen über das Conservation Centre, kommen Sie den tierischen Frackträgern wohl kaum!

sie in den Astgabeln und mampfen ihre Eukalyptusblätter. Und auch Kängurus hoppeln durch das eingezäunte Areal.
Koala Conservation Centre: 1810 Phillip Island Rd. | tgl. 10–17 Uhr, im Sommer bis 18 Uhr | Eintritt: 13 AUD, Kombitickets mit Penguin Parade, Nobbis Centre u. Churchill Island erhältlich
www.penguins.org.au

Die große Show der Kleinen

★ Penguin Parade

30 000 Zwergpinguine – mit etwa 30 cm die kleinsten ihrer Art weltweit – leben auf der Insel. Auch die Zahl der Pinguine, die abends an Land kommen, schwankt je nach Wetter und Jahreszeit. Der Rekord liegt bei knapp 3000 Tieren in einer Stunde. Im Südwesten der Insel marschieren die niedlichen, befrackten Zwergpinguine (fairy penguins) allabendlich auf. Ziemlich pünktlich nach Sonnenuntergang machen sie sich, nach harter Arbeit und Jagd weit draußen im Meer, auf den Weg vom Strand zu ihren Nestern in den Dünen. Diese Attraktion wollen tagtäglich Tausende Besucher miterleben. Damit man alles besser von einer Besuchertribüne oder einem Untergrundausguck, so dass man auf Augenhöhe mit den Pinguinen ist, sehen kann, werden Strand und Gelände mit weichem Flutlicht angestrahlt. Auf Planken kann man auch neben ihnen hermarschieren, bis sie den jeweiligen Nachwuchs erreicht haben. Und manchmal sieht man sogar, wie die Jungen gefüttert werden. Fotografieren ist verboten!
1019 Ventnor Rd. | tgl. ab Sonnenuntergang–ca. 23 Uhr
ab 26 AUD, Kombitickets mit Koala Conservation Centre, Nobbis Centre u. Churchill Island erhältlich | www.penguins.org.au

Größte Seehundkolonie

★ The Nobbies

Der spektakulärste Küstenblick am westlichen Ende der Insel: schroffe Klippen, die den Wellen Stand halten und die die Gischt ebenso spritzen lassen wie die Blowholes, aus denen das Wasser meterhoch nach oben gedrückt und aus dem löchrigen Felsen heraus gestoßen wird. Der Weg zu mehreren schönen Aussichtspunkten beginnt am **Nobbies Centre**, in dem neben dem obligatorischen Souvenirshop auch das Multimedia-Zentrum **Antarctic Journey** untergebracht ist. Dieses bringt den Besuchern sehr lehrreich die Gewässer zwischen Antarktis und Australien näher.
Auf den etwas weiter vor der Küste gelegenen **Seal Rocks** lebt Australiens größte Seehundkolonie. Bis zu 8000 Tiere treffen zur Brutzeit von Oktober bis Dezember ein und bringen dort ihren Nachwuchs zur Welt. Wer sie sehen will, kann – am besten schon online im Voraus – eine Tour buchen. Ein weiterer Anbieter ist **Wildlife Coast Cruises**.
Nobbies Centre: 1320 Ventnor Rd., Summerlands | Sommer tgl. 10–20, Herbst bis 17, Winter bis 16, Frühjahr bis 18 Uhr; Antarctic

PHILLIP ISLAND ERLEBEN

VISITOR INFORMATION CENTRE
91 Thompson Av., Cowes
Tel. 13 00 36 64 22
www.visitphillipisland.com

Vom Land sieht man sie sogar mit dem Fernglas nur sehr vage: Den Seehunden auf den Seal Rocks kann man nur per Boot näherkommen. Ein Anbieter ist **Wildlife Coast Cruises** (www.wildlifecoastcruises.com.au).

1 FISHERMANS WHARF €
Klasse Fish 'n' Chips und anderes aus dem Meer sowie Burger, Steaks und Souvlaki. Man kann auch draußen sitzen.
15 Esplanade, Cowes
Tel. 03 59 52 60 77
https://cowes.site/restaurant/fishermans-wharf

2 FISHERMAN'S CO-OP €
Der Fisch kommt direkt vom Kutter ins Lokal der heimischen Kooperative, die schon 1948 gegründet wurde. Frischer kann man Fisch und Hai nicht essen …
170 Marine Parade, San Remo
Tel. 03 56 78 52 06
www.srfco.com.au

1 GLEN ISLA HOUSE €€€
Das sehr schönes Boutique-Hotel versprüht den Charme der 1870er-Jahre, aus denen das Haus stammt. Die Zimmer haben aber die Annehmlichkeiten des 21. Jh.s.
230 Church St., Cowes
Tel. 03 59 52 18 82
www.glenisla.com.au

2 KILCUNDA OCEANVIEW €€
Die schönen Oceanview Villas sollte man sich leisten. Sie sind voll ausgestattet und liegen direkt – etwas erhöht – über dem Strand am Festland, 10 km östlich von San Remo. Die Cabins sind gut 100 AUD günstiger, aber einfacher und haben keinen Meerblick.
3560 Bass Hwy., Kilcunda
Tel. 03 56 78 72 60
www.kilcundaoceanview.com.au

Journey schließt jeweils 1 Std. früher | Eintritt: 18 AUD, Kombitickets mit Koala Conservation Centre, Penguin Parade u. Churchill Island erhältlich | www.penguins.org.au
Wildlife Coast Cruises: Tel. 1300 76 37 39 | www.wildlifecoastcruises.com.au

★ Cape Woolamai

Surfer und Sturmtaucher
Traumstrände sind am Südzipfel der Insel zu finden, wo Ende September alljährlich die Sturmtaucher eintreffen und ihre Nester in den Sanddünen am Kap bauen. Dort befindet sich mit 109 m der höchste Punkt von Phillip Island: Woolamai Hill. Surfer sind fast immer da: Woolamai Beach ist eine National Surfing Reserve.

Churchill Island

Die Museumsfarm

Auf Phillips 57 ha kleiner Nachbarinsel nordwestlich von Newhaven wird auf einem Museumshof das traditionelle Leben einer australischen Farm gezeigt: Der Hufschmied ist dabei ebenso zu Gange wie der Kutschenfahrer. Die Besucher können Kühe melken oder ein Schaf scheren – ganz so wie Mitte des 19. Jh.s, als die Insel von europäischen Siedlern erstmals bewirtschaftet wurde.

Churchill Island | tgl. 10–17 Uhr | Eintritt: 12 AUD, Kombitickets mit Koala Conservation Centre, Penguin Parade u. Churchill Island erhältlich | www.penguins.org.au

Rund um Phillip Island

★ San Remo

Haben Pelikane eine Uhr?

Das Fischerdorf mit Australiens größter Flotte, die zum Haifang ausläuft: In der **Fisherman's Co-Op** am Hafen kann man frischen Hai auch gleich, köstlich zubereitet, probieren – und natürlich auch viele andere Fische und Meeresfrüchte. Auf jeden Fall sollte man um 12 Uhr am Hafen sein, wenn täglich die Pelikane gefüttert werden. 20 bis 30 der schrägen Vögel stellen sich brav und überpünktlich – viele sind sicherheitshalber schon zehn Minuten vor 12 Uhr da – in eine durch vier rote Pfosten markierte Fläche. Denn nur darin gibt's Fisch und das wissen die Pelikane ganz genau. Eine unglaubliche Disziplin! Und man fragt sich, woher die gefiederten Kerle eigentlich die Uhrzeit so genau wissen ...

★★ WILSONS PROMONTORY NATIONAL PARK

Höhe: 0–754 m | **Einwohner:** 50

Am südlichsten Punkt des australischen Festlandes wird es kugelrund und rötlich: So zeigen sich die Boulders, riesige erodierte Granitfelsen, von ihrer schönsten Seite. Sie stehen – neben den wunderbaren Stränden und zahllosen Wanderwegen – symbolisch fürs Wilsons Prom, wie die Aussies gerne zum vielleicht schönsten Nationalpark in Victoria sagen. Die Halbinsel, ein verwittertes Granitgebirge mit bewaldeten Hängen, Heideflächen, Salzmarschen und Sanddünen ist bereits seit 1898 als Nationalpark geschützt.

Mythisches Land

Für die Aborigines gehört Wilsons Promontory zum mythischen Land Yiruk, dem seit Jahrtausenden mit kleinen Muschelbergen hinter den Stränden gehuldigt wird. Entstanden ist die Landmasse des Prom vor 400 Mio. Jahren. Seine Höhenzüge finden auf Tasmanien ihre Fortsetzung. Durch den Anstieg des Meeresspiegels wurde vor 15 000 Jahren die Landbrücke gekappt und das Gebiet zur Insel, die erst später durch den Yanakie Isthmus wieder Landanschluss erhielt. Im Nationalpark sind mehr als 600 Pflanzen endemisch. Viele Kängurus, Emus und Wombats haben im Prom ihr Zuhause. Der Nordosten ist als Wilderness Zone eingestuft und nur für Wanderer mit Navigationserfahrung zu empfehlen. Bei allen Mehrtageswanderungen muss zuvor eine Genehmigung im Besucherzentrum eingeholt werden. Über den Namensgeber, den Geschäftsmann Thomas Wilson, ist kaum etwas bekannt.

Wohin im Wilsons Promontory National Park?

Die Prom-Hauptstadt

Tidal River

Hinter Yanakie beginnt die asphaltierte Zufahrtsstraße in den Park, die nach 38 km in Tidal River endet. Im winzigen und einzigen Ort im Park gibt es Wohnmobilstellplätze, Campingmöglichkeiten, Hütten, einen kleinen Laden und das Besucherzentrum, das 30 Wanderwege ausweist. Hausstrand ist der breite **Norman Beach**. Kurz vor Tidal River zweigt eine Stichstraße zum Mount Oberon ab: Der einstündige Aufstieg zum 558 m hohen Gipfel wird mit einem Panoramablick über den Nationalpark belohnt. Nordöstlich vom Oberon liegt der höchste Berg im Nationalpark: Der Mount Latrobe hat eine Höhe von 754 m, ist aber nicht zugänglich.

Traumstrände für alle Sinne

★★ Squeaky Beach & Whisyk Bay

Der Sand ist fast weiß, hat viel Quarz und knirscht, wenn man darauf geht. Daher auch der Name. Er gehört zu den schönsten Stränden im Prom und liegt nordwestlich von Tidal River. Der **Three Bays Walk** führt vom Squeaky Beach über die Picnic zur Whisky Bay. Für die knapp 13 km sollte man vier Stunden einplanen.

Nördlich schließt sich zunächst die **Picnic Bay** an. Noch so ein wunderschöner Strand, der nur durch eine Landzunge von der folgenden traumhaften Whisky Bay getoppt wird. Eingerahmt von kugelrunden, rötlichen Felsen und der türkisfarbenen See gibt's keinen Zweifel: Whiskey Bay ist der schönste Strand im Prom. Wer auf den roten Granitfelsen steht, wähnt sich inmitten eines von der Natur geschaffenen Gemäldes. Die rote Farbe am Stein, derer sie sich bediente, ist dem hohen Eisengehalt zu verdanken.

DEN WILSONS PROMONTORY NATIONAL PARK ERLEBEN

VISITOR CENTRE
Tidal River, Tel. 1800 63 07 04
www.visitpromcountry.com.au

PROM COUNTRY FLIGHTS
Wem Wandern zu mühsam ist, der mag vielleicht einen Panoramaflug einplanen.
Tel. 0488 55 51 23
www.promcountryflights.com.au

Das Café in Tidal River, das einzige Lokal im Nationalpark, ist nicht zu empfehlen. Man nimmt für den Tag besser ein Picknick mit und geht am Abend in die:

WILSONS PROM PIZZA €
Nichts Besonderes, aber in Sachen Pizza das Beste weit und breit.
3 Millar Rd., Yanakie
Tel. 03 56 82 24 45

BLACK COCKATOO €€
Drei gut ausgestattete Selbstversorgerbungalows mit wunderbarem Blick über die Wiese aufs Meer. Absolute Ruhe.
60 Foley Rd., Yanakie
Tel. 03 56 87 13 06
www.blackcockatoo.com

Der einzige Campground im Nationalpark ist lieblos gemacht, meist überfüllt und nicht mal eine Nacht wert. Wer den besten Stellplatz der Gegend sucht, fährt nach Walkerville, knapp 30 km außerhalb des Parks:

WALKERVILLE CAMPING RESERVE €
Klasse Campingplatz direkt an der weiten Waratah Bay: Vom Wohnmobil zum Sandstrand sind es maximal 15 Schritte. Viel Grün, viel Schatten, kleiner Laden fürs Nötigste. Beim Reservieren gibt es einen Zahlencode, mit dem man das Tor öffnen kann.
82 Bayside Dr., Walkerville
Tel. 03 56 63 22 24, www.walkervilleforeshore.com.au

Ein wenig könnte man meinen, geschrumpft zu sein, angesichts der riesigen »Kieselsteine« im Wilsons Promontory National Park.

Die südlichsten Mangroven der Welt

Millers Landing

Auf einer zweistündigen Wanderung auf dem Millers Landing Nature Walk, gen Norden ab Tidal River, kann man die südlichsten Mangroven der Welt erleben. Auch für Vogelbeobachter lohnt der 4 km lange Weg in die Bucht am Corner Inlet.

24 Kilometer zu Fuß

Wilsons Promontory Lighthouse

Am südlichsten Punkt des australischen Festlandes wacht schließlich noch, weiß und dick, der Leuchtturm des Prom. Nur erreichbar über einen 20 km langen Fußmarsch, der anspruchsvoll ist und mindestens sechs Stunden benötigt. Am Leuchtturm kann übernachtet werden; man sollte aber lange im Voraus über das Besucherzentrum reservieren.

Rund um den Wilsons Promontory National Park

Flach, einsam, schön

★ Shallow Inlet

Der Meeresarm, der sich nördlich des Wilsons National Park auftut, ist sehr flach, einsam und wunderschön. Wenn man mal einen Angler sieht, ist schon viel los. Meistens ist man alleine. Fernglas für Vogelbeobachtungen mitnehmen!

BAEDEKER MAGISCHE MOMENTE

BARBECUE AM STRAND

Ein Campingplatz wie er schöner nicht sein kann: direkt am Meer. Tagsüber hat man viel Kalorien verbrannt, bei der Wanderung durch die Wildnis des Prom, und nun ist die Vorfreude aufs Abendessen grenzenlos. Auf der Speisekarte stehen Steaks oder Seafood, gegart überm offenen Feuer, das Meeresrauschen und das schier unendlichen Firmament bilden die Kulisse. Nun endlich steigt der Geruch vom brennendem Holz und brutzelndem Essen in die Nase ... könnte die Belohnung nach einem anstrengenden Tag noch herrlicher ausfallen?

★ YARRA VALLEY

Höhe: 150–350 m | **Einwohner:** 25 000

Und wer hat's erfunden ...? Nein, erfunden haben sie Cabernet Franc, Malbec, Merlot, Shiraz oder Chardonnay und Riesling zwar nicht, aber es waren Schweizer, die die ersten Reben ins Yarra Valley brachten. Heute produzieren rund 50 Winzer in den weiten, sanft gewellten Tälern um Yarra Glen hervorragende Weine sowie Schaumweine von Weltruf.

Ein Tal für Genießer

Pferdekoppeln und Viehweiden, herrschaftliche Landsitze und gepflegte Parks, lange Alleen und einzelne Zypressen – gerade mal eine Autostunde von der Großstadt Melbourne entfernt, taucht man ein in eine ländliche Idylle, die höchste Genüsse verspricht. In Victorias ältestem Weinanbaugebiet, in dem schon 1838 die ersten Reben gepflanzt wurden, fühlt man sich sofort pudelwohl. Man kann hervorragend wandern, Fahrrad oder auch Heißluftballon fahren, vor allem jedoch vorzüglichen Wein trinken und etwas Leckeres dazu essen.

Wohin im Yarra Valley?

Das Tor zum Tal

Yarra Glen

Die 3000-Einwohner-Gemeinde ist das Tor zum Tal und bietet beste Kellereien, z. B. **Fergusson** oder **Yarrawood**, eine gute Käserei und eine Schokoladenfabrik, aber auch Galerien, Antiquitätenläden und Boutiquen. Kettenläden hingegen sind weit und breit nicht zu finden.
Knapp 10 km weiter südlich trifft man in Coldstream mit **St. Huberts**, gegründet 1862, noch auf ein Weingut mit Schweizer Wurzeln. Ebenfalls dort ansässig ist die **Domaine Chandon**, die Weltklassesekt produziert.

Fergusson: 82 Wills Rd., Dixons Cree | Tel. 03 59 65 22 37
tgl. 11–16.30 Uhr, Restaurant 8–15.30, Mai–Aug. Di. geschl.
https://fergussonwinery.com.au
Yarrawood: 1275 Melba Hwy., Yarra Glen | Tel. 03 97 30 20 03
Mo.–Fr. 10–17, Sa. u. So. ab 8 Uhr | www.yarrawood.com.au
St. Huberts: 1–3 St Huberts Rd., Coldstream | Tel. 03 59 60 70 96
Mo.–Fr. 11–16, Sa u. So. 10–17 Uhr | www.sthuberts.com.au
Domaine Chandon: 727 Maroondah Hwy., Coldstream
Tel. 03 97 38 92 00 | tgl. 10.30–16.30 Uhr | www.chandon.com.au

Wein und Weibchen

★ Healesville

Von weiteren guten und bekannten Weingütern umgeben ist das Zentrum des Lower Yarra Valley, die Kleinstadt Healesville. Rund um das

rustikale Holzfällerdorf von einst haben heute beispielsweise **Salo** (mit neuseeländischem Wein-Know-how), oder **Trellis** (mit hervorragenden Chardonnay, Pinot Noir und Shiraz) ihre Anbaugebiete. Und das Weingut **Giant Steps** hat sich zu seinen Topweinen auch einen avantgardistischen Glaskubus gegönnt: Man schaut den Kellermeistern durch eine Glaswand bei ihrer Arbeit zu und goutiert genüsslich ein Glas. Auch die meisten anderen Keller haben sogenannte Cellar Doors, die tagsüber zu Weinproben geöffnet sind.
Schon seit 1934 gibt es den Tierpark **Healesville Sanctuary**. Star ist das Gepard-Weibchen Kulinda. Moderne australische Kunst seit 1950 präsentiert in einem spektakulären Bau das **Tarra Warra Museum** of Art.

Salo: 28 Dorothy St., Healesville | Tel. 0431 97 38 32
www.salowines.com.au
Trellis: 24 Valley Farm Rd., Healesville | Tel. 0417 54 09 42
Giant Steps: 336 Maroondah Hwy., Healesville | Tel. 03 59 62 61 11
Mo.–Mi. 11–17, Do.–Sa. bis spät, So. bis 18 Uhr
www.giantstepswine.com.au
Healesville Sanctuary: Badger Creek Rd. | tgl. 9–17 Uhr
Eintritt: 37 AUD | www.zoo.org.au
Tarra Warra Museum: Yarra Glen Rd. | Di.–So. 11–17 Uhr
Eintritt: 12 AUD | www.twma.com.au

Rund ums Yarra Valley

Wildlife Watching und Aktivurlaub

Lake Eildon National Park

Durch die Erweiterung des Sugarloaf-Staudamms entstand in den 1950er-Jahren, gut 100 km nordöstlich des Yarra Valleys, Victorias größter See: Gut im Blick hat man ihn von der Aussichtsplattform auf der 46 m hohen Staumauer und vom **Mount Pinninger Lookout**. Seitdem dient der Lake Eildon nicht nur als Trinkwasser- und Stromressource, sondern ist auch ein beliebter Tummelplatz für Wassersportler. Im sanften Hügelland des Nationalparks leben Kängurus, Koalas, Wombats und Echidnas; Wanderwege erschließen das Gebiet. Bei **Snobs Creek**, 5 km südwestlich, werden nicht nur Hunderttausende einheimischer Fische gezüchtet, die dann in die Flüsse des Landes entlassen werden, es gibt auch die schönen **Snobs Creek Falls**. Und **Mansfield** ist zu einem Zentrum für Aktivurlauber geworden, die hier Raftings, Wildnis- und Mountainbiking-Touren unternehmen können.

Von Gold zu golden

Rutherglen

Eine ganze Ecke nach Norden, schon an der Grenze zu New South Wales, geht's nach Rutherglen, wo die Bewohner von echtem, Anfang des 20. Jh.s entdeckten Gold im 21. Jh. auf flüssiges Gold wechselten: goldgelbe Likörweine – und inzwischen auch hervorragende Rot-

DAS YARRA VALLEY ERLEBEN

VISITOR INFORMATION CENTRE
Harker St., Healesville
Tel. 03 87 39 80 00
https://visityarravalley.com.au

An jedem ersten Sonntag im Monat lockt in Yarra Glen von 9 bis 14 Uhr der **Craft Market** mit 200 Ständen und meist handgefertigten Produkten (www.craftmarkets.com.au).

DE BORTOLI €€€€
Die italienische Küche für sich ist schon ein Genuss, aber der Panoramablick über die Rebstöcke des Weinguts ist das Tüpfelchen auf dem i. Wie wäre es mit einem 1,3-kg-Tomahawk zum Teilen? 150 Tage abgehangen und für 150 AUD zu haben.
58 Pinnacle Lane, Dixons Creek
Tel. 03 59 65 22 71
www.debortoli.com.au

YERING STATION €€€
Sämtliche Gerichte sind auf die Weine des eigenen Weinguts abgestimmt. Nur werktags 10 bis 17 und wochenends bis 18 Uhr geöffnet.
38 Melba Hwy., Yarra Glen
Tel. 03 97 30 11 07
www.yering.com

CHATEAU YERING €€€€
Das Weingut unterhält ein herrschaftliches Hotel und das Gourmetrestaurant Eleonore. Die Zimmer sind fast schon überbordend verspielt und opulent, aber doch passend zum Schloss.
Melba Hwy., Yering
Tel. 1800 23 73 33
https://chateauyering.com.au

und Weißweine – werden hier gekeltert. Zu den besten Weingütern gehören der Familienbetrieb **Campbells Wines**, seit rund 150 Jahren eine erstklassige Adresse für Muskatweine, die 1859 in Betrieb genommene **Morris Winery** oder **Stanton & Killeen**, die immer noch hauptsächlich auf Likörweine setzen.

Campbells Wines: 4603 Murray Valley Hwy., Rutherglen
Tel. 02 60 33 60 00 | Mo.–Sa. 9–17, So. ab 10 Uhr
www.campbellswines.com.au
Morris Winery: Mia Mia Rd., Rutherglen | Tel. 02 60 26 73 03
Mo.–Fr. 9–17, Sa. u. So. ab 10 Uhr | www.morriswines.com
Stanton & Killeen: 440 Jacks Rd., Rutherglen | Tel. 02 60 32 94 57
Mo.–Sa. 9–17, So. ab 10 Uhr | www.stantonandkilleenwines.com.au

Schmucke Filmkulisse

★ Chiltern

Das alte Kolonialstädtchen, knapp 20 km südöstlich von Rutherglen, gehört zu den malerischsten Orten in Victoria. Seine Backsteinhäuser aus der Zeit des Goldrausches, die noch hölzerne Veranden schmücken, dienten in vielen Filmen als Kulisse. Gedreht wurde u. a. der Walt-Disney-Streifen »Mein wildes Pony«.

WESTERN AUSTRALIA

Kürzel: WA | **Fläche:** 2 529 875 km² | **Hauptstadt:** Perth
Einwohner: 2,6 Mio. | **Symboltier:** Numbat (Ameisenbeutler), Schwarzer Schwan | **Symbolpflanze:** Kangaroo Paw

Busch, Sand und Fliegen: Es gibt viele Orte in Australien, an denen dieses eher uncharmante Trio anzutreffen ist, aber nirgendwo sonst gibt es davon mehr als in Westaustralien. Zwischen den durchaus vorhandenen Highlights liegen stets weite Entfernungen in der ungeschützten Endlosigkeit des Outbacks. Dort, wo die Hitze flimmert, die Wüste so heiß und so staubig ist, manchmal unwirklich wie in einem Science-Fiction-Film wirkt.

Aschenputtel des Kontinents

Auf Terra Incognita, irgendwo auf der Südhalbkugel, wo Australien seit dem 2. Jh. vermutet wurde, war Dirk Hartog 1616 der erste Weiße. Er vergab zwar den Namen Neu Holland, ging aber zunächst vom ärmsten Land der Erde aus, das außer Busch, Sand und Fliegen, Kängurus und Krokodilen nichts zu bieten hatte. »Ich kann's ja gut verstehen. Wahrscheinlich wäre ich damals auch gleich abgehauen«, meint ein »digger«. Er sieht aus, wie man sich so einen der ganz harten Burschen vorstellt: Cowboy-Hut, ungepflegter Bart, gelbe Zähne, ein drahtiger Typ, mit einer Dose Bier in der Hand und einer Fluppe zwischen den Fingern. »Das ist aber nur der erste Teil der Geschichte«, sagt ein Aborigine dazu. »Denn die Weißen kamen ja wieder.« Es schwingt ein unausgesprochenes »leider« mit. Die Europäer fanden Gold, andere Bodenschätze, auch gutes Ackerland, Wasser, Wälder – und blieben.
Westaustralien war, ist und wird wohl das Aschenputtel des Kontinents bleiben. Dabei kennt jeder auch diese Sehnsuchtsbilder von den Bungle-Bungles, den Pinnacles, dem Wave Rock (jeweils nur mit Kopfnetz zu besuchen, sonst machen einen die vielen Fliegen verrückt). Es gibt Monkey Mia mit seinen Delfinen oder Broome mit seinem endlos langen Strand – noch dazu anders als vor Queensland ohne Quallen. Doch dazwischen liegen oft Tagesreisen, schließlich ist Western Australia rund siebenmal so groß wie Deutschland. Da kommen schnell Hunderte von Kilometern zwischen zwei benachbarten Ortschaften zusammen. Und die Hauptstadt? Perth ist zwar eine Millionenstadt, versprüht aber doch den eher langweiligen Charme einer Provinzstadt. Kein Wunder, gilt sie doch als »entlegenste Großstadt der Welt«, in die gleichwohl das entspannte West-Coast-Lebensgefühl und herrliche Strände locken.

Westaustraliens Hitze …

Klima

… stellt die Urlauber im Sommer oft auf eine harte Probe. Die Provinz Pilbara zählt zu den heißesten Gegenden der Erde. Marble Bar, gut

WESTERN AUSTRALIA

200 km südöstlich von Port Hedland gelegen, verzeichnet Jahr um Jahr neue Temperaturrekorde. Das Etikett »Australias hottest town« verdankt die Gemeinde der Tatsache, dass die Tageswerte im Sommer 1923/1924 an 160 aufeinanderfolgenden Tagen die Marke von 38 °C übersprangen. Sommerliche Temperatur jenseits der 45 °C sind keine Seltenheit. Ähnlich heiß kann es in den Kimberley-Bergen oder der Bundeshauptstadt Perth werden. Kein Wunder, dass Westaustralien den Löwenanteil an Australiens Great Deserts, dem Wüstengürtel, einnimmt.
Wem es dort zu heiß wird, der flüchtet in Westaustraliens grünen Garten: Im Süden regnet es mehr als im Rest des Landes. Darauf verweisen Orte, deren Namen alle die gleiche Endung haben: Manjimup, Boyanup, Dardanup, Nannup. »Up« bedeutet in der Sprache der Ureinwohner »Wasser«, »Quelle«. Überall an diesen Orten fanden die Aborigines das begehrte Nass.

Die größte Blumenschau der Welt

Wildblumenblüte

Zwischen Juli und November verwandelt die größte Wildblumenblüte der Erde den Bundesstaat auf 2,5 Mio. km² in ein atemberaubendes Blütenmeer mit mehr als 12 000 Arten. Rund 60 % davon sind endemisch – es gibt sie also nur hier in Westaustralien. Die Blüte beginnt in der Pilbara-Region im Norden und überzieht nach und nach den gesamten Bundesstaat, bis im November schließlich auch der Süden sich einem Farbenrausch hingibt. Den ganzen September über wird die Blütenpracht im ausgedehnten King's Park von Perth beim Wildflower Festival in Kunst und Konzerten, Theater, Blumenschauen und anderen Events groß gefeiert.

ALBANY

Höhe: 0–10 m | **Einwohner:** 27 000

P13

»Was für ein wunderschöner Hafen!«, schrieb Kapitän George Vancouver begeistert an die Admiralität in London. 1791 war er dort vor Anker gegangen, wo 1827 die erste Siedlung der späteren Kolonie Westaustralien gegründet werden sollte.

Vom Walfang- zum Touristenort

Die Walfänger, die bis in die 1970er-Jahre hinein jährlich rund 1000 der gigantischen Meeressäuger töteten, machten Albany zum größten Walumschlagsplatz der Welt. Im 21. Jh. sind es glücklicherweise nur noch die Walbeobachter, die Albanys Ruf von heute bestimmen. Außerdem wissen die Besucher die herrlichen Sandstrände und die zerklüftete wie buchtenreichen Küste zu schätzen, die das Städtchen zur beliebtesten Ferienregion in Westaustraliens Great Southern ge-

ALBANY ERLEBEN

VISITOR CENTRE

221 York St., Albany
Tel. 08 68 20 37 00
www.amazingalbany.com.au

ALBANY WHALE ADVENTURES

Juli–Aug. und Okt. fahren die Boote hinaus zur Walbeobachtung und nähern sich bis auf wenige Meter an die 20 m langen, tonnenschweren Giganten der Meere.
Tel. 0428 42 98 76
www.whales.com.au

LIME 303 €€€

Es gibt Hai aus heimischen Gewässern, Emu-Würstchen Entenbeinchen oder würziges Auberginen-Moussaka, überwiegend aus regionalen Zutaten zubereitet. Auch moderne Zimmer sind im Haus.
303 Middleton Rd., Albany
Tel. 08 98 45 72 00
www.dogrockmotel.com.au

BALI STYLE €€

Sehr schöne, im balinesischen Stil eingerichtete Zimmer in Hafennähe.
137 Frenchman Bay Rd., Albany
Tel. 08 98 42 85 02
https://albanybalistyle accommodation.com

WAVE ROCK MOTEL €€

Wer in der Nähe des Wave Rock nächtigen möchte, muss sein Quartier in Hyden aufschlagen. Das Drei-Sterne-Motel verfügt über 55 Mittelklassezimmer, Pool und Restaurant – gut für eine Nacht.
2 Lynch St., Hyden
Tel. 08 98 80 50 52
www.waverockhotel.com.au

macht haben. Auch deswegen eignet sich Albany als Sprungbrett für Ausflüge zu den Naturwundern im Süden des Bundesstaates wie den Baumriesen im Valley of the Giants oder einer nicht minder gigantischen Welle aus rotem Sandstein.

Wohin in Albany?

Ein kleines Fleckchen London

Das Zentrum

In der Stadt gibt es noch einige Gebäude aus den Gründerjahren. So hat sich in der Stirling Terrace eine fast geschlossene Häuserfront im viktorianischen Stil erhalten. Ältestes Gebäude der Stadt ist das **Patrick Taylor Cottage** von 1832. Aus der Gründerzeit stammen auch die **St. John's Church** von 1848 in der York Street, in deren Lady Chapel ein Bogenabschnitt aus der Londoner St. Paul's Cathedral zu sehen ist, und das **Old Post Office** von 1870 mit seinem hohen Uhrturm. Über die Geschichte der Seefahrt informiert das **Western Australian Museum**. Vor dem Museum liegt ein Nachbau der Brigg **»Amity«**, die die ersten Siedler von Sydney nach Albany brachte. In der Nachbarschaft befindet sich das frühere Gefängnis Albany Convict Goal von 1851.

Western Australian Museum: Residency Rd. | tgl. 10–16 Uhr
Eintritt: frei | http://museum.wa.gov.au

Der Blick ins Hinterland

Mount Clarence

Von den beiden Gipfeln des Mount Clarence und des Mount Melville, 3 km südöstlich des Stadtzentrums, genießt man herrliche Ausblicke über Küste, Stadt und Hinterland, wo sich die bizarren Berge der Stirling Range erheben. Auf dem Mount Clarence erinnert ein wuchtiges Reiterstandbild an die Gefallenen des Ersten Weltkriegs.

Rund um Albany

Eine raue Küste und das größte Walmuseum der Welt

Torndirrup National Park

Klippen, Spalten, Gischtlöcher und Strände zwischen Landzungen: Von der Besucherterrasse bei **The Gap**, einem 30 m tiefen Felseinschnitt in den Klippen, hat man fast alle Attraktion des Nationalparks im Blick; einzig die **Natural Bridge** sowie einige weitere Blowholes erfordern einen Perspektivenwechsel. Die schönste Zeit ist im Frühling, wenn die Wildblumen in voller Blüte stehen. Im Park befindet sich auch die ehemalige Walfangstation **Whale World**, die zu einem informativen Erlebnismuseum umgestaltet wurde. Der Park liegt 10 km südlich von Albany.

Whale World: Frenchman Bay Rd. | tgl. 9–17 Uhr | Eintritt: 32 AUD
www.discoverybay.com.au/historic-whaling-station

Wo kommen denn die Elefanten her?

William Bay National Park

Knapp 70 km westlich von Albany braucht man ein wenig Fantasie, um die **Elephant Rocks** im William Bay National Park zu erkennen: Durch die Brandung wurden Granitbrocken wie Dickhäuter geschliffen. Östlich davon erstreckt sich der bei Surfern angesagte Ocean Beach.

Tal der Baumriesen

Valley of the Giants

Unweit der kleinen Ortschaft **Nornalup**, rund 110 km westlich von Albany, findet man im Valley of the Giants die größten und ältesten Bäume Westaustraliens: Die Eukalypten schießen bis zu 90 m in die Höhe. Riesige Außmaße haben oft auch deren hohlen Wurzeln, die am Boden einen Durchmesser von 16 m und mehr erreichen. Ein Auto passt in solch eine »Garage« mühelos hinein. Schwindelfreie absolvieren den **Tree Top Walk** in 40 m Höhe.

Kostenfreie Tree-Top-Walk-Führungen um 10.15, 11.30, 14 Uhr

Wanderparadies im Frühling

Stirling Range National Park

Von Albany aus erreicht man, nach 80 km nordwärts recht einfach die Stirling Range. Aus der landwirtschaftlich genutzten Ebene erheben sich abrupt kegelförmige Gipfel, schroffe Zacken, Felskamine und Sattel. Zwölf Gipfel liegen über 750 m, der **Bluff Knoll** ist mit 1073 m der höchste. Beste Besuchszeit ist wegen der Wildblüte auch dort das Frühjahr. Mehr als 1000 Pflanzenarten gedeihen, darunter 60 endemische. Und auch die Tierwelt ist vielfältig vertreten, vom Riesenkänguru bis zum winzigen Honigopossum. Der Park ist ein Paradies für ambitionierte Wanderer, denn die schönsten Wanderwege sind alle ziemlich steil. Die **Chester Pass Road** durchquert den Park. Die Zufahrtsstraßen sind nicht asphaltiert, aber gut zu befahren. Im Park ist Camping nur bei **Moingup Springs** gestattet.

Die perfekte Welle

★ Wave Rock

Sie ist eine der bliebtesten Selfie-Kulissen Australiens, wo sie doch eigentlich der Hauptdarsteller sein sollte: die steinerne Riesenwelle mitten in der Wüste. Der gigantische Wave Rock beim Dorf Hyden, 350 km nördlich von Albany, gehört zu den bekanntesten Highlights von Westaustralien. Die Stein gewordene, gestreifte Woge schwappt geradezu aus der Wüste empor: ein Wunderwerk von Wind und Wetter. Denn Regen, Fröste und die Hitze sprengten vor Urzeiten aus dem großen, vertikalen Granitblock die weicheren Schichten heraus. Für den endgültigen Schliff sorgte im Lauf von Jahrmillionen das von der Krone herablaufende Regenwasser, das auch die schwarz-weiß-roten Streifen des Felsens schuf. Es sorgte dafür, dass sich Eisenoxide und Karbonate am Felsen ablagerten. 2,7 Mrd. Jahre ist der fast 100 m lange und 15 m hohe Wellenfelsen alt. Die besten Aufnahmen macht man vormittags: Dann leuchtet die Sonne die imposante Naturformation besonders schön aus.

OBEN: Wie mitten in der Bewegung erstarrt scheint die Riesenwelle Wave Rock.

UNTEN: Im Valley of the Giants fühlt man sich winzig angesichts der Baumriesen. Diese bilden so große Wurzeln, dass man durch sie hindurchschreiten kann.

★ BROOME

Höhe: 19 m | **Einwohner:** 14 000

Nein, es ist keine Fata Morgana, auch wenn es so scheint! Nicht wenige müssen sich kurz kneifen, wenn das Meer sich zurückgezogen und die Ebbe den Strand auf ganze 500 m verbreitert hat und eine Karawane vorbeizieht: Kamele am Cable Beach von Broome, im Gegenlicht der untergehenden Sonne. Das ist Scherenschnitttheater vom Feinsten! Nur noch zu toppen vom Staircase to the Moon, wenn in Vollmondnächten von März bis Oktober das feucht-geriffelte Watt des Cable Beaches das Mondlicht bis zum Horizont reflektiert. Der Weg ist weit nach Broome, die Attraktionen sind überschaubar, aber das Wenige lohnt sich!

Der (verblasste) Glanz der Perlen

Broome gibt nicht nur im Sonnenuntergangs- und Mondlicht ein glänzendes Städtchen ab, sondern war zu Beginn des 20. Jh.s auch eine Hochburg der Perlentaucher. Deshalb wird es bis heute von einem Konglomerat aus Japanern, Chinesen, Malaysiern, Europäern und natürlich Aborigines bewohnt. Schon kurz nach der Stadtgründung 1883 machten Geschichten die Runde vom sagenhaften Reichtum, der auf dem Meeresboden der Roebuck Bay einfach nur so herumliegt: weiße, glänzende Naturperlen! Wie anderswo der Goldrausch, lockten die runden Preziosen Tausende neuer Siedler an. 1910 zählte man in der Roebuck Bay fast 400 »lugger«, wie die kleinen, hölzernen Perlentaucherboote genannt werden. Alle wollten das schnelle Glück mit Händen greifen. Doch viele fanden statt der begehrten Schmuckstücke den Tod, wovon auch die fast 900 Gräber des japanischen Friedhofs zeugen. Mit der Weltwirtschaftskrise und dem Aufkommen von Zucht- und Kunstperlen endete der Boom in den 1930er-Jahren. Heute locken das sonnige Wetter und Temperaturen, die selbst im Winter selten unter 25 °C sinken.

Wohin in Broome?

★ Chinatown

Perlengeschäfte in geduckten Häuschen

An der mangrovengesäumten Roebuck Bay lädt Chinatown mit kleinen Läden und geduckten Häuschen zum Bummeln ein. Einen Eindruck von der Perlenfischerei vermittelt das **Broome Museum** im Old Customs House. Die meisten Gebäude in Chinatown sind heute Perlengeschäfte und Restaurants. Viel Charme strahlt das 1916 eröffnete, hölzerne Kino **Sun Pictures** aus. In diesem ältesten Open-Air-Filmtheater der Welt kann man jeden Abend unterm Sternenhimmel Filme sehen.

BROOME ERLEBEN

VISITOR CENTRE
1 Hamersley St., Broome
Tel. 08 91 95 22 00
www.visitbroome.com.au

LOMBADINA
Eine von Aborigines geführte Tour bringt sie auf die Dampier-Halbinsel, nördlich von Broome: Es werden Mangrovenkrabben gesucht und man kann mit Stachelrochen schnorcheln. Oder man verbringt gleich ein paar Tage in der Aborigine-Kommune.
Tel. 08 91 92 49 36
www.lombadina.com

BROOME CAMEL SAFARIS
Kameltrekking? In Australien? Ja! Besonders schön ist der Kamelritt am Cable Beach zum Sonnenuntergang.
Tel. 0419 91 61 01
www.broomecamelsafaris.com.au

MATSO'S BREWERY €€€
Das Restaurant mit angeschlossener Brauerei lockt mit entspannter Aussie-Atmosphäre und Leckereien wie Barramundi-Curry. Einen Versuch wert sind auch Mango- und Chilli-Bier.
60 Hamersley St., Broome
Tel. 08 91 93 58 11
www.matsos.com.au

CABLE BEACH CLUB RESORT €€€
Hübsche Ferienanlage, leicht asiatisch angehaucht. Gut 300 Zi. und Bungalows mit Holzfußböden. Wer eine Villa bucht, hat einen kleinen Pool für sich alleine. Zwei Pools für alle Gäste, Spa, Restaurant.
Cable Beach Rd., Broome
Tel. 08 91 92 04 00
www.cablebeachclub.com

Broome Museum: 67 Robinson St. | Mo.–Fr. 10–16, Sa.–So. bis 13 Uhr
Eintritt: 12 AUD
Sun Pictures: 27 Carnarvon St | www.broomemovies.com.au

Großes Naturspektakel

★ Cable Beach

Er ist breit, feinsandig, flach und hat einen Tidenhub von bis zu 10 m: Der Cable Beach erstreckt sich ab Broome 22 km in Richtung Norden. An ihm reihen sich schicke Apartments und schöne Hotels aneinander und allabendlich sieht man die **Kamel-Karawanen** im warmen Licht des Sonnenuntergangs vorüberziehen. In den Vollmondnächten zwischen März und Oktober wird anschließend die gigantische »Leuchttreppe« zum Mond bestaunt: Da zu dieser Zeit eine besonders starke Ebbe herrscht, reflektiert der feucht-geriffelte Sand das Mondlicht bis zum Horizont. Dieses Phänomen, **»Staircase to the Moon«** genannt, wird natürlich gefeiert: An der Cable Beach Road kann man über den Staircase Market schlendern, Snacks essen, etwas trinken oder sich von Kleinkünstlern unterhalten lassen.

Die Karawane zieht weiter: Im weichen Licht der Abenddämmerung ist ein Kamelritt am Cable Beach ein unvergessliches Erlebnis.

Rund um Broome

Vorsicht, bissig!

Crocodile Park

Im 15 Minuten nördlich von Broome gelegenen Krokodilpark von TV-Tierfilmer Malcom Douglas (1941–2010) leben Salz- und Süßwasserkrokodile sowie noch einige andere Down-Under-Tiere. Die Fütterung der Krokodile erfolgt täglich um 15 Uhr.

Park: Cable Beach Rd. | tgl. 14–17 | Eintritt: 35 AUD
www.malcolmdouglas.com.au

Schwärme zum schwärmen

Bird Observatory

Unzählige Zugvögel, Seeadler und Honigfresser, die in der **Roebuck Bay** leben, lassen sich 25 km östlich von Broome beobachten. Nur mit 4WD-Fahrzeug zugänglich. Es gibt auch einfache Unterkünfte.

Crab Greek Rd. | tgl. 8–16 Uhr | Eintritt: frei
www.broomebirdobservatory.com

Ein Baum als Gefängnis

Derby

Ihre Blütezeit erlebte die Kleinstadt, 222 km östlich von Broome, nachdem 1885 am Halls Creek Gold entdeckt und in Windeseile ein Hafen gebaut worden war. Hauptsehenswürdigkeit ist das mächtige hohle Wurzelwerk des 1500 Jahre alten **Boab Prison Tree**, 7 km südlich vom Stadtzentrum, der von der Polizei um 1900 als natürliches Gefängnis genutzt wurde. Daneben befindet sich der mit 120 m vermutlich längste Viehtrog von Down Under: **Myall's Bore**. Und nirgendwo sonst in Australien gibt es einen Tidenhub von bis zu 12 m!

Schönste Schlucht Westaustraliens

★ Windjana Gorge National Park

Während der Regenzeit überflutet der **Lennard River** als reißender Strom den Nationalpark. Deshalb ist die Piste zur Windjana Gorge nur in der Trockenzeit von Mai bis November freigegeben. Aber die schönste Schlucht Westaustraliens, 150 km östlich von Derby, lohnt die Mühe: Wild gezackte Wände, auch in der Trockenzeit ein paar kühle Teiche, entlang des Wasserlaufs wachsen schöne Flusseukalypten und Feigenbäume, Süßwasserkrokodile dösen auf den Sandbänken und die Höhlen in den Kalksteinwänden enthalten Felsmalereien der Aborigines. Ein 3,5 km langer Wanderweg führt vom Campingplatz aus durch die Schlucht.

Es werde Licht!

Tunnel Creek National Park

Wer den stockdunklen Tunnel Creek, etwa 25 km südöstlich der Windjana Gorge, erkunden will, benötigt vor allem eins: Licht. 750 m lang ist der 3 bis 15 m hohe Tunnel. Ein Werk der steten Tropfen, die den Kalkstein im Laufe von Jahrmillionen ausgehöhlt haben. Im Schein der Taschenlampe watet man Schritt für Schritt durch den morastigen Untergrund. Direkt nach der Regenzeit können sogar einige Schwimmzüge notwendig werden.

Wie die Rochen ins Landesinnere kamen

★ Geikie Gorge National Park

Eine 14 km lange Schlucht hat der Fitzroy River in die Geikie Ranges gegraben. Diese heute bis zu 30 m tiefe Schlucht war einst ein Teil des rund 1000 km langen und bis zu 20 km breiten urzeitlichen Devonian Great Barrier Reef, das einst die ganze Kimberley-Region bedeckte. Damals lag der Nordwesten Australiens unter einem flachen, sehr warmen, tropischen Meer. Winzige, urzeitliche Kalkalgen lagerten in den hohen Felswänden über Jahrmillionen ihre Skelette ab – und so finden sich heute viele **Fossilien** aus dem Urzeitmeer. Im Fluss leben Sägefische und Stachelrochen, deren Vorfahren schon vor Millionen von Jahren in die Schlucht gespült wurden. Auf den Sandbänken sonnen sich bis zu 3 m lange Süßwasserkrokodile. Und wirklich seltsam sind die Schützenfische, die ihre Beute mithilfe eines Wasserstrahls abschießen. Der Nationalpark liegt ca. 50 km südöstlich des Tunnel Creek.

Wundersame Stromschnellen

★ Horizontal Waterfalls

Von Broome aus starten Touren zu den ungewöhnlichen Horizontal Waterfalls. Sie sind das Ergebnis mächtiger Gezeiten, die sich durch eine schmale Felspassage zwängen. Sausen Sie im Zodiac die wilde

Durch diese hohle Gasse … Die Gezeiten sorgen für die wasserfallähnlichen Ausgleichsströmungen an den Horizontal Falls.

Wasserbahn entlang! Um Missverständnisse zu vermeiden: Der Begriff »Wasserfall« ist nicht ganz korrekt. Es sind eher Stromschnellen. Bei dem Ganztagesausflug von **Go Horizontal Falls Tours** handelt es sich um eine Kombination aus Flug- und Bootstour mit **Cockatoo Island** (Luftlinie etwa 400 km nordwestl. von Broome), Nachbar **Koolan Island**, **Yampi Sound** und **Talbot Bay**. Anders kommt man nicht dorthin. Deshalb auch der satte Preis von 795 AUD!
Tel. 08 91 92 55 77 | https://gohorizontalfallstours.com.au

★ ESPERANCE

Höhe: 0–25 m | **Einwohner:** 10 000

»Hoffnung« – was für ein schöner Stadtname! Und die Hoffnung, hier einige der schönsten Strände des Landes mit schneeweißem Sand und türkisgrün schimmerndem Wasser anzutreffen, wird sicher nicht enttäuscht.

Die Westaustralier sprechen von ihrer Cote d'Azur, was zum einen schmeichelhaft für die Franzosen ist, weil die Strände von Esperance um ein vielfaches schöner sind. Und was zum anderen schmeichelhaft für Esperance ist, weil Cannes, St. Tropez und Co. natürlich viel hübscher und glamouröser sind als das brave Esperance. Apropos Frankreich: Der Name des viel besuchten Badeörtchens leitet sich aus dem Französischen ab. Denn Hoffnung musste der gallische Seemann d'Entrecasteaux 1792 auch haben: Ein schwerer Sturm hatte sein Schiff »L'Espérance« an einen der Traumstrände geworfen. Nach Tagen des Wartens konnte er weitersegeln – und benannte die Küste nach seinem Schiff.

Australiens Cote d'Azur

Wohin in Esperance und Umgebung?

Paradiesisch!

★ Die Strände

Wenn die Sonne über den Traumstränden von **Twilight, Lovers** oder **Second Beach**, über dem **Blue Haven, Salmon** oder **West Beach** leuchtet, wähnt man sich ein wenig wie im Paradies. So drehen sich in Esperance und Umgebung auch alle Aktivitäten um den Wassersport, sei es beim Surfen, Segeln, Tauchen oder ganz einfach nur beim Baden. Das Städtchen selbst, gut 700 km östlich von Perth, bietet dagegen nichts Besonderes.

Vogel- und Naturschutzgebiet

★ Recherche Nature Reserve

Die vorgelagerte Inselgruppe des Recherche-Archipels wird aus gut 100 kleineren Inseln gebildet. Sie ist als Vogel- und Naturschutzgebiet ausgewiesen. Einfache Holzhütten und Möglichkeiten zum Campen gibt es nur auf Woody Island.

Kängurus am Strand

★ Cape Le Grand National Park

Ein Foto, das jeder machen möchte: Kängurus, die fröhlich und neugierig am Strand umherhüpfen. An der **Lucky Bay** im Cape Le Grand Nationalpark, 30 km westl. von Esperance, ist's möglich. Mühsam, aber lohnend ist der steile Aufstieg zum **Frenchman Peak**, wo Sie – besonders nachmittags – ein sensationeller Ausblick durch das »Felsenauge« erwartet.

Ein See in Pink

Cape Arid National Park

Schneeweiße Sandstrände, weite Heideflächen und sandige Ebenen kennzeichnen den 2800 km² großen Cape Arid National Park, 125 km östlich von Esperance. Beste Besuchszeit ist das Frühjahr, wenn die Wildblumen riesige Blütenteppiche bilden. Einige Strecken im Park sind nur mit Allradfahrzeugen zu befahren. Im Park gibt es mehrere Campingplätze, aber kein Trinkwasser! Hinter der Küste erhebt sich der 594 m hohen **Mount Ragged**.

ESPERANCE ERLEBEN

VISITOR CENTRE
Dempster St./Kemp St.
Esperance
Tel. 08 90 83 15 55
www.visitesperance.com

FISH FACE €€
Einfaches, aber sehr gutes Fischlokal mit perfekten Fish'n' Chips und leckerem Fisch vom Grill.
1 James St., Esperance
Tel. 08 90 71 16 01

B & B BY THE SEA €€
Das gemütliche B & B vermietet ansprechend ausgestattete Zimmer. Von der Veranda hat man einen Top-Blick aufs Meer.
72 Stewart St., Esperance
Tel. 08 90 71 56 40
www.esperancebb.com

Vor der Küste, auf **Middle Island**, liegt der pinkfarbene **Lake Hillier**. Der See kann aus Naturschutzgründen nur aus der Luft betrachtet werden. Seine Färbung wirkt aus dieser Perspektive aber ohnehin besonders eindrucksvoll und macht Fotos im Kontrast zum grün bewachsenen Dünenstreifen, der den See vom Blau des Meeres trennt, besonders interessant. Die Farbe ist zwar nicht konstant gleich, aber an besten Tagen strahlt einem da wirklich ein sattes Magenta entgegen! Als Ursache werden Bakterien vermutet, die sich in der Salzkruste ansiedeln.
Goldfields Air Service: Tel. 1800 35 94 27 | www.viator.com.au

★ FREMANTLE

Höhe: 1 m | **Einwohner:** 27 000

Viele Musiker, Maler und Schriftsteller wohnen in dem hübschen Hafenstädtchen mit seinen pastellfarbenen spätviktorianischen Häuschen und kleinen, eingestreuten Parks. Fremantle ist eigenständig und hat seinen eigenen Bürgermeister, wird aber dennoch gerne nur als schicker Vorort von Perth gesehen.

Doch 20 km südlich der Hauptstadt herrscht eine ganz andere, eine viel entspanntere Atmosphäre als in der eher langweiligen Millionenstadt. In »Freo« ist alles lockerer, leichter und luftiger, trendiger und toleranter. Die Hafenstadt, von der bis heute mineralische Rohstoffe und Agrarprodukte verschifft werden, ist die vielleicht lässigste Stadt Australiens. Die Menschen – Schauspieler, Freiberufler, Künstler und Exzentriker aller Art – sind gut drauf, die Uhr scheint nicht ganz so schnell zu laufen, Musik und Kunst stehen hoch im Kurs und »Leben und leben lassen« scheint das ungeschriebene Stadtmotto zu sein. Fremantle ist fast zu schade für nur einen Besuchstag.

Offen, kreativ, lässig!

FREMANTLE ERLEBEN

VISITOR CENTRE
12 Mews Rd., Fremantle
Tel. 08 94 31 78 78
www.fremantlewestern australia.com.au

Im **Artisan Store** kann man Kleines und Großes von 150 australischen Künstlern erwerben (https://theartisanstore.com.au).

METROPOLIS
Größter Dancefloor in Fremantle. Gute Live-Gigs und DJ-Nights, Retro-Partys und am Freitag Dirty Laundry, mit Achtziger, Neunziger und Nuller in der Musiktrommel.
58 South Terrace, Fremantle
Tel. 08 93 36 18 80
http://metropolisfremantle.com.au

MEXICAN KITCHEN €€€
Tolle Borritos, Enchiladas, Fajitas, Nachos, Tacos, Steaks, Cocktails, Tequilas ... viva Mexico!
19 South Terrace
Tel. 08 93 35 13 94
www.mexicankitchen.com.au

OLD SHANGHAI €€
Lassen Sie sich shanghaien! Hier erwartet hungrige Menschen seit 20 Jahren kein Restaurant, sondern ein Essensmarkt, bei dem es thailändische und indische Gerichte gibt, ebenso wie indonesische und natürlich chinesische, stets zubereitet von einem Koch aus dem jeweiligen Land.
123 James St., Fremantle
Tel. 0405 363 518
www.oldshanghai.com.au

BE €€€
Den Hafen im Rücken, das offene Meer vor Augen: viel schöner kann man in Freo kaum logieren. Topmoderne Zimmer mit Balkon, Meerblick und Fahrradverleih.
43 Mews Rd, Fremantle
Tel. 08 94 30 38 88
https://befremantle.com.au/

ESPLANADE €€€
Das 1897 eröffnete und von der Mittelklassekette Rydges gemanagte Traditionshotel gilt bis heute als das erste Haus am Platz. Trotz moderner Standardzimmer, der drei sehr guten Restaurants und des Pools ist es aber sicher hinter dem Be einzuordnen.
46 Marine Terrace, Fremantle
Tel. 08 94 32 40 00, www.esplanadehotelfremantle.com.au

Wohin in Fremantle?

Der Cappuccino Strip

★ South Terrace

Entlang der beliebten Flaniermeile reihen sich Trendlokale und mediterrane Straßencafés aneinander, weshalb die an sonnigen Tagen und in lauen Sommernächten angesagte Straße auch den Beinamen **Cappuccino Strip** trägt.

Neue Klangwelten

Didgeridoo Breath

Gespielt wird das Didgeridoo in jeder Lebenslage – als Begleitung zum Kinderlied, bei Tanzzeremonien und bei geheimen, heiligen Ritualen. Die Wiederholung der Rhythmen versetzt den Geist der indigenen Völker Australiens in Trance. Gegenwart und Geschichte, Wirklichkeit und spirituelle Welt verschmelzen. Wie man auch als

BAEDEKER MAGISCHE MOMENTE

GEHEIMNISVOLLE KLÄNGE

Genau genommen ist das Didgeridoo nur ein Stück Holz, das von Termiten ausgehöhlt wurde. Doch lassen Sie sich nicht täuschen: Ihm Töne zu entlocken, ist nicht einfach. Da muss man Schmolllippen formen, den Mund als Blasebalg nutzen, die Atmung zirkulieren und den Kehlkopf wippen lassen, bis man dem »Didge« die so mystisch und fremd klingenden Töne entlockt. Um so schöner ist der Moment, wenn es erstmals gelingt! (s.o.)

Weißer dem Didgeridoo Töne entlocken kann, zeigt die **größte Didgeridooschule des Landes**, die in Fremantle nicht nur vierwöchige Ferien-, sondern auch einstündige Schnupperkurse anbietet. Außerdem kann man Didgeridoos auch kaufen.
www.didgeridoobreath.com

Krimskrams und Livemusik

★ Victoria Market Hall

Am Wochenende locken die berühmten Fremantle Markets unter dem Dach der bereits 1897 erbauten Victoria Market Hall. Es gibt nicht nur Obst und Gemüse, Fisch und Fleisch, sondern auch Kleidung, Kunsthandwerk, Krimskrams und Livemusik sowie Essensbuden. Insgesamt sind es rund 150 Stände.
South Terrace | Fr. 9–20, Sa. u. So. bis 18 Uhr | Eintritt: frei
www.fremantlemarkets.com.au

Ältestes Gebäude in Westaustralien

Round House

Am Arthur Head steht das älteste öffentliche Gebäude Westaustraliens: Das Round House, 1831 als Zwölfeck aus Sandsteinquadern errichtet, diente auch als erstes Gefängnis. Von 1842 bis 1886 saßen Häftlinge im Fremantle Prison ein. Später bezog die Wasserpolizei ihr Quartier darin, dann wurde es zum Lagerhaus. Seit 2010 ist es eine der elf Stätten des UNESCO-Welterbes **Australian Convict Sites**. Gruselig sind die Torchlight Tours. Um 13 Uhr wird täglich traditionell die Kanone abgefeuert: ein historisches Zeitsignal.
Captains Lane | tgl. 10.30–15.30 Uhr | Eintritt: 2 AUD
www.fremantleroundhouse.com.au

Folge des Goldrauschs

★ Viktorianische Prachtbauten

Fremantles Blütezeit war während des Goldrauschs um 1890. Aus jenen Jahren sind prunkvolle viktorianische Villen und Geschäftshäuser erhalten, darunter die 1887 nach italienischem Vorbild erbaute **Town Hall**, das schöne **Esplanade Hotel** von 1896, das **Lionel Samson Building** von 1898 und die ehemalige **Evan Davies Library** von 1899.

Schaufenster lokaler Künstler

Arts Centre

Das Fremantle Arts Centre gehört zu den führenden Kunstzentren Westaustraliens. Es zeigt mit Ausstellungen und Konzerten die Vielfalt des hiesigen Kunstschaffens: Gemälde, Keramiken, Holzarbeiten, Schmuck, Bücher, Textilien, Design ...
1 Finnerty St. | tgl. 10–17 Uhr | Eintritt: frei | www.fac.org.au

Der Rumpf der »Batavia«

Maritime Museum

An ein gestrandetes Schiff erinnert die Architektur des Meeres- und Schifffahrtsmuseums an der Waterfront. Hauptattraktion ist der Rumpf des holländischen Ostindien-Segelschiffes »Batavia«, das

1629 vor Geraldton gestrandet ist. Kurios: Aus dem Wrack konnte u. a. Westerwälder Keramik geborgen werden.
Victoria Quay/Peter Hughes Dr. | tgl. 9.30–17 Uhr | Eintritt: 10 AUD
www.museum.wa.gov.au/maritime

★ Die Strände

Wahre Schmuckstücke
Die schönen weißen Sandstrände, **Leighton Beach** oder **Port Beach** im Norden sowie der **South Beach** sind wahre Schmuckstücke für Fremantle.

Rund um Fremantle

★ Rottnest Island

Eine andere Welt
Wer in 30 Minuten mit der Schnellfähre »Rottnest Express« nach **Thomson Bay Settlement** übersetzt, fährt in die Ruhe: Selbst in dem 800 Einwohner zählenden Inselhauptort stören nur wenige Autos (die übrigens nur von Einheimischen gefahren werden dürfen). Die 19 km vor der Küste gelegene Rottnest Island steht bereits seit 1917 unter Naturschutz. Die meisten der kleinen Kalksteinhäuser am Hafen wurden um 1860 in härtester Sträflingsarbeit errichtet. Sie gehören zu den ältesten Gebäuden in Western Australia. Graubraune, eichhörnchenähnliche Quokka-Zwergkängurus nähern sich ohne Scheu den Menschen. Traumbuchten mit einsamen, schneeweißen Sandstränden rund um die Insel kann der Besucher ungestört mit dem am Fähranleger geliehenen Fahrrad erkunden. Und wer surfen lernen möchte, kann das ebenfalls.
Rottnest Express: Tel. 1300 46 76 88 | www.rottnestexpress.com.au

★ Penguin Island

Schöner Bootsausflug
Rockingham, 30 km südlich von Fremantle, ist Ausgangspunkt für Bootsfahrten zu den vorgelagerten Inseln, besonders nach Penguin Island mit – der Name ist Programm – seiner Pinguinkolonie. Ein Aussichtspunkt bei **Point Peron** bietet einen herrlichen Panoramablick über Ozean, Inseln, Küste und Stadt.
www.penguinisland.com.au/penguin-island-ferry

Bunbury

Im Meer mit Delfinen
Vom **Boulter's** und vom **Marlston Hill Lookout** hat man den besten Blick über Bunbery, 160 km südlich von Fremantle. In der 70 000-Einwohner-Stadt lohnen einige historische Gebäude: das **King Cottage** an der Forest Avenue, ein 1880 erbautes Ziegelgebäude; das **Leschenault Homestead**, ein frühes Siedlerhaus aus Lehmziegeln und Holz mit schönem Garten in der Old Coast Road; und das **Rose Hotel** von 1865 an der Ecke Victoria/Wellington Street mit seiner umlaufenden Veranda und Eisenverzierungen. Beim **Dolphin Discovery Centre**

Rund um die South Terrace von Fremantle geht es abends in den vielen Cafés, Bars und Kneipen leger und locker zu.

kann man wilde Delfine sowohl am Strand als auch auf Schwimm- und Bootstouren beobachten. Die Schwimmtour wird von Meeresbiologen geführt und dauert rund drei Stunden. Wer schöne Strände liebt, fährt noch 54 km weiter südwärts nach Busselton (▶ S. 452).

Dolphin Centre: Koombana Dr. | tgl. 8–17 Uhr | Eintritt: ab 15 AUD
https://dolphindiscovery.com.au

★ KALGOORLIE

Höhe: 468 m | **Einwohner:** 31 000

»It's man's world«, so kann man Kalgoorlie in einem Satz beschreiben: harte Arbeit in den Minen, süße Vergnügungen in der Hay Street. Tauchen Sie also ein ins Alltagsleben einer gottverlassenen Gegend, in die nur die Wenigsten kommen. Bikini-Mädchen schenken am Tresen Bier aus und werden genussvoll angegafft, breite Straßen dienen zuweilen als Rennstrecke und die Hitze der Nacht scheint von einem riesigen Föhn zu stammen, den jemand vergessen hat, abzustellen.

Im Zentrum der Goldfelder

Wie so oft fing alles mit einem Zufall an. Unter einem mächtigen Eukalyptusbaum, 39 km östlich der alten Diggerstadt Coolgardie, wollten die Iren Paddy Hannan, Dan Shea und Thomas Flanagan eigentlich nur ihr Zelt aufschlagen an jenem heißen Tag des 15. Juni 1893. Keine zehn Minuten später lagen sich die drei in den Armen: Gold! Endlich! Die drei Freunde hatten die Golden Mile entdeckt. Innerhalb weniger Wochen wurde die Gegend von Glücksrittern überschwemmt, Kalgoorlie entstand aus dem Nichts und wurde Anfang 1896 durch die Eisenbahntrasse mit Perth verbunden. 1903 gab es schon 50 Minen und noch heute wird das Edelmetall im Tagebau geschürft. Bei Golden Ridge glänzen die Bohrtürme im Abendrot und die Golden Mile am Mount Charlotte gilt nach wie vor als der goldreichste Quadratkilometer weltweit. Zwar begann der Goldboom Westaustraliens 1885 um Halls Creek im fernen Norden. Doch die knapp 600 km östlich von Perth liegenden Goldfelder rund um die Doppelstadt Kalgoorlie-Boulder brachten den Goldrausch zum Höhepunkt. Seit 1893 wurden mehr als 1000 t des Edelmetalls in den Goldfields gefördert, was Westaustralien den Beinamen »The Golden State« eintrug.

KALGOORLIE ERLEBEN

VISITOR CENTRE
316 Hannan St. (Town Hall)
Kalgoorlie, Tel. 08 90 21 19 66
www.ckb.wa.gov.au

Wer auf dem **18-Loch-Golfplatz** von Kalgoorlie (www.kalgoorliegolfcourse.com) abschlägt, spielt mitten in der Wüste auf sattem Grün. Und: Man kann zwei Loch auf dem längsten Golfplatz der Welt spielen, dem 1365 km langen **Nullarbor Links** von Kalgoorlie nach Ceduna in South Australia (www.nullarborlinks.com).

PALACE HOTEL €€
Der spätere US-Präsident Herbert Hoover, damals ein 23-jähriger Bergbauingenieur, verliebte sich 1897 in eines der Barmädchen. Und bis heute servieren die Girls in ultrakurzen Röcken die Dinner und Drinks. Zu empfehlen: das saftige Eye Fillet.
137 Hannan St., Kalgoorlie
Tel. 08 90 21 27 88
https://palacehotelkalgoorlie.com

MUNDRABILLA ROADHOUSE €
644 km östlich von Norseman und nur noch 72 km von der Grenze zu Südaustralien entfernt, bietet dieses mit eigener Solarenergie betriebene Roadhouse in der Nullarbor Plain einfache Zimmer, Wohnmobilstellplätze mit Strom und Wasser, ein Restaurant sowie eine Tankstelle mit angeschlossener Werkstatt.
Eyre Hwy., Mundrabilla
Tel. 08 9039 3465
www.mundrabillaroadhouse.com.au

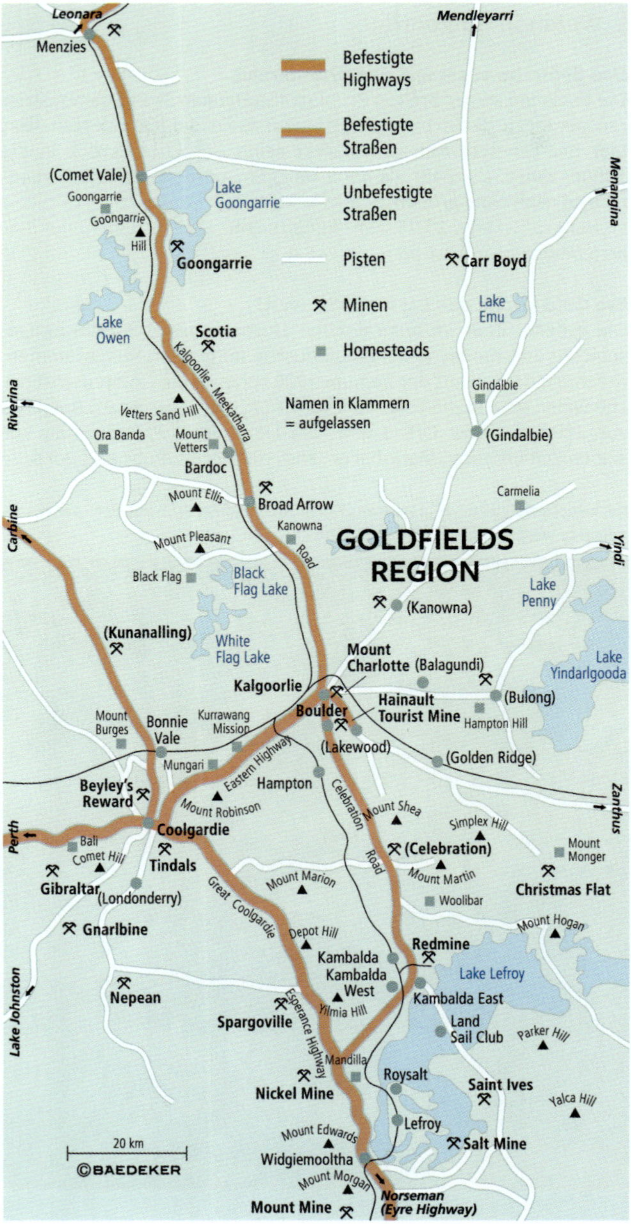
Befestigte Highways
Befestigte Straßen
Unbefestigte Straßen
Pisten
Minen
Homesteads
Namen in Klammern = aufgelassen
GOLDFIELDS REGION
Leonara
Menzies
Mendleyarri
Menangina
(Comet Vale)
Goongarrie
Goongarrie Hill
Lake Goongarrie
Goongarrie
Lake Owen
Scotia
Carr Boyd
Lake Emu
Kalgoorlie - Meekatharra
Vetters Sand Hill
Riverina
Ora Banda
Mount Vetters
Bardoc
Gindalbie
(Gindalbie)
Carmelia
Mount Ellis
Broad Arrow
Kanowna Road
Carbine
Mount Pleasant
Black Flag
Black Flag Lake
Yindi
Lake Penny
(Kanowna)
(Kunanalling)
White Flag Lake
Mount Charlotte
(Balagundi)
Lake Yindarlgooda
Kalgoorlie
Boulder
Hainault Tourist Mine
(Bulong)
Hampton Hill
Mount Burges
Bonnie Vale
Kurrawang Mission
(Lakewood)
(Golden Ridge)
Mungari
Eastern Highway
Hampton
Beyley's Reward
Celebration Road
Mount Shea
Zanthus
Mount Robinson
Coolgardie
Simplex Hill
Perth
Bali
Comet Hill
Tindals
(Celebration)
Mount Monger
Gibraltar
(Londonderry)
Mount Marion
Mount Martin
Christmas Flat
Great Coolgardie
Woolibar
Gnarlbine
Depot Hill
Mount Hogan
Redmine
Kambalda
Kambalda West
Lake Lefroy
Nepean
Kambalda East
Lake Johnston
Spargoville
Esperance Highway
Yilmia Hill
Land Sail Club
Parker Hill
Mandilla
Roysalt
Saint Ives
Nickel Mine
Yalca Hill
Lefroy
Mount Edwards
Salt Mine
20 km
©BAEDEKER
Widgiemooltha
Mount Morgan
Norseman (Eyre Highway)
Mount Mine

Wohin in Kalgoorlie?

Das Selbstbewusstsein der Gründerzeit

★ **Museum of the Goldfields**

Die Fassaden an der breiten Prunkstraße Hannan Street demonstrieren geradezu das urbane Selbstbewusstsein der Gründerzeit. Das hier beiheimatete Museum schickt seine Besucher zurück in die 1890er-Jahre, als mehr als 6000 »digger« unter extremen Entbehrungen nach Gold gruben.

17 Hannan St. | tgl. 10–15 Uhr | Eintritt: frei
http://museum.wa.gov.au

Wo Gold ist, ist das Laster nicht weit!

Noch mehr Sehenswertes

Die größte Stadt im australischen Outback bringt Goldrauschgeschichte und moderne Bergbauindustrie im großen Stil zusammen. Prächtige Bauten aus der Zeit um 1900 spiegeln die Goldrausch-Epoche wider, so z. B. die Town Hall von 1908, die Government Buildings von 1899, das Post Office und York Hotel von 1900 sowie die zur selben Zeit erbauten Markthallen. Fast 100 Hotels, Pubs und Bordelle

Nachwuchs-Goldwäscher in Hannans North Tourist Mine: Früh übt sich, wer ein »digger« werden will.

hatten »Kal« und Boulder in ihrer Blütezeit aufzuweisen – das neu gewonnene Vermögen musste ja schließlich gleich in Umlauf gebracht werden.

Auch in Kalgoorlie-Boulder gibt es eine Station des **Royal Flying Doctor Service**. Im Frühling verwandeln Wildblumen die Landschaft rundherum in eine Meer aus bunten Blüten.

Royal Flying Doctor Service: Kalgoorlie Boulder Airport
Tel. 08 90 00 21 44 | Führungen Mo.–Fr. 10.15, Mai–Okt. zusätzl. 14 Uhr
Eintritt: 15 AUD | www.flyingdoctor.org.au/wa

Abstecher zu den Goldfeldern

★ Hannans North Tourist Mine

Spannend ist ein Besuch der einzigen Goldmine, die für Besucher geöffnet ist. 750 000 Neugierige werden jedes Jahr gezählt. Hannans North Tourist Mine war eine der ersten Minen, die schon 1893 die Arbeit aufnahm.

Mine: Goldfields Hwy. | So.–Fr. 9–16 Uhr | Eintritt: 15 AUD
www.hannansnorth.com.au

Gold-Gigant

★ Super Pit

Die einstige Golden Mile zwischen Kal und Boulder heißt heute Super Pit. Wo es einst diverse Stollen gab, fördert heute die **Kalgoorlie Consolidated Gold Mines Ltd.**, Australiens größtes und weltweit viertgrößtes Goldbergwerk im Tagebau, bis zu 900 000 Unzen Gold jährlich. Seine Dimensionen sind enorm: Es misst 3,5 km in der Länge, 1,5 km in der Breite und 600 m in der Tiefe. Den besten Blick hat man vom Aussichtspunkt an der Outram Road.

Kalgoorlie Tours & Charters: Tel. 1800 62 04 41
www.kalgoorlietours.com

Zwillingsstadt im Schatten

Boulder

Das deutlich unscheinbarere Boulder hat in der Burt Street noch einige viktorianische Prachtbauten aufzuweisen. An der Boulder Railway Station von 1897 endet die Golden Mile.

Rund um Kalgoorlie

Die Goldfields-Ausstellung

Coolgardie

Wo drei Iren 1893 ihr erstes Gold fanden, schoss bald eine Stadt empor, die um 1900 bereits 15 000 Einwohner, mehr als 20 Hotels, sechs Banken, einen Bahnhof und sogar Tageszeitungen vorzuweisen hatte. Heute informiert in der Town Hall von 1898 die **Goldfields Exhibition** über die Geschichte der Goldfelder. Zu finden ist sie 39 km westlich von Kalgoorlie.

62 Baylay St. | Mo.–Fr. 8.30–17.00 Uhr | Eintritt: 5 AUD
www.coolgardie.wa.gov.au

★ Nullarbor Plain

Die längste Gerade der Welt
Kaum ein Baum wächst in der endlos erscheinenden, 1256 km langen Nullarbor-Ebene zwischen Norseman (WA) und Ceduna (SA) auf dem erst 1969 durchgängig asphaltierten **Eyre Highway**. Die lange Fahrt auf der gut ausgebauten Straße, die unterwegs auch Tank- und Raststellen sowie Übernachtungsmöglichkeiten bietet, mag zwar einerseits eintönig sein, entfaltet aber nichtsdestotrotz auch einen faszinierenden Reiz. Komfortabler und daher noch beeindruckender ist eine Fahrt mit dem **Indian Pacific** quer durch die wüstenhafte Einöde ohne Ortschaften, aber mit Haltestationen, an denen manchmal nur ein einzelner – meistens aber auch gar kein – Fahrgast zusteigt. Die transkontinentale Eisenbahnlinie verläuft 100 km nördlich und parallel zum Eyre Highway.

BAEDEKER MAGISCHE MOMENTE

FARBENSPIEL AM HIMMEL

Der schmale Streifen scheint endlos lang zu sein. Zunächst seidenfadendünn, wird er von Minute zu Minute dicker und ändert seine Farbe von Dunkelrot über Blutorange in Ockergelb. Die Sonne geht auf: in der Wüste mit rotbrauner Erde, Geröll, Spinifex und einem nicht zu Ende gehenden Horizont, später überspannt von stahlblauem Himmel und vereinzelt weißen Schäfchenwolken. In der Nullarbor Plain ist »weit« ein geradezu enger Begriff.

Norseman, 200 km südlich von Kalgoorlie, gilt als Westaustraliens Tor zur Nullarbor: Wer die Wüste auf der Straße erfolgreich bewältigt hat, erhält im Tourist Centre die offizielle Durchquerungsurkunde. **Balladonia**, 190 km östlich von Norseman, machte 1979 weltweite Schlagzeilen, als nahe des ganze neun Einwohner zählenden Nests 1979 die Überreste der Raumstation Skylab 40 niedergingen. Die **90 Mile Straight** von Balladonia nach **Caiguna** ist mit 146,6 km der längste völlig gerade verlaufende Highwayabschnitt Australiens. Auf der Bahnstrecke ist das längste völlig gerade verlaufende Gleisstück sogar 478 km lang – es ist die längste Gerade der Welt.
Zurück auf der Straße, zeugen bei **Cocklebiddy** nochmals weitere 66 km östlich Ruinen von der ehemaligen Missionsstation. Den Abschluss der Nullarbor Plain auf westaustralischer Seite markiert der winzige Außenposten **Eucla**; von hier sind es nur noch 12 km zur Grenze mit Südaustralien. Geologisch ist die Ebene das Bodensediment eines vorzeitlichen Meeres, das später zur trocken-heißen, wüstenhaften Landschaft gehoben wurde. 1841 durchquerte John Eyre als erster Europäer unter großen Strapazen die Nullarbor-Ebene.

KUNUNURRA

Höhe: 47 m | **Einwohner:** 7000

Willkommen in den Kimberleys, willkommen im Super-Outback mit Wild-West-Feeling! Die staubige Gibb Road führt über 667 km quer über das nordwestaustralische Hochplateau. An der traditionellen Viehtriebroute mit einer Länge, die ungefähr der Distanz Hamburg–Stuttgart entspricht, liegen gerade mal ein Dutzend Farmen. Eingegrenzt von Timor-See und Großer Sandwüste ist das Gebiet fast so groß wie Deutschland und Österreich zusammen. Und Kununurra ist trotz seiner Randlage stolz die Hauptstadt dieser faszinierenden Region.

Farmen werden zu Inseln

Ein untrügliches Zeichen, dass man sich in Kimberley befindet, ist das Auftauchen des klobigen, fast schwanger wirkenden australischen Baobabs. Dazu rotbraune Erde, Geröll und Spinifex. So zeigt sich die Landschaft zumindest während der Trockenzeit. Wenn sich aber in der Monsunzeit dunkle Wolkenbänke auftürmen, verlieren jedes Jahr viele Farmen und Siedlungen aufgrund von Überschwemmungen den Kontakt zur Außenwelt. Ein Gebiet, so groß wie halb Deutschland, wird zu einer Seenplatte mit ein paar Inseln, den Rinderfarmen. Reisen ist dann unmöglich. Beste Reisezeit ist daher der Winter von Juni bis August.

Wohin in Kununurra und Umgebung?

Bei den Mini-Bungle-Bungles

Das Zentrum

Gegründet wurde der Ort des Wassers erst in den 1960er-Jahren als Versorgungszentrum für das **Ord River Irrigation Scheme**, ein großes Bewässerungssystem, mit dessen Hilfe ödes Buschland in fruchtbares Farmland verwandelt wurde. Heute hat der unscheinbare Ort 7000 Einwohner, sechs Galerien, das einzige Kino im Umkreis von 250 km und ist mittlerweile Dreh- und Angelpunkt für die Erkundung der Kimberleys. Den schönsten Rundblick zum Sonnenuntergang gewährt der Gipfel des roten **Kelly's Knob**. Eindrucksvoll ist auch das Hidden Valley im **Mirima National Park**, nur 2 km östlich vom Stadtzentrum. Ein Labyrinth von Tälern mit gestreiften Sandsteinformationen durchzieht diese Miniaturausgabe der Bungle Bungles.

25 000 Krokodile

★ Lake Argyle

Ein See mit der Größe von der vierfachen Fläche des Bodensees, in dem sich nicht weniger als rund 25 000 Süßwasser-Krokodile tummeln – das ist der Lake Argyle, der etwa 50 km stromaufwärts von Kununurra durch Aufstauen des Ord River entstanden ist. Der Bau des größten Stausees Australiens zu Beginn der 1970er-Jahre war nicht unumstritten, denn es wurde auch eine 18 000 Jahre alte Traumzeit-Stätte der Aborigines geflutet. Auch Rinderfarmen versanken im Wasser. Die **Durack Argyle Homestead** von 1895 wurde jedoch oberhalb des Sees wieder aufgebaut und berichtet als Museum vom entbehrungsreichen Leben der ersten Siedler. Direkt am See kann man im **Lake Argyle Tourist Village** Schiffsrundfahrten buchen. Südlich des Argyle-Sees fördert die **einzige Diamantenmine Australiens** etwa ein Viertel der Weltproduktion: Berühmt sind die Pink Diamonds, nur dort vorkommende rosafarbene Diamanten.

Durack Argyle Homestead: April–Sept. Mo.–Sa. 10–14 Uhr
Eintritt: 5 AUD

Lake Argyle Tourist Village: www.lakeargyle.com

Afghanischer Friedhof in Down Under

Wyndham

Die nördlichste Stadt in Western Australia, rund 100 km nordwestlich von Kununurra, ist die Heimat der gefährlichen Big Crocs, der großen und gefährlichen Leistenkrokodile. Ein 20 m langes, gut gemachtes Beton-Croc begrüßt als Wahrzeichen die Besucher. Lebende Exemplare tummeln sich beim **Crocodile Lookout** am Pier des alten Schlachthofs und in der **Crocodile Farm**. Wyndham entstand einst als Versorgungshafen für die Goldgräber in Halls Creek im Landesinneren. Ein paar historische Gebäude, u. a. die Post und das alte Gericht, erinnern an die Gründerzeit. Mehr über die Stadtgeschichte

KUNUNURRA ERLEBEN

VISITOR CENTRE
75 Coolibah Dr., Kununurra
Tel. 18 00 58 68 68
www.visitkununurra.com

Die Deutsche Frauke Bolten-Boshammer verkauft in ihrem Laden **Kimberley Fine Diamonds** die seltenen rosa Diamanten der Gegend (https://kimberleyfinediamonds.com.au).

THE PUMP HOUSE €€€€
So ein cooles Interieur hätte man im Outback nun wirklich nicht erwartet. Die frühere Pumpenstation gehörte einst zum großen Bewässerungssystem im Ort. Jetzt kommen die Steaks traditionell vom offenen Feuer und die Pizza (nur So.) aus dem Holzofen.
3005 Lakeview Dr.
Kununurra
Tel. 08 91 69 32 22
www.thepumphouserestaurant.com

HOME VALLEY STATION €€€€
Auf der 300 km² großen Rinderfarm am Fuß der Cockburn Range hat Regisseur Baz Luhrmann etliche Szenen des Epos »Australia« mit Nicole Kidman und Hugh Jackman gedreht. Herzstück der Station ist ein altes Farmhaus mit gemütlichen Doppelzimmer.
Gibb River Rd., Kimberley
Tel. 02 82 96 80 10
www.hvstation.com.au

EL QUESTRO STATION €€€
Zelten am Flussufer, mit Selbstversorgerküche im Holzbungalow oder Outback-Luxus in der Homestead: Auf dem Gelände der riesigen Rinderfarm, 100 km westlich von Kununurra, findet jeder das Passende für sich. Ausritte werden angeboten.
Gibb River Rd., Kimberley
Tel. 08 91 61 43 18
www.elquestro.com.au

erfährt man im kleinen **Port Museum**. Und der **afghanische Friedhof** erinnert an die Zeit, als Kamelkarawanen mit afghanischen Anführern die Siedlungen im Norden von Kimberley mit lebenswichtigen Dingen versorgten.
Crocodile Farm: 1 Barytes Rd. | tgl. 10–16 Uhr | Eintritt: 20 AUD
Museum: 1 Macphee St. | April–Sept. tgl. 10–14 Uhr
Eintritt: 5 AUD

Wilde Flussdurchfahrten

★ Cockburn Range

Spektakuläre Abbruchkanten gibt's zu sehen und wilde Flussdurchfahrten am Pentecost River zu erleben. Die Range ist ein herrliches Gebiet für Offroad-Touren, sofern der Geländewagen hoch gelegt und der Auspuff als Schnorchel gebaut ist. Gute 120 km westlich von Kununurra.

MARGARET RIVER

Höhe: 113–498 m | **Einwohner:** 12 000

O12

Wer Margaret River sagt, meint meistens weder die Stadt noch den Fluss, sondern die Weingegend. Das Margaret-River-Weinbaugebiet steht für Klasse statt Masse: Der Marktanteil an der gesamten Weinproduktion des Kontinents beträgt nur 3 %, aber ein Viertel im Premium-Wein-Segment.

Genuss und Sport

Dabei wurden erst 1966 die ersten Reben entlang des Flusses gepflanzt. Doch die 200 Weinberge haben Margaret River im Lauf der kurzen Zeit bekannt gemacht. 120 Winzer haben heute ihre Kellertür (»cellar doors«) für Verkostungen geöffnet. 500 000 Besucher reisen inzwischen jährlich in das junge Weinbaugebiet, um sich verwöhnen zu lassen. Doch bei Hunderten Kilometern Küste bietet die Region auch reichlich Gelegenheit zur sportlichen Betätigung: Vor allem Surfen steht hoch im Kurs, aber auch Mountainbiken und Kajakfahren.

Wohin in der Margaret River Wine Region?

Die Stadt zum Fluss

Margaret River

Das recht unscheinbare Margaret River liegt an der Mündung des gleichnamigen hübschen Flusses am Indischen Ozean. Die Holzwirtschaft sorgte ab 1870 für Wohlstand. Heute ist der Weinanbau die treibende Wirtschaftskraft. Ausgezeichnete Chardonnays und Pinot noirs kommen z. B. vom eleganten Weingut **Leeuwin Estate** an der Stevens Road, das auch für sein Feinschmeckerlokal und international besetzte Klassikkonzerte (Feb.–März) bekannt ist. Auch das **Voyager Estate** in der gleichen Straße bietet hochwertige Weine, besonders von den Rebsorten Chardonnay und Cabernet. Bei der **Behind the Scenes Winery and Vineyard Tour** erhält man interessante Einblicke in eine Boutique-Winzerei. Und man kann auch bestens Mountainbiking und Kellereien verbinden! Wer stattdessen mehr zum Wassersport neigt: Auch Kajaks und Surfboards gibt's zum Mieten.

Im **Eagles Heritage Raptor Wildlife Centre**, 5 km südlich vom Stadtzentrum, werden Greifvögel gehalten, die regelmäßig ihre Flugkünste demonstrieren. **Busselton** bietet einen 150 Jahre alten und 1,8 km langen Anlegesteg – er ist der längste Holzpier der südlichen Hemisphäre – und hübsche weiße Sandstrände.

Leeuwin Estate: Stevens Rd., Margaret River | Tel. 08 97 59 00 00
tgl. 10–17 Uhr | https://leeuwinestate.com.au

DEN MARGARET RIVER ERLEBEN

VISITOR CENTRE
100 Bussell Hwy., Margaret River
Tel. 08 97 80 59 11
www.margaretriver.com

Im Juni oder Juli findet jährlich in Manjimup das **Truffle Festival** statt. Im Zentrum stehen schwarze Trüffeln (www.trufflekerfuffle.com.au).

CAPE LODGE DINING €€€€
Sehr schönes Landgut mit eigenen Weinbergen, Kellerei und einem der besten Kellerei-Restaurants der Region: Das Drei-Gang-Menü kostet 89 AUD. Es gibt auch hübsche Zimmer.
3341 Caves Rd., Yallingup
Tel. 08 97 55 63 11
www.capelodge.com.au

FOREST RISE €€€
Öko-Hideaway mit elf Chalets auf Vier- bis Fünf-Sterne-Niveau, angenehm mit viel Holz und Licht gestaltet. Inklusive Kamin, Kühlschrank, Terrasse und Bush-Walking mit Guide.
231 Yelverton Rd., Yelverton
Tel. 08 97 55 71 10
www.forestrise.com.au

Voyager Estate: Stevens Rd., Margaret River | Tel. 08 97 57 63 54
tgl. 10–17 Uhr | www.voyagerestate.com.au
Margaret River Mountain Bike Tours: Tel. 0427 03 26 64
www.margaretrivermountainbiketours.com.au
Get My Boat: Tel. 0181 89 27 2148 | www.getmyboat.com
Wildlife Centre: 341 Boodjidup Rd. | tgl. 10–16.15 Uhr, Vorführungen tgl. 11 u. 13.30 Uhr | Eintritt: 18 AUD
www.eaglesheritage.com.au

Blick auf die Rebhänge

Ältestes Weingut ist **Vasse Felix** in der Harmans Rd. South, wo man im lichtdurchfluteten Restaurant auch wunderbar, mit Blick auf die Rebhänge, speisen kann. Im Focus stehen Cabernet und Chardonnay. Im Nachbarort Wilyabrup findet man weitere sehr gute Kellereien wie **Cullen Wines**, **Sandalford Wines** oder **Robert Oatley**. Cowaramup

Vasse Felix: Caves Rd. & Tom Cullity Dr., Margaret River
Tel. 08 97 56 50 50 | tgl. 10–17 Uhr | www.vassefelix.com.au
Cullen Wines: 4323 Caves Rd., Wilyabrup | Tel. 08 97 55 52 77
tgl. 10–16.30 Uhr | www.cullenwines.com.au
Sandalford Wines: 777 Metricup Rd., Wilyabrup | Tel. 08 97 55 62 13
tgl. 10–17 Uhr | www.sandalford.com
Robert Oatley: 3478 Caves Rd., Wilyabrup | Tel. 08 97 50 40 00
tgl. 10.30–16.30 Uhr| www.robertoatley.com.au

Rund um den Margaret River

Von leicht bis fortgeschritten

Die Strände

Knapp 40 Surfstrände, von leicht bis fortgeschritten, entdeckt man entlang der Küste von Margaret River. Beste Optionen sind der **Gnarabup Beach**, der sehr schöne Indijup Beach sowie **Prevelley**, **Redgate** und **Yallingup Smiths Beach**. Zahlreiche Meiserschaften finden von März bis November statt, meist am Surfers Point von Prevelly Beach.

Mehr als 350 Höhlen

Leeuwin Naturaliste National Park

Im Leeuwin Naturaliste National Park gibt es mehr als 350 Kalksteinhöhlen. Wie Perlen an einer Kette reihen sie sich aneinander. Besonders eindrucksvoll ist die **Jewel Cave**, rund 8 km nördlich von Augusta: Rotes, blaues, orangegelbes, violettes und grünes Licht illuminieren die gewaltigen Stalagmiten und Stalaktiten, die zu den größten der Welt zählen. In der Höhle wurden zudem die versteinerten Überreste eines Tasmanischen Tigers gefunden, der mittlerweile ausgestorben ist. Empfehlenswert ist auch ein Besuch der **Lake Cave** zwischen Augusta und Margaret River, deren Eingang von einem Karri-Baumriesen mit einem Umfang von mehr als 7 m bewacht wird. Sowohl Seelöwen als auch Neuseeland-Pelzrobben lassen sich häufig entlang der Küstenfelsen beobachten.

Jewel Cave: tgl. 9–17 Uhr, Führungen stündl. ab 9.30 Uhr
Eintritt: 23 AUD | www.margaretriver.com
Lake Cave: tgl. 9–17 Uhr, Führungen alle 40 Min. ab 9.20 Uhr
Eintritt: 23 AUD | www.margaretriver.com

Turm im Gischtnebel

Augusta

Der Fischerort liegt rund 50 km südlich von Margaret River. Von dort sind es nur noch 2 km bis zum **Cape Leeuwin**, dem südwestlichsten Punkt Australiens, wo der Indische Ozean und der Südliche Ozean (Südpolarmeer) aufeinandertreffen. Dort bläst der kalte Südwestwind oft so stark, dass es den 1895 erbauten und mit 39 m höchsten Leuchtturm Australiens häufig in Gischtnebel taucht. Der Aufstieg lohnt wegen des herrlichen Blicks auf die Küste, an der zwischen Mai und November Wale vorbeiziehen.

Begehrtes Holz

Manjimup

In den Southern Forests wachsen die uralten endemischen Baumarten Karri, Marri und Jarrah. Einzelne bis 90 m hohe Baumriesen sind mehr als 400 Jahre alt. Ihr Hartholz ist begehrt: Jarrah für Möbel, Karri für den Hausbau. Die Hälfte des Staatswaldes wird heute für die Holzproduktion genutzt, andere Teile sind nach jahrelangem Raubbau als Naturschutzgebiete ausgewiesen worden. Das **Manjimup**

Am Schnittpunkt zweier Ozeane – des Südlichen und des Indischen – sendet der Leuchtturm von Cape Leeuwin sein Signal gen Westen.

Timber Museum im Manjimup Timber & Heritage Park informiert über die Entwicklung der Holzindustrie.
80 Rose St. | tgl. 9–16.30 Uhr | Eintritt: 2 AUD

153 Sprossen in die Baumwipfel

Pemberton National Park

Um die Stadt Pemberton, gut 30 km südlich von Manjimup, erstreckt sich der Pemberton National Park mit Eukalyptuswäldern und reich blühendem, buschigem Unterwuchs. Ein Rundweg führt zu den **Beedelup Waterfalls**, unter denen man im Sommer baden kann. Südöstlich von Pemberton ragt der 63 m hohe **Gloucester Tree** in die Höhe. Wagemutige können die 153 spiralförmig um den Stamm angebrachten Sprossen hinaufklettern, die zu einer Plattform in der Baumspitze führen.

★★ NAMBUNG NATIONAL PARK

Höhe: 0–35 m | **Einwohner:** 0

Kein Baum ist zu sehen. Nur ein paar Sträucher wiegen sich im Wind. Dafür aber stehen in dieser Ebene geschätzte 150 000 Kalksandsteintürmchen: die Pinnacles. Kein Steinmetz dieser Erde hätte sie vollendeter modellieren können. Mutter Erde hat ganze Arbeit geleistet: Sie schickte Wind und Wasser und schuf ein monumentales Kunstwerk. Vermutete Arbeitszeit: 15 000 bis 80 000 Jahre.

Zauberwelt aus Sand

Die Pinnacles sind die Top-Attraktion des relativ kleinen Nambung National Park, knapp 250 km nördlich von Perth. An der Schnittstelle von Wüste und Küste bilden sie ein wunderbares, in den Himmel ragendes Kaleidoskop von Formen und Sandtönen und gehören damit zweifelsohne zu den Top-Ten-Reisezielen in Down Under – und zwar nicht nur für Westaustralien-Reisende. Wenn sie nur nicht so abgelegen wären: Nach Sydney sind es 4174 km! Die ersten europäischstämmigen Australier entdeckten die großartige Zauberwelt aus Kalksandstein durch Zufall. Ein paar Rinder waren am Nambung River ausgebüchst. Die Männer verfolgten die Spuren und landeten in der Pinnacle Desert. Das war 1849. Mehr als 100 Jahre später, 1968, wurde das Gebiet zum Nationalpark erklärt.
Der Nambung National Park wird häufig nur verkürzt als Pinnacles Desert bezeichnet, obgleich sich all die Türmchen auf gerade einmal 4 km² große Fläche erstrecken; der gesamte Park ist 171 km² groß. Nambung ist ein Wort der Aborigines und bedeutet gekrümmt oder gewunden und bezieht sich auf den Nambung River.

Wohin im und rund um den Nambung National Park?

★★ The Pinnacles

Gezackt, geriffelt – einzigartig!
Die Anmutung der Pinnacles setzt der Fantasie keine Grenzen: Wer vom Northern Territory kommt, fühlt sich an bizarre Termitenhügel erinnert. Science-Fiction-Fans denken an eine perfekte Kulisse für Außerirdische oder die Erde nach einer weltumspannenden Katastrophe. Andere wiederum sehen die in ockerfarbene Töne getauchte Landschaft als riesiges Atelier. Die bis zu 4 m hohen Pinnacles wurden von Wind und Wasser skurril geformt. Ihre Existenz haben sie den Dünen zu verdanken, die pro Jahr etwa 2,5 m wanderten und so die Kalksandsteinschichten freilegten. Nur extrem harte Bereiche hielten der Erosion stand. Ein 5 km langer Rundweg führt durch die Säulen-

BAEDEKER ÜBERRASCHENDES

6X DURCHATMEN

Entspannen, wohlfühlen, runterkommen

1. SPITZE!

Die Wüste kann laut sein oder leise – immer ist sie faszinierend. Und sie bringt die einmalig gezackte Zauberwelt der **Pinnacles** hervor. Rund 150 000 Kalksandsteintürmchen ragen in den blauen Himmel empor. (▶ **S. 456**)

2. DUFTE!

Tasmanien hat die reinste Luft der Welt, heißt es. In der Nähe von **Scottsdale** wird sie auf der **Bridestowe Estate Lavender Farm** angereichert vom Duft herrlicher Lavendelfelder. (▶ **S. 360**)

3. SANGESFROH

Ein akustischer Rückzugsort erwartet Sie mitten in Sydney. In der Passage zwischen **George** und **Pitt Street** hängen Käfige und das Gezwitscher von 50 Vogelarten ist zu hören. Die »Forgotten Songs« stammen vom Künstler Martin Thomas Hill. (▶ **S. 139**)

4. DIE PERFEKTE WELLE

Wenn man am **Squeaky Beach** mit den Wellen spielt, sich in sie hineinwirft, unter ihnen durchtaucht, versucht obendrüber zu kommen oder sogar auf dem Brett mit ihnen dahingleitet, vergisst man gedankenlos die Zeit, die Welt und alle ihre Sorgen. (▶ **S. 419**)

5. BAUCHIG

Der Weg nach oben ist mühsam und schweißtreibend. Doch nach gut 400 Höhenmetern wartet ein Bild für Götter! Die **Wineglass Bay** ist so gleichmäßig rund geformt wie der Bauch eines Weinglases. Wie gemalt liegt sie da: farbenstark, anmutig, wunderschön. (▶ **S. 348**)

6. EINSAM

Ein bisschen fühlt man sich wie Robinson Crusoe, wenn man mit der 8-PS-Dingi von **Bedarra Island** aus unbewohnte Inseln entdeckt. Nur das Picknick vom Küchenchef hatte der Schiffbrüchige nicht. (▶ **S. 260**)

landschaft, die 17 km vom Meer entfernt liegt. Auch der **Indian Ocean Drive**, eine Panoramaroute entlang der Küste von Lancelin südlich des Parks nordwärts bis Cervantes, führt durch den Nationalpark und an den gezackten, geriffelten und konischen Kalksteinsäulen vorbei. Bester Platz, um einen Überblick zu bekommen, ist der **Pinnacles Lookout**.
Umgeben ist das Dünengebiet von Buschland, das im Frühling ein wundervoller Blütenteppich bedeckt. Tiere sieht man nur wenige im Park: vereinzelt ein paar Riesenkängurus und Emus, Possums und die harmlose Teppichpython. Baden kann man an den weißen Stränden des **Känguru Point** und der **Hangover Bay**. Kommen Sie am besten frühmorgens oder im weichen Licht der untergehenden Sonne. Unterkunftsmöglichkeiten stehen nicht zur Verfügung, nicht einmal ein Campingplatz.

Erste europäische Siedler

Geraldton

Die Küste vor Geraldton war 1629 Schauplatz der Meuterei auf dem holländischen Handelsschiff »Batavia«. Den Aufstand überlebten nur die beiden Crewmitglieder Jan Pelgrom und Wouter Looes. Sie ließen sich auf dem Festland nieder – als erste europäische Siedler in Australien. Das moderne **Western Australian Museum** zeigt in der Shipwreck Gallery Relikte der vor der Küste gestrandeten Schiffe. Schöne Ausblicke hat man vom **Separation Point Lookout** und dem **Mount Tarcoola Lookout**. Geraldton, stattliche 37 000 Einwohner groß, liegt rund 275 km nördlich der Pinnacles.
Western Australian Museum: 2 Museum Pl. | tgl. 9.30–16 Uhr
Eintritt: frei

DEN NAMBUNG NATIONAL PARK ERLEBEN

VISITOR CENTRE
1 Cadiz St., Cervantes
Tel. 08 96 52 76 72, www.visitpinnaclescountry.com.au

LOBSTER SHACK €€€
Wer einen australischen Hummer kosten möchte, ist hier genau richtig: Je nach Größe kostet der »lobster«, serviert mit Knoblauchbutter, Krautsalat und Pommes, 33 bis 38 AUD.
37 Catalonia St, Cervantes
Tel. 08 96 52 70 10
www.lobstershack.com.au

CERVANTES PINNACLES MOTEL €€
Das mit dreieinhalb Sternen ausgezeichnete Motel hat hübsche Zimmer und ein Restaurant.
7 Aragon St., Cervantes
Tel. 08 96 52 71 45
www.cervantespinnaclesmotel.com.au

Ein Stempel für den Pass

Principality of Hutt River

Ein Fürstentum mitten im Wilden Westen von Australien? Sogar das gibt es: His Royal Highness Prince Leonhard Casley und Prinzessin Shirley regieren über ein 75 km² großes Reich: den unabhängigen Staat Principality of Hutt River, rund 100 km nördlich von Geraldton. Am 21. April 1970 erklärte der Farmer aus Geraldton seine Ranch wegen eines Behördenstreits für unabhängig, ließ eigene Pässe, Geld und Briefmarken drucken. Kein Staat der UNO hat das Fürstentum bislang anerkannt. Auch von Australien wird die Unabhängigkeit des Fürstentums regelmäßig bestritten. Doch darf Prinz Leonhard jenen gut 50 000 Touristen, denen er pro Jahr einen Besuch gewährt, ein Visum in den Pass stempeln.
www.principality-hutt-river.com

★★ NINGALOO REEF MARINE PARK

Höhe: 0 m | **Einwohner:** 0

Der Traum eines jeden Tauchers liegt vor Westaustraliens Küste, besonders wenn von März bis Juli die Walhaie und im Anschluss bis in den Oktober hinein die Buckelwale kommen. Der Meerespark ist einer der ganz wenigen Plätze auf der Erde, wo man den Giganten der Meere sehr nahe kommen kann.

Maritime Artenvielfalt

Und man muss nicht einmal Taucher sein. Auch Schnorchler haben die Chance, entlang des rund 300 km langen Ningaloo Reef mit Walhaien und Buckelwalen zu schwimmen. Das Schönste dabei: Am Ningaloo Reef ist man nirgendwo weiter als 3 km vom Ufer entfernt, an einigen Stellen sind es sogar nur ein paar Meter, sodass man hinschwimmen kann. Zugleich ist die Unterwasserwelt aber ähnlich artenreich wie am viel längeren ► Great Barrier Reef in Queensland. Mehr als 530 Fischarten tummeln sich zwischen den 250 Korallenarten. Seekühe, Schildkröten und Mantas sind die attraktivsten Riffbewohner – von den Walen abgesehen, die ja nur zeitweise dort anzutreffen sind. Seit 2011 gehört die Ningaloo Coast zum UNESCO-Weltnaturerbe.
Die Regeln für Walhai- und Buckelwaltouren sind eindeutig: Boote müssen von den Tieren mindestens 100 m, Schwimmer mindestens 15 m Abstand halten. Die Statistik verrät: Knapp 95 % aller Besucher haben bei Ausflügen Wale gesehen und/oder konnten gar mit ihnen schwimmen. Diese Fast-Garantie bietet kein anderer Ort weltweit.

Und: Alle Veranstalter versprechen ihren Kunden eine zweite kostenfreie Tour, wenn sie bei der ersten keinen Wal sehen konnten.

Wohin am Ningaloo Reef?

Schnorcheln mit Meeresriesen

★★ Exmouth

»Schwimmen Sie mit den Walhaien« – überall um Exmouth wird zwischen Ende März und Anfang Juni dasselbe Erlebnis angeboten: Mit Schnorchelmaske und Flossen lassen sich Besucher im Wasser neben den bis zu 14 m langen und 40 t schweren, Plankton fressenden Giganten treiben, die sich am Riff zur Paarung treffen. In der Regel versammeln sich hier pro Saison knapp 30 000 der größten Fische der Welt. Von Juli bis Oktober ziehen dann nochmals rund 30 000 Buckelwale vor der Küste vorbei. Mit 15 m Länge und durchschnittlich 30 t sind auch sie wahre Meeresgiganten. Seit Kurzem dürfen Schwimmer auch diese Meeressäuger im Wasser begleiten. Dazu gibt es in Exmouth Traumstrände wie **Jansz Beach**, **Five Mile Beach** oder die **Turquoise Bay** – sowie ganzjährigen Sonnenschein.

Auf Grund gelaufen

Point Cloates

Einige Schiffswracks befinden sich bei Point Cloates, knapp 150 km südlich von Exmouth. Außerdem gibt es einen schönen Leuchtturm sowie Überreste des Vorgängerleuchtturms von 1910 und einer norwegischen Walfangstation von 1915.

Auch für Kinder geeignet

★ Coral Bay

Für Familien empfiehlt sich die vom nahen Riff geschützte Coral Bay am Südende des Riffs. Die weißen Strände, die direkt am Ort beginnen, sind auch für kleinere Kinder geeignet: Das Riff hält die gefährliche Brandung ab. Das sehr flache Wasser erwärmt sich im Sommer bis auf 28 °C. Man kann Glasbodenbootsfahrten und Tauch- oder Schnorchelausflüge machen.

Rund um den Ningaloo Reef Marine Park

Dünen und Schluchten

Cape Range National Park

Ebenfalls im Sommer kann man an den geschützten Stränden des Cape Range National Park den seltenen Grünen Meeresschildkröten bei der Eiablage zusehen. Damit diesen niemand zu nahe kommt, führen Ranger die Aufsicht. Die Exmouth-Halbinsel wird von einer Bergkette durchzogen. Es gibt spektakuläre Schluchten, trockene Küstenebenen und Wanderdünen, auch diesen stehen unter dem Schutz des Cape Range National Park. Zu seinen tierischen Bewohnern gehören Kängurus, Emus und vielerlei Echsen. Die einzige Wasserstelle

DEN NINGALOO REEF MARINE PARK ERLEBEN

VISITOR CENTRE

2 Truscott Cresent, Exmouth
Tel. 08 99 49 30 70
http://www.visitningaloo.com.au

Es gibt insgesamt mehr als ein Dutzend Anbieter für Walhai- und Buckelwaltouren ab Exmouth (z. B. **Ningaloo Discovery**: Tel. 0428 60 47 94, www.ningaloodiscovery.com.au) oder Coral Bay (z. B. Sub Sea Explorer, Tel. 0477 77 85 20 https://subseaexplorer.com.au). Sie unterliegen alle strengen Regeln gegenüber den Tieren.

WHALERS €€€€

Die Spaghetti, das Risotto oder der Caesar Salad, allesamt mit Meeresfrüchten, sind schon großartig, aber das Beste ist das Seafood Medley für zwei Personen: Freuen Sie sich auf sieben verschiedene Meeresfruchtearten.
Murat St./Welsh St., Exmouth
Tel. 08 99 49 24 16
www.whalersrestaurant.com.au

SAL SALIS WILDERNESS CAMP €€€

Das Öko-Luxus-Safari-Camp am Strand vor dem Ningaloo-Riff vermietet 15 Glamping-Zelte mit eigenem Bad, handgeschnitzten Möbeln und Himmelbetten. Das Resort bietet auch Waltouren an.
Cape Ranges National Park
Tel. 08 99 49 17 76
www.salsalis.com.au

im Park liegt nördlich von **Milyering**, wo sich ein Besucherzentrum befindet. Knapp 40 km südlich lohnt ein Besuch der **Yardie Creek Gorge**. Am schönsten ist eine Bootstour durch die Schlucht am Abend, wenn sich die rot leuchtenden Wände der schroffen Schlucht im Wasser spiegeln.

Noch eine Himmelstreppe

Karratha

Die am Indischen Ozean gelegene Heimatstadt eines großen Exporthafens für Eisenerz ist zugleich Ausgangspunkt für den Karijini National Park. Von Exmouth hierher ist es ein Tagesritt von fast 600 km nordwestlich (die Luftlinie zwischen den beiden Orten beträgt nur rund 300 km). Die nördlich des Ortes gelegene **Burrup Peninsula** ist eine der bekanntesten Kultstätten der Yapurra-Aborigines mit mehr als 12 000 Felsritzungen der Ureinwohner, die an 500 Stellen gefunden wurden; einige sind bis zu 30 000 Jahre alt. Vorgelagert sind die 42 unbewohnten Inseln des **Dampier Archipelago** mit einsamen weißen Stränden, Korallenriffen und hervorragenden Schnorchel- und Tauchplätzen. Von April bis Oktober bilden – wie bei ▶ Broome – Reflexionen bei Ebbe eine Stairway to the Moon, eine Treppe zum Mond.

OBEN: Rund um Exmouth kann man mit den größten Fischen der Erde völlig gefahrlos schnorcheln – Walhaie machen sich nichts aus Menschen.

UNTEN: Oldie, but Goldie! Die Gebirgswelt der Hamersley Range ist viele Millionen Jahre alt.

Hermersley Range

Abgelegene Gebirgsregion

Als erster Europäer hatte der Engländer Francis Gregory die Gebirgskette 1861 entdeckt und sie nach seinem Freund Hamersley benannt. Bis vor wenigen Jahrzehnten war die Gegend fast menschenleer. Dann wurde eines der reichsten Eisenerzvorkommen der Erde entdeckt. Jetzt leben 55 000 Menschen in der Region der Hamersley Range, die viele Millionen Jahre alt und rund 500 km lang ist sowie etwa 400 km Luftlinie östlich von Exmouth liegt. Mehr als 100 m tiefe Schluchten klaffen in den Hochebenen, geschaffen von Wind und Regen, Hitze, Frost und Flüssen. Kleine Wasserfälle mit Pools laden zum Bad ein. Die Minenstadt **Tom Price**, mit 747 m Höhe die höchstgelegene Stadt Westaustraliens, liegt am Westrand des Karijini National Parks am Fuß des 1128 m hohen Mount Nameless, während **Wittenoom**, am Nordrand des Parks, seit der Schließung einer Asbestmine im Jahr 1966 nur noch eine Geisterstadt ist.

Karijini National Park

Fünf auf einen Streich

Der Nationalpark überschneidet sich mit dem südlichen Teil der Hemersley Ranges. Im Nordwesten besucht man die Rio-Tino- und die Hamersley-Schluchten sowie die Dales Gorge mit den **Fortescue Falls**, die auch im heißen Sommer nicht versiegen, weil sie von einem Grundwasserstrom gespeist werden. Weiter nördlich, am sensationellen **Oxer's Lookout**, treffen fünf der schönsten Schluchten aufeinander: Wittenoom, Knox, Weano, Joffre und Hancock. Die auf 30 km befahrbare Wittenoom Gorge hat schöne Picknickplätze neben Wasserstellen zum Schwimmen unter schattigen Bäumen und steilen Klippen. Der höchste Berg Westaustraliens, der 1245 m hohe **Mount Meharry**, erhebt sich im Süden des Parks, während der mit 1235 m zweithöchste Berg, der Mount Bruce, im Westen liegt. Man kann bis zum Fuß des Berges fahren und ihn in rund zwei Stunden besteigen. Camping im Park ist möglich.

★ PERTH

Höhe: 0–100 m | **Einwohner:** 2,1 Mio.

Vom Weltall gesehen, soll Perth die einzige Stadt der Welt sein, die man nachts exakt identifizieren kann: Die Lichter trennen sich so klar vom Tausende Kilometer umgebenden Dunkel des Nichts ab. Sicher ist: Abgeschiedener als Perth liegt keine andere australische Stadt. Ihr kleines Zentrum wirkt zwar eher wie ein weitläufiges Dorf mit gesichtslosen Hochhäusern, aber ein paar interessante Dinge gibt's im Stadtdorf zwischen Meer und Wüste dann doch.

N/O 12

Zwischen Meer und Wüste

Vom Swan River aus betrachtet ist Perth in Bewegung. Die Leute walken und joggen, was die Beine hergeben. Die sonnigste Großstadt Australiens hat schöne Strände, schnittige Jachten und schnäbelnde Schwäne: Das jüngste Wahrzeichen der Stadt sind drei nachts beleuchtete Bögen über der Matagarup Bridge, die Schwäne über dem Swan River symbolisieren. In Umfragen wird Perth so wohl für seine Investitionstauglichkeit als auch für seine Lebensqualität gelobt. »The Golden State« prangt schließlich auf den gelben Autokennzeichen Westaustraliens.

1890 bescherte der Goldrausch Perth und seiner Region einen ungeahnten Aufschwung. Heute werden binnen weniger Jahre ganze Wohnviertel wie The Peninsular oder Wungung Urban Waters aus dem Boden gestampft. Das International Arts Festival im Sommer sowie das Wildblumenfestival im September sorgen für Abwechslung und der Indian Pacific rattert zweimal wöchentlich ab Perth durch die Wüste bis Sydney. 1836 gegründet, schrieb die Stadt 1962 Weltgeschichte. Als der Astronaut John Glenn die Erdkugel umkreiste, grüßte ihn Perth mit einer leuchtenden Geste: Alle Bewohner schalteten gleichzeitig ihre Lichter an und Glenn taufte Perth zur »City of Light«.

Wohin in Perth?

Größter Platz der Stadt

Forrest Place

In der Mitte der Murray Street treffen sich Straßenmusikanten, Schausteller und Touristen auf dem Forrest Pl., dem größten Platz der Innenstadt. Von dort ist die City leicht zu Fuß zu erkunden.

Die Kirche wächst mit

St. Mary's Cathedral

Östlich davon ragt am Victoria Square die ockerfarbene St. Mary's Cathedral auf. Sie ist eine Erweiterung der 1844 erbauten St. John's Chapel, eines katholischen Kirchleins. 1863 folgte das westliche Schiff, 1926 bis 1930 die Ostseite. Sehenswert ist der Säulenbau der klassizistischen **Cathedral Presbytery** mit kunstvollem Design.

Ein Hauch von London

★ Hay Street Mall

Die Haupteinkaufsstraßen sind die beiden durch Fußgängerpassagen miteinander verbundenen **Hay Street Mall** und **Murray Street Mall**. Architektonische Schmuckstücke sind die **Trinity Arcade** und der fotogene **London Court**. Diese schmale Arkadenanlage im Tudorstil mit kleinen Läden wurde 1937 erbaut und erstreckt sich von der Hay Street Mall bis zur St. George's Terrace. Den nördlichen Eingang bildet ein Uhrturm, ein Mininachbau von Big Ben in London; die vier Ritter über der Uhr setzen sich jede Viertelstunde in Bewegung. Am südlichen Tor zur St. George's Terrace steht die Nachbildung der Stadtuhr von Rouen mit dem heiligen Georg und dem Drachen.

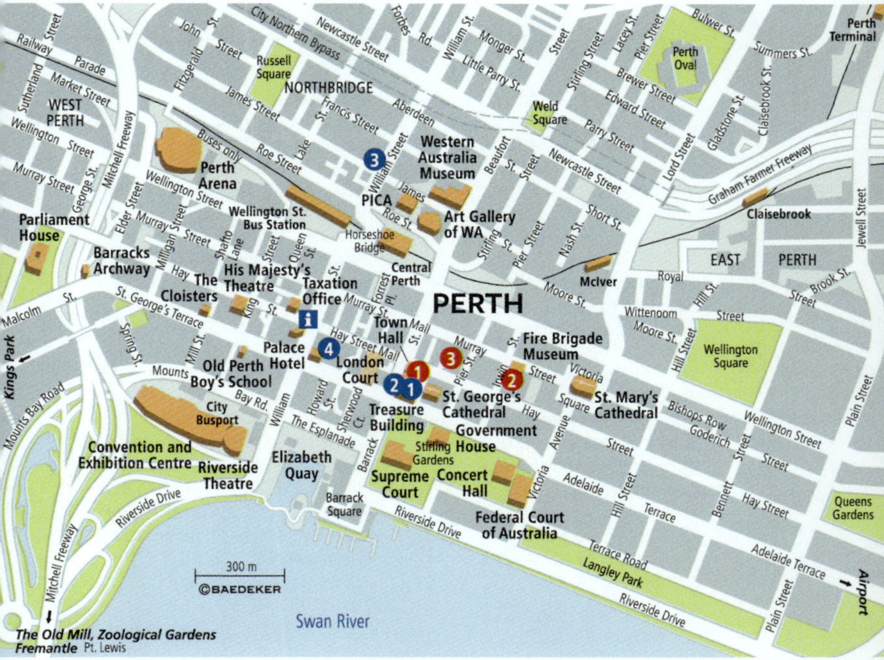

ⓘ Wildflower
② Long Chim
③ Brass Monkey
④ Delisio

① Como The Treasury
② The Westin
③ Criterion Hotel

Haus des Geldes

Perth Mint

In dem Kalksteinbau der Perth Mint von 1899 werden noch heute sämtliche Gold-, Silber- und Platinmünzen Australiens geprägt.

310 Hay St. | tgl. 9–17 | stdl. Touren ab 9.30 Uhr
Eintritt: 19 AUD | www.perthmint.com.au

Klassisch edwardianisch

His Majesty's Theatre

Weiß und klassizistisch steht an der Ecke Hay und King Street der Prachtbau des einzigen erhaltenen edwardianischen Theaters Australiens: His Majesty's Theatre wurde 1904 vollendet.

Ältestes Haus der Stadt

St. George's Terrace

Zwischen den Bäumen der parkartigen **Stirling Gardens** schimmert der rostrote Ziegelbau des **Government House** (1864) hervor. In der Grünanlage südlich des Regierungsgebäudes befinden sich der Supreme Court und das Old Court House (1836), das älteste öffent-

PERTH ERLEBEN

VISITOR INFORMATION CENTRE
55 William St., Perth
Tel. 08 94 83 11 11
www.experienceperth.com

VERKEHR
Wer hitzeresistent ist, kann sich eines der Mietfahrräder von **Cycle Centre Perth** organisieren und die City bequem vom Sattel aus erkunden. Ansonsten gilt in der Innenstadt die Free Transit Zone, in der alle Busse und Züge von **Trans Perth** Fahrgäste kostenfrei befördern. Die entsprechenden Haltestellen sind mit FTZ gekennzeichnet.
http://cyclecentre.com.au
(Cycle Centre Perth)
www.transperth.wa.gov.au
(Trans Perth)

Neben dem klassischen Shopping in der **Murray** und **Hay Street Mall** mit Piccadilly Arcade, Carillon Arcade und Plaza Arcade sowie London Court bietet der **Perth Upmarket** jeden Sonntag von 10 bis 16 Uhr Abwechslung mit 150 Ständen von Künstlern, Kunsthandwerkern und Designern.

Im September wird im King's Park beim **Wildflower Festival** mit Kunst und Konzerten, Theater und Blumenschauen groß gefeiert.

❶ WILDFLOWER €€€€
Gekocht wird nach den sechs Jahreszeiten der Aborigines, kredenzt mit Techniken der Haute Cuisine. Fünf Gänge kosten 145 AUD, die vegetarische Variante 125 AUD.
1 Cathedral Av., Tel. 08 61 68 78 55
http://wildflowerperth.com.au

❷ LONG CHIM €€€
Die authentische Thai-Küche serviert so originelle Gerichte wie Sour Orange Curry of Fish.
Georges Terrace/Barrack St.
Tel. 08 61 68 77 75
https://longchimperth.com

❸ BRASS MONKEY €€
Das herrliche, alte Hotel im australischen Sinne eines Pubs hat eine wilde Mischung aus Lachs vom Grill oder Schweinerippchen, klassische Burger oder vegetarische Platte. In Northbridge gelegen.
James St./Williams St.
Tel. 08 92 27 95 96
www.thebrassmonkey.com.au

❹ DELISIO €
Zwischendurch mal wieder eine richtig gute Pizza? Die Diavola mit Chilli ist klasse und ganz schön hot!
100 St.Georges Terrace
Tel. 08 94 85 00 55
www.delisio.com.au

❶ COMO THE TREASURY €€€€
Das 48 Zimmer umfassende Luxusschmuckkästchen ist außen ein 140 Jahre alter Ziegelsteinbau, der innen mit heller, modern-eleganter Ausstattung versehen wurde. Alle Zimmer haben mindestens 55 m²! Klar die Nummer 1 in Perth: mit langem Lap-Pool, Spa und Restaurant.
1 Cathedral Av., Tel. 08 61 68 78 88
www.comohotels.com/en/thetreasury

2 THE WESTIN €€€
Das moderne Viereinhalb-Sterne-Hotel mitten im Zentrum hat einen Pool, ein Spa und ein Restaurant. Das Preis-Leistungs-Verhältnis stimmt – Zimmer gibt es mitunter ab 200 AUD.
480 Hay St., Tel. 08 65 59 18 88
www.marriott.de/hotels/travel/perwi-the-westin-perth

3 CRITERION HOTEL €
Der wunderschönen Art-déco-Fassade werden die einfachen, dafür aber auch preiswerten Zimmer leider nicht mehr ganz gerecht.
560 Hay St., Tel. 08 93 25 51 55
www.criterion-hotel-perth.com.au

liche Bauwerk der Stadt. In der Music Shell im Park des Supreme Court gibt es im Sommer Gratiskonzerte. Im Osten des Parks stehen zwei Neubauten: In der Concert Hall werden Opern, Folkmusic und Rockkonzerte aufgeführt, im Council House residiert die Stadtverwaltung. Zurück auf der St. George's Terrace taucht die relativ schlichte, 1889 geweihte **St. George's Cathedral** auf. An der Ecke zur Barrack Street folgt das 1874 im klassizistischen Stil erbaute **Treasury Building**, das heutige Regierungsgebäude. Das oberste Stockwerk wurde erst 1905 aufgesetzt.

Ungewöhnliche Mischung

Town Hall

In der Barrack Street fällt die Town Hall mit Türmchen, Uhrturm und einem ungewöhnliche Stilmix auf. Das Rathaus wurde 1867 als letztes Gebäude von Sträflingen errichtet, ein Jahr später stellte man die Gefangenentransporte ein.

Hier trifft man sich

Elizabeth Quay

Die neu gestalte Uferpromenade, die den Swan River wieder näher an die Stadt rücken lässt, und der benachbarte Barrack Square, an dem der Bell Tower mit seinen 18 Glocken und dem 83 m hohen Turm steht, hat sich zu einem neuen Treffpunkt entwickelt.

Hotspot der Kulturszene

★ Northbridge

Nördlich vom viktorianischen Bahnhof konzentrieren sich im Stadtteil Northbridge um die James Street Mall schicke Cafés, Restaurants und die Kulturszene der Stadt. Im **Cultural Centre** findet man die **Art Gallery of Western Australia**. Sie besitzt eine der bedeutendsten Sammlungen an indigener Kunst und Werke australischer Künstler vom Beginn der europäischen Landnahme bis heute. Zu jeder Epoche gibt es mehr als 1000 Exponate. Im **Perth Institute of Contemporary Arts**, ebenfalls im Cultural Centre untergebracht, wird internationale zeitgenössische Kunst präsentiert.

Art Gallery of Western Australia: Roe St. | Mi.–Mo. 10–17 Uhr
Eintritt: frei | www.artgallery.wa.gov.au
Perth Institute of Contemporary Arts: Roe St. | Di.–So. 10–17 Uhr
Eintritt: frei | http://pica.org.au

Lichter der Großstadt: Vom Kings Park schweift der Blick auf den Business District mit seiner in den westaustralischen Nachthimmel ragenden Skyline.

Moderne Kunst schmückt den Forrest Place im Herzen von Perth.

★ Western Australian Museum

Im neuen Glanz
Highlights des benachbarten Western Australian Museum, dessen Rundumerneuerung 2020 abgeschlossen sein sollte, sind der 11 t schwere Meteorit von Mundabilla, das Skelett eines 25 m langen Blauwals und ein präparierter Riesenhai. Die Ausstellung **Patterns of Life in a Vast Land** informiert über Kultur und Alltag der Aborigines. Zum Museum gehört auch das **Old Goal**, das 1853 von Sträflingen errichtet wurde und 35 Jahre lang als Gefängnis und Hinrichtungsort diente. Heute werden dort Ausstellungen gezeigt.
Francis St. | tgl. 10–17 Uhr | Eintritt: frei | www.museum.wa.gov.au

Kings Park

Bester Stadtblick
Der Ende des 19. Jh.s angelegte Kings Park nimmt einen Landvorsprung am Fuße des Mount Eliza ein. Er gehört sicher zu den schönsten Landschaftsparks des fünften Kontinents und ist der größte der südlichen Hemisphäre: Er umfasst natürliches Buschland, das sich alljährlich im Frühling in ein wundervolles Blütenmeer verwandelt. Im Osten liegt ein **botanischer Garten** mit einheimischer Flora. Ein schönen Panoramablick auf die Stadt und ihre nächste Umgebung bietet sich vom **Mount Eliza Lookout**.

Mühle und Zoo

South Perth

Südlich der Lagune erstreckt sich South Perth mit der Old Mill, einer hübschen Windmühle von 1835. Den **Zoo** – mit Elefant, Löwe und Sumatra-Tiger – erreicht man am besten mit der Fähre von der Barrack Street Jetty. Eine der besten Aborigines-Kunstsammlungen Australiens zeigt das **Berndt Museum**, das im Social Sciences Building der University of Western Australia beheimatet ist.

Zoo: 20 Labouchere Rd. | tgl. 9–17 Uhr | Eintritt: 32 AUD
https://perthzoo.wa.gov.au
Berndt Museum: 35 Stirling Hwy. | Di.–Sa. 11–17 Uhr | Eintritt: frei
http://www.culturalprecinct.uwa.edu.au

Rund um Perth

Sogar FKK gibt es!

★ Die Strände

Spots zum Baden, Tauchen, Surfen, Segeln und sogar ein Plätzchen für Nudisten – an den 19 zur City gehörenden Stränden am Indischen Ozean sollte jeder den richtigen für sich finden. Beliebt bei den Badegästen sind z. B. **Cottesloe** oder **Mettam's Pool** mit recht ruhigem Wasser, **Scarborough** oder **Trigg Beach** bei den Surfern. Gern besucht wird auch **Swanbourne** mit einem FKK-Abschnitt. Nach **Rottnest Island** (► S. 442), auf der es ebenfalls sehr schöne Strände gibt, braucht die Fähre ab Perth 90 Minuten; von ► Fremantle sind es nur 30 Minuten.

Tauchen mit Haien

Aquarium of Western Australia

Rund 20 km nördl. von Perth liegt Hillarys Boat Harbour. Hauptattraktion ist das Aquarium, wo man in einem begehbaren Unterwasser-Glastunnel heimische Meerestiere beobachten kann. Einmalige Erlebnisse sind das Haifischtauchen sowie das Spiel mit den Delfinen.

Aquarium: 91 South Side Dr., Hillarys Boat Harbour | tgl. 10–17 Uhr
Eintritt: ab 30 AUD | www.aqwa.com.au

Fliegende und laufende Vögel

Yanchep National Park

Bemerkenswert ist die Vielzahl an Vögeln, Emus, Kängurus und Koalas (in Gehegen), die sich in dem Nebeneinander von natürlicher Vegetation und Gartenanlagen anscheinend pudelwohl fühlen. Sehenswert sind auch die Tropfsteinhöhlen: die **Crystal Cave** im Osten des Nationalparks kann man erkunden. Der Park liegt knapp 60 km nördlich von Perth.

Wein auch im Westen

Swan Valley

Nordöstlich von Perth mäandert der Swan River durch die älteste Weinbauregion Westaustraliens. Man besucht sie am besten mit einem Ausflugsboot ab der Barrack Street Jetty in Perth. Gut 20 Kellereien laden zur Weinprobe, darunter **Sandalford**, **Garbin Estate** oder **Lamont's**. Weitere 20 km weiter nordöstlich hat dann der Swan River in den **Darling Ranges** eine wildromantische Schlucht geschaffen, in der man klettern und raften kann. Und im **Walyunga National Park** befindet sich der größte Siedlungsplatz der Aborigines im Großraum Perth. Er wurde von den Ureinwohnern bis ins späte 19. Jh. bewohnt. Archäologen haben Werkzeuge aus Stein und Knochen gefunden.

Sandalford: 3210 West Swan Rd., Caversham | Tel. 08 93 74 93 74
tgl. 10–17 Uhr | www.sandalford.com

Garbin Estate: 209 Toodyay Rd., Middle Swan | Tel. 08 92 74 17 47
tgl. 10–17.30 Uhr | https://garbinestatewines.com.au

Lamont's: 85 Bisdee Rd., Millendon | Tel. 08 92 96 44 85
Do.–So. 10–17 Uhr | https://lamonts.com.au

★ New Norcia

Australiens einzige Klosterstadt

Ein Tagesausflug führt bis nach New Norcia, 130 km nordöstlich von Perth. Dort gründeten 1846 spanische Mönche ein Benediktinerkloster. Es wurde Anfang des 20. Jh.s vollendet, die Kathedrale 1860 geweiht. Wertvolle Kunstschätze präsentiert ein Museum. Im Gästehaus des Klosters kann man übernachten.

New Norcia Rd., New Norcia | tgl. 9.30–16.30 Uhr | Eintritt: 13 AUD
www.newnorcia.wa.edu.au

Northam

Historische Gebäude

Northam, das Zentrum des Avon Valley rund 100 km östlich von Perth, verfügt über einige historische Gebäude wie das 1904 erbaute Byfield House, ein Ziegelgebäude mit Turm, das Rathaus im italienischen Stil von 1898, das 1859 eröffnete Avon Bridge Hotel und den 1886 errichteten Bahnhof.

York

Bilderbuchstädtchen

York, 35 km südlich von Northam, ist die älteste Inlandssiedlung Westaustraliens: Die restaurierten Häuschen mit viktorianischen Fassaden erinnern an die Blütezeit während des Goldrauschs. Das **Faversham House** von 1831 liefert ein schmuckes Beispiel kolonialer Architektur. Südlich vom Bahnhof erhebt sich seit 1891 die vierstöckige Getreidemühle, heute Kunsthandwerkszentrum und Galerie. Am gegenüberliegenden Flussufer erzählt das **Residency House** von 1843 aus der Gründerzeit von York.

★ Cohunu Koala Park

Größte Koala-Kolonie im Westen

Knapp 25 km südöstlich von Perth ist der Cohunu Koala Park ein Besuchermagnet: Die größte Koala-Kolonie Westaustraliens und mehr als 300 zahme Kängurus leben dort.

103 Nettleton Rd., Byford | tgl. 10–16 Uhr | Eintritt: 15 AUD
http://cohunu.com.au

★★ PURNULULU NATIONAL PARK · BUNGLE BUNGLE

Höhe: 270–570 m | **Einwohner:** 0

Da steht man nun – vom Flug ein wenig durchgerüttelt – und staunt über Gesteinsformationen, die wie Bienenkörbe aussehen. Am besten staunt man mit geschlossenem Mund, denn die Buschfliegen würden in Windeseile die nasse Mundhöhle entdecken und sich laben.

Land der steinernen Bienenkörbe

Purnululu heißt schlicht Sandstein in der Sprache der Djaru-Aborigines. Die Erosion hat sich Tausende von Wege durch das runde, gestreifte Schichtgestein gebahnt und ein wunderbares Labyrinth aus Schluchten und klammähnlichen Einschnitten geschaffen. Bungle Bungle – so wird der Nationalpark trotz des offiziellen Namens Purnululu immer noch häufig genannt. Bis in die 1980er-Jahre war das Gebiet nur den Aborigines und ein paar Viehtreibern bekannt. Dann kam Guy Baskin, machte für die TV-Serie »Wonders of Western Aus-

Besonders faszinierend sind die Sandsteinhügel des Purnululu National Park, wenn man die Möglichkeit hat, sie bei einem Rundflug aus der Luft zu betrachten.

tralia« spektakuläre Luftaufnahmen und weckte großes Interesse: Man staunte über Bergformationen, die wirkten, als seien da unendlich viele Bienenkörbe aneinandergereiht worden. 1987 wurden die schwarz-orange gestreiften Bergkuppen zum Nationalpark erklärt, 2003 zum UNESCO-Weltnaturerbe erhoben.
Der Park gehört weltweit wohl zu den am wenigsten besuchten Welterbestätten: Keine 30 000 Reisende – Australier inbegriffen – verirren sich pro Jahr in diese abgelegene Region von Kimberley, nahe der Grenze zum Northern Territory. Nur April bis November und ausschließlich mit 4WD kann man den 2400 km² großen Nationalpark besuchen. Während der Regenzeit ist er gesperrt.

Wohin im Purnululu National Park?

★★ Beehive Domes

Kegel wie im Märchenland

Die außergewöhnlichen Sandsteinformationen – am besten aus der Luft zu sehen – sind in dieser Art weltweit einmalig. Aus weiten Sandebenen mit Spinifex erheben sich Ketten mit den kegelförmigen Sandsteinfelsen und mit vielen heiligen Plätzen der Aborigines, die mehr als 20 000 Jahre in den Bungle Bungles lebten. Die meisten

DEN PURNULULU NATIONAL PARK ERLEBEN

VISITOR INFORMATION CENTRE
Spring Creek Track
Tel. 08 91 68 42 00
www.kimberleyaustralia.com/purnululu-national-park.html

AVIAIR
Der beste Weg, die Bungle Bungles in all ihrer Größe und Schönheit zu sehen, ist ein Rundflug (ab 425 AUD).
Tel. 1800 09 55 00
www.aviair.com.au.

Für Ausflüge in den Park nimmt man am besten ein Picknick mit. Im Visitor Information Centre gibt es lediglich ein paar Kleinigkeiten und kalte Getränke.

GABI'S €€
Schlichte, aber gute Gerichte wie Burger und Steak, Pizza und Pasta. Und es gibt auch ein paar brauchbare Zimmer.
2 Roberta Av., Halls Creek
Tel. 08 91 68 61 01
https://kimberleyhotel.com.au/food-drink

Im Park gibt es nur einfache Campgrounds ohne Strom und Wasser.

HALLS CREEK MOTEL €€
Etwas überteuerte, einfache Zimmer, aber weit und breit die beste Unterkunftsmöglichkeit. Mit Restaurant und Pool.
198 Great Northern Hwy.
Halls Creek, Tel. 08 91 68 96 00
www.hallscreekmotel.com.au

davon – weder die historischen Grabstätten noch die uralten Wandmalereien – sind jedoch nicht zugänglich. Tabu ist auch die Besteigung der Kegel: aus Respekt vor den Aborigines und weil der extrem feine Sandstein manchmal schon beim Anfassen zerbröckelt. Für die schwarzen Streifen auf dem ocker-orange-farbigen Sandsteindomen sind Flechten verantwortlich, die den 350 Mio. Jahre alten Stein durchziehen. Die orangefarbenen Lagen erhalten ihre Färbung durch oxidiertes Eisen.

Nur schauen, nicht klettern!

★ The Window

Das ovale, gut mannshohe, natürliche Fenster in einem Felsen im südlichen Teil des Parks lockt zum Durchgehen oder Durchschauen. Aber auch dort gilt: nicht klettern oder hoch krabbeln, nur schauen!

Wenn der Guide ein Liedlein singt …

★ Cathedral Gorge

Der Weg führt zunächst an steil aufragenden Felswänden vorbei, ehe sich ein schmaler Felsspalt öffnet und den Weg und Blick in die Cathedral Gorge frei gibt: ein ganzjährig gefülltes Wasserbecken im Zentrum, das von einem natürlichen Amphitheater umgeben wird. Viele Guides singen oder pfeifen dort ein Liedchen, um die gute Akustik in der Cathedral Gorge zu demonstrieren. Wer zuvor schon lange gewandert ist, wird diese schattige Höhle lieben und gerne etwas länger verweilen – ein wunderbarer und faszinierender Platz!

Die längste Schlucht

★ Piccaninny Creek

Vom Piccaninny Creek Lookout – mit dem besten Blick auf die Dome von Land – sind es ungefähr 1,5 km in die Piccaninny Gorge, die längste und tiefste Schlucht im Park. Es gibt prima Wanderwege, aber daran denken: Alles muss mitgebracht werden, Wasser, Essen, eventuell Campingsachen!

Ort der gebärenden Aborigine-Frauen

★ Mini Palms Gorge

Schwangere wurden in einem Tross von Schwestern und anderen weiblichen Verwandten dorthin gebracht und umsorgt, bis das Kind kam. Tatsächlich sieht das Ende der Schlucht wie eine Vagina aus: Für Aboriginies sind solche Phänomene stets ein Zeichen der Natur. Die Mini Palms Gorge ist eine der heiligen Stätten der Aborigines, auf die man – mit gebührendem Abstand und Respekt – einen Blick werfen darf. Die Schlucht liegt im nördlichen Teil des Parks.

Die engste Schlucht

★ Echidna Chasm

Die spektakulärste Schlucht im Park verengt sich in ihrem Verlauf immer weiter: Sind es am Anfang noch 4 bis 5 m, so rücken die bis zu 200 m hohen Felswände bald auf 2 bis 3 m zusammen, ehe die Schlucht zum Ende hin gerade mal noch 1 m breit ist. Bei manchen kann das durchaus Beklemmungen hervorrufen! Verblüffend sind einzelne Felsbrocken, die von oben in den Spalt abstürzten, den Boden aber nicht erreichten, weil sie zwischen den engen Felswänden einfach hängenblieben.

Rund um den Purnululu National Park

Guter Ausgangspunkt

Halls Creek

Das Kleinstädtchen (1500 Einw.) ist ein guter Ausgangspunkt für die Bungle Bungles im Norden (gut 150 km) sowie für den Wolfe Creek Crater im Süden (knapp 150 km). Abseits vom Northern Highway 1 ist alles Piste: Man sollte dort für 50 km stets etwa eine Stunde Fahrtzeit einkalkulieren. Halls Creek war früher eine Bergwerksiedlung: Quarzadern im Gestein enthielten Gold, Kupfer und Zink. Heute ist der Ort verwaltungstechnisch einer der flächenmäßig größten Bezirke Australiens und damit der Welt.

Einer der größten Krater der Erde

Wolfe Creek Crater National Park

Trotz seines enormen Durchmessers von 900 m wurde der fast kreisrunde Meteoritenkrater von den Europäern erst 1947 aus der Luft entdeckt. Den lokalen Djaru-Aborigines war der Krater freilich schon lange bekannt. Sie nennen ihn Kandimalal und verbinden mit ihm eine Legende der Traumzeit: Demnach bezeichnet der Krater jene Stelle, an der sich einst eine Schlange aus dem Staub hob und dabei die bis heute sichtbare Schüssel formte. Kaum weniger spektakulär klingt die naturwissenschaftliche Version, nach der vor rund 300 000 Jahren ein Meteorit mit einem Gewicht von 50 000 t und einer Geschwindigkeit von 15 km/s in der Halbwüste niederging! Die bis zu 35 m hohen Kraterränder sind gut erhalten. Im Park gibt es keinerlei touristische Einrichtungen.

★★ SHARK BAY

Höhe: 0 m | **Einwohner:** 1000

K/L 11/12

Haibucht – das klingt nicht ungefährlich! Wenn man jedoch eine Rückenflosse aus dem Wasser ragen sieht, handelt es sich dabei mit sehr großer Wahrscheinlichkeit um einen der vielen Delfine. Diese sind zwar wildlebend, aber dennoch so zutraulich, dass man sie sogar vom Strand aus füttern kann. Ansonsten sieht das UNESCO-Weltnaturerbe auf den ersten Blick eher langweilig aus: Die Shark Bay wird von einer flachen Einöde umgeben.

Die Delfine von Monkey Mia lassen sich direkt am Strand aus der Hand füttern. Ganz vorsichtig schnappen sie sich ihre Leibspeise Fisch.

Große Delfine, winzige Baumeister

Die Touristen interessieren sich freilich ohnehin vor allem für Angie, Nicki und Co., die Delfine von Monkey Mia. Weitere tierische Stars sind Meeresschildkröten, Seeschlangen und Rochen – aber so gut wie keine Haie, die trotz ihres Namen in der Shark Bay sehr selten sind. Was durch Zufall begann – keiner weiß genau, warum sich die Delfine die Shark Bay als Spielplatz ausgesucht haben –, ist heute eine Top-Attraktion: Jeder, der in Westaustralien herumreist, fährt auch nach Monkey Mia. Die Ranger sagen, dass in den 1960-er Jahren die Fischer einen Delfin, den sie Old Charly nannten, immer nach einem guten Fang gefüttert hätten, was dann bald seine Artgenossen angezogen habe. Das Phänomen ist nicht unbekannt: Auf den Cayman Islands wird Ähnliches mit Rochen beobachtet.
Was die UNESCO zur Auszeichnung bewog, war allerdings nicht der Delfinspielplatz, sondern die in dieser Bucht entdeckten Stromatolithen: Die seltenen Sedimentgesteine werden durch Mikroben gebildet. Hauptort der Shark Bay ist Denham; das einstige Perlenfischerdorf lebt heute vom Tourismus.

Wohin in der Shark Bay?

Kleine Riesen

★ Hamelin Pool

Für Biologen muss die Shark Bay ein Mekka sein: Sie finden dort Lebewesen, die es schon vor 3 Mrd. Jahren gegeben hat. Die Stromatolithen im Hamelin Pool, dem südlich Teil des zum Landesinneren gelegenen Arms der Shark Bay, werden von Mikroben gebildet und sind die ältesten bekannten Lebewesen der Erde. Bis zu 1,5 m ragen die Kalkablagerungen aus der salzigen Lagune – sie sind damit bis zu 10 Mio. mal größer als ihre Schöpfer.

Muscheln, soweit man sieht

★ Shell Beach

Der 60 km lange, oft menschenleere Shell Beach, nördlich von Hamelin Pool, besteht aus einer bis zu 15 m hohen Schicht winziger Herzmuschelschalen.

Keine Fische für die Jungen

★★ Monkey Mia

Berühmtestes Aushängeschild von Shark Bay sind die Delfine von Monkey Mia. Seit mehr als 50 Jahren kommen die Tümmler am frühen Morgen in die Bucht und kreuzen vor dem Dolphin Information

DIE SHARK BAY ERLEBEN

VISITORS INFORMATION CENTRE

53 Knight Terrace, Denham
Tel. 13 00 36 70 72
www.sharkbayvisit.com.au

WULA GURA NYINDA ECO ADVENTURES

Beim Paddeln im Kajak erlebt man die Wildnis der Shark Bay aus der Perspektive der Ureinwohner.
Tel. 0429 70 88 47 u. 0432 02 94 36
www.wulaguda.com.au

OLD PEARLER €€

Möglicherweise das einzige Lokal weltweit, das fast ausschließlich aus Muscheln gebaut wurde. Drinnen gibt's deftiges Pub Food, aber keinen Alkohol (es sei denn, man bringt ihn selber mit). Urige Atmosphäre.
71 Knight Terrace, Denham
Tel. 08 99 48 13 73

MONKEY MIA DOLPHIN RESORT €–€€€

Klasse Platz am weißen Sandstrand. Die Zimmerkategorien reichen vom Schlafsaal (35 AUD) bis zur Suite am Strand (380 AUD). Es gibt auch Caravan-Stellplätze mit Strom und Wasser, sogar ebenfalls am Strand!
1 Monkey Mia Rd., Denham
Tel. 18 00 87 15 70
www.australiascoralcoast.com

Centre im knietiefen Wasser: Angie, Captain Cook, Nicki, Piccolo und wie sie alle heißen. Am Strand stehen die Zuschauer dicht an dicht und erleben, wie die Ranger die fast **handzahmen Meeresbewohner** füttern. Für die ist nur wichtig, wer den Fisch hat: Und das sind die Ranger. Deswegen folgen sie ihnen auch, wenn er langsam im Wasser an den vielen Menschen vorbeiläuft, damit jeder einen Delfin aus der Nähe sehen kann. 600 Tiere leben in der Bucht von Shark Bay, 460 können Wissenschaftler anhand der Rückenflosse unterscheiden, sieben bis zehn sind regelmäßig am Strand zu sehen. Das Spektakel wiederholt sich bis zu dreimal täglich. Nur der Delfin-Nachwuchs bekommt nichts, damit der Jagdinstinkt erhalten bleibt.

Prächtiges Farbspiel

François Péron National Park

Karminrot leuchten die Sanddünen am Cape Peron und treffen auf das Weiß der Strände und das Blau des Meeres. Der Nationalpark bietet etlichen seltenen Tierarten Schutz, darunter (Kaninchen-)-Nasenbeutler (Bandicoots und Bilbies). Eine Attraktion ist der durch artesisches Thermalwasser gespeiste Pool. Das 44 °C warme und stark mineralisierte Wasser sprudelt aus mehr als 500 m Tiefe an die Oberfläche. An der Nordspitze der von Trockengebüsch bestandenen Halbinsel steht ein Leuchtturm.
Der Park ist zugleich Schauplatz eines seit 1995 laufenden wissenschaftlichen Experiments: **Project Eden**. Ein elektrischer Zaun umgibt ein rund 500 km² großes Gebiet, das so wieder in den Zustand des Jahres 1801 zurückversetzt werden soll. Damals erkundete der französische Biologe François Péron als erster Europäer die Halbinsel. Wie dieser Urzustand genau aussah, weiß keiner, doch Pérons Aufzeichnungen dienen als Grundlage. So hat Péron 23 Säugetierarten auf der Halbinsel beschrieben, von denen 1990 nur noch die Hälfte übrig war.

Sanfte Riesen

★ Eagle Bluff

Unter besonderem Schutz stehen auch die Dugongs. Rund 10 000 dieser bis zu 400 kg schweren und 4 m langen Sirenen machen die Shark Bay zur größten Seekuhkolonie der Welt. Am besten zu sehen sind sie am Eagle Bluff. Angezogen werden sie von einer der ausgedehntesten Seegrasflächen, die ihnen ausreichend Nahrung bieten. In der Shark Bay leben etwa 10 % der weltweiten Dugong-Population.

Rund um die Shark Bay

Wo die Bananen wachsen

Carnarvon

Dank künstlicher Bewässerung kommen mehr als 80 % der in West Australia angebauten Bananen aus der Gegend um Carnarvon, nördlich der Shark Bay. Die 1897 erbaute **Jubilee Hall** und die **One Mile**

BAEDEKER ÜBERRASCHENDES

6x ERSTAUNLICHES

Hätten Sie das gewusst?

1. WOLK 'N' ROLL

Burketown liegt im Nirgendwo von Queensland und bietet jeden Morgen ein einzigartiges Naturschauspiel: die Morning Glory. Dabei handelt es sich um eine scheinbar rollende Wolke von bis zu 1000 km Länge. (▶ **S. 279**)

2. PIONIERTAT

Die Gemeinde Coles Bay auf der **Freycinet Peninsula** verzichtet seit 2003 komplett auf Plastiktüten – als erste Gemeinde weltweit. (▶ **S. 347**)

3. FLATTERHAFT

Nanu, was sind das denn für komische Vögel? Wer in und um **Cairns** in den Abendhimmel schaut, mag ein wenig stutzen. Tausende von Flughunden werden aktiv und begeben sich auf Nahrungssuche. (▶ **S. 223**)

4. MÖCHTEGERN

His Royal Highness Prince Leonhard Casley regiert über ein 75 km² großes Reich: den »Staat« Principality of Hutt River in Westaustralien. Im April 1970 erklärte Casley seine Ranch im **Nambung National Park** wegen eines Behördenstreits für unabhängig. (▶ **S. 459**)

5. 5412 KILOMETER

Genauso lang ist das längste Bauwerk der Erde: nein, nicht die Chinesische Mauer, sondern der **Dog Fence**, der die Schafe im Südosten Australiens vor den Dingos schützt und über drei Bundesstaaten verläuft. (▶ **S. 84 & 313**)

6. MAHLZEIT

In der **Shark Bay** kommen tagtäglich ein Dutzend wildlebende Delfine bis ins knietiefe Wasser und lassen sich füttern. Alle Besucher können hautnah dabei sein und zuschauen. (▶ **S. 478**)

Jetty sind die einzigen Sehenswürdigkeiten im Ort. Weiter nördlich stößt man beim Point Quobba auf bis zu 50 m hoch sprühende Blowholes: Die Wasserfontänen entstehen dadurch, dass die Brandung durch enge Felshöhlen gepresst wird.

Bizarre Klippenwunder

★ Kalbarri National Park

Gut 200 km südlich der Shark Bay stößt man im Kalbarri National Park auf eine der schönsten Steilküsten Australiens. Die bizarren Felsen scheinen im Sonnenuntergang zu glühen. Im Lauf von Jahrtausenden hat die wilde Brandung des Indischen Ozeans Klippenwunder geschaffen, deren Namen für sich selbst sprechen: **Red Bluff**, **Mushroom Rock**, **Shellhouse Grandstand** oder die **Natural Bridge**. Ein Aussichtspunkt ist schöner als der andere und kann auf einem 15 km langen Klippenwanderweg erkundet werden.

Die vorgelagerte Unterwasserwelt präsentiert das **Kalbarri Oceanarium**: Possierliche Seepferdchen tummeln sich im Seahorse Sanctuary, das Zooläden und Aquarien weltweit beliefert.

Nicht minder spektakulär ist die 80 km lange Schlucht, die der **Murchison River** in das 400 Mio. Jahre alte Sandsteinplateau rund um Kalbarri gegraben hat: Vom leicht erreichbaren **Ross Graham Lookout** ist sie am besten zu sehen.

Kalbarri Oceanarium: Marina | tgl. 10–16 Uhr | Eintritt: 8 AUD

H

HINTER-GRUND

Direkt, erstaunlich, fundiert

Unsere Hintergrundinformationen beantworten (fast) alle Ihre Fragen zu Australien.

Er sieht aus wie ein knuffiger Teddybär, ist aber ein Beuteltier und zugleich Symbol für den australischen Naturschutz: der Koala. ►

DAS LAND UND SEINE MENSCHEN

Australien liegt eingebettet zwischen Indischem und Pazifischem Ozean, ist der kleinste Kontinent sowie zugleich die »größte Insel« der Erde. Er erstreckt sich von den äußeren Tropen bis zu den gemäßigten Breiten, im Norden wächst dichter Regenwald, im Süden gedeihen Weintrauben. Vor allem aber ist Australien der »rote« Kontinent, dessen Wüsten im endlos weiten Outback ein meist schmaler grüner Saum an den Küsten umgibt.

Landschaften

Kontinent der Superlative

Erdgeschichtlich findet man in Australien die ältesten Landschaften der Welt – z. B. die MacDonnell Ranges rund um Alice Springs, ein Faltengebirge, dessen Alter auf rund 900 Mio. Jahre geschätzt wird. Bis vor rund 200 Mio. Jahren formten Australien und die Landmassen von Afrika, Südamerika, Indien und der Antarktis den Superkontinent **Gondwana**. Als dieser zerbrach, begann die Norddrift des australischen Kontinents, die bis heute anhält. Seither rückt das australische Festland dem Äquator näher, immerhin um knapp 10 cm jährlich. Der einst gebirgige, überaus fruchtbare und von üppigem Grün bedeckte Kontinent wurde – im Lauf vieler Jahrmillionen – durch gewaltige Erosionskräfte zum flachsten aller Erdteile.

Endlose Plateaus

Grob kann die Landmasse in drei Naturräume unterteilt werden: das östliche, küstennahe Randgebirge, das Tiefland im Innern sowie der über die Hälfte des Kontinents einnehmende Westliche Schild mit endlos weiten Plateaus, Bergketten und einem schmalen Küstentiefland. Rund zwei Drittel des Landes sind nur von dürrem Spinifexgras überwuchert und völlig baumlos.

Naturwunder Great Barrier Reef

Für Taucher ist es ein großes Ereignis. Jedes Jahr zur selben Zeit, ungefähr Anfang November, scheint es im warmen Wasser des Pazifik zwischen Bundaberg und Thursday Island für wenige Tage zu schneien. Das seltsame Schneegestöber hat natürlich einen Grund. An einer der größten Baustellen der Natur, dem Great Barrier Reef, wird weitergearbeitet. Viele der millimetergroßen Baumeister – **Steinkorallenpolypen** – beginnen im November mit der Fortpflanzung und entlassen regelrechte Pakete von Spermien ins Wasser. Flockend treiben sie durchs Nass und setzen sich schließlich auf den winzigen Körperchen der weiblichen Polypen ab, um dort die Eier zu befruchten. Bald wird der Laich im Wasser treiben und sich, um dem Licht der kräf-

tigen Sonne entgegenstreben zu können, möglichst schnell auf der Oberfläche des Riffs einnisten. Nun wächst das befruchtete Ei zum Polypen heran, bildet ein Skelett aus und einen Mund sowie fünf Tentakel mit Nesselzellen zur nächtlichen Jagd aufs nährende Plankton. Weitere Polypen gesellen sich dazu, bis eine Kolonie entsteht. Nach einer gewissen Zeit, wenn die Polypen abgestorben und ihre Skelette durch die Wellen zu Korallensand zerrieben sind, machen sich Algen ans Werk. Sie kleben den Sand fest aneinander. Um durchschnittlich einen Zentimeter pro Jahr wächst das Great Barrier Reef damit. Auf der neu geschaffenen Oberfläche werden sich im nächsten Spätfrühling wieder neue Jung-Polypen ansiedeln.
Übrigens: Der Name »Großes Barriereriff« täuscht. In Wahrheit bildet »The Reef« keine Riffbarriere. Vielmehr setzt es sich aus **Einzelriffen und Inseln** zusammen. Vor rund 18 Mio. Jahren, mit der Norddrift des australischen Kontinents in wärmere Gewässer, begannen die kleinen Polypen ihr Werk. An der Küste nördlich von Cairns entstanden die ältesten Riffteile. 2 Mio. Jahre später hatten sich die Korallenbänke bereits weit in Richtung Süden ausgedehnt. In den letzten Jahre setzte allerdings der Klimawandel und die gestiegenen Wassertemperaturen dem empfindlichen Ökosystem massiv zu (► S. 22).

Wer sie alle zählen will, braucht einen langen Atem: Rund 700 Inseln gehören zum Great Barrier Reef vor der Ostküste Australiens.

Lage:
113° bis 151° östliche Länge
10° bis 43° südliche Breite

Fläche:
7 692 030 km²
(21,5-fache Größe Deutschlands)

Einwohner: **25,3 Mio.** (2019)
Im Vergleich:
Bayern und Baden-Württemberg: 24,1 Mio. Einw.

Bevölkerungsdichte:
3,3 Einwohner/km²
höchste:
ACT, 181 Einw./km²
niedrigste:
NT, 0,18 Einw./km²
(Deutschland: 232/km²)

Zeit:
MEZ + 7–10 Std.

▶ Bevölkerung

New South Wales **8,1 Mio.**
Victoria **6,6 Mio.**
Queensland **5,1 Mio.**
Western Australia **2,6 Mio.**
South Australia **1,7 Mio.**
Tasmania **533 000**
Australian Capital Territory **426 000**
Northern Territory **245 000**

▶ Staat

Parlamentarische Monarchie (im Commonwealth) mit Zweikammerparlament
Staatsoberhaupt: Königin Elizabeth II, vertreten durch Generalgouverneur David Hurley (seit 1. Juli 2019). Regierungschef ist Scott Morrison, Australiens 30. Premierminister.

Altersstruktur

18,7 % sind jünger als 14
15,7 % sind über 65 Jahre

Knapp 92 % leben in der Stadt

29 % der australischen Einwohner sind im Ausland geboren

Wirtschaft

BIP: **1420 Mrd. USD** (2018)
BIP pro Kopf: **56 420 USD** (2018)
BIP-Wachstum: **2,7 %** (2018)
Inflationsrate: **2,0 %** (2018)
Arbeitslosenquote: **5,3%** (Sept. 2019)

Anteile am BIP (2017):
Dienstleistungssektor: 67 %
Industrie: 23,1 %
Landwirtschaft: 2,8 %

Umsätze nach Wirtschaftssektor
(Schätzungen 2013):
Bauwirtschaft: 255 Mrd. AUD
Bergbau: 212 Mrd. AUD
Kultur: 86 Mrd. AUD
Transport: 63 Mrd. AUD
Tourismus: 49 Mrd. AUD
Landwirtschaft: 49 Mrd. AUD

Hauptausfuhrprodukte:
Kohle, Erze, Erdöl- und Erdgasprodukte, Metalle, Fleisch, Fisch, Wein, Textilfasern, Getreide und Gold

Road Trains

Bei den riesigen Entfernungen müssen Güter kostendeckend transportiert werden. Die australischen Trucks können deshalb die bis zu 3-fache Länge eines deutschen haben. Was länger ist als 27,5 m, ist ein »Road Train«.

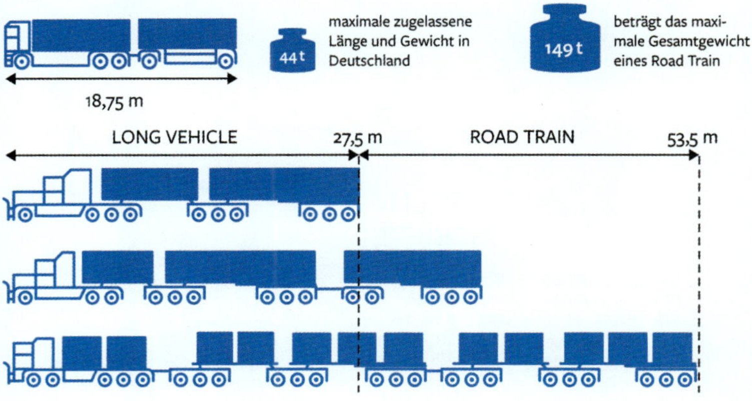

Klima

Naturkatastrophen Jahrelange Trockenheit, riesige Waldbrände, wochenlange Überschwemmungen, golfballgroßer Hagel und Orkane, die mit Spitzengeschwindigkeiten von mehr als 200 km/h über das Land fegen: Immer wieder sorgt Australien mit extremen Wetterlagen für Schlagzeilen. Klimaforscher meinen: Schuld ist die globale Erwärmung. Dafür gibt es mehrere Gründe. Einfach zusammengefasst: Zum einen kann wärmere Luft mehr Feuchtigkeit aufnehmen, zum anderen beschleunigt Hitze die Verdunstung. Der Boden trocknet schneller aus, der Kühleffekt durch Verdunstung fällt weg und die Temperaturen steigen noch stärker an – ein Teufelskreis!

Der schwarze Samstag Verheerende Buschfeuer, die während der Trockenperioden große Waldregionen in ein Flammenmeer verwandeln, sind die gefährlichsten Katastrophen für die Natur. Die schlimmsten Auswirkungen hatten die Black-Saturday-Bushfires 2009 in Victoria: 173 Menschen starben, 1800 Häuser wurden zerstört, eine Fläche in der Größe des Saarlandes brannte ab. Die Aborigines nutzten selbst gelegte Buschfeuer allerdings auch traditionell für ihre Jagd und um sich Wege

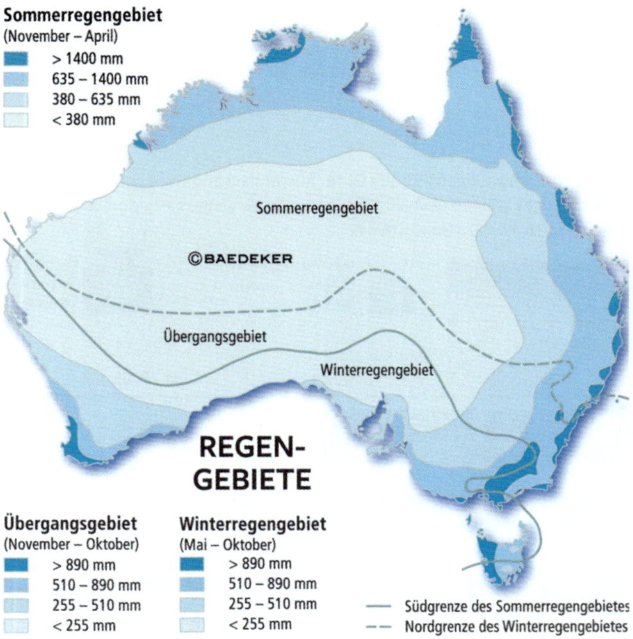

durch unwegsame Vegetationen zu bahnen. Und Eukalyptusbäume, deren Wurzelstöcke ein Feuer überleben, benötigen die große Hitze eines Waldbrandes, damit die Schalen ihrer Samen platzen.

Sintflutartiger Regen im trockensten Kontinent

Australien ist nach der Antarktis der niederschlagsärmste Kontinent. Dennoch sind auch Überflutungen, die während plötzlich einsetzender Regenzeiten ganze Ortschaften im Outback im Nu meterhoch unter Wasser setzen, die Regel. 2011 erlebte Australien eine der schwersten Flutkatastrophen seiner Geschichte. Eine Fläche so groß wie Deutschland und Frankreich zusammen stand nach den ergiebigsten Niederschlägen seit dem Beginn der Aufzeichnungen (1900) unter Wasser. 2012 wiederholte sich das Szenario in Queensland und New South Wales. Die Filmcrew, die in Silverton die Fortsetzung der Kultserie »Mad Max« drehen wollte, verließen nach dem gescheiterten Versuch 2011 und dem erneuten Anlauf 2012 frustriert die australische Wüste: Sie war einfach zu grün geworden.

Wirbelstürme

An den Küsten sorgen Wirbelstürme für Ungemach. Schlimm wüteten der Zyklon **Tracy**, der am zweiten Weihnachtstag 1974 über Darwin hinwegfegte und 65 Menschen tötete, und der Zyklon **Narelle**, der 2012 mit Windgeschwindigkeiten von bis zu 330 km/h über Westaustralien tobte und Schäden in Höhe von 2,5 Mrd. AUD verursachte. 2014 stürmte **Gillian** mit bis zu 285 km/h über Queensland und das Northern Territory hinweg und tötete 21 Menschen. Und Ende 2018 sorgte ein Sandsturm am hellichten Tag für Furore: Er verdunkelte Sydney und sorgte für Endzeitstimmung. Größere Schäden blieben aber aus.

Pflanzen und Tiere

Cooks Kan-Ga-Roo

Ein ganzes Buch würde nicht genügen, um den einzigartigen Artenreichtum der australischen Fauna zu beschreiben. Allein 130 Beuteltier-, 165 Schlangen-, 500 Echsen- sowie mehr als 65 000 Insektenspezies bevölkern Down Under. Die australische Fauna steckt voller freundlicher, teilweise aber auch höchst gefährlicher Exoten. So mochte James Cook 1770 seinen Augen nicht trauen: Ein windhundähnliches Lebewesen mit langer Schnauze und Hasenohren hatte er beim ersten Landgang in Australien erspäht. Mit seinem großen Schwanz rudernd, konnte das Tier augenscheinlich riesige Sprünge machen! Er nannte das Wesen später »Kan-Ga-Roo«. Ein Ureinwohner habe ihm diesen Namen verraten, behauptete der berühmte Entdecker. Sprachforscher fanden jedoch später heraus, dass mit Kan-Ga-Roo nicht das Tier gemeint gewesen sei. Übersetzt aus dem Dialekt der Aborigines bedeutet der Begriff: Ich verstehe dich nicht. Die Palette reicht vom possierlichen, 25 cm kleinen Rattenkänguru bis zum 2 m großen Roten Riesenkänguru, das bis zu 12 m weit springen und 80 km/h schnell laufen kann. Es gibt zudem Kängurus, die hoch über dem Erdboden nisten wie das Lumholtz-Baumkänguru, eine Art Mischung aus Koala und Känguru.

Koala

Neben dem Känguru ist das bekannteste Tier Australiens sicher der Koala – der übrigens kein Bär, sondern ein Beuteltier ist und mitunter nicht so kuschelig sanft daherkommt, wie sein Äußeres vermuten ließe, sondern manchmal auch ein recht aggressives Verhalten an den Tag legt. Allerdings verschläft er einen Gutteil seines Lebens in den Wipfeln der Eukalyptusbäume – bis zu 20 Stunden lang betragen seine täglichen Ruhephasen! Somit spart er sehr viel Energie ein. Und dennoch braucht er Tag für Tag rund 500 g Eukalyptusblätter, aus denen fast ausschließlich seine Ernährung besteht. Dass er kein besonders durstiger Geselle ist, fiel bereits den Aborigines auf. »Ko-ala« bedeutet übersetzt: trinkt nicht.

Von Schnabeltier bis Schlange

Ausschließlich im Norden von Westaustralien, dem Northern Territory und Queensland sind die **Krokodile** zuhause, von denen es hier zwei Arten gibt: das Süßwasser- und das Leistenkrokodil (▶ Baedeker Wissen S. 182). Das putzige **Schnabeltier** (Platypus), eine Mischung aus Reptil und Säugetier mit Entenschnabel, Otterfell und Biberschwanz, können Urlauber mit viel Geduld und einer guten Portion Glück frühmorgens und abends an stillen Flussläufen und kleinen Seen beobachten. Lieber auf Abstand halten sollte man dagegen die gefährlichsten Schlangen der Welt, die ebenfalls in Australien zu Hause sind: Der Biss der **Westlichen Taipan** beispielsweise enthält so viel Gift, dass er auf der Stelle 50 000 Mäuse töten könnte. Zusammen mit der **Östlichen Braunschlange**, der **Todes-** und **Tigerotter** sowie der **Kupferkopfschlange** zählt sie zu jenen Bewohnern des Landesinnern bzw. der Subtropen, denen man besser nicht begegnen sollte. Urlauber sollten deshalb bei ihren Wanderungen stets gutes Schuhwerk und lange Hosen tragen. Zu den nachtaktiven Tieren gehören der bis zu 40 kg schwere **Wombat**, der unter Schutz stehende und nur noch auf Tasmanien lebende **Tasmanische Beutelteufel** sowie Flughunde, die im grünen Norden und am Küstensaum des Ostens bis hinunter nach Victoria heimisch sind.

Sittiche und Kakadus

Schier unermesslich ist Australiens Vogelreichtum. Unter den 720 Arten finden sich die wunderschönen rot-blauen **Penanntsittiche**, **Gelbhauben-** und **Nacktaugenkakadus**, **Weißwangenreiher**, **Weißbauch-Seeadler** sowie poppig bunte **Gebirgs-** und **Allfarbloris**. Und natürlich Straußenvögel wie der **Emu**, der mit bis zu 1,80 m Höhe nicht nur zweitgrößter Vertreter seiner Gattung ist, sondern auch – neben dem Känguru – zum australischen Wappentier erkoren wurde. Jeder Australier kennt das Kinderlied vom Lachenden Hans, dem **Kookaburra**. Diesen heiser krächzenden, schwarz-weiß-blauen

Gewaltige Bergketten stauen im Westteil Tasmaniens große Niederschlagsmengen. Die Folge sind hier Regenwälder, in denen u. a. riesige Farne wachsen.

Eisvogel kann man oft nicht nur hören, sondern auch sehen. Vom Aussterben bedroht sind hingegen die mannsgroßen **Helmkasuare** mit ihren messerscharfen Krallen, die in den Regenwäldern Queenslands ihr Rückzugsgebiet gefunden haben.

Australiens Bäume

Der fünfte Kontinent übertrifft die gesamte Flora Nordamerikas und Europas um Längen. Abgesehen von großen Teilen des Westlichen Schilds sind beinahe überall Eukalyptusbäume zu sehen. Zerreibt man die Blätter in der Hand, duftet es nach Hustenbonbons. Mehr als 890 Eukalyptusarten kommen in Down Under vor. Eine Vielfalt, die nur noch von den schlanken, hohen Akazien übertroffen wird, von denen fast 1000 Arten in Australien unter dem Namen »wattle« bekannt sind. Urlauber, die durch den Nordwesten Australiens touren, fühlen sich durchaus schon mal nach Afrika versetzt. Denn auch in Australien sind **Affenbrotbäume** (Baobab bzw. »boab tree«) mit ihren meterdicken grauen Stämmen und den wirr nach oben ragenden Ästen heimisch. Sie sind für viele Wissenschaftler der Beleg, dass Afrika und Australien einst eine gemeinsame Landmasse formten.

Pflanzenvielfalt

Ob **Orchideen**, **Banksien** oder die den Schwertlilien ähnlichen roten und grünen **Kangaroo Paws**, die Wappenblume von Western Austra-

DIE BEUTELTIERE SIND AMERIKANER

Vor etwa 50 Mio. Jahren, als Australien noch mit Südamerika, Afrika, Indien und der Antarktis verbunden war, wanderten die ersten Beuteltiere von Südamerika nach Australien ein. Ohne natürliche Feinde konnten sie dort eine unglaubliche Artenvielfalt entwickeln. Sie sind klein wie eine Ratte oder fast 2 m groß, tag-, dämmerungs- oder nachtaktiv, Einzelgänger oder Herdentiere, sie leben in Wäldern, Grasländern, im Gebirge und in Wüsten.

▶ **Beutelsäuger (Metatheria)**

Mit ca. 260 Arten machen die Beuteltiere 6 % aller Säugetiere aus. Es gibt Pflanzenfresser wie die Kängurus, Wombats und Koalas, aber auch Fleischfresser wie das Mausopossum und den nur noch auf Tasmanien vorkommenden Beutelteufel.

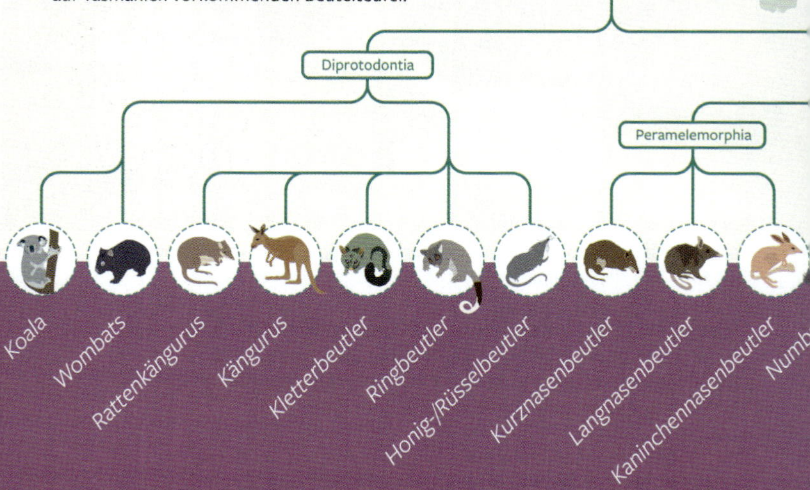

▶ **Blick in den Beutel**

Beuteltiere kommen nach einer Tragzeit von 11 bis 43 Tagen im Embryonalstadium zur Welt. Nur die Vorderbeine der oft nur reiskorngroßen Neugeborenen sind gut ausgebildet, um zu den Zitzen krabbeln zu können. Nackt und blind, entwickeln sich die Babys im schützenden Beutel der Mutter. Beim Känguru öffnet er sich nach vorne, beim Wombat nach hinten. Andere Beuteltiere wie der Numbat haben gar keinen Beutel. Nur eine Hautfalte umgibt dann die bis zu 30 Zitzen. Maximal acht Monate wächst das Junge im Beutel heran.

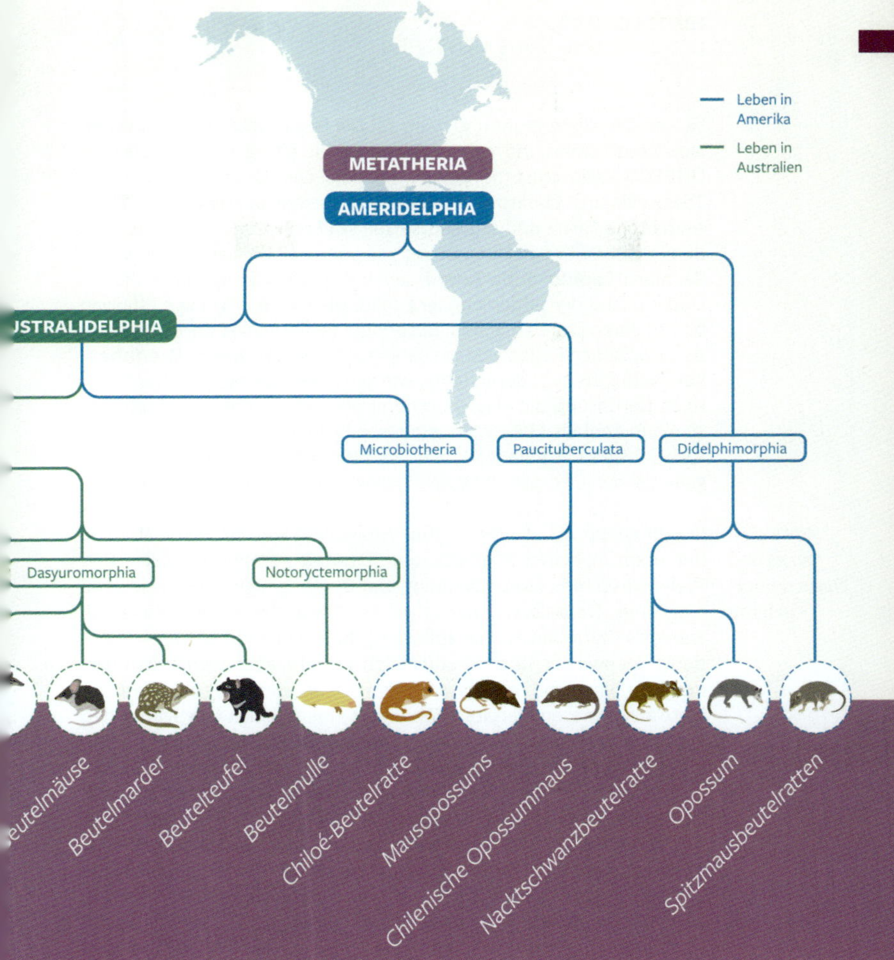

Springen, Graben, Klettern

Känguru
Vom bekanntesten Beuteltier gibt es 51 Arten – das Rote Riesenkänguru kann 12 m weit springen.

Wombat
Graben mit ihren scharfen Krallen ist die Lieblingsbeschäftigung der nagetierähnlichen Wombats.

Koala
Das »Tier, das nicht trinkt«, wie ihn die Aborigines nennen, lebt von Eukalyptusblätttern.

Wallaby
Filander, Hasen-, Busch- und Felskängurus gehören zu den 20–80 cm großen »Mittelkängurus«, die Wallabies heißen.

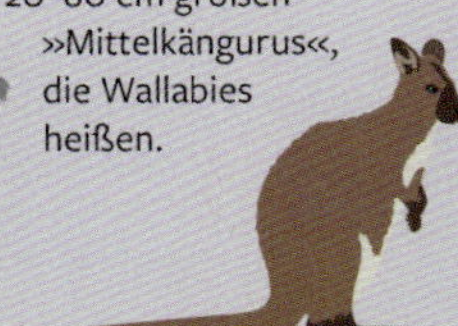

lia – an der Küste grünt und blüht es! Die Regenwälder im nördlichen New South Wales und in Queensland sind so einzigartig, dass sie zum UNESCO-Weltnaturerbe erklärt wurden. Der Dschungel zwischen Townsville und Cooktown zählt zu den ältesten Urwäldern der Erde. Archaische Farne und Blütenpflanzen sind teilweise immer noch auf dem gleichen Entwicklungsstand wie vor 120 Mio. Jahren, etwa der Palmfarn **Lepidozamia hopei**, der bis zu 20 m groß werden kann. Und im Land der giftigsten Tiere sollte man auch um einige Pflanzen besser einen Bogen machen: Besonders gefährlich ist die ebenfalls in den tropischen Regenwäldern beheimatete **Australische Brennnessel** (»sting tree«), deren feine, winzige Fasern selbst bei einer flüchtigen Berührung die Haut durchbohren und ein Gift frei etzen, das schlimmstenfalls über Monate hinweg brennende Schmerzen verursacht. Insgesamt gedeihen mehr als 1100 Arten höherer Pflanzen im gigantischen Ökosystem Urwald – davon allein 800 Baumspezies.

Nationalparks und Naturschutzgebiete

In den knapp 250 Jahren weißer Besiedlung wurden mehr als 70 % der ursprünglichen Pflanzen- und Tierwelt verändert. Acker- und Weidewirtschaft, Holzgewinnung und Bergbau haben das Buschland eingeengt. Deshalb werden schon seit Ende des 19. Jh.s die angestammte Flora und Fauna, außergewöhnliche Landschaften, gefährdete Regenwälder, Küsten- und Feuchtgebiete, aber auch Kultstätten der Aborigines und Zeugnisse früher weißer Besiedlung als Schutzgebiete ausgewiesen. Bereits 1879 richtete man südlich von Sydney den ersten australischen Nationalpark, den **Royal National Park**, ein. Mit einer Fläche von ungefähr 20 000 km² ist der **Kakadu National Park** im Northern Territory der größte australische Nationalpark an Land. Der **Great Barrier Reef Marine Park** ist sogar 345 000 km² groß und damit das größte Meeresschutzgebiet der Erde. Heute hat Australien weit über 500 Nationalparks, die sich auf 4 % der Landesfläche erstrecken. Dazu kommen 145 Meeresschutzgebiete sowie 2700 andere Schutzgebiete. Insgesamt stehen damit 7,5 % der Landfläche Australiens unter Naturschutz. Die UNESCO hat 19 Stätten zum Welterbe in Australien erklärt, darunter zwölf Weltnaturerbestätten und vier gemischte Kultur- und Naturerbestätten.
Einen guten Überblick über die wichtigsten australischen Nationalparks findet man unter www.atn.com.au/parks/parks.htm.

Bevölkerung

Weitgehend dünn besiedelt

Die Nord-Süd-Ausdehnung Australiens beträgt rund 3700 km, die Strecke von Ost nach West ist mit 4000 km sogar noch etwas länger. Deutschland würde fast 22-mal in Australien hineinpassen und hat dennoch ca. viermal so viele Einwohner wie Down Under: Auf die riesige Fläche Australiens verteilen sich rund 25 Mio. Menschen, allein knapp die Hälfte davon lebt in den fünf größten Städten Sydney, Melbourne, Brisbane, Perth und Adelaide. Mehr als acht von zehn Australiern leben im rund 50 km breiten Küstensaum. Das endlos weite Outback ist dementsprechend extrem dünn besiedelt, oft liegen mehrere Hundert Kilometer zwischen zwei »benachbarten« Siedlungen oder auch Farmen.

Aborigines

Rund 650 000 Aborigines leben in Australien. Die Ureinwohner hatten, vor gut 50 000 Jahren aus Südasien einwandernd, den Kontinent in Besitz genommen und sich optimal an dessen widrige Lebensbedingungen angepasst. Sie waren meisterhafte Naturbeobachter und Fährtensucher, unschlagbar im Auffinden von Wasser und Nahrung. Es gab keine Häuptlinge oder Führer. Eine herausgehobene Stellung nahmen jedoch die alten Männer als Bewahrer der tradierten Schöpfungsmythen und Zeremonien ein. Große Bedeutung hatten die Initiationsriten der jungen Männer: Mit dem Eintritt in die Erwachsenenwelt bekamen sie Zugang zum geheimen Wissen der Alten.

Die Sträflinge kommen

Zu Beginn der Landnahme durch die Weißen reagierten die Ureinwohner oft mit erschrockenem Staunen auf die hellhäutigen, voll be-

Noch immer sind Aborigine-Kinder (hier auf der Strandpromenade von Geraldton) im Vergleich mit weißen Altersgenossen benachteiligt.

»Very british«! In ganz Australien schieben beim Lawn Bowling überwiegend ältere, weiß bekleidete Damen und Herren eine ruhige Kugel.

kleideten Eindringlinge, ja, sie hielten sie sogar für Schöpferahnen der lang vergangenen Traumzeit. Die »First Fleet« (1788) und viele weitere Schiffe brachten zunächst ausschließlich Strafgefangene und die zu ihrer Bewachung abgestellten Soldaten nach Australien. Die »convicts« hatten hart zu arbeiten; bei Bewährung oder nach dem Ablauf ihrer Strafe konnten sie als Freigelassene in der Kolonie bleiben und als Handwerker oder Bauern tätig werden. Insgesamt wurden mehr als 160 000 Gefangene nach Australien verfrachtet. Durch die Anlage von Sträflingslagern, Siedlungen und Weidestationen wurden die Aborigines aber aus ihren angestammten Jagd- und Stammesgebieten verdrängt, ihre sakralen Orte und Zeremonienplätze entweiht. Erbittert setzten sich die Ureinwohner gegen die Eindringlinge zur Wehr – jedoch ohne Chance.

Jagd auf Menschen

Seit 1816 durften entsprechend der **»Proclamation of Native Outlawry«** Aborigines ungestraft getötet werden. Das dunkelste Kapitel der kurzen weißen Geschichte Australiens machte die Ureinwohner heimatlos und zum Freiwild. So schrumpfte ihre Bevölkerungszahl von 300 000 im Jahr 1770 auf 60 000 rund 150 Jahre später. Am ehesten konnten die Aborigines ihr angestammtes Dasein noch im wüstenähnlichen Zentrum und im unwegsamen Top End im Norden weiterführen. Überall dort, wo sich die lebensfeindliche Natur dem europäischen Expansionsdrang widersetzte.

Die Deutschen landen an

Immer größer war auch die Zahl der freien Siedler geworden, die Europa den Rücken kehrten. Als sträflingsfreie Kolonie galt Südaustralien, wohin ganze Dorfgemeinschaften aus Brandenburg und Schlesien einwanderten (1838). Auch Queensland wurde zur neuen Heimat vieler deutscher Bauern. Um 1850 lebten in Australien mehr als 400 000 weiße Einwohner; davon waren noch 20 % Sträflinge.

Der Goldrausch

Der von Victoria und New South Wales aus den ganzen Kontinent überrollende Goldboom brachte Mitte des 19. Jh.s erstmals international zusammengewürfelte Menschenmassen ins Land. Australien wurde zu einem **klassischen Einwanderungsland**. 1870 betrug die Bevölkerungszahl Australiens 1,65 Mio. Menschen: Sie hatte sich im Lauf von 20 Jahren vervierfacht.

Die Südeuropäer

1901 zählte das Commonwealth of Australia bereits 3,8 Mio. Einwohner. Die Weltwirtschaftskrise 1929 und der Zweite Weltkrieg brachten einen weiteren Einschnitt: Australien brauchte mehr Menschen und öffnete sich bereitwillig den Strömen von Heimatlosen und Verfolgten aus dem zerbombten Europa. Von den Griechen, Jugoslawen, Italienern und Maltesern, die bereits in Australien ansässig waren, wurden nach und nach die Familienmitglieder nach Australien geholt.

»Stolen generations«

Erst Ende der 1990er-Jahre wurde von der australischen Gesellschaft ein besonders brutaler Versuch der Assimilierung aufgearbeitet: Von etwa 1900 bis Anfang der 1970er-Jahre trennten Regierung und Kirche über 100 000 meist »halbblütige« Aborigine-Kinder von ihren Eltern und brachten sie in Lagern und Missionsstationen unter, wo sie wie Weiße erzogen werden sollten. Im August 2007 gab es erstmals ein richtungsweisendes Urteil, das den Kindern der »gestohlenen Generationen« eine Entschädigung zusprach. Und im Februar 2008 entschuldigte sich Australiens damaliger Premierminister Kevin Rudd offiziell im Namen der australischen Regierung für die Kindesentführungen, Massaker und Misshandlungen an den Aborigines seit der britischen Kolonialisierung 1788. Rudds Vorgänger hatten eine solche Entschuldigung stets abgelehnt.

Der Kampf ums Land

Seit den 1960er-Jahren kämpfen die Ureinwohner teilweise erfolgreich um die Rückgabe ihres angestammten Landes. Im Nordterritorium wurden ihre »land rights« 1976 per Gesetz anerkannt. Man gestand ihnen die Kontrolle über einige ihrer wichtigen Kultstätten wie den **Uluru (Ayers Rock)** zu. Die **Aboriginal Land Trusts** erhielten seither ein Drittel der Fläche des Northern Territory zurück, das jetzt selbstverwaltet wird und nur mit schriftlicher Genehmigung betreten

»WUMAN CHAIKA!« – WILLKOMMEN!

BAEDEKER WISSEN

Nebel liegt über dem Gras. Jason Tamiru vom Yorta-Yorta-Stamm beugt sich über eine kleine Feuerstelle, sprenkelt Wasser und Eukalyptussamen in eine Schale, gefüllt mit den Blüten australischer Büsche und Bäume. Rauch steigt auf, reinigt den Besucher wie den indigenen Guide. Mit solch einer Rauchzeremonie, dem traditionellen Begrüßungsritual der Ureinwohner, beginnen viele der Aboriginal Walks, ob irgendwo draußen im Outback oder auch im Botanischen Garten von Melbourne.

Die zerstoßenen Blätter des einen Baumes lindern Muskelkater und andere Schmerzen, aus dem Holz eines anderen schnitzen sie Bumerangs und der Saft dieses Araukariengewächses ist ein natürlicher Klebstoff: Wer unterwegs mit Aborigines ist, erfährt die ungeheure Vielfalt der Natur, der Kulturen und Lebensformen, der Mythen und Legenden. Dazu gehört auch der **»walkabout«** – eine Wanderung von Ort zu Ort, die fest verwurzelt ist in der jahrtausendealten Tradition der Ureinwohner. Noch heute gehen junge Männer im Zuge ihrer Initiation auf eine solche äußere wie innere Reise. Dabei lernen sie nicht nur den australischen Busch, sondern auch sich selbst kennen.

Eins mit der Natur

Evan Yanna Muru vom Volk der Darug nimmt am Bahnhof von Faulconbridge in den **Blue Mountains** Wanderer mit auf einen solchen »walkabout«. Acht Stunden lang zieht er mit ihnen querfeldein durch die wilde Bergwelt im Westen von Sydney, folgt den Spuren der **»songlines«** – einem mythologischen Weg, dessen Verlauf früher durch Gesänge und Tänze von Generation zu Generation weitergegeben wurde. Er lässt seine Gäste Bäume streicheln, um die eigene Energie zu spüren, Beeren und Blätter essen, und er fordert sie auf, Eukalyptusblätter wegen der antibakteriellen Wirkung in die Nasenlöcher zu stecken. »Schärft eure Sinne«, fordert er auf, »riecht, hört, schmeckt, tastet und seht!«

Der Regenwald ist die Heimat von Frances Walker vom Volk der Kuku Yalanji. Ihr Lebensraum rund um **Wujal-Wujal**, wie die **Bloomsfield-Wasserfälle** in ihrer Sprache heißen, ist als UNESCO-Welterbe geschützt. Warum, erzählt sie während der Trockenzeit auf einem Spaziergang im steinigen Bachbett des Bloomfield River, das in der Regenzeit zwischen Dezember und Mai einige Meter hoch überschwemmt ist. Noch immer hängen Pflanzenreste und abgerissene Äste in den Baumkronen. Weit vor den Wasserfällen zeigt sie auf die Jungfische im Fluss und die Kapokbäume, die am Ufer gelb hervorleuchten. »Sie sind ein Indikator für uns. Wenn sie blühen, wissen wir, dass die Lachse kommen.«

Auch für allerlei Krankheit ist der Regenwald die Apotheke der rund 600 Ureinwohner in der Siedlung am Fluss. In der Regenzeit sind sie völlig abgeschnitten von der restlichen Welt.

In Zentralaustralien setzten die Ureinwohner ihre Bilder aus lauter Punkten zusammen: Einblicke in diese **»dot paintings«** gewährten die Anangu bei Malkursen am **Uluru** (Ayers Rock).

Beruhigendes Brummen

Ganz und gar mit Tupfen, Punkten und Linien ist auch das **Didgeridoo** geschmückt. Mit ihrer raffinierten Blastechnik und immer wieder neuen Kombinationen von Mundbewegung, Atemtechnik, Stimmeffekten und Klopftechniken locken die Aborigines die erstaunlichsten Töne aus dem traditionell von Termiten ausgehöhlten Holzstamm. Vorbild der Rhythmen ist stets die Natur. Sein Klang bildet das **Tor zum spirituellen Universum** der Ureinwohner. Die Wiederholung der Rhythmen versetzt den Geist in Trance.
Wer jedoch schon einmal selbst versucht hat, diesem faszinierenden Instrument ein paar Töne zu entlocken, der weiß: Einfach ist es nicht. Wie man den Mund als Blasebalg nutzt und die Zirkularatmung einsetzt, zeigt u. a. **Didgeridoo Breath** in Fremantle.

Eine uralte Tradition: Speerfischen

Touren und Kurse

NEW SOUTH WALES

BLUE MOUNTAINS WALKABOUT
Die Wanderungen durch den Busch der Blue Mountains folgen traditionellen songlines.
www.bluemountainswalkabout.com

NORTHERN TERRITORY

TIWI ISLANDS DAY TOURS
Tauchen Sie zwei Tage lang ein in die unberührte Kultur der Inselaborigines. Die Tiwi Islands sind Darwin vorgelagert.
www.aatkings.com

DOT PAINTING WORKSHOP
Malen mit Pünktchen können Sie beispielsweise im Kakadu National Park.
www.aboriginalculture.com.au

QUEENSLAND

TJAPUKAI ABORIGINAL CULTURAL PARK
In dem Kulturpark bei Cairns lernen Sie, den Boomerang so zu werfen, dass er auch zurückkommt.
www.tjapukai.com.au

VICTORIA

ABORIGINAL HERITAGE WALKS
Die Geschichte der Aborigines erfahren Teilnehmer beim Spaziergang durch Melbournes Botanischen Garten.
www.rbg.vic.gov.au

WESTAUSTRALIEN

LOMBADINA COMMUNITY
Ob »mudcrabbing« oder Speerfischen, die Touren auf der Damper Peninsula in den Kimberleys sind an Land so gut wie im Wasser.
www.lombadina.com

DIDGERIDOO BREATH
▶ S. 440

werden darf. In den anderen Bundesstaaten gehen die Auseinandersetzungen um die Ansprüche der Aborigines weiter. Erst seit 1962 sind sie wahlberechtigt. Am schlimmsten ist das Schicksal der entwurzelten Aborigines und »Mischlinge« in den **Slums der Städte**, wo sie heutzutage mit der Sozialhilfe zwar ein Existenzminimum erhalten, aber kaum Möglichkeiten zur Integration finden und somit oft zu Opfern von Alkohol und Krankheiten werden.

Und jetzt die Chinesen

Die Einwanderungspolitik Australiens änderte sich 1966, als die diskriminierende »White Australia Policy« aufgegeben wurde. Dadurch hat sich die Zuwanderung aus den asiatischen Ländern deutlich verstärkt. Mit gezielten Kampagnen wurden sogenannte »high potentials« ins Land geholt. Bedeutend war auch die Aufnahme vietnamesischer Flüchtlinge. Mittlerweile stellen die Chinesen mit 1,2 Mio. Einwohnern – viele bereits mit australischem Pass – vor den Indern die größte Schicht der insgesamt 6,7 Mio. starken Bevölkerung mit Migrationshintergrund.

Die Religionen

Knapp 30 % der australischen Bevölkerung gehören keiner Religion an, bei den 18- bis 34-Jährigen sind es sogar 39 %. Das Christentum ist die bedeutendste Religion (52 %). Buddhismus, Hinduismus und Islam fallen kaum auf.

Politik

Sechs Bundesstaaten und zwei Territorien

Der **Commonwealth of Australia** besteht aus sechs Bundesstaaten – New South Wales (NSW), Queensland (QLD), South Australia (SA), Tasmania (TAS), Victoria (VIC) und Western Australia (WA) – begannen als britische Kolonien, die durch den **»Australian Colonies Government Act«** von 1850 erstmals eigenständige Regierungen bekommen hatten und sich zunächst in Konkurrenz zueinander entwickelten. Der Startschuss für ein Zusammenwachsen der Kolonien war die Bildung der Australischen Föderation 1901 (▶ S. 511). Das Northern Territory (NT) und das Australian Capital Territory (ACT) wurden als Territorien ohne Eigenstaatlichkeit, aber mit weitgehender Selbstverwaltung 1911 gebildet. Außengebiete wie beispielsweise die Norfolkinseln komplettieren das australische Staatsgebiet.

Die Nationalflagge

Auf der Nationalflagge steht links oben der **Union Jack** für die Zugehörigkeit zum Vereinigten Königreich von Großbritannien und Nordirland. Sechs der sieben Strahlen des **Commonwealth Star** symbolisieren die Bundesstaaten, der siebte die Territorien. Weitere fünf unterschiedlich große Sterne repräsentieren das Sternbild des **Kreuz des Südens**.

Staatsform und Regierung

Australien ist einerseits eine parlamentarische Monarchie in enger Anlehnung an das britische Regierungssystem, zugleich aber eine Föderation, die in ihrer Verfassung viele Ähnlichkeiten mit den USA aufweist. Die **britische Königin** – vertreten durch einen **Generalgouverneur** (seit 2014 Peter Cosgrove) – ist nach wie vor Staatsoberhaupt Australiens. 1999 sollte die Republik ausgerufen werden, doch in einem Referendum entschieden sich die Australier mehrheitlich für die Beibehaltung der Monarchie. Australiens Zweikammerparlament besteht aus **Senat und Repräsentantenhaus**. Es herrscht Wahlpflicht auf Bundes- und auf Staatsebene. Aborigines werden erst seit 1962 in Wählerlisten aufgenommen, seit 1984 gilt auch für sie bei Bundeswahlen Wahlpflicht. Änderungen der australischen Verfassung sind nur über einen Volksentscheid möglich. Die **australischen Bundesstaaten** haben jeweils ein eigenes Parlament und eine eigene Landesregierung, deren nominelles Oberhaupt jeweils ein Gouverneur als Vertreter der britischen Krone ist. Der vom Generalgouverneur ernannte **Premierminister** und sein Kabinett werden von jener Partei oder Koalition gestellt, die im Parlament über die Mehrheit verfügt. Im Parlament sind derzeit drei politische Parteien relevant: Die **Liberale Partei** (Liberal Party, LP)und die **Nationale Partei von Australien** (National Party of Australia, NPA) bilden die Koalitionsregierung, die **Australische Arbeiterpartei**

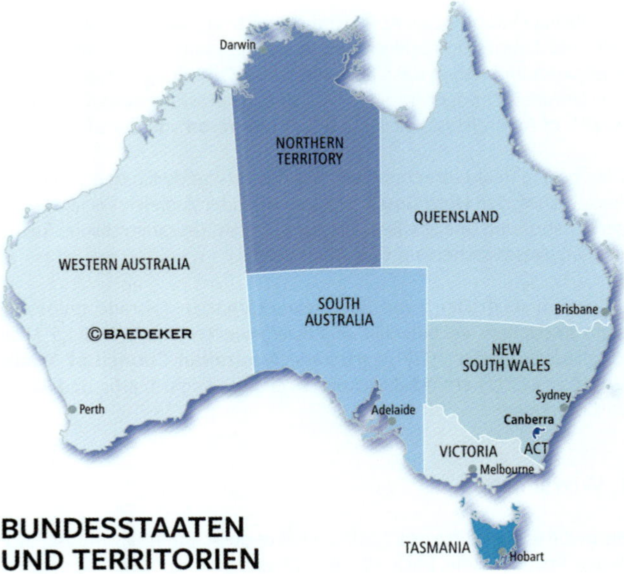

BUNDESSTAATEN UND TERRITORIEN

LANDNUTZUNG

(Australian Labor Party, ALP) ist die größte Oppositionspartei. Liberale und Labors dominieren seit jeher die politische Landschaft in Australien und haben das Land seit seiner Gründung mit relativ kurzen Unterbrechungen regiert. 30. Ministerpräsident des Commonwealth of Australia ist seit 2018 **Scott Morrison** von der LP.

Die Judikative Die oberste Rechtsprechung des Bundes erfolgt durch den Obersten Gerichtshof, den **High Court of Australia**, der zugleich Verfassungsgerichtshof und oberste Berufungsinstanz ist. Das australische Recht fußt im Wesentlichen auf dem britischen.

Die Gewerkschaften Es gibt in Australien rund 300 Gewerkschaften (»trade unions«) nach britischem Vorbild. Mit 46 Einzelgewerkschaften und 1,9 Mio. Mitgliedern ist der 1927 gegründete **Australian Council of Trade Unions** (ACTU) am mächtigsten. Streiks sind sehr häufig und kaum vorhersehbar.

Wirtschaft

Agrargüter Bis in die erste Hälfte des 20. Jh.s bildete die Ausfuhr landwirtschaftlicher Produkte die Basis für Australiens wachsenden Wohlstand.

Wolle wurde zu einem ersten Exportschlager. Die Rinderhaltung und der Export von **Fleisch** erlebten einen großen Aufschwung, als das Landesinnere von Queensland mit seinen Wasservorkommen aus großer Tiefe erschlossen wurde. Dritter wichtiger Exportartikel wurde **Weizen**, der auf den riesigen Flächen günstig angebaut werden konnte.

Von Bauxit bis Steinkohle

Die Industrie konzentrierte sich von Anbeginn in den Großstädten Australiens. Erst in den 1970er-Jahren verlagerten sich die Investitionen mithilfe internationalen Kapitals auf den Bergbausektor. Australien liegt heute weltweit unter den Top Fünf beim Export von Bauxit (Tonerde), Zink, Blei, Eisenerz und Steinkohle.

Exporte

Australien erwirtschaftete 2018 einen **leichten Handelsbilanzüberschuss** von gut 21 Mio. AUD. **Hauptausfuhrgüter** sind Eisenerz, Kohle, Gold und Gas, auf der landwirtschaftlichen Seite Weizen, Rindfleisch, Wolle und Wein. Australiens wichtigster Exportmarkt ist mit großem Abstand China, wohin mehr als ein Drittel aller Waren geht, gefolgt von Japan, Südkorea und Indien. Nach Deutschland gehen nur 1 % der Exporte.

Importe

Bei den Importen stellen Personenkraftwagen, Nutzfahrzeuge, Petroleum und Computer knapp ein Viertel des Gütervolumens. Wichtigste Lieferländer sind China (23 %), die USA, Japan, Thailand; auf dem 5. Platz folgt Deutschland mit 5,4 %.

Tourismus

Im wachsenden Dienstleistungssektor sticht besonders der internationale Fremdenverkehr als inzwischen sehr bedeutender Wirtschaftsfaktor hervor. Zählte man 1984 noch rund 1 Mio. ausländische Besucher, so waren es 2018 bereits 9,4 Mio. Zielgruppe Nummer eins sind inzwischen die asiatischen Märkte, besonders China. Die Europäer bleiben zwar deutlich länger, sind aber etwas aus dem Fokus gerückt. 2018 kamen knapp 220 000 deutsche Touristen nach Australien.

Klimaschutz

Down Under hätte eigentlich allerbeste Voraussetzungen: **Erneuerbare Energien** aus Sonne, Wind und Wasserkraft wären reichlich vorhanden. Doch im Land zu sehen sind lediglich ein paar Windparks und noch weniger Photovoltaikanlagen. Das hat einen simplen Grund: Erneuerbare Energien sind der **mächtigen Kohlelobby** ein Dorn im Auge. Australien leidet unter dem Klimawandel, trotzdem war und ist die Klimapolitik der Regierung nicht wichtig. Man denkt derzeit sogar darüber nach, den USA unter Donald Trump zu folgen und aus dem Klimaabkommen von Paris auszusteigen. Auch in der breiten Bevölkerung ist das Bewusstsein weder für große Themen wie für die Risiken des Klimawandels noch für Umweltschutz im Alltag – wie etwa Plastikvermeidung – sehr ausgeprägt.

GESCHICHTE

Nein, James Cook hat Terra Australis incognita nicht entdeckt. Er war nicht einmal der erste Europäer, der das Land betrat. Diese Ehre wurde einem Niederländer zuteil. Aber britische »Gefangene« wurden durch Cook die ersten europäischen Bewohner Australiens, was in der Folge unausweichlich zum Konflikt mit den Aborigines führte. Ein Konflikt, der trotz Australiens Entschuldigung von 2008 bis heute noch nicht gelöst ist. Eine Hypothek, die das moderne Australien auch im 21. Jahrhundert mit sich trägt.

Vorgeschichte

Die Welt war eine andere

Das älteste Skelett in Australien wurde am Lake Mungo (New South Wales) gefunden: Das Alter des **Mungo Man** wird von einigen Wissenschaftlern auf rund 40 000 Jahre, von anderen auf etwa 60 000 Jahre geschätzt. Der **Spiegel des Weltmeeres** lag in dieser Zeit weit unter dem heutigen Niveau und es gab diverse Landbrücken bzw. leicht überwindbare Wasserstraßen, die die **Einwanderung des Homo sapiens** hier ermöglichten. Wissenschaftler vermuten, dass viele Migranten in seetüchtigen Booten oder auf entsprechenden Flößen nach Australien gelangten.

Die Allerersten

Die ersten Bewohner des heutigen Australiens kamen von Asien. Allerdings konnten bis heute keine Anzeichen entdeckt werden, ob die **Urahnen der Aborigines** (vom lateinischen Begriff »ab origine«, d. h. »vom Ursprung an«) über Kenntnisse in Navigation bzw. im Bootsbau verfügten. Diese Aborigines brachten ihre Schöpfungsgeschichte mit und das Bild einer ganzheitlichen Welt: Sie auszubeuten hieße, sich selbst auszubeuten. So sagen es die Legenden aus der Traumzeit – bis heute (▶ Baedeker Wissen S. 196)!

Die Aborigines

Als sich die ersten Menschen in Australien ansiedelten, war das Klima feuchter als heute. Der gesamte Kontinent eignete sich als Lebensraum. Die allmähliche Erwärmung des Klimas zwang die Aborigines, sich nach allen Regeln der Überlebenskunst an die **immer kärglicher werdende Umwelt** anzupassen. Als europäische Zuwanderer um 1770 damit begannen, Australien in Besitz zu nehmen, war der fünfte Kontinent von schätzungsweise 300 000 Ureinwohnern bevölkert, die als Jäger und Sammler in gut 500 Volksgruppen lebten und an die 250 Sprachen besaßen. Trotz kultureller Unterschiede hatten die verschiedenen Stämmen auch viele Gemeinsamkeiten wie z. B. das Zusammenleben in Clans und Familienverbänden.

CHRONOLOGIE

VORGESCHICHTE

Ab ca. 50 000 v. Chr.	Einwanderung der australischen Ureinwohner aus Südostasien

ENTDECKUNG EINER NEUEN WELT

1616	Kapitän Dirk Hartog landet in der Shark Bay (WA)
1642	Abel Tasman umrundet Australien und entdeckt Tasmanien.
1844/55	Erste Durchquerung Australiens durch den deutschen Forschungsreisenden Ludwig Leichhardt

DIE BESIEDLUNG DURCH DIE EUROPÄER

1770	James Cook nimmt den Ostteil für die englische Krone in Besitz.
1788	Entstehung der ersten Kolonie New South Wales: Die »First Fleet« bringt 1000 Strafgefangene in die Botany Bay (NSW).
1793	Die ersten Siedler erreichen das Land.
1817	Der Kontinent erhält offiziell den Namen Australien.
1825–1859	Es bilden sich weitere Kolonien: Tasmanien (1825), Western Australia (1829), South Australia (1836), Victoria (1851), Queensland (1859).
1851	Der Goldrausch bringt weitere 500 000 Zuwanderer ins Land.
1861	Die Forscher Burke und Willis durchqueren Australien von Süden nach Norden; die Expedition endet für die meisten Teilnehmer tödlich.

DER SOUVERÄNE STAAT

1901	Vereinigung der australischen Kolonien zum Commonwealth of Australia
1911	Bildung des Northern Territory sowie des Australian Capital Territory mit der neuen Hauptstadt Canberra
1914–1918	Kriegsteilnahme australischer Truppen aufseiten Großbritanniens
1939–1945	Kriegsteilnahme Australiens aufseiten der Alliierten
1942	Darwin wird von japanischen Flugzeugen bombardiert.
1967	Die Aborigines erhalten die vollständigen Bürgerrechte.
1999	55 % der Australier stimmen bei einem Referendum für die parlamentarische Monarchie unter Elisabeth II.
2000	Sydney richtet die XXVII. Olympischen Spiele aus.
2011	Australien erlebt eine der schwersten Flutkatastrophen der Geschichte.
2019	Der liberal-konservative Parteibündnis von Premierminister Scott Morrison gewinnt die australische Parlamentswahl.

Entdeckung einer neuen Welt

Terra Australis incognita

Schon lange vor seiner Entdeckung hatten Gelehrte im alten Europa die Existenz eines Südkontinents vermutet. Die griechische Antike hielt diesen Kontinent als Gegengewicht zur nördlichen Erdhälfte für notwendig. Ptolemäus unterstützte um 150 n.Chr. diese Symmetriethese und bekräftigte die Vorstellung von einem im Süden gelegenen, unbekannten Land (»Terra Australis Incognita«), das durch Feuergürtel und durch ein Meer voller Gefahren von der bis dahin bekannten Welt getrennt sei.

Chinesen, Portugiesen, Spanier

Möglicherweise waren chinesische Seefahrer, die seit dem 9. Jh. die Ostküste Afrikas und Teile Indonesiens ansteuerten, auch an die nördlichen Küsten Australiens gelangt. Ab dem 11. Jh. kamen regelmäßig Fischer aus Sulawesi. Als Marco Polo 1292 auf dem Seeweg von China nach Venedig zurückkehrte, berührte er Australien nicht, doch er berichtete in seinen Erinnerungen von einem an Gold und Muscheln reichen Land südlich von Java.
Seit dem 15. Jh., als Spanien und Portugal um die Vorherrschaft auf den Weltmeeren wetteiferten, rückte dann das unbekannte Terra Australis Incognita in sehr greifbare Nähe. Vermutlich landeten Portugiesen an der australischen Küste, denn 1516 gründeten sie auf Timor – keine 500 km von Australien entfernt – eine Niederlassung. Auch die Spanier waren im frühen 17. Jh. in die Nähe Australiens gelangt. Unter Pedro Fernandez de Quiros startete eine Expedition vom peruanischen Lima zur Erkundung des Südkontinents; doch die vermeintlich gefundene Terra Australis war eine Insel der Neuen Hebriden. Im Jahr 1606 segelte Kapitän Luís Vaez de Torres weiter westwärts durch die nach ihm genannte Torres-Straße zwischen Neuguinea und der Nordküste Australiens, beinahe in Sichtweite von Cape York.

Niederländer

Der erste zuverlässige Bericht von der australischen Nordküste stammt aus dem Jahr 1606 von dem niederländischen Kapitän **Willem Jansz**. Er stach von Java aus in See, um Neuguinea und andere Inseln zu erforschen. Die Fahrt führte am nordöstlichen Carpentaria-Golf entlang; die Westküste von Cape York hielt man für einen Teil von Neuguinea. Die Nordostwinde vom afrikanischen Kap der Guten Hoffnung beschleunigten wohl die Reise der Segelschiffe auf ihrem Weg zu den ostindischen Niederlassungen, doch manches Schiff kam im Sturm vom Kurs ab und erreichte statt Java die Westküste Australiens. 1616 landete dann Kapitän **Dirk Hartog** auf der nach ihm benannten Insel in der Shark Bay südlich von Carnarvon. Weitere Schiffe folgten.
Die größte Leistung unter den niederländischen Seefahrern gelang jedoch 1642/1643 **Abel Tasman**, der im Auftrag von Antonij van Die-

men, dem Generalgouverneur von Batavia (heute Jakarta), den australischen Kontinent in einem großen Bogen umrundete. Dabei stieß der niederländische Seefahrer auf Tasmanien, das er nach seinen Dienstherren auf den Namen »Van Diemen's Land« taufte. Erst 1853 wurde die Insel schließlich nach ihrem Entdecker umbenannt. 1644 ging Tasman erneut auf Entdeckungsreise und segelte von Cape York im Norden Queenslands bis Port Hedland in Western Australia. Durch diese kartografisch festgehaltenen Erkundungen hatten sich die holländischen Seefahrer gute Kenntnisse vom Küstenverlauf des Südlandes verschafft, das sie Neu-Holland tauften. An einer Besiedlung des aus ihrer Sicht feindseligen und kargen Lands zeigten die Niederländer jedoch kaum Interesse.

Erkundungen der Küste

Gleiches galt zunächst auch für die Briten. Ihr erster Landgänger hieß **William Dampier**, der als Pirat und Abenteuerschriftsteller auf einer Weltumsegelung neues Material sucht und einige Wochen lang den Nordwesten erkundete. In der zweiten Hälfte des 18. Jh.s tauchten auch französische Schiffe im Südpazifik auf. Doch keine der europäischen Mächte zeigte Interesse am »Südland«, das unwirtlich erschien und weder Handelspartner noch Gold oder Gewürze zu bieten hatte.

In historischen Kostümen wird nachgestellt, wie James Cook 1770 im Auftrag der britischen Krone an der Spitze von Cape York landete.

James Cook

Am 26. August 1768 verließ James Cook im Auftrag der Royal Navy die Küste Englands – u. a. mit dem Ziel, den Südkontinent heimlich zu erkunden und ihn zu annektieren (erst 1923 wurde die entsprechende Geheimorder veröffentlicht). Als sein Schiff, die **»Endeavour«**, am 21. August 1770 die Spitze von Cape York erreichte, nahm Cook im Namen des britischen Königs Georg III. den gesamten Osten des neuen Landes in Besitz und nannte ihn **»New South Wales«**. Er erkundete die Ostküste und schuf damit die Voraussetzungen, dass 18 Jahre später die »First Fleet« in Australien landen und eine Strafkolonie errichten konnte.
Seit 1817 heißt die Terra Australis Incognita offiziell Australien. Zu verdanken ist dies dem englischen Forschungsreisenden Matthew Flinders, der erstmals den gesamten Kontinent umrundete.

Erkundung des Inlands

Nach und nach wurde auch das Landesinnere erforscht. Man hoffte auf die Erschließung von Weidegebieten und Bodenschätzen. Unvorstellbare Strapazen musste beispielsweise 1841 Edward **John Eyre** ertragen, der mit seinem Aborigine-Begleiter Wylie die Nullarbor-Wüste von Port Lincoln (SA) bis Albany (WA) durchquerte, nachdem er bereits 1840 weit in den wüstenhaften Norden Südaustraliens bis zum Rand des später nach ihm benannten Salzsees Lake Eyre vorgedrungen war. Dem Deutschen **Ludwig Leichhardt** gelang 1844 bis 1845 die erste Durchquerung des Kontinents von Queensland ins Northern Territory; nach einer gescheiterten zweiten Expedition verschwand er auf seiner dritten für immer spurlos. Ebenfalls tragisch endete die Forschungsreise von **Robert O'Hara Burke** und **William John Wills**, die auf ihrer Rückkehr vom Carpentaria-Golf starben.
Erfolgreicher war **John McDouall Stuart**, der zwischen 1858 und 1862 als erster Europäer den australischen Kontinent von Süden nach Norden durchquerte und lebend zurückkehrte. Seiner Route sollte ab 1872 die Overland-Telegrafenlinie von Adelaide nach Darwin folgen. Um 1880 war Australien bereits weitgehend erforscht, wenngleich bis in die 1930er-Jahre hinein noch weiße Flecken auf der australischen Landkarte blieben – abgelegene Gebiete, die erst nach und nach aus der Luft erkundet werden konnten.

Die Besiedlung durch die Europäer

Die erste Sträflingskolonie

Am 18. Januar 1788 begann die Besiedlung der Südostküste des Kontinents: Die erste Sträflingskolonie für rund 1000 Gefangene wurde in der **Botany Bay** gegründet, wo heute Sydney liegt. Man hisste den Union Jack nur wenig später, am 26. Januar 1788. Das war der eigentliche Startschuss für die Geschichte des Weißen Australiens – der 26. Januar ist heute Nationalfeiertag, der **Australia Day**.

OBEN: In einfachen Holzhütten war einst die Van Diemen's Land Company auf Tasmanien untergebracht.

UNTEN: Sträflinge waren zu allem zu gebrauchen: »Bessere Herrschaften« ließen sich beispielsweise gerne in Schienenfahrzeugen umherschieben.

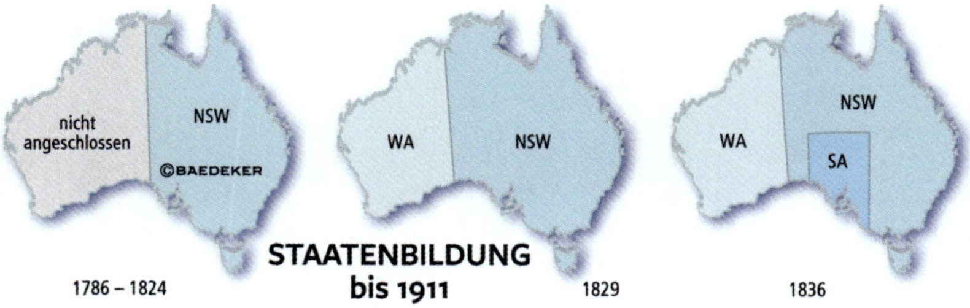

Deportiert ans andere Ende der Welt Mit der Unabhängigkeit der USA (1783) hatte Großbritannien die Kolonien in Nordamerika als Aufnahmegebiet für verurteilte Kriminelle verloren. Deshalb bot sich Australien als Ersatz an: Die Verschiffung von Sträflingen auf den Südkontinent wurde etwa 80 Jahre lang betrieben. In dieser Zeit kamen rund 137 000 Männer und 25 000 Frauen als **»convicts«** (Strafgefangene) ins Land. Die meisten Deportierten waren Kleinkriminelle wie Taschendiebe, Schafdiebe oder Wilderer, jede fünfte Frau war eine Prostituierte. Im Lauf der Zeit wurden auch politische Gefangene – in der Regel aus Irland – nach Australien verschifft.

Die Siedler kommen Ab 1793 folgten die ersten freien Siedler (emancipists). Sie führten Merinoschafe aus Südafrika und England ein und machten damit die **Schafzucht** zur wirtschaftlichen Basis der entstehenden Kolonie. So wurde nicht nur die Erschließung des Kontinents vorangetrieben, sondern es bildeten sich auch riesige Farmen, die billige Wolle für die britische Textilindustrie lieferten. Für die Schafzucht und später auch für den Anbau von Weizen wurden gerne Sträflinge als billige Arbeitskräfte eingesetzt.

Innere Autonomie und Goldrausch Eine Zäsur in zweierlei Hinsicht stellt das Jahr 1851 dar. Als erste Kolonie erhielt **Victoria** mit der Hauptstadt **Melbourne** die innere Autonomie, die in den kommenden Jahren auch anderen Kolonien in Australien zugebilligt wurde; nur Westaustralien bekam sie erst 1890. Goldfunde im Südosten des Kontinents, in Summerhill Creek an den Ausläufern der Blue Mountains, lösten ebenfalls ab 1851 einen regelrechten Goldrausch aus, von dem sich 500 000 Menschen anlocken ließen. Erstmals gelangten nun auch Angehörige der Mittelschicht nach Australien, die bei der Erschließung des Kontinents und beim Aufbau eines modernen Staatswesens von großem Nutzen waren.

Das Leid der Aborigines Innerhalb von zehn Jahren **verdreifachte sich die weiße Bevölkerung**, 1901 lebten bereits 3,8 Mio. Menschen vorwiegend britischer

Abstammung auf dem Kontinent. Die damit einhergehende Ausweitung des Siedlungsraums hatte furchtbare Auswirkungen für die Aborigines. Man raubte ihnen ihr Land, ab 1816 durften sie sogar ungestraft getötet werden. Ihre Bevölkerungszahl schrumpfte von 300 000 im Jahr 1750 auf 60 000 im Jahr 1920.

Bushranger

Ein Problem im 19. Jh. war die Buschräuberei. Sie begann in Australien fast gleichzeitig mit der weißen Besiedlung. Sträflinge, denen die Flucht geglückt war, fanden im undurchdringlichen Busch Zuflucht und sorgten durch Raubüberfälle für ihren Lebensunterhalt. Ein frühes Beispiel war **»Black Cesar«**, ein entsprungener schwarzer Strafgefangener, der 1796 erschossen wurde. Besonders schlimm trieben es die bandenmäßig organisierten Räuber auf Van Diemen's Land (Tasmanien), die berüchtigten »Vandemonians«. Mit dem Goldrausch kam ein neuer Typus Buschräuber. Berüchtigt waren beispielsweise **Ned Kelly** (► S. 528), **»Mad« Dan Morgan**, der im April 1865 bei Wangaratta erschossen wurde, oder **Ben Hall**, der im Mai 1865 bei Forbes den Tod fand. Erst mit der Erschließung des Landes durch Telegrafen und Eisenbahn endete die Buschräuberei.

Der souveräne Staat

Commonwealth of Australia

Die Geburtsstunde einer neuen Nation markiert der 1. Januar 1901: Die australischen Kolonien, also die heutigen Bundesstaaten, vereinen sich zum Commonwealth of Australia (Australischer Staatenbund). Bereits ein Jahr zuvor hatte Königin Victoria in London den Verfassungsentwurf für die australische Föderation unterzeichnet. Edmund Barton wurde erster Premierminister. Wegen der Rivalität zwischen Sydney und Melbourne einigte man sich auf ein Gebiet zwischen den beiden Metropolen, wo die **neue Bundeshauptstadt Canberra** erst noch aus dem Boden gestampft werden musste. Hierzu wurde aus New South Wales ein rund 2000 km² großes Gebiet herausgelöst und zum Australian Capital Territory erklärt, zum Gebiet der Australischen

IN DER STADT ZUHAUSE

BAEDEKER WISSEN

Australier leben bevorzugt in den großen Städten und in den urbanen Ballungszentren an den Küsten: In den letzten zehn Jahren stieg der – den Anteil der Stadtbewohner an der Gesamtbevölkerung anzeigende – Grad der Urbanisierung nochmals von rund 87 auf fast 90 Prozent. Neun von zehn Australiern wohnen also in einer urbanen Ansiedlung.

▶ **Verstädterung in der Welt**

Weltweit beträgt der Grad der Urbanisierung gut 54 Prozent – mit weiterhin ansteigender Tendenz.

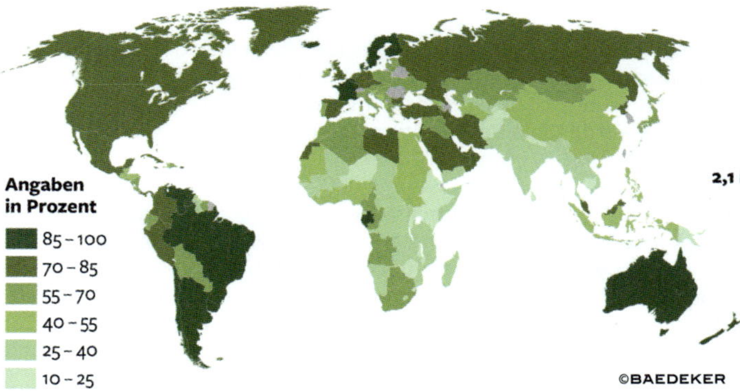

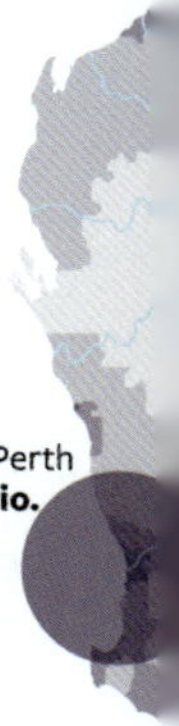

▶ **Ländervergleich**

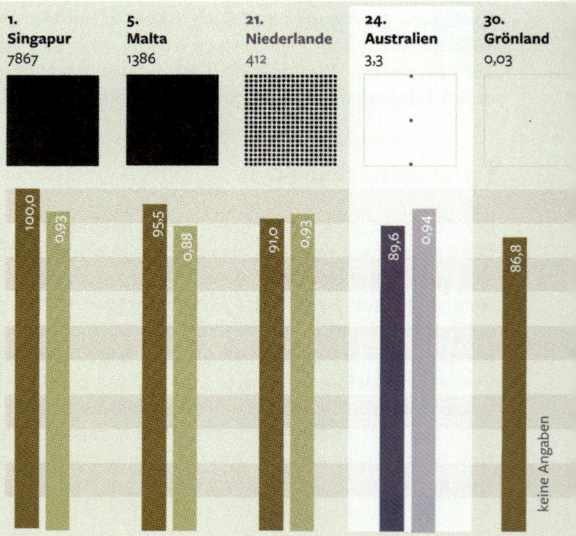

Ein wichtiger Indikator für den Entwicklungsstand eines Landes ist der HDI, der sich anhand folgender Faktoren errechnet: Lebenserwartung bei Geburt, Bildung (Alphabetisierungs- und Einschulungsrate) sowie die reale (den lokalen Lebenshaltungskosten angepasste) Kaufkraft pro Kopf der Bevölkerung.

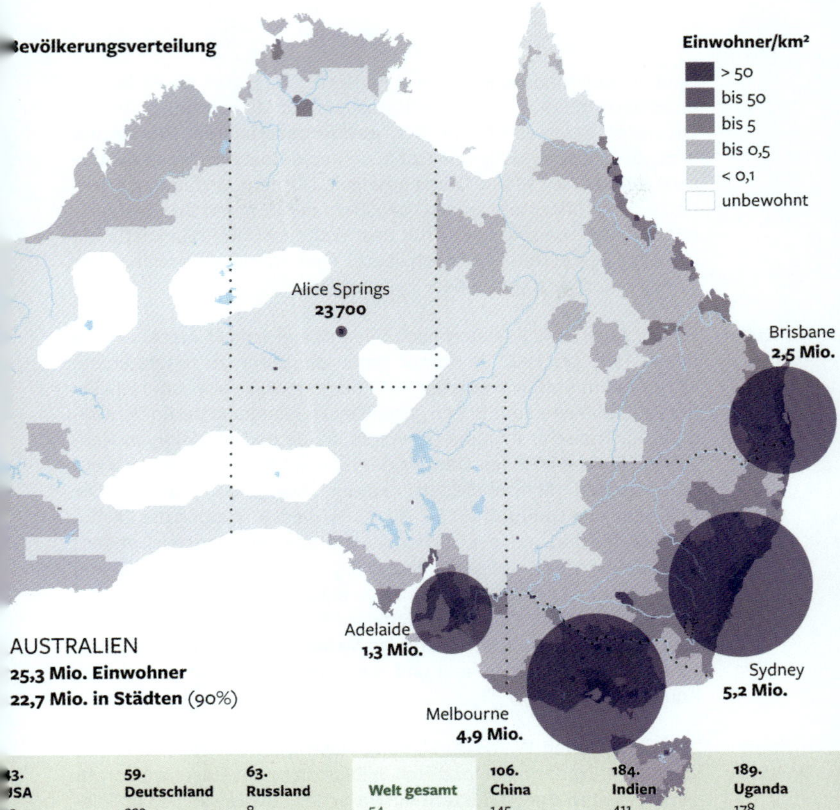

Bevölkerungsverteilung
Einwohner/km²
> 50
bis 50
bis 5
bis 0,5
< 0,1
unbewohnt
Alice Springs
23700
Brisbane
2,5 Mio.
Adelaide
1,3 Mio.
Sydney
5,2 Mio.
Melbourne
4,9 Mio.
AUSTRALIEN
25,3 Mio. Einwohner
22,7 Mio. in Städten (90%)

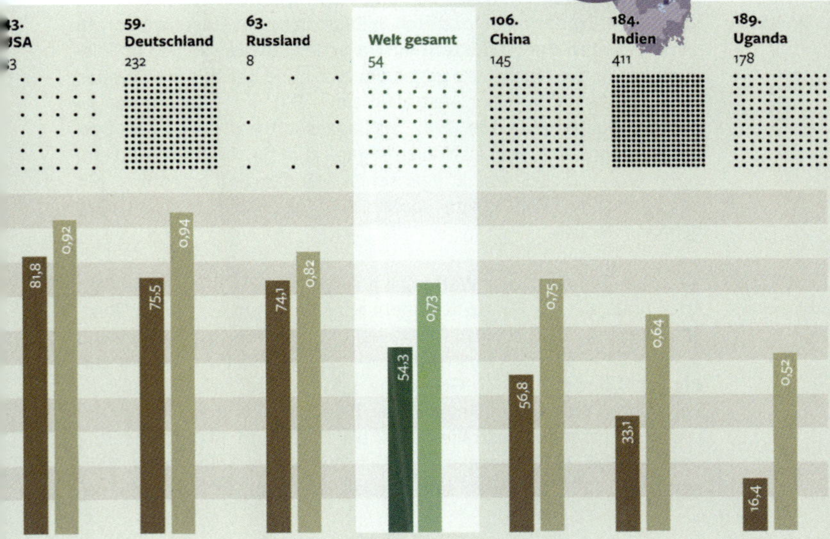

3.
SA
3
59.
Deutschland
232
63.
Russland
8
Welt gesamt
54
106.
China
145
184.
Indien
411
189.
Uganda
178
81,8
0,92
75,5
0,94
74,1
0,82
54,3
0,73
56,8
0,75
33,1
0,64
16,4
0,52

Hauptstadt Canberra. Bis zu ihrer Fertigstellung tagten die Parlamentarier 1901 bis 1927 in der Interimshauptstadt Melbourne.
Offizielles Staatsoberhaupt der **parlamentarischen Monarchie** blieb die britische Königin Victoria, denn die Unabhängigkeit Australiens wurde erst 1931 endgültig besiegelt. Die neue Verfassung orientierte sich größtenteils an den Vorbildern der USA und Großbritanniens und war – beispielsweise mit dem Wahlrecht für Frauen – für die damalige Zeit außergewöhnlich liberal. Den Aborigines wurden aber keinerlei Rechte zugestanden.

Erster Weltkrieg

So wie Australien Soldaten nach Südafrika geschickt hatte, um die Briten 1899 bis 1902 im Kampf gegen die Buren zu unterstützen, kämpften im Ersten Weltkrieg 1914 bis 1918 Australier auf freiwilliger Basis aufseiten der Briten gegen Deutschland und deren Verbündete. Australische Truppen besetzten die deutschen Kolonien Neuguinea, Samoa und den Bismarckarchipel im Pazifik, aber auch auf europäischen Schlachtfeldern waren Australier präsent. Die **Schlacht von Gallipoli** am 24. April 1915 gegen Truppen des Osmanischen Reiches auf der türkischen Dardanellen-Halbinsel endete für das australisch-neuseeländische Expeditionsheer (Australia and New Zealand Army Corps) mit einer Katastrophe: Der 24. April ist seither als **ANZAC Day** ein nationaler Feiertag. Nach dem Krieg erhielt Australien als Siegermacht das Mandat über das einstige deutsche Gebiet von Neuguinea und die deutschen Inseln südlich des Äquators zugebilligt.

Zweiter Weltkrieg

Auch im Zweiten Weltkrieg kämpfte Australien, das sich durch die japanische Expansion im pazifischen Raum in seiner Existenz bedroht sah, **aufseiten der Alliierten**. Australische Einheiten kamen in Griechenland und in Nordafrika gegen deutsche und italienische Truppen zum Einsatz, dafür verlor Australien einen Teil von Neuguinea an japanische Kampfverbände. 1942, als Japans Luftwaffe die Stadt Darwin bombardierte, war Australien sogar – zum bisher ersten und einzigen Mal – direkt von kriegerischen Handlungen betroffen. Mit amerikanischer Waffenhilfe konnte eine japanische Invasion aber gebannt werden.

ANZUS-Abkommen

Seit dem gemeinsamen Waffengang mit den USA im Zweiten Weltkrieg unterhält der Fünfte Kontinent enge Beziehungen zu den Nordamerikanern. 1952 schloss Australien mit den USA und Neuseeland den ANZUS-Pakt, den Australia-New-Zealand-USA-Pakt, ein **Verteidigungsbündnis**, das die Grundlage dafür bildete, dass das Land die Vereinigten Staaten von Amerika mit Truppen unterstützt. In den Koreakrieg entsandte Australien 1950 bis 1953 rund 14 000 Soldaten, von 1962 bis 1972 engagierte es sich mit 50 000 Soldaten im Vietnamkrieg. 1993 befanden sich australische Truppen als UNO-Friedenstruppen in Somalia, 1999 stellten Australier das Gros der internationalen Friedenstruppe in Osttimor, 2002 schickte Australien Soldaten zu Friedensmissionen nach Afghanistan und auch im Irakkrieg 2003 nahm Australien an der »Koalition der Willigen« teil.

Eine neue Einwanderungspolitik

In der zweiten Hälfte des 20. Jh.s änderte das Land seine Einwanderungspolitik. Es öffnete seine Grenzen verstärkt europäischen Einwanderern nicht nur aus England und Irland, hielt aber noch lange am Prinzip des »Weißen Australiens« fest. Schließlich wurden weitere Diskriminierungen aufgehoben, sodass sich ab 1966 einige Hunderttausend Asiaten, denen bis dahin die Einwanderung verwehrt worden war, in Australien niederlassen konnten. Allerdings ist die Diskriminierung Farbiger durch die Einwanderungsbehörden bis heute gängige Praxis. Internationale Aufmerksamkeit erregte die Krise um die Flüchtlinge auf dem norwegischen Frachter »Tampa«. Ende August 2001 hatte dieses Schiff mehr als 400 meist aus Afghanistan stammende Flüchtlinge vor Australien aus Seenot gerettet, die jedoch auf Anweisung des australischen Regierungschefs John Howard nicht ins Land einreisen durften. Neuseeland und der Inselstaat Nauru erklärten sich schließlich zur Aufnahme bereit.

Rechte für die Aborigines

1960 wurden die Aborigines australische Bürger mit Recht auf Sozialleistungen. Zwei Jahre später erhielten sie das Wahlrecht und 1967 schließlich alle australischen Bürgerrechte. Aber es sollte noch bis zum 13. Februar 2008 dauern, bis sich der damalige Premierminister Australiens, **Kevin Rudd**, offiziell im Namen der Regierung in einer Rede vor dem australischen Parlament für das Unrecht entschuldigte, das den Aborigines seit Beginn der europäischen Kolonialisierung angetan wurde.

Präsident oder Monarchie

1999 hatten die Australier in einem Referendum zu entscheiden, ob das Land eine Republik mit einem eigenen Präsidenten werden sollte. 55 % der Australier stimmten jedoch für die **Beibehaltung der Monarchie**. Bei der Volksabstimmung wurde auch eine neue Präambel für die australische Verfassung abgelehnt, die die Aborigines als erstes Volk der Nation gewürdigt hätte. Immerhin durfte bei der Eröffnungszeremonie der **XXVII. Olympischen Sommerspiele**, die Sydney 2000 ausrichtete, die Leichtathletin **Cathy Freeman**, eine Nachfahrin australischer Ureinwohner, das Olympische Feuer entzünden.

Terrorismus

Als »Australiens 11. September« wird **»The Bali Bombing«** angesehen. Bei dem Anschlag auf eine Diskothek in Kuta auf Bali, Indonesien, am 12. Okt. 2002 starben 202 Touristen, mehrheitlich Australier. Geschockt, dass sich die einst so fernen internationalen Konflikte jetzt vor der eigenen Haustür abspielten, erhöhte Australien massiv seine Ausgaben für Sicherheit und Terrorbekämpfung – und begeht seitdem den 12. Oktober als Staatstrauertag.

Frauen an der Spitze

Von 2008 bis 2014 standen mit Generalgouverneurin Quentin Bryce und Julia Gillard (2010–2013) erstmals Frauen an der Spitze des Staates. Und bei der Wahl 2010 gelang Ken Wyatt als erstem Aborigine der Einzug ins Repräsentantenhaus.

Aktuelle Flüchtlings- und Umweltpolitik

Das Thema Flüchtlinge hat längst auch Australien erreicht, aber Australiens Umgang mit Migranten ist sehr hart: Wer in einem Flüchtlingsboot kommt und keinen offiziellen Umsiedlungsantrag gestellt hat, wird von der Marine abgefangen und in Lagern auf Pazifikinseln interniert. Auch in Sachen Umweltpolitik zeigten sich der 29. Premier, Malcom Turnbull (2015–2018), wie auch sein Nachfolger, Scott Morrison (seit 24. Aug. 2018) äußerst restriktiv: Es wird sogar der Ausstieg aus dem Pariser Klimaabkommen diskutiert, weil die Kohlelobby im Land darauf drängt. Dabei hatte der beschleunigte Klimawandel gerade auf dem fünften Kontinent in den letzten Jahren Umweltkatastrophen zur Folge, die Schäden in Milliardenhöhe verursachten und viele Menschenleben forderten (▶ S. 488).

Julia Gillard von der Australian Labor Party war die erste Frau an der Spitze der australischen Regierung.

KUNST UND KULTUR

Von den Felszeichnungen der Aborigines, ihren Liedern und Mythen über die aktuelle Kunstszene und Filme made in Australia bis hin zu den internationalen Chartstürmern vom fünften Kontinent: Die Kulturszene ist bunt und abwechslungsreich, aber auch überaus erfolgreich. Wer hat beim Stichwort australische Musik nicht gleich Didgeridoo-Klänge einerseits oder »Down under« von Men at Work im Ohr und so unterschiedliche Interpreten wie AC/DC und Kylie Mynogue vor Augen?

Australien hautnah

Wer Australien ein wenig verstehen will, ohne je dort gewesen zu sein, der sollte sich »Crocodile Dundee« mit Paul Hogan, einst wagehalsiger Monteur auf der Sydney Harbour Bridge, anschauen – und zwar alle drei äußerst unterhaltsamen Teile. In »Crocodile Dundee – Ein Krokodil zum Küssen« geht er frohgemut durch die Straßen von New York und grüßt jeden, aber auch wirklich jeden, ganz so als sei er im Outback – denn dort ist's so üblich! Das Musikvideo zu »Down under« von Men at Work zeigt eine Persiflage auf typisch australische Eigenheiten. Und landschaftlich kommt man der großartiger Weite des Landes am besten in dem bildgewaltigen Epos »Australia« mit Nicole Kidman näher.

Kulturzeugnisse der Aborigines

Kunst und Ritus

Australische Kultur beginnt aber freilich mit der Kunst der Aborigines, die bis zu 40 000 bis 50 000 Jahre alt ist. Ob Steinritzungen, Fels- und Höhlenbilder, Rindenmalerei, Sandbilder, Totempfähle, Schnitzereien oder Flechtarbeiten – die Kunstwerke der Aborigines symbolisieren stets die **Beziehungen zwischen den Menschen und ihrer natürlichen Umwelt**. In der Vorstellungswelt der Aborigines versahen während der Traumzeit ihre Vorfahren, überirdische Wesen in menschlicher oder tierischer Gestalt, alle Naturerscheinungen wie Regen, Wasserlöcher, Höhlen, Felsen und Bäume mit spiritueller Bedeutung. Symbole verkörpern die spirituellen Kräfte der Traumzeit und bestimmen zugleich das rituelle Geschehen der ihnen zugeordneten Stammesgemeinschaft. Die Muster – geometrische Motive und Tierdarstellungen – entsprechen den Mythen und Gesängen, die dem Gruppenverband eigen sind.

Als Materialien zur **Bemalung von kultischen Gegenständen und der eigenen Körper** bei zeremoniellen Tänzen benutzte man natürlichen Ocker in roten und gelben Farbtönen, oft über weite Handelswege beschafft, sowie schwarze Holzkohle und weißen Kalk, außerdem als Schmuck Tierfedern, besonders zarte Flaumfedern. Durch die Bemalung mit Farben oder Lehm und das Ankleben von Federn wurde die Person des »Corroboree«-Tänzers in der Zeremonie zur Verkörperung der Traumzeitvorfahren unkenntlich. Aber auch profane Gebrauchsgegenstände, insbesondere Jagdgeräte wie Schwirrholz, Speer und Speerschleuder, wurden mit Traumzeitsymbolen verziert.

Wiederkehrende Motive

In Nordaustralien, im Arnhem Land und auf der Cape-York-Halbinsel, finden sich viele bemalte und sehenswerte Höhlenwände. Auf den Bildern sind legendäre Gestalten der Traumzeit dargestellt, etwa die den Beginn des Lebens symbolisierende **Regenbogenschlange**. Im sogenannten **Röntgenstil** sind dabei nicht nur die sichtbaren Körper, sondern auch die Organe des Körperinneren abgebildet. Neben Tieren, Menschen und Jagdszenen erscheinen in Schablonenmalerei immer wieder Handumrisse; zu den kultischen Riten gehörten das ständig wiederholte Berühren und Nachzeichnen der Felsenbilder. In den jüngsten Darstellungen sind bemerkenswerterweise auch Segelschiffe der Weißen und Gewehre zu sehen.

Verdrängt, doch unvergessen

Das Vordringen der englischen Viehherdenbesitzer und Landbesetzer, der freigelassenen Sträflinge, der Goldsucher aus vielen Ländern und der Bergbaugesellschaften bedeutete das unwiderrufliche Ende für den angestammten Daseinsraum der Ureinwohner, für ihre viele Jahrtausende alte Kultur, für ihre althergebrachten Stammes- und Jagdgebiete, ihre Lebensweise und ihre Vorstellungswelt. Ab dem Ende des 19. Jh.s wurden Kultur und Sprache der Aborigines vor allem in Zentralaustralien intensiv erforscht. Hier ist insbesondere das Engagement zweier Männer für das Volk der **Aranda** zu nennen. **Carl Strehlow** (1871–1922) kam im Jahr 1894 aus Deutschland in die Missionsstation Hermannsburg. Er lernte die Sprache der Aranda, übersetzte das Neue Testament und machte sich um die Kultur der Aborigines verdient, indem er deren Mythen und Lieder aufzeichnete. Sein Sohn **Theodor Strehlow** (1908–1978) widmete sich ganz dem Erhalt von Kulturzeugnissen der Aborigines. Er veröffentlichte Filme, Dias, Tonaufnahmen, Karten und Bücher. Eine Sonderstellung in der Kunst der australischen Urbevölkerung nimmt der **Aranda Albert Namatjira** ein. Er malte Landschaftsaquarelle in europäischer Technik, ließ in seinen Bildern jedoch die spirituelle Sichtweise der Aborigines einfließen.

Das Kunsthandwerk von heute

Die von den Ureinwohnern immer noch mit ausgeprägtem Gefühl für Farbe und Form produzierten **Rinden- und Acrylfarbenmalereien, Holzschnitzereien und Flechtwerke** präsentieren sich heutzutage oft als Kunsthandwerk ohne den früheren spirituellen Hintergrund. Überall gibt es von Ureinwohnern betriebene Läden

OBEN: Die Felszeichnungen der Aborigines im Arnhem Land sind Ausdruck ihrer Kultur und Religion.

UNTEN: Die Muster und Motive wurden in die moderne Zeit transferiert und schmücken viele touristische Souvenirs.

Auch internationale Kunst ist in Australien reichlich vertreten: Die Plaza des Festival Arts Centre in Adelaide gestaltete z. B. der Deutsche Otto Herbert Hajek.

und Kunstgalerien. Auch so manche **zeremoniellen Tänze** sind häufig zur bloßen Touristenattraktion geworden, wobei die magische Bedeutung und die vorgetragenen Gesänge von den Akteuren oft bewusst verfälscht werden – aus Angst vor dem Zorn der Traumzeitvorfahren.

Das Kunstschaffen seit 1788

Kunst der Kolonialzeit

Die australische Kunst der frühen Kolonialzeit orientierte sich vorwiegend an der in England gängigen Malerei und Bildhauerei. **Tom Roberts, Frederick McCubbin** oder **Arthur Streeton** gehörten zur **Heidelberg School**, die in den 1880er-Jahren im Melbourner Vorort Heidelberg im Yarra-Tal entstand. Die Künstlerfreunde malten in impressionistischer Manier die ländlichen Motive ihrer Umgebung und das Leben im australischen Busch. Bekannt wurde der aus Hamburg stammende und in Hahndorf bei Adelaide lebende **Hans Heysen** (1877–1968) mit seinen Bildern der Flinders Ranges.

Selbst im 20. Jh. orientierten sich die australischen Maler und Bildhauer überwiegend an Europa. Eine Ausnahme stellt **Sidney Robert Nolan** (1917–1992) dar, der 1947 durch seinen Ned-Kelly-Zyklus einem größeren Publikum bekannt wurde. Von ihm stammen auch die Gallipoli-Bilder, die er zur Erinnerung an seinen im Zweiten Weltkrieg gefallenen Bruder dem Australian War Memorial in Canberra übereignete. Andere Schöpfungen Nolans, der gern als Vorläufer der britischen Pop-Art bezeichnet wird, sind im Heide Museum of Modern Art bei Melbourne, im Festival Arts Centre in Adelaide und im Federal Law Building in Sydney zu sehen.

Abkehr vom Mutterland

Als sich Mitte des 20. Jh.s das selbstbewusst gewordene Australien immer mehr vom Mutterland löste, gab es auch in der australischen Kunst eine rasche Entwicklung zu mehr Eigenständigkeit. Große Beachtung fand 1977 die Gestaltung der Plaza des **Festival Arts Centre** in Adelaide durch den deutschen Bildhauer **Otto Herbert Hajek** (1927–2005). International bekannte Stars der Kunstszene sind die 1960 in Brisbane geborene Malerin und Videokünstlerin **Tracey Moffatt**, der 1954 in Melbourne geborene Bildhauer **Lawrence Carroll** und **Patrica Piccinini**, die Australien 2003 auf der Biennale in Venedig vertrat. Bedeutsam war die Gründung der **Artbank** als staatliches Kunst-Miet-Programm 1980, das heute knapp 10 000 Werke herausragender australischer Künstler umfasst.
Eine umfassende Übersicht über Galerien, Kunstausstellungen und Events in ganz Australien findet man unter www.art-almanac.com.au.

Architektur

Erste Pionierbauten

Am Anfang der britischen Kolonialzeit standen in Sydney nur Zelte, die zunächst von recht armseligen Holzhütten abgelöst wurden. 1799 errichtete man in Parramatta am Westende von Port Jackson ein zweistöckiges Regierungsgebäude, das **Old Government House**. Anfang des 19. Jh.s wurden breite Straßen angelegt und Sydney erhielt öffentliche Gebäude im **georgianischen Stil**. Zum Sydneyer Stadtarchitekten avancierte schnell **Francis Howard Greenway**, der wegen Wechselbetrugs im Jahr 1814 nach Australien deportiert worden war. Nach seinen Plänen wurden u. a. das Macquarie Lighthouse am South Head gebaut, die Hyde Park Barracks, die Kirchen St. James und St. Matthews sowie das Gerichtsgebäude in Windsor. In ihren perfekten Maßen und der Harmonie klarer, einfacher Formen stehen diese Bauwerke für die optimistische Einstellung der frühen Kolonialzeit.
In großer Zahl blieben in Tasmanien, der zweitältesten Niederlassung nach Sydney, öffentliche und private Gebäude aus der Pionierzeit er-

halten, besonders in und um Hobart, Launceston und die Midlands. Was Greenway für Sydney war, wurde der Londoner Architekt **John Lee Archer** für Tasmanien, wo er 1827 bis 1838 Kasernen, Brücken, Kirchen und Gerichtsgebäude schuf.

Viktorianische Gebäude

Bezeichnend für die anfängliche Architektur Australiens war ihre Ausrichtung auf das britische Mutterland. Man bemühte sich, auch am anderen Ende der Welt möglichst englisch zu bauen. Die Neubelebung von Gotik, Klassizismus sowie italienischer und französischer Renaissance bestimmte auch in Australien den Stil. Die **prunkvolle Stadtarchitektur** der viktorianischen Ära war gut geeignet, um den auf den Goldfeldern gewonnenen Reichtum zu demonstrieren. Neben eindrucksvollen Herrenhäusern, eleganten Landsitzen und einfachen Homesteads (Farmhäusern) fallen insbesondere in den älteren Vororten der großen Städte die Terrace Houses auf, Reihenhäuser mit überdachten Terrassen und Balkonen sowie reich verzierten gusseisernen Gittern und Balustraden. Ausnahmen waren die Queenslander, Stelzenhäuser, die sich mit weit überstehenden, Schatten spendenden Dächern und Öffnungen zur Luftzirkulation dem feucht-heißen Klima anpassten.

Das 20. und 21. Jahrhundert

Im 20. Jh. stellte sich das nun unabhängige Australien auch in der Architektur auf eigene Füße. Ein frühes Beispiel eigenständiger Architektur ist die frei tragende **Sydney Harbour Bridge**, die aufgrund ihres riesigen Bogens scherzhaft auch »coathanger« (Kleiderbügel) genannt wird. 1932 vollendet, wurde sie zum ersten Wahrzeichen der Stadt, das 1973 durch das weltbekannte **Sydney Opera House** mächtige Konkurrenz bekam. Der kühne Entwurf des Dänen **Jørn Utzon** wurde allerdings erst nach 14 Jahren fertiggestellt, die Baukosten hatten sich bis dahin mehr als verzehnfacht.
Bemerkenswert in der Bundeshauptstadt **Canberra** sind die in der zweiten Hälfte des 20. Jh.s geschaffenen repräsentativen Bauten: der Oberste Gerichtshof, die Nationalbibliothek, die Nationalgalerie, die Akademie der Wissenschaften, das neue Parlamentsgebäude und das National Museum of Australia. Auch die Hauptstädte der anderen Bundesstaaten haben sich in den letzten Jahrzehnten architektonisch anspruchsvolle Kulturzentren geleistet, so **Adelaide** mit seiner Festival Hall, **Brisbane** mit dem Cultural Centre und **Melbourne** mit dem Arts Centre, dem Federation Square und den Docklands. In den Innenstadtbereichen der australischen Hauptstädte akzentuieren Büro- und Bankhochhäuser die Silhouette, wie der runde, 48-stöckige Australia Square Tower in Sydney und der 88-stöckige Eureka Tower in Melbourne. Die ausufernden Stadtlandschaften in den Ballungsgebieten ziehen sich wie Teppiche aus flächenverschlingender, einförmiger Einfamilienhausbebauung, unterbrochen durch Grünanlagen, über weite Bereiche der Küstenregion hin.

Glenn Murcutt

Eine kleine Sensation ereignete sich 2002, als der nur Insidern bekannte, in Sydney lebende Architekt Glenn Murcutt (geb. 1936) den **Pritzker-Preis** bekam. Verliehen wurde ihm der »Nobelpreis für Architektur« für sein Gesamtwerk. Seine Bauten – meist Wohnhäuser, aber auch Schulen und Museen – passt er der landschaftlichen Umgebung und ihren Witterungsverhältnissen optimal an. »Ich plane gern horizontal, weil ich nicht mit den Bäumen konkurrieren möchte«, lautet das Credo von Murcutt, der nach eigenen Worten von den Aborigines gelernt habe, »die Erde nur mit leichter Hand zu berühren«, und der gern Materialien wie Holz, Glas und Wellblech sowie energiesparende Technologien verwendet.

Hoch und weit

In den Innenstadtbereichen der australischen Hauptstädte akzentuieren Büro- und Bankhochhäuser die Silhouette. Die ausufernden Stadtlandschaften in den Ballungsgebieten ziehen sich dagegen meilenweit wie Teppiche aus flächenverschlingender, einförmiger Einfamilienhausbebauung hin, unterbrochen durch Grünanlagen zum einen und typischen Gewerbesiedlungen mit Tankstellen und

Wolkenkratzer prägen die Skyline von Melbournes Southbank. Der Eureka Tower, mit 297,3 m derzeit Australiens zweithöchstes Gebäude, überragt sie alle.

Autohäusern, Bau- und Supermärkten sowie Fast-Food-Filialen zum anderen. Im Outback findet man sehr häufig noch Stadtbilder in Westernmanier: Eine lange Straße mit vielen Holzbauten, an der sich alles ansiedelt.

Musik

Die Lieder der Aborigines

Das Brauchtum der Ureinwohner Australiens ist vielfach zur oberflächlichen Touristenattraktion verkümmert. Die zeremoniellen Tänze (**Corroborees**) und Gesänge, die früher für Nichteingeweihte tabu waren, werden heute als Folklore aus der Steinzeit angeboten. Früher erneuerten die kultischen Tänze die Schöpferaktivitäten der verehrten Traumzeitvorfahren oder führten als ein wichtiger Bestandteil von Initiationsriten in die Gemeinschaft ein.
Eine Verbindung der alten Traditionen mit modernem Ethno-Pop, Rock und Reggae gelang der von **Mandawuy Yunupingu** (1956 bis 2013) gegründeten australischen Band **Yothu Yindi**. Sie verhalf dem Didgeridoo zu ungeahnter Popularität. Die meisten Songtexte in Yolngu-Sprache und Englisch beleuchten die Geschichte und Gesellschaft Australiens kritisch. Mandawuy wurde 1992 zum Australier des Jahres gewählt und bekam den Ehrendoktortitel der Universität von Queensland.
Der von Geburt an blinde Musiker **Geoffrey Gurrumul Yunupingu** (1970–2017) verkaufte sein Debütalbum »Gurrumul« (2008) weltweit gar 500 000-mal, auch in den deutschen Charts erreichte es die Top Ten. Die »Engelsstimme«, so sein Beiname, sang ausschließlich in der Sprache seines Stammes Gumatj und trat u. a. mit Bob Dylan, Elton John oder Sting auf. Zu den Höhepunkten seiner Karriere zählten Auftritte vor der englischen Queen und dem damaligen US-Präsidenten Barack Obama.

Klassische Musik

1796 wurde in Sydney die erste Oper aufgeführt. Knapp 200 Jahre später eröffnete das **Sydney Opera House**, das heute zu den renommiertesten Opernhäusern der Welt zählt. Die größten australischen Stars auf der Bühne waren **Nellie Melba** und die Sopranistin **Joan Sutherland** (1926–2010). 1990 gab die Diva ihre Abschiedsvorstellung im Sydney Opera House. In der Kategorie Kammermusik konzertieren bei den »National Concert Series« und dem »Hunting-ton Estate Music Festival« die weltbesten Künstler.

Folk

Der australische Folk hat seine Wurzeln in den Songs der irischen, englischen und schottischen Einwanderer. Zur inoffiziellen Nationalhymne wurde **»Waltzing Matilda«** (1895) von **Banjo Paterson**. International bekannte Folksänger aus Down Under sind **Slim Dusty**, **Keith Urban** oder Geoffrey Gurrumul Yunupingu (▶ oben).

Rock und Pop

International erfolgreich sind auch australische Rockgruppen und Popsänger. **Olivia Newton-John** war ab den 1970er-Jahren einer der größten Stars der Discoszene. Die zwar in England geborenen, aber als Kinderband in Down Under ihre musikalische Karriere startenden **Bee Gees** entfachten das »Saturday Night Fever«. **AC/DC** beschallen nun schon seit 40 Jahren die großen Hallen und Stadien rund um den Globus mit rauer Stimme und harten Beats. Men at Work, Natalie Imbruglia oder Kylie Minogue waren an der Spitze internationaler Charts zu finden. Aber auch Icehouse, Midnight Oil und Savage Garden sind klingende Namen aus Australien.

Film

Boom, Krise und Neuanfang

Bereits 1906 wurde »The Story of the Kelly Gang« in Melbourne gedreht – mit mehr als einer Stunde Dauer war er damals der längste Spielfilm der Welt. Bis in die 1930er-Jahre folgten mehr als 250 Stummfilme. Doch als britische und US-Firmen den Vertrieb übernahmen, geriet die boomende australische Filmproduktion in eine Krise, von der sie sich dank staatlicher Förderung erst in den 1970er-Jahren langsam erholte. Der 1944 in Sydney geborene Regisseur **Peter Weir** startete 1975 mit »Picknick am Valentinstag« seine internationale Karriere, die ihm u. a. sechs Oscar-Nominierungen einbrachte. Zu seinen bekanntesten Filmen gehören »Der Club der toten Dichter«, »Green Card« und die »Truman Show«.

Von Krokodilen und James Bond

Aus Weirs Schatten traten 1986 **Peter Faiman** mit Darsteller Paul Hogan als »Crocodile Dundee«. Das mit einem Budget von mehr als 100 Mio. AUD größte Projekt in der Geschichte des australischen Films ist bislang **»Australia«** (2008): Als Drehort für die abenteuerliche Romanze zwischen Lady Ashley (Nicole Kidman), und dem raubeinigen Drover (Hugh Jackman) wählte Regisseur **Baz Luhrmann** Darwin und die Landschaft Nordaustraliens. Neben Paul Hogan, der Hollywood-Diva Kidman und »Wolferine« Hugh Jackman gibt es zudem eine Reihe australischer Schauspieler, die weltweit jeder kennt: Cate Blanchett, in Blockbustern wie »Herr der Ringe« und »Indiana Jones« zu sehen, bekam für ihre Rolle in Martin Scorseses »Aviator« einen Oscar. Auch ein Agent des MI-6 wurde in Down Under geboren: George Lazenby spielte einmal den legendären James Bond, 1969 in »007 – Im Geheimdienst Ihrer Majestät«. Und **Errol Flynn**, geboren im abgelegenen Tasmanien, hat man sicher auch nicht vergessen, ob als »Robin Hood« oder »Herr der sieben Meere«. Jährliches Schaufenster der Kinoindustrie ist das **Melbourne International Film Festival** (http://miff.com.au).

INTERESSANTE MENSCHEN

Australiens schnellster Mann: Jack Brabham

1926–2014
Formel-1-Rennfahrer

Der Große Preis der USA 1959: 800 m vor der Ziellinie geht Jack Brabham der Sprit aus! Er schiebt den Wagen ins Ziel, wird noch Vierter und in der Gesamtwertung schließlich Weltmeister. Es war sein erster Titel in der Formel 1, den er 1960 verteidigen konnte. Brabham, in Hurstville (NSW) geboren, begann nach dem Zweiten Weltkrieg eigene Sportwagen zu konstruieren, fuhr dann für Cooper, Maserati, Lotus und das von ihm gegründete Team Brabham. Mit einem selbst konstruierten Brabham wurde er 1966 zum dritten Mal Weltmeister. Es war das erste und einzige Mal, dass ein Fahrer mit einem selbst konstruierten Wagen Champion wurde. 1979 schlug ihn Königin Elisabeth II. zum Ritter.

Einmal um die ganze Welt: James Cook

1728–1779
Entdecker und Seefahrer

Auf drei großen Fahrten erkundete er die Welt, kartografierte den Pazifik und nahm Ostaustralien für die britische Krone in Besitz, ehe er auf Hawaii erschlagen wurde: James Cook, der bedeutendste Seefahrer und Entdecker seiner Zeit. Geboren in Marton/Middlesborough in England, heuerte er mit 17 Jahren auf einem Kohlenschiff an. Seine schmale Heuer investierte er in Mathematikstunden und Nautik-Unterricht. Besonders faszinierte den wissbegierigen jungen Mann ein weißer Fleck auf der Südhalbkugel. Immer wieder bewarb er sich bei Geldgebern um Expeditionen, um das Geheimnis des »Südlandes« zu lüften. 1768 erhielt der inzwischen 40-Jährige das Kommando über die **»Endeavour«**. Mit 90 Mann Besatzung umsegelte er Kap Hoorn und stieß in den Pazifik vor, ein Jahr nach seiner Abreise aus Plymouth erreichte er Tahiti, 1770 Neuseeland und die Südostspitze Australiens. In der Botany Bay bei Sydney betrat Cook als erster Brite australischen Boden, folgte dann der Küste nach Norden und nahm am 21. August 1770 auf Possession Island den ganzen Osten Australiens für die britische Krone in Besitz. Durch den Indischen Ozean ging es 1771 nach England zurück.

Im Jahr darauf verließ Cook den Hafen von Plymouth erneut, um mit der **»Resolution«** das Südmeer und die Südpolarländer zu erkunden, und umsegelte dabei erstmals die Erde zwischen dem 60. und 70. Breitengrad von West nach Ost. Bei seiner Rückkehr 1775 wurde

Olympiagold und zwei Weltmeistertitel sind die größten Erfolge Cathy Freemans.

er von König Georg III. zum Kapitän der Flotte ernannt. Cook brach im Juli 1776 zu seiner dritten Weltreise auf. Er besuchte die Kerguelen, dann Tasmanien, entdeckte das nach ihm benannte Cook-Archipel und am 25. Dezember 1777 die Weihnachtsinseln. Im März 1776 erreichte er die Küste Amerikas, stieß bis zu den Eismassen der Beringstraße vor und segelte vorbei an den Sandwichinseln nach Hawaii. Die Einheimischen empfingen Cook und seine ausgezehrten Seeleute äußerst freundlich – sie hielten ihn für einen zurückgekehrten Gott mit seinem Gefolge. Als Cook jedoch eine Woche nach seiner Abreise schon wieder auf Hawaii landete, war der Empfang weniger freundlich. Im Streit um ein entwendetes Beiboot kam es am 14. Februar 1779 schließlich zu einem Gemetzel, bei dem Cook mit einem Keulenschlag niedergestreckt und von den Einheimischen getötet wurde.

Der Stolz der Aborigines: Cathy Freeman

geb. 1973
Leichtathletin

Als erste Ureinwohnerin des fünften Kontinents gewann Cathy Freeman 1997 bei den Weltmeisterschaften in Athen eine Goldmedaille. Bei der Ehrenrunde schwenkte die damals 24-jährige Sportlerin neben dem australischen Southern Cross auch die Flagge der Aborigines, die oben schwarz ist wie ihr Volk, unten rot wie das Outback, in der Mitte kreisrund und gelb wie die Sonne – mit dem Verstoß gegen die Regeln des IOC interessierte sich die Weltöffentlichkeit schlagartig für die Läuferin und die Situation der Aborigines, deren **Botschafterin** sie bis heute ist. Zum Markenzeichen wurde ihr Tattoo auf der rechten Schulter. »COZ I'M FREE« – »weil ich frei bin« steht dort in die Haut geritzt. Drei Jahre später entzündete die in Mackay (QLD) geborene Sprinterin bei den Olympischen Spielen in Sydney das Olympische Feuer und holte nach Olympischem Silber in Atlanta 1996 und dem Weltmeistertitel von 1999 abermals über 400 m Gold in ihrer Heimat.

Staatsfeind No. 1: Ned Kelly

1855–1880
Räuber und Robin Hood

Schon mit 14 wurde er beim Pferdediebstahl erwischt, ehe er sich auf das Stehlen von Rindern und Pferden ausschließlich wohlhabender Viehzüchter spezialisierte und seinen Ruf als »Robin Hood des Outback« begründete. Doch bald wurde der Volksheld zum Staatsfeind: Er überfiel mit seiner Bande nun auch Banken, Postkutschen, Goldtransporte und erschoss drei Polizisten. Ned Kelly aus Beveridge (VIC) wurde festgenommen, verurteilt und gehängt – auch 32 000 Unterschriften, die gegen seine Hinrichtungen gesammelt wurden, konnten ihm nicht mehr das Leben retten.

Das **Skelett** des legendären Banditen entdeckten Wissenschaftler des Victorian Institute of Forensic Medicine (VIFM) 2009 in einem Holzsarg am Standort des einstigen Melbourner Penridge Prison inmitten der Leichen von 33 anderen Gefangenen. Bei der Identifizierung Ned Kellys half die DNA eines Ururenkels von Kellys Schwester Ellen, des Lehrers Leigh Ovler. Einzig von seinem Kopf fehlt jede Spur – er wurde 1978 aus einem Glaskasten im Old Melbourne Goal gestohlen.

Australiens Diva: Nicole Kidman

geb. 1967
Schauspielerin

Im bildgewaltigen Romantikepos »Australia« (2008) spielte Nicole Kidman eine der leidenschaftlichsten Rollen ihres Lebens. Alle Welt staunte über die Wandlung der »Eisheiligen von Hollywood« (»The Times«), die zuvor mit Vorliebe unterkühlte Frauentypen verkörperte. Schon als kleines Mädchen stand sie auf der Bühne. Ihr Filmdebüt folgte mit 16 Jahren, berühmt wurde sie in Stanley Kubricks »Eyes Wide Shut« (1999). Partner in dem Erotikthriller war ihr damaliger Ehemann: Hollywood-Star Tom Cruise. Kidman, in Honolulu geboren und in Sydney aufgewachsen, wurde mit Gagen von 10 bis 15 Mio. US-Dollar pro Film zu einer der bestbezahlten Schauspielerinnen Hollywoods. 2003 bekam sie für ihre Darstellung der Virginia Woolf in »The Hours« einen **Oscar**. Auf ihren ersten Emmy (für »Big little Lies«) musste sie bis 2017 warten.

Ein Deutscher in Australien: Ludwig Leichhardt

1813–1848
Entdecker, Botaniker und Geologe

Ludwig Leichhardt gilt als der berühmteste Deutsche in der Geschichte des südlichen Kontinents. Ein Stadtteil von Sydney und ein Fluss im Norden Australiens wurden nach ihm benannt. Leichhardt, als sechstes Kind eines Torfstechers in Trebatsch (Brandenburg) geboren, studierte Medizin und Naturwissenschaften in Berlin und London, wo er seine exzellenten Englischkenntnisse erwarb. 1841 brach er nach Australien auf. Die ersten eineinhalb Jahre durchstreifte er den Busch und entwarf bald Pläne für eine große Überlandexpedition, die durch Queensland bis in den Norden nach Port Essington (Cobourg Peninsula) führen sollte. Im September 1844 startete er mit neun Männern, darunter zwei Aborigines. Am 17. Dezember 1845 erreichte die Gruppe Port Essington – die **erste Durchquerung Australiens** von Südosten nach Norden war gelungen.
Nach einem ersten gescheiterten Versuch 1846/47, den gesamten Kontinent von Osten nach Westen zu durchqueren, brach er mit sechs Begleitern im Februar 1848 zu seiner dritten und letzten Expedition auf. Ein Brief an einen Freund in Sydney war sein letztes Lebenszeichen. Seither ist die Forschergruppe verschollen.

»She's got the look«: Nicole Kidman, Australiens vielleicht glamouröseste Filmdiva, 2012 beim Filmfest in Cannes

Vorkämpfer der Aborigines: Eddie Mabo

1936–1992
Menschenrechtsaktivist

Als die ersten weißen Siedler australischen Boden betraten, betrachteten sie den fünften Kontinent als »Terra Nullius«, als herrenloses Niemandsland. Der Klage von Eddie Mabo und seinen Mitstreitern ist es zu verdanken, dass der High Court diesen Grundsatz, mit dem die Entrechtung der Aborigines rund 200 Jahre lang begründet worden war, endgültig revidierte: Als das höchste Gericht Australiens 1992 nach zehnjährigem Prozess sein Urteil im Prozess **»Mabo vs. Queensland (No. 2)«** fällte, demzufolge Aborigines durchaus Recht auf öffentliches Land wie Nationalparks besitzen können, hatte Mabo seinen letzten Kampf bereits verloren. Fünf Monate vor der Urteilsverkündigung war der auf der Hauptinsel der Murray-Island-Gruppe geborene Angehörige der Torres-Strait-Insulaner an einem Krebsleiden gestorben. Sein erfolgreicher Kampf für die Landrechte der Aborigines, der auch deren Selbstverständnis nachhaltig prägte, wurde im Jahr seines Todes mit der posthum verliehenen Human Rights Medal Australiens geehrt.

»The Body«: Elle Macphersen

geb. 1964
Supermodel

Ballett als Teen, Jura-Studium als Twen und schließlich als Model entdeckt: Elle Macphersen, in Killara (NSW) geboren, trägt den markanten Spitznamen »The Body« – der Körper. 1982 posierte sie in der »Elle« und wurde weltbekannt. Cover auf Cover folgten für diverse Magazine, ehe sie sich mit 30 Jahren für den »Playboy« auszog. Mit vier weiteren Topmodels – Cindy Crawford, Christy Turlington, Claudia Schiffer, Naomi Campbell – gründete sie 1996 das Fashion Café in New York. Drei Jahre später war sie der erste australische Star, der auf einer Briefmarke abgebildet wurde. Derzeit ist sie als Schauspielerin und Moderatorin aktiv.

Die märchenhafte Sopranstimme: Nellie Melba

1861–1931
Opernsängerin

Eigentlich heißt sie Helen Porter Mitchell, doch mit ihrem Künstlername Melba, den die Sängerin als Huldigung an ihre Heimatstadt Melbourne wählte, ist sie bis heute ein Begriff. Sie feierte Triumphe an allen großen Opernhäusern der Welt, besonders als Interpretin von Verdi- und Puccini-Opern sowie mit Werken von Richard Wagner. Fast 40 Jahre lang, von 1889 bis 1928, war sie die Primadonna assoluta der Covent Garden Opera in London. Zar Alexander III. war so begeistert, dass er ihr ein Diamantenhalsband im Wert von 100 000 US-Dollar schenkte. Und der berühmte Koch Auguste Escoffier benannte ihr zu Ehren ein Dessert, den **»Pêche Melba«** – Pfirsich Melba. 1918 wurde Nellie in den Adelsstand erhoben.

Donald Trumps Verstärker: Rupert Murdoch

geb. 1931
Medienmogul

Als Gründer, Hauptaktionär und leitender Vorstand der News Corporation verfügt Keith Rupert Murdoch über eines der größten Medienkonglomerate der Welt. Der Spross der Melbourner Oberschicht studierte an der Oxford University Wirtschaftswissenschaften und lernte den Journalismus u. a. als Reporter für die »Gazette« in Birmingham. Nach dem überraschenden Tod seines Vaters baute Murdoch das Familienunternehmen durch Übernahmen, Beteiligungen und Neugründungen in allen Mediensparten immer weiter aus. Zu einem Verlustgeschäft entwickelte sich seine Investition in das Internetportal **www.myspace.com**: Vor dem Aufstieg von Facebook das größte Netzwerk der Welt, bezahlte Murdoch dafür im Jahr 2005 580 Millionen US-Dollar, konnte es dann aber 2011 nur noch für 35 Millionen US-Dollar verkaufen.
Kritiker werfen Murdoch vor, seine Medienmacht zur einseitigen politischen Einflussnahme zu missbrauchen. So gehört zu seinem Konglomerat auch **Fox News Channel**, jener amerikanischer Nachrichtensender, der treu an der Seite von US-Präsident Donald Trump steht, der sich als enger Freund Murdochs bezeichnet. Der Medienmogul gehört zu den reichsten Männern der Welt und lebt mit seiner dritten Ehefrau Wendi Deng in New York.

Künstler zwischen den Welten: Albert Namatjira

1902–1959
Maler

Der Angehörige der Aranda-Volksgruppe Albert Namatjira ist einer der bedeutendsten Landschaftsmaler Australiens. Der Künstler, von seinen Eltern »Elea« genannt, wurde in der deutschen Missionsstation Hermannsburg südwestlich von Alice Springs geboren. Die Familie musste den christlichen Glauben annehmen, er wurde auf den Namen Albert getauft. Dennoch führte man ihn mit 13 Jahren in das Aborigine-Leben ein. Sechs Monate lang lebte er mit dem Aranda-Stamm im australischen Busch, lernte von den Stammesälteren die traditionellen Sitten und Gesetze, die Traumzeit-Orte – und Ilkalika kennen, seine Frau. Die Bekanntschaft mit **Rex Battersea**, der den 33-jährigen Namatjira in Maltechniken unterrichtete, markiert den Beginn seiner künstlerischen Karriere. 1938 präsentierte er seine Werke erstmals in Melbourne. Namatjira verstand es wie kein Zweiter, die landschaftlichen Schönheiten des »Red Centre« in Aquarellen westlichen Stils festzuhalten. Dafür wurde er 1953 von Königin Elisabeth II. mit der **Queen's Coronation Medal** ausgezeichnet und 1954 in Canberra von der britischen Königin empfangen. Als er zwei Jahre später in Alice Springs ein Haus bauen wollte, das Grundstück aber als rechtloser Ureinwohner nicht erwerben konnte – erst 1962 bekamen die Aborigines Bür-

Australien würdigte Albert Namatjira 1968 mit einer Briefmarke.

gerrechte wie das Wahlrecht –, erhielten Namatjira und seine Frau 1957 als erste Aborigines die australische Staatsbürgerschaft.

Australiens größter Literat: Patrick White

1912–1990
Schriftsteller

Er führte mit seiner »epischen und psychologischen Erzählkunst der Weltliteratur einen neuen Erdteil zu«, so die Laudatio: 1973 erhielt Patrick White als erster und bislang einziger australischer Autor den Nobelpreis für Literatur. In London als Sohn australischer Eltern geboren, wuchs er teils in Australien, teils in England auf. Für seinen ersten Roman »Happy Valley« fand White 1939 in London einen Verleger – und erntete lobende Worte von Graham Greene und Elizabeth Bowen. Während des Zweiten Weltkriegs war er für die Royal Air Force als Nachrichtenoffizier tätig und lernte seinen Lebensgefährten Manoly Lascaris kennen. Der große Durchbruch in Australien gelang White erst mit »Voss«. Seit den 1970er-Jahren setzte sich White verstärkt für die Rechte der Aborigines und für den Umweltschutz ein. Doch je populärer er wurde, desto mehr scheute er die Öffentlichkeit. So nahm er auch an der Feier anlässlich der Verleihung des Nobelpreises nicht teil, sondern schickte seinen Malerfreund **Sir Sidney Nolan**. Mit dem Preisgeld stiftete er Australiens höchstdotierten Literaturpreis.

Erster Aborigine im Parlament: Ken Wyatt

geb. 1952
Politiker

Am 29. September 2010, seinem ersten Arbeitstag als Abgeordneter im Unterhaus des australischen Parlaments, warf sich Ken Wyatt ein Kängurufell um, das er von seinen Stammesältesten erhalten hatte. Damit demonstrierte er seine tiefe Verbundenheit mit seinen **indigenen Wurzeln**. Geboren wurde er in der Nähe von Bunburry in Western Australia, wohin seine Mutter als Kind der »Stolen Generations« (▶ S. 497) verschleppt worden war. Hier wuchs er in Armut auf und war früh mit Rassismus konfrontiert. Wyatt arbeitete als Lehrer, Direktor einer Gesundheitsbehörde und setzt sich nun in der australischen Labor Party für die Interessen der Aborigines ein.

Der Erfinder des Reiseführers: Karl Baedeker

1801–1859
Verleger

Als Buchhändler kam Karl Baedeker viel herum, und überall ärgerte er sich über die »Lohnbedienten«, die die Neuankömmlinge gegen Trinkgeld in den erstbesten Gasthof schleppten. Nur: Wie sollte man sonst wissen, wo man übernachten könnte und was es anzuschauen gäbe? In seiner Buchhandlung hatte er zwar Fahrpläne, Reiseberichte und gelehrte Abhandlungen über Kunstsammlungen. Aber wollte man das mit sich herumschleppen? Wie wäre es denn, wenn man all das zusammenfasste?

Gedacht, getan: Zwar hatte er sein erstes Reisebuch, die 1832 erschienene »Rheinreise«, noch nicht einmal selbst geschrieben. Aber er entwickelte es von Auflage zu Auflage weiter. Mit der Einteilung in »Allgemein Wissenswertes«, »Praktisches« und »Beschreibung der Merk-(Sehens-)würdigkeiten« fand er die klassische Gliederung des Reiseführers, die bis heute ihre Gültigkeit hat. Bald waren immer mehr Menschen unterwegs mit seinen **»Handbüchlein für Reisende, die sich selbst leicht und schnell zurechtfinden wollen«**. Die Reisenden hatten sich befreit, und sie verdanken es bis heute Karl Baedeker.

E

ERLEBEN & GENIESSEN

Überraschend, stimulierend, bereichernd

Mit unseren Ideen erleben und genießen Sie Australien.

Wenn die Sonne untergeht, kommt Leben in Darwins Mindil Beach Sunset Market. ►

BEWEGEN UND ENTSPANNEN

Wer frühmorgens um 6 Uhr an der Sunshine Coast unterwegs ist, wird seinen Augen kaum trauen. Ganze Kohorten von Radfahrern und Joggern bevölkern die Straße, während Surfer schon auf die erste perfekte Welle warten und Schwimmer durch die Fluten kraulen. Eine kleine Trainingseinheit vor dem Büro ist hierzulande der Inbegriff eines aktiven und gesunden Lebensstils – kein Wunder, bei den wunderbaren Rahmenbedingungen, die sich Outdoor-Sportlern in Down Under bieten.

Rund ums Wasser

Baden

Die endlose lange Küste Australiens bietet ungezählte Sandstrände und Badebuchten. Vielerorts herrschen ideale Bedingungen für Strandwanderer und Wassersportler. Wer jedoch schwimmen will, muss in vielen Regionen mit kleinen geschützten Bereichen oder Pools vorlieb nehmen: Haie und hochgiftige Quallen, aber auch Krokodile machen besonders in Westaustralien, im Northern Territory und in Queensland sowie Teilen von New South Wales ein Bad im offenen Meer unmöglich. Dazu herrschen an vielen Stellen extrem gefährliche Meeresströmungen, die Badende hinaus aufs Meer ziehen. Es wird daher empfohlen, nur an von Mitgliedern der Surf Life Saving Association **bewachten Stränden**, die mit rot-gelben Fahnen markiert sind, zu baden und Wassersport zu treiben. Und nie vergessen: Immer Sonnenschutzmittel mit hohem Lichtschutzfaktor benutzen, schützende Kleidung und einen Hut anziehen sowie Sonnenbrille tragen!

Beste Strände

Whitehaven Beach auf den Whitsunday Islands vor Queensland übertrumpft sie alle – er gehört zu den schönsten Stränden nicht nur Australiens, sondern der ganzen Welt. Bekannter dürfte aber dennoch der **Bondi Beach** in Sydney sein; entsprechend überfüllt ist er oft. Und was Bondi oder auch Manly für die Sydneysider ist, ist ohne Zweifel **St. Kilda** für Melbourne. In Victoria befindet sich auch der längste Strand der Aussies: Der **Ninty Mile Beach** von Gippsland misst mehr als 150 km und gehört zu den längsten und unberührtesten Stränden der Erde. Auch entlang der **Great Ocean Road** sowie auf der südaustralischen Insel **Kangaroo Island** liegen wunderschöne Strände, jedoch klettern die Wassertemperatur hier selten über 20 °C. In Queensland locken südlich von Brisbane die Strände der **Gold Coast** und nördlich davon die **Sunshine Coast**. Außerdem fallen die vielen Inselstrände meistens in die Kategorie traumhaft: Fra-

Je weiter man in den Süden gelangt, desto hochseefester sollte man als Segler sein – über Pazifischen und Südlichen Ozean wehen oft kräftige Winde.

ser, Fitzroy, Bedarra, Dunk, Magnetic und Lady Eliott Island sind nur ein paar Beispiele. In New South Wales lohnen Abstecher nach Stockton, an die Jervis Bay und die Byron Bay. Bei Broome liegt der 24 km lange, unglaublich breite **Cable Beach**, Westaustraliens Nummer eins mit allerdings äußerst starkem Gezeitenwechsel. Der 20 km lange **Wagait Beach** westlich von Darwin ist das Pendant von Cable Beach im Northern Territory. Auch Tasmanien hat wunderbare Strände, keine Haie oder Krokodile, aber in der Regel kommt die Wassertemperatur selbst im australischen Sommer nicht über 15 °C hinaus. Wer abgehärtet genug ist (oder auch nur die wundervolle Natur genießen will), sollte zur **Wineglass Bay** im Freycinet National Park fahren.
Nacktbaden ist übrigens im ganzen Land und nicht nur im erzkonservativen Tasmanien verpönt.

Segeln

Australien besitzt einige der schönsten Segelreviere der Welt. Die tropischen **Whitsunday Islands** in der Mitte des Great Barrier Reef punkten mit geschützten Ankerplätzen, einsamen Buchten und Traumstränden. Exzellente Segelbedingungen bieten auch die **Port Phillip Bay** von Melbourne und der Sydney Harbour, wo Segeln in all seiner Vielfalt erlebbar ist: bei einer Sunset Cruise an Bord einer alten Brigg, beim sportlichen Champagnerausflug auf einem Katamaran, als Skipper einer gecharterten Yacht – oder beim Segelkurs. Weihnachten startet im Naturhafen die **Sydney-Hobart-Regatta**, mit 1008 km zwar nicht die längste, wohl aber eine der tückischsten Regatten. Vor allem ihr Mittelstück, die rund 200 km breite Bass-Straße zwischen Tasmanien und dem Festland, zählt zu den stürmischsten Gewässern der Erde.

Surfen

Surfer aus aller Welt tummeln sich das ganze Jahr über an den zahlreichen Stränden des australischen Kontinents – und nicht umsonst heißt das beliebteste Städtchen an der Gold Coast von Queensland **Surfer's Paradise**. Sydneys **Bondi Beach** und **Bells Beach** in Victoria sind international berühmte Hotspots der Surferszene und Austragungsorte renommierter Surfwettbewerbe. In Südaustralien sind die besten Surfstrände über die Halbinseln **Fleurieu**, **Yorke** und **Eyre** verstreut. In Westaustralien sind vor allem Perth und Esperance für ihre Vielzahl an Surfstränden bekannt, während die Wellen von Tasmaniens Südmeer besonders vor **Bruny Island** locken. Das Northern Territory hingegen bietet keine guten Surfspots. Über die Sicherheit der Sportler wacht an vielen Stränden die **»Surf Rescue«**.

Tauchen

Die 4000 Fisch- und 500 Korallenarten, die in australischen Gewässern leben, machen das Land zu einem Tauchspot par excellence. Traumziel aller Taucher ist das **Great Barrier** Reef mit seinen Koralleninseln. Getaucht wird von Pontons und von zahlreichen Booten, die zu ein- und mehrtägigen Törns starten. Das **Ningaloo Reef** vor der Küste Westaustraliens gehört zu den wenigen Plätzen weltweit, die Walhaie jedes Jahr aufsuchen (März–Juni). Vor dem südaustralischen **Port Lincoln** können Sie sogar dem gefährlichsten Meeresbewohner hautnah in die Augen schauen: Nur einige Käfigstäbe aus Stahl trennen Sie von dem bis zu 5 m langen Weißen Hai. In der **Port Phillip Bay** von Victoria lassen sich Delfine und Robben beobachten, während Wracktaucher vor **Warrnambool** an der Great Ocean Road und vor der westaustralischen Insel **Rottnest Island** eindrucksvolle Schiffsfriedhöfe vorfinden. Die **Tasman-Halbinsel** ist zudem für Steilwandtaucher interessant.

Kajak, Kanu, Rafting

Viele australische Flüsse eignen sich für Wildwasserfahrten im Schlauchboot. Mit 44 Stromschnellen gehört der ganzjährig Wasser führende **Tully River** im tropischen North Queensland zu den weltweit besten Zielen für Whitewater Rafting. Aber auch der **Nymboida River**, der **Gwydir River**, der **Shoalhaven River** in New South Wales und der **Franklin River** in Tasmanien sorgen mit vielen Strudeln und Stromschnellen für Adrenalinkicks.
Wunderschöne Gebiete für Kanu- und Kajakfahrer sind der **Nymboida River** und der Murray River in New South Wales, die **Gippsland Lakes** in Victoria und das Great Barrier Reef. Unvergesslich ist aber

auch eine Fahrt im Kajak durch den Hafen von Sydney mit Blick auf die Oper. Im Dezember findet auf dem **Murray River** das härteste Kanurennen des Kontinents statt: der Murray Marathon – fünf Tage brauchen die Paddler für die 404 km lange Strecke von Yarrawonga nach Swan Hill.

Angeln

Australiens Nationalsport – bei Frauen und Kindern genauso wie Männern – ist Angeln! Einen Dorsch aus dem **Fluss** zu ziehen und gleich zu grillen, gehört ebenso zu den Freizeitklassikern wie die **Tiefseejagd** auf einen Gelbflossenthunfisch an Bord einer hoch motorisierten Jacht oder ein **Angelausflug** in den tropischen Mangroven, wo der Australische Lungenfisch daheim ist. Tasmanien wiederum ist ein Paradies fürs Forellenfischen. Südaustralien begeistert den Angler mit Brassen und Lachs. Infos zur Ausgabe der Angellizenz und zu Fangeinschränkungen erteilen die Fischereiministerien der jeweiligen Bundesstaaten.

Fluss- und Hafenrundfahrten

Ein besonderes Erlebnis sind die Fahrten mit Schaufelraddampfern auf dem **Murray River**: Sie starten in Victoria in Swan Hill, Echuca und Mildura, in South Australia in Renmark, Murray Bridge und Blanchetown. In Perth legt der nostalgische »Decoy« zum Sightseeing-

Für Taucher bietet Australien unvergessliche Spots, allen voran natürlich das Great Barrier Reef mit seiner reichen Unterwasserfauna.

Törn auf dem **Swan River** ab, in Launceston (TAS) starten Touren auf dem **Tamar River**. Und eine Flussfahrt auf dem **Yarra River** in Melbourne gehört ebenso dazu wie eine Hafenrundfahrt in Sydney.

Walbeobachtungen

Wale besuchen Australiens Küsten zwischen Mai und November. Man kann sie rund um **Byron Bay** (NSW), vor **Fraser Island** (QLD), **Albany** und am **Ningaloo Reef** (beide WA), vor der **Eyre Peninsula** (SA) und an der Great Ocean Road bei Warrnambool (VIC) sichten. In den genannten Regionen gibt es dann jeweils regelmäßig startende Touren.

An Land

Wandern

Ausgezeichnete Wandergebiete erwarten Sie in den Nationalparks und in den Naturschutzgebieten Australiens, die ein dichtes Netz von mehrstündigen bis mehrtägigen Trails, aber auch kurzen Spaziergängen erschließen. Infos und Karten gibt es bei den Rangern in den jeweiligen Besucherzentren der Nationalparks. Viel Kondition und eine Menge Zeit benötigt, wer den 5300 km langen **Bicentennial National Trail** von Cooktown (QLD) bis Melbourne (VIC) komplett absolvieren will. Der rund 1200 km lange **Heyson Trail** (SA) von Cape Jervis entlang der Fleurieu Peninsula bis in die Flinders Ranges gehört zu den schönsten Wanderpfaden der Welt. Wanderungen ohne Gepäck werden von **Auswalk** angeboten.

Radfahren

Abgesehen von Stadttouren bieten sich vor allem im australischen Sommer längere Überlandfahrten nur im Süden des Landes an. Schön und mäßig anspruchsvoll sind die leicht hügeligen Weinanbaugebiete des Barossa Valley und des Clare Valley (beide SA) sowie das Hunter Valley (NSW). Mit Bergstrecken hat man es dagegen schon in den Blue Mountains (NSW), den Flinders Ranges (SA) und ganz besonders in den australischen Alpen von New South Wales und Victoria zu tun.

Klettern

Die zerklüfteten **Blue Mountains** und der senkrecht ins Meer fallende **Point Perpenticular** (beide NSW), die wilden **Grampians** (VIC) oder eine Acht-Grad-Tour in der **Tyndall Range** (TAS) – Australien besitzt herrliche Boulder-Spots. Die mehr als 2000 Klettersteige des **Mount Arapiles** (VIC) haben das verschlafene Nest Natimuk zum Zentrum des Bergsports gemacht – zumal die nahen Grampians nochmal so viel Routen bieten. Während Sydney mit eher ungewöhnlichen Kletterpartien lockt: Beim **Skywalk** können Besucher den steilen Aufstieg zur Spitze des 268 m hohen Sydney Tower wagen und/oder beim **Bridge Climb** über die Sydney Harbour Bridge kraxeln.

Reiten

Sehr verbreitet ist der Reitsport – entsprechend einfach ist es, einen Pferdehof zu finden, an organisierten Ausritten teilzunehmen oder für eigene Touren ein Pferd zu mieten. Mit etwas Glück kann man dabei **Brumbies** begegnen, den verwilderten Nachfahren von nach dem Goldrausch freigelassenen Reitpferden.

Kamelsafaris

Einige Orte im Outback bieten Kamelsafaris und damit verbunden großes Wüstenfeeling an – ein echtes Erlebnis! Aber auch in den Bergen von Victoria, an einigen Stränden von Queensland, New South Wales und Western Australia sowie auf Bruny Island (TAS) kann man an Kamelsafaris teilnehmen.

Golf

Mit mehr als 1500 Golfplätzen ist Australien ein Eldorado für alle, die im Urlaub ihr Handicap verbessern wollen. Zu den besten Anlagen gehören der bereits 1891 gegründete **Royal Melbourne Club** mit drei Championship-Plätzen, **Sydneys Long Reef Golf Club** direkt am Meer und das **Joondalup Golf Resort** bei Perth, wo so manches Känguru den Abschlag der Spieler begutachtet. Ebenfalls kurios ist das »brown« genannte Green von **Coober Pedy**, weil der dortige Golfplatz mitten in der südaustralischen Wüste ohne Rasen auskommen muss. Die Greenfees für Gäste sind in Australien deutlich günstiger als in Europa.

Wintersport

Australien kann auch Winter – zumindest im gebirgigen Grenzland von New South Wales und Victoria zwischen Juli und September. Nomen est omen: Die besten Skigebiete findet man in den **Snowy Mountains** am Mount Buller (1600 m), drei Autostunden nordöstlich von Melbourne. **Thredbo** gilt als das St. Moritz der südlichen Hemisphäre; hier wurden sogar schon Weltcuprennen ausgetragen. Insgesamt stehen in Australien um die 130 Skilifte und knapp 500 Pistenkilometer zur Verfügung. Zum Vergleich: Allein Österreichs größtes Skigebiet, die Skiregion Amadé, kommt auf 270 Lifte und 760 km.

NÜTZLICHE ADRESSEN

ANGELN

www.in-australien.com/angeln_105948

FAHRRAD FAHREN

www.australia.com/de-de/articles/cycling-australia.html

FLUSS- UND HAFENRUNDFAHRTEN

MURRAY RIVER QUEEN
Tel. 08 85 41 44 11,
www.murrayriverqueen.com.au

SYDNEY HARBOUR
► S. 131

GOLF

www.australia.com/de-de/articles/great-golf-courses.html

LONG REEF GOLF CLUB SYDNEY
Tel. 02 99 71 81 13
www.lrgc.com.au

ROYAL MELBOURNE CLUB
Tel. 03 95 99 05 00
www.royalmelbourne.com.au

KANU, KAJAK, RAFTING

www.australia.com/de-de/articles/nat-canoe-kayak.html

www.raftingaustralia.com.au

MURRAY RIVER CANOE HIRE
Tel. 04 17 69 13 39, http://murrayrivercanoehire.com.au

MURRAY MARATHON
www.murraymarathon.ymca.org.au

KAMELSAFARIS

www.cameltreksaustralia.com.au

KLETTERN

www.in-australien.com/klettern_1051715

CHOCKSTONE
Kletterziele in Victoria, darunter der Mount Arapiles.
www.chockstone.org

SYDNEY HARBOUR BRIDGE CLIMB
► S. 127

REITEN

www.in-australien.com/reiten_1051716

SEGELN

www.yachting.org.au

WHITSUNDAY ISLANDS
► S. 255

SURFEN

www.in-australien.com/surfen_104138

TAUCHEN

www.australien-info.de/tauchen.html

GREAT BARRIER REEF
► S. 255

WANDERN

www.australia.com/de-de/itineraries/walking-australia.html

AUSWALK
Wandern ohne Gepäck
Tel. 1300 77 78 78 (in Australien), +61 3 95 97 97 67 (aus Deutschland), www.auswalk.com.au

BICENTENNIAL NATIONAL TRAIL
www.nationaltrail.com.au

HEYSEN TRAIL
www.heysentrail.asn.au

WALBEOBACHTUNGEN

www.in-australien.com/whale-watching_1051674

NINGALOO REEF
www.visitningaloo.com.au/tours/whale-watching-tours

WINTERSPORT

www.australia.com/de-de/places/vic/vic-snow-play.html

ESSEN & TRINKEN

»Pub grub«, also Steak, Burger, Fish & Chips, große Portionen, Sattmacher und meist auch gut – das ist Australiens Küche, zumindest vereinfacht dargestellt. Das Ganze gibt's sogar als Sieben-Gang-Menü: ein Pub-Essen nach Wahl und ein Sixpack Bier dazu. Ja, Down Under hat zwar aufgeholt, ist aber, bis auf manche Ausnahmen in den Metropolen, noch weit weg vom Gourmethimmel. Vor allem zwischen »fine dining« und »pub grub« und Fast Food ist die Auswahl oft mau. Nur die Einwandererküchen aus Europa und Asien können da weiterhelfen.

Morgens, mittags, abends

Das australische Frühstück, liebevoll **»brekkie«** genannt, wird wie in Großbritannien serviert: mit Ham & Eggs (Schinken und Eiern), Bacon & Eggs Benedict (Speck und pochierte Eiern), garniert mit Baked Beans (weiße Bohnen in süßlicher Tomatensoße) oder auch Blattspinat und Hash Browns (krosse Kartoffelpuffer). Natürlich gibt's auch Cereals (Getreideflocken) und Toast, der traditionell mit einer vegetarischen Hefepaste bestrichen wird: »Vegemite« – seit 1922 ein australischer Frühstücksklassiker!

Seafood in alle Facetten dominiert vielerorts die Speisekarten – angesichts der endlos langen Küste dürfte dies wenig überraschen.

TYPISCHE GERICHTE

Bevor die Europäer den fünften Kontinent »entdeckten«, basierte der Speiseplan der Ureinwohner vor allem auf dem, was die Natur hergab. Danach vermischte sich das indigene Erbe des Landes mit dem europäischen – auch auf dem Speisezettel.

Fish & Chips: Ein typisch britisches Erbe ist Australiens Vorliebe für »Fish & Chips«, die überall an der Küste angeboten werden – im einfachen Imbisslokal ebenso wie im Gourmetrestaurant. Doch anders als im Mutterland steckt hier im Bierteig nicht immer nur Kabeljau, sondern eine enorme Auswahl verschiedener Edelfische wie Whiting (Merlan), Tilapia (Victoriabarsch), Ocean Perch (Rotbarsch), Black Bass (Schwarzbarsch), Pangasius, Catfish (Wels), Flathead (Flachkopfwels), Snapper (Schnapper) – einfach mal probieren, was am besten mundet. Und bitte keine Mayonnaise auf die Pommes frites – in Australien isst man »chips«, ebenfalls sehr britisch, mit »vinegar«, Essig.

Beetroot: Wenn es in Australien ein Nationalgemüse gibt, so sind das Rote Bete. »Beetroot« hat auf jedem im Land servierten Burger Platz, gehört auf jedes Sandwich, in jeden Salat, zu jedem Lunch. Und so findet man heute selbst in den international standardisierten Menüs von Fast-Food-Ketten wie McDonald's einen »Aussie Burger« mit einer dicken Scheibe »beetroot«. Die roten Rüben verstecken sich in Australien zudem noch in vielen anderen Produkten: Sie verleihen nicht nur dem Erdbeer- und Wildbeerenjoghurt eine appetitliche Farbe, sondern auch dem in Europa eher blassen Wurstaufschnitt ein kräftig rotes Aussehen.

Es ist angerichtet: Nouvelle Cuisine müsste es bei dem Panorama am Uluru gar nicht sein.

Damper: Europäisches und indigenes Erbe vermischen sich beim traditionellen Brot der Aborigines im Outback. Seine Zutaten: Mehl, Wasser, Salz und – falls vorhanden – Backpulver sowie Akaziensamen oder zerstoßene Nüsse. Gebacken wird ein Damper traditionell in der Asche des Lagerfeuers – zuerst zehn Minuten auf der Asche, dann weitere 20 Minuten inmitten der Glut. Sobald er beim Klopfen hohl klingt, ist der Damper gar – und wird noch warm mit Zuckerrübensirup oder Beef Jerky (getrocknetem, rohem Fleisch) genossen. Geschätzt wird der Damper, der als Beilage der modernen australischen (ModOz) Küche nicht mehr wegzudenken ist, auch wegen seines niedrigen Kaloriengehalts.

Pie Floater: Besonders in Südaustralien beliebt sind Pie Floater – Teigtaschen mit Fleisch- oder Gemüsefüllung, die umgedreht in einem Teller dicker grüner Erbsensuppe schwimmen und traditionell mit Tomatensoße, Worcestersoße oder Essig genossen werden. Verkauft werden sie von »Pie Carts«, einfachen Imbissbuden, die ab 19 Uhr in die Städte kommen und bis spätnachts den Hunger stillen.

Pavlova: 1935 kreierte Herbert Sachse, Küchenchef des Hotels Esplanade in Perth, anlässlich des Besuchs der russischen Ballerina Anna Pavlova ein neues Dessert – eine Meringue aus knusprig gebackenem Eischnee als Hülle, die im Innern jedoch weich und schaumig ist wie ein Marshmallow. Gefüllt wird das Baiser mit viel Schlagsahne und noch mehr frischen Früchten.

Lamington: Namensgeber für den beliebtesten australischen Kuchen war Lord Lamington, in den Jahren 1896 bis 1901 Gouverneur von Queensland. Der lockere Schokoladenkuchen wird traditionell in Würfel oder Rechtecke geschnitten und im Innern mit einer sahnigen Kokoscreme gefüllt. Bei anderen Varianten werden die Rührteigwürfel erst mit Crème fraîche bestrichen, dann in Kokosraspeln gerollt.

Das Mittagessen (**Lunch**) besteht meist aus Salat, Suppe, Pasta, einem üppig belegten Sandwich, das oft mit Kartoffelchips gegessen wird, oder Pie Floter, die mit Fleisch und Gemüse gefüllten Teigtaschen britischen Ursprungs (Cornish Pasty). Im Outback darf's aber auch gerne ein deftiger Burger oder üppiges Steak sein.
Zum **Dinner**, vor allem am Wochenende, sehr beliebt ist das **»barbie«**, ein Barbecue mit Freunden, bei dem Fleisch, Fisch und Meeresfrüchte gegrillt werden sowie jede Menge Bier fließt.

Zwischen Rustikal und Edel

Die Ureinwohner aßen alles, was man jagen oder sammeln konnte (▶ Baedeker Wissen S. 548): Es war stets regionales und saisonales Essen. Elemente der Aborigine-Küche (**»bush tucker«**) haben längst Eingang in die moderne australische Küche gefunden: so z. B. **»damper«**, das traditionelle Brot der Aborigines, das aus Mehl, Wasser, Salz und Akaziensamen oder zerstoßenen Nüssen zubereitet wird. Für europäische Gaumen ungewöhnliche Zutaten wie Känguru- oder Kamelfleisch legten und legen aber auch die weißen »bushies« auf den Grill. Und Spitzenküche wie die Pioniere Jacques Reymond, Peter Doyle, die ihren Kochlöffel erst vor kurzem an die Wand gehängt haben, oder Peter Gilmore – dessen »Quay« in Sydney zu den besten Restaurants der Welt zählt – haben mit ihrem Handwerk auch das **»fine dining«** in Australien etabliert. Den indigenen Koch **Mark Olive** – Spitzname Black Olive – treibt hingegen eine andere Vision an: Sein Ziel ist es, in seiner TV-Show die Küche der Ureinwohner wiederzuentdecken und ihr auch international Geltung zu verschaffen – als einzig wahre Küche des Kontinents. Und als gesunde noch dazu.

Weinland Australien

1788 pflanzte der britische Gouverneur in seinem Garten in Sydney erstmals Rebstöcke, die er aus Südafrika nach Australien gebracht hatte. Heute kommen immerhin 5 % der weltweiten Weinproduktion aus Down Under. Das ist zwar nur ein knappes Drittel der Menge, die z. B. Italien erzeugt, doch die meisten australischen Weine sind von gehobener bis hoher Qualität. Vor allem **die schweren Rotweine** finden mehr und mehr den Weg nach Europa, Asien und Amerika. Die Weinanbaugebiete befinden sich in Südaustralien (Barossa Valley, Adelaide Hills, Clare Valley, Eden Valley, Coonawarra), Victoria (Yarra Valley, Bendigo, Geelong), New South Wales (Hunter Valley, Pericoota), Tasmanien (Tamar Valley) und Westaustralien (Margaret River). Shiraz und Cabernet Sauvignon, Chardonnay, Sémillon, aber auch der eine oder andere Riesling sind die gängigen Rebsorten.

Bring's selber mit

Alle **alkoholischen Getränke** sind in Australien mit einer hohen Steuer belegt und nur in lizenzierten Lokalen, Bars oder Bottle Shops erhältlich. In Gaststätten ohne Ausschanklizenz offenbart ein Aufkleber an Fenster oder Tür die Möglichkeit »B. Y. O.«, also »bring your

Weinverkostung im Hunter Valley, abgestimmt zum passenden Gericht.

own«: Wer Wein oder Bier trinken möchte, muss sich das selbst mitbringen. Gelegentlich wird für das Öffnen jedoch eine corkage fee erhoben.

And the winner is ...

»MasterChef« heißt **die Kultkochshow** des fünften Kontinents. Zur besten Dinnerzeit verfolgen seit 2009 Hunderttausende im Land das Wettkochen der Kandidaten auf WIN TV. Längst profilieren sich auch die Spitzenköche des Landes multimedial. Denn nur, wer in der Werbung, auf Facebook und im Fernsehen omnipräsent ist, kann in diesen wirtschaftlich unruhigen Zeit noch die Spitzenküche im eigenen Lokal finanzieren. Auch in Australien ist Gastronomie inzwischen ein knallhartes Business. Wer Erfolg haben will, der muss sich ständig neu erfinden: Die **Kunst der Inszenierung** ist in den Metropolen inzwischen genauso wichtig wie die **kulinarische Kreation**. Und dabei kann es Australien heute mit den **besten Küchen der Welt** aufnehmen. In jeder der fünf großen Metropolen Sydney gibt es Restaurants, die die anspruchsvollsten Gourmets glücklich machen, so z. B. das **Quay** in Sydney (▶ S. 123), das **Vue de Monde** in Melbourne (▶ S. 403), das **Magill Estate** in Adelaide (▶ S. 298), das **Urbane** in Brisbane (▶ S. 216) oder das **Wildflower** in Perth (▶ S. 466).

BUSH TUCKER – DAS ETWAS ANDERE ESSEN

Illaware-Pfaumen, Bunya-Nüsse und Buschtomaten, Emu, Känguru und Krokodil, ja sogar Waran, Possum und Schlange: Was die Aborigines seit Urzeiten verspeisen, kann man heutzutage in Lokalen probieren. Und so ein Buschessen aus dem Outback kann ganz schön schmackhaft sein ...

Wie wäre es mit einem Amuse-Gueule aus gerösteten Witchetty-Raupen? Danach vielleicht ein Krokodilcarpaccio? Als Hauptgang ein Kängurusteak auf einem Bett aus Buschtomaten, dazu Brot aus dem Erdofen, als Dessert ein Bunya-Nusseis, dann ein Tässchen Kaffee aus den Saaten jener Büsche, die in Australien überall am Wegesrand wachsen? Die Küche der Aborigines, die im 18. Jh. so manchen europäischen Siedler der »First Fleet« vor dem Hungertod bewahrte, geriet während der Kolonialzeit immer mehr in Vergessenheit. Erst um Mitte der 1980er-Jahre begann ihre Renaissance.

Die Küche der Natur

»Bush tucker«, wie das Buschessen im australischen Slang heißt, ist alles, was wild gedeiht und gejagt oder gesammelt werden kann. Oder geangelt: Im tropischen Norden werden **Barramundis**, an der Südküste der delikate **Whiting** (Merlan) oder andere Fische gefangen. Die **Marrons** (Krustentiere aus Westaustralien) zählen zu den besten Langusten der Welt, die **Moreton Bay Bugs** (Bärenkrebse) sind ebenfalls ein Hochgenuss. Ähnlich delikat

Mit dem Netz werden im Outback traditionell Garnelen gefangen.

sind **Yabbbies** (Süßwasser-Krustentiere). Bis nach Japan exportiert werden inzwischen die tasmanischen **Abalonen** (Seeohren). Und als beste Auster gilt die cremige **Sydney Rock Oyster** (pazifische Felsenauster), die seit 1870 in New South Wales und Victoria auch gezüchtet wird.
Sehr beliebt sind die bei den Ureinwohnern seit Jahrtausenden als Delikatesse geschätzten, sehr proteinreichen und gesunden **Witchetty-Maden**. In heißer Asche geröstet, begeistern diese »Trüffel des Outback« durch ihr Aroma aus Mandeln, Garnelen und Käse. Für Aborigines ist auch das **Känguru** eine Delikatesse, andere Australier können sich dagegen nur wenig für den Verzehr ihres Nationaltieres begeistern. So wandert das vielseitig verwendbare Fleisch in den Export. Ernährungswissenschaftler sind sich einig, dass Känguru eine gesunde Alternative zu Rind, Schwein oder Lamm ist. Das dunkelrote Fleisch ist reich an Eiweiß und Eisen sowie sehr fett- und cholesterinarm. Es erinnert geschmacklich an Reh. Der **Emu** – mit einer Größe von knapp 2 m und einem Gewicht von mehr als 50 kg – ist der größte Vogel Australiens und nach dem afrikanischen Strauß der zweitgrößte der Welt. Sein Fleisch ist fettarm, hat einen hohen Anteil an Eiweiß und schmeckt wie Truthahn mit leichtem Wildaroma. **Krokodil** ist ebenfalls sehr fettarm, sehr zart dazu und mundet wie Huhn. Inzwischen züchtet man Emus und Krokodile – letztere vor allem wegen dem Leder – auf Farmen.
Von den 20 000 australischen Pflanzenarten ist jede fünfte genießbar. Kommerziell angebaut wird bis heute nur die **Macadamia**, die bekannteste australische Nuss. Doch auch die Nüsse der **Pandanuspalme** und die **Bunyanüsse** aus Queensland mit ihrem typischen

Proteinreich: Witchetty-Maden gelten als die »Trüffel des Outback«.

Rum-Aroma werden von den Ureinwohnern seit mehr als 50 000 Jahren verzehrt. Die Schale der **Busch-Kokosnuss** ist fast so hart wie die der echten Kokosnuss. Statt Fruchtfleisch und Milch ist im Innern aber nur das kleine Fruchtsäckchen genießbar. Die pfirsichartigen **Quandongs** aus Südaustralien werden gerne zu Chutneys und Konfitüre verarbeitet. **Mango-Chutneys** begleiten oft die Emu-Pastete, **Buschtomaten** – kleine Beeren mit intensivem Geschmack – geben dem Risotto den richtigen Pfiff, dunkelrote **Illawara-Pflaumen** garnieren das magere Känguru-Steak.
Verfeinert werden die Speisen mit einer Vielzahl von Kräutern und Gewürzen, zu denen **Pfefferblatt**, **Anismyrte**, die Blüten des **Flaschenbaumes** und die Samen der **australischen Akazie** gehören, die in Kuchen, Eis und Süßspeisen Verwendung finden. Wilde **Limetten** liefern den Zitrusgeschmack, an Äpfel erinnern die wilden **Cranberrys**. Die hibiskusähnlichen Blüten der wilden **Rosella** verbinden die Geschmacksnoten von Waldbeeren und Rhabarber. Mitten im australischen Busch gedeihen auch einmalige Vitaminbomben: Die **Buschpflaume** (Billy Goat) enthält 50-mal so viel

»Bush peanuts« im Arnhem Land erinnern im Geschmack tatsächlich an Erdnüsse.

Vitamin C pro Gramm wie eine Orange, die **Kakadu-Pflaume** sogar die 120-fache Dosis.

Probieren Sie selbst!

Bushtucker wird bei vielen Tagesexkursionen ins Outback angeboten und ist dann meistens im Preis inbegriffen. Aber auch in größeren Städten kann man das Essen der Ureinwohner kosten, z. B. hier:

MELBOURNE

CHARCOAL LANE €€€

Das Sozialprojekt und Szenelokal mit Känguru vom Grill und Wallaby im Schinkenmantel gehört dem Victorian Aboriginal Health Service.
136 Gertrude St.
Tel. 03 94 18 34 00
www.charcoallane.com.au

BRISBANE

TUKKA €€€

Auf dem Menü stehen beispielsweise Emu- und Känguru-Filet oder Possum-Confit, jeweils authentisch mit Gewürzen aus dem Outback zubereitet.
45 Boundary St.
Tel. 07 38 46 63 33
www.tukkarestaurant.com.au

CAIRNS

OCHRE €€€

Der perfekte Auftakt zu einer kulinarischen Reise durch den Busch: Versuchen Sie doch ein Australian Antipasto mit Känguru-Terrine, Krokodil-Wonton und Emu-Paté. Eine Kochschule ist angeschlossen ... Die Zutaten sollten aber zu Hause schwer zu besorgen sein.
1 Marlin Parade
Tel. 07 40 51 01 00
www.ochrerestaurant.com.au

DARWIN

ABORIGINAL BUSH TRADERS €

Kleine hausgemachte Gerichte von Aborigines für Aborigines in Not – denn ihnen kommt der Gewinn dieses nur morgens und mittags geöffneten Non-Profit-Lokals zugute.
74 The Esplanade
Tel. 08 89 31 66 50
www.aboriginalbushtraders.com

FEIERN

Vielen Australiern ist ein Barbecue oder Popkonzert lieber als ein Dinner mit Silber und Damast oder eine Oper. Mit Vorliebe wird draußen gefeiert. Und da Australien ein multikulturelles Einwandererland ist, sind die Feste so bunt wie die Bevölkerung. Da gibt es Kulturtage und Festivals, Veranstaltungen der Aborigines, der Griechen oder der Italiener, Sportwettbewerbe für die ganze Familie und völlig abgedrehte Wettkämpfe: Oder haben Sie schon einmal ein Bierdosenrennen gesehen?

Australian Way of Life

Wo das Klima dazu einlädt, das Leben draußen zu verbringen, ist es wenig verwunderlich, dass im einst sehr puritanischen Australien heute Freizeit ein Schlüsselelement im »Australian Way of Life« ist. Arbeit ist für viele nur die Zeit dazwischen – zwischen der Freizeit, die man gern mit der ganzen Familie verbringt, etwa bei einem Ausflug ins Grüne, den die Australier als **»going bush«** bezeichnen. Aber auch das Party- und Nachtleben wird großgeschrieben.

Sport ist für alle da

Die Liebe zum Wettkampf liegt der sportbegeisterten Nation im Blut – jedes Wochenende ist der Veranstaltungskalender landauf, landab prall gefüllt. Schnell, hart und rau ist der beliebteste Zuschauersport des Kontinents: **Aussie Rules Football** oder schlicht Footy – ein schnelles Footballmatch mit Vollkontakt. Höhepunkt ist stets das »Grand Final« in Melbourne. In Queensland dagegen schlägt das Herz für **Rugby**, das harte Spiel für knallharte Machos. Nationalsport in ganz Australien ist hingegen **Cricket**. Seit 1882 wird alle vier Jahre leidenschaftlich der prestigeträchtigste Zweikampf gegen das einstige Mutterland England ausgetragen – die »Ashes«. Ein weitaus geruhsamerer Sport – wie auch ein gesellschaftliches Ereignis – ist **Lawn Bowling**, bei dem weiß gekleidete Damen und Herren mit Hut stilvoll eine schwarze Kugel über den Rasen rollen lassen. Gepflegte Anlagen mit akkurat gestutztem Grün findet man fast im überall im Land.

Sporthauptstadt Melbourne

Nicht zuletzt drei Großevents machen Melbourne zur Sporthauptstadt Australiens: Anfang Januar ist die gesamte Stadt im Tennisfieber. Dann treffen sich die besten Profis im Melbourne Park zu den **Australian Open**. Meist Mitte Januar treten die rasenden Männer der Formel 1 auf dem **Albert Park Circuit** die Gaspedale durch. Doch der Höhepunkt – zumindest des australischen Sportjahres – markiert der **Melbourne Cup** auf der Pferderennbahn in Flemington. Dabei ist dieser nicht nur ein sportliches, sondern vielleicht noch vielmehr ein gesellschaftliches Ereignis: Gentlemen mit wehenden Rockschößen und aufgeputzte Ladys mit atemberaubenden Hutschöpfungen stöckeln um die beste Aussicht, als sei man in Ascot.

VERANSTALTUNGSKALENDER

GESETZLICHE FEIERTAGE

1. Januar: New Year's Day (Neujahr)
26. Januar: Australia Day (Erinnerung an die Landung der »First Fleet« 1788)
März/April: Good Friday (Karfreitag) und Easter Monday (Ostermontag)
25. April: ANZAC Day (Jahrestag der Schlacht von Gallipoli 1915)
Juni: Queen's Birthday (Geburtstag der englischen Königin am 2. Mo., in WA im Sept.)
25. Dezember: Christmas Day (1. Weihnachtsfeiertag)
26. Dezember: Boxing Day (2. Weihnachtsfeiertag, nicht in SA)
Bank Holidays: (Bankfeiertage; u. a. Anfang August)
Labour Day: (Tag der Arbeit; WA: 1. Montag im März, VIC: 2. Montag im März, ACT: 3. Montag im März, QLD: 1. Montag im Mai, NSW: 1. Montag im Oktober, SA: 2. Montag im Oktober)

FESTE UND EVENTS

JANUAR

Australian Open: Das in Melbourne ausgetragene Tennisturnier ist das erste der vier Grand-Slam-Turniere im Jahr (www.ausopen.com).
Perth Cup: Eines der wichtigsten Pferderennen des Landes (www.perthcup.com.au).
Sydney Festival: Drei Wochen voller Musik, Theater, Oper und Ballett (www.sydneyfestival.org.au).
Country Music Festival: Das zehntägige Festival mit Verleihung des Country Music Award findet in Tamworth (NSW) statt (www.tcmf.com.au).

JANUAR–MÄRZ

Weinfeste: Das Hunter Valley (NSW) feiert sein wichtigstes Produkt.

FEBRUAR

Royal Hobart Regatta: dreitägige Segelregatta rund um Tasmaniens Hauptstadt (www.royalhobartregatta.com).
Cup Carnival: Das Pferderennen in Kingscote auf Kangaroo Island (SA) ist Höhepunkt eines großen ländlichen Festes (www.kiracingclub.com.au).
Perth International Arts Festival: dreiwöchiges Kulturfest mit rund 1100 Vorstellungen (www.perthfestival.com.au).
Mardi Gras: Beim größten Schwulen-und-Lesben-Karneval der Welt tanzen in Sydney mehr als 6000 fantasievoll, provokativ oder auch nur höchst knapp kostümierte Menschen von der Liverpool Street bis zum Moor Park (www.mardigras.org.au).

MÄRZ

Festival of Arts: Adelaides Kunstfestival findet in allen geraden Jahren statt, veranstaltet werden Konzerte, Opern, Kabarett, Theater- und Ballettaufführungen (www.adelaidefestival.com.au).
Brunswick Music Festival: populäres Folk-Festival in Melbourne (www.brunswickmusicfestival.com.au).
Folk Festival: Am Labour-Day-Wochenende steigt in Port Fairy (VIC) ein großes Folk-Music-Festival (www.portfairyfolkfestival.com).

MÄRZ–APRIL

Rip Curl Pro: Der internationale Surfwettbwerb wird am legendären Bells Beach (VIC) an der Great Ocean Road (www.ripcurl.com.au).

APRIL

Vintage Festival: Neuntägige Weinfest zur Traubenlese im Barossa Valley (SA; www.barossavintagefestival.com.au)

Great Goat Race: In Lightning Ridge im Outback von New South Wales-lockt das skurrile und sehr populäre Ziegenwettrennen ein buntes Publikum an(www.thegoatrace.org).
International Comedy Festival: Eines der größten Comedy-Festivals der Welt steigt in Melbourne (www.comedyfestival.com.au).
Targa Tasmania: Oldtimer-Autorallye quer durch Tasmanien (http://targa.com.au).

MAI
Band Festival: Wettbewerb der Blasmusik in Hahndorf (SA; www.hahndorftownband.org).
Art on The Rocks: Jazz und Klassik live in Sydney (www.artontherocks.org).

JUNI
Beanie Festival: Ausstellungen, Kunsthandwerk und Workshops von und mit Anangu-Aborigines in Alice Springs (NT; www.beaniefest.org).
Sport and Culture Festival: Die Ureinwohner von Barunga (NT) feiern sich und ihr Erbe(www.barunga festival.com.au).
International Film Festival: Neues australisches Kino und internationale Filme zeigt das Melbourner Festival (http://miff.com.au).

JULI
Lasseter's Camel Cup: spektakuläres Kamelrennen in Alice Springs (www.camelcup.com.au).
Almond Blossom Festival: In Willunga (SA), dem größten Anbaugebiet Australiens, wird die Mandelblüte gefeiert (http://almond blossom festival.com.au).

AUGUST
Henley on Todd Regatta: So ein Bootsrennen gibt es wohl nur in Australien: auf dem Trockenen, im ausgetrockneten Flussbett des Todd River bei Alice Springs (www.henleyon todd.com.au)
Brisbane Festival: Theater, Musik und Tanz mit abschließender Parade durch die City (www.brisbanefestival.com.au).
Beer Can Regatta: Statt schnieke Yachten nehmen an der Regatta in Darwin Boote teil, die aus leeren Bierdosen gebaut wurden (www.beer canregatta. org.au).
Mount Isa Rodeo: Beim größten Rodeo der südlichen Hemisphäre sind wilde Bullen, harte Männer und schöne Cowgirls zu bewundern (► S. 274; www.isarodeo.com.au).
City 2 Surf: Mehr als 60 000 Teilnehmer starten bei Australiens größtem Volkslauf in Sydney; die Route verläuft vom Hyde Park zum Bondi Beach (www.city2surf.com.au).

SEPTEMBER
Birdsville Races: tolles Pferderennen Birdsville (QLD) (www.birds villeraces.com).
Floriade: Das Blumenfestival zum Frühlingsbeginn lockt Blumenbegeisterte nach Canberra (www.floriade australia.com).
Australian Football League Final: Das Endspiel der besten Footy-Teams wird in Melbourne ausgetragen (www.afl.com.au).

OKTOBER
International Arts Festival: Melbournes bekanntes Festival mit Theater, Tanz und Oper (www.melbourne festival.com.au).
Fringe Festival: Alternativ steigt gleichzeitig das dreiwöchige Kleinkunstfestival (www.melbournefringe.com.au).

NOVEMBER
Melbourne Cup: Das exklusive Pferderennen ist zugleich eines der wichtigsten Großereignisse des Landes (www.melbournecup.com).
Ngan Girra Festival: Drei Tage lang feiern Aborigines dieses Festival mit Kunst, Musik und Tanz; in Mungabareena (NSW).

DEZEMBER

The Dreaming: Auf dem viertägigem Folkfestival gibt es viel Aborigine-Kultur und -Riten, Tanz und Theater, Comedy und Buschküche; in Woodford (www.woodfordfolk festival.com).

Sydney to Hobart Yacht Race: Am 26. Dezember startet in Sydney die härteste Segelregatta Australiens, die am 2. Januar in Hobart endet (http://rolexsydneyhobart.com).

New Years's Eve Celebrations: Am 31. Dezember steigt die größte Sause mit Party und berühmtem Feuerwerk in Sydney (www.newyear seve.com.au). Aber auch in anderen Städten ist einiges geboten.

Da werden die muskulösen Rennpferde fast zur Nebensache. Schließlich stehen sie dann doch noch im Mittelpunkt des Interesses. Und zwar stets am ersten Dienstag im November, exakt um 15 Uhr, wenn die mindestens dreijährigen Vollblüter und ihre Jockeys auf die 3200 m lange Strecke gehen. Dann kommt übrigens auch das britische Erbe zum Tragen: Schätzungen zufolge setzen rund 80 % aller Erwachsenen am Cup-Day, der in Melbourne ein offizieller Feiertag ist, ihr Glück in den Wettbüros aufs Spiel.

Schrill, schriller, Mardi Gras: Das Sydneyer Festival der schwul-lesbischen Gemeinde Australiens gipfelt in einer farbenprächtigen Parade.

Das kulturelle Erbe der Ureinwohner lebt bei den Aborigine-Festen auf, die besonders im Northern Territory und in Queensland noch durchaus authentisches Gepräge haben. Dies gilt besonders für das **Garma Festival**, eine viertägige Hommage an die Yolgnu-Kultur im Nordosten des Landes. Gefeiert wird sie Anfang August in Gulkula – und damit genau dort, wo einst der Urahn Granbulabula in der Traumzeit das Didgeridoo erfunden hat. Aborigine-Feste

Wie schräg mitunter der Humor der Australier sein kann, zeigen ungewöhnliche Wettkämpfe wie die **Bootsregatta von Alice Springs**, bei dem die Mannschaften im ausgetrockneten Flussbett des Todd River gegeneinander antreten. In Darwin messen sich die Teilnehmer der **Beer Can Regatta** dagegen in selbst gebauten Bierdosenbooten. Kuriose Wettkämpfe

SHOPPEN

Eine coole Surfershorts oder robuste Outbackstiefel? Ein Hut aus Känguruleder oder ein echter Boomerang? Ein Bummel zeigt Australiens Besonderheiten auch beim Shoppen, obgleich in den Städten natürlich Einheitsware der immer gleichen Marken vorherrscht. Und wer ein paar Vergleichspreise aus der Heimat im Kopf hat, sieht zudem: Australien ist teuer! Doch ein originelles und schönes landestypisches Mitbringsel hat nun mal seinen Preis. Shorts, Stiefel oder Hut kann man in Down Under nutzen und auch wieder daheim – und dann mit großem Erinnerungswert.

In ihrer Welt der ironischen Begriffe sind die Aussies fast unschlagbar. »Retail therapy« für Einkaufsbummel ist einer davon. Da sieht man ja geradezu schon die Dollar-Zeichen in den Augen, die prall gefüllten Taschen und die damit zusammenhängende Zufriedenheit. Doch bevor Sie starten, sollten Sie noch einige nützliche Dinge wissen: Sie können eigentlich alles mit Kreditkarte kaufen, ob das billige T-Shirt im »Fünf-Dollar-Laden« oder das feine Täschchen bei Gucci oder Fucci. Die Öffnungszeiten von 9 bis 18 Uhr könnten etwas konsumentenfreundlicher sein (etwa wie freitags an so manchem Late Night Shopping bis 21 Uhr). Immerhin: Supermärkte haben länger offen, einige sogar »24/7«, also sieben Tage die Woche rund um die Uhr. Retail therapy

Um sicherzugehen, dass das Souvenir wirklich aus Down Under stammt, muss man die Feinheiten der Auszeichnung kennen. Steht Product of Australia

auf dem Produkt **»Made in Australia«**, müssen 50 % der Produktionskosten in Australien angefallen sein, es kann aber ansonsten aus China, Vietnam oder Indonesien stammen. Artikel mit dem Label **»Product of Australia«** (oder »Produce of Australia«) sind aus heimischen Materialien im Land gefertigt. **Authentische Aborigines-Kunst** erwirbt man am besten direkt vor Ort bei den Ureinwohnern, die inzwischen im ganzen Land Kooperativen betreiben, oder in autorisierten **Aboriginal Art Galleries**. Dass es sich tatsächlich um ein Originalprodukt handelt, garantiert das Label der **National Indigenous Arts Advocacy Association**.

Outback-Kleidung

Wenn es um typisch australische Buschkleidung geht, setzen drei Labels den Trend. Weltweit den Outdoor-Look Australiens geprägt hat **R. M. Williams** (www.rmwilliams.com.au) aus Adelaide. Längst hat das Unternehmen nicht nur die Stockmen, die australischen Cowboys, im Visier. Für Städter hat es eine andere Kollektion im Sortimen: modisch und farbenfroh, mit aktuellen Stoffen und Accessoires. An den Füßen trägt Mann und Frau »Blunnies«, wie die **Boots von Blundstone** (www.blundstone.com) auch genannt werden – strapazierfähige Stiefel mit wasserdichter Sohle und elastischem seitlichem Gummizug, die seit 1870 in Hobart auf Tasmanien hergestellt werden. Auf den Kopf schließlich gehört ein weiterer Klassiker: ein **Akubra-Hut** (www.akubra.com.au). Erfunden wurde dieser bereits im Jahr 1874 von Benjamin Dunkerly in Tasmanien, seinen heutigen Namen erhielt der breitkrempige Hut, der bis heute in aufwendiger Handarbeit aus hundertprozentigem Kaninchenhaarfilz gefertigt wird, aber erst 1912 – abgeleitet von dem indigenen Wort für Kopfbedeckung.

Opale und Perlen

Das australische Outback ist die Heimat funkelnder Feuersteine; gut **90 % aller Opale weltweit** kommen von dort. Besonders wertvoll ist der Schwarzopal, der rings um **Lightning Ridge** (NSW) gefunden wird. Drei Viertel aller Kristallopale, in denen die leuchtenden Gelb-, Grün- und Rotpartikel wie in transparenten Alabaster eingebettet sind, stammen hingegen aus **Coober Pedy** (SA), der größten Opalstadt der Welt. Weitere Fundstätten sind **Andamooka** und **Lambina** (beide SA) sowie **White Cliffs** (NSW), das älteste Opalfeld des Kontinents. Beim sogenannten **Boulder Opal**, der hauptsächlich in Queensland abgebaut wird, hat die Edelsteinsubstanz Risse im Grundgestein aufgefüllt. Juweliere wie **Stefan Trigatti** aus Adelaide schaffen aus dem asymmetrischen Stein einzigartige Preziosen. Die beste Auswahl an Perlen dürfte dagegen **Nicolas Paspaley** mit Filialen in Darwin, Broome und Sydney haben.

Perlen

Vor der Nordküste Australiens wachsen in der **Pinctada Maxima**, der größten Perlmuschel der Welt, die schönsten und kostbarsten

OBEN: Edles Shoppingvergnügen in imperialem Ambiente verspricht das Queen Victoria Building in Sydney.

UNTEN: Hochwertige Aborigine-Kunst findet man in etlichen Galerien Darwins.

ECHT AUSTRALISCH

BILLABONG

Das indigene Wort für Wasserloch wurde zum Namensgeber für Australiens berühmteste Surf- und Strandbekleidung: Billabong. Surfen ist auch die Leidenschaft von Firmengründer Gordon Merchant, der 1973 seine ersten Shorts per Hand herstellte. Heute umfasst das Sortiment auch Streetwear sowie Schuhe, Uhren und andere Accessoires. Es gibt zahlreiche Filialen in Down Under, aber auch in Deutschland.

1 Billabong Place, Burleigh Heads (QLD), Tel. 07 55 89 98 99
www.billabong.com.au

COLLETTE DINNIGAN

Zu den bekanntesten Modedesignern des Landes gehört Collette Dinnigan, die als erste Australierin für eine eigene Modenschau nach Paris eingeladen wurde. Die gebürtige Südafrikanerin gelangte via Neuseeland nach Sydney, wo sie 1990 ihre Boutique eröffnete. Sie liebt den Retro-Look der 1920er-Jahre.

33 William St., Sydney
Tel. 02 93 60 66 91
www.collettedinnigan.com.au

CRUMPLER BAGS

1991 entwarf Stuart Crumpler für seine Freunde, die als Fahrradkuriere in Melbourne arbeiteten, gut durchdachte, robuste Umhängetaschen. Als einzigen Schmuck stickte er ein Strichmännchen auf den Stoff. Binnen weniger Jahre eroberten sie als Crumpler Bags die Welt. In der unscheinbaren Melbourner Nähstube kann man die Taschen nicht nur kaufen, sondern sich auch individuell gestalten lassen.

87 Smith St., Melbourne
Tel. 03 94 17 53 38
www.crumpler.com

TIWI DESIGN

Das älteste, künstlerisch wahrscheinlich vielseitigste indigene Kunstzentrum stellt vor allem Arbeiten aus Holz und Ton sowie textile Kreationen her – vor allem Seiden-, Sieb- und Batikdrucke.

2 Puantulura St., Bathurst Island (NT), Tel. 08 89 78 39 82
https://tiwidesigns.com

UGG BOOTS

Mit weichen, warmen Schaffellstiefeln eroberte UGG Australia die Welt. Heimat des Labels ist Byron Bay, wo die Surfer auf den Wellen tanzen – und ihre Füße, um nicht auszukühlen, am Strand in handgenähte Schaffellstiefel stecken. Heute umfasst das Sortiment nicht mehr nur die weltberühmten Stiefel, sondern auch Slipper, Clogs, Taschen, Jacken und andere Lederwaren.

215 Albion St., Brunswick (VIC)
Tel. 03 93 86 55 44
www.uggaustralia.com.au

Perlen hervorbringen. Von Broome und Darwin aus wurden sie einst von meist indigenen Muscheltauchern in den Tiefen des Indischen Ozeans gesammelt. Heute erstrecken sich die Zuchtfarmen von **Paspaley Pearls** auf fast 2000 km Länge vor der Küste des Northern Territory. Nicolas Paspaley gelang dort die Züchtung der bislang größten und perfektesten Perle der Welt: 20 mm groß – und vollkommen rund.

Lebensmittel

Kaum lohnend ist die Mitnahme von australischen Lebensmitteln. Die **Einfuhrbestimmungen der EU** für Lebensmittel aus Übersee sind streng; zudem gibt es die Klassiker längst in deutschen Online-Shops, die sich auf Australiana spezialisiert haben. Dies gilt auch für australischen Wein: In Deutschland ist die Auswahl inzwischen sehr groß – und meist günstiger als in Australien.

Rechtliches

Die Ein- und Ausfuhr von Tierfellen und anderen tierischen Produkten wie Muscheln und Schnecken unterliegen dem **Washingtoner Artenschutzabkommen** (CITES). Wer also Lederprodukte von Krokodilen mit nach Hause nehmen möchte, muss sich vom Händler CITES-Ausfuhrpapiere ausstellen lassen, um nachweisen zu können, dass das Leder von Zuchttieren stammt – sonst macht man sich strafbar. Für einen weichen und knautschfesten Känguruhut oder ein Paar feste Stiefel aus Rindsleder ist so ein Formular aber nicht nötig.

ÜBERNACHTEN

Im Baumhaus einschlafen und auf dem Great Barrier Riff von den Wellen geweckt werden, auf einer der riesigen australischen Farmen mithelfen (wenn man möchte) und auf einem idyllischen Weingut die feinsten Tropfen genießen. Oder lieber vom Wohnmobil einfach nur zehn Stufen zum Strand und gleich ab ins Meer gehen? Australien bietet in Sachen Übernachten einige Überraschungen an.

Schöner wohnen in Hotels

Das **Sternesystem** zur Klassifizierung von Hotels nach Einrichtung, Service und Komfort sowie Lage der Unterkunft gilt auch in Australien und zwar in den Kategorien von einem Stern (einfach) bis fünf Sterne (Luxus). Die Preise schwanken je nach Saison und sogar Wochentag. Besonders außerhalb der Saison gibt es günstige Wochenendspecials oder Rabatte durch Coupons in Werbeflyern. An Weihnachten und langen Wochenenden ist absolute Hochsaison. Wenn Schulferien in den einzelnen Bundesstaaten sind, ist Zwischensaison. Kinder unter zwölf Jahren schlafen im Zimmer der Eltern meist kostenlos. Das **Frühstück** ist in Hotels nur selten im Übernachtungspreis inbegriffen. Verbreitet sind aber Tee- oder Kaffeemaschinen in den Zimmern.

Motels und mehr

Parkplatz und ein Bett dahinter: Australiens Motels sind eine Institution. Ausgestattet mit kleinem Bad, Dusche, TV, Kühlschrank und Kaffeemaschine, liegen sie meist an den Ausfallstraßen oder auf dem

Land und bieten Autofahrern eine preiswerte Nacht. An Beliebtheit gewonnen haben in den Städten **Serviced Apartments** – gut ausgestattete Wohnungen mit Hotelservice, wie sie etwa von TFE mit mehr als 70 (www.tfehotels.com) oder Quest mit mehr als 160 Adressen (www.questapartments.com.au) angeboten werden. Australische Gastfreundschaft lässt sich im **Privatquartier** (www.bedandbreakfast.com.au) erleben. Und wer auf die ganz günstige Art übernachten möchte, geht in eines der vielen in Australien beheimateten **Hostels** (z. B. www.hihostels.com oder www.nomadsworld.com).

Freiheit auf vier Rädern

Die Australier selbst reisen am liebsten mit Zelt, Wohnwagen oder Wohnmobil durch das Land und übernachten unterwegs auf den zahlreichen, meist sehr gut ausgestatteten und auch sehr sauberen Plätzen von Anbietern wie Big4 (www.big4.com.au) und vor allem den unzähligen sehr guten privaten Campingplätzen und Caravan Parks. Gas- oder Elektrogrills, Küchen und Swimmingpool, Strom und Wasser fürs Wohnmobil gehören ebenso zum Standard wie **Onsite Vans** (fest montierte Wohnwagen) oder **Cabins** (rustikale Hütten). Ein **Bush Campsite** hingegen besitzt allenfalls Toiletten, selten auch Duschen, meistens eine Feuerstelle, ist dafür aber an Romantik kaum zu überbieten. Mit dem Auto und Zelt oder noch besser mit dem Wohnmobil durch Australien zu reisen, ist wahrscheinlich die beste und authentischste Art, den Kontinent zu entdecken.

Wohnen im Outback

Immer mehr Landwirte öffnen ihre Höfe für Besuche – froh über den lukrativen Nebenerwerb und die sich so ergebenden sozialen Kontakte. Die Größe der Bauernhöfe reicht von kleinen Ackerbaubetrieben bis zu 4000 km² großen Viehfarmen im Outback, die Palette der Zimmer von einfach bis luxuriös. Für Überblick bei der Vielzahl der Angebote, die auch landwirtschaftliche Praktika und Bildungsaufenthalte beinhalten, sorgen Onlineportale wie z. B. **AFT Agricultural Tourism** (http://aftagriculturaltourism.com.au) oder **Australian Farm Stay** (www.australianfarmstay.com.au).

Weingüter

Australischer Wein genießt heute Weltruf, Weingenuss steht in Down Under für Savoir-vivre und immer mehr Kellereien inszenieren sich als Keimzelle für Kultur und Kulinarik, als Hort des Außergewöhnlichen und als Herberge der ganz besonderen Art. Die Unterkünfte inmitten der Weingüter, in Down Under **Vineyardstay** genannt, locken gern mit dem Luxus und modernen Annehmlichkeiten eines Vier- oder gar Fünf-Sterne-Hauses, es gibt aber auch günstigere Quartiere für Selbstversorger, die den rustikalen Charme eines Cottages mit Eleganz verbinden.

Im Hotel Longitude am Eingang zum Uluru Kata Tjuta National Park: Im heißen Herzen Australiens bietet ein Pool eine willkommene Abkühlung.

AUSGEFALLENE UNTERKÜNFTE

BAUMHAUS

CANOPY TREEHOUSES €€€€

Im dichten Blätterdach des Regenwaldes am Ithaca River verstecken sich sechs Baumhäuser aus Holz und Glas, mit Balkon und Hängematte, Whirlpool und jeweils zwei Schlafzimmern, Gasgrill und Küche – jedes für sich ein traumhaft schönes Öko-Hideaway.
Hogan Rd., Tarzali (QLD)
Tel. 07 40 96 53 64
www.canopytreehouses.com.au

FARMSTAY

MYELLA FARMSTAY €€€

Anpacken ist auf dieser Farm immer erwünscht, aber natürlich kein Muss: Helfen Sie beim Melken der Kühe, lernen Sie, wie man ein Lasso wirft oder machen Sie hoch zu Ross einen Ausritt ins riesige Weideland. Die Unterkünfte sind schlicht und das Essen deftig.
1591 Baralaba Rannes Rd.
Baralaba (QLD)
Tel. 07 49 98 12 90
www.myella.com

GEFÄNGNISHOTEL

THE OLD MOUNT GAMBIER GAOL €

Hinter australischen Gardinen gibt es lediglich Gemeinschaftsduschen. Das Hostel war schließlich bis 1995 ein Gefängnis. Wer es kuscheliger haben will, wählt eine Doppelzelle mit Bett statt Pritsche, aber trotzdem sehr kahlen Wänden. Essen muss man beim Freigang ...
25 Margaret St.
Mount Gambier (SA)
Tel. 08 87 23 00 32
http://theoldmountgambiergaol.com.au

GLAMPING

KARIJINI ECO RETREAT €€

Eine dramatische Landschaft mit roter Erde und struppigen Bäumen, fast afrikanisch anmutend, und mittendrin: komfortable Zelte mit Fenstern, Badezimmer, Holzveranda und Solarenergieversorgung. Ein Platz zum Abschalten. Gegen Hunger hilft das Restaurant.
Weano Rd.
Karijini National Park (WA)
Tel. 08 94 25 55 91
www.karijiniecoretreat.com.au

HÖHLENHOTEL

DESERT CAVE HOTEL €€

In Coober Pedy leben die Menschen wegen der Hitze in unterirdischen Wohnhöhlen. Also gehen auch die Besucher in den Untergrund: Es ist stockdunkel, total ruhig und angenehm kühl. Die Ausstattung ist einfacher als im Vier-Sterne-Hotel oben. Auch das Frühstück gibt's unterirdisch.
1 Hutchison St.
Coober Pedy (SA)
Tel. 08 86 72 56 88
www.desertcave.com.au

KROKODILHOTEL

GAGUDJU CROCODILE HOTEL €€

Das Krokodil hat einen Kopf, vier Pfoten, einen Schwanz, ist 250 m lang und hat 110 Gästezimmer. Das Mercure-Mittelklassehotel in Form eines Krokodils ist nach den Nationalparktouren, eine echte Wohltat, auch dank des Restaurants und Pools.
6 Flinders St., Jabiru
Kakadu National Park (NT)
Tel. 08 89 79 90 00
www.accorhotels.com/de/

PONTONÜBERNACHTUNG

REEFSLEEP €€€€

72 km vom Land entfernt und umgeben von der Wasserwelt des Great Barrier Reef, schläft man unter dem atemberaubenden Sternenhimmel auf einer Matratze im Schlafsack auf einem fest verankerten Ponton am Hardy Reef. Gute Vollpension.

24 The Cove Rd., Airlie Beach (QLD, Büroadresse)
Tel. 07 48 46 70 00
www.cruisewhitsundays.com

WEINBERGCOTTAGE

SEPPELTSFIELD VINEYARD COTTAGE €€

Elegante Oase für stille Stunden zu zweit: Das Cottage aus den 1860er-Jahren liegt inmitten von Weinreben im vielleicht schönsten Weinanbaugebiet Australiens: im Barossa Valley. Das Essen kann man sich kommen lassen (extra).

Gerald Roberts Rd., Seppeltsfield Barossa Valley (SA)
Tel. 08 85 63 40 59
www.seppeltsfieldvineyardcottage.com.au

ZUGABTEIL

SYDNEY RAILWAY SQUARE €

Zwar rattern die Zugwaggons nicht mehr durch die Nacht, sondern stehen neben dem Hauptbahnhof auf dem Abstellgleis 1A, aber die Gäste schlafen zu viert oder zu acht in Doppelstockbetten wie in echten Schlafwaggons. Diese sind klimatisiert, bieten TV und Internetzugang via WLAN.

8 Lee St., Sydney (NSW)
Tel. 02 92 81 96 66
www3.yha.com.au

P

PRAKTISCHE INFOS

Wichtig, hilfreich präzise

Unsere Praktischen Infos helfen in allen Situationen in Australien weiter.

Nicht nur Tiere, sondern auch Menschen überqueren bisweilen achtlos Landstraßen – so beispielsweise am Uluru. ►

60

KURZ & BÜNDIG

ELEKTRIZITÄT

Australische Steckdosen (Typ I) haben drei rechteckige Schlitze, von denen die beiden oberen schräg stehen. Ein Adapter ist nötig. Die Stromspannung beträgt 220–240 Volt bei 50 Hz.

NOTRUFE

POLIZEI, KRANKENWAGEN, FEUERWEHR
Tel. 000 (landesweit, gebührenfrei), Tel. 112 (vom Handy)

GIFTNOTRUF
Tel. 13 11 26

PANNE/UNFALL
Tel. 13 11 11 (rund um die Uhr)

Erkundigen Sie sich auch bei ihrem Autovermieter nach der Nummer des »road assistance« (► S. 594).

SPERRNOTRUF
Deutschland: Tel. 0049 116 116
Österreich: Tel. 0043 1 2 04 88 00
Schweiz: Tel. 0041 44 659 69 00 (Swisscard); Tel. 0041 44 8 28 31 35 (UBS Card Center); 0041 58 9 58 83 83 (VISECA); 0041 44 8 28 32 81 (PostFinance)

DEUTSCHE BOTSCHAFT IN CANBERRA
Tel. 02 62 70 19 11

VORWAHLEN

NACH AUSTRALIEN
Tel. 0061

AUS AUSTRALIEN
nach Deutschland: Tel. 001149
nach Österreich: Tel. 001143
in die Schweiz: Tel. 001141

INNERHALB AUSTRALIENS
ACT und NSW: Tel. 02
VIC und TAS: Tel. 03
QLD: Tel. 07
SA, NT und WA: Tel. 08

SERVICENUMMERN
Gebührenfrei: 1800 oder 800,
Zum Ortstarif: 13 oder 1300
Gebührenpflichtig: 1900

WAS KOSTET WIEVIEL?

3-Gänge-Menü: ab 55 AUD
Einfache Mahlzeit: ab 13 AUD
Glas Wein im Lokal: ab 9 AUD
Espresso: ab 3 AUD
1 l Wasser: ca. 1,60 AUD
Buspass, 7 Tage: ab 260 AUD
Inlandsflug: ab 80 AUD
Einfaches Doppelzimmer: ab 80 AUD
Stellplatz Campingplatz: ab 20 AUD
Benzin, 1 l: ab 0,90 €

ZEIT

Australien erstreckt sich über drei Zeitzonen. In Queensland, Western Australia und im Northern Territory gibt es keine Sommerzeit, ansonsten wird die Uhr am ersten Sonntag im Oktober um eine Stunde vor- und am ersten Sonntag im April wieder zurückgestellt.
Eastern Standard Time (EST):
MEZ + 9 Std. (in ACT, NSW, QLD, VIC, TAS)
Central Standard Time (CST):
MEZ + 8,5 Std. (in NT, SA)
Western Standard Time (WST):
MEZ + 7 Std. (in WA)

ANREISE · REISEPLANUNG

Anreisemöglichkeiten

Mit dem Flugzeug

Knapp 24 Stunden beträgt die reine Flugzeit von Mitteleuropa an die Ostküste Australiens. Die meisten Besucher landen in Sydney. Weitere internationale Flughäfen gibt es zudem in Melbourne, Adelaide, Brisbane, Cairns, Darwin und Perth. Einen Non-Stopp-Flug ab Deutschland hat keine Fluggesellschaft im Flugplan; einen ersten Direktflug von London nach Perth hat Qantas im Flugplan. Derzeit muss man also **mindestens einmal umsteigen**. Bei der Länge des Fluges lohnt es sich, nicht nur in einem der attraktiven Stopover-Ziele eine Nacht einzulegen, es ist auch eine Wohltat, wenn man zwischen zwei Langstreckenflügen in der Economy Class in einem richtigen Bett schlafen kann.

Flugpreise

Die Preise für Flüge nach Australien schwanken im Jahreslauf enorm und erreichen zwischen November und März Höchststände. In den Monaten April bis Juni sowie im September werden aber häufig attraktive Specials angeboten, oft in Kombination mit verschiedenen Inlandsflügen oder mit einem Mietwagen. Gute Verbindungen zu einem attraktiven Preis bietet die Hongkonger Airline **Cathay Pacific**, die zusammen mit der australischen Flugesellschaft **Qantas** derzeit ab Frankfurt a. M. zehnmal pro Woche Australien-Flüge anbietet. Europäische Airlines wie **Lufthansa**, **KLM**, **Air France** und meist auch **British Airways** kooperieren in der Regel mit asiatischen Partnern wie **Etihad**, **Emirates**, **Korean Air**, **Qatar Airways** oder **Singapore Airlines**. Kampfpreise bieten chinesische Airlines an, die Flüge sind allerdings oft mit weniger Komfort verbunden.

Mit dem Schiff

Besonders die Ostküste Australiens wird immer wieder von **internationalen Kreuzfahrtreedereien** angesteuert. So verkehrt die frisch renovierte »Jewel« von **Norwegian Cruise Lines** in knapp drei Wochen von Singapur nach Sydney – mit großartigen Stopps auf Java, Bali und Komodo, am Great Barrier Reef in Brisbane und Newcastle.

Ein- und Ausreisebestimmungen

Reisepass und Visum

Für die Einreise nach Australien benötigen alle ausländischen Staatsbürger einen noch mindestens sechs Monate gültigen Reisepass mit Lichtbild und ein Visum. Auch Kinder müssen einen eigenen Reisepass

ADRESSEN

FLUGGESELLSCHAFTEN

CATHAY PACIFIC
www.cathaypacific.com/de

KLM
www.klm.com

LUFTHANSA
www.lufthansa.com

QANTAS
www.qantas.com/de

SCOOT
www.flyscoot.com

SINGAPORE AIRLINES
www.singaporeair.de

INNERAUSTRALISCHE FLUGGESELLSCHAFTEN
▶ Verkehr

INTERNATIONALE FLUGHÄFEN

SYDNEY, KINGSFORD SMITH INTERNATIONAL AIRPORT (NSW)
10 km nördlich vom CBD, Airport Link in die City (www.airportlink.com.au).
www.sydneyairport.com.au

MELBOURNE, TULLAMARINE INTERNATIONAL AIRPORT (VIC)
25 km nordwestlich vom CBD, Skybus in die City (www.skybus.com.au).
www.melbourneairport.com.au

ADELAIDE, ADELAIDE INTERNATIONAL AIRPORT (SA)
6 km westlich vom CBD, Jet Expressbus in die City (www.adelaidemetro.com.au).
www.adelaideairport.com.au

BRISBANE, BRISBANE INTERNATIONAL AIRPORT (QLD)
10 km nordöstlich vom CBD, Airtrain in die City (www.airtrain.com.au).
www.bne.com.au

CAIRNS, CAIRNS INTERNATIONAL AIRPORT (QLD)
6 km nördlich vom Zentrum, Airport Shuttle Bus in die City (https://sunpalmtransport.com.au).
www.cairnsairport.com

CANBERRA, CANBERRA INTERNATIONAL AIRPORT (ACT)
10 km östlich von Canberra, Bus 11 und 11A in die City (www.transport.act.gov.au)
www.canberraairport.com.au

DARWIN, DARWIN INTERNATIONAL AIRPORT (NT)
7 km nordöstlich vom Zentrum, Airport Shuttle Bus in die City (https://darwincityairportshuttleservice.com.au).
www.darwin-airport.com.au

PERTH, PERTH INTERNATIONAL AIRPORT (WA)
12 km nordöstlich vom CBD, Bus in die City (www.transperth.wa.gov.au).
www.perthairport.com.au

---

mit Lichtbild vorweisen. Kindereinträge im Reisepass der Eltern sind ungültig. Bei einem Aufenthalt von maximal drei Monaten können Urlauber das erforderliche **eVisitor-Visum** (Subclass 651) kostenfrei im Internet beantragen. Während der eingedruckten Gültigkeitsdauer des Visums ist eine mehrfache Einreise nach Australien möglich.

Alles läuft elektronisch: Es gibt keinen Sichtvermerk oder Stempel mehr in den Pass. Den Online-Antrag und weitere ausführliche Informationen zu den Touristen-, Working-Holiday- und Business-Visa findet man auf der staatlichen Website **https://immi.homeaffairs.gov.au**. Fotokopien oder abgespeicherte Fotos der Reisedokumente erleichtern bei Verlust die Beschaffung von Ersatzpapieren.

Wer ein Fahrzeug mieten will, braucht zusätzlich einen Internationalen Führerschein (ca. 17 €). Weitere Unterlagen wie Impfpass und Mitgliedsausweis eines Automobilclubs können hilfreich sein.

Internationaler Führerschein

Zollbestimmungen

Es dürfen nur noch 25 **Zigaretten** oder 25 g **Tabakprodukte** und 2,25 l **Alkohol**, welcher Art auch immer, zollfrei eingeführt werden (gilt auch für Duty-Free-Einkäufe). Allgemeine Güter (Geschenke, Kameras, elektronische Ausrüstung etc.) dürfen im Wert bis zu 1000 AUD zollfrei eingeführt werden, von Personen unter 18 Jahren bis zu 500 AUD. Alle mitgeführten Arzneien müssen beim Zoll angegeben werden. Bei starken **Medikamenten** ist es ratsam, eine Kopie des Rezeptes oder ein Schreiben des Arztes bei sich zu haben, das die Krankheit und die Medikation beschreibt. Reiseschecks und/oder andere Geldmittel im Wert von mehr als 10 000 AUD müssen ebenfalls deklariert werden.

Tabak, Alkohol und Co.

Um das Einschleppen von Schädlingen oder das Übertragen von Tierseuchen zu verhindern, ist die Einfuhr von **Nahrungsmitteln** sowie **pflanzlichen und tierischen Produkten** nach Australien strengstens untersagt.

Nicht mitnehmen!

Das **Tourist Refund Scheme**, das mit Serviceschaltern an allen internationalen Flughäfen in Australien vertreten ist, ermöglicht die Erstattung der allgemeinen 10%igen Mehrwertsteuer (GST), die beim Kauf von Waren in Australien fällig wird. Voraussetzungen: Die gekaufte Ware muss **mindestens einen Wert von 300 AUD** haben, darf höchstens 60 Tage vor Abflug gekauft worden sein und muss als Handgepäck mit an Bord genommen werden. Außerdem muss der Händler als Kaufbeleg einen **»tax invoice«** mit elfstelliger Steuernummer (ABN no.) ausstellen. Weitere Infos unter www.abf.gov.au (Menüpunkt »Entering and leaving Australia«).

Mehrwertsteuererstattung

Für den steuerfreien privaten Gebrauch gelten u. a. folgende Höchstmengen: 200 Zigaretten oder 100 Zigarillos oder 50 Zigarren oder 250 g Tabak, 1 l Spirituosen mit mehr als 22 Vol.-% Alkohol oder 2 l Spirituosen unter 22 Vol.-% oder 2 l Likörwein oder 2 l Schaumwein, ferner 2 l Wein, 500 g Röstkaffee oder 200 g löslicher Kaffee, 100 g

Wiedereinreise in die EU

Tee oder 40 g Tee-Extrakt, 50 ml Parfüm, 250 ml Eau de Toilette sowie Waren im Wert von 430 €. Arzneimittel, die in Australien frei verkäuflich, daheim aber rezeptpflichtig sind, dürfen nicht eingeführt werden; dazu zählt beispielsweise auch **Melatonin**, mit dem sich durch den Jetlag bedingte Schlafstörungen lindern lassen. Das Sammeln von **Muscheln** oder anderen **Natur-Souvenirs** vom Strand ist landesweit verboten und wird widrigenfalls mit hohen Bußgeldern geahndet. Achtung: Für Souvenirs aus Korallen, Riesenmuscheln oder Krokodilleder sind Dokumente nach dem **Washingtoner Artenschutzabkommen** erforderlich! Auch für viele Orchideen- und andere exotische Pflanzenarten sind solche Nachweise zwingend. Nähere Informationen erteilt das Zoll-Infocenter (www.zoll.de).

Wiedereinreise in die Schweiz

Bei der Wiedereinreise in die Schweiz sind Reiseproviant und gebrauchtes persönliches Reisegut abgabenfrei. Außerdem für Personen ab 17 Jahren 250 g Kaffee, 100 g Tee, 200 Zigaretten oder 50 Zigarren oder 250 g Rauchtabak, 2 l Getränke mit bis zu 15 Vol.-% Alkoholgehalt und 1 l mit mehr als 15 Vol.-%; ferner Geschenke im Wert bis 300 SFr.

AUSKUNFT

AUSKUNFT IN DEUTSCHLAND

TOURISM AUSTRALIA
Neue Mainzer Str. 22
60311 Frankfurt
Tel. 069 27 40 06 22
www.tourism.australia.com

TOURISM AUSTRALIAN CAPITAL TERRITORY
https://visitcanberra.com.au

TOURISM NEW SOUTH WALES
www.visitnsw.com

TOURISM NORTHERN TERRITORY
c/o Lieb Management
Bavariaring 38, 80336 München
Tel. 089 68 90 63 87 03
https://northernterritory.com

TOURISM QUEENSLAND
c/o Global Spot
Oberbrunner Str. 4
81475 München
Tel. 089 7 59 69 88 69
www.queensland.com

TOURISM SOUTH AUSTRALIA
c/o Lieb Management
Bavariaring 38, 80336 München
Tel. 089 689 06 38 18
www.southaustralia.com

TOURISM TASMANIA
www.discovertasmania.com.au

TOURISM VICTORIA
Neue Mainzer Str. 22
60311 Frankfurt a. M.
Tel. 069 27 40 06 77
www.visitmelbourne.com

TOURISM WESTERN AUSTRALIA
www.westernaustralia.com/de

TRAVEL WORKS
Alles rund ums Working-Holiday-Visum und das Jobben in Australien für 18- bis 30-Jährige.
www.travelworks.de/work-and-travel-australien.html

REISESPEZIALVERANSTALTER

ART OF TRAVEL
Luxusreisen quer durch Australien; zum Programm gehören beispielsweise auch Flugsafaris zum Uluru.
www.artoftravel.de

AUSTRALIA TOURS
Bestens organisierte Selbstfahrertouren wie auch geführte Gruppenreisen.
www.australiatours.de

BOOMERANG REISEN
Australischer Bilderbogen mit Mietwagen oder Busrundreisen.
www.boomerang-reisen.de

CAMPERDAYS
Für Wohnmobilreisen.
www.camperdays.de

KARAWANE REISEN
Perfekte Organisation und große Auswahl an Routenvorschlägen für Selbstfahrer und Gruppenreisen zu den Höhepunkten Australiens.
www.karawane.de

AUSKUNFT IN AUSTRALIEN

TOURISM AUSTRALIAN CAPITAL TERRITORY
2 Barrine Dr., Regatta Point
2600 Canberra
Tel. 02 62 05 00 44
https://visitcanberra.com.au

TOURISM NEW SOUTH WALES
Argyle St./Playfair St., The Rocks
2000 Sydney
Tel. 02 82 73 00 00
www.visitnsw.com

TOURISM NORTHERN TERRITORY
43 Mitchell St., 0800 Darwin
Tel. 08 89 99 39 00
https://northernterritory.com/de/de

TOURISM QUEENSLAND
515 St. Pauls Terrace
4001 Brisbane
Tel. 07 35 35 35 35
www.queensland.com

TOURISM SOUTH AUSTRALIA
9 James Pl.
5000 Adelaide
Tel. 13 00 58 81 40
www.southaustralia.com

TOURISM TASMANIA
22 Elizabeth St., 7001 Hobart
Tel. 03 62 38 42 22
www.discovertasmania.com.au

TOURISM VICTORIA
1 Federation Sq., 3000 Melbourne
Tel. 03 96 58 96 58
www.visitmelbourne.com

TOURISM WESTERN AUSTRALIA
55 William St., 6000 Perth
Tel. 08 94 83 11 11
www.westernaustralia.com

INTERNET

WWW.AUSTRALIA.COM
Offizielle, umfangreiche Homepage von Tourism Australia mit Infos zu Urlaubsplanung, Regionen, Aktivitäten, Veranstaltungen sowie einem Routenplaner.

WWW.AUSTRALIEN-INFO.DE
Sehr gut strukturierte Homepage mit allen wichtigen Infos von A wie Anreise bis Z wie Zeitzonen. Aktuelle Meldungen, Einschätzungen und weiterführende Links ergänzen das Angebot.

WWW.AUSWAERTIGES-AMT.DE
Porträts zur australischen Wirtschaft, Politik und Kultur sowie Links zu deutschen Institutionen in Australien.

WWW.ABORIGINALCULTURE.COM.AU
Einblicke in die Kultur der australischen Ureinwohner.

WWW.TRAVELCLINIC.COM.AU
Umfangreiche Online-Infos zu Impf- und Gesundheitsfragen.

WWW.REISEBINE.DE
Sehr gutes Online-Reisemagazin mit interessanten Erfahrungsberichten; dahinter steckt ein Reisebüro, in dem man sehr individuell buchen kann.

AUSTRALISCHE VERTRETUNGEN

BOTSCHAFT IN DEUTSCHLAND
Wallstr. 76, 10179 Berlin
Tel. 030 880 08 80
www.germany.embassy.gov.au

BOTSCHAFT IN ÖSTERREICH
Mattiellistr. 2, 1040 Wien
Tel. 01 50 67 40
www.austria.embassy.gov.au

GENERALKONSULAT IN DER SCHWEIZ
Chemin des Fins 2, 1211 Genf
Tel. 02 27 99 91 00
www.geneva.mission.gov.au

VERTRETUNGEN IN AUSTRALIEN

DEUTSCHE BOTSCHAFT
119 Empire Circuit, 2600 Canberra
Tel. 02 62 70 19 11
www.canberra.diplo.de

AUSTRIAN EMBASSY
12 Talbot St., 2603 Canberra
Tel. 02 62 95 15 33
www.bmeia.gov.at

SCHWEIZER BOTSCHAFT
7 Melbourne Av., 2603 Canberra
Tel. 02 61 62 84 00
www.eda.admin.ch/australia

ETIKETTE

Höflichkeit siegt!

Die Australier sind nette, höfliche und hilfsbereite Menschen, auch wenn ihr einfaches »g'day«, die alltägliche Anrede mit Vornamen auch bei Fremden und die Frage nach dem Wohlbefinden – ohne wirkliches Interesse für die Antwort – nicht direkt darauf schließen lässt. Und Aussies sind auf den ersten Blick recht lockere Typen, wenngleich sie den britisch-konservativen Habitus nicht gänzlich abgelegt haben. Typisch australisch ist, über unverbindliche Themen zu sprechen, politische Themen eher verhalten zu diskutieren und Kritik diplomatisch zu äußern. Im Outback werden Aborigines schlicht und zugleich politisch korrekt als »black fellows« und die Weißen als »white fellows« bezeichnet, wahlweise auch einfach als »mates« oder »blokes«. Doch aufgepasst: Viele Weiße im Outback sind mitunter echte Rassisten! Den entgegenkommenden Autofahrer zu grüßen, indem man die rechte Hand oder den rechten Zeigefinger kurz hebt, ist wiederum Outback-Pflicht.

In den Städten ist **»smart casual«** der Dresscode: Die Kleidung darf leger und locker, muss aber gepflegt und sauber sein. Nur in sehr guten Restaurants und bei hochwertigen kulturellen Abendveranstaltungen wird Wert auf **»formal attire«** gelegt, zu dem für den Herrn Krawatte und Jackett, für die Damen Kleid oder Kostüm gehören. Dresscode

Trinkgeld zu geben ist in Australien nicht allgemein üblich; in guten Restaurants wird jedoch bis zu 10 % des Rechnungsbetrages als Anerkennung für guten Service hinterlassen. Trinkgeld

GELD

Landeswährung ist der Australische Dollar (AUD), der in 100 Cents eingeteilt ist. Der **Wechselkurs** liegt derzeit bei: 1 AUD = 0,62 € oder 0,68 CHF, 1 € = 1,62 AUD, 1 CHF = 1,46 AUD. Währung

Banknoten gibt es im Wert von 5, 10, 20, 50 oder 100 AUD, **Münzen** sind zu 5, 10, 20, 50 Cents sowie 1 und 2 AUD im Umlauf. Die Preise werden in einzelnen Cents angegeben und an der Kasse auf die nächsten 5 Cents auf- oder abgerundet.

Banken haben in der Regel Kernöffnungszeiten von Montag bis Freitag, 10 bis 16 Uhr. Banken

Fast alles in Australien wird mit Kreditkarte bezahlt – sogar der Kaugummi am Kiosk! Aber: Abgelegene Roadhouses haben häufig keinen Internetanschluss, dort muss also bar bezahlt werden. Bei Reisen ins Outback sollte man sich daher rechtzeitig mit Bargeld eindecken. Bargeld aus dem Bankautomaten (engl. »ATM«) gibt es per Kreditkarte oder mit EC-Karten, die das Maestro- oder Cirrus-Zeichen tragen. Unbedingt beachten: Bei jeder Abhebung fallen Gebühren an. Kreditkarten

GESUNDHEIT

Die Ärztedichte in den stark besiedelten Küstenbereichen und die medizinische Versorgung in Australien entspricht deutschem Niveau. Alle Krankenhäuser verfügen über einen Notdienst (ambulance); sämtliche Adressen sind in den Yellow Pages aufgelistet. Im Outback leistet auch der **Royal Flying Doctor Service** (www. Im Krankheitsfall flyingdoctors.org.au) Hilfe. Wer in Australien einen Arzt oder ein Krankenhaus aufsucht oder die Hilfe der Fliegenden Ärzte beansprucht, muss die angefallenen Kosten umgehend bezahlen – Kreditkarten werden allerdings nicht überall akzeptiert. Dringend empfohlen wird der Abschluss einer **Auslandskrankenversicherung**, die die in Australien durchweg sehr hohen Kosten übernimmt und ggf. auch den Rücktransport abdeckt.

Apotheken

Arzneimittel gibt es beim »chemist«, einer Mischform aus Apotheke und Drogerie mit einem Schalter für rezeptpflichtige Medikamente. Der Großteil der international üblichen Medikamente ist, wenngleich gelegentlich unter anderem Namen, erhältlich.

Vorsicht Tiere!

Schlangen, Spinnen, Moskitos, Haie, Giftquallen, Krokodile: In Australien sind die gefährlichsten Tiere der Welt beheimatet. Doch wenn man sich entsprechend vorsichtig verhält, besteht kein Grund zur Besorgnis. Besonders in Acht nehmen muss man sich vor den **Würfelquallen**, die von November bis April an den Küsten Queenslands und des Northern Territory auftreten. Eine Berührung der meterlangen Fangarme dieser »stinger«, »seawasp« oder »box jelly fish« genannten Quallen ist nicht nur äußerst schmerzhaft, sondern kann tödlich enden. Das gilt auch bei Angriffen von **Haien**, obgleich einige Strände durch Hainetze gesichert sind. Die Badeverbote an den markierten Strandabschnitten sollten daher unbedingt eingehalten werden. Gleiches gilt vor einem Sprung in einen der Naturpools im Landesinneren, die zum Lebensraum der Leistenkrokodile (»salties«) gehören.
Die gefährlichen Tiere leben nicht nur in der Wildnis, auch in den Großstädten sind einige von ihnen präsent. So fühlt sich im Großraum Sydney die **Trichternetzspinne** (»funnelweb spider«) wohl, die der Vogelspinne ähnlich sieht – ihr Biss kann bei Kindern und älteren Menschen den Tod herbeiführen. Schmerzen, Schweißausbrüche und Übelkeit ruft der Biss der **Rotrückenspinne** hervor. Grundsätzlich gilt bei einem Biss, ob von einer Schlange oder eine Spinne: Druck auf die Wunde ausüben, betroffenen Körperteil ruhig stellen und ggf. ärztliche Hilfe aufsuchen! Wenn möglich, sollte man außerdem den achtbeinigen Übeltäter in Gewahrsam nehmen, damit die Ärzte wissen, was sie zu behandeln haben.

Ozonloch

Die Ozonschicht über Australien ist sehr dünn, entsprechend intensiv scheint die Sonne. Mit rund 280 000 Erkrankungen und 1400 Todesfällen pro Jahr besitzt Australien die höchste Hautkrebsrate der Welt. Befolgen Sie daher unbedingt den Ratschlag der Cancer Council Australia: **»Slip on a shirt, slap on a hat and slop on sunscream«** – ziehen Sie ein Hemd an, tragen Sie einen Hut, cremen Sie sich mit einer Sonnencreme mit hohem Lichtschutzfaktor ein. Auch die Sonnenbrille sollte nie fehlen!

LESETIPPS

Romane und Lyrik

Chatwin, Bruce: Traumpfade (Fischer Taschenbuch Verlag). Der letzte Roman des 1989 verstorbenen britischen Autors über seine Reise zu den australischen Ureinwohnern – ein exotischer Roman, wissenschaftlicher Essay und Reisebericht in einem.

Goldsworthy, Peter: Maestro (Deuticke Verlag). Der mürrische Klavierlehrer Eduard Keller, der den 15-jährigen Paul unterrichtet, ist im Darwin von 1967 ein Außenseiter. Warum? Das verrät der in Australien gefeierte Roman, der mit Klaus-Maria Brandauer verfilmt wurde.

Jungehülsing, Julica: Ein Jahr in Australien (Herder Verlag). Am Ende einer Australienreise beschließt Julica zu bleiben. Ihr Buch erzählt von Outback-Abenteuern, der perfekten Welle, den nettesten Busfahrern der Welt und der wahren Leichtigkeit des Seins.

Morgan, Sally: Ich hörte den Vogel rufen. (Unionsverlag). Die 1951 in Perth geborene Autorin gilt als die wichtigste Vertreterin der Aborigine-Literatur. Sie schildert in ihrem Buch das Leben der Ureinwohner, ihre Träume und Bräuche und ihren Kampf ums Überleben.

Wilding, Lynne: Land meiner Sehnsucht (Verlag Blanvalet). Aus den Armenvierteln Sydneys über die Welt der High Society bis ins Outback: große Gefühle in einem packenden Roman! Die 2007 verstorbene Bestsellerautorin gilt als Königin der Australiensaga.

Sachbücher

Hagemann, Albrecht: Kleine Geschichte Australiens (C. H. Beck Verlag). Spannender und umfassender Überblick über die Vergangenheit des fünften Kontinents. Einen Schwerpunkt legt der Autor auf die Traumzeit.

Horwitz, Tony: Cook – die Entdeckung eines Entdeckers (Piper Verlag). Der Pulitzerpreisträger hat sich auf die Spur von Kapitän James Cook begeben und ihn neu entdeckt. Dabei geht es auch um Alkohol- und Frauenexzesse an Bord und an den Küsten.

Langer, Freddy: Australien – ein Reiselesebuch (Ellert & Richter Verlag). Historische Reiseberichte und Reportagen von heute: Freddy Langer, Leiter des Reiseressorts der »Frankfurter Allgemeinen Zeitung«, vereint die Weltsichten der Weißen und Ureinwohner in diesem lesenswerten Band.

Bildbände **DuMont Bildatlas** (DuMont Reiseverlag). Stimmungsvolle Fotografien und inspirierende Texte entführen Sie in jeweils eigenen Bänden in **Australiens Osten** (inkl. Sydney; Text: Hilke Maunder, Fotos: Toma Babovic) bzw. in den **Westen und Süden** (inkl. Melbourne und Outback; Text: Bruni Gebauer/Stefan Huy, Fotos: Clemens Emmler).

NATIONALPARKS · WELTERBESTÄTTEN

20 UNESCO-Siegel In Australien gibt es mehr als 2700 Nationalparks und Naturschutzgebiete sowie 20 von der Unesco ausgezeichneten Welterbestätten, davon zwölf Naturerbe-, drei Kulturerbe- und vier gemischte Stätten. Alle wichtigen Nationalparks sind in diesem Buch im Kapitel Ziele beschrieben und u. a. über das Register zu finden. Informations- und Kartenmaterial erhält man häufig vor Ort in den Besucherzentren

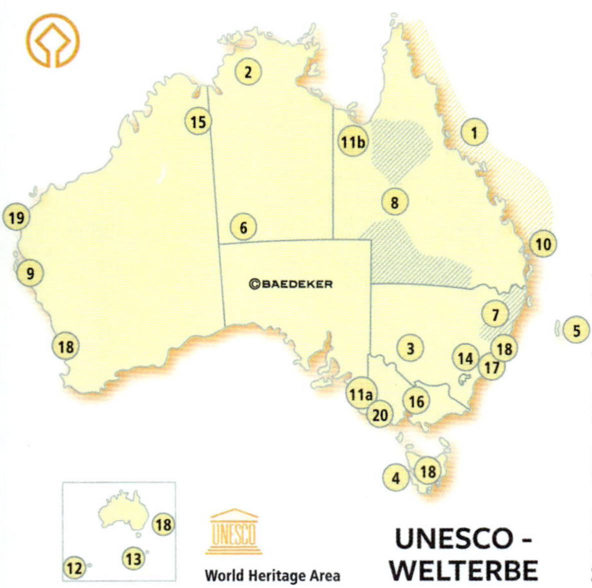

K = Kulturerbe der Menschheit
N = Naturerbe der Menschheit

1 Great Barrier Reef (N; 1981)
2 Kakadu National Park (K, N; 1981)
3 Willandra Lakes Region (K, N; 1981)
4 Tasmanian Wilderness (N; 1982)
5 Lord Howe Island Group (N; 1982)
6 Uluru Kata Tjuta National Park (Ayers Rock; N, K; 1987)
7 Gondwana Rainforests of Australia (N; 1987)
8 Wet Tropics of Queensland
9 Shark Bay, Western Australia (N; 1991)
10 Fraser Island (N; 1992)
11 Australian Fossil Mammal Sites (N; 1994)
a Naracoorte b Riversleigh
12 Heard and McDonald Islands (N; 1997)
13 Macquarie Island (N; 1997)
14 Greater Blue Mountains Area (N; 2000)
15 Purnululu NP (N; 2003)
16 Melbourne Royal Exhibition and Carlton Gardens (K; 2004)
17 Sydney Opera (K; 2007)
18 Australian Convict Sites (K; 2010)
19 Ningaloo Reef (N; 2011)
20 Budj Bim National Heritage Landscape (K; 2019)

PARKINFORMATIONEN

PARKS AUSTRALIA
http://parksaustralia.gov.au

NATIONAL PARKS ASSOCIATION OF THE AUSTRALIAN CAPITAL TERRITORY
www.npaact.org.au

NEW SOUTH WALES: NATIONAL PARKS AND WILDLIFE SERVICE
www.nationalparks.nsw.gov.au

GOVERNMENT OF NORTHERN TERRITORY
https://nt.gov.au/leisure/parks-reserves/find-a-park-to-visit

QUEENSLAND DEPARTMENT OF NATIONAL PARKS
www.nprsr.qld.gov.au

GOVERNMENT OF SOUTH AUSTRALIA
www.parks.sa.gov.au/find-a-park#/list

PARKS & WILDLIFE SERVICE TASMANIA
www.parks.tas.gov.au

PARKS VICTORIA
https://parkweb.vic.gov.au

WESTERN AUSTRALIA DEPARTMENT OF PARKS AND WILDLIFE
https://parks.dpaw.wa.gov.au

AUSTRALIENS UNESCO-WELTERBE

❶ GREAT BARRIER REEF
Das größte Barriereriff der Welt säumt auf mehreren Tausend Kilometer die Nordostküste Australiens. (► S. 251)

❷ KAKADU NATIONAL PARK
Diese tropische Landschaft ist der Lebensraum der Gagadju-Aborigines am East Alligator River (bei Darwin). (► S. 175)

❸ WILLANDRA LAKES REGION
In der Halbwüste lebte der älteste bislang bekannt gewordene Mensch in Down Under: der Mungo Man, der »Urvater« der Aborigines. (► S. 85)

❹ TASMANIAN WILDERNESS
Das Herz der Welterbestätte ist der verwunschen-schöne National Park Cradle Mountain/Lake St. Clair. (► S. 337)

❺ LORD HOWE ISLAND GROUP
Zwei Flugstunden von Sydney mitten im Pazifik: eine Vulkaninsel mit beeindruckenden Banyanbäumen und Ketiapalmen, umgeben vom südlichsten Korallenriff der Erde. (► S. 101)

❻ ULURU & KATA TJUTA NATIONAL PARK
Der majestätische Uluru (Ayers Rock) ist das Wahrzeichen Australiens und Heiligtum der Aborigines. Der Nationalpark ist mit dem Flugzeug leicht zu erreichen. (► S. 194)

❼ CENTRAL EASTERN RAINFOREST RESERVES OF AUSTRALIA
Über 50 Regenwaldgebiete im Grenzgebiet der Bundesstaaten Queensland und New South Wales. Unter Schutz stehen subtropische, gemäßigte und gemäßigt kühle Regenwaldformationen.

❽ WET TROPICS OF QUEENSLAND
Der tropische Regenwald im Nordosten von Queensland reicht am Cape Tribulation bis ans Riff.

❾ SHARK BAY
Isoliert gelegener Lebensraum in Western Australia mit 3 Mio. Jahre alten Stromatolithen und zahmen Delfinen. (► S. 476)

⑩ FRASER ISLAND
Größte Sandinsel der Welt mit einigen der ältesten und höchsten Dünen der Erde, Seen und großem Regenwaldgebiet an der Südküste Queenslands. (▶ S. 239)

⑪ FOSSIL MAMMAL SITES
Weltberühmte Fossilfundstätten in Riversleigh (QLD) und in den Naracoorte-Höhlen (SA). (▶ S. 331)

⑫ HEARD/MACDONALD ISLANDS
Die subantarktischen Inseln sind für Besucher nicht zugänglich.

⑬ MACQUARIE ISLAND
Die subantarktischen Inseln sind für Besucher nicht zugänglich.

⑭ BLUE MOUNTAINS
Steile Sandsteinklippen, Schluchten und Wasserfälle, nur 90 Minuten westlich von Sydney. (▶ S. 75)

⑮ PURNULULU NATIONAL PARK
Die skurrilen Bungle Bungles sind die spektakulärste Attraktion des westaustralischen Parks. (▶ S. 473)

⑯ ROYAL EXHIBITION BUILDING AND CARLTON GARDENS
Für die Weltausstellung 1861 im Carlton Park von Melbourne errichteter Palast, in dem bis 1927 das Parlament tagte. (▶ S. 399)

⑰ SYDNEY OPERA HOUSE
Designikone und Wahrzeichen von Sydney. (▶ S. 131)

⑱ AUSTRALIAN CONVICT SITES
Elf historische Sträflingsorte: Old Government House and Domain, Hyde Park Barracks, Cockatoo Island (in und bei Sydney; ▶ S. 135 & 144), Great Northern Road (▶ S. 94); Kingston and Arthur's Historic Area (Norfolk Island, 1500 km östlich von Australien); Fremantle Prison (▶ S. 441); Tasmaniens Sträflingssiedlung von Port Arthur (▶ S. 362); Darlington Probation Station, Coal Mines Historic Site (▶ S. 366); Cascade Female Factory (▶ S. 355).

⑲ NINGALOO REEF
Im küstennahen Riff vor Westaustralien lassen sich Walhaie beobachten. (▶ S. 459)

⑳ BUDJ BIM NATIONAL HERITAGE LANDSCAPE
Aborigines-Kulturlandschaft der Gunditjmara, die hier Fischzucht und Steinbau betrieben. (▶ S. 391)

---

oder Rangerstationen. In einigen Parks sind aber auch nur Informationsschautafeln und Übersichtskarten ausgestellt. In diesem Fall ist es ratsam, das Wichtigste zu fotografieren und auf dem Handy mit sich zu führen.

OUTBACK

Rotes Buschland

Das Outback gehört zu den letzten Gebieten der Erde, die an vielen Stellen noch **nahezu unberührt** sind. Karge Steinwüsten, glitzernde Salzseen, endlose Sanddünen, ausgedorrte Creeks mit mächtigen Eukalyptusbäumen und rotes Buschland mit Spinifex und »saltbushes« prägen sein Bild. Es gibt aber auch Oasen mit Palmen und heiße Quellen. Tagsüber können die **Temperaturen** bis auf 50 °C klettern, nachts bis an die Frostgrenze fallen. Niederschläge sind selten, doch wenn sie kommen, verwandeln sie das Land für kurze Zeit in einen Blütenteppich.

On- und offroad

Auf den **großen, geteerten Highways** ist die Fahrt durch das Outback ein sicheres Abenteuer und bei genügend Wasser- und Benzinvorrat problemlos mit Wohnmobil oder Pkw zu meistern. Nehmen Sie mindestens 3–4 l Wasser pro Person und Tag mit!
Die vielen **Offroad-Strecken** verlangen eine gute Vorbereitung, Erfahrung und einen Geländewagen mit Allradantrieb. Wer diese Schlagloch- und Schotterpisten mit einem herkömmlichen Leihwagen befährt, der nicht ausdrücklich im Vertrag auch für derartige Pisten zugelassen ist, verliert den Versicherungsschutz. Wer zudem beabsichtigt, völlig abseits der üblichen Routen unterwegs zu sein, sollte die Anschaffung bzw. Leihe eines Satellitentelefons erwägen.

Beste Reisezeit

Die beste Reisezeit sind die Monate April bis November: Im **australischen Herbst, Winter und Frühling** sind die Straßen und die Luft ist deutlich kühler. Im Sommer wird es hingegen extrem heiß und sintflutartige Regenfälle können die Straßen und Pisten von heute auf morgen und dann für längere Zeit unpassierbar machen.

Berühmte Routen

Der **Birdsville Track**, eine ehemalige Viehtreiberroute, verbindet Birdsville (QLD) mit Marree (SA). Die 517 km lange Piste führt durch Steinebenen und wellenförmige Dünen ins Herz der Simpson Desert. Auf dem **Nullarbor Track** geht es von Norseman (WA) nach Port Augusta (SA). Die 478 km lange Strecke ist zwar befestigt, hält dafür aber eine andere Herausforderung bereit: Die mit 146,6 km längste völlig gerade asphaltierte Straße in Australien verlangt besondere Konzentration.
Geradezu legendär und landschaftlich wahrscheinlich die schönste Route führt über die **Gibb River Road** in Westaustralien: 660 hauptsächlich unasphaltierte Kilometer von Derby nach Kununnurra durch die Kimberley Mountains. Teile des Landschaftsepos »Australia« wurden auf der Route gedreht.
Als härteste und längste Piste Australiens gilt die **Canning Stock Route**, auch ein alter Herdenweg in Westaustralien, der über 1850 km von Halls Creek in den Kimberleys durch die Great Sandy Desert nach Wiluna führt. Je nach Reisezeit herrschen bis zu 50 °C.
Halls Creek ist auch Teil des **Tanami Track**, der ins Northern Territory nach Alice Springs führt. Nur etwa 100 der insgesamt 1035 km durch die Tanami-Wüste sind geteert. Die Versorgungslage unterwegs ist nicht gut.

Sicheres Reisen Für alle Routen gilt: sich unbedingt vor Ort und vor Abfahrt genau über Straßenverhältnisse und Versorgungslage informieren und entsprechend **Vorräte** mitnehmen! Wer unterwegs eine ernsthafte **Panne** hat, sollte sich niemals vom Auto entfernen! Dieses wird eher gefunden als eine einzelne Person. Auch wenn so gut wie gar kein Verkehr herrscht, ist das Fahren im Outback nicht ohne Risiken: Die größte Gefahr ist die **Müdigkeit**. Schier endlos lang ziehen sich die Straßen durch die Landschaft. Wer merkt, dass die Aufmerksamkeit nachlässt, sollte eine Pause machen – und nach Möglichkeit den Fahrer wechseln. Die zweithäufigste Unfallursache sind **Tiere**, die besonders nach Einbruch der Dämmerung die Fahrbahn kreuzen: Kängurus, Emus, Rinder und Schafe. Sie werden oft viel zu spät erkannt. Nachtfahrten deshalb unbedingt vermeiden! Viele Mietwagenversicherungen übernehmen keine Kosten bei nächtlichen Wildunfällen. Eine große Staubwolke kündigt die dritte Gefahrenquelle an: Australiens Mega-Trucks. Deutsche Laster sind Winzlinge gegen die berühmten **Road Trains**. Die bis zu 150 t schweren und 50 m langen Lastzüge donnern mit Tempo 100 kreuz und quer über den Kontinent, halten nicht für Tiere – und auch sonst eher ungern.

Aboriginal Land Viele Gemeinden der Aborigines liegen in abgelegenen Regionen abseits der Touristenwege und dürfen nur mit einer besonderen **Genehmigung (»permit«)** aufgesucht oder passiert werden. Diese muss beim jeweiligen **Aboriginal Land Council** vorher beantragt werden und hat eine lange Bearbeitungszeit. Bei rein touristischem Interesse ist eine Gewährung unwahrscheinlich. Bei organisierten Touren wird die Genehmigung vom Veranstalter eingeholt.

POST · TELEKOMMUNIKATION

Briefe und Postkarten Die australischen Postämter sind Montag bis Freitag von 9 bis 17 Uhr geöffnet. Briefmarken gibt es nicht nur dort, sondern auch in Hotels, Souvenirgeschäften und an Kiosken. Ein **Luftpostbrief** nach Europa bis maximal 50 g Gewicht kostet 2,60 AUD, **Postkarten** ebenfalls. Die Post ist von den Großstädten aus mindestens eine Woche unterwegs, vom Outback aus deutlich länger.

Telefonieren Im liberalisierten Telefonmarkt Australiens bieten verschiedene Anbieter Orts-, Fern- und Auslandsgespräche. Die öffentlichen Fernsprecher akzeptieren Münzen, Telefonkarten und häufig auch schon

PERMITS FÜR ABORIGINE-GEBIETE

NORTHERN TERRITORY
www.clc.org.au und www.nlc.org.au

NEW SOUTH WALES
www.alc.org.au

SOUTH AUSTRALIA
http://maralingatjarutja.com

WESTERN AUSTRALIA
www.noongar.org.au

Kreditkarten. **Telefonkarten, Prepaid und Calling Cards**, auch von Drittanbietern, gibt es an Kiosken und in Geschäften mit Aufschrift »Phonecards sold here«.

Mobilfunk

Das Mobilfunknetz in Australien ist aufgrund der geringen Bevölkerungsdichte nicht flächendeckend, außerhalb der Städte gibt es noch zahlreiche Funklöcher, im Outback ist oftmals gar kein Empfang möglich. **Roaming-Tarife** mit einer deutschen SIM-Karte sind sehr teuer. Wer also auf das eigene Handy und/oder das mobile Internet nicht verzichten möchte, kann sich für den Urlaub auch eine **australische SIM-Karte** besorgen (erhältlich u. a. in Supermärkten). Datenpakete mit einigen Gigabyte gibt es ab ca. 20 AUD. Beim Kauf sollte man unbedingt darauf achten, dass man keine Option wählt, die eine automatische Aufladung des Guthabens (»automatically recharge«) beinhaltet. Ein Vergleich lohnt sich: Einige Anbieter bieten sogar eine Flatrate für Gespräche nach Deutschland an.

Vorwahlen

▶ S. 566

PREISE · VERGÜNSTIGUNGEN

Teurer als Deutschland

Die Preise in Australien sind – bis auf wenige Ausnahmen wie Benzin und Diesel – deutlich höher als in Deutschland: Rechnen Sie im Durchschnitt mit rund 20 bis 30 % (▶ S. 566)! Im Outback steigen die Preise proportional zur Entfernung vom nächsten Versorgungszentrum; Buschbrände oder Überschwemmungen bescheren für begrenzte Zeit zudem stark steigende Lebensmittelpreise. Flug- und andere Transportkosten variieren sehr stark, je nach Angebot und Nachfrage. Wer sich an einzelnen Ort wirklich sehr viel anschaut, kann für sich überschlagen, ob es sich lohnt, einen der Vergünstigungspässe zu kaufen, die häufig aber mehr versprechen, als sie dann tatsächlich Wert sind (www.iventurecard.com).

REISEZEIT

Klimazonen und Jahreszeiten

Der Kontinent wird von drei Klimazonen geprägt: die **tropische Zone** nördlich des Südlichen Wendekreises, die **subtropische Zone** südlich davon und die **kühl-gemäßigte Zone** im äußersten Süden, in Victoria und auf Tasmanien. Aufgrund der Größe des Landes gibt es also in puncto Wetter so ziemlich alles: von sengender Hitze bis zu eiskalten Nächten. Und das auch noch in Jahreszeiten, die in Australien zu denen in Europa genau entgegengesetzt sind: Im September beginnt der meteorologische Frühling, im Dezember der Sommer, im März der Herbst und im Juni der Winter. In den Tropen unterscheidet man jedoch nur zwischen Regen- und Trockenzeit.

Der tropische Norden

Im Norden des Landes liegen im australischen Sommerhalbjahr die Tagestemperaturen im Januar-Durchschnitt oft über 35 °C. Im Landesinnern werden sogar lang anhaltende Hitzewellen von mehr als 40 °C verzeichnet. Für den tropischen Norden und das Great Barrier Reef sind daher die trockenen Wintermonate der **»dry season«** (Trockenzeit; Mai–Okt.) die beste Reisezeit. Optimal sind Juni, Juli und August mit sehr wenig Regen und viel Sonnenschein bei mittleren Tagestemperaturen um 25 °C. Nahezu immer noch 30 °C werden dann an der Nordspitze der Cape-York-Halbinsel gemessen. Ab Oktober steigt das Gewitterrisiko. In der **»wet season«** (Regenzeit; Nov. bis April) gibt es oft heftige Monsunregen mit großen Überschwemmungen (»floodings«), besonders im Dezember und Januar können **Zyklone** (Wirbelstürme) alle Küstenbereiche nördlich des Wendekreises und das gesamte Great Barrier Reef heimsuchen.

Die subtropische Mitte

Abseits der Küsten erreichen die sommerliche Tagestemperaturen in der Landesmitte rasch bis zu 40 °C. Daher sollte man für Fahrten ins rote Herz Australiens und zum Uluru die gemäßigten Frühjahrs- und Herbstmonate wählen. Im Winter liegen die Tagestemperaturen bei 18–20 °C, auch die Sonne spielt mit. Allerdings können dann auch Nachtfröste auftreten.

Gemäßigter Süden

Für Reisen in die Küstenregionen südlich des Wendekreises bieten sich alle Jahreszeiten an. Die Südhälfte des Kontinents bleibt mit Ausnahme des äußersten Südostens in der **Sommerperiode meistens**

ohne Niederschlag. Der Wetterbericht ist kurzgefasst: »just fine« – Klimabedingungen, wie sie sich der sonnenhungrige Tourist nur wünschen kann. Zwischen Sydney und Melbourne sind 24 bis 28 °C im Sommer normal. Werte von 40 °C sind bei Winden aus dem heißen Zentrum Australiens aber selbst in Küstennähe möglich. Im Winterhalbjahr geht über weite Teile des Südens, besonders im Südwesten und Tasmanien, der **Winterregen** nieder. Und in den Höhenlagen der Australischen Alpen gibt es sogar Frost und Schnee.

Die Meerestemperaturen

Die Temperaturen des Meerwassers steigen von Süden nach Norden hin kontinuierlich an. Nördlich von Brisbane (Ostküste) bzw. Carnarvon (Westküste) werden das ganze Jahr über mehr als 20 °C gemessen. Das gilt auch für den Winter, in dem zudem keine gefährlichen Giftquallen vor der Küste lauern. Im Februar ist das Meer überall am wärmsten. Die höchsten Wasserwerte verzeichnen die Nordostküste von Queensland und die Cape-York-Halbinsel mit durchschnittlich 29 °C. Am kältesten ist das Wasser vor Melbourne und an den Küsten Tasmaniens. Durchschnittlich werden nur 15 °C erreicht.

Schulferien beachten

Bei der Reiseplanung sollte man neben dem Klima auch die Saisonzeiten beachten: Hauptreisezeit im australischen Sommer sind die Monate Dezember und Januar mit acht Wochen Schulferien. Weitere Ferien gibt es rund um Ostern, Pfingsten sowie im August oder September. Preise für Unterkünfte und Flüge ziehen dann deutlich an.

SICHERHEIT

Reiseland Australien

Australien ist ein sicheres Reiseland. Die größte Gefahr geht in entlegenen Gebieten oder beim Baden im Meer von gefährlichen Tieren aus. Ansonsten kann der Wohnmobilurlauber ohne Bedenken überall hinkurven und frau auch alleine reisen, wenn sie ihren üblichen Sicherheitsradar nutzt. Mit Machosprüchen muss allerdings gerechnet werden, besonders im Outback. Andererseits gilt Australien als **»nanny state«**: Regelungen kennzeichnen den Alltag und Androhungen von Geldstrafen, wenn man sie missachtet, sind allgegenwärtig. Auch das ist für Europäer gewöhnungsbedürftig.

Meeresströmungen

An vielen Stellen herrschen **gefährliche Meeresströmungen** (»rip currents«), die Badende unnachgiebig hinaus auf das Meer ziehen. Es wird daher empfohlen, nur an von Mitgliedern der **Surf Life Saving Association** bewachten Stränden Wassersport zu treiben; diese sind mit rot-gelben Fahnen markiert.

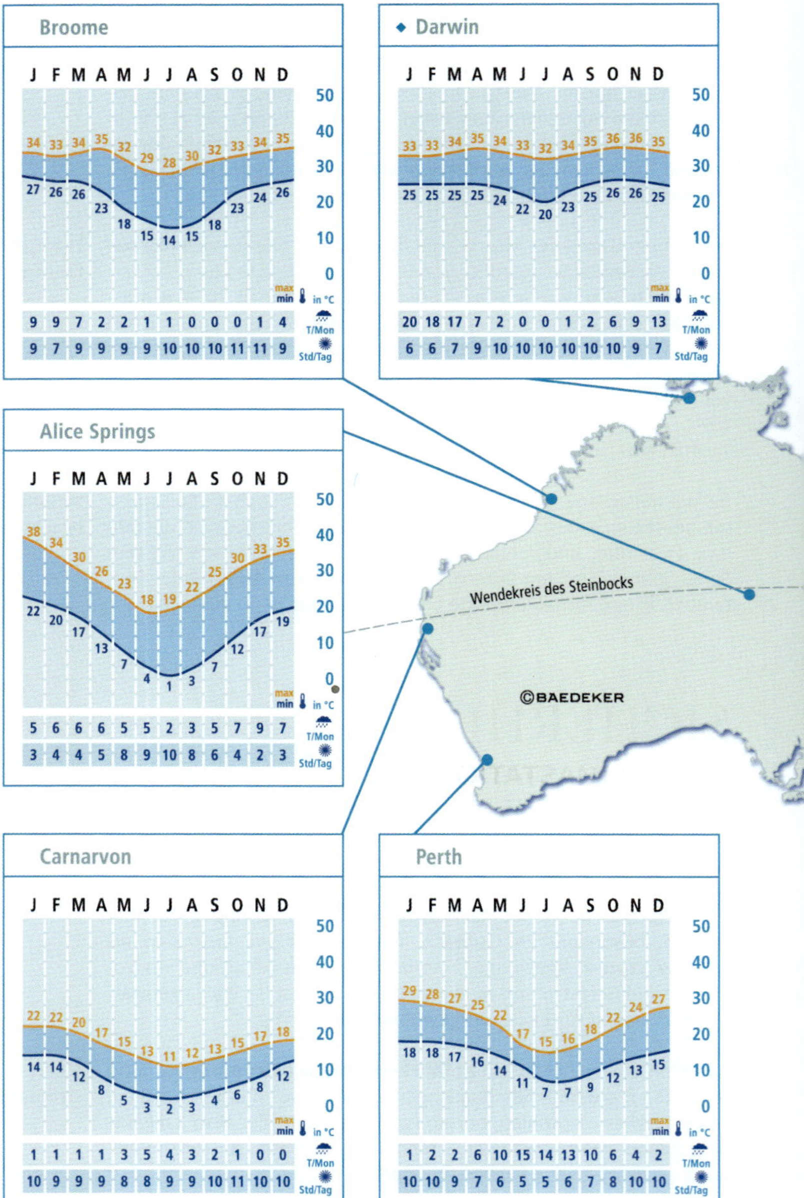
Broome
J F M A M J J A S O N D
50 40 30 20 10 0
max 34 33 34 35 32 29 28 30 32 33 34 35
min 27 26 26 23 18 15 14 15 18 23 24 26
in °C
9 9 7 2 2 1 1 0 0 0 1 4 T/Mon
9 7 9 9 9 9 10 10 10 11 11 9 Std/Tag
◆ Darwin
J F M A M J J A S O N D
50 40 30 20 10 0
max 33 33 34 35 34 33 32 34 35 36 36 35
min 25 25 25 25 24 22 20 23 25 26 26 25
in °C
20 18 17 7 2 0 0 1 2 6 9 13 T/Mon
6 6 7 9 10 10 10 10 10 10 9 7 Std/Tag
Alice Springs
J F M A M J J A S O N D
50 40 30 20 10 0
max 38 34 30 26 23 18 19 22 25 30 33 35
min 22 20 17 13 7 4 1 3 7 12 17 19
in °C
5 6 6 6 5 5 2 3 5 7 9 7 T/Mon
3 4 4 5 8 9 10 8 6 4 2 3 Std/Tag
Wendekreis des Steinbocks
©BAEDEKER
Carnarvon
J F M A M J J A S O N D
50 40 30 20 10 0
max 22 22 20 17 15 13 11 12 13 15 17 18
min 14 14 12 8 5 3 2 3 4 6 8 12
in °C
1 1 1 1 3 5 4 3 2 1 0 0 T/Mon
10 9 9 9 8 8 9 9 10 11 10 10 Std/Tag
Perth
J F M A M J J A S O N D
50 40 30 20 10 0
max 29 28 27 25 22 17 15 16 18 22 24 27
min 18 18 17 16 14 11 7 7 9 12 13 15
in °C
1 2 2 6 10 15 14 13 10 6 4 2 T/Mon
10 10 9 7 6 5 5 6 7 8 10 10 Std/Tag

KLIMASTATIONEN

Cairns

	J	F	M	A	M	J	J	A	S	O	N	D
max (in °C)	32	31	30	29	27	26	26	27	28	29	31	32
min (in °C)	24	24	23	22	20	18	17	18	19	20	23	24
T/Mon	14	15	17	15	11	6	5	5	4	5	8	10
Std/Tag	7	6	6	6	6	8	7	8	8	9	8	8

Brisbane

	J	F	M	A	M	J	J	A	S	O	N	D
max (in °C)	27	27	26	25	24	21	20	21	23	25	27	28
min (in °C)	20	19	17	15	13	10	8	9	11	14	15	16
T/Mon	10	11	10	7	8	5	5	5	4	7	8	9
Std/Tag	8	7	7	7	7	6	7	8	8	8	8	8

Sydney

	J	F	M	A	M	J	J	A	S	O	N	D
max (in °C)	25	25	24	22	18	15	14	15	17	21	23	24
min (in °C)	16	16	15	14	12	7	6	7	10	13	15	16
T/Mon	9	10	10	9	9	8	6	6	7	9	10	7
Std/Tag	7	7	6	6	6	6	6	7	7	7	8	7

Hobart

	J	F	M	A	M	J	J	A	S	O	N	D
max (in °C)	23	22	20	17	15	13	11	12	14	17	20	23
min (in °C)	14	13	11	8	6	4	4	5	6	8	10	12
T/Mon	6	4	6	7	8	7	7	8	8	8	8	7
Std/Tag	8	7	6	5	4	4	4	5	6	7	7	7

Melbourne

	J	F	M	A	M	J	J	A	S	O	N	D
max (in °C)	27	26	25	21	16	13	13	14	16	19	23	25
min (in °C)	14	15	13	10	7	5	4	5	7	8	10	12
T/Mon	5	4	6	6	9	8	9	11	10	9	8	6
Std/Tag	9	8	7	6	4	4	4	5	6	7	7	8

SPRACHE

Der Aussie-Slang

Amtssprache ist zwar Englisch, aber der australische Slang stellt so manche erhebliche Verständigungshürde dar. Da wird es selbst für Muttersprachler schwierig – und ein Trost, dass auch ein Brite große Augen macht und der echte New Yorker gleich abwinkt, während der Deutsche nur an seinen Englisch-Kenntnissen zweifelt: Die Einreisebeamtin bringt die Zähne nicht auseinander, der Taxifahrer verschluckt gekonnt sämtliche, doch scheinbar notwendige Silben und der Obsthändler weigert sich standhaft, die Wortendungen der Preise auszusprechen. Ganz zu schweigen davon, dass man regelmäßig mit »mate« oder »darlin'« angesprochen wird. An Aussie-Englisch muss man sich eben erst gewöhnen. Auf S. 590 finden Sie Übersetzungshilfen zu typischen Slangausdrücken.

SPRACHFÜHRER ENGLISCH

AUF EINEN BLICK

Vielleicht.	**Perhaps./Maybe.**
Bitte.	**Please.**
Danke./Vielen Dank!	**Thank you./Thank you very much!**
Gern geschehen.	**You're welcome.**
Entschuldigung!	**I'm sorry!**
Wie bitte?	**Pardon?**
Ich verstehe Sie/dich nicht.	**I don't understand you**
Ich spreche nur wenig (English)...	**I only speak little (English) ...**
Können Sie mir bitte helfen?	**Can you help me, please?**
Ich möchte ...	**I'd like ...**
Das gefällt mir (nicht).	**I (don't) like this.**
Haben Sie ...?	**Do you have ...?**
Wie viel kostet es?	**How much is it?**
Wie viel Uhr ist es?	**What time is it?**

KENNENLERNEN

Guten Morgen!	**Good morning!**
Guten Tag!	**Good afternoon!**
Guten Abend!	**Good evening!**
Hallo! Grüß dich!	**Hello!/Hi!**
Mein Name ist ...	**My name's ...**
Wie ist Ihr/Dein Name?	**What's your name?**
Wie geht es Ihnen/dir?	**How are you?**
Danke. Und Ihnen/dir?	**Fine, thanks. And you?**
Auf Wiedersehen!	**Goodbye!/Bye-bye!**
Tschüs!	**See you!/Bye!**

AUSKUNFT UNTERWEGS

links/rechts	**left/right**
geradeaus	**straight on**
nah/weit	**near/far**
Bitte, wo ist ...?	**Excuse me, where's ..., please?**
... die Bushaltestelle	**... the bus stop**
... der Hafen	**... the harbour**
... der Flughafen	**... the airport**
Wie weit ist das?	**How far is it?**
Ich möchte ... mieten.	**I'd like to hire ...**
... ein Auto	**... a car**
... ein Fahrrad	**... a bike/bicycle**

EINKAUFEN

Wo finde ich ... einen/eine/ein ...?	**Where can I find a ...?**
... Apotheke	**... chemist/pharmacy**
... Bäckerei	**... bakery**
... Kaufhaus	**... department store**
... Lebensmittelgeschäft	**... grocery store**
... Markt	**... market**
Was kostet ...?	**How much is ...?**

ÜBERNACHTUNG

Können Sie mir ... empfehlen?	**Could you recommend ... ?**
... ein Hotel/Motel	**... a hotel/motel**
... eine Pension	**... a guest-house**
Ich habe ein Zimmer reserviert.	**I have reserved a room.**
Haben Sie noch ...?	**Do you have ...?**
... ein Einzelzimmer	**... a single room**
... ein Doppelzimmer	**... a double room**
... mit Dusche/Bad	**... with a shower/bath**
... für eine Nacht	**... for one night**
... für eine Woche	**... for a week**
Was kostet das Zimmer ...	**How much is the room ...**
... mit Frühstück?	**... with breakfast?**
... mit Halbpension?	**... with half board?**

ARZT

Ich brauche einen Arzt/Zahnarzt.	**I need a doctor/dentist.**
Ich habe hier Schmerzen.	**I've got pain here.**

BANK/POST/KOMMUNIKATION

Wo ist hier bitte eine Bank?	**Where's the nearest bank, please?**
Ich möchte ... Euro (Franken) wechseln.	**I'd like to change ... Euro (Swiss Francs).**
Was kostet ...	**How much is ...**
... ein Brief ...	**... a letter ...**
... eine Postkarte ...	**... a postcard ...**
... nach Deutschland?	**... to Germany?**

... nach Österreich?	**... to Austria?**
... in die Schweiz?	**... to Switzerland?**
Handy, Mobiltelefon	**mobile phone**
Wo ist das nächste Internetcafé?	**Where is the next internet café?**
Ich brauche eine Prepaid-Karte für mein Handy.	**I need a prepaid card for my mobile phone.**
Ich brauche eine Speicherkarte für meine Kamera.	**I need a memory card for my camera.**

SPEISEKARTE

Breakfast	**Frühstück**
coffee (with cream/milk)	**Kaffee (mit Sahne/Milch)**
hot chocolate	**heiße Schokolade**
tea (with milk/lemon)	**Tee (mit Milch/Zitrone)**
scrambled eggs	**Rühreier**
poached eggs	**pochierte Eier**
bacon and eggs	**Eier mit Speck**
fried eggs	**Spiegeleier**
hard-boiled/soft-boiled eggs	**harte/weiche Eier**
(cheese/mushroom) omelette	**(Käse-/Champignon-) Omelett**
bread/rolls	**Brot/Brötchen/Toast**
brown/white toast	**Körnertoast/Weißbrottoast**
butter	**Butter**
honey	**Honig**
jam/marmalade	**Marmelade/Orangenmarmelade**
yoghurt	**Joghurt**
fruit	**Obst**
Starters and Soups	**Vorspeisen und Suppen**
clear soup/consommé	**(Fleisch-) Brühe**
cream of chicken soup	**Hühnercremesuppe**
cream of tomato soup	**Tomatensuppe**
mixed/green salad	**gemischter/grüner Salat**
onion rings	**frittierte Zwiebelringe**
seafood salad	**Meeresfrüchtesalat**
shrimp/prawn cocktail	**Garnelen-/Krabbencocktail**
smoked salmon	**Räucherlachs**
vegetable soup	**Gemüsesuppe**
Fish and Seafood	**Fisch und Meeresfrüchte**
cod	**Kabeljau**
crab	**Krebs**
eel	**Aal**
haddock	**Schellfisch**
herring	**Hering**
lobster	**Hummer**
mussels	**Muscheln**
oysters	**Austern**
plaice	**Scholle**
salmon	**Lachs**
scallops	**Jakobsmuscheln**
sole	**Seezunge**

squid	**Tintenfisch**
trout	**Forelle**
tuna	**Thunfisch**
Meat and Poultry	**Fleisch und Geflügel**
barbequed spare ribs	**gegrillte Schweinerippchen**
beef	**Rindfleisch**
chicken	**Hähnchen**
chop/cutlet	**Kotelett**
duck(ling)	**(junge) Ente**
fillet	**Filetsteak**
gammon	**Schinkensteak**
gravy	**Fleischsoße**
ham	**gekochter Schinken**
kidney	**Niere**
liver (and onions)	**Leber (mit Zwiebeln)**
minced meat	**Hackfleisch**
mutton	**Hammelfleisch**
pork	**Schweinefleisch**
porterhouse steak	**Steak mit Filet und Knochen**
rabbit	**Kaninchen**
sausages	**Würstchen**
sirloin steak	**Lendenstück vom Rind**
turkey	**Truthahn**
veal	**Kalbfleisch**
venison	**Reh oder Hirsch**
Dessert and Cheese	**Nachspeisen und Käse**
apple pie	**gedeckter Apfelkuchen**
cheddar	**kräftiger Käse**
cottage cheese	**Hüttenkäse**
cream	**Sahne**
custard	**Vanillesoße**
fruit salad	**Obstsalat**
goat's cheese	**Ziegenkäse**
ice-cream	**Eis**
pastries	**Gebäck**
Vegetables and Salad	**Gemüse und Salat**
baked beans	**gebackene Bohnen in Tomatensoße**
baked potatoes	**gebackene, ungeschälte Kartoffeln**
cabbage	**Kohl**
carrots	**Karotten**
cauliflower	**Blumenkohl**
chips	**Pommes frites**
cucumber	**Gurke**
fritters/hash browns	**Bratkartoffeln**
garlic	**Knoblauch**
leek	**Lauch**
lettuce	**Kopfsalat**
mashed potatoes	**Kartoffelpüree**
mushrooms	**Pilze**
onions	**Zwiebeln**

peas	**Erbsen**
peppers	**Paprika**
spinach	**Spinat**
sweetcorn	**Mais**
tomatoes	**Tomaten**
Fruit	**Obst**
apples	**Äpfel**
apricots	**Aprikosen**
blackberries	**Brombeeren**
cherries	**Kirschen**
grapes	**Weintrauben**
lemon	**Zitrone**
oranges	**Orangen**
peaches	**Pfirsiche**
pears	**Birnen**
pineapple	**Ananas**
plums	**Pflaumen**
raspberries	**Himbeeren**
strawberries	**Erdbeeren**
Beverages	**Getränke**
beer on tap	**Bier vom Fass**
cider	**Apfelwein**
fruit juice	**Fruchtsaft**
milk	**Milch**
mineral water	**Mineralwasser**
soft drinks	**alkoholfreie Getränke**
lemonade	**gesüßter Zitronensaft**
red/white wine	**Rot-/Weißwein**
dry/sweet	**trocken/lieblich**
sparkling wine	**Sekt**

SLANGAUSDRÜCKE

amber fluid	**Bier**
Apple Isle	**Tasmanien**
Aussie salute	**Bewegung mit den Händen vor dem Gesicht, mit der lästige Fliegen verscheucht werden**
back of beyond	**weit weg**
bad egg	**hinterhältiger Typ**
Banana Bender	**jemand aus Queensland**
to bell	**jemanden anrufen**
billabong	**Wasserloch**
billy	**Wasserkessel aus Metall**
billy tea	**traditionelle australische Art, Tee zuzubereiten**
blind Freddy	**Idiot**
bloke	**Mann, Kumpel**
bloody	**zur Betonung und Verstärkung**
blowies	**Schmeißfliegen im Outback**
to be bombed	**betrunken sein**

boomer	**großes männliches Känguru**
bulldust	**feinster Staub im Outback**
to go bush	**sich verdrücken**
I'm bushed	**ich bin müde**
bush tucker	**Nahrung der Ureinwohner**
chrissie prezzie	**Weihnachtsgeschenk**
cobber	**enger Freund**
cop shop	**Polizeistation**
crook	**schlecht, ärgerlich**
cuppa	**eine Tasse Tee**
damper	**Fladenbrot**
dead-set	**total, ganz und gar**
desert oak	**Wüstenkasuarine (typisch für den Uluru & Kata Tjuta National Park)**
digger	**ursprünglich »Goldgräber«, auch: australischer Soldat**
Down Under	**Australien**
drover	**Viehtreiber**
dumper	**Riesenwelle**
dunny	**Toilette**
esky	**Kühltasche**
fair dinkum (dinky di)	**ehrlich und wahrhaftig**
a fair go	**eine Chance**
to fossick	**ursprünglich »Gold oder Edelsteine suchen«, allg. etwas suchen**
Fremantle doctor	**kühle Brise vom Indischen Ozean in den heißen Monaten**
galah	**Vogel mit grauem Rücken und rosa Vorderseite, aber auch Narr**
garbo	**Müllmann**
giddy	**»good day«, gebräuchlichste Grußform**
full as a goog	**betrunken**
googie	**Ei**
grasshopper	**Tourist in einer Gruppe**
grey ghost	**grau gekleidete Polizei in NSW zur Parkuhrenkontrolle**
grog	**Sammelbegriff für Alkohol**
gum tree	**Sammelbegriff für Eukalyptusbäume**
homestead (property station)	**eine große australische Farm**
hooray, hooroo	**tschüs, auf Wiedersehen**
jackeroo	**männlicher Helfer auf einer Ranch**
jillaroo	**weibliche Ranchhilfe**
jumbuck	**Schaf**
jumbuck barber	**Schafscherer**
knock-off	**Arbeitsende, Feierabend**
Koori	**Aborigines in NSW und VIC**
Kraut	**abwertende Bezeichnung für Deutsche**
legless	**zu betrunken zum Gehen**
loo	**Badezimmer, Toilette**

mate	**Freund, jedes männliche Wesen**
matilda	**Kleiderbündel, Schlafsack**
Mister say so	**Chef**
Mulga mail	**Buschtelegraf, Gerücht**
neck oil	**Bier**
The Never Never	**entlegenstes Landesinnere**
no worries	**alles okay**
old man	**ausgewachsenes männliches Känguru**
Orstralia, OZ	**Australien**
O'syergoin?	**Wie geht's?**
outback	**Landesinneres**
Pat Malone (own)	**Reimwort für eigen**
pavlova	**Baisertorte mit Sahne und Früchten**
pokies	**Pokermaschinen, »einarmiger Bandit«**
pollie	**Politiker**
pommy	**jemand aus England (POME stand auf der Kleidung der Sträflinge)**
prang	**Autounfall**
pull your head in	**kümmere dich um deine Sache**
Rafferty's rules	**ohne alle Regeln**
ringer	**bester Schafscherer, bester Stockman (Rinderhirte)**
ripper	**tatsächlich gut**
round	**ursprünglich »Rinder zusammentreiben«, eine Runde ausgeben**
to rubbish	**jemanden niedermachen, anschwärzen**
Rumbush	**Land jenseits der Stadt, reine Natur**
sanger, sango	**Sandwichschoner, großes Glas Bier**
shearer	**Schafscherer**
Sheila	**junge Frau**
shout	**eine Runde spendieren**
snag	**Würstchen**
squareheads	**Deutsche, Österreicher, Schweizer**
squatocracy	**Nachkommen der Squatter (Landadel)**
squatter	**Landbesitzer/Landbesetzer**
strine	**Australischer Slang**
stubby	**kleine Bierflasche/Bierdose**
sunbake	**Sonnenbad**
swagman, swaggie	**Wanderarbeiter**
ta	**danke**
Tassie, Taswegian	**Tasmanier**
tata	**auf Wiedersehen**
tinnie	**Bierdose**
togs	**Badeanzug**
too right	**sicher, wahr**
toot	**Toilette**
Top End	**Norden des Northern Territory**
top sort	**ein steiler Zahn**
true blue/echttucker	**Essen**
two-up	**illegales Glücksspiel**
ute	**kleiner Lieferwagen**

vegemite	**brauner Hefeextrakt**
to walkabout	**weggehen bzw. das traditionelle Leben der Aborigines**
Waltzing Matilda	**mit einem Bündel durchs Land ziehen**
Westralian	**Westaustralier**
witchetty grubs	**große weiße Wurzellarven, von den Aborigines als Leckerbissen geschätzt**
woomera	**Speerschleuder (der Aborigines)**
wowser	**puritanisches oder prüdes Benehmen**

VERKEHR

Mit dem Auto

Verkehrsregeln

Der wichtigste Unterschied: In Australien herrscht **Linksverkehr**! Der Zweitwichtigste: Australier fahren langsam, fast bedächtig, von den Road Trains einmal abgesehen. Um sich an den Linksverkehr zu gewöhnen, fährt man am besten für ein paar Kilometer einem beliebigem Fahrzeug hinterher. So gewöhnt man sich an Spurwechsel, ans ungewohnte Rechtsabbiegen und ans deutlich langsamere Tempo auf den Straßen. Diese sind fast überall gut ausgebaut. Auch **Schotterpisten** werden regelmäßig planiert.
Die **Höchstgeschwindigkeit** beträgt innerorts 60 km/h, mitunter nur 50 km/h. Auf Fernstraßen gilt Tempo 100, falls nicht anders angegeben. Auf den großen Highways sind 110 km/h die Regel. Es gibt zahlreiche Kameras zur Verkehrsüberwachung und stationäre Radaranlagen. Mobile Polizeieinheiten kontrollieren häufig und rund um die Uhr – auch mit Alkoholtests. Die Obergrenze liegt bei 0,5 Promille. Alle Insassen müssen angeschnallt sein und dürfen keine Gliedmaßen außerhalb des Fahrzeuges haben – auch nicht die Armbeuge auf dem heruntergelassenen Autofenster! Die Gurtpflicht gilt auch in Überlandbussen. Bei Verkehrsdelikten fallen Bußgelder und Strafen deutlich höher aus als daheim: Bei zu schnellem Fahren sind schnell mal 1500 AUD fällig, selbst Falschparken kann sehr teuer werden.

Mietwagen

Am preiswertesten ist es, den Mietwagen **vor Reiseantritt** zu buchen. Ein Kleinwagen ist bereits ab gut 100 € pro Woche zu bekommen. Das Mindestalter für eine Anmietung ist 21 Jahre, Fahrer unter 25 Jahren müssen oft eine Zusatzgebühr entrichten. Notwendig sind ein **internationaler Führerschein** sowie für die Kaution eine **Kre-**

NÜTZLICHE ADRESSEN

AUTOMOBILCLUBS

NATIONAL ROADS AND MOTORISTS' ASSOCIATION LTD. (NRMA)
Im Pannenfall: Tel. 13 11 22
www.mynrma.com.au

AUTOMOBILE ASSOCIATION OF THE NORTHERN TERRITORY
Im Pannenfall im NT: Tel. 13 11 11
www.aant.com.au

ROYAL AUTOMOBILE CLUB OF QUEENSLAND
Im Pannenfall in QLD: Tel. 13 19 05
www.racq.com.au

ROYAL AUTOMOBILE CLUB OF SOUTH AUSTRALIA
Im Pannenfall in SA: Tel. 13 11 11
www.raa.com.au

ROYAL AUTOMOBILE CLUB OF TASMANIA
Im Pannenfall in TAS: Tel. 13 27 22
www.ract.com.au

ROYAL AUTOMOBILE CLUB OF VICTORIA
Im Pannenfall in VIC: Tel. 13 11 11
www.racv.com.au

ROYAL AUTOMOBILE CLUB OF WESTERN AUSTRALIA
Im Pannenfall in WA: Tel. 13 17 03
www.rac.com.au

MIETWAGEN

AVIS
www.avis.de
www.avis.com.au

BUDGET
www.budget.de
www.budget.com.au

EUROPCAR
www.europcar.de
www.europcar.com.au

HERTZ
In www.hertz.de
www.hertz.com.au

SIXT
www.sixt.de
http://au.sixt.com

MIETCAMPERVANS

CAMPERDAYS
Für den Aufenthalt in Australien bekommen Sie die Telefonnummer des gewählten Anbieters; diese ist gleichzeitig die Notfallnummer bei einer Panne oder einem Unfall. Alternativ kann aber auch dann die Nummer in Deutschland kontaktiert werden.
Tel. +49 2 21 16 79 01 20
www.camperdays.de

APOLLO
Tel. 18 00 77 77 79
www.apollocamper.com

BRITZ
Tel. 13 00 73 80 87
www.britz.com.au

JUCY
Tel. 18 00 15 08 50
www.jucy.com.au

MIETMOTORRÄDER

BIKE ROUND OZ
Mit sieben Standorte in Australien.
Tel. 13 00 73 68 69
www.bikeroundoz.com

AUSSIE BIKER
Noosaville, QLD, Tel. 07 54 74 10 50
www.aussiebiker.com.au

BUSGESELLSCHAFTEN

GREYHOUND AUSTRALIA
Tel. 13 00 47 39 46
www.greyhound.com.au

TASMANIA'S OWN REDLINE COACHES
Tel. 13 00 36 00 00
www.redlinecoaches.com.au

PREMIER MOTOR SERVICE
Tel. 13 34 10
www.premierms.com.au

FLUGGESELLSCHAFTEN

JETSTAR
www.jetstar.com

QANTAS/QANTASLINK
www.qantas.com.au

TIGER AIR
www.tigerair.com

VIRGIN AUSTRALIA
www.virginaustralia.com

REGIONAL EXPRESS
www.rex.com.au

SHARP AIRLINES
http://sharpairlines.com

AIR NORTH
www.airnorth.com.au

FÄHREN

AM GREAT BARRIER REEF
www.islandtransfers.com

IM HAFEN VON SYDNEY
www.sydneyferries.info

NACH TASMANIEN
www.spiritoftasmania.com.au

ÜBER DIE PORT PHILIP BAY
www.searoad.com

NACH KANGAROO ISLAND
www.sealink.com.au

NACH ROTTNEST ISLAND
www.rottnestexpress.com.au

ZU DEN TIWI ISLANDS
www.sealinknt.com.au/ferry

ZÜGE

RAIL AUSTRALIA
Für den Indian Pacific
www.railaustralia.eu

JOURNEY BEYOND RAIL
Buchungen von The Ghan, Overlander und Great Southern
https://journeybeyondrail.com.au

---

ditkarte. Schließen Sie eine Zusatzversicherung ohne Selbstbeteiligung ab, da viele Australier nur schlecht oder gar nicht versichert sind. Erkundigen Sie sich außerdem nach den mautpflichtigen Strecken in Sydney und Melbourne (bzw. vermeiden Sie diese mithilfe des Navigationsgeräts). Beide Städte haben inzwischen elektronische Systeme, d. h. keine Mautstellen mehr, sodass der Mietwagen für das elektronische System ausgerüstet sein muss (am besten erkundigt man sich diesbezüglich bei der Leihfirma). Große Schilder weisen auf die letzte Ausfahrt vor einer Mautstrecke hin.
Bei den meisten Autovermietern sind Fahrten auf **unasphaltierten Pisten** nur mit Allradfahrzeugen möglich – für Touren ins Outback

sind diese 4WD ein Muss! Sie sind ab 450 € pro Woche erhältlich. Achtung: Bußgelder werden inzwischen über die Mietwagenfirmen kassiert! Bei Verstößen wird die Kreditkarte also auch im Nachhinein noch belastet, übrigens zusätzlich einer Bearbeitungsgebühr seitens des Vermieters von bis zu 75 AUD pro Vergehen!

Wohnmobile

Sehr beliebt sind Campervans und Wohnmobile (Motorhomes). Campervans haben zwei bis drei Betten, Motorhomes vier bis sechs. Ein Van mit Schlafplätzen, Waschbecken, zwei Gasbrennern und Kühlschrank kostet 350 € aufwärts pro Woche; wer allerdings neuere Modelle ohne Backpacker-Mief haben möchte, muss allerdings vor allem in der Hauptsaison deutlich tiefer in die Taschen greifen.
Die Stärken dieser Art von Reisen liegen auf der Hand: Flexibilität und die Möglichkeit auch in Nationalparks zu nächtigen. In manchen Parks kommen die Tiere bis vor die Campertüre! Die meisten **Caravanparks** bieten Stellplätze mit Strom, Wasser und fast immer sehr sauberen sanitären Anlagen.
Auch Campervans sollte man unbedingt vorab in Deutschland buchen. So bietet der deutsche Anbieter **CamperDays** eine sehr breite Auswahl von Wohnmobilen und Campern aller Art von unterschiedlichen australischen Anbietern, die im ganzen Land vertreten sind. Damit ist ein günstigeres Angebot als bei einer Direktbuchung vor Ort gewährleistet.

Mietmotorräder

Motorradfreunde finden in Australien traumhafte Strecken. **Aussie Biker** und **Bike Around OZ** vermieten Motorräder und organisieren Touren in ganz Australien. Eine 700 ccm starke Maschine gibt's z. B. ab rund 700 € pro Woche.

Mit dem Bus

National und regional

Als einziges nationales Busunternehmen bietet **Greyhound Australia** häufige und preiswerte, allerdings auch zeitaufwendige Verbindungen zu mehr als 1000 Zielen in Australien an. Die Busse sind mit Klimaanlage, WC und Video ausgestattet; es herrscht Anschnallpflicht und Rauchverbot. Greyhound hat viele **nationale und regionale Buspässe** im Angebot. Die Varianten ohne Kilometer- und sonstigen Begrenzungen gibt es ab 329 AUD für 15 Tage; wer hingegen nur in einer Richtung unterwegs ist, kann für bestimmte Strecken 90 Tage gültige »Travel Passes« erwerben (Sydney–Cairns kostet z. B. 469 AUD).
Die **Fahrtzeiten** sind enorm: Von Sydney nach Melbourne ist man rund zwölf Stunden unterwegs, von Darwin nach Broome 24 Stunden und von Cairns nach Alice Springs 32 Stunden.
Kürzer sind die Distanzen in Tasmanien. Wer die Insel mit dem Bus erkunden möchte, sollte die **Redline Coaches** wählen. Für die Ostküste kommt auf der Strecke Cairns–Brisbane–Sydney–Eden mit mehr als 100

Stopps und einem »Hop on, hop off«-Konzept auch der **Premier Motor Service** in Betracht.

Mit dem Flugzeug

Gute Verbindungen

Neben **Qantas**, **Qantas Link** und Low-Cost-Tochter **Jetstar** sorgen die Billig-Airlines **Virgin Australia** und **Tiger Air** für gute Verbindungen. Außerdem gibt es weitere regionale Anbieter wie **Regional Express** für New South Wales, Queensland, Victoria und South Australia oder **Sharp Airlines** in Victoria und **Air North** fürs Northern Territory. Inlandsflüge gibt es ab 50 € für eine Kurzstrecke und ab 220 € für inneraustralische Langstrecken wie Sydney–Perth.

Mit der Fähre

Tasmanien

Von Melbourne schippert die **TT-Line** in rund 14 Stunden nach Devonport in Tasmanien. In der Hochsaison reduziert eine Hochgeschwindigkeitsfähre nach George Town die Fahrzeit auf rund sechs Stunden.

Weitere Inseln

Auch die kleineren vorgelagerten Inseln sind regelmäßig mit dem Festland verbunden: In Queensland pendeln zahlreiche Fähren zu den Eilanden am Great Barrier Reef; Haupthäfen sind **Mackay** und **Shute Harbour**. Am Eingang der Port Philip Bay (VIC) kann man mit der Fähre **Queenscliff–Sorrento** bei nur 40 Minuten Seefahrt große Umwege auf der Straße einsparen. **Kangaroo Island** wird von Cape Jervis (SA) angelaufen, **Rottnest Island** in Westaustralien von Perth, Fremantle und Northport sowie die **Tiwi Islands** im Northern Territory immerhin dreimal wöchentlich ab Darwin.

Sydney

Zu den beliebtesten Fährverbindungen überhaupt, gehören die Routen der Sydney Ferries im Hafen der Weltstadt.

Preise

Ob Rundfahrt, kurze oder lange Passage: Die Fährpreise sind happig, besonders wenn man sein Auto dabeihat. So kostet ein Kleinwagen mit zwei Personen von Melbourne nach Tasmanien bis zu 450 €. Zuvor sollte man sich zudem erkundigen, ob der Autovermieter eine Mitnahme des Fahrzeugs auf Fähren erlaubt.

Mit der Bahn

Viel Zeit mitbringen

Das Bahnnetz ist lange nicht so engmaschig wie in Europa, bietet dafür aber einige der schönsten Eisenbahnstrecken der Welt, die im Folgenden vorgestellt werden. Wer ausgedehnte Zugreisen in Australien plant, sollte viel Zeit mitbringen und seinen Bahnpass schon vor Reisebeginn daheim erworben haben. Einzelne Strecken können vor Ort sehr teuer werden: Sydney–Perth mit dem Indian Pacific kostet beispielsweise weit mehr als 1000 €. Über Strecken, Züge und Bahnpässe informiert man sich am besten bei **Rail Australia**.

Legendäre Eisenbahnstrecken

Eine der längsten Eisenbahnstrecken der Welt und zudem eine der letzten Transkontinentalrouten ist der **Indian Pacific**. Seinem Verlauf von Sydney nach Perth, also vom Pazifik zum Indischen Ozean, folgt unsere Route 7 in diesem Reiseführer (► S. 51).Ebenfalls quer durch den fünften Kontinent, allerdings von Norden nach Süden bzw. umgekehrt, verkehrt der legendäre **The Ghan**: Freitags und sonntags begibt er sich in Adelaide auf seine rund 48 Stunden dauernde Fahrt, die mitten durchs rote Zentrum bis in den tropischen Norden nach Darwin führt: insgesamt 2979 km lang ist die Strecke. Die dritte Schienenlegende in Down Under ist der seit 1887 Adelaide mit Melbourne verbindende **Overland**. Elf Stunden benötigt er für die 828 km.
Liebhaber großer Städte treffen mit den **Great Southern** eine gute Wahl: In fünf Tagen geht's von Adelaide via Melbourne, Canberra und Sydney nach Brisbane – inklusive Ausflugsmöglichkeiten, etwa zur Weinprobe ins Hunter Valley. Wesentlich kürzer, aber nicht minder

Einmal quer durch den Kontinent: Der transkontinentale Fernzug »The Ghan« zwischen Adelaide und Darwin überwindet auf fast 3000 km 22,5 Breitengrade.

eindrucksvoll ist die Fahrt von Cairns durch den tropischen Regenwald der Atherton Tablelands nach Kuranda. In rund zwei Stunden schlängelt sich die Kuranda Scenic Railway auf rund 350 m hinauf. Seit mehr als 100 Jahren ist die Bahn schon im Einsatz (▶ S. 226).
Nicht ganz so legendär wie die bereits genannten Züge sind der **Sunlander**, der in 32 Stunden Brisbane mit Cairns verbindet, und der **Westlander**, der von Brisbane landeinwärts fährt und nach 17 Stunden bzw. 750 km Charleville (QLD) erreicht. Der **Spirit of the Outback** verbindet Brisbane in rund 24 Stunden mit Longreach (QLD). Und der **Inlander** zuckelt mit Tempo 40–50 km/h sehr gemütlich von Townsville zur Bergbaustadt Mount Isa; für die Strecke benötigt er etwa 20 Stunden (Infos zu allen Zügen bei Rail Australia).

REGISTER

C

D

M

N

T

U

V

W

Y

Z

BILDNACHWEIS

akg-images: S. 509 u.
Bilderberg: S. 598
Borowski: S. 86, 110, 328
DuMont Bildarchiv/Toma Babovic: S. 2, 55, 61, 78, 81, 97, 137, 140, 146, 182, 212/213, 219, 220, 236/237, 238, 241 u., 249, 262/263, 327, 440, 543
DuMont Bildarchiv/Clemens Emmler: S. 31, 63, 158 o., 185, 300, 312, 365, 398, 407, 434, 436, 443, 477, 519 o., 535, 557 u.
DuMont Bildarchiv/Gasterland-Teschner: S. 158 u., 188, 280, 496, 519 u.
DuMont Bildarchiv/Holger Leue: S. 160/161, 241 o., 274, 275, 544
DuMont Bildarchiv/Widmann: S. 304, 364, 446, 473, 491, 495, 509 o., 520
Don Fuchs: S. 3 o., 163 u., 183, 197, 286, 317, 420/421, 499, 548, 549, 550
Getty Images: S. 4 (Jeff Hunter), 14/15 (Grant Faint), 28 (Nigel Killeen), 29 (AFP/Mast Irham), 49 (Flickr/Yury Prokopenko), 100 (Peter Walton), 191 (UIG/Andrew Michael), 253 (Jeff Hunter), 284/285 (Peter Walton), 318/319 (Flickr/Julie Fletcher), 338 (Peter Walton), 380 (Australian Scenics), 448 (Viktor Posnov), 462 u. (Theo Allofs), 468/469 (Peter Walton), 516 (Nicky Loh), 527 (Mark Dadswell), 529 (AFP), 539 (Pete Atkinson), 554 (David Hill), U7 (Zeliha Vergnes)
huber-images: S. 174 (Mitchell Brook), 294 (Guido Cozzi)
laif: S. 10/11 (Le Figaro Magazine/Martin), 12 (Gulliver Theis), 13 (Ralf Kreuels), 16 (Gerald Hänel), 17 (hemis.fr/Bertrand Gardel), 20 (Express-REA/Thierry Dudoit), 21 (hemis.fr/Hervé Hughes), 24 (Obie Oberholzer), 85 und 115 u. (Emmler), 134 (hemis.fr/Ludovic Maisant), 163 o. (hemis.fr/Marc Dozier), 243 (robertharding/Marco Simoni), 273 (La-Roque), 279 (Emmler), 326 (Le Figaro Magazine/Martin), 340/341 (Bernd Jonkmanns), 363 (Emmler), 413 (hemis.fr/Hervé Hughes), 507 (Emmler), 537 (Aurora/Christophe Launay), 565 (Patrick Le Floch)
Holger Leue: S. 91, 180, 196, 207, 483, 485
Lookphotos: S. 228 (Photononstop), 290 (Ulla Lohmann), 333 o. (Holger Leue), 351 u. (age fotostock), 397 (Franz Marc Frei), 431 u. (Axiom), 457 (age fotostock), 547 (Karl Johaentges), 560 (age fotostock)
Hilke Maunder: S. 232, 267
mauritius images: S. 3 u. (Nägele), 5 u. (Prisma), 7 (Masterfile), 9 (imagebroker/Alessandra Sarti), 22/23 (Prisma), 25 (imagebroker/Norbert Probst), 26/27 (Prisma), 130 (Nägele), 199 (Masterfile), 264 (Walter Bibikow), 333 u. (imagebroker/Stefan Huwiler), 346/347 (Radius Images), 455 (Radius Images)
mauritius images/Alamy: S. 5 o. (RooM the Agency), 52 (Neville Marriner), 71 (chris24), 102/103 (RooM the Agency), 115 o. (Manfred Gottschalk), 138 (Galyna Andrushko), 234 (AustralianCamera), 322 (Andrew Michael), 351 o., 360 (Petr Sommer Photography), 373 (KC Hunter), 383 (Marc Anderson), 388 (Hilke Maunder), 431 o. (RooM the Agency), 470 (Auscape International), 480 (Taras Vyshnya), 523, 532 (Thomas Cockrem)

Jochen Müssig: S. 255
picture-alliance: S. 18/19 (dpa/Royal Flying Doctor Service), 127 (Arco Images/G. Lenz), 414 (Minden Pictures/D. Parer & E. Parer-Cook), 462 o. (Reinhard Dirscherl)
Dr. Madeleine Reincke: S. 118/119, 204, 370, 377, 557 o.
Schliebitz: S. 112, 393
StockFood: S. 545 o. (Hay), 545 u. (ACP Magazines Ltd.)
vario images: S. 210 (RHPL/Tony Waltham)
Zakrezewski: S. 166

Titelbild: Lookphotos/Click Alps

VERZEICHNIS DER KARTEN UND GRAFIKEN

IMPRESSUM

Ausstattung:
173 Abbildungen, 58 Karten und Grafiken, eine große Reisekarte

Text:
Jochen Müssig; mit Beiträgen von Birgit Borowski, Robert Fischer, Ellen Hahn, Dr. Gerlinde Lamping, Prof. Dr. Heinrich Lamping, Hilke Maunder, Frank Müller, Silwen Randebrock, Dr. Madeleine Reincke, Anja Schliebitz, Wolfgang Veit und Reinhard Zakrewski

Überarbeitung:
Jochen Müssig

Bearbeitung:
Baedeker-Redaktion
(Gerhard Junker, Frank Müller, Anja Schlatterer; red.sign Stuttgart)

Kartografie:
Christoph Gallus, Hohberg; MAIRDUMONT Ostfildern (Reisekarte)

3D-Illustrationen:
jangled nerves, Stuttgart

Infografiken:
Golden Section Graphics GmbH, Berlin

Gestalterisches Konzept:
RUPA GbR, München

Chefredaktion:
Rainer Eisenschmid, Baedeker Ostfildern

12. Auflage 2020
Völlig überarbeitet und neu gestaltet

Trotz aller Sorgfalt von Redaktion und Autoren zeigt die Erfahrung, dass Fehler und Änderungen nach Drucklegung nicht ausgeschlossen werden können. Dafür kann der Verlag leider keine Haftung übernehmen. Jede Karte wird stets nach neuesten Unterlagen und unter Berücksichtigung der aktuellen politischen De-facto-Administrationen (oder Zugehörigkeiten) überarbeitet. Dies kann dazu führen, dass die Angaben von der völkerrechtlichen Lage abweichen. Irrtümer können trotzdem nie ganz ausgeschlossen werden. Kritik, Berichtigungen und Verbesserungsvorschläge sind jederzeit willkommen. Schreiben Sie uns, mailen Sie oder rufen Sie an:

Baedeker-Redaktion
Postfach 3162, D-73751 Ostfildern
Tel. 0711 4502-262
www.baedeker.com, baedeker@mairdumont.com

Printed in China

FSC www.fsc.org
MIX
Papier aus verantwortungsvollen Quellen
FSC® C124385

BAEDEKER VERLAGSPROGRAMM

Viele Baedeker-Titel sind als E-Book erhältlich.

A
Algarve
Allgäu
Amsterdam
Andalusien
Australien

B
Bali
Barcelona
Belgien
Berlin · Potsdam
Bodensee
Böhmen
Bretagne
Brüssel
Budapest
Burgund

C
China

D
Dänemark
Deutsche Nordseeküste
Deutschland
Dresden
Dubai · VAE

E
Elba
Elsass · Vogesen
England

F
Finnland
Florenz
Florida
Frankreich
Fuerteventura

G
Gardasee
Golf von Neapel
Gomera
Gran Canaria
Griechenland

H
Hamburg
Harz
Hongkong · Macao

I
Indien
Irland
Island
Israel · Palästina

BAEDEKER
F
FLORIDA

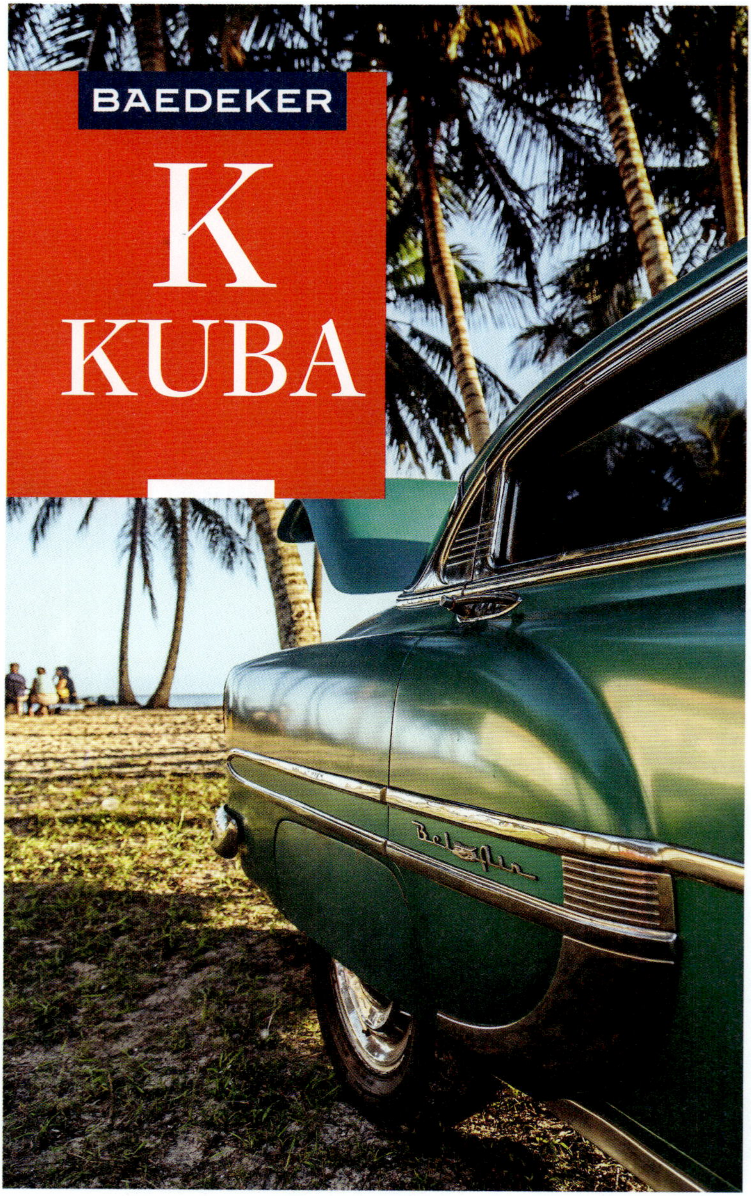
BAEDEKER
K
KUBA

Istanbul
Istrien · Kvarner Bucht
Italien

J
Japan

K
Kalifornien
Kanada · Osten
Kanada · Westen
Kanalinseln
Kapstadt · Garden Route
Kopenhagen
Korfu · Ionische Inseln
Korsika
Kos
Kreta
Kroatische Adriaküste · Dalmatien
Kuba

L
La Palma
Lanzarote
Lissabon
London

M
Madeira
Madrid
Mallorca
Malta · Gozo · Comino
Marrokko
Mecklenburg-Vorpommern
Menorca
Mexiko
München

N
Namibia
Neuseeland
New York
Niederlande
Norwegen

O
Oberbayern
Österreich

P
Paris
Polen
Polnische Ostseeküste · Danzing · Masuren
Portugal
Prag
Provence · Côte d'Azur

R
Rhodos
Rom
Rügen · Hiddensee
Rumänien

S
Sachsen
Salzburger Land
Sankt Petersburg
Sardinien
Schottland
Schwarzwald
Schweden
Schweiz
Sizilien
Skandinavien
Slowenien
Spanien
Sri Lanka
Südafrika
Südengland
Südschweden · Stockholm
Südtirol
Sylt

T
Teneriffa
Thailand
Thüringen
Toskana

U
USA
USA · Nordosten
USA · Südwesten

V
Venedig
Vietnam

W
Wien

Z
Zypern

Meine persönlichen Notizen

Meine persönlichen Notizen

INDONESIA
Sumba
Waingapu
Kupang
TIMOR LORO SAE
(TIMOR LESTE)
Melville I.
Darwin
Jabiru
Nhulunbey
Timor Sea
INDIAN
OCEAN
Arnhem
Land
Litchfield N.P.
Kakadu N.P.
Katherine
Kalumburu
Kununurra
Wyndham
Daly Waters
Kimberley
Plateau
Top Springs
Mount Wells
970
Derby
Broome
Halls Creek
Purnululu N.P.
Elliot
Barkly
Tennant Creek
Port Hedland
Dampier
Marble Bar
Great Sandy
Desert
Northern Terri
North West Cape
Onslow
Exmouth
Hamersley Range
Lake Mackay
Yuendumu
Ningaloo Reef
Marine Park
Paraburdoo
Newman
Mount Zeil
1511
Alice Spri
Gibson Desert
Kings Canyon
Hermannsburg
Yulara
Uluru & Kata Tjuta N.P.
Shark Bay
Carnarvon
1069
Uluru
Kata Tjuta
867 (Ayers Rock)
(The Olgas)
Western Australia
Warburton
Meekatharra
Wiluna
South
Aus
Lake
Mount Magnet
Great Victoria
Desert
Mullewa
Leonora
Coober Pedy
Geraldton
Lake Barlee
Wubin
Kalgoorlie-Boulder
Coolgardie
Forrest
Tarcoola
Darling Range
Nullarbor Plain
Nambung N.P.
Merredin
Eucla
Lake Gairdner
Perth
Northam
Ceduna
Fremantle
Norseman
Narrogin
Bunbury
Ravensthorpe
Margaret River
Augusta
Esperance
Great
Eyre Peninsu
Cape Leeuwin
Pemberton
Albany
Australian Bight
Port Lincoln
500 km
© BAEDEKER